W0038691

Erwin Wickert
Die glücklichen Augen

Erwin Wickert

Die glücklichen Augen

Geschichten aus meinem Leben

Deutsche Verlags-Anstalt
Stuttgart München

Die Deutsche Bibliothek – CIP-Einheitsaufnahme

Ein Titeldatensatz für diese Publikation ist bei
Der Deutschen Bibliothek erhältlich

© 2001 Deutsche Verlags-Anstalt, Stuttgart München
Alle Rechte vorbehalten
Satz: Stempel Garamond (QuarkXPress) im Verlag
Druck und Bindung: Friedrich Pustet, Regensburg
Diese Ausgabe wurde auf chlor- und säurefrei gebleichtem,
alterungsbeständigem Papier gedruckt
Printed in Germany
ISBN 3-421-05152-6

Ihr glücklichen Augen,
was je ihr gesehn,
Es sei wie es wolle,
Es war doch so schön.
Goethe

Inhalt

London (1967–1971)

Bukarest (1971–1976)

Der Palast

Ich er-*innere* mich.

Ich schließe die Augen und bin in meinem Palast, in seinen Sälen, den Salons, den weiten Fluren und den Zimmern mit den Bildern und Geschichten meines Lebens. Hier bin ich zu Hause, und hier lebe ich. Hier war ich von Anfang an. Aber ich weiß nicht, was vorher war und woher ich kam.

Auf einem Tisch in der Eingangshalle liegt ein altes Buch im Großfolio-Format. »Die Paläste des Bischofs von Hippo« steht auf dem Titelblatt. Es werden wohl seine *Bekenntnisse* sein, könnte man vermuten, denn er hat darin ja Unerhörtes über das Gedächtnis geschrieben; doch das Frontispiz zeigt eine Landschaft, aus großer Höhe gesehen: In der Ebene, an Flußläufen, hinter Waldstücken und bis zum Meeresstrand stehen Paläste, Häuser und Hütten, Paläste der Erinnerung, weit bis zum Horizont, hinter dem es dunkel wird. Dort ist Nacht, und man ahnt, daß diese Dunkelheit auf uns zuschwebt und daß bald im Dunkel versinkt, was jetzt noch vornan prächtig und hell im Sonnenschein steht.

Es folgen in dem Folianten nun Kupferstich-Phantasien wie von Piranesi, aber keine *Carceri*, sondern weiträumige Paläste. Ich klappe das Buch zu, gehe die breite Treppe hinauf, dann vorbei an den Türen von Geheimkabinetten, die Treppen hinab in das Souterrain, steige hinauf zu den Kammern im Dachgeschoß und darüber in den Dachboden.

Wir sind in dem alten Teil des Palastes. Hier wohnen Franz und ich. Schon lange. Einen Monat nach Kriegsbeginn hatten wir in Heidelberg geheiratet, und seitdem haben wir alles gemeinsam erlebt, sind verschieden geblieben und doch eins geworden. Wir können nicht mehr ohne einander sein.

Sie heißt eigentlich Ingeborg, aber Onkel Martin, der Spaßvogel, hatte sie, als ich sie ihm vorstellte, gleich Franz getauft, weil ihm zu viele Inges in der Familie herumliefen, und der Name blieb ihr. Nicht Franziska oder Francis, einfach Franz.

Diese Zimmer im alten Teil des Palastes enthalten nur das, was Franz und ich miteinander erlebten. Hier lassen wir niemand herein. Und wenn man diesen Flur weiterginge, kämen wir in den Trakt, an dessen Eingang eine Tafel mit der Aufschrift *Mut und Übermut* hängt. Es ist auch der Titel des Buches, in dem ich über meine Jugend berichte: Sie war zuweilen schwierig, weil ich anders war, als mein Vater mich haben wollte. Er hat sicher mein Bestes im Auge gehabt; aber was er für mein Bestes hielt, wollte ich nicht.

In *Mut und Übermut* habe ich meine Jugend beschrieben: Das Leben auf dem Lande, meine Schuljahre in der Lutherstadt Wittenberg, die Bildung in lateinischem und griechischem Geist, die lutherische Gesinnung, die dort noch lebendig war. Dann die Musik, Klavier- und Orgelunterricht, und ständige Zuflucht im Lesen. Studium in Berlin, schwankende Versuche, einen Halt in der Zeit des Nationalsozialismus zu gewinnen. Austauschstudent in Amerika. Abenteuerliche Fahrten über den Puffern und auf den Dächern von Güterzügen mit Landstreichern. Reisen fast ohne Geld durch Japan und China, dann in Schanghai als Decksjunge auf einem Frachtdampfer angeheuert, schließlich Rückkehr nach Deutschland. Studium in Heidelberg bei Hubert Schrade und Karl Jaspers. Franz und die Liebe. Die ersten Bücher. Nach Kriegsausbruch im Auswärtigen Amt kriegsdienstverpflichtet. Heirat, Versetzung nach Schanghai und später nach Tokio. Die beiden Söhne Wolfram und Ulrich. Der Spion Richard Sorge, Krieg in Japan und späte Rückkehr.

Die Bilder von Menschen, die mich prägten: meine Mutter, die fromme Pflegemutter Tante Lize, mein Doktorvater Hubert Schrade und Karl Jaspers, mit denen ich bis in ihr Alter verbunden blieb, Erich Kordt, der Hitler hatte erschießen wollen, und die vielen anderen Freunde. Alle diese Bilder und Erinnerungen liegen in den Zimmern hinter dem Schild *Mut und Übermut*. Heute und in diesem Buch ist von den Jahren die Rede, die darauf folgten.

Die breite weiße, goldverzierte Tür neben dem Zimmer von Franz und mir öffne ich nur selten; hinter ihr liegt der Saal mit den Erinnerungen an das Glück. Ich will es in Maßen genießen, denn es waren ja stets nur wenige Stunden und Tage. Die nächste Tür im Gang – laß sie geschlossen! Denn sie führt in das Zimmer, wo die Bilder der Niederlagen hängen. Auch die andere Tür! Rühr sie nicht an! Es könnte ja sein – wer weiß? – du fällst in eine Höhle, dumpf und dampfender Drache.

Doch dann kommen wir an einer schönen Tür vorbei. Ich gehe seit vielen Jahren an ihr vorüber, ohne sie zu öffnen. Denn ich weiß: Wo früher ihre Fotos gehangen hatten, ist die Tapete dunkel. Jemand hat ihre Porträts abgenommen. Es ist auch gut so. Wir irrten uns ineinander – es war eine schöne Zeit.

An der Tür rechts vom Treppenaufgang klebt ein Zettel. Darauf steht: »Eintritt verboten!«

Verboten? Das ist kein Wort aus meinem Wortschatz. Ich kenne die Handschrift. So schrieb ich früher, als Kind. Aber wer hineingeht, wird über das Verbot lachen. Berichtet wird da nämlich von einer Todsünde: Ich glaubte, einem Menschen den Tod gewünscht zu haben! Dabei war ich mir nicht einmal sicher, ob ich es wirklich gewünscht oder ob ich mir nur vorgestellt hatte, jemand würde ihn ermorden. Aber war ein in Gedanken begangener Mord nicht bereits eine Todsünde? Und ich ein Mörder? Würde der Weltenrichter mich nicht im Jüngsten Gericht verdammen und auf ewig in die Hölle senden?

Nebenan höre ich Lachen und frohe Kinderstimmen. Ich öffne die Tür. Das Lachen ist noch darin, aber sonst nichts. Ein Fenster steht offen: Die Amsel im Garten flötet eine seligmachende Melodie. Ich bin froh, nehme zwei Stufen auf einmal zum Dachgeschoß hinauf. Wunderbares in den Stuben, eine alte chinesische Uhr, ein Tafelklavier aus Beethovens Zeit, bunte Vögel, Menschen die durcheinander reden. Fotos von Wolfram, Ulrich und Barbara, als sie noch Kinder waren. Wenn immer ich nach Hause kam, zuerst sprang ich hinauf ins Kinderzimmer.

Und daneben die Festsäle. Wir haben viele Feste gefeiert: in Schanghai und Tokio, unsere Faschingsfeste in Heidelberg, Godesberg und ein von allen lange erinnertes in Paris. Oder die Feste mit den Schriftstellern und Freunden in Bukarest.

Auf einmal bin ich im Keller. Die Türen rechts und links sind aus Eisen. Auf einer steht: Auf eigene Gefahr. Es gelingt mir nur mit Anstrengung, sie einen Spalt weit zu öffnen. Der Raum ist dunkel, anscheinend leer. In dem schwachen Licht, das vom Flur hereindringt, sehe ich eine Puppe. Sie liegt in einem Sessel, sieht mich an und spricht, aber mit einer sehr alten Stimme und sehr leise: »Du hättest mir helfen können. Ein Wort hätte genügt.« Die Tür läßt sich nicht einfach zuschlagen. Die Puppe weint jetzt. Ich kann mich an sie nicht erinnern. Es wird, vermute ich, eine Gestalt aus meinen Romanen sein, die ich beiseite gestellt und nicht erlöst habe. Die Menschen in meinen Büchern sind ja nicht aus Papier, sie leben und besuchen mich manchmal im Traum. Ich will ihr etwas sagen, aber da schließt sich die Tür von allein.

Ich steige langsam die Treppe hinauf. Vor meiner Bibliothek hängt ein Spiegel, ein ganz gewöhnlicher hoher Spiegel. Ich muß mich zwingen, vor ihm stehenzubleiben: Denn stets blickt mich daraus ein Fremder an, der mir nicht geheuer ist. Er schweigt, und doch suchen mich seine Augen, als frage er: »Du bist also der Mensch, der mit meinem Namen durch die Welt läuft und andere Menschen beunruhigt?«

Was soll ich ihm sagen? Wenn ich in seine Augen sehe, glaube ich vor einem Abgrund zu stehen, und ich fürchte, in eine bodenlose Tiefe zu stürzen. Warum? Ich weiß es nicht. Ich halte den Anblick dieses Menschen nicht aus. Er könnte mich etwas fragen, auf das ich keine Antwort weiß. Ich wende mich um und fliehe.

Mein Arbeitszimmer ist klein. Aber wenn ich am Schreibtisch oder Computer sitze, kann ich aus dem Fenster in eine weite Landschaft mit hohen, alten Bäumen sehen. Ich trete hinaus auf die Terrasse, setze mich auf eine Marmorbank, hole tief Atem und blicke in eine Landschaft von Claude Lorrain, die sich zu einer Ebene weitet bis zu einem Hafen und dem Meer. Hirten mit Schafherden, Liebespaare. Die Sonne scheint. Ein kleiner, verlassener Tempel steht neben hohen alten Bäumen. Ich werde wieder froh. Ich kenne ihn gut.

Der Horizont ist tief, und in der Ferne liegt silbriger Dunst. Dahinter ahne ich neue Landschaften. Chinesische steile Karstberge wie am Flusse Li nördlich von Gueilin oder japanische Dörfer, Reisfelder, Terrassen von Reisfeldern, ein See und der Fuji im Hintergrund. Träumend gehe ich durch die Vergangenheit.

Als ich um eine Baumgruppe biege, wird die Landschaft kälter, und ich bin in einem ganz anderen Bild – in einer Ebene, über die Menschen flüchten. Sie kommen aus einer Stadt, die bis zum Himmel brennt und raucht, und über ihr fliegen Bomber wie Hornissen, und was sie abwerfen, sieht aus wie lichtergeschmückte Weihnachtsbäume.

Doch was dort geschieht, gefährdet mich nicht mehr. Es geschieht ja nicht, es ist geschehen. Es ist Geschichte, meine Geschichte, sie gehört zu mir. Ich bin stolz, daß ich dabei sein durfte und daß ich zusammen mit den *few, the happy few* das schwierige vorige Jahrhundert durchschritten habe, ohne den Halt zu verlieren.

Es sei, wie es wolle, ich bin dankbar, daß ich dank der Gnade der frühen Geburt die Möglichkeiten des Menschen so habe erkennen dürfen, wie dies später in dieser Deutlichkeit nicht mehr möglich war: auch das Schreckliche, das Böse, das Manchmal-Böse und Manchmal-Gute, das Richtungslose, das Gutgemeinte mit seinen Lügen; aber auch die vielen Männer und Frauen, die, oft selbst in tiefer Not, Beispiel waren für das Gute, die Güte, die Liebe, die Sorge für den Nächsten und für den Willen zur Wahrheit. Und die meinen Glauben an den Menschen rechtfertigen.

Es ist nicht mehr so hell wie vorhin; aber ich werde gegen das einfallende Dunkel anschreiben und den Besuchern zeigen, was sich in all den Räumen befindet: die hellen und bunten und schon verblassenden Erinnerungen in den Zimmern, Kammern und Salons, aber nicht alles. Nicht die Zimmer, von denen eben die Rede war. Und verschlossen bleiben auch die Räume, in denen gute Werke liegen und der Dank von Menschen.

Was wir hinter der nächsten Tür sehen würden, weiß ich. Dort liegen die Erinnerungen an Taten, Worte und Versäumnisse, deren ich mich schäme. Die Scham trage ich allein. Auch diesen Schlüssel gebe ich nicht aus der Hand. Soll man denn Krethi und Plethi kundtun, wo man leidet und gelitten hatte? Oder zeigen, wo die Schläge trafen und wo man zu Boden ging?

Schiller hatte seinen Palast überhaupt zugesperrt, und wenn jemand anklopfte, nicht geöffnet. Die Canaille, meinte er, brauche nichts von ihm zu wissen. Sie könne ja seine Bücher lesen oder seine Schauspiele im Theater sehen. Ganz anders sein großer Freund, der alle in seinen Palast einlud, sie umherführte; aber an den Türen, in denen Entscheidendes und Dunkles verborgen lag, ging er, von etwas ganz anderem redend, eilends vorüber.

Ich werde auswählen. Aber was ich zeige, ist so wahr, wie ich es erinnere.

Heidelberg

1947–1955

Schwindelfrei

Mein Vater ließ über dem Ringofen seiner Ziegelei eine Trockenanlage bauen. Ich war damals dreizehn Jahre alt. Eines Tages, nach Feierabend, kletterten meine Schwester Ingrid, neun Jahre alt, und ich in die Baugerüste, obwohl uns das verboten war. Wir stiegen bis auf die Plattform in die oberste Ebene, den dritten Stock.

Vor uns lagen Holzbalken im Abstand von einem Meter hoch über dem Maschinenraum mit Kollergang, Walzwerk, Ziegelpresse. Ihre Enden steckten noch lose in den Mauerlöchern. Am nächsten Tag sollten sie einzementiert, und dann sollten Bretter darüber genagelt werden, daß man von einer Seite der Trockenanlage bequem auf die andere gehen konnte. Die Bretter waren noch nicht da.

Wir sahen oben von der Plattform unten auf die Ziegelpresse, und wenn wir hinabspuckten, dauerte es eine Weile, bis die Spucke unten aufklatschte.

Ich sagte zu Ingrid: »Wetten, du traust dich nicht, über die Balken zur anderen Seite zu gehen?«

»Doch«, antwortete sie, »wenn du zuerst gehst!«

Ich tat es, sprang von einem Balken zum anderen – es mögen etwa ein Dutzend gewesen sein – bis zur Plattform auf der anderen Seite. Es war gar nicht so schwer, nur hätte man nicht auf einem Balken stehen bleiben können; man mußte gleich weiterspringen, bis man nach einem Dutzend Balken auf der anderen Seite wieder die festen Bretter der Gerüstplattform unter den Füßen hatte.

Meine Schwester kam nun auch, und dann sprangen wir wieder zurück. Daß man davon schwindlig werden konnte, war uns überhaupt nicht eingefallen, weil wir nur auf die Balken sahen, nicht zwischen die Balken hindurch hinab in den Maschinenraum – zehn Meter unter uns.

17

Es war wunderbar. Wir sprangen noch einmal, da sah Ingrid unten unseren Vater kommen. Erst dann hatten wir auf einmal Angst, weil es uns ja verboten war, hier zu spielen. Wir kletterten schnell hinab und verschwanden zwischen den Stapeln von Ziegelsteinen vor dem Ringofen.

Die Zukunft – das war der nächste Tag

Anfang Februar 1948. Nichts war sicher, nur für den Augenblick fand der Fuß Halt, dann mußte man anderswo einen Vorsprung suchen, auf dem man stehen konnte.

Mein Bruder Dieter war seit Dezember 1942 nach einem sowjetischen Nachtangriff bei Rschew vermißt. Er war damals 19 Jahre alt. Seine Kameraden hatten meinen Eltern geschrieben, er sei wahrscheinlich gefallen, und wenn nur verwundet, wäre er gleich erfroren. Es sei ein gnädiger Tod gewesen. Vielleicht war es so. Ich tröstete mich mit dem Gedanken, so sei es gewesen. Aber weit reichte dieser Trost nicht. Wir haben nie wieder von ihm gehört.

Wir anderen waren davongekommen, die Eltern, die Schwester Ingrid und wir vier: die beiden Jungens Wolfram und Ulrich, Franz und ich. Nun gab es nur ein Ziel – zu überleben. Die Zukunft, das war der nächste Tag, die nächste Woche. Sehr viel weiter konnte man nicht sehen.

Es war kalt in Heidelberg. Draußen hatte es gefroren. Ich stand am Fenster in dem leeren, kahlen, ungeheizten Zimmer, das unser Wohnzimmer werden sollte, und sah hinab auf die Kuno-Fischer-Straße. Sie liegt in Neuenheim, der Stadt gegenüber, auf der anderen Seite des Neckars. Vor ein paar Tagen hatte das Wohnungsamt uns hier zwei Zimmer als Untermieter in Frau Hilde Deuchlers Wohnung zugesprochen: ein Zimmer von 24 Quadratmetern, das zur Straße hinausging, und eins von 16 Quadratmetern zum Hof hinaus.

In dem kleinen Zimmer würden unsere beiden Betten aus Stahlrohr-Rahmen und Ulrichs Kinderbett bequem Platz haben. Außerdem die chinesische Kampfertruhe mit unseren Kleidern. Einen Schrank hatten wir nicht. Wolfram könnte abends in einem unserer Betten einschlafen, und wenn wir zu Bett gingen, konnten wir ihn hinüber ins Wohnzimmer tragen und auf unsere Sitz-ecke legen, die sich zu einem breiten Bett umbauen ließ. Er würde gar nicht aufwachen.

Einen Tisch besaßen wir nicht mehr; er war in Tokio bei dem großen Luftangriff am 25. Mai 1945 mit dem ganzen Haus ver-brannt. Aber wir würden, wie wir das in unserem kleinen gemie-teten Bauernhaus in Japan am Kawaguchi-See schon getan hatten, zwei Kisten übereinanderstellen, darüber vier Bretter nageln, eine Leinendecke darauflegen – das wäre dann der Tisch. Und eben-solchen Tisch könnte ich für die Kinder zusammensetzen, jeden-falls für Wolfram, damit er schreiben konnte; denn nach Ostern sollte er in die Schule gehen. Ulrich zwar erst ein Jahr später; aber er mußte doch jetzt schon malen können.

Die große Sitzecke aus Teakholz, die wir uns 1940 in Schang-hai bei dem Emigranten Malinowski hatten machen lassen, käme natürlich in das Wohnzimmer. Daneben müßte unser einziger Sessel und der niedrige kleine Teetisch stehen. An der Wand war reichlich Platz für das Bücherregal, und in die eine Ecke würden wir den aus Kisten und Brettern zusammengenagelten Eßtisch stellen, in die andere den Eisenofen.

Wir hatten aus Japan eine ganze Kiste Tee mitgebracht – *Ko-cha*, also schwarzen Tee, wie man ihn in Deutschland trank, nicht *O-cha*, den grünen japanischen. Und ich hatte Hilde Deuchler aus unserem Vorrat gleich ein Päckchen geschenkt. Darauf hatte sie mich gegen Mittag in ihr Zimmer zu einer Tasse Tee eingeladen. Es war großzügig von ihr; denn es war doch jetzt *ihr* Tee. Er war dünn, aber für die Damen Deuchler war er stark, denn sie waren keinen Tee gewohnt; er war außerdem kostbar, damit mußte man sparsam umgehen. Tee oder Kaffee konnte sonst nur trinken, wer gute Beziehungen zu Amerikanern und ihren *PX-Stores* hatte.

Hilde Deuchler, die wir wie alle anderen bald »Hulda« nann-ten, ihre Schwester Irm und die Schwägerin Frau Lange hielten die Tassen dicht unter die Nase, schlossen die Augen und zogen den Duft des Tees ein. Helmi, Frau Langes kleinen Sohn, ließ man wenigstens daran riechen. Sein Vater war in Rußland gefallen.

In ihrem kleinen Ofen brannte Kohle; ich durfte mich daneben auf das Sofa setzen und mich aufwärmen. Alle Möbel waren schö-nes Biedermeier, auch der Schrank mit Büchern. Ich sah hinein: Karl Barth, Kirchliche Dogmatik, mehrere Bände. Die Möbel paßten so wunderbar zusammen. Heidelberg war nicht zerstört worden.

Die drei Damen und der kleine Helmi wohnten hier, in diesem kleinsten Raum der Drei-Zimmer-Wohnung. Irm hielt sich allerdings nur tagsüber bei ihnen auf, in der Nacht schlief sie in einer Dachkammer auf dem Speicher.

Ich saß auf dem Sofa, die Tasse Tee in der Hand, da hupte es auf der Straße. Wir liefen zum Fenster. Unsere Möbel! Sie kamen nicht in einem Möbelwagen, Gott bewahre! Es war ein offener Lastwagen. Franz hatte dafür eine Stange Chesterfield-Zigaretten gezahlt.

Franz hieß eigentlich Ingeborg, ich will es wiederholen, damit man es sich merkt. Es wird etwas dauern, bis die Leser sich daran gewöhnt haben; aber ich bitte das zu verstehen: Ich kann sie nicht anders nennen.

In der Familie meiner Mutter waren Scherze beliebt, die im Englischen *practical jokes* heißen. Meine Mutter zum Beispiel war besonders gut in fein ausgedachten Aprilscherzen, auf die wir stets vorbereitet waren und dennoch oft hereinfielen, mein Vater immer. Am schlimmsten aber war Onkel Martin, ihr Bruder. Eine meiner jüngeren Kusinen nannte er ohne Anlaß plötzlich *August Piependeckel,* was sie schrecklich ärgerte, vor allem, wenn er sie den Gästen so vorstellte. Ich bringe das schon hier vor, um einen gewissen Zug zu albernen Scherzen, der auch mir im Blut liegt und für den ich in der Familie berüchtigt war, von vornherein zu erklären.

Franz also und die beiden Jungens Wolfram und Ulrich waren im Fahrerhaus des Lastwagens mitgekommen. Etwas eng, aber es ging.

Die Ladefläche war hoch mit Kisten bepackt. Seile, darüber geworfen, waren stramm gespannt und hielten die Ladung fest. Unsere japanischen Wirtsleute, der Bauer Osano mit seinen beiden Söhnen, und ich hatten vor einem halben Jahr, im August, die Kisten draußen vor unserem kleinen Haus am Kawaguchi-See zusammengenagelt. Die ersten beiden Nachkriegsjahre hatten wir dort sorgenfrei gewohnt: eine glückliche, schöne und unvergeßliche Zeit, während Deutschland seine schwersten Jahre durchlebte.

Wir hatten alles, was uns geblieben war, in Kisten verstaut: die Bettgestelle, den Rahmen und die Kissen der großen Sitzecke, den

Sessel, die Teppiche, die Wäsche, die Seesäcke mit Kleidern, Schuhen, Mänteln, die Kochtöpfe und das Geschirr, das Bücherregal und die Bücher, natürlich die Bücher, selbst den schweren gußeisernen Ofen.

Wir hatten überlebt. Unser Haus in Tokio war zwar abgebrannt, aber es war uns, wie man sieht, viel geblieben: alles, was wir Monate vorher in das Dorf Katsuyama am Kawaguchi-See und am Abhang des Fuji ausgelagert hatten.

Erst zwei Jahre nach Japans Kapitulation schickten die amerikanischen Besatzungsbehörden die letzten noch in Japan lebenden rund tausend Deutschen zurück in die Heimat.

Ein amerikanischer Offizier, der wie ich am Dickinson College in Pennsylvanien studiert hatte, besuchte uns oft an Wochenenden und wurde uns trotz aller Fraternisations-Verbote ein Freund. Obwohl wir in der Amtssprache der Besatzungsbehörden als *Obnoxious Germans*, das heißt, als *Schädliche Deutsche* geführt wurden, behandelten uns die Amerikaner korrekt, ja großzügig. Sie ließen uns alles, was wir noch hatten, einpacken und mitnehmen, sorgten dafür, daß unsere Habe in den Hafen Yokohama gefahren und in den Truppentransporter *»General Black«* geladen wurde, der uns und die Kisten nach Bremerhaven brachte.

Nun luden wir sie in Heidelberg ab. Im Garten brachen wir sie auf; der Fahrer des Lastwagens und ich trugen den Inhalt hinauf und bauten als erstes die Bettgestelle zusammen.

Der gußeiserne Ofen war ein Problem. Für den Fahrer des Lastwagens, Franz und mich war er zu schwer. Wolfram und Ulrich wollten zwar helfen und liefen uns immer zwischen die Füße, aber wir gaben ihnen einen Hammer und eine Kneifzange, damit durften sie dann versuchen, Kisten zu öffnen oder krumme Nägel gerade zu klopfen und waren uns aus dem Weg.

Doch zwei junge Männer, die der Fahrer auf der Straße angeworben hatte, völlig fremde Menschen, halfen uns. Sie hatten Zeit, wir alle hatten damals Zeit. Zu fünfen gelang es uns, den Ofen ins zweite Stockwerk zu tragen.

»Der Ofen soll sicher hier an den Schornstein«, sagte der Fahrer des Lastwagens.

»Ja, natürlich.«

»Da ist aber kein Loch für das Ofenrohr.«

»Dann schlagen wir eben eins rein«, antwortete ich.

»Gut, aber wo ist das Ofenrohr?«

Franz und ich sahen uns an. Das Ofenrohr hatten wir in Japan gelassen. Der Fahrer, die beiden helfenden Männer machten ein besorgtes Gesicht. Auch Hilde Deuchler, Irm und Frau Lange wußten keinen Rat. Ofenrohre waren knapp. Niemand wußte, wo man eins kriegen konnte.

»Man könnte ja irgendwo eins abmontieren«, meinte der Fahrer. »Aus allen Fenstern ragen ja Ofenrohre heraus. – Wenn es dunkel ist«, fügte er hinzu.

»Aber die gehören uns doch nicht«, warf Hilde Deuchler ein. Sie hatte Theologie studiert und gab Religionsunterricht.

Der Fahrer kratzte sich am Ohr. »Haben Sie eigentlich Kohle?«

»Nein«, antwortete ich. »Kohle haben wir nicht mitgebracht.«

»Wir hätten ja noch ein paar Zigaretten«, sagte Franz. Sie war vorsichtig und verriet nicht, daß wir reich an Zigaretten waren. Und das kam so: Wir durften unseren Drahthaarfox Bauschan nicht mitnehmen und mußten ihn in Japan lassen. Unser amerikanischer Freund wollte ihn gerne haben und kaufte ihn uns für fünfzig Dollar ab, und für das Geld hatten wir auf dem Schiff viele Stangen Zigaretten erstanden. Oh, wir waren wohlhabend, wir merkten es erst jetzt!

»Ja, wenn Sie Zigaretten haben!« rief der Fahrer. »Dann haben wir doch kein Problem.«

Für die beiden Helfer waren wir nun auch interessant geworden. Als es dunkel zu werden begann, hatten sie alle Kisten im Garten geöffnet, die Truhe, Kochtöpfe, Pfannen, das Geschirr und die Möbel heraufgebracht, die Sitzecke und die Betten zusammengebaut. Matratzen, Kissen und Bettdecken waren da, wo sie hingehörten. Die Truhe stand im Schlafzimmer, die Bücher noch ungeordnet in dem Regal. Die Kistenbretter waren im Keller aufgestellt, damit sie nicht gestohlen wurden. Die Nägel hatten die Helfer herausgezogen, in Zeitungspapier gewickelt und uns übergeben. Nägel waren wertvoll, und die japanischen waren nicht so schlecht und weich wie unsere deutschen.

Es war schon dunkel, da kamen die beiden Helfer mit einem Ofenrohr und zwei Eimern Kohle, schlugen ein Loch in den Schornstein und montierten das Rohr ein. Sie waren stolz, als das Feuer brannte. Sie und der Fahrer teilten ein Päckchen *Camel* unter sich und verabschiedeten sich fröhlich und hofften, uns bald wiederzusehen.

Wolfram hatte sich mit dem Hammer auf den Daumennagel gehauen. Ich murmelte darüber einen Merseburger Zauberspruch und wickelte ein großes Taschentuch um den kleinen Daumen. Da spürte er gar nichts mehr.

Dann gingen wir in den »Adler« in der Handschuhsheimer Landstraße und aßen Eintopf, der uns an Lebensmittelmarken nur ein paar Gramm Fett kostete. Ulrich schlief beim Essen ein. Nach Hause mußte ich ihn tragen.

Nach Hause! Wir hatten ein Zuhause! Zwar keine Wohnung, aber doch zwei Zimmer. Ulrich kam ins Kinderbett und Wolfram in meines. Franz und ich blieben noch im warmen Wohnzimmer. Hulda hatte uns eine Birne für die Lampenfassung an der Decke geliehen. Bevor wir uns dann hinlegten, trugen wir Wolfram ins Wohnzimmer und ließen ihn dort auf den Kissen der Sitzecke weiterschlafen. Franz und ich schliefen in unseren alten japanischen Stahlrohrbetten ein, müde und uns in den Armen haltend.

Die verbotene Tür

Wir waren glücklich. Ein Vierteljahr hatten wir in Birkelbach im Wittgensteiner Land eine Wohnung gesucht. Meine Schwester Ingrid lehrte dort in einer Landfrauenschule, meine Eltern waren nur hundert Schritte weiter bei einem Bauern in zwei Stuben untergekommen. Meine Mutter und Ingrid hatten kurz vor Kriegsende in einem Dorf bei Wittenberg an der Elbe ein Fahrrad gegen einen Handwagen umgetauscht und waren damit bis nach Birkelbach im Wittgensteiner Land gelaufen. Von Anfang Mai bis Ende Juli waren sie unterwegs gewesen, dabei wochenlang in einem Flüchtlingslager an der sowjetischen Zonengrenze aufgehalten – nachts ständig in Angst vor Vergewaltigung durch sowjetische Soldaten.

Mein Vater war mit seiner Wittenberger Polizeitruppe Kriegsgefangener der Amerikaner geworden, hatte wochenlang unter freiem Himmel in den Wiesen bei Remagen gelegen, wurde ein Jahr später wegen eines Lungenleidens entlassen und hatte sich bis ins Wittgensteiner Land durchgeschlagen.

Auch Franz, die Jungens und ich hatten dort erste Zuflucht gefunden, als wir im Oktober 1947 aus Japan kommend in Bremerhaven landeten. Es wurde November und trübe: Äcker, Wälder, Dörfer, hoch im Rothaargebirge gelegen, karg, windig und kalt, keine größere Stadt in der Nähe. Auf dem Weg von Erndtebrück zu unserem Dorf Birkelbach war ein deutscher Panzer liegengeblieben. Er stand noch ein paar Jahre da.

November, Dezember 1947, Januar: Ich kann mich nicht entsinnen, in der ganzen Zeit jemals die Sonne gesehen zu haben. Die Wege waren aufgeweicht, später verschneit und vereist.

Wir gingen durch die Dörfer und suchten Zimmer als Notunterkunft in Bauernhäusern. Was allenfalls angeboten wurde, waren kleine Zimmer dicht neben dem Stall mit niedrigen Decken. Abort auf dem Hof oder unter der Treppe. Selten fließendes Wasser. Schlammiger Weg vor der Haustür. Trostlos.

Wir schliefen in der Dachkammer eines Sägewerkbesitzers, die beiden Jungens auf Matratzen im Zimmer meiner Schwester.

Mein Vater erhielt als ehemaliger Polizeioberst und SS-Obersturmbannführer keine Pension; auch in den folgenden Jahren nicht, da er sich nicht entnazifizieren lassen wollte; denn dann hätte er, wie er in unserem »Hausbuch« schrieb, »seine frühere nationalsozialistische Gesinnung verleugnen müssen«. Das aber wollte er nicht.

Meine Mutter hatte zwar auch an Hitler und den Nationalsozialismus geglaubt und nachgesprochen, was sie von meinem Vater hörte; aber das drang nicht tief in sie ein. Ihr Wesen war Liebe. Weder meine Schwester Ingrid noch Franz noch unsere Kinder noch ich haben je von ihr ein unfreundliches Wort gehört. Sie wollte Frieden, sie litt. Sie leiden zu sehen, konnte ich nur schwer ertragen.

Die Eltern wünschten, daß wir uns in ihrer Nähe niederließen. Mein Vater liebte es, auf dem Land zu leben wie die lange Reihe unserer bäuerlichen Vorfahren; aber ich sah in jener Gegend, fern von Städten und geistigem Leben, keine Zukunft für mich.

Anderes kam hinzu: Er hatte mir schon, als ich 1937 aus Amerika und China zurückgekehrt war, vorgeworfen, in Amerika »ganz demokratische Ansichten angenommen zu haben«, was in seinen Augen so verwerflich war wie heute der Vorwurf, Faschist zu sein. Jetzt, nach dem Krieg, hielt er mich und meine Freunde, besonders Erich Kordt, für Verräter. Ich konnte dazu nicht schweigen, aber wenn ich von Hitlers Verbrechen sprach, wischte er solche Worte nur unwirsch weg. Er war im Leben, in seinem Denken und seinen Hoffnungen gescheitert, aber er wollte es nicht zugeben. Es war traurig zu sehen.

Wir versuchten danach beide, politische Themen zu meiden; wir wollten uns nicht verletzen, doch wir konnten es nicht immer vermeiden. Gewiß wünschte er mir Gutes, liebte mich als seinen verlorenen Sohn und war betrübt, daß der Graben zwischen uns unüberwindbar war.

Er ist schon vor Jahrzehnten gestorben. Du sollst deinen Vater und deine Mutter ehren. Tue ich nicht Unrecht, wenn ich beschreibe, was uns trennte?

Die schöne Zeit der Not

Ob es damals – vor der Währungsreform im Juni 1948 – reiche Leute in Deutschland gab? Wir kannten keinen, hatten auch von keinem reichen Menschen gehört. Amerikanische Soldaten und Offiziere waren reich. Sie hatten Dollars, sie hatten Zigaretten und konnten sich Uhren, Kameras und Frauleins kaufen. Deutsche waren nicht reich. Sie waren nur unterschiedlich arm, aber die Unterschiede waren nicht groß.

Gut, die Bauern! Sie hatten Butter, Milch, Kartoffeln, Eier, Gemüse und Hühner und konnten sie gegen wertvolle Sachen eintauschen. Aber ein Royal Buchara-Teppich in der Küche oder ein Mokka-Service Alt-Meißen auf dem Vertiko oder eine Radierung von Dürer an der Wand im Flur? Ihr Bedarf an Luxus dieser Art war begrenzt. Einige von ihnen, so hörte man, leisteten sich dennoch Luxus: Sie rauchten Zigaretten, die doch eine Währung waren und nur zu Tauschgeschäften dienten! Fast ein Sakrileg.

Wirklich Reiche, die alles hatten: ein unzerstörtes Haus oder eine Wohnung ohne zwangsweise eingewiesene Untermieter, eine funktionierende Heizung, Warmwasser, Rasierklingen, Kaffee, Tee, Schokolade, Parfüm, einen gefüllten Eisschrank, ein Auto, mit dem man in die Schweiz oder nach Italien fahren konnte – wirklich Reiche gab es kaum. Und in die Schweiz oder nach Italien durften selbst diese Reichen nicht reisen, nicht einmal nach

Österreich oder nach Saarbrücken, weil sie Deutsche waren. Und wenn man von Heidelberg, das in der amerikanischen Zone lag, nach Koblenz in der französischen Zone reisen wollte, brauchte man einen Passierschein in französisch und deutsch mit Unterschrift und Stempel.

Ulrich, damals fünf Jahre alt, und ich wurden einmal von einer französischen Wache im Bahnhof Ludwigshafen festgehalten, als wir von Bad Bertrich in der französischen Zone in einem Güterwagen nach Heidelberg zurückkehren wollten. Es war Nachmittag. Wir hatten keinen Passierschein und mußten in der Wache auf dem Bahnhof warten. Ulrich schlief auf der Bank ein. Erst mit dem letzten Zug am späten Abend ließ man uns über den Rhein nach Heidelberg in die amerikanische Zone fahren, weil man nicht wußte, was man mit uns anfangen sollte.

Ein Passierschein war nötig, eine Fahrkarte nicht unbedingt; viele fuhren einfach schwarz. Die Züge waren ja so überfüllt, daß kein Schaffner durchkam und kontrollierte. Und wenn er auch einen Schwarzfahrer erwischte – was sollte er gegen die anderen tun, die dicht gedrängt mit ihrem Gepäck in den Gängen standen und von denen viele auch keine Fahrkarten hatten? Der Schaffner konnte nur ruhig leben, wenn er die Dienstvorschriften großzügig auslegte und krumm gerade sein ließ: gegen eine *Camel* oder eine *Chesterfield* zum Beispiel oder einfach nur, um Gutes zu tun.

In die britische Zone kam man von Heidelberg leichter als in die französische. Franz und ich fuhren einmal nach Lüneburg, wo Franzens Schwager für uns Kartoffeln bei Bauern gekauft hatte. In und um Heidelberg gab es keine. Es waren neun schwere Säcke, die fuhren wir in Lüneburg in einem Handwagen zum Bahnhof und warfen sie mit Schwung in den D-Zug-Wagen; sie blieben am Eingang stehen, bis Marburg, wo ich umsteigen mußte. Da half mir der Schaffner, die Säcke über die Gleise auf den anderen Bahnsteig zu schleppen. Eine *Camel*.

»Das ist eigentlich nicht nötig«, sagte er und steckte sie in die Brusttasche. Mit großer Vorsicht, um sie nicht zu zerdrücken und ihren Neuwert zu erhalten.

Wir waren nicht reich, aber wir konnten leben; denn wir hatten Zigaretten, amerikanische und japanische. Der Rauch der japanischen Marke kratzte zwar verteufelt im Hals, aber sie war dafür exotisch.

Ich suchte keine Arbeit, keine Anstellung; denn es arbeitete überhaupt nur, wer nichts einzutauschen hatte. Der Journalist Kurt Joachim (Kajot) Fischer erzählte von einem Ehepaar in der Nachbarschaft, das sich auf dem Balkon fünf Hühner hielt. Körnerfutter holte sich der Mann bei einem Bauern. Die Hühner legten – je nach Jahreszeit – fünfzig bis hundert Eier im Monat, manchmal auch mehr. Die verkaufte seine Frau schwarz, und das Geld reichte dann für alles, was den beiden auf Lebensmittel-karten zugeteilt wurde. Denn diese Preise waren niedrig und fest-gelegt.

In ihren Blumenkästen auf dem Balkon wuchs Tabak. Die Blätter trocknete der Mann im Herbst, beizte und fermentierte sie, und er wurde den Tabak auch los, obwohl er abscheulich schmeckte. Für das Geld kaufte das Ehepaar schwarz Butter, Gemüse oder Fleisch, um die Lebensmittelrationen aufzubes-sern. Wozu sollten sie denn arbeiten? Sie hätten auch nicht mehr Geld verdient, als was ihnen die Hühnereier und der Tabak ein-brachten.

Für ein Päckchen Tee und zwei oder drei Päckchen Zigaretten bekamen wir genug Geld, um die zugeteilten Lebensmittel zu kaufen. Das war aber nicht genug, vor allem nicht genug für die beiden Jungens. Franz fuhr daher mit dem Fahrrad in die Dörfer und kaufte gegen Zigaretten zusätzlich Gemüse, Butter oder Eier von den Bauern. Dennoch hatten wir oft Hunger, und wenn un-sere Wochenration auf dem Regal lag, das ich aus Kistenbrettern gezimmert hatte, kostete es mich manchmal große Überwindung, daran vorbeizugehen.

Irm, Huldas Schwester, die Jüngste in der Wohnung, bekam ein Kind von einem jungen Flüchtling aus Schanghai, heiratete, der Jüngling zog auch in die Wohnung ein. Uns wurde die Toch-ter Barbara geboren. Wir waren schließlich elf Personen in drei Zimmern und einer Dachkammer mit *einer* Küche, *einem* Bade-zimmer und *einer* Toilette. Wir wohnten dort drei Jahre, aber nie war einer auf den anderen böse, es gab nie Streit, wir sprachen über unsere Sorgen miteinander, und es wurde viel gelacht. In an-deren beengten Wohnungen soll es nicht immer so friedlich zuge-gangen sein.

Einen Schreibtisch besaßen wir nicht. Die Reiseschreibma-schine auf den Knien, saß ich im Sessel, arbeitete an einem Roman über den römischen Kaiser Quintillus, erfand Geschichten oder später auch Hörspiele. Beschriebene oder unbeschriebene Seiten lagen neben mir auf einem niedrigen Tisch, den ich aus Kistenbrettern gezimmert hatte. Wir aßen in dem Zimmer, und auch zwischen den Mahlzeiten kamen Franz oder die Kinder oft hinein, um zu lesen oder zu spielen; man konnte sie doch nicht in das kleine Schlafzimmer verbannen. Um Geschichten zu schreiben, mußte man sich eben konzentrieren. Nach zwei Jahren konnte ich mir einen Schreibtisch leihen.

Alles war knapp, und doch waren wir reich. Wir waren davongekommen, und das Kostbarste überhaupt war uns geblieben: Zeit. Es war freilich keine Zeit, auf die man bauen und in der man sein Leben planen konnte, sondern nur ein Aufschub, eine Zwischenzeit, eine Reihe von Balken hoch über der Tiefe, in die man abstürzen konnte.

Vor dem Krieg hatte ich Pläne gemacht. Mein Ziel war immer, Romane zu schreiben. Dann kam der Krieg. Eine Flutwelle stürzte auf uns herab. Wir alle wurden von ihr fortgerissen; niemand konnte gegen sie anschwimmen oder Pläne machen. Mich hatte sie in das damals noch ruhige fernöstliche Gewässer geworfen. Doch dann brach die Flutwelle des Pazifik-Krieges über uns herein. Es galt zu überleben und zu warten, bis man wieder festen Boden unter den Füßen hatte.

Jetzt, drei Jahre nach Kriegsende, hatte die Flut uns in Heidelberg an Land gesetzt, aber die Zeit vor uns lag in tiefem Nebel. Wir konnten uns noch immer keine weiten Ziele stecken, wir suchten erst einmal unsere Freunde und Halt.

Der Krieg hatte sie in alle Richtungen hin getrieben. Alle Menschen warfen damals Netze aus, und oft war es ein Wunder, wie sich die Überlebenden inmitten der Trümmer und unter den Millionen von Ausgebombten, Flüchtlingen, Vertriebenen und entlassenen Kriegsgefangenen fanden und wie die zerbrochenen Kreise der Familien und Freunde sich wieder schlossen – über die Lücken der Toten hinweg.

Jedes Wiedersehen war ein Glück: Hubert Schrade, bei dem ich in Kunstgeschichte promoviert hatte und der uns ein Freund wurde, die Kommilitonen Hans Fegers, Susanne Ossen, Matthias Schrecklinger, der abgemagert und kaum wiederzuerkennen aus sowjetischer Gefangenschaft kam. Walter Peter Fuchs, der Historiker, mit seiner Frau Marianne, Ludwig Giesz, mit dem ich Philosophie studiert hatte. Es stellten sich ein: Max Barthel, der »Arbeiterdichter«, der den Krieg in Dresden überlebt hatte, und Ernst-Lothar von Knorr, dem die Manuskripte von 160 seiner Kompositionen bei einem Luftangriff in Frankfurt verbrannt waren. Sie stammten aus den Jahren, in denen seine Musik als entartet galt. Erich Kordt, im Krieg eine Zeitlang Gesandter, und Eugen Ott, damals Botschafter in Tokio, kamen oft zu Besuch. Unsere drei japanischen Freunde aus dem Tokioer Außenministerium: Ushiba, Hogen und Furuuchi – treue Freunde bis zu ihrem Tod Jahrzehnte später. Walther Stennes, der alte Revoluzzer und unser Freund aus Schanghai, den Tschiang Kaishek als Chef seiner Leibwache entlassen hatte. Auch Unbekannte klopften an mit einem Gruß von Freunden und fanden bei uns Unterkunft, wie wir auf Reisen stets bei Freunden übernachteten. Man schob niemand in ein Hotel ab.

Wolfram schlief dann auf einer Matratze vor unseren Betten am Fußboden und die Freunde auf der Sitzecke, die wir nachts zu einem Bett oder Doppelbett machten.

Wir waren reich an Freunden, sind es geblieben und wissen dieses Glück zu schätzen. Die meisten lebten damals von der Hand in den Mund wie wir. Sie gingen noch nicht in einem Beruf oder der Arbeit für ein großes oder kleines Ziel auf. Alle hatten Zeit für einander.

Unsere Gefühle waren in dieser Zeit stärker als früher und als heute. Die Menschen waren sich näher. Meine Mutter und Schwester hatten auf ihrer monatelangen Wanderschaft aus Wittenberg ins Wittgensteiner Land immer Obdach und Menschen gefunden, die sich ihrer annahmen und sie nicht verhungern ließen. Die Not, der Verlust, die Armut, der Tod waren alltäglich geworden, regten niemand mehr auf. Worte des Selbstmitleids hörte man nie; man hätte sich geschämt, sie auszusprechen. Man wußte, daß das Elend in der Welt die Regel war, hatte es ja überall erlebt, und man wußte, daß niemand imstande war, es abzustellen.

Wie freuten wir uns, wie dankbar waren wir, wenn uns jemand etwa ein Stück *Yardley* Lavendelseife aus Amerika sandte! Wir hielten diese Kostbarkeit in beiden Händen, zogen mit geschlossenen Augen den unbeschreiblichen Lavendelduft ein. Daß es so etwas in der Welt noch gab! Es war ein Wunder. Oder wenn uns unsere amerikanischen Bekannten ein *Care*-Paket mit Kinderkleidung schickten. Und meist war sogar eine Tafel Schokolade für die Jungens drin! Wie schön, wie tief waren damals Freude und Dankbarkeit!

Wenn wir uns nach dem Abendbrot in unseren beengten Wohnungen trafen, brachte, wer immer einschlägige Beziehungen hatte, eine Flasche Wein mit. Wir diskutierten lebhaft über die Lage, die Zeit und die Welt, Gegenwart und Zukunft und waren offen und frei für unsere Visionen. Der Krieg war vorüber, die Menschen starben nicht mehr im Kampf zu Lande, zur See oder in Bombennächten. Der große Druck war von uns genommen. Wir lebten noch, waren frei, konnten wieder selbst über uns verfügen.

In dem Amerika-Haus lasen wir die amerikanischen Zeitungen, *Time* und *Newsweek*, lernten die neue politische, wirtschaftliche, historische Literatur der angelsächsischen Welt kennen, konnten dazu die neuesten Werke Hemingways, Faulkners, Steinbecks, T. S. Eliots, Sartres, die letzten Werke Bernard Shaws entleihen.

Was wir nun über die eben erst vergangene Zeit Hitlers erfuhren, nahm uns oft den Atem, und fassungslos sahen wir, zu welchen Ungeheuerlichkeiten der Mensch fähig war. Wir hätten die ganze Nacht hindurch über das Neue, das vor uns lag, sprechen können; aber wir waren ja alle schwach und nur halb satt vom Abendbrot aufgestanden; um zehn Uhr gingen wir schon nach Hause. Wir waren zu schwach und müde.

Ich bekam kein Gehalt, keine Pension, keinerlei Unterstützung. Wir stellten keine Ansprüche an den Staat. Es gab ja auch keinen, nur Besatzungsbehörden, und die Verwaltungen der zerbombten Städte konnten allenfalls das größte Elend mildern. Viele Menschen lebten in größerer Not als wir. Aber niemals hörten wir Klagen. Vieles von dem, was wir heute in unserem Wohlstand hören, wäre damals als haltloses Geschwätz beiseite gewischt worden.

Wir mußten uns selbst helfen und einander zur Hand gehen. Es war eine Zeit der Menschlichkeit. Wir lebten besser miteinander; wir Deutschen waren damals ein anderes Volk.

Ich will, Gott behüte, die ersten Nachkriegsjahre der Not nicht wieder herbeireden. Aber wer sie erlebt hat, wird sie nicht fürchten. Sie machte die Menschen stark und hilfsbereit. Das Reden und die Gedanken waren ernst, und wir suchten zu verstehen und uns in der Welt einzurichten; denn die Erinnerung an die vergangenen Jahre, die Furcht vor dem Abgrund waren noch nahe, die Erfahrung des Sturzes noch lebendig. Das Erlebnis der Freiheit machte uns Mut.

Natürlich gab es auch Menschen, die diese Zeit nicht bestanden, die *Frauleins*, die nachträglichen Widerstandskämpfer, die Trotzigen und Unverbesserlichen. Aber von denen war niemand unter unseren alten Freunden.

Nein, herbeireden soll man die Not nicht, doch jeder Generation wäre wenigstens die Erfahrung der Not zu wünschen, in der der Mensch sich seiner Ohnmacht, seiner Abhängigkeit bewußt wird – von den Mächten, denen er unterworfen ist: dem Weltgeschehen, der Geschichte, der Zeit und ihrem Ursprung im Transzendenten – wo er, wenn er nicht fällt, so doch in die Knie geht. Wo er in Demut verharrt.

In Träumen kehre ich manchmal in diese Jahre zurück, wie viele, die sie bewußt erlebten und damals die Kraft zum Neubeginn ihres Lebens und zum Wiederaufbau einer neuen Welt fanden. Der Tod des Krieges stand wie eine hohe Wetterwand hinter uns. Wir hatten überlebt, waren noch jung, und wir waren frei.

Verdeckte Ziele

»Beruf?« fragte der Beamte im Einwohnermeldeamt.

»Kunsthistoriker«, antwortete ich.

Aber das war gelogen. Ich war zwar im Frühjahr 1939 bei Hubert Schrade in Kunstgeschichte promoviert worden und sollte damals sein Assistent in Heidelberg werden; aber dann kam der Krieg. Alle meine Kommilitonen wurden zur Wehrmacht eingezogen, selbst Hubert Schrade. Ich blieb als einziger Mann unter lauter Studentinnen im Kunsthistorischen Seminar übrig, weil ich den zweijährigen Militärdienst, der mir Zivilisten zuwider war, unter fadenscheinigen Gründen immer weiter hinausgezögert hatte, so daß man mich nur für eine Acht-Wochen-Ausbildung verpflichtete, zu der ich aber nicht eingezogen wurde. Jetzt bei Kriegsbeginn schien man sich meiner nicht zu erinnern.

Ich traute dem Frieden aber nicht. Es war sicherlich nur eine Frage der Zeit, bis die Flutwelle mich auch hier herauswirbeln würde. Und wer wußte, wo ich dann landen würde! Da erinnerte ich mich wieder an das Angebot, das mir mein alter Gastgeber Hermann Kriebel aus Schanghai gemacht hatte, der jetzt Personalchef des Auswärtigen Amtes war, Kulturattaché in Washington zu werden. Aus Washington wurde dann freilich nichts – ich wurde als Wissenschaftlicher Hilfsabeiter in die Kulturabteilung des Auswärtigen Amtes aufgenommen und kriegsdienstverpflichtet, dann nach Schanghai und bald darauf nach Tokio versetzt.

»Kunsthistoriker?« fragte der Beamte. »An der Universität?«

Ich antwortete, ich bemühte mich noch um eine Assistentenstelle.

Eine Ausrede. Ich hatte nicht einmal bei der Universität angefragt; denn ich wollte seit jeher nichts anderes tun, als Geschichten erfinden und schreiben.

Schriftsteller? Poet? Das war aber doch kein Beruf! Allenfalls konnte man so etwas nebenbei machen. Schriftsteller lebten in ungeheizten Zimmern und Dachstuben. Und so sollten auch Franz und die beiden Jungens hausen?

Kunsthistoriker dagegen war ein respektabler Beruf. Man konnte Professor, konnte Museumsdirektor werden, Beamter also mit einem festen Gehalt an jedem Ersten, und im Alter, wenn wieder normale Zeiten kämen, auch mit Pension. Bedenken gegen die fragwürdige Existenz des Schriftstellers verstand ich nur zu gut. Es waren hundert Gründe, die gegen sie sprachen. Deshalb genierte ich mich auch, öffentlich zu verkünden, worauf ich hinauswollte.

Nur Franz wußte es. Ihr hatte ich es schon als Student gesagt, als wir uns vor zehn Jahren in Heidelberg kennenlernten. Etwas verlegen hatte ich sie gewarnt: Dies sei meine Aufgabe, niemand habe sie mir gestellt. Jedenfalls könne ich mich nicht erinnern, wie und wann es dazu kam; aber ich dürfe mich ihr nicht entziehen. Wohlstand sei freilich nicht zu erwarten. Nie. Franz hatte sich jedoch nicht abhalten lassen.

»Der beste Autor«, liest man bei Nietzsche, »wird der werden, der sich schämt, Schriftsteller zu werden.« Nun, ginge es allein danach, dann wäre ich damals wirklich ein guter Schriftsteller gewesen. Das erste jedoch, was ich unternahm: Ich verbrannte in unserem eisernen Ofen zwei dicke Manuskripte – einen Roman und eine lange Erzählung. In den zwei Jahren, die wir nach dem

Kriege am Kawaguchi-See wohnten, hatte ich viel geschrieben: meine Erinnerungen an den Verlauf des Krieges in Tokio, zwei Romane und zwei längere Erzählungen.

Der Roman *Die Sense des Saturn* wollte den Einbruch des Nationalsozialismus in eine märkische Kleinstadt schildern. Doch ich war von Hitlers zwölf Herrschaftsjahren nur fünf in Deutschland gewesen und sah jetzt nach der Rückkehr aus Japan, daß vieles ganz anders gewesen war, als ich es mir vorgestellt hatte, viel verwickelter und vieldeutiger.

Die Erzählung, die ich verbrannte, beschrieb die Heimkehr eines japanischen Soldaten, der sich zum Kamikaze-Angriff auf ein amerikanisches Kriegsschiff gemeldet hatte, aber nicht mehr eingesetzt wurde, weil der Krieg zu Ende war. Das Thema war mir noch zu schwer gewesen. Beide Manuskripte genügten mir nicht mehr. Als ich sie verbrannt hatte, war ich erleichtert. Die anderen beiden – der Roman *Du mußt dein Leben ändern* und die Erzählung *Die Frage des Tigers* – wurden später veröffentlicht.

Seit dem Jahr 1940 hatte mich ein Satz in Rankes *Weltgeschichte* über den fast unbekannten spätrömischen Soldatenkaiser Quintillus fasziniert. Als wir in Japan auf unsere Repatriierung warteten, konnte ich ihn nicht schreiben, weil mir dort die Literatur über jene Zeit fehlte.

Doch jetzt war der Krieg vorbei. Ich war in Heidelberg, konnte alle Literatur über jene Epoche aus der Universitätsbibliothek entleihen und begann, den Roman zu schreiben; aber die Arbeit ging nur zäh voran. Ich hatte zuviel über neue literarische Theorien gelesen und verlor mich nun beim Schreiben in formalen Experimenten, in philosophischen Spekulationen und Tiefsinn. Ich wollte nicht einfach eine Geschichte erzählen, sondern mit einem literarisch-philosophischen Roman das Publikum in Erstaunen setzen. Die Menschen, von denen ich schrieb, aber blieben blaß, waren nur Träger von Meinungen. Nach einem halben Dutzend Kapiteln gab ich auf und warf auch dieses Manuskript in den Ofen.

Ich war niedergeschlagen. Hatte ich mich verhört, als ich glaubte, die Berufung zum Schriftsteller vernommen zu haben? Ich hatte in dem ersten halben Jahr in Heidelberg nichts geschrieben außer einigen skurrilen und phantastischen Kurzgeschichten, die aber zu lang für die damals noch dünnen Zeitungen waren.

Wie konnte ich als Schriftsteller, der nichts Vernünftiges schreiben konnte und dessen Manuskripte nicht veröffentlicht wurden, leben und meine Familie ernähren? Gewiß, unser Kapital, die Zigaretten und der japanische Tee, brachten in dieser Zwischenzeit auf dem Schwarzmarkt genug zum Leben ein. Wir sprangen wie damals als Kinder, ohne schwindlig zu werden, in der Höhe von einem Balken zum nächsten, durften nur nicht anhalten. Doch eines Tages waren wir auf den letzten Balken gesprungen, und dahinter war keine Plattform, auf der wir stehenbleiben und ausruhen konnten.

Die Situation wird ernst

Am 20. und 21. Juni 1948 wurde die Währungsreform verkündet und die Deutsche Mark eingeführt. Jeder konnte für seine alten vierzig Reichsmark vierzig neue Deutsche Mark eintauschen. Das waren für uns zwei Erwachsene mit zwei Kindern einhundertsechzig Deutsche Mark. Weitere zwanzig Mark der neuen Währung verhieß der Staat jeder Person für die Zukunft.

Die Reichsmark war von einem Tag zum anderen nichts mehr wert. Die Geschäfte stellten aus, was sie bisher zurückgehalten hatten. Der Schwarzmarkt sank in sich zusammen und mit ihm die Nachfrage nach unserem Tee und unseren Zigaretten.

Wer jetzt angestellt war, der war fein raus. Er bekam schon zehn Tage später sein Juni-Gehalt in Deutscher Mark. Ich war nirgends angestellt und hatte keinen Beruf – ich war nur Schriftsteller.

Am Tag nach der Währungsreform ging ich zur Sendestelle des Süddeutschen Rundfunks in Heidelberg und bot meine Dienste als freier Mitarbeiter an, der hochinteressante Berichte über den Krieg in Ostasien, die Lage in Japan und China liefern und der die moderne amerikanische und englische Literatur, die ich in den letzten Jahren ausschließlich gelesen hatte, kenntnisreich besprechen könne.

Doch das Interesse der Sendestelle Heidelberg für meine Vorschläge war nur mäßig. Vom Krieg wollte man nichts mehr wissen und von dem in Ostasien schon gar nichts. Über Rezensionen angelsächsischer Literatur werde man nachdenken, sobald Rezensionsexemplare vorlägen. Immerhin erhielt ich den Auftrag, einen kurzen Aufsatz über Konfuzius zu schreiben.

Zum Leben reichten die Honorare aber nicht. Ich fiel einen Monat durch Krankheit aus, unsere Tochter Barbara wurde geboren: unser Sorgenkind, weil sie mit multiplen Geburtsfehlern auf die Welt kam, die dann aber, als sie zur Schule ging, unser Sonnenschein wurde. Die Anomalien verschwanden mit den Jahren von allein, nur ein Gebrechen machte noch Jahre später lebensbedrohende Operationen notwendig, bis es geheilt war.

Die Krankenhaus-Rechnungen konnte ich nur in Raten bezahlen. Es kamen Zahlungsbefehle, wenn ich die Fristen nicht einhielt. Wir verkauften unsere japanischen Perlenketten, aber das reichte nicht weit. Meine alten Freunde hatten Anstellung in Hochschulen, Museen, der Wirtschaft, dem Stuttgarter »Friedensbüro«, der bizonalen Wirtschaftsverwaltung und – nach Gründung der Bundesrepublik Deutschland – in den Behörden Bonns gefunden. Sie alle erhielten am Ersten eines jeden Monats ein Gehalt, ich aber nichts.

Die Notzeit in Deutschland war vorbei, das Wirtschaftswunder begann. Die Zeit, die Freunde für Freunde gehabt hatten, wurde knapper, das Feld ihrer Interessen enger. Man diskutierte nicht Abende lang über Visionen. Die großen Pläne wurden an der neuen Wirklichkeit gemessen, und wenn der Weg dorthin zu lang oder zu mühsam war, vergaß man sie. Man wollte vorankommen. Man wünschte sich zum Geburtstag oder Neuen Jahr nicht Glück, sondern Erfolg.

Wohlstand, hatte ich Franz ja von vornherein gesagt, ist in meinem Beruf nicht zu erwarten. Sie hatte sich aber wohl nicht ein Leben in dieser Armut und Unsicherheit vorgestellt. Doch sie hielt durch. Sie hielt immer zu mir. Manchen Tag hatte sie nur noch etwas Silbergeld in der Tasche. Wir waren arm.

Die Sonate mit dem Paukenschlag

Im Rundfunk hörte ich im Jahr 1948 eines Abends das Hörspiel *Draußen vor der Tür* von Wolfgang Borchert. Ich war gefesselt, nicht nur vom Inhalt, sondern mehr noch von der Form des Hörspiels, hatte zwar nur Stimmen vernommen, und dennoch Menschen gesehen, als stünden sie vor mir. Das, sagte ich mir, kann ich auch, nur wußte ich nicht, wie ein solches Manuskript aussieht.

Am nächsten Morgen ging ich in das Amerika-Haus, jener segensreichen Einrichtung, fand dort und entlieh mir ein Buch *How to Write Radio-Plays,* las es und schrieb gleich ein Hörspiel nach einer meiner vorher entstandenen phantastischen Kurzgeschichten: *Der Mann hinter dem Wandschirm.*

Die Sendestelle Heidelberg konnte sich nicht vorstellen, daß ein eben erst aufgetauchter lokaler Autor ein Hörspiel schreiben könne. Der Norddeutsche Rundfunk in Hamburg dagegen, dem ich einen Durchschlag gesandt hatte, antwortete, Hamburg könne es nur aus einem Grunde nicht senden: Es würde »Gespensterfurcht verbreiten und dem Aberglauben Vorschub leisten«.

Inzwischen hatte ich eine andere der phantastischen Geschichten, *Die Sonate mit dem Paukenschlag,* zu einem Hörspiel umgearbeitet. Der Norddeutsche Rundfunk telegrafierte umgehend: »Erbitten Nachricht ob Belastung vorliegt oder bereits Entnazifizierung erfolgt ist. Fragebogen unterwegs.«

Die Spruchkammer Heidelberg hatte mich, obwohl ich 1940 nach meiner Anstellung im Auswärtigen Amt auch der NSDAP beigetreten war, wegen meines Streits mit dem Landesgruppenleiter der NSDAP in Schanghai und des Verbots meines Buches *Die Adamowa* als »nicht belastet« eingestuft, hatte das Entnazifizierungsverfahren eingestellt und die Kosten der Staatskasse angelastet. Der Norddeutsche Rundfunk war damit zufrieden, und schon einen Monat später konnte ich ihm ein drittes Hörspiel senden: *Das Buch und der Pfiff.*

Alle wurden gesendet; auch andere deutsche Sender, bald auch der Österreichische und der Schweizerische Rundfunk und schließlich auch der Süddeutsche Rundfunk übernahmen sie.

Der protestantische Hörspielautor

Das Hörspiel ist eine vergangene Literaturgattung. Es begann bald nach Kriegsende zu blühen, entfaltete sich in den fünfziger Jahren und welkte, als das Fernsehen und das Fernsehspiel kam.

Bis dahin war der Rundfunk in Deutschland das Medium mit der größten Breitenwirkung. Es gab nur öffentlich-rechtliche Anstalten. Sie nahmen ihren Auftrag und ihr Publikum ernster als das Fernsehen von heute. Sie schielten nicht nach Einschaltquoten, sondern muteten dem Hörer manchmal viel zu.

Seifenopern, Talkshows, Schamlosigkeit bis zur Pornographie, Verfälschung durch getürkte Aufnahmen, detaillierte Darstellung der Gewalt, des Mordens und Sterbens, all das gab es nicht in dem Rundfunk jener ersten Nachkriegsjahre. Die Gedanken der Zeit wurden dem Publikum in oft anspruchsvollen Abendsendungen, etwa denen von Alfred Andersch und Heinz Friedrich im Hessischen Rundfunk, nahegebracht. Hörspiele wurden damals im Publikum und der Presse diskutiert.

Die von den Intellektuellen so oft verdächtigte Technik hatte mit dem Hörspiel eine neue Kunstform möglich gemacht, die zwar viele Menschen gleichzeitig ansprach, aber nicht als ein Publikum wie im Theater, sondern als einzelne. Es erregte die Phantasie nur durch das Ohr, und das Ohr ist, wie schon Carl Gustav Carus schrieb, »der innerlichste Sinn, welcher von den verborgensten Erzitterungen der raumerfüllenden Erscheinungen bewegt wird«.

Daß der optische Eindruck fehlte, war eher ein Vorteil: Das Geschehen wurde auf einer inneren Bühne dargestellt, und die war so weit wie die Phantasie des Hörers. Er nahm nicht nur ein Bild auf, sondern er schuf es erst und stellte es auf seiner nur ihm eigenen Bühne vor das Auge.

Im Mai 1949 fand im Süddeutschen Rundfunk eine Hörspieltagung statt. Zur Diskussion wurde mein neuestes Hörspiel *Lot und Lots Weib* gestellt, das die Geschichte von Sodom und Gomorrha als Parabel in die Gegenwart verlegte. Der Theologe Helmut Thielicke, damals noch in Tübingen, sprach sich in längerer Rede zustimmend dazu aus.

Das und einige andere Hörspiele, etwa das über den Wunsch nach Euthanasie einer Krebskranken in dem Hörspiel *Darfst du die Stunde rufen?*, trugen mir den Ruf eines protestantischen Hörspielautors ein.

Ich war als Schüler zwar im BK, dem Bibelkreis der evangelischen Jugendbewegung gewesen, im lutherischen Geist in der Lutherstadt Wittenberg erzogen und in Luthers Pfarrkirche konfirmiert worden – aber ein Autor *De Propaganda Fide* wollte ich nicht sein.

Um das Etikett, das ich dem Evangelischen Pressedienst verdankte, loszuwerden, drohte ich, nun ein pornographisches Hörspiel zu schreiben. Die Herren des Evangelischen Pressedienstes Heinz Schwitzke und Pfarrer von Mayen lachten darüber nur: Erstens werde der Rundfunk kein solches Hörspiel senden, dafür würden die Kirchen schon sorgen, und zweitens würde gerade eine solche Darstellung die schönsten Argumente für eine Diskussion über den Abfall des Menschen von Gott liefern. Als mich dann Manfred Häberlen, der Dramaturg des Südwestfunks, einmal fragte, ob ich nicht ein Hörspiel-Musical schreiben könne, sah ich eine Chance, mein Etikett loszuwerden; denn Christen waren ernsthafte Leute. Das Evangelium berichtet nirgends, Jesus Christus habe gelacht, und Albernheit gehörte nicht in die Kirche. »Können Sie ein Musical schreiben?« fragte Manfred Häberlen.

»Ich kann alles«, antwortete ich übermütig, aber mit ernstem Gesicht. Ich sollte mich irren.

In dem Musical *Josephine antwortet* verliebt sich ein frecher, übermütiger junger Mann in eine ebenso junge intellektuelle, aber etwas spröde Briefkastentante einer Frauenzeitschrift. Er holt sich aus ihrem »Briefkasten« Rat, wie er sich ihr am besten nähern könnte; was nach vielen Fehlschlägen natürlich zu einer Schlußpointe und einem glücklichen Ende führt.

Manfred Häberlen fand das Hörspiel amüsant, der Regisseur auch, die Songs aber seien zu intellektuell und unbrauchbar. Ich war gekränkt und schlug vor, dann sollten sie doch ihre Songs allein schreiben und einen ihrer Schlagerdichter damit betrauen. Der Regisseur war über den Vorschlag hocherfreut.

Als ich dann das Musical hörte, sah ich ein, daß ich niemals fähig sein würde, mir derartig blödsinnige und primitive Songs auszudenken. Mein Hochmut war gedämpft, man hatte mir meine Grenzen gezeigt, und ich habe seitdem nie mehr, weder im Übermut noch im Scherz behauptet, ich könne alles.

Du mußt dein Leben ändern!

Zwei Romane hatte ich nach dem Kriege in Kawaguchi am Berg Fuji geschrieben; den einen hatte ich, wie erwähnt, in Heidelberg verbrannt, den anderen und eine längere Erzählung aber aufgehoben.

Dieser Roman handelte von der Zuneigung zwischen einer verheirateten Frau und einem jungen Mann, die zur Liebe wurde, und dem schließlichen Verzicht. Altes Thema also. Ort der Handlung war die Kolonie der paar hundert Deutschen am Kawaguchi-See, die dort – wie wir – nach dem Krieg auf den Rücktransport nach Deutschland warteten.

Ich hatte den Roman im Herbst 1945, bald nach der japanischen Kapitulation, geschrieben, in sechs Wochen, ohne aufzublicken und ohne später noch viel daran zu ändern. Es war eine *tour de force*, die ich mir nicht aufzwang, sondern die sich schon nach den ersten Seiten ergab. Wie von selbst entstanden Menschen, die nicht zu verwechseln waren und sich scheinbar ohne mein Zutun bewegten.

Die Handlung war einfach, begann unmerklich, wie der Berg Fuji, der im Hintergrund des ganzen Romans zuerst kaum ansteigend aus der Ebene wuchs, sich erhob, kurz auf dem Höhepunkt verharrte und sich dann langsam wieder absenkte. Als ich die letzte Seite geschrieben hatte und als die Geschichte von rund zwei Dutzend Menschen vor mir lag, war ich glücklich wie selten zuvor.

Ich war mit dem Roman auch noch zufrieden, als ich ihn in Heidelberg wieder durchsah und der Deutschen Verlags-Anstalt in Stuttgart sandte. Sie nahm ihn in ihr Programm auf. Aber als er erschienen war, sah ich, daß ich ihn mit der Feder Theodor Fontanes geschrieben und die Menschen in seiner etwas altväterischen Art gezeichnet hatte; manchmal schien auch etwas von dem spöttisch-ironischen Ton Thomas Manns durch. Mit diesen beiden Schriftstellern hatte ich seit meiner Schulzeit und bis zum Ende des Krieges gelebt. Mein Roman trug einen geliehenen Stil, und die Altersweisheit Fontanes war nicht den Ansichten eines Dreißigjährigen gemäß.

Das störte mich jetzt, und ich wollte, nachdem er erschienen war, bald nichts mehr von ihm wissen. Im weiten Abstand der Jahre und in ihrem milderen Licht erscheint er mir heute als ein gelungenes Frühwerk mit einigen geglückten Kapiteln und gut gezeichneten Menschen.

Als Titel hatte ich die letzte Zeile aus Rilkes Sonett von dem Archaischen Torso gewählt: »Du mußt dein Leben ändern!« Der Roman verkaufte sich nicht schlecht, aber auch nicht gut. Die

Buchhändler wußten, woran das lag: am Titel. Sie sagten: »Wenn jemand seiner Freundin unter den Christbaum diesen Roman legt, der sie schon in seinem Titel auffordert, ihr Leben zu ändern, wird sie weinen oder es ihm an den Kopf werfen. Das heißt also für Sie und den Verlag: Du mußt den Titel ändern!«

Dramatische Tage

Es fing wieder an. Die Römer sprachen vom *Lustrum*, dem Zeitraum, nach dem ein neuer Zeitgeist zu herrschen beginnt.

Fünf Jahre waren seit dem Zusammenbruch des Hitler-Reiches vergangen. Die Illustrierten berichteten jetzt über das Privatleben der Nazi-Größen in einer Weise, daß selbst Schurken manchmal recht sympathisch wirkten. Ehemals prominente Politiker, wie Franz von Papen, der Hitler zur Macht verholfen hatte, suchten sich reinzuwaschen und verzeichneten das Bild der Politik, an der sie mitgewirkt hatten.

Ich schrieb nicht nur Hörspiele, sondern kommentierte, allein oder zusammen mit Erich Kordt, gelegentlich außenpolitische Ereignisse im Süddeutschen Rundfunk. Erich Kordt war in Tokio als Gesandter mein Vorgesetzter gewesen, er hatte mich dorthin geholt, als der Landesgruppenleiter der NSDAP in China meine Abberufung von Schanghai gefordert hatte. Erich Kordt wurde später mein Freund, mit dem ich bis zu seinem Tod eng zusammenarbeitete.

Mit seinem Buch *Wahn und Wirklichkeit* hatte er 1948 eine erste, aufsehenerregende zusammenfassende Darstellung von Hitlers Außenpolitik veröffentlicht. Er war Chef des Ministerbüros unter Ribbentrop und engster Mitarbeiter des Staatssekretärs Ernst von Weizsäcker gewesen. Seine Versuche, Hitlers Kriegspolitik mit Hilfe der Briten zu durchkreuzen und schließlich seine Pläne, Hitler durch ein Attentat aus dem Weg zu räumen, sind bekannt und dokumentarisch belegt. Nach seinem Tod habe ich ihm in dem ersten Band meiner Autobiographie *Mut und Übermut* ein Kapitel gewidmet.

Intendant des Süddeutschen Rundfunks in Stuttgart war Fritz Eberhard, ein alter Sozialdemokrat, der vor dem Krieg nach England emigriert, von dort aus Rundfunksendungen an die deutschen Arbeiter gerichtet hatte und nach dem Krieg zurückgekehrt war. Auch er war von der neuen Tendenz, den Nationalsozialismus zu verharmlosen, alarmiert.

Ich schlug ihm im Jahr 1951 vor, zusammen mit Erich Kordt eine Reihe von sechs Dokumentarsendungen über Hitlers Außenpolitik zu schreiben, mit der »Machtergreifung« zu beginnen, darauf den Anschluß Österreichs, die Sudetenkrise, die Zerschlagung der Tschechoslowakei sowie die Polenkrise und den Kriegsausbruch darzustellen. Eberhard stimmte zu.

Erich Kordt und ich besprachen Rahmen und Inhalt jeder Sendung, er gab mir Hinweise auf die neueste deutsche und ausländische Literatur. Ich schrieb den Text, und dann redigierten wir ihn gemeinsam.

In der Sendereihe, die wir *Dramatische Tage in Hitlers Reich* nannten, stützten wir uns ausschließlich auf zuverlässige Aussagen, Tagebücher, Dokumente, Gesprächsprotokolle und Prozeßberichte. Meinungen und Kommentare schlossen wir aus. Wir besorgten uns von der BBC und aus deutschen Rundfunkarchiven Mitschnitte der Reden Hitlers, Goebbels', Görings, Chamberlains, Mussolinis und anderer Politiker jener Zeit.

In den heutigen sogenannten Dokumentarsendungen des Fernsehens werden die deutschen Akteure der damaligen Zeit oft als eine Bande von Halbwahnsinnigen geschildert, die nur mit haßverzerrtem Gesicht in die Mikrofone brüllten und Weltkrieg und Holocaust vorbereiteten, was damals eigentlich jeder Zeitgenosse hätte erkennen müssen. Statt dessen hingen die Deutschen an den Lippen des Führers und jubelten ihm hysterisch zu. Sie waren diesen Dokumentarsendungen zufolge unsäglich primitiv, so daß die heute von Guido Knopp aufgeklärten Zuschauer darüber nur den Kopf schütteln und sich für ihre Vorfahren schämen können.

Unser Publikum im Jahr 1951, darunter viele, die vor kurzem Hitler noch applaudiert hatten, war jahrelang von den Nazis, dann von den Siegern mit Propaganda überschüttet worden; es war selbst Zeitzeuge gewesen und wollte nun Fakten kennenlernen, die bisher verborgen geblieben waren, jetzt aber ans Licht kamen, nicht Meinungen von Besserwissern. Es war, schon einmal durch Propaganda betrogen, kritischer und mißtrauischer als das Publikum von heute, und wir wollten auch die Hörer erreichen und überzeugen, die noch immer ihre alten Träume vom Tausend-jährigen Reich träumten.

Wir bemühten uns daher, das Geschehen kühl und distanziert zu schildern, nur die Tatsachen sprechen zu lassen, auch die Fehler und Fehleinschätzungen des Auslandes darzustellen. Obwohl es oft schwerfiel, widerstanden wir doch stets der Versuchung, die Ereignisse durch eine satirische Brille zu sehen: Das Abenteuerliche, Groteske, Brutale in Hitlers Politik trat dadurch nur desto deutlicher hervor.

Als mir jedoch die Produktion der ersten Sendung im Studio zur Begutachtung vorgeführt wurde, war ich entsetzt. Jeder Schauspieler jener Zeit konnte die Stimmen Hitlers, Görings, Goebbels' und der anderen Reichsführer täuschend imitieren, und von dieser Kunst machten sie in der Aufnahme weidlich Gebrauch, suchten einander in dieser Kunst sogar zu übertreffen. Sie ließen sich jedoch überzeugen, daß wir keine kabarettreife Darstellung von Hitlers Katastrophenpolitik wollten, sondern daß man diese schicksalhafte, unheilvolle Epoche einem Publikum, das sie noch erlebt hatte, nur durch unwiderlegliche Fakten und eher unter-kühlt vorsetzen durfte.

Ich hatte für alle Sendefolgen die Regieanweisung dem Manu-skript vorangestellt: »Karikierende Imitation oder Persiflage in den Stimmen der historischen Persönlichkeiten sollen vermieden wer-den. Dagegen ist eine Annäherung an Tonfall, Stimmlage (Hin-denburg) oder Dialekt (Hitler, Goebbels, Rosenberg) angebracht. Wo Ironie beabsichtigt ist, geht sie aus dem Text allein hervor und braucht nicht noch unterstrichen zu werden.«

Die ganze Sendung wurde neu aufgenommen, und die Spre-cher waren selbst überrascht, daß ihre Worte in nüchterner All-tagssprache oft stärker wirkten als vorher in ihrer outrierten Darstellung. Und um so gespenstischer wirkten dann die einge-blendeten Originalaufnahmen aus den Reden Hitlers und seiner Mitstreiter.

Die Sendereihe hatte eine außerordentliche Wirkung. Es war die erste zusammenhängende und ausführliche Darstellung von Hitlers Außenpolitik. Die Straßen waren zur Sendezeit leer. Die meisten anderen deutschen Sender übernahmen die Hörfolgen. Bundeskanzler Adenauer beglückwünschte Fritz Eberhard zu die-sem Unternehmen.

Wir erhielten Hunderte von Briefen sowohl von Hörern, die uns für die Sendung dankten, als auch von solchen, die sich gefreut hatten, die vertrauten Stimmen ihrer alten Führer wieder im Originalton zu hören. Wir wurden viel beschimpft: »Nestbeschmutzer« und »Verräter« waren noch milde Ausdrücke. Anonyme Drohbriefe waren natürlich auch darunter.

Aber es gab auch ernstzunehmenden Widerspruch. Winifred Wagner zum Beispiel bezeichnete einen von uns zitierten verzweifelten Brief Hitlers an sie kurz vor der Machtergreifung als freie Erfindung ihrer Tochter Friedelind, obwohl Hitler ihn, wie Winifred Wagner selbst meinte, damals hätte schreiben können. Friedelind Wagner dagegen, die wir um Stellungnahme baten, bestand darauf, diesen Brief selbst gesehen zu haben und beschrieb ihn in Einzelheiten. In einer Nachlese faßten wir die unterschiedlichen Reaktionen der Hörer zusammen, zitierten Mutter und Tochter und überließen es den Hörern, welcher Version sie glauben wollten.

Auf Anregung der Verlegerin Hildegard Grosche überarbeitete und erweiterte ich den Text der Hörfolge *Dramatische Tage in Hitlers Reich* um das Dreifache und veröffentlichte ihn im Jahr 1952 als Buch unter demselben Titel.

Der Preis

Ende Februar 1952, als ich nur noch das Kapitel »Polenkrise und Ausbruch des Weltkrieges« zu schreiben hatte, war ich auf die Turracher Höhe in Österreich zu einem Skiurlaub von vierzehn Tagen gefahren. Schon am zweiten Tag erhielt ich ein Telegramm von Franz, der Verband der Kriegsblinden habe das Hörspiel *Darfst du die Stunde rufen?* zum besten Hörspiel des vergangenen Jahres erklärt, und ich müsse sofort zur Preisverleihung zurückkommen.

Ich aber nahm den Preis, den ein mir bisher unbekannter Verband ausgesprochen hatte, nicht ernst und wollte meinen Urlaub nicht unterbrechen. Ich ahnte nicht, daß dieser Hörspielpreis der Kriegsblinden bald zu einem der angesehensten deutschen Literaturpreise werden würde.

Deshalb telegrafierte ich zurück: »Fehlentscheidung. Das beste Hörspiel des letzten Jahres waren die *Träume* von Günter Eich.«

Das war nicht Koketterie, sondern es ist auch heute noch meine Ansicht. An meinem Hörspiel hatte ich zwar nichts auszusetzen; die Rollen waren hervorragend besetzt, und vor allem die Hauptdarstellerin spielte eindrucksvoll eine krebskranke Patientin, die zwischen Hoffnung und Verzweiflung schwankte.

Mich hatte jedoch schon nach der Erstsendung der Beifall in der Presse und im Publikum irritiert; denn ich hatte den Verdacht, man applaudierte, weil das Hörspiel sich am Ende, ohne es freilich direkt auszusprechen, gegen die Euthanasie wendet. Natürlich, denn bei diesem Wort dachte damals jeder sogleich an die Vernichtung »Unwerten Lebens« unter Hitler. Die Gesinnung des Hörspiels war also »politisch korrekt«, und indem man die Gesinnung prämierte, bewies sich auch die Jury als »politisch korrekt«.

Noch mehr hatte mich der Brief einer Hörerin beunruhigt, die an Multipler Sklerose litt und schrieb, sie wisse, daß sie in absehbarer Zeit daran sterben werde. Sie habe sich selbst oft mit dem Gedanken getragen, ihr Leben und Leiden selbst zu beenden; mein Hörspiel aber habe ihr die Kraft gegeben, die Schmerzen bis zum Ende zu ertragen. »Sie haben mir eine Brücke gebaut. Ich danke Ihnen.«

Wie konnte ich es verantworten, einen Menschen zu einer solchen Entscheidung zu bewegen! Für mich, gesund am Schreibtisch sitzend, war es ja bequem, einen Menschen als Beispiel hinzustellen, der sich trotz kaum erträglicher Schmerzen entscheidet, sie bis zum Tod zu ertragen. Wie würde ich mich denn an seiner Stelle verhalten? Und war es nicht auch für die Preisrichter bequem, dieses Hörspiel zu prämieren, solange sie selbst nicht wußten, wie sie sich in einer solchen Stunde entscheiden würden?

Hatten sie wirklich bemerkt, daß das Hörspiel den Menschen nur aufforderte, die Lösung je und je in sich selbst zu suchen und zwischen einer weltimmanenten falschen Humanität und einer Humanität zu entscheiden, die auf transzendentalem Grunde ruht?

Natürlich unterbrach ich meinen Skiurlaub. An Günter Eich schrieb ich, daß und warum sein Hörspiel *Träume* eigentlich den Preis verdient hätte. Als er ihn dann im nächsten Jahr erhielt, schrieb ich die Rezension in der »Frankfurter Allgemeinen Zeitung«.

Ludwig Giesz

Ludwig Giesz will ich hier stellvertretend für alle anderen guten Freunde unserer Heidelberger Zeit beschreiben. Ludwig oder »Louis« war mittelgroß, drahtig; er hatte ein scharf geschnittenes Gesicht. Das Haar hing ihm meist in die Stirn. Zur Garderobe, zu Aussehen und Auftreten überhaupt verhielt er sich – sagen wir einmal – balkanisch indifferent. Er war im Banat geboren und sprach zeitlebens mit hartem rumäniendeutschen Akzent. Seine Lehrtätigkeit an der Heidelberger Universität begann er als Lektor für Rumänisch. Trotz seiner Habilitation mit einer Arbeit über Nietzsche – *Existenzialismus und Wille zur Macht* – wurde er erst einige Jahre danach außerordentlicher Professor der Philosophie.

Wir hatten beide in Karl Jaspers' letztem Seminar vor seiner Zwangsemeritierung im Jahr 1937 gesessen – nicht mehr als ein Dutzend Studenten – und hatten Kierkegaards *Krankheit zum Tode* gelesen. Ludwig war mit einundzwanzig Jahren bei Jaspers mit einer Dissertation über *Kierkegaards Liebes- und Freiheitsbegriff* promoviert worden.

Während ich mit Jaspers und seiner Frau weiterhin und bis in seine Basler Zeit in Verbindung blieb, hat Ludwig Giesz ihn, als er die Universität Heidelberg nach dem Krieg wiedereröffnete, durch einen Vorwurf verletzt, der zu einem Bruch führte. Ludwig hatte verschiedentlich angesetzt, mir zu erzählen, was eigentlich vorgefallen war; aber seine Erklärungen waren jedesmal anders und blieben vage.

Er brauste leicht auf, manchmal aus ganz unverständlichen Gründen, und seine Pfeile konnten andere scharf treffen. Er war, was man einen schwierigen Menschen nennt. Wir waren nicht selten verschiedener Meinung, aber respektierten die Meinungen des anderen. Mir war er ein Freund. Er sandte mir einmal einen schönen Essay *Epicur – das Glück der Freundschaft*.

In den ersten Jahren nach unserer Rückkehr aus Japan machte ich aus den schönen, gehobelten Brettern der Kisten, in denen man unsere Möbel und Siebensachen verpackt hatte, Regale und andere kleine Möbel, solide, gut zu gebrauchen, aber blau lackiert, damit man nicht sah, wo ich der Einfachheit halber Nägel eingeschlagen hatte. Ludwig Giesz hatte von meiner Klage gehört, daß niemand meine handwerklichen Erzeugnisse zu würdigen wisse.

Ludwig Giesz, dozierend

Als Franz und die Kinder die Sommerferien bei Onkel Martin an der Ostsee verbrachten, tischlerte ich ein Schreibpult für die Kinder. Da besuchte mich Ludwig, und als er das Pult sah, warf er mit balkanischer Übertreibung die Arme in die Luft und rief: »Nein, daß Menschenhände Kunstwerke von solcher Schönheit bilden können! Alle Welt spricht von dem, was du schreibst, aber vor dieses Pultes Schönheit muß der Mensch sich fragen, ob er das Schreibpult nicht höher preisen sollte als deine preisgekrönten Hörspiele!«

Sein Verhältnis zur Philosophie glich meinem Verhältnis zur Literatur: Sie waren uns nicht Profession, sondern nur Weisen, den Menschen und die Welt zu sehen, zu erkennen und zu beschreiben – soweit möglich. *Primum vivere, deinde philosophari –* zuerst leben, dann philosophieren, war sein Motto.

Ludwig oder Louis war gescheit, klug, weit gebildet nicht nur in seinem Metier, der Philosophie, sondern auch in Literatur und Musik, während die bildende Kunst ihm weniger sagte. Er spielte hervorragend die Violine. Von Politik verstand er freilich nichts.

Alles, auch ganz alltägliche Beobachtungen, Ereignisse, Schicksale, Menschen, denen wir begegneten, Zeitungsnotizen wurden für ihn Themen, die er unsentimental, streng prüfend, geistreich, oft mit scharfem Blick für Hintergrund und für Motive, philosophisch interpretierte – Gedanken im Geiste Lichtenbergs.

Er schrieb sie nie auf. Gewöhnlich stand er erst zur Mittagszeit auf. Er war – es läßt sich nicht anders sagen – bequem, und Fleiß und Arbeitsdisziplin waren ihm durchaus entbehrliche Sekundärtugenden. *Primum vivere.* Er zog es vor, wie die Peripatetiker in der Athener Akademie, wandelnd, besser noch bei einem Glas Wein im »Adler« von Handschuhsheim, seine Gedanken oder Aphorismen den Freunden im Gespräch improvisiert, gerne überspitzt und immer geistreich zu formulieren und mit ihnen darüber zu diskutieren.

Er schrieb nur ungern, es sei denn, der Termin für einen Aufsatz oder eine Rundfunksendung war ganz nahe; dann schrieb er den Text in einem Zug und schnell nieder, sah ihn danach aber nie mehr an. Meist warf er die Manuskripte einfach weg.

Er schuf kein philosophisches System, hinterließ kein großes philosophisches Werk, publizierte nur wenig und brachte es daher nie zu einem Ordinariat. Seine Vorlesungen aber waren immer überfüllt. Er philosophierte gerne über scheinbare Randfragen, die er aber aus dem Fundus seines Wissens scharf und in streng begrifflicher Gedankenführung untersuchte, wenn er zum Beispiel *Die Phänomenologie des Kitsches* behandelte und auf Druck des Verlegers schließlich auch unter diesem Titel als Buch herausgab – heute eine grundlegende Untersuchung zu diesem Thema.

Ludwig Giesz zeigte nicht, was Kitsch ist oder wo er in Kunstwerken offenbar wird. Er suchte vielmehr den Ursprung des Kitsches im Menschen selbst und fragte, ob es nicht eher kitschige Zustände oder Verfassungen der menschlichen Seele gebe; wie er überhaupt von philosophischen Fragestellungen immer mehr zur Anthropologie und zur Untersuchung des menschlichen Geistes hin tendierte. Er sah kein großes Kunstwerk dagegen gefeit, als Kitsch erlebt zu werden. Nicht in dem reinen und dem ästhetischen Genuß, sondern in der »Genüßlichkeit«, mit der man etwa ein holländisches Wurst- und Schinkenstilleben »genießt«, daß dem Betrachter »das Wasser im Munde zusammenläuft«, oder in dem erotischen Gefallen an einem Akt sah Giesz die Grundlage des Kitsches, der also weniger ein Abfall von der Kunst, als vielmehr eine jedem Menschen mögliche Weise des Selbst-Verfallens ist. Daher übernahm er auch von Hermann Broch das Wort vom Kitsch-Menschen.

Er scheute sich nicht, philosophische Gedanken aus den verschiedensten Epochen und aus der Gegenwart einander gegenüberzustellen, kritisch, überraschend, witzig und oft im Aphorismus. In seinen logisch anspruchsvollen und schwierigen Vorlesungen suchte er, »die Prädikate der Dinge wieder zurückzunehmen«, wie Nietzsche in der Morgenröte gefordert hatte, das heißt: Begriffe wie das Komische, den Kitsch, das Böse, das Schöne als Seelenzustände zu beschreiben, statt sie nach außen in die Dinge oder das Geschehen zu verlegen.

In seinen letzten Jahren sprach er viel von einem Buch über das Komische und den *Homo ridens*, las auch darüber in der Universität, aber das Buch blieb ungeschrieben. In dem Lachen sah er ein anthropologisches Schlüsselphänomen; denn selbst der primitivste Mensch fühle, »wenn irgendwo jemand lacht oder weint, geht Menschliches vor«.

Wir dachten über viele Menschen und Ereignisse in gleicher Weise, auch wenn wir uns vorher nicht darüber verständigt hatten oder weit voneinander entfernt waren. In meinem Roman *Zappas oder die Wiederkehr des Herrn* hatte ich die fragwürdige und zerrissene Existenz Senecas geschildert; wenig später las ich in einem postum erschienenen Aufsatz von Ludwig Giesz, daß er Seneca – ohne daß wir je über sein Werk, sein Leben und seine Politik gesprochen hatten – gleichermaßen kritisch gesehen hatte.

Über Kierkegaard allerdings waren wir oft in Streit. Ludwig, der aus einem Pfarrhause stammte und anfangs bei Bultmann in Marburg Theologie studiert hatte, war zeitlebens fasziniert von Kierkegaards vielen Fragestellungen, während ich seine verkrampfte, selbstquälerische, manchmal bis ins Komische gehende Seelenzerfaserung nur schwer ertragen konnte. Dagegen war Goethe, Mensch und Werk, für mich ein ständiger Grund des Nachdenkens, des bewegten Staunens und stets Maßstab und Korrektiv. Er wiederum lag am Rande von Ludwigs Interesse.

Als ich ihn zum letzten Mal im Altersheim *Augustinum* in Heidelberg besuchte, war er krank und litt starke Schmerzen in einem Bein. Jetzt bedauerte er, wie Sokrates über die Welt und den Menschen philosophiert zu haben, das heißt, ohne etwas aufzuschreiben. Er habe doch immer philosophiert, aber nun würden seine Worte und Gedanken vergehen. Nichts werde bleiben. »Ich hätte fünfzehn Bücher schreiben können. Die Titel habe ich aufgeschrieben. Über den *Homo ridens*, die Philosophie Wilhelm Buschs, über Anthropologie, über... Willst du die Liste sehen?«

»Laß nur! Als ich vor ein paar Monaten hier war, hast du sie mir schon einmal gezeigt; allerdings waren es damals nur zehn Bücher.«

»Kann sein, die anderen sind mir nachträglich eingefallen. Ich hätte sie alle schreiben können, wenn du und Johannes Schlemmer von der Sendestelle Heidelberg mich nicht so gedrängt hätten, jeden Monat die Sendung *Gedächtnis im Kreuzverhör* zu schreiben und zu sprechen.«

Es war natürlich ganz anders gewesen, aber ich nahm diese Schuld lachend auf mich.

Vor Jahren hatten wir uns lange über Augustinus' Begriff von der Zeit unterhalten; wenige Monate vor seinem Tod las er meinen Roman *Der verlassene Tempel*, in den einiges von unseren Gesprächen eingegangen war, wenn auch derart, daß die Leser möglichst nichts davon merken sollten. Ludwig merkte es natürlich und ließ mir sagen, sein Exemplar sei voller Randbemerkungen.

Ich habe nicht mehr mit ihm darüber gesprochen. Die Schmerzen in seinem Bein wurden unerträglich; die Ärzte weigerten sich wegen seiner Zuckerkrankheit, ihn zu operieren. Schließlich fand er einen Chirurgen, der es dennoch wagte.

Das Bein wurde amputiert. Ludwig war glücklich – drei Tage lang. Dann starb er, 69 Jahre alt, am 17. Mai 1985.

Das Gedächtnis im Kreuzverhör

Drei Jahre hatten wir bei Hulda Deuchler in zwei Zimmern gewohnt, da teilte uns das Wohnungsamt das Erdgeschoß einer alten Handschuhsheimer Villa mit drei geräumigen Zimmern zu. Ich hatte nun tagsüber ein Arbeitszimmer, saß an einem richtigen Schreibtisch und besaß ein Telefon.

Es klingelte, und Jo Schlemmer, der das wissenschaftliche und literarische Programm der Sendestelle Heidelberg leitete, fragte mich, ob ich zusammen mit Ludwig Giesz einmal im Monat ein anspruchsvolles literarisch-musikalisches Quiz schreiben und sprechen würde.

Ich antwortete: »Nein.«

»Das wäre monatlich ein Fixum von fünfhundert Mark.«

»Nein!«

»Ihr würdet euch natürlich abwechseln, so daß du nur jeden zweiten Monat ein Quiz zu schreiben hättest.«

»Nein! Es tut mir leid: Nein! Ich schreibe ein Buch über Hitlers Außenpolitik, eine neue Sendereihe über Ostasien, Häberlen will ein Musical. Ich selbst aber will etwas ganz anderes, nämlich endlich einmal etwas Vernünftiges schreiben, einen Roman.«

»Louis Giesz ist bereit mitzumachen. Von ihm kommt überhaupt die Idee.«

»Nein. Er soll lieber seine letzte Vorlesung zu einem Buchmanuskript ausarbeiten.«

Dann rückten Jo Schlemmer und seine Lebensgefährtin, auch unsere Freundin, Lore Stamnitz, mir gemeinsam auf den Pelz.

Ich sagte: »Nein!« und Lore erwiderte: »Du bist stur wie ein Dackel, der sich mit seinen Füßen in den Boden stemmt und nicht weitergehen will. Was wir vorschlagen, ist doch nur zu eurem Besten.«

Dann kamen Jo, Lore und Louis Giesz zu dreien und steckten sich hinter Franz, die zuerst weich wurde.

Wir nannten die Dreiviertelstunden-Sendung *Gedächtnis im Kreuzverhör*. Sie wurde einmal im Monat am Samstagabend nach den Nachrichten ausgestrahlt, also zur günstigsten Sendezeit, und das neunundzwanzig Jahre lang von 1952 bis 1981.

Das zeigt, wie ernst der Süddeutsche Rundfunk seine Aufgabe als öffentlich-rechtliche Anstalt damals nahm. Er fragte nicht nach Hörerquoten, sondern strahlte eine Sendung zur besten Sendezeit aus, die er für wichtig hielt und die nur an eine ganz kleine, oft vernachlässigte Minderheit gerichtet war.

Das Quiz lud die Hörer ein, die Lösungen der Fragen einzusenden. Wer zehnmal richtige Lösungen eingesandt hatte, erhielt von uns ein Diplom. Außerdem wurden Bücherpreise verlost.

Es trafen selten mehr als zweitausend Lösungen ein; aber es hatten sich in ganz Württemberg und Baden und darüber hinaus Zirkel gebildet, die an diesem Samstag im Monat zusammenkamen, die Sendung oft sogar auf Tonband aufnahmen und mit vereinten Kräften die Fragen lösten. Zweimal im Verlauf der nächsten Jahrzehnte hatte der Süddeutsche Rundfunk versucht, die Sendung einzustellen – vergeblich, der Protest war zu stark.

Als ich mich Ende 1955 verabschiedete und nach Paris zog, nahm Jo Schlemmer meine Stelle ein, und Lore Stamnitz war es, die abwechselnd mit Ludwig Giesz oder seiner Frau die Fragen auswählte.

Als Probe sollen jetzt aus den Anfangssendungen drei leichte Fragen wiederholt werden.

Frage 1: Herodot tischt uns in seinem Buch recht seltsame Tiergeschichten auf. Er spricht zum Beispiel von Ameisen, die kleiner als Hunde, aber größer als Füchse sind und Gold aus der Erde graben, und in dem Buch über Ägypten schreibt er, die Krokodile seien die einzigen Tiere auf der Welt, die keine Zunge haben und, wenn sie das Maul aufreißen, nicht den Unter-, sondern den Oberkiefer bewegen. Wir suchen jedoch nicht den Namen Herodots, sondern eines Autors, der Jahrhunderte später gelebt hat, nie so amüsante Geschichten erzählt wie Herodot, sondern der sehr exakt nur das beschreibt, was er sah und was geschah.

Einmal jedoch ist er auf Jägerlatein hereingefallen. Es hat ihm jemand von den Elchen in den Wäldern Germaniens erzählt. Nun der Text aus einem seiner Bücher:

»Ihre Hörner sind abgestumpft, ihre Knochen ohne Gelenke; darum können sie sich zur Ruhe weder hinlegen, noch können sie sich wieder aufrichten, wenn sie einmal hingefallen sind. Zur Ruhe dienen ihnen die Bäume. Sie lehnen sich an sie und schlafen in dieser Stellung, etwas zur Seite geneigt. Wenn die Jäger durch die Fährten solche Rastplätze entdeckt haben, untergraben sie entweder alle Bäume an der Wurzel oder hauen sie an, so daß es nur so aussieht, als stünden sie noch. Wenn die Elche sich nun anlehnen, dann stürzen die Bäume unter dieser Last zusammen mit ihnen zu Boden.«

Dann war es für die Jäger natürlich leicht, die Elche, die ja nicht aufstehen konnten, einfach einzusammeln. Da hat also ein verschmitzter Jäger unserem sonst so exakten Autor einen überdimensionalen Elch aufgebunden. Vielleicht geht auf diesen namenlosen Germanen auch die weitere Behauptung zurück, die germanischen Auerochsen seien so groß wie Elefanten.

Die Frage lautet: Wie heißt der Autor? Er hat in seiner Jugend auch Gedichte geschrieben. Sie sind aber verschollen, hätten vielleicht auch nicht gerade zu seinem Ruhm beigetragen. Auch über die Grammatik hat er etwas geschrieben oder wollte er etwas schreiben. Sogar von einer Tragödie ist die Rede, sie ist ebenfalls nicht überliefert, wurde auch, soviel wir wissen, nie aufgeführt.

Über sein Leben sind wir sonst gut unterrichtet. Sein Geburts- und Todesjahr wollen wir nicht nennen. Er ist an einem Tag im Monat Juli geboren. Und der Monat, an dem er gestorben ist – ach, das sollen Sie selbst herausfinden!

Also: Wie heißt der Autor, der das Jägerlatein über die Elchjagd der Germanen für wahr genommen hat?

Frage 2: Am 14. Januar 1827 fand bei Goethe eine musikalische Soirée statt, veranstaltet von der Familie des Weimarer Musikers Eberwein. Madame Eberwein sang Lieder nach Gedichten Goethes, die ihr Mann komponiert hatte.

Eckermann schreibt darüber:

»›Eberwein‹, sagte Goethe zu mir, ›übertrifft sich mitunter selber.‹ Er bat sodann um das Lied ›Ach, um deine feuchten Schwingen‹, welches gleichfalls die tiefsten Empfindungen anzuregen geeignet war.«

Es ist in der Tat ein schönes Gedicht und trägt die Überschrift »Suleika«. Wir lesen die erste und letzte Strophe:

> »Ach, um deine feuchten Schwingen,
> West, wie sehr ich dich beneide:
> Denn du kannst ihm Kunde bringen,
> Was ich in der Trennung leide.
> Sag ihm aber, sag's bescheiden:
> Seine Liebe ist mein Leben,
> Freudiges Gefühl von beiden
> Wird mir seine Nähe geben.«

An anderer Stelle bezeichnet Eckermann dieses Gedicht als Musterstück Goethescher Dichtkunst.

Doch hier irrt Eckermann. Das Gedicht stammt gar nicht von Goethe, obwohl er es in seinen schönsten Gedichtzyklus aufgenommen hat. Heidelberger haben zu dem Gedicht eine besondere Beziehung: Suleika hat es auf der Reise von hier nach ihrem

Wohnort geschrieben, nachdem sie von Goethe Abschied genommen hatte. Wir wollen in unserer Frage 2 den richtigen Namen Suleikas, ihren Vornamen, wissen,

Frage 3: In dieser Frage haben wir vor, in unehrerbietiger, ja frevelhafter Weise die Patina von den Denkmälern einiger unserer großen Meister abzukratzen, zum Beispiel von der Statue dieses Komponisten, den einer seiner Zeitgenossen »einen wahrhaft guten Menschen« nannte; »aber wenn er gereizt war, war er wie ein wildes Tier«.

Dafür zwei schlagende Beispiele: Einem Schüler, dem er Klavierstunden gab, schlug er einmal mit einem eisernen Strickstock – was immer das für ein Instrument war – derartig auf die Finger, daß der kleine Kerl vor Schmerz davonrannte und heulend die Treppe hinunterfloh.

Ein anderer Klavierschüler schreibt, unser Meister habe ihn oft sehr gekniffen, und einmal, als er am Klavier falsch gespielt hatte, sogar vor Wut in die Schulter gebissen.

Geschichten seiner Schüler, die wir nicht prüfen können, aber doch erwähnen wollen. Sicher jedoch ist, daß er sich mit seinem Bruder, auch als beide längst erwachsen waren, manchmal richtig geprügelt hat.

Auf der anderen Seite kennen wir Zeugnisse von rührender Gutmütigkeit und Hilfsbereitschaft des Meisters. Es waren, möchte man sagen, eben zwei Seelen in seiner Brust, doch das ist vielleicht zu niedrig gegriffen. Schon bei flüchtiger Betrachtung kann man leicht auf ein gutes Dutzend kommen.

Über sein Geschäftsgebaren haben die Verleger oft geklagt. Ein Beispiel: Er hatte dem Verleger Eins versprochen, eine Feierliche Messe zu komponieren. Am 23. April eines bestimmten Jahres schreibt er ihm: »Die Messe erhalten Sie bis Ende Mai oder Anfang Juni.« Im Juli aber schreibt er: »Ich versichere Sie, daß Sie die Messe im nächsten Monat erhalten werden.«

Im August hat er sie immer noch nicht abgesandt, aber er bittet den Verleger, ihm nun das Honorar zu überweisen.

Das geht jetzt so weiter. Anderthalb Jahre später ist die Messe immer noch nicht abgeliefert. Inzwischen hat er sich mit Verleger Zwei in Verbindung gesetzt und diesem die noch nicht komponierte Messe angeboten. Kurz darauf schreibt er dem Verleger Drei: »Ich liebe die Geradheit und Aufrichtigkeit. Mehrere haben sich um die Messe beworben. (Ist gar nicht wahr, er hat sie angeboten.) Hundert schwere Louisdors hat man mir dafür geboten. (Stimmt auch nicht.) Ich verlange unterdessen tausend Gulden. Kein Handelsmann bin ich, jedoch ist es die Konkurrenz, welche mich, da es einmal nicht anders sein kann, hierin leitet.«

Nachdem er dem Verleger Drei die Messe bindend zugesagt hat, bietet er sie dem Verleger Vier an. Den anderen Verlegern gegenüber redet er sich damit heraus, er habe *eine* Messe vollendet, schreibe aber gerade an einer anderen. Das stimmte aber auch nicht, wie wir wissen. Den Verleger Eins, etwas ungeduldig geworden, beschimpft er jetzt:

»Verschonen Sie mich mit ferneren Briefen, da Sie nicht wissen, was Sie wollen. Seien Sie sicher, ich habe Sie moralisch oder vielleicht merkantilisch erkannt.«

Nun, die Geschichte, die noch voll von anderen recht fragwürdigen Einzelheiten ist, können wir hier nicht vollständig wiedergeben. Wir haben sie aus der Sicht der Verleger erzählt, die immerhin Schriftliches zum Beweis vorlegen konnten. Er selbst sah sie wohl anders. Die Messe wurde schließlich vom Verleger Fünf erworben und veröffentlicht.

Wir meinen, in diesem Zusammenhang müßten wir auch einige Zeilen aus einem Brief des Meisters zitieren, in dem er sich um eine Anstellung als Kapellmeister bewarb:

»Da überhaupt dem Unterzeichneten von jeher nicht so sehr am Broterwerb als vielmehr das Interesse der Kunst, die Veredelung des Geschmacks und der Schwung seines Genius nach höheren Idealen und nach Vollendung zum Leitfaden auf seiner Bahn diente, so konnte es nicht fehlen, daß er oft Gewinn und seine Vorteile der Muse zum Opfer brachte.«

Der Meister konnte, wie wir anfangs gehört haben, außerordentlich wütend werden, vor allem bei finanziellem Verlust. Er selbst hat diese Stimmung in einem Klavierstück wiedergegeben, von dem wir zum Abschluß dieser Frage in der Sendung einen kleinen Auszug bringen. Wir wollen seinen Namen wissen.

Diese Frage ist – zugegeben – für die Leser dieses Buches etwas schwerer, weil sie die in der Quiz-Sendung gespielte furiose Musik nicht hören können.

Vielleicht haben die Leser die eine oder andere Frage nicht auf Anhieb beantworten können. Natürlich sollen Sie die Antworten noch erfahren. Doch ebenso hinterhältig und gemein, wie wir damals in der Sendung *Gedächtnis im Kreuzverhör* waren, bin ich jetzt, indem ich die Leser, die noch eine Antwort suchen, vertröste und bitte, einfach weiterzulesen. Unerwartet wird die Lösung auf einmal in einer Fußnote vor Ihnen stehen.

Der Klassenaufsatz

»Ich will eine Welt aus Tönen schaffen«, schreibt kurz vor seinem Abitur, etwa im Jahr 1928, der Schüler Geiger in seinem Klassenaufsatz über das Thema *Wie ich mir mein Leben vorstelle.*

»Ich will eine Welt aus Schwingungen der Luft schaffen, abstrakter als jede Malerei, jede Skulptur, jedes Gedicht sein kann. Ich glaube, nein, ich weiß, daß mir diese Aufgabe gelingen wird.

Ob ich Beifall erhalte oder ob man mich auspfeift, das weiß ich nicht, darf auch keine Rolle spielen. Es kommt mir darauf an, meine Aufgabe zu erfüllen.«

»Große Worte!« sagte seine Frau Eva, als sie beide sich Jahrzehnte später an den Aufsatz erinnerten.

»Ja. Vielleicht zu große Worte«, gab Geiger zu. »Ich war damals neunzehn Jahre alt.«

Der Klassenlehrer Siebusch gab die Hefte, in die die Klasse ihren letzten Aufsatz vor dem Abitur geschrieben hatte, zurück. Er ließ jeden der sieben Schüler daraus vorlesen, kommentierte die Stelle, fragte, riet und machte manchmal auch auf Rechtschreibfehler aufmerksam. Ich habe ihn nach dem Bild meines alten Deutschlehrers Walther Kliche gezeichnet.

Siebusch sagt zu der Stelle in Geigers Aufsatz: »Wir haben in dieser Klasse noch einen Künstler, wie Sie nachher sehen werden. Zwei Künstler unter sieben Schülern. Ich muß gestehen, daß mich das Verhältnis zwei zu fünf nachdenklich macht. Ich habe mir Vorwürfe gemacht. Lag es vielleicht an meinem Unterricht, daß ich die Bedeutung der Kunst für das Leben zu sehr betont habe?

Aber das Leben besteht doch nicht nur aus dem Dienst an den Musen. Ja, es ist wohl sehr die Frage, ob die höchste Erfüllung menschlicher Möglichkeiten immer von Künstlern erreicht wird. Vielleicht erfüllen mein Briefträger oder meine Putzfrau das, was

Gott mit den Menschen vorhatte, eher als ein Nobelpreisträger der Literatur.

Sie glauben an Ihre Aufgabe, Geiger? Schön, ich will und darf Ihnen diesen Glauben nicht nehmen. Er muß sich bewähren. Aber denken Sie stets daran: Es gab auch falsche Propheten. Das waren manchmal sehr ehrenhafte und gottesfürchtige Männer, die fest daran glaubten, den Ruf Gottes vernommen zu haben. Indessen – sie hatten sich verhört.«

Nach den Kommentaren des Lehrers Siebusch werden jeweils Szenen eingeblendet, die das tatsächliche Leben der Schüler in den nächsten Jahrzehnten, bis in die Nachkriegszeit darstellen. Das Hörspiel erlaubt solche schnellen Schnitte. Geigers Wohnzimmer zum Beispiel hat einen ganz anderen Hall als der Klassenraum. Wir wissen aus vorhergehenden Szenen, daß seit dem Abitur rund dreißig Jahre vergangen sind.

Geiger sitzt am Klavier, spielt einige Akkorde. »Ja, große Worte!« sagt er, als er sich an den Aufsatz erinnert. »Du glaubst auch, ich hätte mich verhört«, fragt Geiger, und seine Frau Eva antwortet: »Du selbst hast es dich doch auch oft genug gefragt. Und wenn du selbst zweifelst? Ich spüre doch deine Depressionen.«

Geiger erwidert lauter und daher weniger überzeugend: »Ich zweifle nicht!« Er fährt ruhiger fort: »Du würdest dich einen Dreck um meine Depressionen kümmern, wenn ich in einem Beruf wäre, der uns eine Pension garantiert. Wenn ich die Stelle als Kapellmeister an unserem alten Städtischen Theater annähme, dann wäre dir alles Wurscht. Für eine Pensionsberechtigung soll ich meine Aufgabe verkaufen.«

Eva antwortet kühl: »Du brauchst es nicht zu tun. Ich werde kein Wort mehr sagen, wenn du lieber wie bisher – so – weitermurksen willst.«

Geiger: »Das hättest du nicht sagen dürfen.«

Zweifel

Der Klassenaufsatz war in den fünfziger Jahren wohl das Hörspiel, das am meisten wiederholt wurde. Als Reclam-Heft erreichte es hohe Auflagen und wird heute noch in den Schulen gelesen, vielleicht weil die Deutschlehrer in den sieben verschiedenen

Schicksalen des Hörspiels das Bild einer ganzen Generation vorstellen können.

Trotz des öffentlichen Erfolges bedrückten mich damals Zweifel: Wenn ich meine älteren Hörspiele wieder hörte, fiel mir auf, daß die Menschen darin oft vorgestanzt waren. Sie lebten nicht, und ich lebte nicht in ihnen.

Sie waren zwar nicht immer, aber doch manchmal nur Träger einer Handlung; sie waren und sprachen wie *der* Politiker, *der* Beamte, *der* Arzt, *der* Geistliche. Sie traten als Typen auf, so wie die Hörer sie bereits zu kennen glaubten. Sie erkannten sie jetzt wieder und fühlten sich dadurch bestätigt. Sie hielten die Personen für wahr, da sie dem Bilde, das sie bereits von ihnen hatten, entsprachen, obwohl sie dieses Bild doch nicht der unendlich reicheren Wirklichkeit, sondern nur der Literatur oder der Presse entnommen hatten.

Ich wußte, daß ich nicht jahraus, jahrein weiter Hörspiele dieser Art produzieren konnte, zu dem die Dramaturgen der Rundfunkanstalten mich ermunterten, weil sie *ankamen*. Ich aber wollte keine Typen darstellen, sondern lebende, liebende und leidende Menschen.

Ich hatte schon lange erkannt, daß ich die Welt nur über den Schreibtisch sah; und ich fürchtete, daß meine Hörspiele nicht die Wirklichkeit, sondern eine künstliche Welt darstellten.

Meine alten Freunde waren wieder in Staatsdiensten: Rudi Steg und Georg von Lilienfeld, die mit mir Austauschstudenten in Amerika gewesen waren, Günter Diehl aus der Rundfunkabteilung des Auswärtigen Amtes; die Freunde aus der Botschaft Tokio: Franzl Krapf, Kurt Lüdde-Neurath, Richard Breuer und Erich Kordt; Hans Schirmer, der mich 1940 nach Schanghai entsandt hatte. Sie arbeiteten im Auswärtigen Dienst, dem Bundespresseamt oder in einer Landesregierung. Kurt Georg Kiesinger, während des Krieges in der Rundfunkabteilung in Berlin, war jetzt Bundestagsabgeordneter.

Wenn wir uns trafen, fragten sie, warum ich mich absondere. Erich Kordt warf mir vor, ich widmete mich in Heidelberg der Schönen Literatur, statt Verantwortung im Aufbau der neuen Demokratie auf mich zu nehmen. Er dachte wie die alten Römer, die Sallust Müßiggang vorwarfen, als er sich zurückgezogen hatte, um sein Buch über den Krieg gegen Jugurtha zu schreiben.

Dabei hatte ich den Behörden in Bonn schon früh erklärt, grundsätzlich sei ich zur Mitarbeit bereit. Ich hielt mir den Weg zurück in den Staatsdienst offen, weil ich mir von Anfang an nicht sicher war, ob ich es fertigbringen würde, eine Familie zu ernähren und gleichzeitig das zu schreiben, was mir am Herzen lag.

Das Auswärtige Amt bot mir Posten an, zum Beispiel als Kulturreferent in Bangkok oder in Neu Delhi. Ich lehnte ab. Mich interessierte Politik, nicht Kulturpolitik und Verwaltung von Stipendien. Franzl Krapfs Frage, ob ich nicht einmal mit ihm zusammen außenpolitische Fragen bearbeiten wollte, war schwerer zu beantworten. Ich wich ihr aus.

Der Intendant Fritz Eberhard wollte mich zum Leiter der Sendestelle Heidelberg machen. Im letzten Augenblick, als die Zustimmung des Rundfunkrats schon so gut wie sicher war, lehnte ich ab. Auch sein Angebot, dann die geplante Fernsehabteilung in Stuttgart aufzubauen, nahm ich nicht an. Karl Silex fragte, ob ich das Feuilleton seines »Heidelberger Tageblatts« übernehmen wolle. Alles ehrenhafte Angebote, aber auch Versuchungen. Unschlüssig und hin und her überlegend zog ich es schließlich doch immer wieder vor, Schriftsteller zu bleiben. Noch wollte ich nicht aufgeben. Aber ich schwankte und war unglücklich.

Schon nach ersten Hörspielerfolgen, zu Neujahr 1950, hatte ich meinem älteren, aber vertrauten Freund und Mentor aus Vorkriegszeiten, dem Komponisten Ernst-Lothar von Knorr, über meine Hörspielarbeit geschrieben:

»Das Furchtbare ist, daß man so sehr in das Literarische abzusacken Gefahr läuft und daß das Ursprüngliche zur Routine wird, besonders, wenn man die Technik dieser Literaturgattung beherrscht...

Ich bin jetzt so in das Rundfunkfahrwasser geraten, daß es beinahe übermenschliche Anstrengungen kosten und meinen völligen finanziellen Ruin bedeuten würde, wenn ich mich, wie ich es mir eigentlich für dieses Jahr vorgenommen hatte, wieder an einen Roman machen würde.«

Fünf Jahre nach diesem Brief war ich immer noch nicht weiter. Ich scheute das Risiko und wagte nicht das Abenteuer, einen Roman zu beginnen. Wenn er nun mißglückte? Was dann?

Ich zweifelte und war verzweifelt, denn meine *raison d'être* sah ich doch seit jeher darin zu schreiben – über den Menschen und die Welt. Sollte ich diese Aufgabe verraten? Mut und Übermut der ersten dreißig Jahre waren verflogen. Ich sah keinen Ausweg. Ich mußte aus der Routine ausbrechen. Daher schlug ich Fritz Eberhard vor, nach Ostasien zu reisen, ihm zwei Dokumentarsendungen über Maos China zu schreiben, eine über Hiroshima zum zehnten Jahrestag des Atombombenabwurfs und eine über die Geschichte der Kapitulation Japans vor zehn Jahren. Eberhard gefiel der Vorschlag, und als sich auch andere Sender an dem Projekt beteiligten und die Finanzierung gesichert war, schickte er mich im März 1955 auf die Reise.

Ich hatte Zeit, zu überlegen und mich zu entscheiden.

Der Handleser von Agra

Von Delhi aus machte ich einen Ausflug nach Agra. Ich kam gegen Mittag vom Tadj Mahal zurück, noch erfüllt von der Schönheit dieses Gebäudes, vollkommen wie der Himmelstempel in Peking oder das Parthenon. Der deutsche Ministerialdirektor, mit dem ich im Auto hierhergefahren war, hatte ihn als Kitsch angesehen. Ein Kitsch-Mensch also, von dem Hermann Broch und Ludwig Giesz sprachen.

Vor dem Laurie-Hotel saßen Bettler, andere unbeschäftigte Gestalten; einer hatte eine Flöte aus seinem Gewand hervorgezogen und spielte, worauf aus einem Korb eine respektable Schlange aufstieg und ihren Körper hin- und herwiegte. Ich warf ihm eine Rupie in seinen Korb. Da kam ein anderer Mann, auch im indischen Gewand, auf mich zu; er wollte mir aus der Hand lesen. Er sagte: »*Ten Rupies!*« Ich ging weiter. Er rief: »*Five Rupies! Please wait!*« Er ging schnell neben mir her, holte Papiere aus der Tasche und hielt sie mir hin. Es seien Zeugnisse von weltberühmten Männern, die sie ihm geschrieben haben. Ich sah gar nicht hin, weil ich in die kühle Hotelhalle strebte. Schließlich sagte ich, nur um ihn loszuwerden: »*Three Rupies!*«

Das war falsch, denn er nahm das Angebot an und begann zu reden. Es war alles dummes Zeug: Ich hätte im vergangenen Jahr ein großes Unglück erlebt. Doch ich konnte mich an keins erinnern. Eine blonde und eine schwarzhaarige Dame warteten angeblich auf mich zu Hause. Franz war blond, eine Schwarzhaarige

Franzl und Helga Krapf begrüßen John McCloy,
den amerikanischen Hohen Kommisssar für Deutschland.

dagegen fiel mir nicht ein. Einer der Damen würde ich einen Ring mitbringen. Nun, die meisten Touristen kauften als Andenken für die Lieben zu Hause einen Ring oder einen wertvollen Stein. Ich sähe reich aus, aber das täusche. Für mich ein Stichwort. Ich gab ihm drei Rupies und verabschiedete mich von ihm.

Als er das Geld nahm, sagte er: »Sie werden demnächst Ihren Beruf wechseln.«

»Interessant!« erwiderte ich. »Und wann, bitte?«

Er antwortete trocken: »Am 20. Mai.«

Ich bemerkte dazu lachend: »Das ist sehr unwahrscheinlich; denn dann werde ich noch auf meiner Reise sein.«

Ich ging durch das Tor in den Hof des Hotels, zu dem die Händler, Schlangenbeschwörer, Wahrsager und Bettler keinen Zutritt hatten:

»*Or you will get on that date a letter to this effect.*«

Ich führte fortlaufend Tagebuch, und alle paar Tage sandte ich die Blätter an Franz. Ich habe die Geschichte dort so beschrieben wie hier, und sie liegt im Original und Durchschlag vor.

Ende Mai war ich in Honolulu. Auf der Post lag ein Brief von Franz. Sie schrieb am 19. Mai:

»Franzl Krapf rief aus Bonn an. Er ist Botschaftsrat in Paris geworden, Blankenhorn ist dort Botschafter (NATO-Botschaft), und Franzl hat Dich angefordert als Gesandtschaftsrat I. Klasse. Du bekommst eine Einberufung vom Auswärtigen Amt... Franzl sagte, es sei einer der interessantesten Posten, die es im Augenblick gibt. Er weiß, daß Du nicht frei verfügbar bist. Ich meine, das will überlegt sein, schreibe nicht gleich ab!«

Sie hatte ein Schreiben des Auswärtigen Amtes, datiert vom 17. Mai, eingelegt. Darin hieß es, nachdem ich einen Posten in Bangkok abgelehnt habe, könnte sich »möglicherweise eine anderweitige Verwendung in Europa ergeben«. Und vom 21. Mai datierte ein Brief Franzl Krapfs, der mir die Stelle des politischen Gesandtschaftsrats an der NATO-Botschaft in Paris anpries und die Aufgabe im einzelnen beschrieb.

Ich antwortete ihm auf einer Postkarte, die ein Hula-Hula-Mädchen zeigte, das einen Lei, den hawaiianischen Blumenkranz, um den Hals trug, ansonsten aber nur leicht bekleidet war. Ich bliebe doch lieber in meinem Schriftstellereibetrieb, schrieb ich, da das Auswärtige Amt mir sicher nie eine Urlaubsreise zur Waikiki Beach bewilligen werde.

Und an Franz (nicht Franzl Krapf) schrieb ich nach Heidelberg: »Entsinnst Du Dich des Wahrsagers aus Agra? Ich habe immer noch keine Lust – trotz des Handlesers –, meinen Beruf zu wechseln. Wenn wir natürlich auch unsere Sorgen haben – ich glaube, im Auswärtigen Amt würde ich nicht mehr glücklich sein. Selbst die Stelle als Botschafter in Japan zum Beispiel könntest Du mir auf einem silbernen Tablett anbieten, und ich würde verzichten.«

Unverstand, Hochmut und Starrsinn, törichte Unterschätzung der diplomatischen Tätigkeit, die ich doch aus der Kriegszeit besser kannte!

In Agra hatte ich den Handleser für einen Schwindler gehalten, und nun in Honolulu wollte ich einfach nicht, daß er mit dieser Voraussage recht behalten sollte. Ich wollte mir durch seinen albernen Spruch meine Entscheidung nicht vorschreiben und meinen freien Willen nicht einschränken lassen. Reaktionen also, wie sie sonst nicht meine Art waren und die zeigten, wie unschlüssig ich mir war. Doch mit meinem leidenschaftlichen Widerstand verdeckte ich nur, daß ich mich eigentlich schon entschieden hatte. Ich wußte es nur nicht.

Sorge um Barbara

Karl Heinz Bauer hatte Franz verboten, mir von Barbaras Operation und der lebensbedrohenden Krise auch nur ein Wort zu schreiben, damit ich meine Reise nicht vorzeitig abbräche. Auch in den Tagen, als man nicht wußte, ob Barbara überleben werde, schrieb Franz vergnügte und muntere Briefe über das Leben in Heidelberg. Es waren heldenhafte Briefe, in denen sie sich trotz tiefster Sorge um Barbaras Leben fröhlich gab. Nie wurde mehr Stärke von ihr gefordert. Karl Heinz Bauer stand wie eine Wand vor ihr, stützte sie und sprach ihr Mut zu.

Er war damals einer der angesehensten deutschen Chirurgen, hatte mit Karl Jaspers nach dem Krieg die Universität Heidelberg wiedereröffnet, und noch nach seiner Emeritierung gründete er das Deutsche Krebszentrum, heute das größte Forschungsinstitut dieser Art in Deutschland.

Er mußte zwei Narbenstränge von einer früheren Operation aus ihrer Bauchhöhle entfernen, die Barbara Beschwerden gemacht hatten. Dann entwickelte sich bei ihr eine doppelseitige Parotitis mit hohem Fieber. Sie sollte kauen, aber die Schmerzen waren zu stark. Schwester Sannchen erzählte später, in ihrer Not habe sie Barbara gesagt, wenn sie nicht kaue, müsse sie sterben; ob sie das denn wolle.

»Ja«, habe Barbara geantwortet. Sie war damals fünf Jahre alt.

Erst als sie die Krise überwunden hatte und wieder aus dem Krankenhaus entlassen werden konnte, einen Tag, bevor ich ein Interview mit Captain Robert Lewis, der die Atombombe nach Hiroshima geflogen hatte, in New York aufnahm, erhielt ich einen Brief von Franz, in dem sie das Schweigen brechen durfte. Ihr fiel eine schwere Last vom Herzen, als sie mir alles schreiben konnte. Auch Wolfram und Ulrich, die bisher ebenso tapfer ge-

schwiegen und nur von ihren Dummheiten und der abgrundtiefen
Blödheit ihrer Lehrer berichtet hatten, konnten jetzt die Wahrheit
berichten.

Als ich von der Reise nach Hause kam, war es schon spät. Barbara schlief, wachte aber auf, als sie mich hörte. Sie umarmte mich
und wollte mich lange nicht loslassen. Ihre Arme waren ganz
dünn geworden, die Backen von der Parotitis noch geschwollen.
Ich hatte ihr eine schöne, weiche, handgenähte, ganz einfache
Stoffpuppe mitgebracht, wie sie die chinesischen Kinder haben.
Sie durfte von nun an immer bei ihr schlafen und lebt heute noch.

Noch am gleichen Abend rief Franzl Krapf aus Bonn an und
sagte, er weigere sich ernst zu nehmen, was ich aus Hawaii geschrieben hätte. Wir sollten uns doch wenigstens an einem der
nächsten Wochenenden treffen und vernünftig miteinander reden.

»Na gut«, antwortete ich, »reden können wir ja.«

Das versprach ich ihm.

Ludwig Giesz verstand mich

Es regnete wieder. Wann regnet es in Heidelberg nicht?

»Erstens glaube ich es nicht«, rief Ludwig, als er durch die Tür
ins Zimmer stürzte, das Haar wild und ebenso naß wie die Jacke.
Er besaß ja keinen Regenmantel, und einen Schirm mitzunehmen,
war ihm nicht zuzumuten. Das sah jeder ein, der ihn kannte.

»Erstens glaube ich nicht, daß du aufgibst, und zweitens geht
es auch gar nicht. Stimmt es denn überhaupt?«

»Ja.«

»Wann?«

»Etwa gegen Weihnachten. Ich muß ja noch die beiden Dokumentar-Hörfolgen über China schreiben, und dann habe ich seit
langer Zeit Baden-Baden ein Hörspiel über Caesars* letzte Tage
versprochen; es soll an seinem 2000. Todestag im März gesendet
werden.«

»Willst du uns für immer verlassen?«

---

* Auflösung zu Seite 51: Gaius Iulius Caesar war es, dem ein anonymer
Germane, der offenbar fließend Jägerlatein sprach, den Elch aufgebunden
hat, der, wenn er einmal umgekippt war, nicht mehr aufstehen konnte.

»Nein«, sagte ich, vielleicht etwas zögernd, »natürlich nicht. Höchstens ein Jahr. Ich behalte ja die Wohnung hier in Heidelberg bei.«

»Aber das nützt nichts«, antwortete Ludwig. »Wer soll denn, wenn du in Paris bist, das Quiz machen? Ich bin kein Bauchredner. Ich kann doch vor dem Mikrofon nicht mit mir selbst sprechen.«

»Du sprichst Rumänisch, Deutsch, Englisch, Französisch und bist überhaupt für Sprachen begabt. Da wirst du auch Bauchreden lernen.«

»Geht nicht«, antwortete Louis. »Ich habe Ärger mit der Bauchspeicheldrüse. Ich verstehe übrigens immer noch nicht, warum du deine Freiheit aufgeben, Beamter werden und jeden Morgen um halb neun nach des Dienstes immer gleichgestellter Uhr im Büro die Frühstücksbrote auspacken willst.«

»Schiller. *Die Glocke*«, sagte ich.

»Schiller ist richtig. *Die Glocke* ist falsch. Du läßt nach. Das Wort von der gleichgestellten Uhr spricht bekanntlich Max Piccolomini«, erwiderte Louis. »Ist es vielleicht Franz, die dich drängt, einen achtbaren Beruf zu ergreifen?«

»Sie weiß natürlich aus Erfahrung, daß der Beruf des Schriftstellers ein Wagnis ist. Falls mich heute eine Krankheit für längere Zeit niederwirft, wer sorgt dann für sie, mich und die drei Kinder? Wenn ich festangestellt wäre, könnte sie ruhiger schlafen, und ich muß ihre Sorgen natürlich berücksichtigen. Sie steht übrigens an meiner Seite. Wie immer. Es ist ja nur für ein Jahr. Warum schüttelst du den Kopf?«

»Weil du dir etwas vormachst; denn du kommst nicht zurück, und du weißt es. Aber vielleicht überzeugt dich der folgende Text, vorher noch einmal darüber nachzudenken. Ich habe ihn für dich abgelichtet. Hör zu!«

Er holte einen Zettel aus der Tasche und las:

»›Nur nichts als Profession getrieben! Das ist mir zuwider. Ich will alles, was ich kann, spielend treiben, was mir eben kömmt, und solange die Lust daran währt. So hab ich in meiner Jugend gespielt unbewußt; so will ichs bewußt fortsetzen durch mein übriges Leben. Nützlich-Nutzen, das ist eure Sache. Ihr mögt mich benutzen; aber ich kann mich nicht auf den Kauf und Nachfrage einrichten… Zu einem Instrument gebe ich mich nicht her; und jede Profession ist ein Instrument.‹ – Von wem ist das?«

»Schiller?« fragte ich. »Aus der *Ästhetischen Erziehung des Menschen*?«

»Falsch!« antwortete Louis. »Goethe im Gespräch zu Riemer, Anfang 1807.«

»Na gut; aber was willst du damit sagen?«

»Goethe will damit sagen, du sollst dich nicht einer Profession verschreiben, sondern hier in Heidelberg beim Quiz bleiben, wo du spielend treiben kannst, was dir eben kömmt.«

»Dann – tut mir leid – beurteilt Goethe meine Lage falsch, und du denkst ebenso falsch. Ihm könnte man das noch nachsehen«, fuhr ich fort, »denn er kennt die Umstände nicht; aber du solltest es besser wissen.

Ich kann hier keineswegs ›spielend treiben, was mir eben kömmt‹. Was ich spielend angefangen habe, als ich vor zehn Jahren in Japan, auf die Rückkehr nach Deutschland wartend, für mich und ein imaginäres Publikum geschrieben habe, das ist hier in Heidelberg und in den Ketten des Funks längst eine Profession geworden. Was sage ich? Prostitution!«

»Na! Na!«

»Ich habe schon vor Jahren einmal Günter Eich in einem Brief geklagt, daß die Dramaturgen uns zu Gebrauchshörspielen mit hübscher, deutlicher Moral anhalten, damit das Publikum nur nicht beunruhigt wird. Und ich habe ihm geschrieben, daß der bekannte Hamburger Hörspielleiter, der ihn und mich förderte, im Hörspiel ›eher eine Form publizistischen Ausdrucks als Kunst‹ sieht.«

»Was hat er geantwortet?«

»Er war meiner Ansicht. Er hielt das für Unsinn.«

»Aber er hat sich nicht nach den Wünschen des Hamburger Hörspielfunktionärs gerichtet.«

»So ist es. Darum ziehe ich den Hut vor ihm. Er ist mutiger als ich.«

»Ach, ich weiß nicht«, antwortete Ludwig. »Wenn immer seine Gestalten vor einer existentiellen Entscheidung stehen, werden sie etwas anderes – ein Tiger oder *Die Andere*. Davor drückt er sich, da wird er lyrisch.«

»Er hat mir einmal geschrieben: ›Wie kann ich über einen Menschen entscheiden!‹«

»Siehst du! Und damit nimmt er der Situation die dramatische Schärfe. Er läßt offen, wer und was seine Menschen eigentlich sind. Oft charmant, aber für einen, der den Menschen sucht, nicht immer befriedigend. Er ist eben Lyriker. Und die können sich das erlauben.«

Von Lyrikern hielt Ludwig nicht viel.

Er fuhr fort: »Außerdem weiß ich nicht, was du eigentlich willst. Du klagst immerfort, du sähest die Welt nur über deinen Schreibtisch und du siehst dich in Ketten an ihn und den Rundfunk gefesselt. Dabei bist du doch gerade monatelang in der Welt herumgefahren und hast Tausende von Menschen gesehen und hast darüber berichtet.

Was du mit dem Atompiloten besprochen hast, hat mich beunruhigt und ganz schön verstört. Und deine Hörfolge *Hiroshima* war gut. Die ist allen, die sie gehört haben, unter die Haut gegangen. Was willst du eigentlich mehr?«

»Du weißt doch, daß Hemingway auf seiner Safari dem deutschen Jäger mit dem polnischen Namen sagte, wenn man ernst genug herangeht und Glück hat, könne die Prosa die vierte und fünfte Dimension erreichen, *without tricks and without cheating*. Mehr könne ein Autor nicht tun. Möglich sei zwar, daß er es nicht schaffe; aber es sei auch möglich, daß es ihm gelinge.«

»Er hat es oft nicht geschafft«, sagte Ludwig. »Sich selbst bis zur Parodie imitiert. Und dazu sein Bravado, Machismo, sein Pathos des Unpathetischen!«

»Gewiß, aber manchmal ist es ihm doch gelungen, zum Beispiel in einigen Kurzgeschichten.«

»Ja, aber selten. Und diese wenigen sind vollkommen.«

»Mir würde das schon genügen. Das Vollendete ist eben selten.«

»Auch bei Mozart?« fragte Louis.

Ich widersprach, um zu widersprechen: »Auch Mozart hat seitenweise Gebrauchsmusik geschrieben.«

»Er wird darüber vielleicht manchmal gestöhnt haben«, antwortete Ludwig, »aber er hat kaum so geklagt wie du.«

»Er war seiner Sache sicherer.«

»Nein«, erwiderte Ludwig. »Das war es nicht. Er hatte nur die eine Seele in seiner Brust: Musik. Du hast mindestens zwei. Daran liegt es: die eine, die nicht leben kann, ohne zu schreiben, und die andere, die alle Welt und alle Menschen sehen will und möglichst auch noch dem Rad der Weltgeschichte in die Speichen greifen und Politik machen will. Das aber geht nicht. Der Spagat ist die ungünstigste Stellung für das eine wie das andere. Laß das Herumturnen! Laß den Spagat!«

»Das soll also, kürzer gesagt, heißen: Mach das *Gedachtnis im Kreuzverhör* mit mir weiter!«

Ludwig lachte.

»Zeige mir mal deinen Goethe-Zettel!« sagte ich.

Ich las ihn. »Sieh mal an! Da hast du mich ganz gerissen hinters Licht führen wollen, damit ich dem Quiz erhalten bleibe! *Nur nichts als Profession getrieben!* – Damit meinte er sein Dichten, das er spielend treiben wollte, solange die Lust daran währte. Die professionellen Literaten waren ihm dagegen zuwider. Kannst du das nicht verstehen?

Ich fürchte einer zu werden, wenn ich mich nicht verabschiede, bevor es zu spät ist. Du weißt ja, wie ich mich immer von ihnen fernhalte. Ich habe zwar nichts gegen sie, aber sie sprechen so oft von Dingen, die mich nicht interessieren: von literarischen Experimenten wie Bense und Heißenbüttel, vom Ende des Romans, von den Schwierigkeiten der Sprache und der Metaphern, der Avantgarde, von Neuerscheinungen, Bucherfolgen, Preisverleihungen, und in den Zeitungen lesen sie nur das Feuilleton. – Ich muß hier raus!«

»Ich glaube, ich habe dich verstanden.«

»Hast du?«

Ludwig zögerte. Er wollte mich wohl schonen; aber dann sprach er es doch aus: »Du gibst also auf?«

Eine Weile sagte ich nichts, dann blieb mir nichts anderes übrig.

»Ja, ich schaffe es nicht.«

»Aber du hast doch Erfolg. Was du schreibst, wird gesendet, gehört, gedruckt, diskutiert.«

»Ich habe Erfolg, aber ich gerate damit immer mehr ins Abseits, in die Profession, von der dein Zettel spricht, die Profession des Hörspielgewerbes und mit der Zeit, wie ich fürchte, vielleicht auch der literarischen Trends. Ich verlasse jetzt den Weg der schriftstellerischen Profession und ergreife einen ehrlichen Beruf. Ich habe es lange genug aufgeschoben. Und wenn ich dann etwas schreiben muß und der Druck zu stark wird, dann muß ich sehen, ob ich einen Weg finde.«

»Ich glaube, ich verstehe dich.«

*»Ich? Ach, ich bin nur hier, um Erfahrungen zu
sammeln. Ich will ein Papyrus darüber schreiben.«*

»Was verstehst du? Daß man nach zehn Jahren aufgibt? Weil
man nicht schafft, was man sich vorgenommen hat? Daß ich mich
für einen Weg entschieden habe, von dem ich nicht weiß, wohin
er mich führt?«

»Du willst überhaupt nie wieder eine Geschichte schreiben?«

»Natürlich werde ich wieder eine schreiben. Kann ich das denn
für immer aufgeben?«

Dieser Abschied von der literarischen Szene war die wichtigste
Entscheidung in der Mitte meines Lebens.

Paris

Polad

Das *Committee of Political Advisers* der NATO, kurz *Polad* genannt, tagte jeden Dienstag und, wenn nötig, auch öfter. Ihm gehörten die politischen Referenten der fünfzehn NATO-Vertretungen in Paris an, darunter ich als Deutscher. Sitz des NATO-Generalsekretariats war damals das *Palais de Chaillot* in Paris. Die NATO zog erst in den sechziger Jahren nach Brüssel um.

Polad versammelte sich nicht in dem großen Sitzungssaal, in dem der NATO-Rat, das heißt die fünfzehn NATO-Botschafter und der Generalsekretär, jeden Mittwoch tagten, sondern in einem kleineren Konferenzraum des *Palais de Chaillot*. Wir brachten keine Mitarbeiter mit, waren ganz unter uns. Vorsitzender war ein Mitglied des NATO-Sekretariats, anfangs der gewandte und beliebte italienische Botschafter Casardi, dann Sir Evelyn Shuckborough, ein vorzüglicher britischer Diplomat, der wegen des britisch-französischen Suez-Abenteuers um Versetzung aus dem *Foreign Office* gebeten hatte.

Man sprach englisch oder französisch. Es wurde nicht gedolmetscht. Das war für mich nicht leicht, denn mein Französisch war miserabel. Da halfen auch die Französisch-Kurse nicht viel, die ich noch vor meiner Abreise im Herbst 1955 in Heidelberg genommen hatte. Es ist noch immer nicht gut. Ich hielt mich anfangs ziemlich zurück, nicht aus diesem Grunde – es wurde ja ohnehin meist englisch gesprochen –, sondern weil wir eben erst in die NATO aufgenommen waren und erst einmal die Arbeit in der Allianz kennenlernen mußten.

Eines Tages unterrichtete uns unser norwegischer Kollege über eine ziemlich unverschämte Forderung Chruschtschows und erbat unsere Ansicht dazu. Da machte ich einen Vorschlag, der von allen, die am Tisch saßen, mit Freude aufgenommen und als wertvoller Beitrag von deutscher Seite gewürdigt wurde. Marcelle Campana, die französische Kollegin, schlug eine Erweiterung ganz in meinem Sinne vor, die der amerikanische Vertreter aber als zu weitgehend ablehnte und durch eine andere Formulierung ersetzte, die der britische Kollege Denis Greenhill in dieser Form wiederum nicht akzeptieren konnte. Nach längerem Hin und Her einigte man sich auf einen Text des türkischen Kollegen Zeki Kuneralp, den alle annahmen und dem auch ich zustimmte.

Erst dann fiel mir auf, daß mein vorher von allen so freudig begrüßter Vorschlag, auf den ich mir schon etwas eingebildet hatte, darin gar nicht mehr enthalten war. Er war diskret, elegant und unbemerkt unter den Tisch gefallen und weggezaubert worden, hatte sich zu einem Zeitpunkt in der Debatte, der gar nicht mehr zu bestimmen war, in Luft aufgelöst, weil einige Verbündete ganz andere Vorstellungen hatten.

Für mich begann eine Lehrzeit, die alle meine Kräfte forderte, wenn ich in diesem Polad-Kreis mithalten wollte. Fleiß und Intelligenz wurden vorausgesetzt, hinzu kamen aber Kenntnis der innenpolitischen und außenpolitischen Möglichkeiten und Grenzen der anderen Nationen, die jeder von uns bei seinen Vorschlägen beachten mußte, und nicht zuletzt auch ein Gefühl für sprachliche Nuancen in unseren schriftlichen Vorschlägen und Urteilen.

Es hat lange, vielleicht ein ganzes Jahr gedauert, bis ich die Kunst von Verhandlungen in einem Gremium wohlwollender Kollegen mit gemeinsamen Bündnisinteressen wenigstens so weit kannte, daß ich wußte, wann und wie man Vorschläge mit einiger Aussicht auf Erfolg einbringen konnte, oder wo man sich zurückhalten mußte, weil der eine oder andere Kollege, obgleich er vielleicht meiner Meinung war, nicht zustimmen konnte.

Am meisten lernte ich von Zeki Kuneralp, dem türkischen Kollegen, hoch aufgeschossen, hager, immer besonnen und ein schweres Leiden grandios überspielend, sicher der weiseste und erfahrenste in unserem Kreis. Sein Vater war in dem Aufstand Atatürks ermordet worden, seine Frau und sein Schwager kamen bei einem Attentat um, das eigentlich ihm galt, als er Botschafter in Spanien war. Er wurde später Botschafter in London.

Alle begegneten uns deutschen Neulingen höflich und zuvorkommend. Man wollte uns den Eintritt in die NATO leichtmachen. Man wollte die Bundesrepublik Deutschland, die sich zum Westen bekannt hatte, nicht einsam vor dem Eisernen Vorhang, zwischen NATO und Warschauer Pakt stehen lassen, wo sie versucht sein konnte, über attraktiv erscheinende Angebote der Sowjetunion ernsthaft nachzudenken.

Aber wir fühlten, daß man uns genau beobachtete. In vielen heute verbündeten Ländern von Norwegen bis Italien und Griechenland hatten vor zehn Jahren noch deutsche Truppen als Besatzer gestanden. Viele werden sich auch gefragt haben, was die neuen deutschen Kollegen wohl während dieser Zeit getan hatten.

Im NATO-Rat der NATO-Botschafter, der jeden Mittwoch tagte, saßen an einer Seite des großen Tischvierecks der Generalsekretär, an den anderen drei Seiten die Botschafter, und zwar nach dem englischen Alphabet: Rechts neben Germany saß France und links saß Greece. Die Botschafter nahmen den Platz am Tisch ein, dahinter in der zweiten Reihe saßen die Gesandten, und in der dritten der politische Referent, der gleichzeitig Protokoll zu führen und nach der Sitzung den Bericht für das Auswärtige Amt zu schreiben hatte. Und das war bei der deutschen Delegation ich.

Halbrechts vor mir saß ein Botschaftsrat des *Quai d'Orsay*, so alt wie ich, dessen Bruder in der *Résistance* gewesen war und den die SS erschossen hatte. Die Familie fand seine Leiche eines Morgens vor der Haustür. SS-Männer hatten sie in der Nacht dort hingelegt.

Meine französische Kollegin, rechts neben mir, war Marcelle Campana, eine Korsin, Junggesellin, etwa vierzig Jahre alt wie ich, schlank, mediterraner Typ, mit einem gut geschnittenen, sympathischen Gesicht, ein wenig an einen Raubvogel erinnernd. Sie hatte während des Krieges in der *Résistance* gekämpft.

Wir saßen nebeneinander, machten uns Notizen, weil wir beide die Protokolle der Sitzung zu schreiben hatten. Sie war stets höflich und freundlich, bestand auch nicht, wie manche ihrer Kollegen darauf, französisch zu sprechen, sondern wechselte, als sie sah, daß ich damit Schwierigkeiten hatte, in fließendes Englisch. Wir hielten aber Distanz. Auch im Politischen Ausschuß saßen wir nebeneinander, höflich, freundlich, korrekt.

Bei einer langatmigen Intervention des türkischen Botschafters im NATO-Rat über Zypern legte ich einmal, nachdem ich vergeblich versucht hatte, in seinen Worten einen Sinn zu entdecken, resigniert meinen Bleistift in den Schoß. Marcelle Campana sah das, tat desgleichen und blickte mich an, kniff ein Auge zu und lächelte. Das war der Anfang einer langen Freundschaft.

Auf einem Faschingsfest, das wir für unseren Polad-Kreis und seine weitere Umgebung gaben, war sie in einem Kleid der frühen zwanziger Jahre die große Sensation. Das Fest endete in den frühen Morgenstunden, als die Künstler der Kapelle zurück in den Knast mußten, von dem sie für dieses Ereignis Ausgang bekommen hatten. Die Gäste sagten, sie hätten nie geglaubt, daß wir Deutschen so verrückt sein könnten und meinten das als Kompliment.

Als wir fünf Jahre später Paris verließen, gab Marcelle Campana für Franz und mich ein Abendessen im Kreis ihrer Familie, was ungewöhnlich war; in der Regel trafen wir uns in Restaurants. Und einige Jahre später lud sie uns beide und Barbara in ihr schönes Haus in Korsika am Meer zu einem Sommerurlaub ein. Erst dort spürten wir, was das bedeutete.

Man nahm uns in ihre Sippe mit den Eltern, Großeltern, unzähligen Brüdern, Schwestern, Tanten und Großtanten, Schwägern und Schwägerinnen, Neffen und Nichten auf, einen Clan, der für Außenstehende fest verschlossen war. Ein Alarm erschütterte die Familie, als Barbara einmal auf einer Klippe dicht vor uns in der Bucht gesehen wurde, wo sie mit einem Jungen ihres Alters saß und sprach. Das wurde von der Familie sofort unterbunden: Der Junge war fremd, niemand kannte ihn.

Wir fünfzehn Polad-Vertreter trafen uns einmal in der Woche in einem kleinen Restaurant, das, wie der Patron behauptete, die Waschfrau Napoleons gegründet hatte. Dort sprachen wir über alles, was in der Welt vor sich ging, und ganz nebenbei gab manchmal eine kleine Indiskretion Aufschluß darüber, warum ein bestimmtes Problem zur Zeit noch nicht zu lösen war.

Unterschiedliche Bewertungen haben nie den freundschaftlichen Umgang im Politischen Komitee gestört. Die Diskussionen halfen uns vielmehr, unsere Argumente zu prüfen. Denn wir hatten den Auftrag, dem NATO-Rat eine wohlüberlegte Darstellung der Probleme vorzulegen und darin die Ansichten möglichst aller Bündnispartner zur Geltung kommen zu lassen, damit die Alliierten zu einer möglichst einheitlichen Beurteilung kamen, was freilich manchmal nur mit Mühe und auf dem niedrigsten gemeinsamen Nenner gelang, manchmal überhaupt nicht. Nicht selten hatten wir auch als Ergebnis unserer Diskussionen der eigenen Regierung zu empfehlen, ihre Haltung zu ändern.

Große politische Entscheidungen traf das Komitee selbst nicht; die blieben dem NATO-Rat vorbehalten, doch wir hatten viele Beschlüsse vorzubereiten.

Die Arbeit im Polad war interessant, weil unser Auswärtiger Dienst noch im Aufbau war. Wir hatten im ganzen Ostblock von der Zonengrenze bis nach Peking nur eine einzige diplomatische Vertretung – die in Moskau. Auch mit Israel unterhielten wir keine diplomatischen Beziehungen. Die anderen NATO-Botschaften jedoch wurden von ihren Außenministerien laufend über die wichtigsten Ereignisse auch in den Staaten unterrichtet, wo wir nicht vertreten waren.

Uns informierte das Auswärtige Amt dagegen über die Probleme Berlins und der DDR, der Flüchtlings-Aufnahmelager, der Mauer und der Zonengrenze, so daß wir unsere Handlungen mit den Verbündeten im Polad abstimmen konnten.

Das weltumfassende Aufgabengebiet, die gesammelte Weisheit des Gremiums, in das ich Ende 1955 eintrat, waren für mich, der ich aus der deutschen Provinz kam, überwältigend. Franzl Krapf hatte seinerzeit richtig vorausgesagt, daß die Mitglieder des Polad damals zu den bestinformierten Diplomaten der Welt gehörten.

Herbert Blankenhorn

Am 9. Mai 1955 war die Bundesrepublik Deutschland der NATO als ihr fünfzehntes Mitglied beigetreten. Jedes Mitglied hatte eine Ständige Vertretung im Range einer Botschaft am Sitz der NATO in Paris, heute in Brüssel.

Der erste deutsche NATO-Botschafter war Herbert Blankenhorn, damals Anfang fünfzig, mittelgroß und sehr lebhaft. Er stammte aus Südbaden und war dem Alemannischen tief verbunden, was er in seiner weltmännischen, auf Politik und Geschichte gerichteten Art aber nur im privaten Kreise zeigte.

Blankenhorn war 1929 als Attaché ins Auswärtige Amt eingetreten und hatte seine Lehrjahre noch in der alten Wilhelmstraße absolviert. Prinzessin Marie Wassiltschikow (»Missie«) berichtet in ihrem Kriegstagebuch*, wie kritisch er die Politik Hitlers und

---

* Berlin Diaries 1940-1945, New York 1987, S. 233 f.

Ribbentrops beurteilte und wie er sie nach Stauffenbergs Attentat vor Gefahren warnte.

Blankenhorn wurde 1946 Mitbegründer und Generalsekretär der CDU in der britischen Besatzungszone und bald enger Vertrauter und außenpolitischer Mitarbeiter Konrad Adenauers.

Er war ein Mann der großen politischen Pläne. Mit Detailfragen gab er sich nicht ab; die sollten seine Untergebenen bearbeiten; einer davon wurde ich. Kein politisches Projekt war für ihn zu groß. Auch Pläne, die utopisch oder in der jeweiligen politischen Situation unrealistisch anmuteten oder riskant waren, diskutierte oder entwickelte er.

Doch er war ungeduldig, wollte stets schnell Ergebnisse sehen. Wenn in der Ausführung Widerstände auftraten, etwa wenn sein gewichtigster Gegenspieler, Walter Hallstein, juristische oder formale Einwände vorbrachte, erlahmte er bald. Seine Gegner warfen ihm vor, er arbeite unsystematisch und sei sprunghaft. Er war in der Tat kein wohldisziplinierter Beamter. Doch das war in jener Zeit nicht unbedingt ein Nachteil, da der Aggregatzustand der Allianz sich erst noch verfestigte und in der Genfer Konferenz von 1955 viele große Pläne über die Zukunft Deutschlands diskutiert wurden, die sich nicht verwirklichen ließen.

Wichtige Telegramme nahm Blankenhorn in seiner großen Aktentasche nach Hause, arbeitete am Abend oder am Sonntag an ihnen, und viele legte er dann einfach in sein Privatarchiv oder zu seinem Tagebuch, das heute eine wichtige Quelle zum Verständnis der Politik jener Zeit ist. Oft suchte er in höchster Unruhe Schriftstücke, vermutete sie im Vorzimmer oder bei seinen Mitarbeitern. Seine Chefsekretärin Claire Schild aber ließ sich dadurch nie aufregen.

»Der Vorgang ist in Ihrer Aktentasche«, antwortete sie ungerührt, und sie hatte immer recht.

Blankenhorn war von 1950 bis 1955 Leiter der Dienststelle für Auswärtige Angelegenheiten im Bundeskanzleramt gewesen. Walter Hallstein, früher Professor für Privat- und Gesellschaftsrecht, war seit 1950 Staatssekretär im Bundeskanzleramt und später im Auswärtigen Amt. Beide berieten Adenauer in außenpolitischen Fragen. Ich hatte den Eindruck, daß der Bundeskanzler mehr auf Hallstein hörte, wenn es um einen engeren europäischen Zusammenschluß ging, daß er sich aber, wenn es sich um das politische Verhältnis zu den Vereinigten Staaten, zur Sowjetunion, zu Frankreich und Großbritannien handelte, eher auf den Rat Blankenhorns verließ, weil er aus dem alten Auswärtigen Dienst kam und das Metier kannte. Trotz des Altersunterschieds von achtundzwanzig Jahren stand er ihm persönlich näher.

Hallsteins kühle, auf juristische Logik setzende und oft belehrende Argumentation mochte er zwar nicht entbehren; sie wurde jedoch oft politischen Situationen nicht gerecht, in denen menschliche, charakterliche, emotionale, historische Gegebenheiten oder nationale Empfindlichkeiten bedacht werden mußten. In der Tat wurde die deutsche Politik, seit Blankenhorn in Paris und nicht mehr immer in der Nähe des Bundeskanzlers war und als Hallsteins Einfluß zunahm, starrer, versteifte sich oft auf Rechtspositionen und führte zu einer bedenklichen Entfremdung von unseren Alliierten, die unserer ständigen Forderung, die sogenannte Hallstein-Doktrin einzuhalten, bald müde wurden.

Im Umgang mit Menschen konnte Hallstein erstaunlich unsensibel sein. In der Sitzungspause einer Ministerkonferenz der NATO bat er mich, aus einem Konferenzzimmer den amerikanischen Außenminister John Foster Dulles herauszuholen, der sich dorthin zu einem Gespräch mit Spaak, dem NATO-Generalsekretär, und dem britischen Premierminister Macmillan zurückgezogen hatte.

Nun war Dulles der politische Gigant, der in eindrucksvoller Weise diejenigen Alliierten, die leicht weiche Knie bekamen, bewog, den Ultimaten Chruschtschows zu widerstehen und die Freiheit Berlins zu verteidigen. Den amerikanischen Außenminister ließ man nicht einfach aus einer Konferenz zu einem Gespräch mit einem deutschen Staatssekretär herausbestellen. Ich sagte daher Dulles' Persönlichem Referenten nur, er möge mir im Lauf des Tages sagen, wann Hallstein seinen Chef einmal sprechen könne. Hallstein war darauf mit mir nicht zufrieden.

Die Parteien hatten Adenauer jahrelang gedrängt, die auswärtigen Angelegenheiten nicht mehr vom Bundeskanzleramt aus wahrzunehmen, sondern einen Außenminister zu ernennen und sie ihm zu überlassen. Im Juni 1955 hatte Adenauer sich dann unwillig gefügt und Heinrich von Brentano zum Außenminister ernannt, sich selbst jedoch, ganz abgesehen von der Richtlinienkompetenz, auch die wichtigsten außenpolitischen Themen vorbehalten.

Adenauer hegte bis zuletzt Argwohn gegen das Auswärtige Amt und seine Beamten, über die er sich gerne lustig machte. Blankenhorn erzählte, der französische Botschafter in Bonn, André François-Poncet, habe den Bundeskanzler, Brentano und ihn einmal in Paris zu einem privaten Abendessen in einem Restaurant eingeladen und den Patron beim Eintreten nach dem Menü gefragt. Es sei alles vorbereitet, sagte der Wirt: »*Simple mais correct.*«

»Was hat er gesagt?« fragte Adenauer, und Blankenhorn übersetzte, das Menü sei simpel, aber korrekt.

Worauf Adenauer sich zurückwandte und sagte: »Herr von Brentano, haben Sie gehört? Diese Worte sollten Sie in Erz gießen lassen und über dem Eingangsportal des Auswärtigen Amtes anbringen lassen.«

Während der Gipfelkonferenz der NATO im Jahr 1957 wohnte die deutsche Delegation wie üblich in Paris im Hotel Bristol. Adenauer hatte eine Suite im Penthaus des Hotels, die anderen Teilnehmer in den Stockwerken darunter. Die Delegation kehrte nach der Sitzung ins Hotel zurück. Brentanos Wagen fuhr als erster vor. Ich ging mit ihm zu dem offenen, nur durch ein Scherengitter geschlossenen kleinen Lift hinten in der Lobby, der bis zum Penthaus fuhr. Brentano wollte noch vor Adenauer zu seinem Zimmer ins vierte Stockwerk, während ich unten blieb und auf die Delegation wartete.

Der Lift mit Brentano fuhr aber nicht hinauf, sondern hinab. Kurz darauf kam der Bundeskanzler, fragte nach Brentano, und ich antwortete, er sei versehentlich in den Keller gefahren.

»Da darf er einmal selbst auf den Knopf drücken«, sagte Adenauer trocken, »und da drückt er auf den falschen.«

Brentano, der in diesem Augenblick in dem offenen Fahrstuhl vom Keller an uns vorbei nach oben fuhr, hörte die Lachsalve der Delegation. Ich lachte auch, aber dann fragte ich mich, ob es richtig war, über ihn zu lachen. Er war kein Mann, über den man sich lustig machen sollte.

Das schwierige Verhältnis zwischen beiden habe ich erst aus ihrem Briefwechsel ganz erkannt. Brentano, obwohl nicht immer ausgeglichen und manchmal auch etwas fahrig, war ein aufrechter, vornehmer, bescheidener und fürsorglicher Mensch, der dem Kanzler trotz mancher Kränkungen loyal verbunden blieb und der Einwände gegen seine Politik sachlich und ruhig diskutierte.

NATO *und Kalter Krieg*

Die NATO, 1949 gegründet, war ein Verteidigungsbündnis. Die Sowjetunion hatte die osteuropäischen Staaten und die DDR zu Satelliten gemacht, zuletzt die Tschechoslowakei, und sie im Warschauer Pakt zusammengefaßt, in dem Moskau allein befahl. Sie hatte in allen Staaten* des Warschauer Pakts Truppen stationiert und rüstete ihre Streitkräfte in einer Weise auf, daß sie die westlichen an Kampfkraft weit übertraf. Die Nachrichten über Aufmarschpläne des Warschauer Pakts und Bewaffnung, die der NATO auf geheimen Wegen bekannt wurden, waren beunruhigend, denn sie waren nicht auf Verteidigung, sondern auf einen Angriff gegen den Westen ausgerichtet. Dieses Bild hat sich nach dem Zusammenbruch des Warschauer Pakts nicht nur bestätigt; die sowjetischen Angriffspläne gingen weit über die Vorstellungen der NATO hinaus.

Die Sowjetunion bekannte sich damals noch offen zur Weltrevolution und zur Vernichtung des Kapitalismus; sie unterstützte die kommunistischen Parteien im Westen, finanzierte und lenkte Tarnorganisationen und subversiv arbeitende *fellow-travellers* im Westen.

Sowjetische Führer liebten es, ihre militärische Überlegenheit und die Zerstörungskraft ihrer Nuklearwaffen herauszustellen oder damit zu drohen, zum Beispiel die Wirkung einer Atombombe auf die Akropolis oder eines sowjetischen Nuklearangriffs auf die Bundesrepublik Deutschland auszumalen, die »in der ersten Stunde abbrennen werde wie eine Kerze«. Die NATO-Staaten enthielten sich solcher Drohungen.

In der Bundesrepublik Deutschland, aber auch in anderen westeuropäischen Ländern fürchteten viele, der kommunistische Vormarsch in der Welt lasse sich nicht aufhalten. Sie zweifelten, daß die NATO dazu imstande sei, und hatten Fluchtgepäck bereitgestellt.

Trotzdem glaubten bei uns damals viele unserer Intellektuellen – und manche glauben es auch heute noch –, der Westen habe den Kalten Krieg begonnen und geschürt, John Foster Dulles zum Beispiel. Die Sowjets dagegen seien nur auf die Verteidigung

---

* Die in Rumänien stationierten sowjetischen Truppen zog Chruschtschow nach Verhandlungen mit dem rumänischen Politiker Bodnaras zurück.

ihrer Ideale und der Grenzen des Warschauer Pakts gegen eine kriegstreiberische NATO bedacht.

Chruschtschow hatte im Februar 1956 seine Geheimrede, mit der er die Entstalinisierung einleitete, kaum gehalten, da lag sie dem Polad schon im Wortlaut vor. Die Verurteilung Stalins, das Bekenntnis zu einer Politik der friedlichen Koexistenz und Anzeichen für den Beginn eines »Tauwetters« in der Sowjetunion schienen darauf hinzudeuten, daß die sowjetische Regierung sich zu einer Politik der Entspannung verstehen werde.

Das waren verlockende Worte für viele NATO-Alliierte: Sie hofften, ihren Verteidigungsetat in einer Epoche der Entspannung erheblich kürzen zu können, wollten sich im Entspannungswillen von den Sowjets nicht übertreffen lassen und beeilten sich, Moskau Zeichen des Entgegenkommens zu geben. Der NATO-Ministerrat kündigte daher in seiner nächsten Sitzung im Mai 1956 »friedliche Initiativen der atlantischen Mächte« an.

Die hohen Erwartungen, die viele Alliierte auf den neuen Kurs Moskaus setzten, wurden freilich enttäuscht, als die Sowjets im Oktober 1956 den Aufstand in Ungarn niederschlugen und klarmachten, daß die von ihnen verkündete friedliche Koexistenz sich nur auf die Ideologie beschränkte, daß sie den politischen Kampf gegen den kapitalistischen Westen aber unvermindert fortführen werden.

Meudon

Ein halbes Jahr hatte ich als möblierter Herr in Paris gelebt, aber die Trennung der Familie gefiel uns allen nicht. Ich suchte eine möblierte Wohnung für das Jahr, das ich bei der NATO-Vertretung bleiben wollte.

Man stelle sich eine Zigarrenkiste vor, die auf ihrer Schmalseite steht – so sah das Haus aus, das ich schließlich fand. Es lag in einer stillen, nach einem der unzähligen französischen Generale benannten Straße Meudons, im Süden der Stadt – eine Kleinstadt am Rand der Weltstadt.

Im Mai 1956 vermieteten wir unsere Heidelberger Wohnung mit allen Möbeln an ein junges amerikanisches Ehepaar. Franz packte Kleider und Wäsche ins Auto und kam mit den Kindern nach Paris.

Wolfram und Ulrich fuhren jetzt jeden Morgen mit einem Bus zur Schule des NATO-Hauptquartiers in Saint-Germain-en-Laie. Unterrichtet wurde in englischer und französischer Sprache. Franz brachte Barbara ein paar Straßen weiter zur Grundschule. Als sie sie am Nachmittag wieder abholte, weinte Barbara. Sie hatte kein Wort verstanden, die Lehrer hätten sie nicht Barbara, sondern Titviech genannt. Wir rieten lange nicht, daß sie *petite fille* gesagt hatten. Doch dann fanden wir Madame Toucoulou, eine Baskin, die Barbara und mir Unterricht in Französisch gab.

An einem der ersten Nachmittage kam Barbara von der Straße herein und berichtete, sie habe gerade mit dem Nachbarn gesprochen. Er habe zu ihr gesagt: »Seid ihr dötsch? Isch war lange in Dötschland. Den ganzen Krieg.«

O weh! dachte ich, Kriegsgefangener vermutlich. Was wird er durchgemacht haben!

Am Wochenende machten wir ihm einen Höflichkeitsbesuch. Der Nachbar hieß Blesbois. Beide, seine Frau und er, waren sehr freundlich.

Ich fragte ihn, woher er gewußt habe, daß wir Deutsche seien.

Er lachte: »Weil Ihre Frau morgens die Bettdecken zum Lüften ins Fenster legte. Das haben die Frauen in Mecklenburg auch getan. Ich war vier Jahre da. *Prisonnier de guerre.*«

Ich sagte einige Worte über die Grausamkeit des Krieges, die ihm dieses Los eingebracht habe.

»Nein, nein!« rief er. »Der Krieg war ja schon 1940 für mich vorbei. Gott sei Dank! Die deutschen Männer waren an der Front, und ich war der einzige junge Mann im Dorf, der elektrische Leitungen legen und Geräte reparieren konnte. Ich hatte keine Sorgen. Es waren die schönsten Jahre meines Lebens.«

Die drei deutschen Soldaten

Die kleine Ferienwohnung in Franceville an der normannischen Küste hatte uns eine Agentur besorgt. Als wir die Miete bezahlen wollten, sagte die Vermittlerin, sie wolle uns etwas zeigen. Vielleicht könnten wir etwas damit anfangen. Franz erinnert sich deutlich, daß sie dabei verlegen war und einen roten Kopf bekam. Die Frau holte aus einem Regal eine Zigarrenkiste und gab uns drei

Wolfram (links) und Ulrich stellen deutsche Soldatengräber
in Franceville wieder her (1956).

runde Blechmarken, in die Zahlen und Buchstaben gestanzt waren. Es seien, sagte sie, die Kennmarken von drei deutschen Soldaten, die im Sommer 1944 hier gefallen und auf dem Friedhof begraben seien. Hatten sie einen von ihnen gekannt?

Wir nahmen die Marken, ließen uns die Gräber beschreiben und suchten sie auf. Die Holzkreuze waren verwittert und schief, sie trugen keine Namen. Auf den Grabhügeln wuchs Unkraut.

Am nächsten Tag kauften wir schwarze Farbe und Pinsel, nahmen Hammer und Nägel, Spaten und eine Harke, und die drei Kinder und ich gingen wieder zum Friedhof. Wolfram war fünfzehn, Ulrich dreizehn und Barbara sieben Jahre alt. Wir richteten die Kreuze gerade und nagelten sie fest. Jeder – die beiden Jungens und Barbara – durfte ein Kreuz schwarz anmalen. Dann jäteten wir das Unkraut auf und neben den Gräbern, legten Blumen, die wir am Weg gepflückt hatten, auf jedes Grab und traten zurück.

»Jetzt«, sagte ich, »sollten wir für die drei Soldaten ein heiliges Lied singen. Wer kennt eins?«

»Ich!« rief Barbara. »O Tannenbaum.«

Wolfram meinte, das sei doch ein Weihnachtslied; aber ich antwortete, die Soldaten hätten sicher nichts dagegen, da es doch

Barbaras Lieblingslied war. Wir falteten die Hände und sangen das Lied vom Tannenbaum, der nicht nur zur Sommerszeit, sondern auch im Winter grünte, wenn es schneit.

Nach den Ferien wieder in Paris, sandten Wolfram und Ulrich die Kennmarken an den Suchdienst des Roten Kreuzes, beschrieben die Gräber und waren stolz, als sie ein Dankesschreiben erhielten.

Aus dem Nähkästchen

»Meinen lieben Freunden Inge und Erwin Wickert«, schrieb Blankenhorn uns in sein Buch *Verständnis und Verständigung*, als er es Ende 1980 in einer Buchhandlung in Bonn vorstellte. Mit Spannung hatte ich darauf gewartet. Wenn er aus seinem politischen Leben erzählte, konnte er die Gäste einen ganzen Abend lang fesseln; doch was er aus seinem Buch vorgelesen hatte, war zwar wohlüberlegt, unanfechtbar, diskret, aber farblos.

Wir standen nach der Lesung zusammen, und ich fragte ihn, ob er auch die Verwirrung des NATO-Rats in der Sondersitzung am Morgen des 1. November 1956 geschildert habe.

»Nein«, antwortete Blankenhorn. »Ich wollte nicht aus dem Nähkästchen plaudern, sondern nur die Hauptlinien der Politik nachzeichnen, wie ich sie nach dem Krieg erlebt hatte.«

Da das Buch, das Sie jetzt lesen, keine Hauptlinien der Politik darstellen – das sei den Historikern vorbehalten –, sondern nur Geschichten aus meinem Leben erzählen will, haben hier auch Anekdoten Platz, die anschaulicher als die Akten zeigen, was im Haus eigentlich los war und deshalb nicht verschwiegen werden sollten.

Im siebten Kapitel von Fontanes Roman *Frau Jenny Treibel* sagt der Gymnasialprofessor Wilibald Schmidt zu seinem Kollegen Distelkamp:

»Die Geschichte … geht fast immer an dem vorüber, was sie vor allem festhalten sollte. Daß der Alte Fritz am Ende seiner Tage dem Kammergerichtspräsidenten den Krückstock an den Kopf warf und, was mir noch wichtiger erscheint, bei seinen Hunden begraben sein wollte, weil er die Menschen, diese ›mechante Rasse‹, so gründlich verachtete – sieh, Freund, das ist mir mindestens so viel wert wie Hohenfriedberg und Leuthen.«

Distelkamp lächelte. »Du warst immer fürs Anekdotische, Genrehafte. Mir gilt in der Geschichte nur das Große, nicht das Kleine, das Nebensächliche.«

»Ja und nein, Distelkamp. Das Nebensächliche gilt nichts, wenn nichts dahintersteckt. Steckt aber was drin, dann ist es die Hauptsache, denn es gibt einem dann immer das eigentlich Menschliche.«

»Poetisch magst du recht haben.«

»Das Poetische«, antwortete Schmidt, »hat immer recht; es wächst weit über das Historische hinaus…«

Der NATO-Rat sollte am Montag zusammentreten, um über die letzten Meldungen aus Ungarn zu beraten, wo sich vor einer Woche das Volk gegen die kommunistische Regierung und die sowjetische Besatzung erhoben hatte. Teile der ungarischen Armee hatten sich den Aufständischen angeschlossen. Es fanden Kämpfe in Budapest und im Lande statt. Eine neue Regierung unter Nagy forderte den Abzug der sowjetischen Truppen. Es sah so aus, als wolle Ungarn aus dem Warschauer Pakt austreten.

Am 30. Oktober hatten die Aufständischen den größten Teil des Landes in ihrer Hand. Der Sicherheitsrat der Vereinten Nationen bestritt der Sowjetunion das Recht auf Intervention. Die chinesische Regierung billigte in einer Erklärung den Aufstand der Ungarn.

In Budapest hoffte man, die Nordatlantische Allianz werde Ungarn zur Hilfe kommen; doch die NATO war, um es zu wiederholen, ein Verteidigungsbündnis, nicht eine Allianz zur Befreiung der osteuropäischen Völker. Sie hielt sich zurück in der überdies bequemeren Hoffnung, allein ihre Präsenz werde die Sowjets zur Vorsicht veranlassen. Es war eine dramatische, unberechenbare Situation.

Der NATO-Rat war also am Montag früh zusammengetreten, um über die Lage in Ungarn zu beraten. Generalsekretär Lord Ismay eröffnete die Sitzung und verlas eine Meldung, die gerade erst über die Ticker gelaufen war. Allen im Saal, bis auf den französischen und britischen Botschafter, stockte der Atem.

Die Briten und Franzosen hatten nach einem Wochenendultimatum ägyptische Flugplätze bombardiert und Truppen gegen Ägypten mobilisiert – ohne irgendeinen der NATO-Partner zu konsultieren, ja ohne sie auch nur diskret vorzuwarnen. Zur gleichen Zeit griff Israel Ägypten an. Alarmierende Nachrichten überstürzten sich. Krieg im Nahen Osten!

Der britische Premierminister Anthony Eden und sein französischer Kollege Guy Mollet hatten sich in größter Heimlichkeit zu einem militärischen Schlag verabredet, um den ägyptischen Präsidenten Nasser zu stürzen, der ihrer Nahost-Politik im Wege stand und zu einer engeren Zusammenarbeit mit der Sowjetunion neigte. Selbst im *Foreign Office* und dem *Quai d'Orsay* waren nur eine Handvoll Beamte eingeweiht.

Churchill hatte seinem Nachfolger Eden, dessen politische Intelligenz er nicht sehr hoch einschätzte, das Diktum hinterlassen: *»Never be separated from the Americans!«* Doch Eden hielt sich nicht daran, und selbst dem amerikanischen Präsidenten Eisenhower hatte man Sand in die Augen gestreut. Eden und Mollet hatten keinen der anderen Bundesgenossen ins Vertrauen gezogen, auch nicht Lord Ismay, den früheren engen Mitarbeiter Churchills. Es war ein rechtes Schelmenstück.

Ismay hatte, als er die Meldung vorlas, Tränen in den Augen. Seine eigene Regierung hatte ihn hintergangen. Die britische Delegation war überrascht von der harten Kritik, die sie jetzt von ihm hörte. Der französische Botschafter begab sich in Deckung; der Zorn vieler Botschafter wandte sich vor allem gegen den britischen Kollegen Sir Christopher Steel, obwohl auch er erst kurz zuvor ins Bild gesetzt worden war. Er versuchte sein Bestes, die militärische Aktion zu verteidigen, beschrieb die vielen antiwestlichen Reden Nassers, seine Annäherung an die Sowjetunion, die Verstaatlichung des Suez-Kanals, und mit hochrotem Kopf rief Sir Christopher: *»Her Majesty's Government is not willing to tolerate any more provocations by Herr Nasser!«*

Ich war wohl der einzige im Ratssaal, dem aufgefallen war, daß er *Herr* Nasser gesagt hatte. Es war kaum zehn Jahre her, da gab es nur einen, den die Engländer in Zorn und Verachtung *»Herr«* nannten – *Herrn* Hitler.

Die Entrüstung der NATO-Botschafter, nicht zuletzt des amerikanischen, über diesen militärischen Schlag der Engländer und Franzosen hinter dem Rücken der Alliierten war stürmisch. Blankenhorn hielt sich in der Diskussion zurück, denn er glaubte, es sei jetzt wichtiger, eine tiefgehende Spaltung im Bündnis zu verhindern.

Der NATO-Rat tagte fortan in Permanenz, doch in deprimierendem Leerlauf, weil die Botschafter keine Weisungen ihrer Regierungen erhalten hatten, die von den Ereignissen ebenso verwirrt waren wie die Botschafter im NATO-Rat. Außerdem fanden die entscheidenden Gespräche jetzt im und um den Sicherheitsrat der Vereinten Nationen in New York statt.

Die Gefahr der Situation wurde beklemmend deutlich, als ein Botschafter dem NATO-Rat eines Morgens eine Pressemeldung vorlas, wonach ein Geschwader sowjetischer Kampfbomber die Türkei südwärts in Höhe von 36000 Fuß überflogen hatte, oberhalb der Reichweite der türkischen Luftabwehr und offenbar in Richtung Ägypten. Blankenhorn unterrichtete dann den Rat von einem Telegramm unseres Botschafters Müller-Graf aus Wien, wonach am Ballhaus-Platz Berichte über zwei lange sowjetische Militärkolonnen eingetroffen seien, die sich in der Tschechoslowakei nach Süden, auf Österreich und Süddeutschland zu bewegten.

Der amerikanische General Gruenther, Oberster Alliierter Befehlshaber in Europa, ein hervorragender Kopf, saß neben dem Generalsekretär, hörte unbewegt zu und zeigte keinerlei Unruhe. Er lud die Botschafter ein, ins NATO-Hauptquartier SHAPE – *Supreme Headquarters Allied Powers in Europe* zu kommen. Blankenhorn nahm mich mit.

Gruenther selbst erklärte an einer großen Karte die militärische Lage und die Schwächung der NATO-Streitkräfte, seit bedeutende französische und britische Streitkräfte durch die Suez-Aktion gebunden waren. Die Ägypter hatten Schiffe im Kanal versenkt, der nun jahrelang unpassierbar sein würde.

Die Meldung aus Wien über umfangreiche sowjetische Truppenbewegungen in der Tschechoslowakei konnte er nicht bestätigen. Hieß das nun, die Meldung aus Wien traf nicht zu, oder hieß es, auch die NATO-Militärs wußten nichts? Die Auskünfte waren vage. Über das Eindringen sowjetischer Kampfbomber in den türkischen Luftraum lagen Gruenther auch keine Meldungen vor, weil die Funkverbindung von SHAPE zum Befehlshaber Nordöstliches Mittelmeer in Izmir an jenem Tage zusammengebrochen war.

Der NATO-Rat war ratlos und deprimiert. Lord Ismay fragte den Oberkommandierenden der NATO schließlich, was er in dieser kritischen militärischen Lage tun werde.

General Gruenther antwortete trocken: »Auf Weisungen des NATO-Rats warten.« Die fünfzehn Botschafter des NATO-Rats aber warteten ihrerseits vergeblich auf Instruktionen ihrer Regierungen, die ebenso ratlos waren.

Am 5. November, fünf Tage nach dem Bombardement ägyptischer Flugplätze, sprangen französische und britische Fallschirmtruppen in der Suez-Kanalzone ab. Bundeskanzler Adenauer fuhr am Abend zu einem seit langem verabredeten Besuch nach Paris. Nach Mitternacht wurde er geweckt. Das Büro im Sonderzug informierte ihn, die sowjetische Regierung habe Paris und London in einer Note angedroht, die beiden Hauptstädte mit Atomraketen zu beschießen, wenn die Angriffshandlungen gegen Ägypten nicht sofort eingestellt werden.

Adenauer wurde am nächsten Vormittag gebeten, an der Kabinettssitzung in Paris teilzunehmen. Ein sowjetischer Atomschlag auf London und Paris an diesem Tag war nicht mehr ausgeschlossen. Adenauer hielt grundsätzlich wohl ein militärisches Vorgehen gegen Nasser für berechtigt, doch keinen solchen Alleingang.

Es war kurz vor den amerikanischen Präsidentschaftswahlen; Eisenhower hatte nach einer Gehirnblutung eine lange Rekonvaleszenz hinter sich. Außenminister Dulles war drei Tage vorher operiert worden – Krebs. Die USA hatten erst vor einigen Tagen im Sicherheitsrat die sowjetische Einmischung in die inneren Verhältnisse Ungarns verurteilt. Washington hatte sich bisher zu der sowjetischen Drohung mit Atomschlägen nur ausweichend geäußert. Adenauer riet der französischen Regierung beim Mittagessen: »Blasen Sie die Aktion am Suez-Kanal ab!«

Die französische Regierung hatte Grund anzunehmen, daß die Vereinigten Staaten ebenso wie die Sowjetunion in den Vereinten Nationen die Einstellung der Kampfhandlungen fordern würden. Die britische Regierung nahm daher einen Waffenstillstandsvorschlag der Vereinten Nationen an. Frankreich folgte.

Die Welt hatte am Rande eines Atomkriegs gestanden. Frankreich und Großbritannien mußten sich dem Druck der Vereinigten Staaten und der Sowjetunion beugen – des Gegners und des Verbündeten, den sie hintergangen hatten.

Von den vielfältigen Aufgaben des Politischen Ausschusses soll hier nicht die Rede sein, zum Beispiel unseren Berichten über die innere Lage und Außenpolitik der Sowjetunion zu jeder Ministertagung, über China oder die Satellitenstaaten, über Divergenzen im Bündnis und Dauerprobleme wie Zypern oder die isländischen Fischereigrenzen. Darüber berichten die Akten.

Über die militärische Planung und selbstverständlich auch über einen militärischen Einsatz entschied endgültig nicht das NATO-Hauptquartier, sondern der NATO-Rat als oberstes Organ des Bündnisses – auch über Atomwaffen.

Ich gehörte nie zu den »Atomgegnern«, die glaubten, mit Manifesten, Demonstrationen, Oster- und Friedensmärschen könnte man die Abschaffung der Atomwaffen erreichen. Das waren Träume. Atomwaffen und Interkontinentalraketen waren nun einmal da. Die Vereinigten Staaten, Großbritannien und Frankreich besaßen sie; die Sowjetunion hatte den amerikanischen Vorsprung eingeholt und rüstete schnell auf. Keine der vier Mächte würde die Waffen aufgeben. Hier half nur ständige Beobachtung der Fakten, damit eine unaufmerksame oder unbesonnene Politik keine Katastrophe auslöste.

Franz Josef Strauß, bisher Atomminister, war im Oktober 1956 zum Verteidigungsminister ernannt worden. Er machte seinen Antrittsbesuch bei der NATO. Blankenhorn hatte mir den Auftrag gegeben, ihm und den Generalen Speidel und Heusinger nach einem Abendessen, das er für sie gab, die militärische Gesamtplanung der NATO unter politischen Gesichtspunkten zu beschreiben.

Franzl Krapf, der meine kritische Einstellung kannte, sagte, als ich das Wort erhielt, habe er das gleiche Gefühl im Magen gehabt wie früher, als seine Schwiegermutter festen Schrittes zum Flügel ging, um die musikalische Soiree in ihrem Hause mit einer Arie einzuleiten.

Die strategische Planung der NATO, begann ich, werde allein nach militärischen Kriterien ausgearbeitet. Feuerkraft, Bewegungskrieg, Vorwärtsverteidigung, *tripwire-defense*, Zerstörungspotential seien Begriffe des militärischen Handwerks.

Über Kriege, ihren Beginn, ihren Verlauf und ihr Ende, entscheide aber nicht das Militär, weil es die Gesamtsumme der politischen Voraussetzungen für den militärischen Einsatz nicht kenne.

Die NATO-Strategie sehe vor, daß die NATO, wenn die Sowjets mit ihren konventionellen Streitkräften einen Angriff über den Eisernen Vorhang hinaus vortrügen, also in erster Linie über die Zonengrenze hinweg in die Bundesrepublik Deutschland, sofort mit einem nuklearen Gegenschlag antworte, weil die konventionell ausgerüsteten, an Zahl aber weit unterlegenen NATO-Truppen nicht imstande seien, einen Angriff der überlegenen konventionellen Streitkräfte der Sowjets und ihrer Verbündeten aufzuhalten.

In einer nuklearen Auseinandersetzung aber, sagte ich, würde Deutschland diesseits und jenseits der Zonengrenze das Hauptkampfgebiet sein und vernichtet – unser Land, unser Volk. Jedoch auch die Schäden und Verluste des Angreifers würden für ihn nicht annehmbar sein.

Es könne jedoch zu einer verhängnisvollen Fehlplanung kommen, wenn man sich etwa auf die abschreckende Wirkung einer Waffe verlasse, während der Gegner an den Einsatz dieser Waffe gar nicht glaube und sich deshalb gar nicht abschrecken lasse. Die sowjetische Führung wisse doch, daß man sich selbst in der NATO frage, ob die Allianz tatsächlich zum nuklearen Erstschlag bereit sei, der zwangsläufig mit einem sowjetischen nuklearen Gegenschlag beantwortet werde.

Ich fuhr fort mit Argumenten, die ich in den nächsten Tagen in einem langen Bericht an das Auswärtige Amt ausführlich darstellte.

Strauß schwieg, als ich geendet hatte – auch die beiden Generale. Blankenhorn wollte eine Diskussion einleiten und bat Strauß um seine Meinung. Aber der sah stumm vor sich hin.

»Das war doch alles reine Theorie«, sagte Strauß schließlich und erkundigte sich dann nach seinem Programm für den nächsten Tag.

Die beiden Generale Speidel und Heusinger sagten mir – aber erst beim Hinausgehen in der Garderobe: »Es war gut, daß Sie ihm das alles einmal gesagt haben.«

Nach seinem Besuch entwarf ich einen langen Bericht über die strategische Planung der NATO. Er war dreißig Seiten lang, und

Blankenhorn nannte ihn fortan »Das Memorandum«. In meinem Entwurf heißt es zum Schluß zusammenfassend: Wenn wir zu dem Schluß kommen, ein Atomkrieg sei für das deutsche Volk untragbar, dann sei es nicht zu verantworten, der jetzigen NATO-Strategie zuzustimmen. Wir müßten vielmehr ernsthaft nach alternativen Verteidigungsmöglichkeiten suchen.

»Wenn die Untersuchung jedoch zu dem Schluß kommt, die Bundesregierung könne das Risiko eines Atomkriegs vor dem deutschen Volk verantworten, sei zu untersuchen, ob die Abschreckungstheorie tatsächlich wirksam ist und bleibt und ob die Atommächte des Westens nicht nur mit den Atomwaffen drohen, sondern auch bereit sind, sie gegen jede größere sowjetische Aggression einzusetzen. Ist dies absolut sicher? Oder könnte die Regierung der Vereinigten Staaten das aus innenpolitischen oder anderen Gründen verweigern, so daß die westeuropäischen Staaten einen Krieg mit unterlegenen, konventionell ausgerüsteten Streitkräften austragen müssen?

Bleibt die Abschreckungstheorie gültig, wenn das Atomwaffenpotential des Westens und des Ostens gleich oder annähernd gleich ist, oder schrecken dann beide Lager vor der Anwendung nuklearer Waffen zurück?

Wie auch immer eine Alternative aussehen mag, sie würde uns auf jeden Fall vor sehr schwierige Probleme stellen: Wie stark müssen die Streitkräfte der Bundesrepublik Deutschland und der Allianz sein, um einem Angriff mit konventionellen Waffen erfolgreich zu begegnen?

Trifft es zu, daß die Bundesrepublik Deutschland nur 500000 Mann aufstellen kann, während die Stärke der britischen und französischen Streitkräfte erheblich höher liegt?

Wie weit können wir die Wirtschaft und unsere Finanzen belasten, ohne das soziale Gefüge der Bundesrepublik zu gefährden?

Wo liegt die Grenze unserer Rüstungskapazität, die wir nicht überschreiten dürfen, wenn wir eine Wirtschaftskrise vermeiden wollen, die dem Kommunismus im eigenen Land den Boden vorbereitet?

Kann eine solche Aufrüstung mit konventionellen Waffen, die möglicherweise zu einer Inflation oder anderen unerwünschten Erscheinungen in der Wirtschaft führt, von einer Partei ohne Mitarbeit der Opposition durchgehalten werden?

Die Bundesregierung muß dabei in Rechnung stellen, daß die Diskussion über diese Fragen in immer steigendem Maße in der Öffentlichkeit ausgetragen wird und daß sie in den innenpolitischen Auseinandersetzungen eine Rolle spielen wird.

Bei der Beantwortung dieses noch immer lückenhaften Fragenkatalogs müssen wir auch die wirtschaftliche und finanzielle Kapazität unserer Alliierten im Auge behalten.

Eine Kapitulation vor diesen Fragen und Aufgaben läßt nur eine Alternative offen: Die Möglichkeit eines Atomkriegs.«

Dieser Bericht bewirkte in Bonn nicht das, was ich mir wünschte. Der Bundeskanzler las ihn, versah ihn, wie ich hörte, mit vielen Randbemerkungen. Blankenhorn behauptete, er habe »nur mit Mühe den Bannstrahl des Bundeskanzlers auf die NATO-Delegation in Paris verhindert«.

Der Kanzler hätte sich gerade eine Meinung gebildet gehabt, nach meinem Bericht aber habe er wieder geschwankt. Worin er geschwankt hat, das erfuhr ich nicht.

Bundeskanzler Adenauer war ein halbes Jahr vorher, im Juli 1956, durch den Plan des amerikanischen Admirals Radford aufs tiefste beunruhigt worden. Radford hatte vorgeschlagen, 800000 amerikanische Soldaten aus Europa abzuziehen und den Verlust an Kampfkraft durch verstärkte atomare Bewaffnung auszugleichen.

Darauf habe der Bundeskanzler, wie Hans-Peter Schwarz in seiner Adenauer-Biographie schreibt, in einem bewegenden Brief dem amerikanischen Außenminister Dulles geschrieben: »Da die konventionellen Waffen in den Hintergrund treten, wird ein Krieg zwischen den Vereinigten Staaten und der Sowjetunion, auch wenn er aus einer an sich nicht entscheidenden Ursache entsteht, ein nuklearer Krieg sein, das heißt ein völliger Vernichtungskrieg für den größten Teil der Menschheit...

Niemand, der eine christliche und ethische Grundhaltung hat, kann diese Entwicklung vor Gott und seinem Gewissen verantworten. Jeder ist aus christlichem Gewissen heraus verpflichtet, sich mit ganzer Kraft für eine kontrollierte Abrüstung auf dem Gebiete der nuklearen Waffen an erster Stelle einzusetzen. Die Bundesregierung wird diese Haltung einnehmen.«

Das Haus am Ziegenpfad

Wir zogen nach einem halben Jahr aus der Zigarrenkiste in ein größeres Haus um, ganz in der Nähe, in Bellevue an einer steilen, nur mit Schotter bedeckten Straße, die zwar *Rue du bel air* hieß, die unsere Nachbarn aber nur *sentier de chèvre* nannten.

Am anderen Ende des »Ziegenpfades« wohnte Hans Arp. Unser Haus war eine Villa vom Ende des 19. Jahrhunderts, geräumig, aber die Türen und Fenster schlossen nicht dicht, die Tapeten waren verblaßt, die Treppen schief. Da der Weg zum Haupteingang überwachsen und nicht mehr zu benutzen war, betrat man das Haus vom Garten her durch die Gartentür und kam unmittelbar in das Wohnzimmer. Der Garten selbst war verwildert.

Wie die Zigarrenkiste, so war auch dieses Haus möbliert. Leere Wohnungen oder Häuser waren nicht auf dem Markt; denn wenn ein paar Möbel im Haus standen, unterlag es nicht mehr den festgelegten Mietpreisen, und der Vermieter konnte den Preis selbst festlegen. Die Möbel in dem Haus stammten aus dem Anfang des 19. Jahrhunderts; manche waren etwas wackelig, aber doch wohltuend für das Auge, wenn man nicht zu genau hinsah.

Wir zogen um mit unserem provisorischen Haushalt, Bettzeug, Kleidern, einigen Büchern und dem Wildschwein. Dem Wildschwein? Nun ja, es war noch klein, nicht einmal so groß wie unser Drahthaarfox Tschibi. Ich sollte es lieber Frischling nennen, denn es trug noch die weißen Streifen auf dem Rücken.

Unser Nachbar Blesbois war Jäger und hatte ihn eines Tages mitgebracht. Barbara war jede freie Stunde nebenan im Garten, und als sie ihn fragte, ob der Frischling nicht wenigstens einmal nachts auch bei uns schlafen durfte, und als wir es erlaubten und als Barbara ihm weiterhin in den Ohren lag, schenkte er ihr das Tier zu ihrer unbändigen Freude. Ich dagegen, Familienoberhaupt und daher weiterblickend, konnte dem zwar nicht wehren, fragte mich aber, ob das Tier nicht eher ein Danaergeschenk sei, oder ob man deshalb nicht sogar von einem trojanischen Wildschwein reden sollte. Barbara nannte es Hoppelinko.

Hoppelinko ist ein Kunstwort, das der Mensch laut und vor Freude am Leben ausstößt, wenn er sich morgens an den Stäben seines Gitterbetts aufrichtet, am Geländer festhält und rüttelt, mit beiden Beinen auf und ab hüpft, dabei immer mit höchster

Hoppelinko

Lautstärke fröhlich hoppelinko krähend seine Lust an der Welt und dem Leben kundtut. So fanden wir Ulrich eines Morgens vor, als wir in Japan wohnten und er zwei Jahre alt war. Das Wort wurde in der Familie nicht vergessen, auch von Barbara nicht, obwohl sie es nur vom Hörensagen kannte und bei seinem Ursprung noch gar nicht in der Welt war.

Hoppelinko wurde in unserem Garten am Ziegenpfad nachts in eine alte, hinten an der Mauer abgestellte Voliere eingesperrt, lief aber tagsüber im Garten umher, rannte zum Tor, wenn es klingelte und erschreckte Gäste zu Tode, wenn sie abends zu Besuch kamen und plötzlich ein Wildschwein in der Gartentür vor sich sahen. Er verwüstete die Rosenbeete und konnte, da er in wenigen Monaten die Frischlingsstreifen auf seinem Rücken verloren und ein veritabler Jungeber geworden war, die Tür zum Salon mit einem kräftigen Ruck der Schultern öffnen.

Einmal war er verschwunden und wurde erst nach langem Suchen im Wäscheschrank des Obergeschosses gefunden, wo er sich bequem niedergelassen hatte. Er kam leider gerne ins Haus, besonders wenn wir Gäste hatten, weil er dann großer Aufmerksamkeit gewiß sein konnte.

Das erste Mal war er bei einem Empfang auf die gewohnte Weise in den Salon gedrungen und hatte sich unter die Gäste gemischt, die mit dem Champagnerglas in der Hand dastanden und sich friedlich unterhielten, die nun aber, als er sich in Höhe ihrer Waden durch die Gesellschaft drängte, schnell in Bewegung gerieten. Einige Damen kreischten.

In Polad-Kreisen war er bald beliebt, meist erkundigte man sich zuerst nach seinem, erst danach nach unserem Wohlergehen. Auf Einladungen in unser Haus erhielten wir selten Absagen.

Er wurde aber bald ein Problem. Am späten Abend stellte ich eine Schüssel mit Schweinefutter – gekochte Kartoffeln und Rüben – in seine Voliere. Trotzdem erhob er nachts manchmal ein furchtbares Geschrei, weil er die Schüssel umgeworfen hatte und nun hungrig war. Als ob er die Kartoffeln und Rüben nicht auch vom Boden fressen konnte wie jedes normale Wildschwein! Ich konnte mir auch nicht vorstellen, daß Wildschweine in der freien Wildbahn ein solches Geschrei anstimmten, wenn sie hungrig waren. Hoppelinko aber schrie nachts, als stecke er am Spieß. Er war maßlos verzogen. Jacquemins, die Nachbarn, öffneten ihre Fensterläden und sahen hinaus. Man kann sich denken, was sie dachten. Ich mußte ihm also noch eine Schüssel von der Futterreserve aus der Küche bringen. Im Schlafanzug und auch bei Regen. Barbara, derentwegen wir ihn in unsere Familie aufgenommen hatten, schlief indessen ruhig und überließ mir die Sorge.

Meine Geduld wurde am ärgsten auf die Probe gestellt, als ich eines Sonntags auf dem Sofa im Wohnzimmer saß, die Reiseschreibmaschine auf den Knien und die schon geschriebenen Seiten eines langen Berichts neben mich legte. Da öffnete Hoppelinko mit gewohntem Schulterruck die Tür und sprang zu mir aufs Sofa und auf die Reinschrift. Barbara fand das zwar nicht weiter schlimm, ich aber stellte beim Mittagessen ein Ultimatum: Wenn Hoppelinko am nächsten Wochenende noch im Hause sei, würde ich auf dem Weg ins Büro beim Metzger vorbeifahren und mit ihm eine Verabredung treffen, die manch einem hier am Tisch sehr leid tun werde.

Die Familie schrie auf, als schlüge ich Kannibalismus vor. Franz sprach am nächsten Tag mit einem Förster, weil sie Hoppelinko im Wald aussetzen wollte. Der Förster aber wollte das nicht zulassen. Das Wildschwein habe keine Chance zu überleben; es würde wie am Spieß schreiend auf jeden Jäger in der Hoffnung zulaufen, von ihm Schweinefutter zu bekommen. Auch Umfragen im Polad führten zu nichts. Alle hatten sich immer angelegentlich nach ihm erkundigt, aber jetzt hatte auf einmal keiner Platz für ihn. Wolfram und Barbara stellten ihn, als die Schule *La Source* ihren Tag der Offenen Tür beging, im Schulhof aus. Alle Besucher bewunderten ihn, aber mitnehmen wollte ihn niemand.

In der Familie herrschte Krisenstimmung. Doch im letzten Augenblick, als ich schon eine extreme Maßnahme treffen wollte, fand Franz eine Lösung: Sie erreichte es, daß Hoppelinko Aufnahme im *Jardin d' Acclimatation* im *Bois de Boulogne* von Paris fand, wo ein Eber für das Wildschweingehege willkommen war.

Man sieht: Das Haus am Ziegenpfad war ein Haus mit Charme. Wir liebten es.

Ausbruchversuch gescheitert

Wir feierten Silvester bei Franzl Krapf. Es ging auf das Jahr 1957 zu. »Ich bin jetzt ein Jahr bei euch«, sagte ich. »Ich habe in dieser Zeit viel gesehen und gelernt.«

»Das hatte ich dir vorausgesagt«, antwortete er.

»Nun ist aber die Zeit gekommen, die Zelte abzubrechen. Ich muß wieder an meinen Schreibtisch nach Heidelberg zurück.«

»Wieso?« Franzl spielte den völlig Überraschten. »Das kannst du doch nicht! Übermorgen sollst du Blankenhorn in Bonn helfen, seinen ›Großen Plan‹ für Europa auszuarbeiten.«

»Ein Jahr war ausgemacht.«

»Und dann kommen die Vorbereitungen für die nächste NATO-Ministerkonferenz in Bonn. Wer soll die Reden entwerfen, die Tagesordnung im Politischen Ausschuß aushandeln?«

»Du und Blankenhorn.«

»Unsinn! Das nächste Jahr bleibst du noch bei uns, und dann machen wir dich zum Beamten auf Lebenszeit.«

»Nie! Ich will Bücher schreiben.«

»Du kannst dir jederzeit Urlaub unter Wegfall der Dienstbezüge nehmen; und nach dem Urlaub trittst du den Dienst wieder an und bekommst dein Gehalt wieder. Und wenn du längere Zeit krank werden solltest, kriegst du auch dein Gehalt weiter. Oder du kannst den Dienst ja auch jederzeit quittieren. Wenn du aber in Heidelberg an deinem Schreibtisch sitzt und einen Roman schreibst und dann auf einmal krank wirst – wovon wollt ihr dann leben?«

»Ein Jahr war ausgemacht.«

Als Blankenhorn seinen Großen Plan in Bonn auf den Weg gebracht hatte und wir wieder in Paris waren, fragte auch er mich, warum ich mich nicht ins Beamtenverhältnis übernehmen lassen wolle. Ich erklärte ihm, daß ich wie Günter Diehl, Georg von Lilienfeld, Hans Schirmer und noch ein paar frühere Austauschstudenten bei Kriegsbeginn in den Auswärtigen Dienst eingetreten und kriegsdienstverpflichtet worden sei. Während die anderen im Lauf des Krieges als Beamte übernommen wurden, sei meine Übernahme in das Beamtenverhältnis abgelehnt worden. Wenn ich heute also Beamter werden wolle, müsse ich erst vor dem Bundespersonalausschuß eine Eignungsprüfung ablegen. Und zu einem Examen hätte ich, nunmehr 42 Jahre alt, keine Lust. Außerdem wollte ich wieder zurück an meinen Heidelberger Schreibtisch.

Davon wollte Blankenhorn nichts wissen. Es sei doch absurd, daß ich noch meine Eignung beweisen sollte. Er werde mit Brentano sprechen. Der werde das schon in Ordnung bringen. Ich stellte den Antrag, aber auch der Bundesaußenminister mußte sich an das Beamtengesetz halten.

Franzl Krapf hatte recht: Auch viele andere Schriftsteller hatten einen Brotberuf gehabt. Als Beamter wäre meine Familie materiell gesichert, und einen längeren Urlaub unter Wegfall der Dienstbezüge um einen Roman zu schreiben, könnte ich jederzeit beantragen. Er wolle auch darüber mit Brentano sprechen.

Ich studierte also, obwohl es mich sauer ankam, an Sonntagen Verwaltungsrecht, Beamtenrecht, Haushaltsrecht sowie Teile des Bürgerlichen Gesetzbuchs und stellte mich nach einem halben Jahr, im Herbst 1957, der Prüfungskommission.

Der Vorsitzende des Bundesrechnungshofs und ein Gremium von sechs Beamten der Obersten Bundesbehörden prüften, aber von den verschiedenen Arten des Verwaltungsaktes und den anderen Themen, auf die ich mich vorbereitet hatte, wollte niemand etwas von mir wissen. Ich sollte dagegen die Geschichte der WEU beschreiben und sagen, woraus sich der Wirtschafts- und Sozialrat der UN zusammensetzt und wer die Mitglieder wählt.

»Welche Organisationen unterstehen der ECOSOC«, fragte der Vertreter des Auswärtigen Amts, »und warum wurde die Ukraine in die UN aufgenommen?«

Nun das war leicht zu beantworten, aber dann wurde es schwieriger: »Wie verlief die preußisch-russische Grenze nach der 3. Polnischen Teilung?« fragte ein anderer. »Und nach 1815? Wie verlief die Westgrenze Kongreßpolens? Wann und weshalb entstand der Krimkrieg? Wie hießen die russischen Zaren von Alexander I. bis zu Nikolaus II.?«

Ach, manche Antworten des Prüflings waren gar nicht gut: Nach der 3. Teilung Polens setzte er Warschau auf die russische Seite, und über die Westgrenze Kongreßpolens wußte er überhaupt nichts. Unter den Zaren hatte er Alexander III. ausgelassen. Als ich dem Prüfer sagte, ich sei kein Kenner der russischen Geschichte wie er, und sie habe mich auch nie interessiert, überließ er anderen Mitgliedern das Wort. Da war ich wieder auf sicherem Grund: Ist die Gewaltenteilung in der Bundesrepublik Deutschland überall durchgeführt? Welche Ausnahmen kennen Sie? Wann entfällt bei der Unterzeichnung durch den Bundespräsidenten die Gegenzeichnung? Wie entwickelte sich das Beamtenrecht in Preußen? Was ist der Status des Beamten in verwaltungsgerichtlichen Verfahren?

Mit einem Prüfer konnte ich mich nicht über den Geburtsort Andreas Schlüters einigen. Ich legte ihn nach Danzig, wie allgemein angenommen wird. Er dagegen hielt Stettin für richtig. Doch diese Meinungsverschiedenheit wirkte sich nicht auf das Ergebnis aus.

Ich hatte bestanden – Noten wurden nicht erteilt – und erhielt nach einiger Zeit eine Urkunde des Bundespräsidenten, in der ich zum Legationsrat I. Klasse und Beamten auf Lebenszeit ernannt wurde. Bevor ich aber nach Paris zurückfuhr, schrieb ich die Prüfungsfragen alle auf und gab sie anderen Kandidaten, damit sie daraus Nutzen ziehen konnten. Was ich eben zitiert habe, ist dem Exemplar entnommen, das ich mir aufgehoben habe.

Man sieht daraus, daß die Prüfung damals keine Formsache war. Nicht wenige sind durchgefallen. Das änderte sich aber später, als andere Regierungen ihren Parteimitgliedern so schnell wie möglich einen Beamtenstatus mit Pensionsberechtigung geben wollten.

Blankenhorns Großer Plan

Ein paar Tage vor Weihnachten 1956 rief mich Blankenhorn zu sich. Er war aus Bonn gekommen, hatte mit Bundeskanzler Adenauer gesprochen, der von der NATO gar nichts mehr hielt. Die Suez-Krise, das Verhalten während des Aufstands in Ungarn hätten gezeigt, daß sie keine ordnungstiftende Macht und nicht imstande sei, den Frieden zu sichern. Der Kanzler sei tief besorgt über das, was man von amerikanischen Abgeordneten und aus der amerikanischen Presse höre. Der Plan des Admirals Radford vor einem halben Jahr sei nur das erste Anzeichen dafür, daß die USA ihre Truppen aus Europa abziehen wollten. In drei, spätestens vier Jahren würden keine amerikanischen Soldaten mehr in Deutschland sein, und die USA würden sich mit den Sowjets verständigen. Darauf deute eine geheime Korrespondenz zwischen dem Weißen Haus und dem Kreml hin. Das alles seien Zeichen für eine Neuorientierung der amerikanischen Politik, die die Wiedervereinigung und unsere Sicherheit nicht mehr im Auge haben werde.

Blankenhorn war nicht ganz überzeugt von diesem Bild, hielt es aber doch für möglich, daß die Vereinigten Staaten über das hinter ihrem Rücken abgekartete Suez-Abenteuer enttäuscht waren und es nun für zweckmäßiger hielten, sich mit den Sowjets über manche Dinge unmittelbar zu verständigen und daß sie dabei die Wiedervereinigung vergäßen. Auch in Großbritannien spreche man schon von einer Neutralisierung der »beiden deutschen Staaten«. Die Krise sei tief.

Er habe, fuhr Blankenhorn fort, dem Kanzler sein Mißtrauen gegen die NATO-Verbündeten auszureden versucht und ihm versprochen, sofort nach Neujahr einen Plan für die Neuordnung Europas vorzulegen. Man müsse sich schon von Anfang an in die amerikanischen Planungen einschalten und beweisen, daß wir selbst darüber nachdächten, wie man das Ziel der Wiedervereinigung auch in einer Phase der Ost-West-Entspannung weiterverfolgen könne.

Indessen hatte Blankenhorn noch gar keine rechte Idee, wie ein solcher Plan zur Neuordnung Europas aussehen könne. Er solle zwar einerseits auf die osteuropäischen Satellitenstaaten anziehend wirken, müsse andererseits aber bei einem amerikanischen *Disengagement* unsere Sicherheit gewährleisten. Blankenhorn bat

Herbert Blankenhorn

mich, während der Feiertage darüber nachzudenken, er wolle es
auch tun. Nach Weihnachten wollten wir uns darüber unterhalten
und gleich nach Neujahr nach Bonn fahren.

Am 31. Dezember besprachen wir unsere Entwürfe. Wir stimmten in vielen Punkten überein. Ich hielt es jedoch nicht für möglich, Westeuropa enger zusammenzuschließen, zur gleichen Zeit
aber auf eine Zone des Rüstungsgleichgewichts vom Bug bis zum
Rhein hinzuarbeiten.

Blankenhorn schlug vor, dann eben in verschiedenen Etappen
vorzugehen: In der ersten sollte man ein Rüstungsgleichgewicht
in dieser Zone herstellen, in der zweiten den Abzug aller landes-
fremden Truppen vorsehen, in der dritten die Wiedervereinigung
Deutschlands erreichen, und erst dann eine föderative europäische Dachorganisation schaffen, der alle europäischen Länder un-
geachtet ihres Gesellschaftssystems angehören könnten.

Dies waren die Grundgedanken eines vier Seiten umfassenden Vorschlags, den ich hier nicht in allen Einzelheiten diskutieren möchte. Ich gab ihn Blankenhorn am Neujahrstag 1957. Er besprach ihn am nächsten Tag in Bad Honnef mit Felix von Eckardt, der selbst auch schon einen Vorschlag entworfen hatte, und mit Albrecht von Kessel, der damals Gesandter in Washington war. Sie ergänzten und erweiterten Blankenhorns Plan. Tags darauf traf ich mich mit Blankenhorn im Auswärtigen Amt, wo er noch ein Büro hatte. Wir besprachen und korrigierten den erweiterten Entwurf. Meine Einleitung aus dem Pariser Entwurf war darin zur »Charta« geworden.

Der Plan sah nun wie folgt aus:
1. Charta, die Prinzipien und Grundlagen unserer Politik darlegend.
2. Plan eines Sicherheitssystems, das in Etappen entstehen soll.
3. Wiedervereinigung Deutschlands.
4. Europäische Gesamtföderation.
5. Deutschlands wirtschaftlicher Beitrag zum Aufbau Osteuropas und des Nahen Ostens.

Meinen Gedanken eines atomfreien Gürtels hatte man nur eingeschränkt übernommen. »Es wäre zu prüfen, inwieweit dieses Gesamteuropa (Pyrenäen bis polnische Ostgrenze) auf jede nukleare Kriegsführung verzichten könnte.«

Ich bedauerte, daß der Vorschlag nur unverbindlich erwähnt wurde, aber Blankenhorn erwiderte, Strauß würde einen solchen Verzicht nie unterschreiben. Zur Wiedervereinigung hatte Felix von Eckardt die Wahl eines »Nationalkomitees«, zusammengesetzt aus Delegierten der DDR und der Bundesrepublik Deutschland, vorgeschlagen. Dieses Komitee sollte die Modalitäten der Wiedervereinigung ausarbeiten. Die Pläne für eine »gesamteuropäische Dachorganisation« waren kurz und vage. Ich faßte die beiden letzten Punkte zusammen. Nachmittags legten Blankenhorn und Eckardt dem Bundeskanzler den Großen Plan vor.

Als ich am nächsten Morgen mit Blankenhorn frühstückte, sagte er, der Bundeskanzler sei aufgeschlossen gewesen. Sicher brauche er auch eine neue zündende politische Idee für die Wahl. Er finde allerdings die Vorschläge zu einer festeren europäischen Vereinigung etwas dürftig. Zu Recht! Ich rückte jetzt mit meinem

Vorschlag eines europäischen Konsultativ-Kabinetts heraus, den ich bisher zurückgehalten hatte, weil ich meinte, man solle sich erst einmal über die Möglichkeit und Gestalt eines Sicherheitssystems einigen.

Ich gab Blankenhorn nun meine Aufzeichnung, die ich schon in Paris geschrieben hatte. Dieses Konsultativ-Kabinett sollte aus je einem Minister (oder seinem Stellvertreter) der WEU-Staaten bestehen. Sie sollten sich über Pläne ihrer Regierungen zu engerer europäischer Zusammenarbeit konsultieren, hatten selbst aber keine Entscheidungsbefugnis. Sie sollten jedoch Empfehlungen oder Kabinettsvorlagen für ihre Regierungen ausarbeiten. Die Konsultationsthemen hatte ich nicht definiert, sondern nur von Fragen *of common concern* gesprochen. Blankenhorn gab diesen Vorschlag dem Kanzler weiter, der ihn sich überlegen wollte.

Beim Frühstück am 5. Januar sagte Blankenhorn, Kessel werde gleich nach Washington zurückkehren und die Amerikaner bitten, weitere Abrüstungspläne vorläufig nicht in der NATO zu diskutieren. Er selbst und Felix von Eckardt wollten Mitte Januar in Washington einen Brief des Kanzlers mit unseren Vorschlägen übergeben und sie erläutern. Blankenhorn wollte diesen Brief entwerfen, der aber nicht an John Foster Dulles, sondern an Eisenhower gerichtet werden solle.

Mittags aß ich mit Blankenhorn und seiner Chefsekretärin Claire Schild. Ich gab ihm einen detaillierten Entwurf für ein Konsultativkabinett. Dann kehrte ich nach Paris zurück. Der ganze Plan, der natürlich später noch in allen Einzelheiten überprüft werden sollte, war streng geheim; es gab nur drei Exemplare.

Da Widerstand im Auswärtigen Amt zu befürchten war, sollte Adenauer den Plan Brentano und Hallstein als seinen eigenen vorlegen. Dies geschah. Es war vor allem Hallstein, der sich dem Projekt energisch widersetzte. Die europäische wirtschaftliche Einigung hatte für ihn Vorrang, und solange eine Wiedervereinigung in freier Selbstbestimmung unmöglich war, waren die Alliierten auf seine Doktrin der Nichtanerkennng der DDR einzuschwören. Daß sie dieser Verpflichtung bald müde würden, wollte er nicht wahrhaben.

Von heute aus gesehen, waren viele Vorschläge, darunter auch mein Gedanke von atomfreien Zonen, unrealistisch, ja naiv; sie hätten nie in der Allianz oder in Washington Gehör gefunden; vor allem aber waren sie unnötig, weil man damals in Washington zwar über ein *Disengagement* diskutierte, seine Befürworter sich aber nicht durchsetzten.

Dennoch blieb der Verdacht, die Amerikaner würden ihre Truppen in Europa verringern oder sich gar militärisch überhaupt aus Europa zurückziehen, ein ständiger Albtraum des Bundeskanzlers. Der Radford-Plan belastete lange sein Verhältnis zu Dulles und Eisenhower, obwohl Washington diesen Entwurf sofort erschrocken wieder hatte fallen lassen.

Blankenhorn hatte zwar durchaus Zweifel, ob die Sowjets bereit waren, ihre militärische Präsenz in ihren Satellitenstaaten aufzugeben und einer Zone des militärischen Gleichgewichts an ihrer Westgrenze zuzustimmen. Dennoch meinte er, angesichts der Entspannungserwartungen vieler Alliierter sollten wir unsere Vorschläge vorbringen; wenn sie sich nicht als tragfähig erwiesen, bleibe als Alternative für die Allianz nur übrig, die bisher verfolgte Sicherheits- und Wiedervereinigungspolitik fortzusetzen.

Blankenhorn, um es zu wiederholen, wollte nicht mehr, als sich mit diesem Vorschlag in die amerikanische Planung einschalten und dem Argwohn der Alliierten entgegentreten, unsere Hallstein-Doktrin sei ein Hindernis auf dem Weg zur Entspannung. Die Bundesregierung, meinte er, solle sich an die Spitze einer Entspannungspolitik setzen.

Weder Blankenhorn noch seine Mitarbeiter an dem *Grand Design* rechneten damit, daß der Plan sich in dieser Form verwirklichen lasse. Die Zeit war aus den Fugen. Europa hatte sein Gleichgewicht noch nicht gefunden. Alles war in Bewegung, und es war nicht vorauszusehen, wo es in der aufgeregten Welt enden würde.

Die Hallstein-Doktrin, mit der die Bundesregierung unsere Alliierten und alle Staaten der ganzen Welt ständig anhalten mußte, die DDR nicht anzuerkennen, bewirkte das Gegenteil: Die unaufhörlichen *Querelles Allemandes* ermüdeten allerorten und erhöhten im Lauf der Zeit den Druck auf uns, unsere Deutschlandpolitik zu ändern.

Blankenhorns und Eckardts Großer Plan ging schon nach einigen Wochen unter, weil Andeutungen des Kanzlers über »verdünnte Zonen«, wie Globke meinte, die Öffentlichkeit beunruhigt hätten. Manche Kritik des Kanzlers und sein ziemlich offen ausgesprochener Verdacht einer Komplizenschaft Washingtons mit Moskau hatte die Amerikaner verstimmt. Vielleicht hatten sie auch Wind von neuen deutschen Überlegungen über ein europäisches Sicherheitssystem bekommen und fragten sich mißtrauisch, wohin das wohl führen könne.

Schon Mitte Januar vertrat der Bundeskanzler in einem Gespräch mit Blankenhorn die Ansicht, wir müßten vorerst die Einheit der westlichen Welt wiederherstellen und unsere Beziehungen zu Washington stabilisieren. Für eigene Initiativen sei heute nicht der richtige Zeitpunkt. Adenauer machte kehrt und lud die Außenminister der NATO-Staaten zu ihrer Frühjahrstagung Anfang Mai 1957 nach Bonn ein.

Ich mußte den Text für Adenauers Eröffnungsansprache schreiben. Mein erster Entwurf, den Blankenhorn dem Kanzler vorlegte, gefiel diesem gar nicht. Ich konnte mir denken, weshalb: Die Angaben über den Wortschatz des Bundeskanzlers Adenauer schwankten; manche sprachen von fünfhundert Wörtern, andere gingen etwas höher, aber niemand wollte sich auf tausend oder mehr festlegen. Ich glaubte, es werde mir als altem Routinier des Hörspieldialogs leichtfallen, eine Rede für ihn schlicht, aber eindrucksvoll mit einem ganz beschränkten Vokabular zu entwerfen. Doch das war ein Irrtum. Adenauer konnte zwar die Hauptgedanken komplizierter Vorgänge kurz und vereinfachend in einem prägnanten Satz wiedergeben, war aber auch durchaus fähig, differenzierenden Darlegungen kritisch zu folgen. Seine NATO-Rede sollte ja keine Wahlrede, sondern eine Ansprache vor den Außenministern der Allianz sein.

Ich schrieb also den ersten Entwurf um, behandelte die Themen jetzt ausführlicher, vor allem unseren Wunsch nach kontrollierter atomarer Abrüstung. Der Bundeskanzler, dem Blankenhorn den neuen Text vorlegte, war jetzt zufrieden, er bat allerdings, um sicherzugehen, um genaue Quellenangabe für zwei Lenin-Zitate, die ich ihm nach der Lenin-Werk-Ausgabe lieferte.

Er erweiterte in der Rede zu meiner Überraschung den Absatz, der sich gegen eine Neutralisierung Deutschlands aussprach, mit dem Hinweis, daß entmilitarisierte Zonen – wie sie Blankenhorn in seinem Großen Plan doch vorgeschlagen hatte – nur regionale Konflikte, nicht aber die Ost-West-Spannung beseitigen könnten.

Zur »friedlichen Koexistenz« und der »friedlichen« Ausbreitung des Kommunismus auf dem Weg zur Weltrevolution, von der auf dem XX. Parteikongreß in Moskau die Rede gewesen war, sagte Adenauer, die sowjetischen Führer »haben uns dabei Beispiele von Ländern genannt, in denen auf solche ›friedliche‹ Art der Kommunismus eingeführt wurde, nämlich die baltischen Länder und die Tschechoslowakei. In das Baltikum aber waren die sowjetischen Truppen ohne nennenswerte Gegenwehr einmarschiert, und der entscheidende Faktor für den Putsch in der Tschechoslowakei war – nach dem Zeugnis der kommunistischen Parteiliteratur selbst – die Teilnahme sowjetischer Truppen. Friedlich ist dieser Prozeß also nur, wenn das zu unterjochende Volk sich nicht wehrt.«

Die Rede wurde von den Verbündeten mit Beifall aufgenommen. Deutsche Intellektuelle, die noch lange an die friedliche Gesinnung der sowjetischen Führer glaubten, werden dies als Sprache des Kalten Krieges bezeichnet haben. »Nach der Wende« aber stellte sich, wie schon erwähnt, heraus, daß die NATO die Gefahr damals weit unterschätzt hatte.

Am Ende der Bonner Konferenz lud Bundeskanzler Adenauer die Teilnehmer und ihre Damen zu einem festlichen Abendempfang – man trug Frack – ins Palais Schaumburg ein. Mit seinen 81 Jahren erstaunte er die Gäste durch seine Frische, seine Liebenswürdigkeit und seinen Charme.

Beim Defilee stellte die Protokollchefin Frau von Pappritz mich Adenauer vor. Ich sah ihn damals zum ersten Mal, später noch gelegentlich in Paris, habe aber insgesamt nur wenige Worte mit ihm gesprochen. Er wird mich als Person kaum besonders wahrgenommen haben.

Franz dagegen saß bei dem Empfang mit seinem Sohn Max und dessen Frau Gisela zusammen. Es wurde dort viel gelacht und lebhaft über Tante Paula, Tante Käthe, Tante Connie und Onkel Walter gesprochen, denn Franz war Gisela Adenauers Kusine, und beide, geborene Kölner, hatten sich als Kinder oft gesehen. In den siebziger Jahren lernte ich Max und Gisela dann näher kennen und schätzen; sie besuchten uns später in Bukarest und Peking und gehören mit ihrer Tochter Bettina seitdem zum Kern unseres Freundeskreises.

Der Albtraum

Die Krise der NATO war überwunden: Es war nicht mehr die Rede vom Abzug der amerikanischen Truppen, von der Neutralisierung der beiden Deutschlands, einem konspirativen Briefwechsel zwischen Weißem Haus und Kreml, von Suez und Ungarn. Und doch war die Welt keineswegs in Ordnung. Es blieb die Sorge, daß eine unaufmerksame oder gar unbesonnene Politik der Allianz die Gefahr einer nuklearen Katastrophe nicht abwenden könne. Man wußte zwar, daß der Frieden nur an einem dünnen Faden hing und daß die Sowjets nur so lange wirklich von einer Verletzung des Status quo abgeschreckt würden, wie sie mit einem sofortigen nuklearen Gegenschlag rechneten. Wir waren aber nie sicher, ob man in Moskau wirklich glaubte, die Vereinigten Staaten würden die Zerstörung ihres eigenen Landes durch sowjetische Vergeltungsschläge in Kauf nehmen, nur weil weit weg in Europa die Sowjets den Status Berlins änderten. Selbst wir in der NATO zweifelten daran. Das Schicksal Europas, der Frieden der Welt stand noch immer in der Waage.

Der Albtraum einer großen Weltkatastrophe suchte mich wieder heim wie damals, als ich noch Student war und im Jahr 1935 ein langes Gedicht darüber geschrieben hatte. Damals aber war das nur eine Vision gewesen. Jetzt in der NATO las ich Zahlen und Tabellen über die Zerstörungskraft von Atom- und Wasserstoffbomben; jetzt war es technisch möglich, diese Vision Wirklichkeit werden zu lassen, und selbst diejenigen, die von meiner Obsession nicht geplagt wurden, konnten nicht ausschließen, daß der Mensch einmal die Kontrolle über die technische Entwicklung und den wissenschaftlichen Fortschritt verlieren könne.

Man sah immer wieder an neuen Beispielen, daß der Mensch, anders als die Tiere, anscheinend unfähig war, mit seinen Artgenossen in Frieden zu leben. Ich fürchtete, seine Vernunft und sein

Intellekt reichten nicht aus, seine zerstörerischen Triebe zu bändigen. Er war zwar imstande, sich selbst und die Welt bis zu einem gewissen Grad zu verstehen; doch die Geschichte zeigte, daß er an Vernunft nicht gewachsen war, sein Gemüt war verkümmert, das Bewußtsein der Verantwortung für den Nächsten hatte sich in den letzten Jahrtausenden kaum gebessert, während der Intellekt hypertrophierte und das Wissen sich mit exponentieller Beschleunigung ausbreitete, so daß der Mensch das Ganze längst nicht mehr überblicken konnte.

Die Kollegen im Polad teilten meine Ansichten nicht. Sie glaubten an den Menschen und an seine Vernunft. Denke doch, sagten sie, an das Bild von den beiden Skorpionen, die in einem Glas gefangen waren! Sie werden einander nichts tun. *Défense par suicide?* Ausgeschlossen!

Ich aber dachte an Tante Lize, meine alte Pensions- und Pflegemutter in Wittenberg, die bis zu ihrem seligen Ende stark im Glauben war, von der Vernunft des Menschen aber nicht viel hielt. Sie hatte uns erzählt, wie froh sie und alle Leute seinerzeit die Erfindung des Automobils begrüßt hatten: Denn nun, sagten sie, brauche man nicht mehr zu befürchten, daß die Pferde, nur weil ferne eine Büchse knallte oder eine Lokomotive pfiff, plötzlich scheuten, durchgingen und die Kutsche mitsamt den Menschen in den Graben fuhren und umwarfen. Jetzt dagegen saßen Menschen am Steuer, mit Vernunft begabt, und Unfälle würden fortan ausgeschlossen sein. Ja, von wegen!

Von der Gefahr eines Atomkrieges ist heute seltener die Rede. Man hat sich daran gewöhnt, daß die Atom- und Wasserstoffbomben existieren und daß alle vernünftig waren und sie in ihren Bunkern ließen. Bisher ist ja auch alles gut gegangen.

In den fünfziger Jahren aber war man sich noch nicht sicher, wohin die Versuche mit diesen Bomben im Südpazifik, in den USA, der Sowjetunion und schließlich auch in der Wüste Gobi führen würden. In Ost und West brachte man Atomraketen auf Abschußrampen in Stellung und stattete auch U-Boote mit Nuklearwaffen aus.

Die Erinnerung an Hitler war noch lebendig. Er hätte, von der Niederlage bedroht, die Atombombe sicherlich eingesetzt – Vernunft hin, Vernunft her – selbst wenn er mit einem tödlichen Gegenschlag hätte rechnen müssen. Das Schicksal des deutschen

Volkes war ihm ohnehin ganz egal. Es hatte ihn enttäuscht. Er hat es am Ende seines Lebens selbst gesagt.

Und Mao Zedong hatte schon in jungen Jahren geschrieben: »Wir warten ungeduldig auf den Untergang der alten Welt. Ihre Zerstörung wird einmal zum Aufbau einer neuen führen. Und wird diese nicht besser sein als die alte?«

Später, als er über ganz China herrschte, wollte ihm Nehru die Gefahr eines Atomkriegs für die ganze Menschheit vor Augen führen. Doch Mao erwiderte, selbst wenn die Hälfte der Menschheit umkomme, bleibe doch die andere Hälfte übrig, und dann werde die ganze Welt sozialistisch werden.

Die Kollegen im Polad glaubten an die Vernunft des Menschen.

Die amerikanische Armee zeigte den NATO-Angehörigen in einer Ausstellung im *Palais de Chaillot* einmal ihr Raketenarsenal von kleinen, niedlichen Modellen für taktische Atomwaffen, die wie Spielzeuge aussahen, bis zu den Anlagen für Interkontinentalraketen. Sie waren alle anschaulich auf großen Tischen in einer Spielzeug-Landschaft aufgestellt. Und sie standen nicht etwa bewegungslos da, sondern auf einen Sirenenalarm hin erigierten die Rohre langsam und unheimlich; dann verweilten sie drohend in Stellung. Weiter, etwa zu simulierten Abschüssen mit leichter Rauchentwicklung, trieb man das Spiel nun doch nicht. Die Atomziele waren sicherlich längst berechnet und die Daten in die Abschußcomputer eingegeben. Von dem sowjetischen wie dem NATO-Hauptquartier.

Im NATO-Ausschuß für Zivile Notstandsplanung legten uns die Militärs eine Karte vor, in der die wahrscheinlichen Ziele sowjetischer Raketen auf das NATO-Gebiet eingezeichnet waren. Gleichzeitig wurden die vermutlichen Zahlen an Opfern angegeben, die etwa eine Wasserstoffbombe anrichtete, wenn sie London oder das Ruhrgebiet traf, wenn sie im Ärmelkanal oder vor New York eine kirchturmhohe Flutwelle erzeugte oder wenn eine normale Atombombe, die heute mindestens zehnmal stärker war als die von Hiroshima, den Hafen von Rotterdam lahmlegte. Es waren abstrakte Zahlen; man nahm sie zur Kenntnis, konnte sich aber nicht vorstellen, daß sie je Wirklichkeit werden könnten.

Der Vertreter Portugals war der einzige, der gegen die Liste möglicher Ziele Einspruch erhob. Das NATO-Hauptquartier hatte angenommen, die Sowjets würden New York, London, Paris und wichtige Industriegebiete mit Wasserstoffbomben angreifen, aber *Headquarters* glaubte, für Portugal würden die Sowjets allenfalls eine normale Atombombe auf Lissabon in den Computer eingegeben haben. Doch die portugiesische Regierung fühlte sich durch diese Annahme gekränkt. Sie erwartete für Lissabon ein schweres, der Bedeutung Portugals angemesseneres Kaliber und protestierte gegen diese Unterschätzung des portugiesischen Potentials.

Das NATO-Generalsekretariat mußte schließlich ein Mitglied seines Stabes, den Deutschen Heinz Voigt, zu Verhandlungen nach Lissabon entsenden. Die Portugiesen, so erzählte er nach seiner Rückkehr, seien fest geblieben. Das NATO-Hauptquartier gab schließlich nach und versicherte der portugiesischen Regierung, daß sie mit einer sowjetischen Wasserstoffbombe auf Lissabon und einer normalen Plutoniumbombe auf die Stadt Porto rechnen könne. Damit war man in Lissabon dann zufrieden.

Wiedersehen mit Karl Jaspers

Sein Haus in der Austraße 128 in Basel sah ähnlich aus wie sein Haus in der Plöck in Heidelberg. Es stand klein und bescheiden in einer Häuserzeile. Frau Jaspers allerdings hatte, anders als in Heidelberg, ihr Zimmer im Untergeschoß. Sie machte die Tür auf. Neun Jahre hatte ich sie nicht gesehen. Sie hatten mich enttäuscht: Nach meiner Rückkehr aus Japan hatte ihnen mein erster Besuch gegolten. Ich hatte gehofft, er, der mir vor dem Kriege ein Leuchtturm gewesen war, würde nun die Heidelberger Universität, die er und Karl Heinz Bauer wiedereröffnet hatten, weiterhin betreuen. Doch dann las ich wenige Monate später, er habe einen Ruf nach Basel angenommen, suchte ihn auf, aber seine Frau sagte mir schon beim Eintritt: »Es hat keinen Zweck, Sie können ihn nicht mehr umstimmen. Es ist alles entschieden.«

Ich ging betrübt weg und erinnerte mich, wie ich ihn im Jahr 1938 von der Buchhandlung Ziehank nach Hause begleitet hatte. Er war wegen seiner jüdischen Frau im Sommer 1937 zwangsemeritiert worden. Ich hatte damals zu ihm gesagt: »Man hört in der Stadt, die Universitäten Groningen oder Leyden oder Basel bemühten sich um Sie. Manche sprechen von einem Ruf, manche

Karl Jaspers in Basel

von Gastvorlesungen. Hier dürfen Sie weder lehren noch etwas publizieren. Wäre es nicht gut, eine solche Einladung anzunehmen und dann mit Ihrer Frau dort zu bleiben?«

Er hörte das erstaunt an und antwortete streng: »Flucht? Die Stadt verlassen, wo Hegel und andere große Geister gelehrt haben! Hier habe ich Max Weber getroffen. Hier bin ich seit Jahrzehnten zu Hause. Es gibt auch eine Treue zum Ort!«

Dieses Wort von der Treue zum Ort klang mir lange in den Ohren, wenn ich von Schriftstellern im Exil hörte, obwohl es mir als allgemeines Prinzip zu rigoros erschien; aber Jaspers liebte ja solche rigorosen Forderungen. Trotzdem – im Februar 1948, wo er an der geistigen Neubesinnung der Deutschen hätte mitwirken können, verließ er die Stadt. Ich war enttäuscht und ließ all die Jahre nichts mehr von mir hören.

Doch jetzt hatte er in der Sendestelle Heidelberg bei Jo Schlemmer einen Rundfunkvortrag über die Atombombe gehalten. Als ich das Manuskript gelesen hatte, schrieb ich ihm, daß ich in der NATO-Vertretung auch mit diesem Thema zu tun hätte. Er antwortete mir und bat mich, ihn bei Gelegenheit zu besuchen.

Karl Jaspers lag auf einer Couch. Er hatte sich darüber ein schwenkbares Lesepult anbringen lassen, so daß er auch im Liegen Bücher lesen konnte. Er stand jetzt jedoch auf. Unsere Sessel standen, wie auch früher, weit auseinander, weil er seines Lungenempyems wegen jede Infektionsmöglichkeit ausschließen wollte.

Er war nicht sonderlich gealtert. Aber wieder fiel mir auf, wie groß und breit er wirkte, wenn man ihn von vorn, aber wie schmal und zerbrechlich, wenn man ihn von der Seite sah. Das Zucken der Schultern und der Tic der Gesichtsmuskeln hatten sich verstärkt.

Ich kam gleich auf seinen Rundfunkvortrag zu sprechen; aber er unterbrach mich und fragte, was ich jetzt tue, erkundigte sich nach Franz und den Kindern, der Größe unserer NATO-Vertretung, nach Blankenhorn, und ich mußte ihm ausführlich von meiner Arbeit erzählen.

Als ich sagte, grundsätzlich stimmte ich den Gedanken seines Vortrags zu, antwortete er, er sei aber gerade an den Einwänden interessiert, denn er wolle den Vortrag zu einem Buch ausweiten.

Der Unterschied zwischen atomaren und thermonuklearen Waffen werde in seinem Vortrag nicht deutlich genug, antwortete ich. Ferner sollte man bedenken, daß auch eine Kette von an sich unbedenklich erscheinenden Fehlbeurteilungen oder Fehlentscheidungen zu einem nuklearen Krieg führen könne.

Er erwiderte, in vielen Kapiteln seines Buches wolle er die Standpunkte wechseln und das Problem von verschiedenen Seiten betrachten, so daß er vermutlich zu keiner endgültigen Antwort kommen werde. Dies müsse er vielleicht schon von Anfang an klarmachen.

Ich stimmte ihm in dem zu, was er über Kontrolle der atomaren Abrüstung, der Übertragung von Souveränitätsrechten und der Trägheit der westlichen Welt sagte. Er habe auch recht, wenn er von Proklamationen nichts halte, die einen Atomteststopp fordern; denn sie richteten sich nur an die westliche Öffentlichkeit, während den sowjetischen Führern die öffentliche Meinung in dieser Frage ziemlich egal sei – wenn man dort überhaupt von öffentlicher Meinung in unserem Sinne sprechen dürfe.

Er fragte ein wenig maliziös: »Ist es eigentlich wahr, daß Carl Friedrich von Weizsäcker, der sich nun auch zu den Philosophen rechnet, die Proklamation der achtzehn deutschen Physiker allein ausgearbeitet hat und daß die anderen Unterzeichner sie kaum gekannt hatten, als sie ihnen zur Unterschrift vorgelegt wurde?«

Darüber konnte ich ihm aber keine Auskunft geben.

Ich erklärte ihm, daß die Bundesrepublik Deutschland starke »Schild«-Streitkräfte, also konventionell ausgerüstete Truppen, brauche. Allerdings sei das teuer; wirtschaftliche Opfer seien auf jeden Fall notwendig. Vielleicht müßten wir auch eine inflatorische Geldentwicklung in Kauf nehmen. Das ließ sich Jaspers noch einmal erklären.

»Und wenn die Sowjets nun zu dem Schluß kommen, die Abschreckungstheorie und die Drohung mit nuklearer Vergeltung auch für einen konventionell vorgetragenen Angriff auf uns sei nicht ernst zu nehmen?«

»Sicher«, erwiderte ich, »die Gefahr besteht besonders, wenn ein sogenannter ›friedliebender‹ Präsident die amerikanische Politik bestimmt. Ich meine damit...«

Aber Jaspers winkte ab: »Ich verstehe, ich verstehe durchaus, wie Sie das meinen.«

Er fragte, was die NATO tue, wenn Unruhen in der Ostzone ausbrächen. Als ich antwortete, man könne nicht alle Entwicklungen voraussehen und dafür von vornherein Antworten festlegen, meinte er, es wäre aber nützlich, der Sowjetunion deutlich zu zeigen, bis wohin sie gehen dürfe. Ich widersprach. Man solle sie gerade im ungewissen lassen. Das veranlasse sie zur Vorsicht.

Wir unterhielten uns über das Suez-Abenteuer, die innenpolitische Lage der Sowjetunion und andere politische Themen. Und schließlich fragte er mich auch nach meinen eigenen Plänen, ob ich noch Zeit hätte, Bücher oder Hörspiele zu schreiben.

»Nein«, antwortete ich. »Die neue Aufgabe läßt mir dazu keine Zeit. Ich hatte sie anfangs nur übernommen, weil ich in Heidelberg nicht zu dem kam, was ich eigentlich schreiben wollte. Aber jetzt erkenne ich, daß meine Arbeit in der NATO-Vertretung ebenfalls wichtig ist.«

»Da haben Sie recht. Mir geht es ähnlich. Darum will ich auch das Buch über die Atombombe schreiben; aber ich habe so wenig Zeit, denn die *Großen Philosophen* beschäftigen mich immer noch.«

Er war überrascht, daß ich den ersten Band schon gelesen hatte.

»Ich habe in der Einleitung einen Hinweis auf Jacob Burckhardt und seinen Aufsatz über die historische Größe vermißt. Doch aus Ihrer Disposition sehe ich, daß Sie ihn im dritten Band behandeln werden.«

»Ja, aber nur als Person, und auf seine Auffassungen in den *Weltgeschichtlichen Betrachtungen* gehe ich dann nicht mehr ein.«

»Schade! Er war immer einer meiner Lieblingsphilosophen.«

»Mit Recht!« sagte er, aber ich glaube, er rechnete ihn nicht zu den großen Philosophen. Was Burckhardt schrieb, waren Ansichten der Geschichte und ihrer Personen, und für jedwede Geschichtsphilosophie hatte Burckhardt nichts übrig.

Ich verabschiedete mich; denn der Verleger Kurt Wolff, den er zum Abend eingeladen hatte, war schon gekommen. Jaspers schrieb sich meine Anschrift in sein Adreßbuch, nahm ein Foto von sich aus seiner Schreibtischschublade und signierte es auf der Rückseite – eine Aufnahme, auf der er vergnügt lachte, wie man ihn selten sah.

Als ich die Treppe hinunterging, hörte ich ihn in einem Nebenzimmer den Schleim abhusten, der sich fortwährend in seiner Lunge bildete: sein schweres Leiden, das er seit seiner Jugend in beispielloser Disziplin jeden Tag, jede Nacht von neuem überwand.

Auf seinen Wunsch schrieb ich ihm, was ich von Masao Tsuzuki wußte, den der japanische Nationale Forschungsrat beauftragt hatte, die Wirkung der Atombombe zu untersuchen. Jaspers sandte mir sein Buch *Die Atombombe und die Zukunft der Menschheit*, als es erschienen war.

Er schilderte das Problem eindrucksvoll und ohne die larmoyanten Klagen der Atomgegner-Bewegung. Doch auch er fand keine Antwort auf die Frage, ob der Mensch in Zukunft fähig sei, eine nukleare Katastrophe zu vermeiden. Das könne nur einem Neuen Menschen gelingen. Damit folgte er dem Beispiel aller Philosophen von Plato bis zu Marx und Nietzsche, die am Menschen, so wie er war, zweifelten, jedoch nicht imstande waren, eine Philosophie für den real existierenden Menschen zu schreiben, sondern das Heil nur von einem Neuen Menschen erhofften, der sich gemäß ihrer Philosophie und Ethik verhielt.

Ich besuchte ihn nun wieder öfter, bis ich seinen Vorstellungen über die deutsche Innenpolitik nicht mehr folgen konnte. Doch das habe ich schon im zeitlichen Vorgriff in dem Buch *Mut und Übermut* erzählt.

Richard Wright

Richard Wright hatte zwar eine sehr dunkle Haut, aber obwohl beide Eltern Schwarze waren, konnte man ihn auf den ersten Blick für einen Südländer halten; nur eine urtümliche Kraft um Mund und Kinn und seine geschmeidigen Gebärden waren anders.

Schon bei dieser Beschreibung höre ich ihn lachen: »Da sieht man es wieder! Als Schwarzer bin ich euch nicht respektabel genug. Erst wenn ihr mich einem Weißen ähnlich gemacht habt, könnt ihr mich akzeptieren.«

Er hatte nie erwähnt, daß seine Großmutter Wilson hieß und eine Weiße war. Das habe ich erst lange nach seinem Tod erfahren.

Anfang der dreißiger Jahre war er ein prominentes Mitglied der Kommunistischen Partei der USA gewesen. Er war der Vorzeige-Neger der Partei, wurde schnell berühmt durch seine ersten Gedichte, Erzählungen und Romane. Doch 1936 brach er mit dem Kommunismus. Er hat darüber in dem Buch *The God that failed* berichtet, in dem Arthur Koestler, Ignazio Silone, André Gide, Stephen Spender und er schrieben, warum sie nicht mehr an den Kommunismus glaubten und sich von ihm abgewandt hatten.

Er hatte zwar nur die Volksschule besucht, sich dennoch ein erstaunlich umfassendes Wissen in moderner Geschichte, Soziologie, Psychologie und Politik erworben. Er war ein Intellektueller, und seine Genossen ließen ihn fühlen, daß er ihnen als solcher suspekt war; denn Intellektuelle halten sich nicht gerne an die Parteilinie, sind undiszipliniert und haben eigene Meinungen, was die Partei aber nicht schätzt.

Wright erkannte bald, daß die Kommunisten ihn zwar brauchten, um ihre Rassen-Toleranz zu beweisen, daß aber auch sie sich nicht über ihre Vorurteile hinwegsetzen konnten. Er war zu einem Parteitag in New York eingeladen; aber man hatte kein Hotelzimmer für ihn reserviert: Er suchte dann alleine eins. Vergebens. Fand auch in Harlem keins, und die New Yorker Genossen boten ihm kein Bett in ihrer Wohnung für die Nacht an. Einem Schwarzen! Einen Schwarzen wollten sie nicht im Hause haben.

Er schrieb damals: »Ich hörte es lieber, wenn ein Weißer sagte, er hasse die Neger – das konnte ich verstehen –, als wenn er behauptete, er achte sie: Das machte ihn mir verdächtig.«

Er war 1947 mit Ellen, die aus einer orthodoxen jüdischen Familie stammte, nach Paris emigriert und ist nie wieder in die Vereinigten Staaten zurückgekehrt. Bei einem Besuch in Hamburg lernte er Heinz Schwitzke, den Leiter der Hörspielabteilung des Norddeutschen Rundfunks kennen. Der bat ihn, ein Hörspiel für ihn zu schreiben, und fragte bei mir in Paris an, ob ich Richard Wright dabei zur Hand gehen könne; denn von Hörspielen habe er keine Ahnung. So lernte ich ihn kennen.

Wir sahen ihn seitdem oft, gingen zusammen aus, besuchten ihn, und er besuchte uns. Auch Ulrich besuchte ihn; er war damals fünfzehn Jahre alt, aber sein journalistischer Ehrgeiz war schon erwacht. Richard Wright gab ihm ein Interview für seine Pariser Schulzeitschrift »*Murmure*«.

Ich hatte schon früher *Native Son*, eins seiner ersten Bücher gelesen, das ihn auf einen Schlag berühmt gemacht hatte. Mit Recht, denn es ist ein großartiger Roman, die wilde Geschichte eines jungen Großstadtnegers, der aus Angst eine Weiße ermordet und die Leiche im Heizungskeller verbrennt. Die Handlung reißt den Leser wie in Dostojewskis *Schuld und Sühne* fort bis zur Katastrophe, die man schon früh voraussieht und fürchtet. Man erkennt bald, daß die Vernichtung des jungen Schwarzen unausweichlich ist. Der Roman bestätigt Richard Wrights Ansicht, daß eine Verständigung zwischen der Welt der Weißen und der Schwarzen unmöglich, jedenfalls aber, daß der Weg zu ihr voller Mißverständnisse ist, an denen auch die Menschen guten Willens scheitern. Er glaubte, Gott habe nicht den Menschen geschaffen, sondern Schwarze und Weiße. Sie könnten zusammen nicht kommen, das Wasser sei viel zu tief.

Der Zusammenprall dieser beiden Welten war sein Thema. Weder haßte er, noch hatte er eine Botschaft zu verkünden. Seine Haltung blieb offen. Er beobachtete, suchte zu verstehen, und er beschrieb – was ja auch die einzige Aufgabe des Romanciers ist.

Da der Haß zwischen Weißen und Schwarzen, wie er glaubte, von der Natur gesetzt war, empörte ihn selbst flagrantes Unrecht an Schwarzen nicht. Es gehörte zum Lauf der Welt. Skeptisch und unruhig wurde er nur, wenn Europäer gegen die amerikanische Farbigenpolitik zu Felde zogen. Der Gegensatz zwischen Schwarzen und Weißen konnte seiner Meinung nach nicht mit gutgemeinten Reden überbrückt werden. Zuerst mußten Schwarze und Weiße die Vorurteile in ihren Köpfen erkennen und abbauen. Er hielt es für einen Fehler, als die Vereinigten Staaten einen Schwarzen zum Botschafter in einem der neuentstandenen Staaten Westafrikas ernannten: »Die Neger dort werden keinen Respekt vor ihm haben; denn er ist ja schwarz wie sie. Sie werden fragen: Sind wir den Vereinigten Staaten so wenig wert, daß sie uns nur einen Schwarzen schicken?«

Seine Pariser Freunde aus der literarischen Welt, auch uns, zählte er zu den Ausnahmen. Nicht nur uns, ganz Paris war eine Ausnahme, weil dort ein Schwarzer mit seiner weißen Frau durch die Straßen gehen, in einem Restaurant essen konnte, ohne daß die Leute sich nach dem Paar umsahen. In Paris war man nicht Neger oder Weißer, sondern Mensch. Darum kehrte er nicht nach Amerika zurück. Hier wohnte er, als ich ihn kennenlernte, in der kleinen *Rue Monsieur le Prince*, zwischen der *Place de l'Odéon* und dem *Jardin de Luxembourg*.

Sein Thema war: Warum hat Gott Neger und Weiße geschaffen? Es muß Ihm doch klargewesen sein, daß sie nie zusammenkommen, daß sie einander nie verstehen würden. Oder doch nur selten, wie hier in Paris.

Aber nicht nur sie, auch Schwarze und Schwarze konnten einander nicht verstehen. Ich hatte ihm im Jahr 1958 durch eine deutsche Stiftung geholfen, eine Reise durch die frankophonen Länder Afrikas zu finanzieren. Er kam enttäuscht zurück, obwohl er die meisten damals führenden afrikanischen Politiker seit vielen Jahren gut kannte.

Wir saßen beim Abendessen in dem Restaurant »*Méditerranée*« am *Théatre d'Odéon*.

»Wenn immer ich den Negern sagte, ich sei Schriftsteller und schriebe Romane, brüllten sie vor Lachen, weil sie nicht einsahen, warum ein Neger Romane verfassen sollte. Das paßte nicht zu einem Neger, war komisch. Ja, wenn ich Politiker gewesen wäre, der für die Emanzipation und Unabhängigkeit der Afrikaner kämpfte – aber Romancier! Ich konnte nicht mit ihnen reden, sie nahmen mich nicht ernst.«

Als er das erzählte und beschrieb, mußte er selbst so darüber lachen, daß ihm die Augen feucht wurden. Aber das täuschte: Ich sah, daß ihn dieses Unverständnis schmerzte.

Ellen sagte in ihrem ungebrochenen amerikanischen Optimismus, das werde sich bald ändern. Die rasche Entwicklung der Technik, der Medien und der weltweiten Kommunikation werde dazu führen, daß die Menschen sich näher kennen und verstehen lernten. Und dann werde alles besser.

Richard lehnte sich weit in seinem Stuhl zurück und lachte wiehernd, daß die anderen Gäste sich umsahen; er lachte mit weit geöffnetem Mund, daß man sein Gaumenzäpfchen sehen konnte.

»Ich fürchte, da irrst du dich, *honey*«, antwortete er, als er wieder reden konnte. »Je besser die Menschen sich kennen, desto weniger werden sie sich verstehen und desto mehr werden sie sich hassen; denn dann sehen sie besser als vorher, daß die anderen nicht so sind wie sie selbst.«

Nach einem Kongreß der »*Présence Africaine*« sagte er in übertriebener Verzweiflung: »Es gibt überhaupt keine Neger. Ich habe den Verdacht, sie sind nur eine Fiktion der Weißen. Auf unserer Tagung haben nur schwarze Belgier, Franzosen, Briten, Portugiesen, Haitianer, Kubaner und Brasilianer gesprochen.«

Er hatte im Jahre 1948 mit Leopold Senghor, Aimée Césaire und Alioune Diop in Paris die »*Présence Africaine*« gegründet, eine Vereinigung schwarzer Schriftsteller aus Afrika und Amerika. Sartre, André Gide, Albert Camus und andere bedeutende französische Autoren förderten den Verband und seine Zeitschrift; aber auf einer großen Konferenz im Jahr 1956, an der auch James Baldwin aus den Vereinigten Staaten teilnahm, hatte Richard Wright die »fragile und tragische Elite Afrikas«, wie er sie nannte, durch die Ansicht irritiert, Afrika dürfe sich nicht auf afrikanische Kultur, Religionen und Bräuche zurückziehen, sondern müsse sich für westliche Industrialisierung öffnen. Er sah die Schwächen in den Ideen der afrikanischen *Négritude* und hielt sich in seiner Kritik an den Schwarzen nicht zurück. Das nahmen ihm viele übel, auch daß er sich nicht an der Propaganda gegen den Rassismus der weißen Amerikaner beteiligte.

Er wurde von einer amerikanischen Zeitschrift gefragt, ob er nicht eine Erzählung über den Tod von Bessie Smith schreiben könne. Sie war eine berühmte Spiritual- und Jazz-Sängerin der zwanziger Jahre gewesen und bei einem Autounfall schwer verletzt worden. Ihre Biographen berichteten, sie sei verblutet, weil die Krankenhäuser sie als Schwarze nicht hatten aufnehmen wollen. Wright lieh sich von Sartre und Simone de Beauvoir, mit denen er befreundet war, Schallplatten Bettie Smiths und ließ die biographischen Angaben in der *Library of Congress* zu Washington prüfen.

Einige Monate später fragte ich, ob er die Erzählung schon geschrieben habe. Er sagte, nein, und er werde sie auch nicht schreiben: Die Nachforschungen in Washington hatten ergeben, daß Bessie Smith schon auf dem Wege ins erste Krankenhaus gestorben war.

Als ich Paris verließ, skizzierte er den Plan für eine Kurzgeschichte, aus der man vielleicht ein Hörspiel machen könne: Ein deutscher kommunistischer Theoretiker flieht vor Ausbruch des Zweiten Weltkriegs mit der Parteikasse der KPD voller Gold-Dollars nach Paris. Als die Deutschen Frankreich erobern, versteckt ihn ein französisches Ehepaar in ihrer Dachwohnung. Die beiden alten Leute bringen ihm jeden Tag das Essen, und am Ende jedes Monats bezahlt er das mit einem Gold-Dollar. Er schreibt indessen unbeirrt an einem vielbändigen Werk über den Sieg des Sozialismus, wie er sich aus innerer Notwendigkeit gemäß Stalins Schrift vom *Historischen und dialektischen Materialismus* ergeben müsse.

Die Alliierten erobern schließlich Paris, der Weltkrieg geht zu Ende, aber das alte Ehepaar möchte den monatlichen Gold-Dollar nicht missen und erfindet immer neue Kriegsschauplätze und Feldzüge. Der marxistische Theoretiker, nach dessen Berechnungen der Krieg längst mit einem Sieg der Sowjetunion hätte enden müssen, überprüft nun sein Werk ängstlich nach Rechts- oder Linksabweichungen. Es dauert Jahre, bis er endlich Verdacht schöpft, die beiden alten Leute zur Rede stellt und ihnen auf den

Kopf zusagt, sie hätten ihn betrogen; der Krieg sei längst vorbei. Da zieht der alte Mann die gerade eingetroffene Tageszeitung aus der Tasche: Die Balkenüberschrift meldet die Bombardierung Moskaus und New Yorks. – In der Nacht war der dritte Weltkrieg ausgebrochen.

Zum letzten Mal besuchte ich Richard Wright im November 1960. Er hatte eine kleinere Wohnung bezogen. Ich fand ihn krank im Bett. Eine ganze Batterie von Medizinen stand auf seinem Nachttisch. Die Ärzte, sagte er, hätten immer noch nicht herausgefunden, was ihm eigentlich fehle.

Nein, die Kurzgeschichte von dem marxistischen Theoretiker habe er noch nicht geschrieben. Sie sei ja auch nicht viel mehr als ein Scherz. Er arbeite vielmehr an dem zweiten Band seines Romans *The Long Dream*, dessen erster Band vor einem Jahr herausgekommen war und der in beklemmender Weise das Zusammenleben von Weiß und Schwarz in einer Kleinstadt der amerikanischen Südstaaten schildert und mit der Emigration des Helden, des Negers Fishbelly, nach Paris endet. Dort sollte der zweite Band spielen; er blieb unvollendet.

Als ich ihn fragte, wie der erste Band in Amerika aufgenommen wurde, rief er belustigt und mit seiner hohen Fistelstimme: »Ein kurioses, ein höchst komisches, aber charakteristisches Phänomen! Der Schwarzen ebenso wie der Weißen! Die Presse der Weißen hat es, wie in geheimer Verabredung, zuerst ignoriert, dann erschienen einige Besprechungen: Das Buch sei routiniert geschrieben, aber ohne Tiefgang, ohne Kenntnis der gegenwärtigen Verhältnisse. Die Schwarzen wurden mißtrauisch, spitzten die Ohren, als die Weißen sagten: Das Buch dient nicht euren Zielen, es hindert eher eure Emanzipation. Damit war der Stab über das Buch gebrochen.

Die Schwarzen lesen es nicht – nicht einmal, um das Urteil zu prüfen. Sie lehnen den Roman ab, obwohl ich für ihre Sache schreibe, damit sie die Weißen und sich selbst verstehen. Mit einem Schwarzen, den die Weißen nicht akzeptieren, wollen sie nichts zu tun haben. Und trotzdem hassen sie die Weißen und fürchten sie. Ist das nicht extrem komisch?«

Er war in einer Krise: Die Kritik warf ihm vor, er lebe schon über zehn Jahre im Pariser Exil und wisse nicht, wie sich die Rassenfrage entwickelt habe. Was er über die Schwarzen schreibe, treffe allenfalls auf die Zeit von *Onkel Toms Hütte* zu. Alle seine Bücher gingen schlecht, die Honorare wurden geringer. Er hatte den Verdacht, er sei nicht mehr auf der Höhe der Zeit, seine Zeit sei vorbei.

Ellen hatte sich von ihm getrennt und lebte mit den beiden Töchtern in London als *Literary Agent* für ihn, für Simone de Beauvoir und andere. Er wollte auch nach London ziehen; aber die Briten erteilten ihm kein Dauervisum. Er war ja Kommunist gewesen, gefährlich, und arbeitete immer noch mit Negern fragwürdiger politischer Observanz zusammen.

Ich lud ihn zum Essen in einem kleinen Restaurant in der Nähe ein, das ich durch ihn kennengelernt hatte; aber er sagte, er fühle sich zu schwach. Zwei Wochen danach, am 1. Dezember 1960, las ich in einer deutschen Zeitung, er sei vor einigen Tagen gestorben.

Ellen Wright erzählte später, man habe ihm im Krankenhaus wegen einer Infektion Antibiotika injiziert, habe aber nicht gewußt, daß er zu Hause selbst schon eine hohe Dosis genommen hatte. Vermutlich sei das die Todesursache. Doch das mag eine Laien-Diagnose sein.

Inzwischen sind viele Studien über sein Werk, allein fünf Biographien und ein Roman über ihn erschienen. Einige Biographen ergehen sich in wilden Spekulationen über seinen unerwarteten Tod und verdächtigen die CIA, das FBI, den KGB oder gar eine unbekannte *Medusa, the monster* des Mordes.

Man hört von drüben Richard Wrights schallendes Lachen.

Verschwörer, Defätist und Neutralist

Während der NATO-Ministerkonferenz im Dezember 1957 in Paris sagte ich dem Ministerialdirigenten Kriehle aus dem Bundeskanzleramt, ich dächte daran, in einem längeren Bericht über die Strategie der NATO darzulegen, daß Professor Kissingers These, die einen begrenzten Nuklearkrieg empfehle und weithin diskutiert werde, nicht im deutschen Interesse sei. Denn dieser Krieg würde vor allem auf deutschem Territorium stattfinden.

Wenig später, im Februar 1958, hatte die *Standing Group* des NATO-Oberkommandos eine neue Strategie-Planung entwickelt und das Dokument allen NATO-Regierungen zur Diskussion übergeben. Das neue Dokument verstärkte nur meine Bedenken. Es sollte am 29. April 1958 im Bundesverteidigungsrat beraten werden, an dem nur Bundeskanzler, Verteidigungs-, Außen-, Innen- und Wirtschaftsminister teilnahmen.

Blankenhorn war unruhig, als er von Franzl Krapf hörte, ich schriebe wieder einen längeren Bericht und fragte, ob der vielleicht wieder »defätistisch« werde. Wir müßten vorsichtig berichten. Wir liefen jetzt die gleiche Gefahr wie bei meinem »Memorandum« vor anderthalb Jahren. Strauß wolle die atomare Aufrüstung der Bundesrepublik Deutschland. Die letzte Ministerkonferenz der NATO habe ja auch beschlossen, die Alliierten insgesamt mit »modernen«, das heißt atomaren Waffen auszurüsten, wobei die Amerikaner die nuklearen Sprengköpfe in Gewahrsam behalten sollten.

Als ich den Bericht geschrieben hatte und Blankenhorn vorlegte, las er ihn kurz durch, sagte dann aber, er werde ihn nicht unterschreiben und absenden. Ich antwortete, wenn er gegen den Bericht selbst, seine Schlußfolgerungen oder die Form meiner Argumentation Bedenken habe, sollten wir darüber reden. Ich ließe mich durch triftige Argumente selbstverständlich überzeugen.

Wenn wir aber Zweifel an der NATO-Strategie hätten und glaubten, sie gefährde unsere Interessen, dann müßten wir es schon jetzt deutlich sagen. Man solle uns später nicht den Vorwurf machen, wir hätten geschwiegen, wo wir hätten reden sollen; deshalb bäte ich ihn, den Bericht noch einmal in Ruhe zu prüfen.

Er versprach mir das und lud Franz und mich für den Sonntag in sein Wochenendhaus in der *banlieu* von Paris zum Mittagessen ein. Wir beiden wollten uns dann darüber unterhalten. Aber auf einem Spaziergang vor dem Essen sagte er gleich, er habe den Bericht gelesen, ich hätte in meiner Kritik an der NATO-Strategie recht, er werde ihn absenden. Wir diskutierten dann gar nicht mehr darüber.

Ich hatte geschrieben, das neue strategische Konzept der NATO, das auf den ersten Blick das Bild eines visionären, apokalyptischen Endkrieges aller Kriege zu zeichnen scheine, sei unrealistisch und bereits jetzt veraltet. Die Abschreckungsstrategie, mit der man dieses Inferno verhindern wolle, sei allenfalls in einer Zeit wirksam gewesen, als der Westen noch das Atommonopol und die Sowjets keine transozeanischen Trägerraketen und nur einen kleinen Vorrat an Atomwaffen besessen hätten.

Die Strategie aber, wie sie in dem neuen NATO-Dokument definiert werde, garantiere nicht, daß sie einen nuklearen Krieg verhindere. In der Frage, ob der Westen einen solchen Krieg überhaupt erfolgreich bestehen könne, sei das Dokument vage. Daran, daß in einem solchen Fall nicht nur der Gegner, sondern auch die Bevölkerung des Westens in ihrer Substanz getroffen werde, könne auch nach dem neuen NATO-Konzept kein Zweifel sein. Dies werde man erkennen, und die öffentliche Meinung werde in riskanten *Disengagement*-Plänen und dergleichen einen Ausweg suchen und die schlaue und doppeldeutige »Koexistenz«-Propaganda Moskaus ernst nehmen.

Wir näherten uns nach einem Wort Churchills dem »atomaren Sättigungspunkt«, wo das Atompotential beider Seiten nur eine Funktion habe, nämlich die Anwendung des gegnerischen Potentials zu verhindern. Diskutiert wurde das Potential des *Overkill*. Ich wiederholte mein *ceterum censeo*, daß moderne, aber konventionell ausgerüstete Streitkräfte der NATO »unter dem Schirm« der atomaren Drohung an Bedeutung gewinnen werden. Auch der amerikanische NATO-Oberkommandierende und der deutsche General Heusinger warnten davor, die konventionelle Rüstung zu vernachlässigen. Das aber werde geschehen; denn die europäischen NATO-Regierungen würden fortan weniger Geld für die teure konventionelle Rüstung ausgeben und sich auf die atomare, scheinbar billigere Abschreckung verlassen. Soweit die Hauptargumente in meinem 17 Seiten langen Bericht.

Der Historiker urteilt nach den Akten, die im Archiv lagern. Diese Akten, so wertvoll sie für den Gang der Geschichte auch sind, die Situation, aus der sie entstanden sind, lassen sie nur selten erkennen. Sie waren aber einmal lebendig, hatten Zustimmung oder Widerspruch gefunden, wirkten politisch nach und änderten den Weg, oder sie lebten nur kurze Zeit und wurden dann ohne weitere Zeremonien »zu den Akten« gelegt.

Deshalb will ich hier den Weg dieses Berichts und den Entscheidungsprozeß über dieses Dokument beschreiben: Blankenhorn unterzeichnete das neue »Memorandum« am 6. März 1958 und sandte es zusammen mit einem Bericht meines Kollegen Schwörbel, der nur den Inhalt des neuen NATO-Dokuments referierte, mit dem nächsten Kurier an das Auswärtige Amt. Blankenhorn reiste kurz darauf nach Bonn und riet dem Leiter des

NATO-Referats, Georg Graf Baudissin, nur Schwörbels Bericht dem Außenminister von Brentano weiterzugeben, meine kritische Aufzeichnung aber liegenzulassen. Baudissin jedoch, der meine Ansicht teilte, sandte auch meinen Bericht weiter. Franzl Krapf war leider als Gesandter nach Washington versetzt worden, hielt sich aber noch einige Tage in Bonn auf. Er schrieb einen Vermerk, in dem er Brentano auf meinen Bericht aufmerksam machte. Baudissins Vertreter Konstantin von Dziembowski, der ebenso skeptisch über die NATO-Strategie dachte wie ich, sandte meinen Bericht dem Ministerialdirigenten Kriehle im Bundeskanzleramt, der sich darauf gleich bei uns in Paris erkundigte, ob ich der Autor sei. Er stellte eine Kurzfassung meines Berichts her, in der er, wie er mir später erzählte, auf die »grundsätzliche Bedeutung für unsere gesamte Politik« aufmerksam machte und legte sie Bundeskanzler Adenauer vor.

Da der Kanzler meinen ersten Bericht über dieses Thema vor anderthalb Jahren länger bei sich behalten und mit vielen Marginalien und Fragezeichen versehen hatte, diesen zweiten Bericht aber nur abgezeichnet und abgelegt hatte, vermutete Kriehle, er habe ihn nicht wirklich gelesen.

Kriehle nahm an der geheimen Sitzung des Bundesverteidigungsrats teil. Als der Tagesordnungspunkt »Neue Verteidigungsplanung der NATO« zur Sprache kam, hatte Brentano die Sitzung schon verlassen, weil er sich um eine syrisch-ägyptische Handelsdelegation zu kümmern hatte. Strauß sprach des längeren über das neue Dokument.

Zwei Tage später sollte der NATO-Rat entscheiden, ob es als Planungsgrundlage angenommen werde, und unsere NATO-Vertretung erwartete dazu die Weisung der Bundesregierung. Strauß empfahl Zustimmung. Kriehle schob dem Staatssekretär Globke meinen Bericht und die Kurzfassung hinüber, und der gab sie dem Bundeskanzler weiter.

Adenauer las sie, während Strauß sprach, und als dieser geendet hatte, sagte er: »Herr Strauß, ich lese da gerade eine Stellungnahme des Auswärtigen Amtes. Das ist aber ganz anderer Meinung als Sie. Da heißt es zum Beispiel...« – und er zitierte lange Abschnitte aus meinem Bericht.

Strauß wurde darauf sehr erregt und sprach von Verschwörern in einigen Kreisen des Auswärtigen Amts und der NATO-Vertretung in Paris, von Neutralisten und Defätisten, die »die Thesen des SPD-Abgeordneten Erler vertreten«.

Der Kanzler setzte die Diskussion über dieses Thema darauf ab und riet Strauß, sich erst noch einmal mit dem Bundesaußenminister von Brentano darüber zu unterhalten.

Brentano und Strauß, die sich inzwischen duzten, sprachen einen ganzen Abend über das NATO-Dokument und die neue Strategie. Sie einigten sich schließlich darauf, ihm als Planungsgrundlage vorläufig grundsätzlich, jedoch noch nicht endgültig zuzustimmen.

Die Einzelheiten ihres Kompromisses kenne ich nicht, aber einen Hinweis gibt ein Brief, den Strauß am 3. Mai 1958 im Nachgang zu diesem Gespräch an Brentano schrieb, und den mir Baudissin zu lesen gab. Darin bat Strauß Brentano, in der Außenministerkonferenz der NATO, die an einem der nächsten Tage in Kopenhagen stattfinden sollte, verschiedene Fragen aufzuwerfen, zum Beispiel:

Wer entscheidet über den Einsatz von Atom- und Wasserstoffwaffen?

Können NATO-Verbündete Einspruch gegen den Abschuß von Nuklearwaffen von ihrem Gebiet aus erheben und ihn verhindern?

Kann SACEUR, der Oberkommandierende der NATO-Streitkräfte in Europa, bei einem Überraschungsangriff von sich aus mit Nuklearwaffen antworten?

Ist Einstimmigkeit des Rats für den Einsatzbefehl notwendig?

Dieser Brief kam auch dem Bundeskanzler zur Kenntnis, der nach Kriehles Angabe verfügte, Strauß solle sich um seine Sachen kümmern und sich solcher Direktiven an den Bundesaußenminister enthalten.

Da auf der Außenministerkonferenz in Kopenhagen aber militärische Fragen überhaupt nicht diskutiert wurden, war Strauß' Anregung überflüssig. Es ging aus seinen Äußerungen jedoch hervor, daß er nichts gegen die Abschreckungstheorie einzuwenden hatte, und daß er nur über den Einsatz der Nuklearwaffen mitbestimmen wollte.

An der NATO-Außenministerkonferenz in Kopenhagen nahm ich teil. Blankenhorn sagte mir, Brentano habe ihn über mich und meine Einstellung befragt und Strauß' Vorwürfe wiederholt, ich sei ein »Verschwörer, Defätist und Neutralist«. Darauf habe er, Blankenhorn, heftig reagiert und solche Vorwürfe Verleumdungen genannt. Ich hätte diese Aufzeichnungen, um ein Wort Hamlets zu zitieren, *not in anger but in sorrow* geschrieben, aus einem Gefühl der Verantwortung für unsere Sicherheit.

Ich beruhigte Blankenhorn, als er mir das erzählte, und sagte, mir sei früher schon einmal vorgeworfen worden, ein Defätist zu sein; aber ich tröstete mich heute damit, recht behalten zu haben.

Doch Kriehle war in Kopenhagen auch dabei, als abends die Runde Brentano, Staatssekretär van Scherpenberg, Blankenhorn und Karl Carstens, damals Leiter der 1. politischen Abteilung, zusammensaßen und als noch einmal das Thema »Verschwörer« aufkam. Alle hätten Strauß' Vorwürfe mißbilligt, und Brentano habe, das Thema abschließend, gesagt: »Meine Herren können und sollen ihre Meinung sagen, auch wenn sie zu Schlüssen kommen, die von der politischen Linie der Regierung abweichen.«

Sachlich bewirkt hat mein Bericht übrigens nichts. Er wurde bald zu den Akten gelegt. Die Beratung in der NATO über die neue Verteidigungsstrategie zog sich lange hin und wurde schließlich mit einigen Änderungen angenommen.

Strauß' Wort von einer Verschwörung traf nicht zu; aber der Weg, den mein Bericht nahm, zeigte, daß alle mit der Sache vertrauten Beamten in der NATO-Vertretung in Paris, dem NATO-Referat in Bonn und im Bundeskanzleramt meine Bedenken gegen die NATO-Strategie teilten. Auch aus dem Innenministerium hörte ich zustimmende Worte. Blankenhorn war im Grunde der gleichen Meinung, wollte aber nicht noch einmal den starken Widerstand des Bundeskanzlers und Strauß' herausfordern. Darüber hinaus gab er wohl auch der Forderung nach einer stärkeren konventionellen Aufrüstung der alliierten Streitkräfte keine Chance. Die hätte ja zuviel gekostet.

Wieweit diese Diskussion den Amerikanern zu Ohren gekommen war, weiß ich nicht. Jedenfalls aber schrieb Kissinger: »Überraschend ist nicht die deutsche Kritik an der NATO-Strategie, sondern die Zurückhaltung in dieser Kritik.«*

---

* »*What is surprising is not the German criticism of NATO strategy but its moderation.*« Henry A. Kissinger, *Nuclear Weapons and Foreign Policy*, Harper & Brothers, New York 1957, S. 297.

Vom Zufall

Manchmal war mir, als lebte ich zwei Leben: eins im Licht der Welt und ein anderes darunter im Dunkel, in dem ich mich bewegte wie ein Schlafwandler. Ich meine es nicht so, wie Sigmund Freud es vielleicht verstanden hätte. Es war etwas anderes: Ich hörte dort unten oft jemand rumoren. Es hätte mich sicher gestört, wenn er an den Tag gewollt hätte; aber wenn ich oben viel zu tun hatte, von morgens bis spät abends, dann rührte er sich nicht. Dann schlief er wohl.

Doch in der Nacht, wenn ich noch nicht eingeschlafen war, bewegte er sich, und ich hörte ihn mit sich selbst sprechen, sich Fragen stellen. Ich hörte mit. Von dem, was ich tagsüber tat, schien er nicht viel zu halten, sah das vielleicht als fragwürdig oder als Zeitverschwendung an, machte mir indessen auch keine Vorwürfe. Es schien, als warte er noch mit seinem Urteil. Er war sich dort unten anscheinend ebenso unklar wie ich dort oben. Aber er rumorte. Nachts führte er, tags führte ich.

Aber manchmal wurden wir beide geführt, also ich selbst mit meinen beiden Seiten. Ich weiß nicht, wer das war, der uns führte und muß die Frage deshalb offenlassen. Er führte mich zum Beispiel an einen Ort, an dem ich einmal war. Er stieß mich mit der Nase darauf, als wolle er sagen: »Hier mußt du wieder anfangen. Nicht dort, wo du eben warst.«

Das soll nun einer verstehen! Wenn wir seltsame Ereignisse nicht verstehen können, verbergen wir am liebsten, daß wir Entscheidendes nicht wissen und reden vom Zufall. In meinem Leben begaben sich öfter solche merkwürdigen Zufälle, die ich nicht erklären konnte und die mich nachdenklich machten. Man fragte sich dann, was damit gemeint war.

In der Literatur verläuft die Handlung nach einem Plan, und wenn man die Handlung dem Zufall überläßt, etwa wenn am Schluß in einer völlig verzweifelten Situation plötzlich und unerwartet der große Kleiderschrank umfällt und alle auf der Bühne erschlägt, ob sie es verdient haben oder nicht, dann gilt das als schlimmer literarischer Sündenfall.

Der Zufall, auch *deus ex machina* genannt, war allenfalls auf der attischen Bühne erlaubt, aber nur als Privileg der Götter, die von oben kommend eingriffen, wo der Dichter nicht entscheiden konnte oder einfach nicht weiterwußte. Nun gut, wo der Zufall eine göttliche Entscheidung ist, da ist er für den frommen Besucher im Theater erklärt. Und selbst ungläubige Kritiker müssen ihn gelten lassen. Sonst aber wird der Zufall in der Literatur geleugnet. Warum eigentlich? Es gibt ihn doch in der Welt und im Leben.

In Kawaguchi, nach Kriegsende, schrieb ich eine Erzählung, die ausdrücklich den Zufall zum Thema nahm: *Die Frage des Tigers*, das erste unter meinen frühen Büchern, das ich heute noch ernst nehme.

In der Erzählung erleidet ein Maler, der den Fuji besteigt, einen Unfall und kommt dabei um. Dieser »dumme« Zufall ist das Scharnier der Handlung. An ihm scheitern unser Verstand und unsere Vernunft. In ihm werden uns Grenzen gezeigt wie in den Antinomien. Wir werden diese Grenzen nicht überwinden, wir werden sie nur als Grenzen erkennen und ratlos davorstehen können. Alle Versuche esoterischer Versenkungskünstler, die vorgeben, sie könnten sich darüber hinwegsetzen – ach, geht weg! Sie sind doch Talmi.

Wenn die Astrophysiker, die Leben auf anderen Sternen des Universums für wahrscheinlich halten, recht haben sollten, so werden diese Wesen, vermute ich, von einer Gestalt sein, die wir uns überhaupt nicht vorstellen können. Oder werden sie für unsere Sinne gar von Nicht-Gestalt sein? Vielleicht sind sie auch mit ganz anderen Sensorien und Denkweisen begabt und haben sogar für die Aporien leichte Antworten, wissen zum Beispiel über Anfang, Nichtanfang oder Ende der Zeit und dergleichen Bescheid, während wir Irdischen mit dem auf die Bedürfnisse unserer Verhältnisse zugeschnittenen kognitiven Denk- und Vorstellungssystem vor diesen Fragen kapitulieren müssen. Und wenn ich einmal auf diesem Pfad über den Wolken weiter spekulieren darf – es braucht mir ja niemand zu folgen: Könnten solche Wesen nicht auch den Sinn von Zufällen erkennen und uns sagen, warum sie sich ereignen *mußten*? Zum Beispiel in dem folgenden:

Ein Flugzeug steigt in Deutschland auf, um nach Windhuk zu fliegen. Stunden später startet ein amerikanisches Flugzeug in, sagen wir, Simbabwe. An einem bestimmten Punkt im Ostatlantik kreuzen sich beide Fluglinien, liegen jedoch mehrere hundert Höhenmeter auseinander. Doch das deutsche Flugzeug fliegt unvorschriftsmäßig tiefer, und in einer bestimmten Sekunde aus Millionen Sekunden ihrer Flugzeit stoßen sie zusammen. Wäre das deutsche Flugzeug in der richtigen Höhe, wäre eine der beiden Maschinen eine Sekunde früher oder später gestartet, eine Sekunde langsamer oder schneller geflogen, dann wären sie nicht zusammengestoßen. Nichts wäre passiert.

Welche Macht, welche Kraft, welcher Geist hatte aus der fast unendlich großen Zahl der Augenblicke die Ziffern, den Punkt in Raum und Zeit ausgewählt, der zum Zusammenstoß führte? Was will uns das besagen? Wer weiß die Antwort?

Und wie will man erklären, was mir kurz nach der Landung der Amerikaner im September 1945 begegnet war? Da der Zug zu unserem Wohnort am Kawaguchi-See so voll war, daß ich keinen Platz mehr bekam, stieg ich einfach vorne zu dem Zugführer, kurz darauf kam ein amerikanischer Offizier dazu. Da er sich mit ehemaligen Feinden nicht »fraternisieren« durfte, gab ich mich als Deutscher zu erkennen. Wir kamen dennoch ins Gespräch, und es stellte sich heraus, daß er im Dickinson College in Pennsylvanien im selben Zimmer gewohnt hatte wie ich fünf Jahre vor ihm.

Und wie will man erklären, daß der Handleser aus Agra mir voraussagte, daß ich drei Monate später, am 20. Mai 1955 einen Brief erhalten werde, aufgrund dessen ich meinen Beruf wechseln würde?

Ein anderes, wenn auch weniger eindrucksvolles Beispiel, das ich lange als Zufall ansah, das aber – wie ich erst später erkannte – etwas ganz anderes war:

Franz und ich reisten in unserem dritten Pariser Sommer nach Italien. Wir wollten nur ganz bestimmte Dinge sehen oder wiedersehen: zum Beispiel die Fresken im Camposanto zu Pisa und die Fresken Signorellis in Orvieto, das Pantheon in Rom, die Wölfin auf dem Kapitol, auf dem Forum Romanum die Stelle, an der die Leiche Caesars verbrannt worden war und was sonst noch Ausgewähltes am Wege lag. Und ich wollte Velia sehen.

»Warum Velia?« fragte Franz.

»Weil dort Parmenides gelebt hat.«

»Warum Parmenides?«

Wie sollte ich das zureichend erklären! In dem Textbuch zu der Vorlesung über griechische Philosophie am Dickinson College hatte ich mich an einigen Fragmenten des Parmenides festgelesen.

Ich kam nicht über diese Sätze hinweg. Sie hatten mich in ihrer Wucht erschüttert.

»Welche Sätze?« fragte Franz.

»Zum Beispiel: Das Sein ist, und das Nichtsein ist nicht.«

»Scheint mir evident zu sein«, erwiderte Franz.

»Das meinte Parmenides auch. Das Sein, das *er* meinte, ist weiter als alles, was im und nach dem *Big Bang* entstanden ist. Es umgreift auch das, was vorher war.«

»Was war denn vorher?«

»Du hättest mich korrigierten sollen. Das Wort *vorher* war falsch. Denn vorher ist ja eine zeitliche Bestimmung, die dort keinen Sinn hat, wo keine Zeit ist.«

Franz fragte: »Was hätten wir denn sagen sollen?«

»Zum Beispiel, was dort ist, wo keine Zeit ist. Das kann vor oder nach, unter oder über oder neben der Zeit sein.«

»Ja, und was ist da?«

»Das Sein. Überall. Auch wo kein Raum ist. Siehst du, das ist auch so etwas, was wir nicht verstehen können. Bleiben wir bei Parmenides: Das Sein ist. Das Nichtsein ist nicht. Basta!«

»Du, mir wird schwindlig. Ich möchte wissen, was die Wissenschaftler dazu sagen.«

»Die Astrophysiker reden sehr viel über das, was in den ersten millionstel Sekunden nach dem *Big Bang* geschehen sein soll; aber denen darfst du nicht glauben. In fünfzig Jahren sagen sie das Gegenteil. Einer unserer Freunde hat neulich einmal von Astro-*lyrikern* gesprochen. Vielleicht weil sie annehmen, die Uhren gingen damals genauso schnell wie unsere, obwohl sie das nicht beweisen können, weil bei jener Gelegenheit die Zeit doch erst entstand.

Was war, als noch keine Zeit war? Vielleicht gar keine Materie. Auf den Gedanken kam schon Augustinus. Als er über die Schöpfungsgeschichte nachdachte, fragte er einmal, ob Gott die Formen nicht vielleicht aus Geist geschaffen hat. Und wie ich höre, halten es manche Wissenschaftler heute für möglich, daß es auch die Materie, wie sie unseren Sinnen und unserer Wahrnehmung begegnet, gar nicht gibt; sondern daß man sie auch als Energie, Geist oder, wie ich meine, als Wille interpretieren darf. Ich möchte das nämlich gerne glauben. Denn dann wären wir und alles andere nur Formen des allumfassenden großen Bewußtseins.

Ja, wir wären nichts als Formen, in denen sich das Sein zeitweilig präsentiert, und am Ende löst diese Form sich einfach auf, geht über in eine andere Form des Seins. Wie tröstlich dieser Gedanke ist!

Aber so etwas darf ich nicht laut sagen. Ich verstehe ja auch nichts davon, mache mir nur manchmal solche Gedanken ins Blaue hinein. Du brauchst mir also auch nicht zu glauben. Denn alles, was wir denken, um die Welt zu verstehen, sind nur Vermutungen und Hypothesen. Parmenides wußte es; in unserer Wissenschaft haben es die meisten vergessen. Doch was ich denke, ist auch nicht unwahrscheinlicher als das, was wir im ersten Kapitel des Ersten Buches Mose lesen.«

Wir fuhren also nach Velia. Ich wollte seine Wege gehen, die Stadt, die Berge, die Bucht sehen, die er einmal gesehen hatte. Als wir hinkamen, blickten wir auf überwachsene Ruinen in einem Halbrund von Hügeln. Ich suchte mir den Ort unter der Akropolis aus, wo er einmal im Schatten eines Ölbaums mit seinen Schülern gesessen haben mochte.

Fast dreißig Jahre später schrieb ich den Roman *Der verlassene Tempel* über einen Heidelberger Mathematiker, der über die Zeit philosophierte und sich in eine antike Stadt versetzte. Wohin? Natürlich nach Velia. Es gab keinen anderen Ort.

Nein, heute sehe ich, daß es kein Zufall war: Irgendwer, irgend etwas führte mich zielgerecht immer wieder dorthin.

Ich weiß nicht, was ich will

Als wir wieder in Paris waren, schrieb ich eine Ballade über ihn. Doch Paragraph 54 des Bundesbeamtengesetzes lautet: »Der Beamte hat sich mit voller Hingabe seinem Beruf zu widmen.« Er hat also keine Zeit, Balladen zu schreiben. Ich vermied es deshalb, in außerdienstlichen Gefilden zu wandeln. Ich zwang mich dazu und blickte doch immer zur Seite in jene Landschaft. Die Neigung auszubrechen wurde größer. Ich klagte Günter Diehl mein Leid.

Er war von der Botschaft Santiago de Chile wieder nach Bonn versetzt worden, leitete jetzt die Auslandsabteilung des Bundespresseamtes und kam öfter nach Paris.

Wir waren beide kurz nach Beginn des Krieges in die Kulturabteilung des Auswärtigen Amtes eingetreten, aus der sich dann die Rundfunkabteilung entwickelte, und dort kriegsdienstverpflichtet worden. Er war Austauschstudent in Frankreich, ich in den Vereinigten Staaten gewesen.

Günter und seine Frau Helga haben Franz und mich unser Leben lang begleitet. Seit wir in den Ruhestand eintraten, wohnen wir nahe beieinander auf der Rheinhöhe von Oberwinter.

Er war furchtlos, und da er über die Europäische Verteidigungsgemeinschaft anderer Ansicht als Hallstein war und diese Meinung – mit der er übrigens recht behielt – nicht aufgab, wurde er nach Chile versetzt. Er nahm, was andere sagten, und seien es auch Minister, nie unbesehen hin, ließ sich weder von Partei- noch Kabinettsbeschlüssen, von Medien oder vom Zeitgeist beirren, hielt sich an die Fakten und scheute keinen Widerspruch. Ich habe in ihm stets einen verständnisvollen, kritischen Freund und Bundesgenossen gefunden. Wir hatten nicht nur unabhängige politische Ansichten – daran war im Auswärtigen Dienst damals auch sonst kein Mangel –, sondern suchten das, was wir für richtig hielten, auch durchzusetzen. Conrad Ahlers, von dem noch die Rede sein wird, war oft der Dritte im Bunde. Daß wir dabei aneckten, manches nicht verwirklichen konnten oder unsere Weisheit gelegentlich überschätzten, versteht sich von selbst.

Ich klagte Günter in Paris mein Leid. Er war ja auch einer, der gerne schrieb, nicht nur über Politik, und hat das später in seinen Büchern über Indien oder die Mongolei bewiesen.

Er sagte: »Wenn du jetzt kündigst, wird der Auswärtige Dienst dich nie wieder einstellen. Man wird sagen, du weißt eben nicht, was du willst. Und was die Politik betrifft, ohne die wir beide doch nicht leben können, darüber kannst du dann in der Zeitung lesen.«

»Man hat ja recht!«

»Wieso?«

»Weil ich wirklich nicht weiß, was ich will. Ich weiß immer nur, was ich muß.«

Ich glaube, Günter verstand es damals nicht; aber ich konnte es ihm nicht erklären, weil ich selbst es auch nicht verstand.

Ich blieb. Ich schrieb hin und wieder ein Gedicht.

Gewalttätig, anders als meine Hörspiele, aber mit Anklängen

Günter Diehl, skeptisch zuhörend

an meine jugendlichen Gedichte über das Weltende. Ich schrieb sie in Eruptionen und wenn das Bundesbeamtengesetz es nicht hören konnte. Was ich geschrieben hatte, behielt ich bei mir und zeigte es niemandem. Zum Beispiel:

Doch eines Tages treten sie vor

Wir haben das Schicksal verhüllt
Und den Blitz des Beils am Schafott.
Wir hören den Stier nicht mehr, wenn er brüllt,
Und wir denken nicht mehr an Gott.
Doch eines Tages treten sie vor.
Blendender Glanz und Schrecken
Sprengt unser Ohr.
Nun wollen wir uns verstecken;
Aber es gibt keine Dunkelheit mehr.
Da geben wir auf und schreien:
Das Spiel war nicht fair.

Herbert Blankenhorn war Botschafter bei der französischen Regierung geworden. Sein Nachfolger als Vertreter bei der NATO wurde Gebhard von Walther, ein lebhafter, urbaner Diplomat, der sich bald viele Freunde erwarb. Er neigte nicht zu großen Entwürfen und politischen Konzeptionen wie Blankenhorn, stand auch dem Bundeskanzler Adenauer nicht nahe. Das Auswärtige Amt hatte es mit ihm leichter. Wir waren jetzt eine normale Botschaft, inzwischen fest in der NATO etabliert und kannten uns in ihr aus.

Der Politische Ausschuß war noch immer eine Quelle faszinierender Informationen über die Politik der ganzen Welt. Der Zusammenhalt unter uns war fest und der persönliche Umgang freundschaftlich und herzlich, auch wenn der eine oder andere manchmal auf Weisung seiner Regierung Standpunkte vertreten mußte, die nicht akzeptiert wurden.

Was wir über den »Ostblock«, vor allem die Sowjetunion, hörten, beunruhigte das NATO-Hauptquartier ebenso wie den NATO-Rat und uns im Polad. Das militärische Potential der Sowjetunion übertraf an Mannschaften und konventionellen Waffen bei weitem das der NATO. Die atomare Bewaffnung beider Allianzen genügte für ein *Overkill* der anderen Seite. Die NATO war nicht auf territoriale Expansion und Hegemonie über andere Völker aus, sondern allenfalls auf *Containment*, das heißt: die Macht der Sowjetunion in Schach zu halten.

Chruschtschows unbeherrschte, unberechenbare Politik der Drohungen und Ultimaten, das sowjetische Vordringen in die Länder der Dritten Welt bereiteten uns Sorge. Dennoch konnten wir bald Haarrisse in dem »monolithischen Block« entdecken, die ich im Jahr 1955 auf meiner Asienreise nicht bemerkt und damals noch geleugnet hatte, wobei ich mich freilich in der Gesellschaft aller »Chinaexperten« des Westens befand. Es gab bis dahin für den Westen keinen Anlaß, an einer engen sowjetisch-chinesischen Zusammenarbeit zu zweifeln.

Die NATO war in ein neues großes Gebäude in Paris umgezogen. Ein Jahr vorher war das Buch *Parkinson's Law* erschienen. In dem Kapitel »Vorgeplante Mausoleen« bewies der Autor, daß ein neues und angemessenes Gebäude für eine Institution in der Regel erst dann erbaut wird und fertig ist, wenn sie am Rande des Ruins steht.

Nun, ganz so weit war die NATO zwar nicht, aber der Elan, der die Mitarbeiter in den ersten zehn Jahren des Aufbaus beflügelt hatte, als der Vormarsch der Sowjets unaufhaltbar schien, hatte nachgelassen und war durch Routine ersetzt worden. Man hatte nunmehr genug damit zu tun, Differenzen im eigenen Bündnis zu beseitigen.

In den letzten Jahren hatte ich einiges von dem schwierigen politischen Geschäft gesehen und gelernt: von den Hintergründen, den Motiven der Menschen, Parteien und Nationen, ihren offenen und geheimen Zielen, Selbsttäuschungen, Erfolgen, Fehlschlägen und ihren Tricks.

Ich hatte fast ein Jahr gebraucht, bis ich das politische Geschäft in dieser supranationalen Behörde einigermaßen beherrschte und meine Schritte so setzte, daß meine Vorschläge nicht mehr wie anfangs plötzlich vom Tisch verschwanden, ohne daß ich es bemerkte.

Ich hatte angesehene Politiker, ausländische wie deutsche, kennengelernt. Hatte mit unseren Ministern, Bundestagsabgeordneten aller Parteien und den Journalisten oft die Abende zusammengesessen und die Probleme der Welt gelöst, die zu unserem Erstaunen am nächsten Tag wieder ebenso ungelöst vor uns lagen wie vorher.

Wir waren nun fast vier Jahre in Paris. Wolfram und Barbara besuchten die vorzügliche Montessori-Schule *La Source* in Sèvres und Ulrich das ebenso vorzügliche *Lycée de Sèvres*. Sie sprachen, im Unterschied zu mir, fließend und akzentfrei Französisch. Ihr Schulpensum war doppelt so hoch wie das deutsche, und doch waren sie vergnügt und voller Übermut.

Oft hörten wir die Jungens noch spät abends in ihrem Zimmer auf und ab gehen und in rollendem Pathos Racine zitieren, während Barbara La Fontaines Fabeln mit demselben hohen französischen Pathos vorzutragen liebte. Wir hatten uns eingelebt und hatten eine große Anzahl guter Bekannter. Wir gingen ins Theater, die Oper, die Museen. Paris war für uns der Mittelpunkt der Welt geworden.

Und doch hatte ich wenig Zugang zur französischen Intelligenz, Literatur und Kunst gefunden, freilich auch nicht sonderlich gesucht. Mein Thema war auch in Paris die internationale Politik, und darin in erster Linie die angloamerikanische Welt.

Der *Quai d'Orsay* entsandte seine besten Leute in die NATO, zumeist Produkte der Eliteschulen, die zwar hochgebildet waren und blendend argumentierten, dennoch insgeheim an ein Frankreich des *panache*, in Helm und Federbusch, glaubten und nationale Ziele verfolgten, die über Frankreichs Kräfte gingen. Wenn wir im Politischen Ausschuß ein Dokument vorbereiteten, in dem wir den Rat über ein politisches Problem unterrichten wollten, dann einigten wir uns zumeist auf den englischen, der knapp war und strikt bei der Sache blieb, einseitige Ansichten vermied, die Meinungen der anderen Regierungen aber, soweit es die britischen Interessen erlaubten, berücksichtigte, so daß er von allen grundsätzlich angenommen werden konnte. Es war nicht leicht und es dauerte lange, bis man da einigermaßen mithalten konnte.

Die intellektuellen Anforderungen, die der Wettbewerb mit hochqualifizierten ausländischen Kollegen stellte, wurden von deutschen Intellektuellen oft unterschätzt, wenn sie glaubten, politische Fragen auch ohne Kenntnis der vielen damit zusammenhängenden Fakten beantworten zu können. Es gab aber natürlich auch andere Intellektuelle bei uns, besonders unter den Journalisten und Leitartiklern der überregionalen Presse, auf die dieses pauschale Urteil nicht zutrifft. Sie mögen es mir bitte nachsehen.

In einem Urlaub an der spanischen Atlantikküste schrieb ich wieder ein Hörspiel: *Robinson und seine Gäste* – gewissermaßen als Ausgleich zu den politischen Aufzeichnungen in der NATO.

In diesem Urlaub erhielten Wolfram und Ulrich Privatunterricht, damit sie in den letzten beiden Schuljahren auf einer deutschen Schule Deutsch und deutsche Geschichte lernen konnten. Sie kamen im Herbst in das Internat der Urspring-Schule in Württemberg und bestanden dort nach zwei Jahren das Abitur.

Meine Tiefe ist die Stille

Franz fühlte sich in dem Glanz der Stadt, ihrer Eleganz und Weltläufigkeit, dem anregenden Umgang mit Menschen aus vielen Nationen wohl und wollte Paris ungern verlassen. Ich konnte es verstehen, denn auch ich konnte mir das Leben in einer deutschen Kleinstadt nicht mehr so recht vorstellen. Dennoch begann ich, mich langsam zu lösen.

Es gibt Träume, die lange in einem nachklingen und deren Bedeutung wir nicht erfassen können, die uns, selbst wenn sie sich trivial anhören, auf dem Nacken sitzen und die wir nicht abschüt teln können.

Ich hörte eines Morgens im Traum eine Stimme und wachte davon auf. Was in dem Traum geschehen war, weiß ich nicht mehr. Ich erinnere mich nur an ein tiefes Dunkel in einem unbegrenzten Raum – oder blickte ich in mich? Oder in die Zeit?

Da vernahm ich ein Wort, oder vielmehr: Es war auf einmal da, und ich wußte sofort, daß es ein Schlüssel war. Aber für welches Schloß? Eine unbekannte Stimme sagte: »Meine Tiefe ist die Stille.« Ich hatte sie noch im Ohr, als ich erwachte, und ich war glücklich, als hätte sie mich im Innersten erkannt.

Oftmals am Tage wiederholte ich das Wort und suchte einen Sinn in ihm, sprach aber außer mit Franz mit niemandem davon. Sie fand den Satz merkwürdig, spürte wohl das Rätselhafte, war aber nicht so davon getroffen wie ich.

Wiesen die Worte des Traums mich zurück aus dem Lärm der Politik in die Stille der Tiefe? Es lag mir fern, mich ihrer Magie hinzugeben. Aber sie schliefen offenbar in mir, denn nach vierzig Jahren hörte ich im Traum ihr Echo: Ich hatte in Paestum am Meer in Augustinus' *Confessiones* gelesen, die ich als tief in seine Seele leuchtende Rechenschaft über sein Leben bewunderte, wenn sie mir auch nie Vorbild sein konnten; denn er sprach zu Gott, der ihn verstand und ihm verzieh; auch ich konnte einst zu ihm sprechen, aber schon vor langer Zeit hat er sich mir entzogen, über die Plancksche Zeitgrenze hinaus. Dort wird er mich schwerlich hören können, fürchte ich, selbst wenn ich schrie. Daher kann ich nicht zu ihm reden wie Augustinus, sondern ich spreche zu meinen Lesern, die mir näher sind.

In Paestum wachte ich aus einem Traum von Worten auf, die ich ganz in augustinischer Sprache gerufen hatte:

»Ach Herr, deine Engel aus der Tiefe rufen mich zu mir.«

Ich schrieb die Worte gleich auf einen Zettel, der auf dem Nachttisch lag; denn ich verstand sie nicht, vielleicht würde ich am Tage erkennen, was sie bedeuteten. Es schien mir eine Botschaft zu sein.

Doch am Morgen fragte ich mich wieder: Hatten diese Worte überhaupt einen Sinn? Oder waren sie nichts als ein Nachklang des alten Traums? Wie auch immer, sie bewegten mich wieder, und mein Herz klopfte. Schließlich fühlte ich, daß sie mich jetzt wie vor vierzig Jahren in ihrer Rätselhaftigkeit nur zu mir selbst gerufen hatten.

Die Rückkehr

Gebhard von Walther, der neue NATO-Botschafter, hörte mich an und ließ mich ausreden; aber ich spürte seine Skepsis.

»Was für ein Buch wollen Sie denn schreiben?« fragte er schließlich.

»Ich weiß es noch nicht. Einen Roman, vielleicht auch ein Schauspiel.«

»Haben Sie schon einmal ein Schauspiel geschrieben?«

»Nein.«

Er schwieg.

Ich sagte schnell: »Aber es wird vermutlich doch ein Roman.«

»Haben Sie denn schon einen Roman geschrieben?«

»Ja.«

»Und wovon soll Ihr Schauspiel oder Roman handeln?«

»Ich habe die vergangenen vier Jahre nichts als Politik getrieben. Da gibt es viele Themen.«

»O Gott! Einen NATO-Roman! Und alles, was Sie hier erlebt haben, kommt ins Buch?«

»Natürlich«, erwiderte ich, »alles, was ich erlebt habe, kommt in meine Bücher. Aber wenn das Buch in Arabien spielt, haben Sie einen Turban auf und einen schwarzen Bart, und wenn ich es nach China verlege, tragen Sie einen Zopf.«

Er verstand Spaß, aber meine Antwort beruhigte ihn nicht.

»Und welches Thema? Konkret?«

»Keine Ahnung«, sagte ich. »Ich suche es noch.«

»Keine Ahnung!« wiederholte er. »Wie lange wollen Sie denn Urlaub haben?«

»Ein Jahr«, und als ich sah, wie er mich anblickte, fügte ich schnell hinzu: »Na, vielleicht auch etwas weniger.«

»Unmöglich! Wer soll denn Ihre Arbeit hier tun?«

»Ich bin ohnehin reif für eine Versetzung. Und ich beantrage ja auch einen *unbezahlten* Urlaub. Das Bundesbeamtengesetz erlaubt das.«

»Als Ausnahme! Sie kriegen in der ganzen Zeit kein Gehalt.«

»Ohne meine Hörspielhonorare wäre ich auch hier nicht ausgekommen, seit wir das Internat für die beiden Jungens bezahlen müssen.«

»Aber in Ihrem Urlaub kriegen Sie überhaupt kein Gehalt mehr.«
Ich antwortete ihm, als sei diese Frage ganz belanglos:

»Es laufen ja noch immer Wiederholungen meiner Hörspiele. Und der Südwestfunk in Baden-Baden würde mich nicht verhungern lassen.«

»Ist das sicher?«

»Nein. Wir werden wieder in unsere alte Wohnung in Heidelberg ziehen, und ich werde dort von morgens bis nachts schreiben wie früher. Wenn das Manuskript fertig ist, melde ich mich gleich in Bonn.«

Er sah mich an, wie ein besorgter Vater, dessen Sohn die Banklehre aufgeben will, um Posaunist zu werden. Ob ich es mir nicht noch einmal überlegen wollte.

Am Abend traf er Franz und mich auf einem Empfang. Er spürte, daß sie auch skeptisch war. Es war ja auch ein Wagnis. Ich selbst war ja ebenfalls unsicher.

Aber sie sagte: »Wenn er sich das einmal in den Kopf gesetzt hat, können wir ihn nicht davon abbringen. Er wäre unglücklich, wenn er nicht wieder schreiben kann.«

Ich stellte den Antrag auf »Urlaub unter Wegfall der Dienstbezüge«, in dem ich auch keine Beihilfe für Krankheit in der Familie erhielt; ferner wurde diese Urlaubszeit nicht auf mein Dienstalter angerechnet und blieb bei der Festsetzung des Ruhegehalts unberücksichtigt.

Gebhard von Walther sprach in Bonn mit Brentano, verschwieg ihm seine Skepsis und bat ihn, mir den Urlaub zu bewilligen.

»Aber höchstens neun Monate!« sagte Brentano.

Es wurden dann nur acht – vom 1. März bis zum 1. November 1960 – einen mir noch zustehenden Jahresurlaub miteingerechnet.

Blankenhorn gab mir bei einem Abschiedsessen die goldene Regel mit auf den Weg: »Nie wieder Memoranden schreiben!«

Bonn

Der Auftrag

Franz wußte, daß es ein Wagnis war. Doch auch sie ahnte nicht, wie tollkühn der Entschluß war. Sie glaubte, ich hätte ein Thema und einen Plan für das, was ich schreiben wollte. Daß ich das Gebhard von Walther gegenüber geleugnet hatte, war in ihren Augen kein Widerspruch: Denn sie wußte, daß ich nie von meinen literarischen Plänen sprach. Selbst ihr zeigte ich ja meine Manuskripte erst, wenn ich sie abgeschlossen hatte.

Aber diesmal hatte ich nicht einmal einen Plan und machte mir dennoch keine Sorge. In mir war ein Tumult von Ideen, von Menschen, die einen Autor suchten, um ihm ihre Geschichten anzuvertrauen. Bedeutende Menschen, Bettler, Banditen, Kaiser, Intriganten, liebende oder Unheil stiftende oder kluge Frauen in meiner Phantasie. Ich war meiner Sache sicher, fühlte mich, mit Dürers Worten, »inwendig voller Gestalt« und war es vielleicht auch. Ich glaubte, ich brauchte nur in das Chaos des Ungeformten hinabzusteigen, es heraufzuholen, es würde sich wie von selbst in meinen Händen zu unverwechselbaren Menschen bilden.

Fragte man: Warum kein Thema der politischen Gegenwart, so wäre die Antwort gewesen: Weil mir die politische Welt und ihre Menschen zu nahe waren, so daß man, selbst wenn ich alles stark verfremdet hätte, einen Schlüsselroman vermutet und nach Vorbildern in der wirklichen Politik gesucht hätte. Ich lebte jedoch in der Geschichte und wußte, daß die Menschen im Grunde damals nicht anders als heute waren, darunter Böse und Gute und viele Schwache, die das Gute, das sie wollten, nicht taten; sondern das Böse, das sie nicht wollten, taten sie. Man kennt das ja. Über sie konnte ich unbefangener schreiben.

Erinnerungen und Geschichten aus dem alten China drängten sich immer mehr vor; sie boten mir Freiheit, da die an großen Gestalten und hohen politischen Auseinandersetzungen reiche Geschichte dieses Landes uns fern und weithin unbekannt war, so daß ich die historische Handlung ohne Scheu nach Belieben verändern, die Handlung durch erfundene Menschen und Szenen zuspitzen und die Personen schärfer zeichnen konnte.

Zudem zog mich im kaiserlichen China der überlieferte mythische Hintergrund an, der hinter dem aktuellen Geschehen jener Zeit noch immer zu ahnen war. Für mich war er zwar unverbindlich, für die Menschen, wie ich sie schildern wollte, aber eine verbindliche, aus der Transzendenz her wirkende Macht, nämlich der alte Glaube, wenn der Kaiser den himmlischen Auftrag erfülle, sittlich lebe und über dem Reich walte, so werde der Himmel dem Reich wohlwollen.

Aber wenn der Kaiser nun doch ein Verbrechen gegen den Himmel begangen hatte? Etwa wenn er – eine archetypische Situation – die Nebenfrau des Vaters liebte, der sie ihm einst als Gattin versprochen, aber dann seinen eigenen Frauengemächern zugeführt hatte? Und wenn er sie nach dem Tode des Vaters sogar zur Ersten Gemahlin machte und damit in chinesischen Augen die Generationen in unentschuldbarer Weise verwirrte? Entzog der Himmel ihm dann den Auftrag? Bedeutete *Änderung des Auftrags* im Chinesischen nicht Revolution und Sturz der Dynastie? Und wie vollzog sich diese Änderung in der unmythischen politischen Wirklichkeit?

Während des Krieges, im Jahre 1943, hatte ich in einem Antiquariat in Peking die beiden dicken Bände *The Middle Kingdom* von dem gelehrten amerikanischen Missionar S. Wells Williams aus dem Jahr 1883 gekauft. Darin beschrieb er die chinesische Welt, besonders eingehend aber den erst kurz zurückliegenden Taiping-Aufstand (1850–1864) und seinen Anführer, einen durchgefallenen Examenskandidaten aus Südchina, der sich in einer Vision als »Jüngerer Bruder Jesu« gesehen hatte. Der Vater im Himmel hatte ihm ein himmlisches Schwert und den Auftrag gegeben, den »Auftrag zu ändern«. Er predigte nun als jüngerer Bruder Jesu eine bizarre Religion, die sich auf jenen Auftrag des Vaters im Himmel berief, verkündete Gleichheit von Mann und Frau, die Abschaffung des Privateigentums und rief zum Sturz der Dynastie auf.

Die Menschen strömten ihm in Scharen zu. Mit einem Millionenheer eroberte er große Teile Chinas. Er residierte als »Himmlischer König« in Nanking, der Hauptstadt seines »Himmlischen

Reichs des Großen Friedens«. Kaiser und Regierung in Peking gerieten in Gefahr. Doch der Aufstand zerbrach während der nächsten Jahre in Führungskämpfen und wurde niedergeschlagen. In diesem blutigsten Bürgerkrieg der Weltgeschichte kamen an die dreißig Millionen Menschen um.

Die Verführung des Volkes durch eine absurde, fanatisch verfolgte Idee erschütterte mich, als ich mitten im Krieg davon las und an die Verführung unseres Volkes dachte.

Ich hatte nun mein Thema: zwei Mächte, von denen jede sich auf einen Auftrag des Himmels berief. Der Kaiser, der durch tugendhaftes Verhalten die Harmonie zwischen Himmel und Erde wahren sollte, und der »Jüngere Bruder Jesu«, der in einer Vision vom Vater im Himmel den Auftrag erhalten haben wollte, die Dynastie zu stürzen.

Auf der einen Seite stand also eine revolutionäre, religiös-soziale Bewegung, die ein »Himmlisches Reich des Großen Friedens« errichtete, sich aber zu einer brutalen Diktatur entwickelte, schließlich in blutigen Machtkämpfen der vielen »Könige« zerfiel und von den »Kaiserlichen« vernichtet wurde. Auf der anderen Seite stand der Kaiserhof in Peking, ja der Herrscher selbst, der ein Verbrechen gegen den Himmel begangen hatte. Und es regierte der erzkonservative Kanzler, der aber, als eine Armee der Rebellen die Hauptstadt ernsthaft bedrohte, an eine »politische Lösung«, das heißt eine Kollaboration mit einem der Rebellen-»Könige« und an den Verrat der Dynastie dachte.

Natürlich griff ich hier manchmal – stark verfremdet und der chinesischen Situation angepaßt – auf Argumente zurück, wie sie ähnlich etwa der politischen Diskussion der letzten Jahre gelegen hatten. Unerkannt befanden sich in der Handlung Parallelen zu unserer Zeit.

Nicht nur zu unserer Zeit, denn Aufbruch, Erfolg und innerer Zerfall der revolutionären Taiping-Bewegung sowie die Überraschung und zögernde Verteidigung der konservativen kaiserlichen Seite sind exemplarische, in der Geschichte oft ähnlich wiederkehrende Ereignisse.

Während ich mir vornahm, die Taiping-Rebellion im großen und ganzen entsprechend dem historischen Verlauf zu beschreiben, verfremdete ich den Kaiserhof und übernahm hier bedenkenlos Elemente aus verschiedenen Dynastien, verstaubte oder noch leuchtende, wie ich sie aus alten chinesischen Romanen kannte. Von der Geschichte ließ ich mir aber sonst nirgends die Handlung diktieren.*

Dennoch las ich in Heidelberg, was immer in deutsch, englisch und französisch über den Taiping-Aufstand veröffentlicht war. Es war damals wenig genug. Am lebendigsten schilderte das Basler Evangelische Missionsmagazin seinerzeit in seinen monatlichen Berichten aus dem Reich der Mitte Aufstieg und Zerfall der Bewegung, anfangs noch in der stillen Hoffnung, das chinesische Volk werde nun das Licht des Evangeliums erblicken und seinem heidnischen Aberglauben abschwören.

Es dauerte lange, bis die Missionare schließlich den Huf Satans unter den langen Ischangs der Taiping-Priester entdeckten. Ich las ferner alles, was ich über die Lebensverhältnisse im China vor hundert Jahren in die Hände bekam. Sechs Wochen las ich, dann lebte ich Tag und Nacht nur noch in der Mitte des 19. Saeculums in einem kleinen Dorf im Süden Chinas, im benachbarten Kanton oder in Peking, in den Banditenlagern, dem Gouverneurspalast oder am kaiserlichem Hof. Erinnerungen an das, was ich früher in China gesehen und über Land und Leute gelesen hatte, wurden wieder lebendig.

Ich sah Bauern, Missionare, bürokratische Mandarine, Bettler, Diebe, Großgrundbesitzer, Gelehrte, Examenskandidaten, den jungen Kaiser, der in Peking zum Himmel um Regen betete, den Kanzler, der kalt, präzise, humorlos regierte, einsam als Junggeselle lebte, nur von wenigen geliebt wurde und in mancher Hinsicht unserem Staatssekretär Walter Hallstein glich. Ich sah den Prinzen Yeh, der das Verbrechen des Kaisers und seiner Tochter gegen den Himmel nicht ertragen konnte. Und je mehr ich las, desto mehr Menschen standen vor mir und wollten erzählen und ins Buch kommen.

Doch wie? Wie sollte ich anfangen? Ich wollte aufschreiben, was sie zu sagen hatten; aber ich war in Verlegenheit: Der Kaiser sprach anders als der Bettler oder der Markterzähler oder der pa-

---

* In einer Abhandlung der Mainzer Akademie der Wissenschaften und der Literatur über *Die Wahrheit im historischen Roman und in der Historie* (Steiner Verlag, Wiesbaden 1993), habe ich das später im einzelnen begründet und an Urteilen von Aristoteles bis Schiller und Nietzsche illustriert.

ranoische Himmlische König oder die hysterischen Beterinnen in der Bewegung. Zum ersten Mal erlebte ich, daß ich keine Sprache besaß, in der ich jeden einzelnen zureichend vorstellen konnte. Deshalb hatte ich wohl früher auch manchmal an ein Schauspiel gedacht, in dem sich – wie im Hörspiel – jede Person durch ihre eigenen Worte und Sprechweise darstellte.

Einige Tage war ich ratlos, experimentierte und suchte eine Sprache für die vielen Personen, die ihre Wahrheit über die Ereignisse zum Besten geben wollten. Vergeblich! Ich warf die Entwürfe in den Papierkorb.

Doch unerwartet öffnete sich mir ein Weg, den ich bisher übersehen hatte, weil er nur wenig begangen war. Erst allmählich und unterwegs erkannte ich die vielen Möglichkeiten in seinem Verlauf: Die Personen, die ihre Geschichte loswerden wollten, sollten sie selbst erzählen.

Seit jeher hatte ich gerne Geschichte in einer Abfolge von Dokumenten gelesen, in denen sich nicht nur die Ereignisse in den Augen der Verfasser verschieden darstellen, sondern auch die Autoren sich charakterisieren. Das Buch *Dramatische Tage in Hitlers Reich* hatte ich ebenso angelegt und sich widersprechende Dokumente kommentarlos einander gegenübergestellt. Fasziniert hatte ich auch bemerkt, wie weit die Berichte von uns Polad-Mitgliedern über die Sitzungen des NATO-Rats auseinandergingen. Ein Beweis dafür, wie unendlich deutbar die Geschichte ist, und daß wir keine absolute Wahrheit in ihr erkennen können, selbst wenn wir alle Berichte über die Ereignisse besäßen.

Dasselbe Ereignis, mit zwei oder mehr Augen gesehen, erhält jedoch Perspektive. In der Parallaxe gesehen, werden die Menschen und Ereignisse deutlicher. Wegen der Abweichungen zwischen den Bildern erlischt jedoch der Anspruch, zu wissen, *wie es eigentlich gewesen ist*.

Der Roman, den ich nun begann, setzte sich zusammen aus erfundenen Dokumenten, Briefen, Tagebüchern, Zeitungsartikeln, modernen Deutungsversuchen, Geständnissen, Gerichtsprotokollen – und einigen wenigen echten Beiträgen, zum Beispiel Artikeln von Karl Marx, Äußerungen von Jiang Ching, der Frau Maos, über die Taiping-Ideologie oder Missionsberichten.

Der Leser aber, der einen Bericht für wahr, den anderen über dasselbe Ereignis aber für unwahr hält, verliert die Perspektive, er schielt. Die Handlung in dem Roman, wie ich ihn nun schrieb, schritt dialektisch vorwärts. Die Szenen und viele Aussprüche standen in ironischem Verhältnis zueinander. Die Wahrheit war im Roman als Ganzem erhalten, doch auch sie unter dem Vorbehalt, daß sie eine Fiktion sein könnte, was sie ja in der Tat auch war. Die Schrift kennt zwar ein Ausrufe- und ein Fragezeichen, aber manchmal wünschte ich mir ein Ironiezeichen, das freilich nicht möglich ist, da es, sobald man es setzt, die Ironie wieder aufheben würde. Ich habe es daher mit dem Zitat aus Kierkegaards Dissertation an den Anfang gesetzt: daß nämlich die Ironie der Weg zur Wahrheit ist, aber der Weg, auf dem die Wahrheit denjenigen wieder verläßt, der glaubt, sie als Resultat zu besitzen.

Die Dokumente, aus denen der Roman sich zusammensetzt, sind in verschiedenen Stilen geschrieben: zum Beispiel denen der Reichsannalen, eines Psychiaters, eines amerikanischen Missionars, den süßlichen Beichten einer Geliebten des Himmlischen Königs oder den Beschreibungen eines Literaten, der ein intimes Verhältnis zu einem jungen »König« der Taipings unterhielt: Seine Briefe waren literarisch so gefeilt, daß sie sein eigenes Schicksal nicht zureichend beschrieben, weil sie ganz auf die ästhetische Wirkung aus waren. Ein Widerspruch, der gewollt war. Golo Mann schrieb mir einmal, diese Gestalt habe ihm am besten gefallen.

Ich hatte meine Sprache gefunden. Sie war nie schön und glatt; sie bestand aus Lokalfarben, die aber unrein waren. Ludwig Giesz hatte in seiner *Phänomenologie des Kitsches* recht, als er sagte, manche Autoren überwinden den Kitsch nicht: Sie schreiben mit Vorliebe über Unschönes – aber in schöner, polierter Sprache. Er nannte das »sauren Kitsch« – eine gute Formulierung, hinter der sich ein Problem verbirgt.

Die Verzückung, in der eine Haremsdame des Himmlischen Königs die Wahnsinnstaten ihres Gebieters beschreibt, ist so süßlich-sentimental, daß es mir selbst im Schreiben fast den Magen umdrehte. Doch das sollte nicht mir zur Last gelegt werden. Der Stil ist gewollt.

Nicht nur die Textinhalte, auch die Stilarten ironisierten einander. Die Sprache hatte in dieser Collage eine andere Funktion als in einem geradeaus erzählten Roman: Hier charakterisierten sich die Personen sowohl durch das, *was* sie sagen, wie durch das, *wie* sie es sagen. Das einzige Kriterium in dem Urteil über die Sprache in dem Roman lautet: Ist sie den berichtenden Personen kongruent?

Die Uneinheitlichkeit der Sprache ergab außerdem schon in den ersten Kapiteln reizvolle Spannungen zwischen dem Stil des Berichtenden und dem, was er beschrieb: wenn es zum Beispiel John Wainwright Roberts in seinem missionarischen Tonfall nicht gelingen will, die ihn doch deutlich beunruhigende Unheimlichkeit der Szene zu schildern, in der chinesische Kinder einen Hahn köpfen.

Der empfindsame Leser erkennt gewiß die Spannung zwischen der Darstellungsweise und dem, was vermutlich wirklich geschah. Manche Abschnitte, etwa die Geschichten des Markterzählers, habe ich nur so schreiben könne, weil ich ihnen andere Dokumente gegenüberstellte, die dasselbe Ereignis ganz anders schildern und damit in Zweifel ziehen.

Kierkegaard stellt in seiner Dissertation die These auf: »*Ut a dubitatione philosophia, sic ab ironia vita digna, quae humana vocetur, incipit*« – Wie mit dem Zweifel die Philosophie, so beginnt mit der Ironie das würdige Leben, das man das humane nennen könnte.

Ironie ist nur aus dem Zweifel möglich. Die vielen bewußten, im Buch manchmal weit versteckten Widersprüche wecken den Zweifel, wie sich alles wirklich abgespielt hat. Einer, der nicht zweifelt, sondern an die Bibel glaubt, kann über das Wort Gottes nicht ironisch sprechen. Die Ironie des Romans liegt auch weniger in den einzelnen Kapiteln, als in ihrem Bezug zueinander. Sie macht, daß das, was *wirklich* geschah, in der Schwebe bleibt, weil unser Verstand nicht ausreicht, das Wahre zu erkennen. Deshalb stellte ich dem Roman das schon erwähnte Wort aus Kierkegaards Dissertation voran, daß die Ironie – nicht die romantische, sondern die sokratische – der Wahrheit den Boden entzieht, so daß man »durch die heimliche Falltür plötzlich hinabstürzt, nicht tausend Klafter tief, sondern in das unendliche Nichts der Ironie«.

Ich begann zu schreiben und ließ den Gestalten, die sich aus dem Chaos des Ungeformten bildeten und die in die Phantasie des Autors hinaufstiegen, freie Hand zu erzählen.

Auf der Straße begegnete ich damals dem Journalisten Kurt Joachim (»Kajot«) Fischer. Ich erzählte ihm, ich hätte 240 Tage

Urlaub, um einen Roman zu schreiben. Zwei Monate davon seien schon um.

»Wie viele Schreibmaschinenseiten soll er haben?« fragte er mit professionellem Interesse.

»Fünfhundert. Ich habe mir, wie immer, einen großen Bogen Millimeterpapier an die Tür geheftet, auf den ich meine tägliche Sollkurve mit Rotstift und die wirklich geschriebenen Seiten mit blauer Tinte einzeichne.«

»Wenn ich richtig rechne, also rund zwei Seiten pro Tag?« fragte Kajot Fischer.

»So ungefähr.«

»Und auf welcher Seite sind Sie jetzt?«

»Siebzehn.«

»So«, sagte er. »Zwei Monate sind schon rum. Immerhin! Schon siebzehn! Hm!«

Sonst sagte er nichts. Er würde, ich wußte es, die Geschichte mit Vergnügen weitererzählen. Um ihm jedoch die Pointe nicht zu verderben, unterließ ich es, ihn über das aufzuklären, was ich bisher an Studien für den Roman getan hatte.

Wochen später fand in Ulm eine Tagung der Gruppe 47 über das Thema »Hörspiel« statt. Hans Werner Richter hatte mich auf Anregung Günter Eichs eingeladen. Ich ließ meine Arbeit schlechten Gewissens für zwei Tage im Stich und nahm an der Tagung teil, aus keinem anderen Grunde als der berechnenden Annahme, das könnte später der öffentlichen Diskussion über den Roman nützen.

»Auf welcher Seite sind Sie?« fragte Günter Eich.

»Hundertsechsunddreißig.«

»Mein Gott! Hundertsechsunddreißig!« sagte er bewundernd. »Wenn ich doch jemals ein Buch mit soviel Seiten fertigbrächte!«

Ich schrieb von jetzt an jeden Tag, auch an Wochenenden, von neun Uhr morgens bis ein Uhr nachts, manchmal auch länger. Vormittags korrigierte ich die drei Seiten, die ich am Tag vorher geschrieben hatte, und schrieb sie wiederholt ab, jede Seite von der ersten bis zur letzten Fassung durchschnittlich zehnmal – damals gab es noch keine Bildschirme und Textspeicher. Mehr als drei Seiten schrieb ich nur, wenn ich hinter meinem Soll zurückgeblieben war und aufholen mußte. Die Kurve auf dem Millimeterblatt spornte nicht nur an, mein Programm einzuhalten. Ich sah aus ihr auch bildhaft, wo die Mitte oder wie weit es noch bis zum Ende war, wo es Zeit war, meine Phantasie zu zügeln, Personen, die sich aufdrängten und ihre Version einbringen wollten, zurückzuweisen, wie der Markterzähler, der sich stets besonders vordrängte. Ich sah an der Kurve, wo ich beginnen mußte, die Handlung auf den Schluß hin zu lenken.

Es kam nie vor, daß ich Personen oder Handlungen suchen mußte. Die Handlung floß vielmehr durch mich wie durch ein weites Rohr, und manchmal hatte ich im Kopf einen seltsamen, leibhaftigen leichten Schmerz, als seien die Wände des weiten Rohrs von den durchschießenden Phantasien wund und rauh. Ich war nur ein Gefäß. Und als ich schließlich die letzte Seite geschrieben hatte, glaubte ich, leer zu sein und nie mehr etwas schreiben zu können

Die Istkurve auf dem großen Millimeterbogen verlief im Sommer 1960 für einige Wochen waagerecht, weil ich wegen einer Krankheit und Operation im Bett liegen mußte. Meinen Antrag, den unbezahlten Urlaub deshalb um einige Wochen zu verlängern, lehnte das Auswärtige Amt ab.

Wie vereinbart, mußte ich meinen Dienst im Auswärtigen Amt am 1. November wieder antreten, benutzte aber die Weihnachtszeit und nach Neujahr den mir zustehenden Urlaub für das nächste Jahr, um das Manuskript abzuschließen. Im Frühjahr konnte ich es dann meiner Verlegerin Hildegard Grosche senden. Sie war uns schon lange eine vertraute und liebe Freundin geworden und ist das bis heute geblieben.

Der Roman *Der Auftrag*, der später in einer Neuauflage den Titel *Der Auftrag des Himmels* bekam, schließt »an Stelle eines Nachworts« mit einer Rezension aus den »Sinologischen Forschungen, Jahrgang XXVII, Heft 3«, die mit den Worten beginnt:

»Es war vorauszusehen, daß eines Tages ein Romanautor die Taiping-Rebellion (1851–1864), die das chinesische Kaiserreich bis in die Grundfesten erschütterte, zum Thema nehmen würde. Dies ist nun eingetroffen.

Rezensent teilt nicht die Meinung derjenigen, die den historischen Roman von vornherein verwerfen, nur weil er unwissenschaftlich ist. Denn ein breiteres Publikum kann auf diese Weise unmerklich an geschichtliche Probleme herangeführt werden. Ganzen Generationen ist die Vergangenheit lebendig geworden durch die Romane Walter Scotts, die zu lesen selbst Goethe nicht verschmähte. Dem vorliegenden Buch möchte Rez. dagegen den Charakter eines historischen Romans überhaupt absprechen... Verfasser gibt sich auf lange Strecken den Anschein, authentische Dokumente über die Taiping-Revolution aneinandergereiht und lediglich mit Fußnoten versehen zu haben. Diese Dokumente sind jedoch alle erfunden bis auf – und das ist das eigentlich Ärgerliche – bis auf wenige Ausnahmen. Inmitten völlig frei ausgedachter Kapitel finden wir plötzlich echte, aus ihrem Zusammenhang gerissene Zitate.«

Nachdem der Rezensent viele der historischen Irreführungen streng gegeißelt hat, schreibt er zusammenfassend:

»Es erhebt sich nun die ernste Frage, ob in unserer Zeit universalen historischen Bewußtseins ein derartig leichtfertiges, unbekümmertes Spiel mit historischen, nachprüfbaren Fakten, ob die Erfindung historischer Situationen überhaupt – denn darauf läuft es bei dem Roman ja hinaus – gestattet sein soll.

Die Aufgabe des historischen Romans ist doch, die von der Überlieferung ausgesparten Stellen zu füllen, vielleicht auch die Handlungen historischer Personen psychologisch verständlich zu machen – nicht aber die Geschichte, die unantastbar und sakrosankt bleiben sollte, neu zu schreiben.«

Der Rezensent war ein Historiker, der an die Faktizität seines Bildes von der Vergangenheit glaubte und daher jede andere Darstellung der Taiping-Revolution verurteilen mußte. Karl Jaspers, dem ich das Buch gesandt hatte, sagte mir, als ich ihn einmal in Basel besuchte, da er so tief an seinen eigenen Arbeiten sitze und seine Zeit knapp werde, könne er dicke Romane nicht lesen. Aber er habe doch länger in mein Buch hineingesehen, die Rezension am Schluß aber habe er ganz gelesen, und zwar mit Vergnügen, weil die Ironie, mit der hier der Glaube der Historiker an eine Fiktion, nämlich an die von ihnen behauptete Geschichte, *ad absurdum* geführt und weil mit der Ironie das, *wie es eigentlich gewesen sei*, in die Schwebe zwischen Wahrheit und Möglichkeit erhoben worden sei.

Es wäre jedoch vielleicht nicht nötig gewesen, fügte er hinzu, in der letzten Fußnote zu verraten, daß auch diese Rezension eine Fiktion und von mir erfunden sei.

Er hatte bei uns in Heidelberg, als ich im langen Urlaub an dem Roman *Der Auftrag* schrieb, einen Mittagstisch. Jeden Mittwoch. Wir tranken anschließend noch einen Kaffee, und dann ging er nach Hause. Nach Hause? Nun, jedenfalls in sein kleines Hotel nicht weit vom Bismarckplatz. Er hatte kein Zuhause. Er ging? Nein, wir sahen es von unserem Fenster: Er hatte Barbara an der Hand. Sie hüpfte, und auch er, diese kleine, zierliche, zerbrechliche und gebrechliche Gestalt, ging, ein Hüpfen versuchend, mit ihr durch den verwilderten Garten bis zum Tor.

Ferdinand Lion war damals 77 Jahre alt, Barbara elf. Sie hatten sich angefreundet. Mit uns sprach er deutsch, mit Barbara nur französisch. Dabei sprach sie doch fließend Deutsch, hatte nur Schwierigkeiten mit der Rechtschreibung. Er erzählte ihr von seinen Jugendstreichen, und daß sein Vater ihm einmal zum Geburtstag einen kleinen Zoo geschenkt hatte.

»Auch einen Löwen?«

»Na also, ein *direkter* Löwe war eigentlich nicht dabei. Aber zwei Affen, ein Fuchs, eine Eule, ein Papagei, zwei Giftschlangen und ein richtiger Wolf. Huhuhu!« Er versuchte ein Wolfsgeheul.

Wo die Tiere jetzt seien, fragte Barbara.

»Ach, das ist ja alles schon so lange her, als wir noch in Mulhouse wohnten. Vielleicht leben sie noch im Wald. In den Vogesen hat man vor ein paar Jahren einen alten Wolf gesehen. Es kann nur meiner gewesen sein.«

Er erzählte ihr von den beiden Heidschnucken mit dicken Hörnern, die er sich in seiner Studentenzeit gehalten hatte. Alle Leute hatten sich nach ihm umgedreht, wenn er, die Tiere an der Leine führend, mit ihnen in Straßburg durch die Straßen bummelte.

Thomas Mann nannte Ferdinand Lion ein »elbisches Wesen«. Im Jahr 1937 hatte er ihn mit der Redaktion seiner Zweimonatsschrift »Maß und Wert« betraut. In dem Schweizer Exil sahen sie sich oft, zu Zeiten fast täglich. Thomas Mann schätzte ihn wegen seines unabhängigen literarischen Urteils, fürchtete aber wohl auch, wie Hans Bender meinte, in seinen Schwächen von ihm durchschaut zu werden. Lion war in vielen Gebieten der europäischen Geistesgeschichte zu Hause. Er hatte über Plato, die französische Philosophie, die Romantik als deutschem Schicksal geschrieben, aber auch Opernlibretti für Eugen d'Albert und für Hindemiths *Cardillac*, viele Essays in deutsch, englisch und italienisch, und natürlich auch eine Biographie Thomas Manns.

Bei Tisch erzählte Lion immer amüsant, aber zuweilen doch auch etwas boshaft von ihm und dem Leben in seinem Hause. Ich sagte einmal, Thomas Manns Unsicherheit und Angst, Stellung zu beziehen, die so vieles ins Reizvoll-Schillernde hebt, habe wohl ihren Grund darin, daß er in dem, was eigentlich harmlos und unbedenklich war, oft ein *Pudendum* erblickte.

»Zum Beispiel das Verdächtige, das er im Künstlertum sah«, sagte ich. »Oder konkreter: Als in der schönen Erzählung *Unordnung und frühes Leid* der Vater sieht, wie das Herz seines Töchterchens von einem Fest verwirrt wird und sich ihm entfremdet, findet Thomas Mann diese seine Liebe zu ihr schon als ›nicht ganz tendenzlos und an ihrer Wurzel nicht ganz einwandfrei‹. Warum? Wieso ist sie verdächtig und bedenklich?«

Ferdinand Lion antwortete: »Aber er war selbst doch auch so: Er gab seinem kleinen Lieblingsenkel Fridolin verstohlen unter dem Tisch die Hand, als ob es keiner sehen dürfe. Und Golo erzählte mir, sein Vater habe einmal fast eine Stunde lang beobachtet, wie sein wohlgestalteter Chauffeur, nur mit der Hose bekleidet, das Auto wusch, stand aber hinter dem Fenstervorhang, damit niemand ihn sah.«

Ferdinand Lion war 1883 in Mulhouse im Elsaß – er sagte nie Mühlhausen – geboren. Nach dem Ersten Weltkrieg hatte er für Deutschland optiert, »weil Deutschland der ärmere, bedürftigere Teil war«, wie er seine Entscheidung begründete. Im Jahr 1933 emigrierte er in die Schweiz. Er war Jude.

Über den Undank des Landes, für das er sich 1919 entschieden hatte, klagte er nie. Er erzählte davon lachend, als sei den Mächten, die sein Schicksal lenkten, nur ein kurioser Fehler unterlaufen. Das reiche Erbe, das ihm nach dem Tod seines Vaters zufiel, zerfloß in seinen Händen und der Inflation. In späteren Jahren mußte er von Zuwendungen leben, die ihm sein sparsamerer Bruder widerstrebend gewährte.

Eigentum bedeutete ihm jedoch nichts. Er besaß nur einen Koffer, reiste jahrelang mit ihm von einer Stadt zur anderen, wohnte bei Freunden oder in billigen Hotels. *Le dernier clochard de luxe* nannte er sich Hans Bender gegenüber.

Als wir ihn kennenlernten, hatte sich gerade eine Katastrophe ereignet: Er war etwas verwirrt auf dem Bahnhof in Heidelberg angekommen. Doch der Koffer, sein einziger Besitz, war ihm auf eine Weise, die er nicht erklären konnte, unterwegs verlorengegangen. Der Schriftsteller und unser Freund Gert Kalow veranstaltete sofort eine Sammlung für ihn.

Wir sprachen, wenn er uns besuchte, über Politik, Geschichte, die geistige Situation der Zeit, aber manchmal auch über deutsche Literatur. Dabei überraschte er mich einmal mit der Bemerkung, ich hätte ein ausgezeichnetes literarisches Urteil. Ich lachte, denn ich verstand es nicht.

»Ich habe mich doch schon vor einigen Jahren von der deutschen literarischen Szene verabschiedet, habe die letzten fünf Jahre in Paris gelebt. Sie wissen es doch: Ich bin Beamter.«

»Schreiben Sie aber nicht gerade einen Roman?«

»Nun ja, aber ich lese doch schon lange mehr angelsächsische Literatur der Gegenwart als deutsche. Wie kommen Sie nur zu der Ansicht, ich hätte ein gutes literarisches Urteil?

»Weil Sie«, antwortete er lachend, »über die Schriftsteller und ihre Bücher ebenso denken wie ich.«

Das Nachwort zu dem Roman *Der Auftrag*, den fiktiven Verriß des Buches durch einen Sinologen, von dem schon die Rede war, schrieb ich, als ich noch mitten in der Arbeit am Manuskript war. Ich gab ihm den Entwurf zu lesen. Er war keineswegs begeistert.

»Werfen Sie das Nachwort in den Papierkorb! Man wird Sie mißverstehen. Die Deutschen haben keinen Sinn für Ironie.«

»Aber Thomas Mann...«, begann ich.

»Ach, Thomas Mann! Ihre Ironie beunruhigt, weil sie erst einmal zerstört und alles in Frage stellt und den Boden unter dem, was bisher feststand, wegzieht. Auch Thomas Mann liebte es, Anschauungen in Frage zu stellen, aber nie durch Ironie in dem Sinne, den Sie meinen. Er hat einmal gesagt und auch irgendwo geschrieben, er kenne im Stilistischen nur noch eine Möglichkeit: die Parodie. – Aber die soll man nicht mit Ironie verwechseln. In vielen Büchern hat er sich selbst übrigens bis zum Überdruß parodiert.«

Es hielt Ferdinand Lion nicht lange in Heidelberg, er reiste ab. Aber bald darauf verschlechterte sich sein Zustand. Er litt unter

Depressionen. Eine Züricher Freundin besorgte ihm ein Zimmer. Katja Mann kümmerte sich um ihn. Im Jahr 1962 beantragten Gert Kalow, der im Turm der Alten Brücke zu Heidelberg lebte, und Alexander Mitscherlich beim Bundespräsidenten einen Künstler-Ehrensold für ihn. Ich arbeitete damals schon wieder im Auswärtigen Amt und unterstützte den Antrag bei Johnny Herwarth, damals Staatssekretär bei Bundespräsident Lübke, der ihm als Soforthilfe eintausend Mark sandte und anschließend einen monatlichen Ehrensold aussetzte. So hatte Lion wenigstens in seinen letzten Lebensjahren ein bescheidenes Auskommen.

Er starb 1965 in Zürich und wurde auf dem Friedhof in Kilchberg begraben, wo auch Thomas Mann und Conrad Ferdinand Meyer liegen. Hans Bender hat ein schönes Porträt seines älteren Freundes geschrieben, in dem diese zarte, umfassend gebildete, kritische, anregende, skurrile und vielfach gebrochene »elbische« Existenz uns entgegentritt, wie sie lebte und wie auch wir sie erlebt hatten.

Die Gruppe 47

Am 1. November 1960 sollte ich meinen Dienst wieder antreten; keinen Tag länger, als könne das Auswärtige Amt ohne mich nicht auskommen. Aber am 1. November waren alle Behörden wegen des Festes Allerheiligen geschlossen. Also gestattete man mir, erst am 2. November zu erscheinen. Ich sollte das Referat 702 übernehmen, das Strukturfragen des Ostblocks bearbeitete. Mit der DDR beschäftigte sich ein Nachbarreferat. Was ich eigentlich tun sollte, war mir nicht ganz klar.

Ich meldete mich bei Georg Ferdinand Duckwitz, der die Politische Abteilung 2, die »Ostabteilung«, leitete. Er hatte die NATO-Vertretung in Paris oft besucht, und Franz und ich hatten mit ihm oft zu Abend gegessen. Er stammte aus einer alten Bremer Familie und war, wie viele Bremer, ein Freund guter Bordeaux-Weine. Daß ich es auch war und eine gewisse Kenntnis auf diesem Gebiet erworben hatte, wird mich ihm wohl empfohlen haben. Aber das war es vermutlich nicht allein.

Das Auswärtige Amt, sagte er, habe mich eigentlich als Kulturattaché nach Tokio entsenden wollen, aber dafür sei ich zu schade. Bei ihm könne ich wichtigere Aufgaben übernehmen. Er habe daher diese Versetzung sofort verhindert und mich angefordert. Ich dankte ihm.

In Paris hatte ich ihn stets über die Entwicklung im Ostblock unterrichtet, die wir im Polad laufend verfolgten. Entscheidend für ihn aber war wohl eher, daß ich in meinen Berichten die Risiken der NATO-Strategie kritisch beschrieben, die Zustimmung der Bundesregierung dazu für bedenklich erklärt und den voraussehbaren Zorn von Franz Josef Strauß nicht gescheut hatte. Das sagte er mir freilich nicht, damit ich mir darauf nichts einbildete.

Im Laufe der Jahre kamen wir uns näher. Er war oft bei uns zum Abendbrot, und dann konnten wir in Ruhe über die Politik und die Welt reden. Viele Jahre später, als ich in Bukarest auf Posten war, sandte er mir einen bewegenden Freundesbrief. Es war ein Abschiedsbrief kurz vor seinem Herztod, den er wohl vorausgeahnt hatte.

Ich stellte mich am Tag meines Dienstantritts also meinen Mitarbeitern vor, setzte mich an meinen Schreibtisch und sah bereits am ersten Vormittag, daß überhaupt nichts Eiliges anstand und daß man mir durchaus den unbezahlten Urlaub bis Neujahr und bis zum Abschluß meines Manuskripts hätte verlängern können.

Am nächsten Wochenende traf sich die Gruppe 47 in Aschaffenburg. Hans Werner Richter entschied stets allein, wer zu diesen Treffen kommen durfte. Als ich ihm während der Ulmer Hörspieltagung im April erzählt hatte, daß ich einen Roman schreibe und ganz gerne auch einmal der Gruppe daraus vortragen und ihre Kritik hören würde, lud er mich ein, wohl kaum überzeugt, daß ich in seine Gruppe paßte; aber damals rieten ihm anscheinend einige alte Mitglieder, es einmal mit mir zu versuchen.

Unterwegs hatte auch ich meine Zweifel: Ich wollte auf den Zug aufspringen, in dem eine literarische Gruppe durch das Feuilleton der deutschen Presse fuhr und dort Beachtung fand. Ein fragwürdiger Grund, ein unlauteres Motiv. Ich war mir selbst zuwider, doch ich wagte nicht, auf der nächsten Station auszusteigen und zurückzufahren.

Hinzu kam, daß ich nicht wußte, wie man in einer kurzen Lesung von fünfzehn Minuten ein verständliches Bild des Romans, von seinem Thema und der Durchführung geben konnte. Das Manuskript war ja ein Mosaik. Jedes Kapitel war in sich allein unwahr und gab erst einen Sinn, wenn in anderen Darstellungen seine Einseitigkeit bloßgestellt wurde, und wenn es selbst andere relativierte. Der Reiz der Darstellung bestand gerade in den dia lektischen Widersprüchen der Kapitel. Ich mußte es nun jedoch darauf ankommen lassen.

Am Vorabend saß man bei Wein und Bier zusammen. Ich kannte nur wenige. Man sprach von Frankreichs barbarischer Algerienpolitik, ohne das Dilemma der Franzosen zu kennen, man bewunderte Chruschtschow, fand scharfe Worte gegen die Amerikaner, die nicht Frieden wollten, sondern ihren Kalten Krieg so anheizten, daß der Menschheit ein heißer Krieg und die Vernichtung in einer nuklearen Katastrophe drohe. Kurzum: es waren Stammtischgespräche Intellektueller, die sich nie darum bemüht hatten, erst einmal die Fakten kennenzulernen. Sie sahen mich schief an, als ich einmal bemerkte, es wäre schrecklich, wenn alle Staaten von Menschen wie Albert Schweitzer regiert würden: Dann gäbe es nur noch Mord und Totschlag.

Andere sprachen mit Verlegern, und wiederum andere riefen zu einer Kampagne gegen den Feind der modernen deutschen Literatur, den Kritikerpapst der »Frankfurter Allgemeinen Zeitung«, Friedrich Sieburg auf. Man solle diesem widerwärtigen Konservativen täglich mit der Post einen Gartenzwerg ins Haus schicken. Jeden Tag ein anderer aus der Gruppe 47. Ich zog mich früh in mein Zimmer zurück. Ich las Sieburgs Artikel immer mit großem Respekt und meist mit Zustimmung.

Hans Werner Richter, der am nächsten Tag die Veranstaltung leitete, schien sich zu fragen, ob es richtig gewesen sei, mich einzuladen und lesen zu lassen; jedenfalls schloß ich es daraus, daß er mich warten ließ, ohne zu sagen, ob für meine Lesung noch Zeit sei. Als alle an Aufbruch dachten, manche schon abgereist waren, bat er mich als Letzten, etwas aus meinem Roman vorzulesen. Ich las ein Kapitel, das die Hysterie eines Taiping-Gottesdienstes schilderte, in dem eine vermeintliche Ketzerin von der Masse zerrissen wurde. Bevor ich es zu Ende gelesen hatte, winkte Hans Werner Richter ab. Das genügte ihm schon.

Das Kapitel hatte keinen Eindruck gemacht. Ich merkte es schon, als ich vorlas. Man konnte damit nichts anfangen. Was war denn das Thema des Romans? Es gab nur eine kurze Diskussion, außerdem wollten alle nach Hause.

Ich glaube, es war Walter Jens, der etwas Freundliches zu der Darstellung sagte. Günter Grass, damals im frischen Ruhm der *Blechtrommel,* meinte in Alfred Döblins Roman *Die drei Sprünge des Wanglun* werde China lebendiger und glaubhafter geschildert, was natürlich nicht stimmte: Weder Grass noch Döblin hatten eine Ahnung von China. Ein junger anscheinend polnischer Kritiker, der aber akzentfrei Deutsch sprach und jetzt in der »Zeit« schrieb, widersprach energisch und eloquent. Er warnte vor vorschnellen Urteilen. Wenn dies nur ein Mosaikstein sei, nicht repräsentativ für das Ganze, warum ich es denn überhaupt vorgelesen habe! Erst müsse man mehr von dem Manuskript kennenlernen. Er schien mir der Gescheiteste zu sein.

Hans Werner Richter beendete die Diskussion und schloß die Tagung mit einigen launigen Sätzen. Er hatte die Gruppe von Intellektuellen linken Couleurs mit großem Geschick zusammengehalten. Er war darin ein Talent. Aber er sah ebenso wie ich, daß ich nicht in die Gruppe paßte.

Sprechen sie Russisch?

»Sprechen Sie Russisch?« hatte Duckwitz mich gefragt, als ich mich zum Dienstantritt meldete.

»Nein.«

»Oder eine andere slawische Sprache?«

»Nein«, antwortete ich.

»Das macht auch nichts«, antwortete er. »Sie werden schon Wege finden, sich zu informieren.«

»Aber Boris Meissner spricht, liest und schreibt Russisch wie Deutsch.«

»Er ist ja auch Balte«, sagte er, als ob alle Balten fließend Russisch sprächen.

Boris Meissner hatte das Referat 702 jahrelang geleitet, hatte die Geschichte und die Politik der Sowjetunion mit allen ihren Windungen und die Biographien ihrer führenden Männer seit Lenin im Kopf. Er hatte den Auswärtigen Dienst jetzt quittiert, weil ihm eine Professur an der Kölner Universität angeboten worden war, und weil er ein Bundesinstitut zur Erforschung des Marxismus-Leninismus und der sowjetischen Politik gründen wollte. Sein

Bundesinstitut wurde eine der wichtigsten Stätten zum Studium der kommunistischen Länder.

Duckwitz hatte recht, es machte nichts aus, daß ich kein Russisch beherrschte. Mehr als Meissner war ich auf die ausführlichen amerikanischen und englischen Informationen über die sozialistischen Staaten eingestellt. Allein die BBC gab täglich einen solchen Stoß von Rundfunk-Abhörberichten der sozialistischen Länder heraus, daß man einen ganzen Tag gebraucht hätte, sie durchzulesen. Der Stoß von Berichten der Presse aus diesen Ländern, die täglich vom Bundespresseamt in deutscher Übersetzung kamen, war ebenso hoch. Dazu kamen die Berichte, die wir von unseren Verbündeten in der NATO und aus den verschiedensten anderen Quellen erhielten.

Bei einer Konferenz von Ostblock-Referenten Großbritanniens, der USA und der Bundesrepublik Deutschland auf einem britischen Landsitz fragte mich einmal Zbigniew Brzeszinski, wie es komme, daß wir so gut über die sozialistischen Länder Bescheid wüßten. Ob wir unsere Kenntnisse vom BND bezögen.

Ich antwortete, die Berichte des BND läsen wir auch, aber sie seien nicht aufregend. Wir seien nur sechs Leute in unserem Referat, blätterten jeden Morgen als erstes die Berge von Informationsmaterial auf unserem Schreibtisch durch, hielten etwa zwei bis drei Prozent zur Lektüre zurück, den Rest aber würfen wir in den Papierkorb. Er dagegen müsse die Aufzeichnungen eines Forschungsteams von über hundert Ost-Experten lesen. Man könne annehmen, daß die Kapazität des Kopfes diesseits und jenseits des Atlantik etwa gleich sei. Wir müßten uns den Kopf für die Hauptlinien freihalten. Über Einzelheiten wüßten wir wenig Bescheid. Er könne uns ohne Zweifel die Ernteaussichten im Oblast Kriwoi-Rog nennen. Wir nicht, aber da wir weniger läsen, hätten wir Zeit, über das Ganze nachzudenken.

Boris Meissner hatte als Referatsleiter nicht nur jede subtile Veränderung der Rangordnungen im Kreml, sondern auch jede Abweichung von der bisherigen sowjetischen Sprachregelung, die auf neue politische Ziele deuteten, akkurat verzeichnet und dem Auswärtigen Amt ein zuverlässiges Bild von Veränderungen in der Sowjetunion gegeben.

Einige unserer NATO-Alliierten glaubten schon in den gefährlichen Zeiten des Kalten Krieges die ständige politische und militärische Konfrontation mit der Sowjetunion durch eine konsequente Politik der Entspannung überwinden zu können. Als die Sowjetunion sich zu einer »Friedlichen Koexistenz« mit dem Westen bekannte und als uns darauf einige unserer Alliierten drängten, unsere Wiedervereinigungspolitik aufzugeben und damit das Verhältnis zu Moskau zu entspannen, wies Boris Meissner immer wieder darauf hin, daß die Sowjetunion einer grundlegenden Entspannung nur in Grenzen zustimmen könne, weil das Prinzip der »Friedlichen Koexistenz« die Vorbereitung der Weltrevolution nicht ausschließe.

Der Politische Ausschuß der NATO hatte der kommunistischen Ideologie weniger Bedeutung zugemessen. Obwohl es reizvoll war, diese Veränderungen im kommunistischen Lager zu beobachten und zu deuten, glaubte auch ich nicht, daß die Ideologie die sowjetische Politik bestimmte, allenfalls insoweit, als sie mit ihren Thesen die anderen sozialistischen Staaten und Parteien auf dem sowjetischen Kurs halten konnte. Hierin unterschieden sich Boris Meissners Ansichten von meinen. Die Ideologie war, wie ich glaubte, nicht der Motor der sowjetischen Politik, sondern die Keule, mit der Moskau Abweichler wie das titoistische Jugoslawien, später China und Albanien bedrohte und zur Ordnung zu rufen versuchte, zumeist freilich ohne Erfolg.

Nach 1962 griff die Kommunistische Partei Chinas ihre sowjetischen Genossen wegen ihrer Abweichung von der rechten Lehre mit unerhörter Schärfe an.

Die deutschen Medien sprachen stets von dem »ideologischen« Streit zwischen Peking und Moskau. Die Chinesen bestritten zwar in der Höhenluft dogmatischer Disputationen den Sowjets das Recht, die marxistisch-leninistische Lehre autoritativ zu interpretieren. Doch es ging ihnen nicht um ideologische Glaubensfragen, sondern um den politischen und militärischen Hegemonieanspruch der Sowjets. Peking kämpfte, wie die Chinesen ihrem französischen Genossen Thorez schrieben, gegen den »Großmacht-Chauvinismus Moskaus«. Die Sowjets jedoch hielten sich nach wie vor für Sprecher aller kommunistischen Parteien und Regierungen.

Einmal in den sechziger Jahren sagte der sowjetische Botschafter Smirnow auf einem Empfang in Bonn – etwas maliziös,

wie mir schien: »Sie leiten das Referat ›Strukturfragen des Ost-
blocks‹. Da sprechen Sie natürlich doch Russisch?«
   »Nein«, antwortete ich, »es tut mir leid.«
   Er riß die Augen weit auf wie ein Schauspieler im Stummfilm
und fragte ungläubig: »Sie sprechen *nicht* Russisch?«
   »Nein«, antwortete ich, »aber Chinesisch.«
   Er hielt das für eine unverschämte Antwort und ging weg.

Das Memorandum

Der sowjetische Außenminister Andrej Gromyko gab am 27. Dezember 1961, also unmittelbar nach Weihnachten, unserem Botschafter Hans Kroll in Moskau ein langes ungewöhnliches Schriftstück. Es war weder eine Note der sowjetischen Regierung noch
ein *Aide-mémoire*, noch eine Verbalnote. Es war überhaupt keine
diplomatische Mitteilung, war weder an einen Adressaten gerichtet, noch trug es eine Unterschrift. Da es aber der Außenminister
unserem Botschafter übergeben hatte, mußte man annehmen, daß
der Text autorisiert war und die Ansichten der sowjetischen
Regierung wiedergab. Im Ton war es ungewöhnlich maßvoll, als
wolle es uns durch Argumente davon überzeugen, daß unsere
Politik an der Seite der NATO-Verbündeten falsch sei. Wir sollten
statt dessen die DDR als souveränen Staat anerkennen und ein besseres Verhältnis zur Sowjetunion anstreben. Manches deutete darauf hin, daß Chruschtschow selbst am Text mitgearbeitet hatte.
   Im Auswärtigen Amt überlegte man, ob man das umfangreiche, dreiundzwanzig Seiten lange, an niemand gerichtete Dokument beantworten oder ob man es einfach ignorieren sollte. Die
für die Deutschland-Frage zuständigen Westmächte wurden sofort informiert, und am 9. Januar 1962 gab die Bundesregierung
das Memorandum schließlich auch der Presse, die lange Teile daraus veröffentlichte und es ausführlich kommentierte.
   Gerhard Schröder, bisher Innenminister, war nach der Wahl im
September 1961 in Adenauers neuem Kabinett Außenminister geworden. Er meinte, wir sollten die Angriffe auf unsere Alliierten
und den Versuch, einen Keil zwischen sie und uns zu treiben,
nicht einfach hinnehmen, sondern darauf antworten und die
schwachen Argumente widerlegen. Sie reizten in der Tat zu Ent-

gegnungen. Georg Ferdinand Duckwitz war Botschafter in New Delhi geworden, und sein Nachfolger war Franzl Krapf, mein alter Freund aus der Kriegszeit in Tokio, der mich zu sich an unsere NATO-Vertretung nach Paris und damit wieder in den Auswärtigen Dienst zurückgeholt hatte. Er wies das zuständige Referat »Sowjetunion« unter Reinkemeier, einem unserer fähigsten Mitarbeiter, an, einen Entwurf auszuarbeiten. Ungebeten sandten unser Moskauer Botschafter Kroll und ein Kabinettskollege dem Bundesaußenminister Schröder auch lange Antwortentwürfe. Abgeordnete gaben ebenfalls Ratschläge. Jedermann hatte Ideen.

Schröder gab Franzl Krapf den Auftrag, die wichtigsten Gedanken aus diesen Entwürfen in einem neuen Text zu vereinen. Krapf gab die Weisung an mich weiter.

Es dauerte fast drei Wochen, bis der neue Entwurf, der in der Politischen Abteilung von allen auch nur entfernt zuständigen Referaten, dann von der Rechtsabteilung, von Staatssekretär Carstens und Außenminister Schröder geprüft worden war, dem Bundeskanzler Adenauer zur Genehmigung vorgelegt wurde. Er schrieb »Einstanden« statt »Einverstanden« auf die letzte Seite. Er hatte nichts korrigiert, nur an einer Stelle fand sich eine Randbemerkung in seiner großen deutschen Schrift. Und zwar dort, wo das Memorandum behauptete, die Bundesrepublik Deutschland habe schon vor Jahren freiwillig auf den Besitz atomarer, bakterieller und chemischer Waffen verzichtet. Hier schrieb er an den Rand »Stimmt das eigentlich?«

Ich prüfte es, es stimmte *nicht.*

Der Autor des Entwurfs, berichteten Augenzeugen, habe rote Ohren bekommen, als er das feststellte. Von allen kompetenten Seiten war der Text sorgfältig geprüft worden, erst der Bundeskanzler hatte es bemerkt: Die Bundesregierung hatte nämlich in einer Anlage zu dem Brüsseler WEU-Vertrag vom Oktober 1954 nicht auf den *Besitz,* sondern auf die *Herstellung* von ABC-Waffen verzichtet. Das hatte ich überlesen.

Botschafter Hans Kroll übergab das deutsche Antwort-Memorandum, undatiert, ohne Anschrift und ebensolang wie das sowjetische, am 22. Februar 1962 im Moskauer Außenministerium. Es hatte keine Ähnlichkeit mehr mit seinem eigenen Entwurf. Er war deshalb auch gar nicht damit einverstanden.

Unsere Antwort war höflich, frei von Vorwürfen, Belehrungen und Schuldzuweisungen. Sie hob die Sätze in der sowjetischen Denkschrift hervor, denen wir zustimmen konnten, erläuterte aber, daß und warum wir andere Wege zur Lösung der Probleme bevorzugten. Das Hauptproblem auf diesem Wege sei die Teilung Deutschlands. Eine Wiedervereinigung dagegen werde alle Hindernisse, die jetzt unsere Beziehungen belasteten, aus dem Weg räumen und unser gegenseitiges Verhältnis entspannen.

Um den Verdacht einer Rapallo-Politik bei unseren Verbündeten gar nicht aufkommen zu lassen, betonte die Denkschrift, daß wir nur im Einvernehmen mit ihnen handeln und verhandeln wollten. Wir wünschten die Meinungsverschiedenheiten zwischen uns und der Sowjetunion ebenso friedlich und erfolgreich zu überwinden wie mit unseren Nachbarn im Westen. Als Beispiel wurde zweimal die Behandlung der Saarfrage erwähnt.

Chruschtschow war ärgerlich, als er unsere Denkschrift las, und soll sie »reine Demagogie« genannt haben. Die sowjetische Presse kommentierte sie negativ, ging aber bald wieder zu den Tagesereignissen über. Veröffentlicht wurde der Text in keinem der Ostblockstaaten. Auch nicht in der DDR, aber dort schäumte die Presse und kommentierte unsere Denkschrift tagelang, denn viele Ostdeutsche kannten sie aus unserem Funk und Fernsehen. Das »Neue Deutschland« schrieb:

»Adenauer und Schröder reden genauso wie Hitler und Goebbels. Die alten Nazidiplomaten im Bonner Außenministerium haben das Memorandum in Hitlers Sprache abgefaßt: ein Dokument des Kalten Krieges.«

Die westdeutsche Presse nahm die Denkschrift dagegen mit einhelliger Zustimmung auf. Die »Frankfurter Allgemeine Zeitung« und die »Welt« druckten sie in voller Länge ab. Im Bundestag begrüßten sie alle drei Parteien.

Die Presse des westlichen Auslands kommentierte sie ebenfalls freundlich.

Der Vortragende Legationsrat I. Klasse Dr. Kurt Hofmann rief mich an und fragte, ob ich einmal zu ihm kommen könne. Er war ein Schulfreund Schröders aus Trier, früher Journalist beim »Trierer Volksfreund« gewesen und der einzige Beamte, den Schröder aus dem Innenministerium ins Auswärtige Amt mitgenommen hatte.

Sein Zimmer lag Schröders Zimmer gegenüber im Minister-bau, der mit dem Hauptgebäude durch eine verglaste Brücke ver-bunden war. Ich lernte Hofmann später näher kennen, und einmal besuchten Franz und ich ihn auch im Urlaub auf Capri, als wir auf dem Wege nach Velia waren. Er war ein besonnener, ruhiger Mann, diskret und mit einem sicheren Urteil über Menschen und die innenpolitische Lage. Eigentlich sei er nur die Klagemauer des Ministers, bemerkte er einmal. Doch er war ihm mehr: ein kriti-scher Berater, der keine Karriereabsichten hatte.

»Der Minister möchte Sie um elf Uhr sprechen«, sagte er. »Ich habe vorher eine Frage: Sind Sie der Autor des China-Romans, den die ›Frankfurter Allgemeine‹ vor ein paar Tagen besprochen hat?«

Um elf Uhr meldete ich mich bei Frau Nuphaus, Schröders Chefsekretärin, die mich zu ihm ins Zimmer führte.

»Herr Hofmann hat mir die Rezension Ihres Romans ge-geben«, sagte Schröder, als ich mich auf den Stuhl vor seinem Schreibtisch gesetzt hatte. »Sie ist ja recht enthusiastisch, um nicht zu sagen dithyrambisch.«

Ein wenig süffisant, dachte ich. Er meint wohl, es gehöre sich nicht für einen Beamten, Romane zu schreiben, die enthusiastisch, um nicht zu sagen dithyrambisch besprochen wurden. Ich ant-wortete: »Rezensionen meiner Bücher können mir gar nicht en-thusiastisch genug sein.«

Er ließ das so stehen und sagte: »Unser Memorandum ist ja von unseren Medien ganz gut aufgenommen worden.«

»Um nicht zu sagen: enthusiastisch.«

Er lachte.

»Ich hatte Ihnen doch drei oder vier Entwürfe und dann noch ein paar Anregungen aus dem Bundestag schicken lassen, damit Sie sie in den Text einbauen. Ist das geschehen?«

»Nein.«

»Nein?«

»Ich habe nur aus Reinkemeiers Entwurf ein gutes Argument übernommen.«

»Und die anderen Entwürfe?«

»Unbrauchbar. Sie waren polemisch oder rechthaberisch oder aggressiv oder im Aufbau und Stil ungenügend. Ich habe sie gele-sen, aber im Büro gelassen und bin nach Hause gefahren, wo mich keiner mit neuen Anregungen stören konnte, und habe den Text geschrieben. Aber dann habe ich ihn natürlich Herrn Krapf und allen mitzuständigen Referaten in der Ost- und der Rechtsabteilung zur Prüfung übergeben. Da ist dann noch manches korrigiert worden. Das Memorandum ist deshalb auch ein Produkt des ganzen Hauses, nicht eines einzelnen.«

»Ich freue mich, daß Sie das so sehen«, antwortete Schröder. »Ich habe es ohne Korrekturen dem Bundeskanzler weitergeleitet, weil es meinen Vorstellungen über unsere Ostpolitik entsprach, nämlich daß wir unsere Beziehungen zur Sowjetunion und überhaupt zu Osteuropa grundlegend verbessern sollten. Es war richtig, daß das Memorandum mit unserem Wunsch schließt, das Verhältnis zu Moskau schrittweise zu entspannen und zu normalisieren.«

»Das ist die übereinstimmende Ansicht der Ostabteilung. Nicht erst seit heute.«

»Das freut mich.«

»Was ich in den Kommentaren unserer Presse aber vermisse, ist, daß man anscheinend den zweifachen Hinweis auf die Lösung der Saarfrage überlesen hat: Ich meine damit, man könne einmal über einen Stufenplan nachdenken, an dessen Ende die Wiedervereinigung unseres Landes in einer freien Wahl stehen könnte. In einem Stufenplan kann man die schwierigen Fragen in die Zukunft legen, wo sie der gerade amtierenden Regierung weniger Schwierigkeiten bereiten, bei der nächsten Stufe aber der dann amtierenden Regierung bereits eine gewisse Verpflichtung zum Handeln im Sinne des Plans auferlegen.«

»Ich habe die Hinweise auf die Saar-Wiedervereinigung als Charakterisierung unserer Westpolitik zwar stehen lassen, aber ich glaube, daß es zu einem entsprechenden Versuch noch viel zu früh ist.«

Er fügte hinzu, als fiele ihm das gerade erst ein: »Würden Sie mir eigentlich in Zukunft auch Entwürfe für meine größeren Reden vorlegen? Ich meine nicht Gelegenheitsansprachen, sondern programmatische Reden, in denen ich meine Außenpolitik erkläre?«

»Gerne. Aber ich würde Sie enttäuschen: Ich bin kein Journalist, sondern ein Schriftsteller, der manchmal lange nach dem richtigen Wort sucht. Ich schreibe Ihnen vermutlich zu langsam.«

»Daran müßte ich mich dann wohl gewöhnen. Ich würde Ihnen immer rechtzeitig vorher Bescheid sagen.«

»Und man kann solche Redeentwürfe nicht im Büro schreiben, wo ständig das Telefon klingelt oder Besucher kommen. Ich würde gerne die Entwürfe zu Hause schreiben, wo mich niemand stört.«

»Kann ich verstehen.«

»Und wenn ich für Sie schreibe, brauche ich Verstärkung im Referat. Das heißt also: einen weiteren Mitarbeiter, der mit der Ostpolitik vertraut ist.«

»Ich will sehen, ob sich das machen läßt; aber das muß ich noch mit dem Personalchef besprechen.«

Frau Nuphaus kam herein und meldete einen Besucher. Ich stand auf, aber als ich hinausgehen wollte, sagte er:

»Noch eins: Ich bin Vorsitzender des Evangelischen Arbeitskreises der CDU und werde dort demnächst einen außenpolitischen Vortrag halten. Wäre es Ihnen unangenehm, mir dafür einen Redeentwurf auszuarbeiten? Ich meine, sind Sie protestantisch?«

»Ich war in der evangelischen Jugendbewegung und bin unter Luthers Kanzel in Wittenberg konfirmiert worden.«

»Das läßt sich gut merken«, sagte Schröder. »Sie werden von mir hören.«

Das Privatarchiv

In meinem Palast liegt hinter diesen Türen das Archiv. Ich öffne eine, und wir können eintreten und uns darin umsehen. Man sieht gleich, das Wort Archiv ist ein wenig großspurig. An den Wänden stehen Regale, und in ihnen Ordner. Auf den Rückenschildern stehen die Jahreszahlen 1960 bis 1967, also aus der Zeit, in der ich im Auswärtigen Amt arbeitete.

In einem Regal steht meine Privatkorrespondenz. In anderen meine privatdienstliche Korrespondenz über meine Urlaube, Dienstreisen und dergleichen. Dann die Gästebücher, die Einladungslisten. Alle sorgfältig von meinen tüchtigen Sekretärinnen geordnet.

In einem anderen Regal meine Aufzeichnungen, abends nach Dienstschluß schnell zu Hause hingeschrieben, als es noch frisch im Gedächtnis war. Oft nur in Stichworten oder unvollständigen Sätzen und Abkürzungen. Wo ich daraus zitiere, zum Beispiel meine Gespräche, halte ich mich streng an die Texte, kürze aber viel und redigiere vorsichtig die eilig dahingeworfenen Notizen.

In diesen Ordnern habe ich meine Ansichten, Kritiken, Gespräche mit Politikern, Journalisten, Freunden gesammelt. Oder Entwürfe zu Reden des Ministers und zu Noten mit Korrekturen, aus denen man den Entscheidungsprozeß in der Regierung und die politischen Ziele oft besser erkennen kann als aus den endgültigen Texten. In diesen Aufzeichnungen findet man, was nicht in den Akten steht. Doch ich habe nicht täglich notiert, was sich ereignet hat. Manchmal habe ich wochenlang nichts aufgeschrieben, was ich heute bedauere.

Manche Notizen in Bleistift – kaum noch zu entziffern. Manche in meiner alten, aber hervorragenden Stenographie, die schon in meiner Jugend unmodern wurde – Stolze-Schrey. Die Fotokopien aus jener Zeit sind dunkel geworden, und die Schrift ist manchmal kaum noch zu erkennen. An Zeitungsausschnitten hat der Zahn der Zeit schon genagt. In wenigen Jahren werden sie zerfallen sein.

Geheim ist kaum noch etwas von dem, was in den Aufzeichnungen steht. Was damals geschah, ist längst Geschichte. Wir wollen nun, Gott bewahre, nicht alle Ordner öffnen. Dies ist, ich habe das ja schon oft gesagt, kein Buch über die neuere Geschichte. Wir gehen bloß gemächlich durch den Palast und halten nur inne, wo Geschichten zu erzählen sind.

Die amtlichen Akten liegen in dem Archiv des Auswärtigen Amts in Berlin: die vielen Analysen der sowjetischen Innen- und Außenpolitik, die Aufzeichnungen über Albanien, das Stellvertreter Chinas im Streit mit der Sowjetunion war. Die Stichworte und Entwürfe für Noten. Auch die Notizen für die Konsultationstreffen mit den Ostexperten des *Foreign Office*, des *State Departments* in Washington und des Politischen Ausschusses der NATO. Die Protokolle und Reden des Arbeitskreises für Ost-West-Fragen, mit dessen Vorsitz ich Erich Kordt betraute.

Auf vielen Entwürfen, wenn man sie nicht vernichtet hat, würde man kritische Marginalien meines Vertreters Jürgen von Alten finden. Es ging kein wichtiges Schriftstück mit meiner Unterschrift heraus, das er nicht gegengelesen hatte. Sein Urteil hat oft schiefe Urteile und sein sicheres Stilgefühl hatte schlechtes Deutsch, unklare Formulierungen oder Fehler verhindert. Als im Jahr 1995 sein Buch *Die ganz gewöhnliche Anarchie* erschienen war, sagte der Historiker Hans-Peter Schwarz ganz erstaunt: »Ich habe das gar nicht gewußt: Er ist ja auch ein bedeutender Gelehrter!«

Überhaupt habe ich viele gute und mir heute noch verbundene Mitarbeiter gehabt, sowohl während meiner Dienstzeit im Auswärtigen Amt als auch später auf Auslandsposten. Immo Stabreit zum Beispiel, der kein Urteil von Kollegen, Vorgesetzten oder den Medien ungeprüft übernahm, sondern – etwas übertreibend gesagt – erst untersuchte, ob nicht vielleicht das Gegenteil richtig sei und der dann nicht selten recht behielt. Da war Hans Schauer, der ebenso unabhängig dachte, aber ruhiger und weniger leidenschaftlich, und der die Gabe hatte, die wirklichen Motive hinter politischen Handlungen zu entdecken. Franz Keil, der Sprachbegabte, der mir später in Bukarest so hilfreich zur Seite stand, daß ich ihn zu mir nach Peking als Gesandten holte, Peter Christian Hauswedell, eine festgefügte Persönlichkeit, dessen manchmal abweichende Urteile stets zum Überdenken eigener Ansichten und nicht selten zu ihrer Korrektur beitrugen. Gerade das waren die Eigenschaften, die die Mitarbeiter dem Vorgesetzten wertvoll machten.

Sie sind später alle Botschafter, einige auf bedeutenden Posten, Staatssekretär wie Jürgen Sudhoff oder gar, wie Hans-Otto Bräutigam, Landesjustizminister geworden. Sie und die vielen anderen eindrucksvollen Potenzen unter den Kollegen begründeten und bestätigten den Ruf des deutschen Auswärtigen Dienstes von damals als eines der besten in der Welt. Ich habe ihnen viel zu verdanken.

Sie waren keineswegs die einzigen. Geerd Ahrens, Margarete Stark, Horst Kullak-Ublick, Ernst Jung, Horst Bächmann, Volkmar von Arnim, die vorzüglichen Sekretärinnen und Dolmetscherinnen in Rumänien und China – ich höre auf, ich kann sie nicht alle nennen, die Liste würde viel zu lang.

Im Joch

Meinem alten Freunde, dem Komponisten Ernst-Lothar von Knorr, schrieb ich, nachdem ich anderthalb Jahre in Bonn Dienst getan hatte:

»Zu Ihrer Tagung in Urberg werde ich leider nicht kommen können: Ich habe schon das Treffen des Arbeitskreises für Ost-

West-Fragen im Oktober absagen müssen, weil ich im selben Monat an zwei Konferenzen in Paris teilnehmen muß. In der zweiten Septemberwoche muß ich zu einer ›Sowjetologen‹-Konferenz nach Athen.

Dabei ist mein Arbeitsprogramm im AA so voll, daß ich nur mit äußerster Unlust meinen Schreibtisch verlasse und bloß die dringlichsten Konferenzen wahrnehme. Denn wenn ich weg bin, türmt sich die Arbeit in Bonn, und ich muß später alles nachholen…

Vor meinem Urlaub hatte ich zwei Monate jedes Wochenende durchgearbeitet. Nur am Pfingstsonntag habe ich mir den Nachmittag frei genommen. Außerdem habe ich von Schröder und Carstens in der letzten Zeit so viele Sonderaufträge erhalten, die ich immer neben der Referatsarbeit erledigen muß.

Leider läßt mir die Arbeit, wie aus Vorstehendem sicher verständlich, keine Zeit zur Schriftstellerei. Ich möchte eigentlich gerne einen Roman schreiben, den ich schon lange auf der Pfanne habe, ich suche immer noch eine Lösung, wie ich meinen Beruf im Auswärtigen Amt mit dem des Schriftstellers vereinbaren kann. Aber bisher habe ich noch keine gefunden.«

Der Bundesminister des Auswärtigen

Gerhard Schröder, sein Staatssekretär Karl Carstens und sein Vorgänger Heinrich von Brentano – sie alle waren noch Herren. Sie prägten den Stil des Auswärtigen Amtes mindestens für das erste Jahrzehnt.

Gerhard Schröder war schlank, hielt sich gerade, bewegte sich ruhig. »Es heißt«, sagte er einmal, »wenn ich ins Zimmer trete, werde es einige Grade kühler.« Darauf erwartete er wohl Widerspruch, aber ich widersprach nicht.

Da ich oft zu impulsiv sprach und handelte, war die rationale Kühle in Schröders Zimmer mir ein notwendiges Korrektiv. Was ich ihm mündlich vortrug oder schriftlich vorlegte, mußte sich hier bewähren. Aufgeregte Redner, Menschen, die ihm große, noch nicht zu Ende gedachte und politisch nicht durchsetzbare Pläne vortragen wollten oder brennend vor Empörung zu ihm kamen, konnten seine Aufmerksamkeit nicht gewinnen.

Gerhard Schröder

Als der Evangelische Arbeitskreis der CDU einmal in München seine Jahrestagung abhielt, bekam ihn in einer Pause der CDU-Bürgermeister einer Stadt am Bodensee zu fassen und jammerte über einen widerwärtigen Rivalen und Stänkerer unter den Stadtverordneten. Ein Politiker, der darauf aus ist, Freunde an der Basis zu gewinnen, hätte nun seine Stirn gramvoll in Falten gelegt, dem Bürgermeister auf die Schulter geklopft und ihn seiner Sympathie und tatkräftigen Hilfe versichert. Schröder aber sagte nur, als der Parteifreund die Klagen beendet hatte, kurz: »Also Ihre Sorgen möchte ich auch haben!«

Man sah dem Bürgermeister an, daß ihn diese Antwort nur wenig tröstete. Schröder war kein Magnet, der Wähler anzog, aber gleichgültig waren sie ihm dennoch nicht: Als ihm auf dem Weg aus München zum Flugplatz das begleitende Polizeiauto mit Blaulicht und Sirene einen Weg durch einen Stau bahnen wollte, ließ er den Fahrer des Begleitwagens anfunken, er möge sich an die Verkehrsregeln halten.

»Jedesmal wenn die Sirene ertönt, verlieren wir eine Wählerstimme«, sagte er.

»Aber doch nicht Sie«, sagte ich, »sondern allenfalls Franz Josef Strauß und die CSU!«

Schröder war kein geselliger Mensch, der stets viele Menschen um sich sehen wollte. Während Franz Josef Strauß *frère et cochon* mit seinen Kumpanen manchmal fragwürdigen Rufs war, hielt Schröder Distanz zu seinen Mitarbeitern und Parteifreunden. Die Zahl seiner Duzbrüder war gering. Er gehörte zu keinem politischen Klüngel, hatte – abgesehen von dem Evangelischen Arbeitskreis – keine feste Hausmacht im Bundestag und der CDU, aber man respektierte ihn, nicht nur in seiner eigenen Partei. Oft fand er sogar mit seiner Politik in der Opposition mehr Anklang als in der eigenen Fraktion. Es gelang ihm, eine weithin überparteiliche Außenpolitik zu führen.

Die Entwürfe wichtiger diplomatischer Noten besprach er mit den Oppositionsführern. Soviel ich weiß, haben seine Nachfolger diese Übung nicht beibehalten. Ich wurde zu diesen Informationsgesprächen mit Erler oder Wehner meistens hinzugezogen, um gegebenenfalls Formulierungen zu erklären oder Anregungen entgegenzunehmen.

Schröder kannte die Macht der Presse. Er sorgte dafür, daß sie informiert wurde, aber er biederte sich bei ihr nicht an. Die Zahl der Journalisten, die ihn auf seinen Auslandsreisen begleiteten, war bescheiden. Bei einigen seiner Nachfolger wurde das anders. Da wurde der Schwarm der Journalisten auf Reisen immer größer, und oft waren dem Minister die Gespräche mit ihnen unterwegs wichtiger als mit den ausländischen Staatsmännern, was diesen nicht verborgen blieb. Elementare Höflichkeitsformen wurden dabei nicht selten verletzt, und man konnte peinliche Situationen erleben.

Nichts dergleichen ereignete sich unter Gerhard Schröder. Er verlor nie die Beherrschung, wie dies bei diesem oder jenem seiner Nachfolger wohl gelegentlich geschah, und blieb immer höflich – auch gegenüber seinen Untergebenen im Auswärtigen Amt. Das Verhältnis zu Karl Carstens, seinem Staatssekretär, war vielleicht nicht herzlich-vertraut, denn auch dieser, ein Bremer, hielt

Distanz zu anderen und konzentrierte sich ganz auf seine Aufgabe. Aber sie verkehrten korrekt miteinander.

Dies soll jedoch nicht bedeuten, daß Carstens und Schröder der Sinn für Fürsorge und persönliche Notlagen der Mitarbeiter abging. Ich habe viele Beispiele erlebt, wie sie ihnen diskret, ohne viel Aufhebens großzügig halfen. Ich selbst habe Verständnis und Wohlwollen von ihnen in reichem Maße erfahren.

Von ernsten Spannungen in ihrer Zusammenarbeit habe ich nie etwas gehört. Beide standen zur NATO, wollten ein auch politisch geeintes Europa, und beide wollten engere Beziehungen zu den osteuropäischen Staaten. Der Politik de Gaulles uns gegenüber waren sie mißtrauisch. Carstens jedoch suchte die Gegensätze durch eine verbindlichere Haltung wenigstens zu mildern, während Schröder sich dazu nur ungern verstehen konnte.

Einmal sagte ich Schröder, ich wolle in meinem Entwurf für seine Rede freundlichere Töne gegenüber Frankreich anschlagen. Er antwortete, das könne ich ja einmal versuchen. Ich tat es, aber er strich den Frankreich-Passus. In meinen Schlußentwurf setzte ich ihn, etwas anders formuliert, dennoch wieder hinein, und den ließ er dann stehen, vermutlich, weil er ihn nur noch überflogen hatte. Es empfahl sich überhaupt, die Schlußentwürfe möglichst erst in letzter Minute abzugeben, weil dann keine Zeit zu größeren Änderungen mehr war.

Schröder wie Carstens waren Juristen, dennoch führten sie unsere Außenpolitik nicht mehr unter Berufung auf Rechtsvorbehalte und Doktrinen. Die sogenannte Hallstein-Doktrin, hauptsächlich von Wilhelm Grewe entworfen, wurde im Grunde schon aufgegeben, als Schröder Handelsvertretungen mit den osteuropäischen Staaten austauschte.

Schröder hatte mit seinen Kollegen in der NATO ein gutes Verhältnis, Couve de Murville ausgenommen. Der amerikanische *Secretary of State* Dean Rusk fühlte sich in Schröders Gesellschaft, wie er einmal sagte, »so komfortabel wie in seinen alten Schuhen«.

Schröders Verhältnis zu seinen Kollegen in der CDU/CSU war dagegen weniger komfortabel. Strauß, Guttenberg, Krone, Seebohm und die Funktionäre der Vertriebenenverbände griffen ihn ständig wegen seiner Versuche an, die Beziehungen zu den osteuropäischen Ländern zu normalisieren.

Auch Adenauer gehörte in seinen letzten Regierungsjahren zu Schröders Gegnern und warnte den Bundeskanzler Kiesinger, wie dieser behauptete, vor ihm.

Carstens konnte die Auseinandersetzung mit den Gegnern der Außenpolitik, besonders der Ostpolitik, Schröder überlassen. In der Behandlung außenpolitischer Fragen aber war er zupackender und präziser als Schröder, der vor Entscheidungen nicht selten zögerte, manchmal zu lange. In schnellen und durchdachten Initiativen, der Kenntnis der politischen Wege in der Bonner politischen Szene war Carstens der Überlegene. Seine führende Hand, seine kritische Aufmerksamkeit waren im Auswärtigen Dienst überall spürbar. Er rief zum Beispiel die führenden Mitarbeiter zu einer Geheimkonferenz zusammen, weil er in den Meldungen des BND eine laufende Tendenz zu bemerken glaubte und den Verdacht hatte, der BND arbeite zu eng mit dem Nachrichtendienst eines Verbündeten zusammen.

Auch Schröder nahm Nachrichten und Berichte nicht unbesehen entgegen. Er untersuchte zum Beispiel in einer eigens dazu einberufenen Konferenz im Auswärtigen Amt die Berichte unserer Handelsvertretungen in Osteuropa kritisch; einige unserer Ost-Botschafter gerieten dadurch arg ins Schwitzen. Mir wies Carstens einmal nach, daß ich in der Beurteilung des amerikanischen Senders »*Radio Free Europe*« in München einen Geheimvorgang über die Sendungen während des Ungarn-Aufstandes übersehen hatte.

Carstens hatte ein sicheres Gefühl für Stil, Sprache und Ausdruck, mochte keine schwammigen, prätentiösen Aufzeichnungen und forderte einmal in einem Erlaß, Leerformeln und Bürokratendeutsch zu vermeiden. Die Mitarbeiter sollten einfach, klar und deutlich schreiben. Er hat, wie es aus seinen Memoiren und einem Aufsatz über die deutsche »Friedensnote« hervorgeht, deren Stil und Sprache geschätzt. Schröder hatte dagegen mehr Sinn für die bildende Kunst. Er war stolz auf ein großes Bild von Ernst Wilhelm Nay, das er gerade gekauft hatte. In seinem Haus standen hervorragende moderne Bronzeplastiken.

Dem Staatssekretär war der Rotstift, dem Minister der Grünstift reserviert, und manchmal wurden Aufzeichnungen oder Entwürfe von Erlassen, die ihnen zur Unterschrift vorgelegen hatten, wieder wie ein Bumerang zurückgesandt, daß den Verfassern über die Marginalien und Korrekturen des Staatssekretärs oder Ministers rot oder grün vor Augen wurde. Doch beide hörten ebenso zu, wenn Mitarbeiter Änderungen vorschlugen, nahmen auch Kritik und Widerspruch der Mitarbeiter an, was unter manchen ihrer Nachfolger nicht immer gleichermaßen der Fall war.

Die öffentliche Kritik an der deutschen Außenpolitik war zuweilen wenig substantiiert. Wir Beamten wunderten uns manchmal, wenn Politiker oder Journalisten dem Auswärtigen Amt vorwarfen, mutige, radikale und unorthodoxe politische Schritte – etwa in unserer Ost- und Deutschlandpolitik – nicht zu wagen. Dabei hatten wir doch selbst verwegenste Entwürfe schon lange vorher unvoreingenommen und nüchtern auf ihre Möglichkeiten und Folgen überprüft und durchgespielt.

Das Auswärtige Amt der Bundesrepublik Deutschland wurde in den Jahren, die ich ihm angehörte, nie so gut geführt, wie unter Schröder und Carstens.

China

Eigentlich war ich für unsere Chinapolitik nicht zuständig, sondern hatte die Aufgabe, nur die *Struktur und Innenpolitik* der kommunistischen Länder zu beobachten. Doch da das zuständige Referat sich um unsere Politik der Volksrepublik China gegenüber nicht viel kümmerte und alles beim alten lassen wollte, bemächtigte ich mich dieses Themas im Einvernehmen mit meinem Chef Franzl Krapf.

Martin Fischer, alter und erfahrener Kenner Chinas und der Chinesen, war während meiner kurzen Tätigkeit als junger Rundfunkattaché im Jahre 1940 Generalkonsul in Schanghai gewesen. Schon in den fünfziger Jahren hatte er in weiser Voraussicht festgelegt, daß die Bundesrepublik Deutschland keine Beziehungen zur Regierung Tschiang Kaisheks in Taiwan aufnehmen, sondern daß wir uns die Entscheidung zwischen Taipei und Peking vorbehalten sollten.

Ende 1963 interessierte sich der Auswärtige Ausschuß für unser Verhältnis zu den beiden chinesischen Staaten. Gerhard Schröder hatte darauf, wie mir Franzl Krapf erzählte, den Leiter des Planungsstabs, Müller-Roschach, beauftragt, eine Ausarbeitung darüber vorzulegen. Diesem aber, einem guten Kenner der Europa-Politik, war China ganz fremd. Wir waren alarmiert, und Franzl schlug mir vor, dem zuvorzukommen, da Politiker wie Ernst Majonica und Franz Josef Strauß die Aufnahme diplomatischer Beziehungen zu Taiwan befürworteten.

Ich schrieb also im November 1963 eine vierzig Seiten lange, wohldokumentierte Aufzeichnung über die innere Lage und die Politik der Volksrepublik China und ihr Verhältnis zu uns und unserer Wirtschaft. Dabei wies ich darauf hin, daß seit Erhards Wahl zum Bundeskanzler der Ton der chinesischen Presse uns gegenüber milder geworden sei.

Anfang Dezember 1963 schlug ich Franzl Krapf in einer geheimen Aufzeichnung vor, diskret Verhandlungen mit Peking einzuleiten, deren Ziel ein Handelsabkommen auf Regierungsebene sein sollte. Der Geltungsbereich des Vertrages sollte ausdrücklich Berlin einschließen und damit über unsere Verträge mit den osteuropäischen Staaten hinausgehen, in die wir Berlin nur durch eine Umschreibung (»Geltungsbereich der DM-West«) hineinbringen konnten.

Die chinesische Auflehnung gegen sowjetische Bevormundung gab uns Grund zu der Annahme, daß Peking in der Berlin-Frage flexibler sein könnte als Moskau. Diese Aufzeichnung ging auch Carstens und Schröder zu.

Franzl Krapf und ich waren uns bewußt, daß Washington unsere Annäherung an Peking zu verhindern suchen werde, glaubten aber, wir könnten uns durchsetzen, wenn wir nur fest blieben und den Amerikanern deutlich machten, daß es in unserem nationalen Interesse liege, China durch ausdrückliche Erwähnung West-Berlins in dem Abkommen bestätigen zu lassen, daß es Teil der Bundesrepublik Deutschland sei. Die Möglichkeit, Chruschtschows und Ulbrichts Berlin-Politik auch unter den kommunistischen Staaten zur Debatte zu stellen, müßten wir ausnutzen.

Ich bat Harry Hamm, den Korrespondenten der »Frankfurter Allgemeinen Zeitung«, der sich Mitte Januar 1964 bei der chinesischen Botschaft in Bern ein Visum für eine Chinareise besorgen wollte, ohne uns zu erwähnen, vorzufühlen, wie man dort über eine wirtschaftliche Abmachung denke, die auch Berlin einschließe. Er kam mit der Nachricht zurück, nach Ansicht der chinesischen Botschaft in Bern würde die ausdrückliche Erwähnung

Berlins in einem Handelsabkommen keine unüberwindlichen Schwierigkeiten bereiten. Auf der Internationalen Messe zu Kanton im vergangenen Frühjahr und Herbst habe man doch schon unseren Wirtschaftlern angedeutet, daß man daran interessiert sei, mit uns amtlichen Kontakt aufzunehmen und vielleicht über einen Handelsvertrag zu sprechen.

Bisher waren informelle Abkommen über den deutsch-chinesischen Handel mit dem Ostausschuß der Deutschen Wirtschaft durch Vermittlung Otto Wolffs von Amerongen geschlossen worden, der sich schon in den fünfziger Jahren darum verdient gemacht hatte, also nicht durch die Regierungen. Franzl Krapf sprach auch mit ihm, als dieser im Februar oder März nach Bern reiste. Er berichtete nach seiner Rückkehr, die chinesische Botschaft wolle zu dem Thema Weisung aus Peking einholen.

Im April ließ Otto Wolff uns mitteilen, die Botschaft habe ihm gesagt, sie sei bereit, mit Franzl Krapf in Bern zu verhandeln. Franzl wollte statt dessen unseren Botschafter von Welck mit Sondierungen beauftragen; doch ich erinnerte ihn daran, daß ich schon lange für diese Annäherung gearbeitet hätte und an den Verhandlungen selbst teilnehmen wollte. Franzl gab also Weisung, daß ich dabei sein sollte.

Er unterrichtete über Carstens den Staatssekretär Westrick im Bundeskanzleramt über unsere Absicht; der aber drang darauf, vor einer so bedeutsamen Kursänderung das Einverständnis des Bundeskanzlers Erhard einzuholen. Während des Vierertreffens vor der Frühjahrs-NATO-Konferenz unterrichtete Carstens nebenbei auch den amerikanischen Außenminister Dean Rusk von unseren Plänen. Der war höchst alarmiert.

Anfang Mai schrieb Harry Hamm, die vereinbarte Diskretion brechend, in der »Frankfurter Allgemeinen«, wir strebten einen Handelsvertrag mit den Chinesen an, der auch eine eindeutige Berlin-Klausel enthalte. Die Verhandlungen in Bern sollten um den 10. Mai beginnen.

Franzl Krapf und ich waren über Hamms Indiskretion sehr enttäuscht, denn nun würden die Gegner sowohl in Bonn wie in Washington unser Projekt zu verhindern suchen. Westrick, der die Situation völlig mißverstand, warf dem Auswärtigen Amt dennoch sofort vor, die Nachricht gezielt an die Öffentlichkeit gebracht zu haben.

Ich empfahl, dem amerikanischen Druck, der sofort einsetzte, nicht nachzugeben. Die China-Politik der USA war festgefahren, weil sie Rücksicht auf Taiwan nehmen mußte. Wir sollten ferner dem amerikanischen Drängen widerstehen, sie im Vietnam-Konflikt zu unterstützen. Zu dieser verfehlten Politik sollten wir ebenso Abstand halten wie alle anderen NATO-Verbündeten.

Es sei nicht nur in unserem, sondern auch im Interesse der amerikanischen Berlin- und Deutschlandpolitik zu erkunden, was die Volksrepublik China uns zu bieten habe. Wir wollten ja zunächst nicht einmal die Aufnahme diplomatischer Beziehungen mit Peking, wie sie andere NATO-Staaten schon unterhielten, sondern wir wollten lediglich wissen, ob die Chinesen in einem Warenlistenabkommen, das völkerrechtlich von geringerem Status als ein Handelsabkommen war, unsere Berlin-Klausel akzeptierten.

Die Sowjetunion und die DDR seien, wie ihre Presse beweise, schon jetzt nervös, denn unsere politische Bewegungsfreiheit gegenüber den Staaten des Warschauer Paktes würde dadurch größer. Sie könnten sich in Zukunft bei Verhandlungen mit uns auf das Beispiel Pekings berufen. Rumänien, dem zu jener Zeit die Aufmerksamkeit unserer Ostpolitik galt, distanzierte sich schon jetzt deutlich von der antichinesischen Linie Moskaus.

Das waren im wesentlichen die Argumente, die ich am 19. Mai in einer Aufzeichnung für Schröder zusammenfaßte. An die Möglichkeit, einmal die »chinesische Karte« gegen Moskau auszuspielen, die die Gemüter unserer Stammtischstrategen jahrzehntelang beschäftigte, glaubten wir nicht.

Schröder war von dem Plan überzeugt und vertrat ihn entschlossen, denn er lag ja ganz auf der Linie seiner bisherigen Ostpolitik. Er nahm die Aufzeichnung mit an den Tegernsee, um sie mit Erhard zu besprechen, wohin der Bundeskanzler ihn zu einem »Versöhnungsgespräch« mit Franz Josef Strauß eingeladen hatte. Erhard gab grünes Licht zu Sondierungsgesprächen mit den Chinesen; nur sollten sie vorläufig auf unterer Ebene geführt werden, nicht von Botschafter von Welck in Bern, sondern von einem seiner Beamten, dem für die Politik zuständigen Botschaftsrat Niels Hansen.

Ich kam mir nicht vor wie ein Beamter in diplomatischer Mission, sondern wie ein Hochstapler. Niels Hansen hatte vom Auswärtigen Amt die Weisung erhalten, bei der chinesischen Botschaft um einen Gesprächstermin am Montag vormittag für sich und einen Begleiter zu bitten. Er nahm mich in seinem Privatauto mit. Wir fuhren durch einen Villenvorort, parkten unauffällig in einer stillen Seitenstraße und schlenderten dann an diesem schönen, warmen Frühlingsmorgen ohne Aktentaschen an alten Villen und ihren Vorgärten mit gepflegtem Rasen vorbei. Ich blieb stehen und blickte zurück: Wir waren allein in der Straße und sahen aus wie Touristen, die sich ein Visum abholen wollten.

Am Sonntag, den 24. Mai 1964, war ich nach Bern geflogen und wohnte dort im Gastzimmer bei Botschafter von Welck. Franzl Krapf hatte weder Schröder noch Carstens davon unterrichtet, daß ich an den Gesprächen teilnehme. Denn Schröder hatte ja Erhard eine Sondierung auf niedriger Ebene versprochen. Doch ich war gleichen Ranges wie Hansen, also auch nur ein Beamter auf unterer Ebene, so daß man die Bedeutung der Sondierung herunterspielen konnte, wenn sie keinen Erfolg versprach.

Botschaftsrat Hansen, der sich den Chinesen als Gesprächspartner angekündigt hatte, war zwar ein erfahrener und fähiger Diplomat; aber Franzl Krapf hielt es für zweckmäßiger, daß ich die Gespräche führte, weil ich unsere Wünsche, Möglichkeiten, aber auch unsere Grenzen aus den bisherigen Diskussionen in der Ost-Abteilung besser kannte, während Hansen vielleicht erst hätte rückfragen müssen.

Nach einem Abendessen in der Residenz, an dem auch der Kollege und Historiker Ekkehard Eickhoff teilnahm, saß ich noch eine Stunde allein mit Welck zusammen, dem unser Sondierungsgespräch abenteuerlich vorkam. Ich konnte ihn verstehen: Franzl Krapf hatte mich zwar bei ihm angemeldet, aber ich konnte keine schriftlichen Instruktionen vorweisen, um mich als bevollmächtigter Gesprächsführer auszuweisen.

Wir hätten die Amerikaner vorher informieren sollen, sagte Welck. Ich erwiderte, Carstens habe den amerikanischen Außenminister Dean Rusk schon allgemein über unsere Absichten unterrichtet. Das schien Welck aber nicht zu genügen. Dies seien nicht geheime, sondern heimliche Gespräche. Die Amerikaner würden uns zurückpfeifen, meinte er.

Es war ein so schöner Spaziergang an jenem Morgen im Mai, das Gras in den Gärten war grün, und die Vögel sangen aus voller Kehle. Hansen blieb stehen und sah auf die alte Villa auf der anderen Straßenseite, die aus den zwanziger Jahren stammen mochte. Auf der Bronzeplatte vom Torpfeiler sahen wir chinesische Schriftzeichen. Das Tor wurde geöffnet, bevor wir geklingelt hatten. Wir wurden von zwei chinesischen Herren empfangen, die sich vorstellten und ihre Visitenkarten abgaben. Botschaftsrat Tsui, hager mit einem sehr mongolischen Gesicht, und Handelsrat Qian, mit fast europäischen Gesichtszügen. Sie sprachen Chinesisch, wir Deutsch. Ein Dolmetscher, der nicht sehr gut war, übersetzte.

Auf meiner Visitenkarte stand keine Amtsbezeichnung, nur mein Name. Man erkundigte sich interessiert nach meiner Stellung, wollte es ganz genau wissen. Ich erwiderte, ich sei zeitweilig der Botschaft Bern zugeteilt, und mein Kollege Hansen sei der Gesprächsleiter. Als ich ein Bild des weit überschätzten Malers Qi Baishi an der Wand erkannte – es war wie die meisten seiner Pferdedarstellungen routiniert und mittelmäßig, was ich natürlich nicht sagte – fragte man gleich, wann ich in China gewesen sei. Ich nannte meinen ersten Aufenthalt in meiner Studienzeit 1936.

Man führte uns in einen großen Sitzungssaal, und wir nahmen alle am Kopfende eines langen Konferenztischs Platz. Hansen eröffnete, wie wir verabredet hatten, die Unterhaltung, überließ mir aber nach einer Weile die Gesprächsführung, gab jedoch zuweilen selbst auch sachkundig Bescheid über das Rechtsverhältnis zwischen uns und der DDR.

Aufgabe unseres Gesprächs war, festzustellen, wieweit die Chinesen die Vorschläge, die sie nichtamtlichen deutschen Besuchern gemacht hatten, in einem offiziellen Gespräch aufrechterhalten und präzisieren würden.

Beide Seiten gingen behutsam vor. Ich erklärte, wir wollten unsere Gespräche keineswegs gegen die Sowjetunion ausnutzen. Tsui erwiderte, auch die Volksrepublik China werde sie nicht propagandistisch gegen uns oder andere hochspielen. Die Spaltung des deutschen Volkes sei nicht normal, und Peking befürworte eine Wiedervereinigung, über die die beiden deutschen Staaten miteinander verhandeln sollten. Es sei ein offenes Geheimnis, daß »Pankow« der chinafeindlichen Linie Moskaus folge. Die chinesische Regierung unterhalte jedoch diplomatische Beziehungen zur DDR und werde ihren bisherigen korrekten Standpunkt nicht aufgeben. Sie werde die beiden Teile Deutschlands nicht gegeneinander ausspielen. Unsere Gespräche würden, selbst wenn sie ohne Ergebnis blieben, für China wie für uns von Nutzen sein.

Herr Tsui fragte, ob wir zu Verhandlungen über ein Handelsabkommen bereit seien. Wir antworteten, wir dächten eher an ein Warenlistenabkommen, hätten noch keine Instruktionen, würden die Frage nach einem Handelsabkommen aber unserer Regierung sofort zur Prüfung vorlegen.

Auf unsere Gegenfrage, ob China ein Waren- oder Warenlistenabkommen mit uns schließen wolle, wich Herr Tsui lange aus, erklärte dann aber doch, China sei bereit, mit uns über ein Handelsabkommen, wie wir sie mit einigen osteuropäischen Staaten abgeschlossen hätten, zu verhandeln.

Wir antworteten, da die Bundesregierung außenpolitisch auch Berlin vertrete, müsse ein Warenabkommen – die Chinesen sprachen immer von *West*-Berlin und einem *Handels*abkommen – auch für Berlin gelten.

Offenbar war Herr Tsui auf diese Frage vorbereitet. West-Berlin, so meinte er, könne man ja mit den Worten »Geltungsbereich der DM-West« umschreiben wie in unseren Abkommen mit den osteuropäischen Regierungen.

Ich erwiderte, unserer Ansicht nach bestehe ein großer Unterschied zwischen China und den Staaten Osteuropas. Während diese mit Rücksicht auf Moskau das Wort *Berlin* auf diese Weise umschreiben müßten, hätten wir den Eindruck, daß die Volksrepublik China in ihrer Außenpolitik frei und ungebunden sei und sich nicht um die Genehmigung Moskaus zu bemühen brauche.

Damit war ein Nerv getroffen. Herrn Tsuis Miene wurde ernst, er setzte sich aufrecht, erhob seine Stimme und sprach geradezu feierlich; denn er mußte ja nach Hause berichten können, daß er dem Verdacht, die Volksrepublik China nehme Weisungen von dem Gulaschkommunisten Chruschtschow, diesem Verräter des Marxismus-Leninismus entgegen, vehement und überzeugend entgegengetreten sei. In langen Ausführungen legte er dar, daß die

Vermutung, China müsse sich um das Plazet der Sowjetunion bemühen, in der Tat absurd sei, und er freue sich, daß wir sie nicht hegten. Die Volksrepublik China lasse sich keine Vorschriften machen und verfolge eine Politik, die den Interessen des eigenen Volkes und dem Weltfrieden diene. »Keine Macht kann diesen Standpunkt der Volksrepublik China ändern«, sagte er mit Emphase und bat uns, das ausdrücklich und unmißverständlich auch in Bonn zu berichten. Es sei nur die hegemonistische sowjetische Propaganda, die solche Lügen von der Abhängigkeit Chinas verbreite, wie sie ja auch behaupte, die Vereinigten Staaten hinderten die Bundesregierung an Verhandlungen mit China.

Diesem unwürdigen Verdacht trat ich nun mit gleichem Nachdruck entgegen, nur wenig gebremst durch den Gedanken, daß Herr Tsui ja eigentlich nicht ganz Unrecht habe. Auch ich wunderte mich sehr darüber, daß solche Behauptungen ernst genommen würden. Alle Welt sehe doch, daß die Bundesregierung eine konsequente Politik der Entspannung treibe, das Verhältnis zu den sozialistischen Ländern Osteuropas zu normalisieren suche und darin von den Vereinigten Staaten und allen anderen Bundesgenossen in der NATO unterstützt werde. In dieser Politik lasse sie sich von niemand hindern. Jawohl, so weit ging ich!

Tsui nahm das sichtlich befriedigt zur Kenntnis und erwiderte, er hoffe, wir könnten uns bei unserem nächsten Treffen verbindlich bereit erklären, über ein Handelsabkommen zu verhandeln. Er werde seine Regierung um Weisung bitten, ob und wie man Berlin in das Abkommen einbeziehen könne.

Wir waren uns einig, daß das heutige Gespräch nur als erster Kontakt, aber nicht als Beginn von Verhandlungen angesehen werden könne, hofften jedoch beide, wie wir beim Abschied versicherten, die Gespräche fortsetzen zu können.

»Ob uns die CIA beobachtet hat oder noch beobachtet?« fragte Hansen, als wir wieder zu seinem Wagen zurückschlenderten. Auf der anderen Straßenseite überholten uns zwei Männer. Sie hatten sich offenbar viel zu erzählen und nahmen von uns gar keine Notiz. Später rannten einige Kinder über die Straße.

In der Botschaft diktierten wir nach meinen Notizen den Bericht für das Auswärtige Amt, aber Hansen unterschrieb ihn allein. Ich wollte anonym blieben. Das Dokument bekam auf jeder Seite den roten Stempelaufdruck »Geheim«. Ein Sonderkurier brachte es am Nachmittag nach Bonn. Daß ich an dem Gespräch teilgenommen hatte, wird in keinem Dokument des Auswärtigen Amts erwähnt. Den handschriftlichen Entwurf und meine Notizen nahm ich an mich und flog am Abend über Genf nach Washington. Die freundschaftliche Zusammenarbeit mit Hansen behielt ich in bester Erinnerung.

Karl-Günter von Hase, damals Sprecher der Bundesregierung, Günter Diehl und ich trafen uns in Camp David, dem alten Kriegs-Ausweichquartier Roosevelts, zu einer Konsultationsrunde mit dem Pressesprecher des Weißen Hauses und Beamten des Außenministeriums. Wir sprachen über den Konflikt zwischen Moskau und Peking und die Gefahren beider Mächte für den Westen. In meinem Referat sagte ich, die Sowjetunion sei und bleibe für den Westen das Hauptrisiko, nicht zuletzt wegen der Unberechenbarkeit Chruschtschows, während Chinas militärisches Potential für uns irrelevant und allenfalls von Interesse für die ostasiatischen Nachbarn Chinas sei. Von unserer Sondierung in Bern sprach ich nicht.

Im Sande versunken

Schröder war mit dem Ergebnis der Gespräche zufrieden. Als er mit Bundeskanzler Erhard drei Wochen später in Washington war, erklärte er im *State Department* entschlossen und mit guten Argumenten, warum wir nach der ersten Sondierung die Wirtschaftsgespräche mit den Chinesen fortsetzen wollten, um ein Warenlistenabkommen mit einer möglichst konkret ausgesprochenen Berlin-Formel zu erreichen. Man war im *State Department* skeptisch, aber man widersprach ihm auch nicht.

Der amerikanische Präsident Johnson sagte jedoch dem Bundeskanzler Erhard, als sie wenig später im Garten des Weißen Hauses spazierengingen, ihm kämen solche Kontakte ungelegen: Kongreßwahlen stünden an, und die Abgeordneten und Senatoren würden es nicht verstehen, wenn die Bundesregierung mit Rotchina über ein Wirtschaftsabkommen verhandle, während amerikanische GIs in Nord-Vietnam gegen einen Feind kämpfen müßten, den China mit Waffen aller Kaliber beliefere. Es sei zudem nicht einmal auszuschließen, daß die USA sich eines Tages im Schießkrieg mit China befinden würden.

Nach allem, was wir hörten, hatte Johnson diese Argumente *parlando* vorgetragen, um zu erklären, daß den Vereinigten Staaten jede weitere Annäherung an China nicht gefalle; er habe aber keinen starken Druck auf Erhard ausgeübt, die Gespräche einzustellen. Ich vermutete, daß der Bundeskanzler unsere Initiative nicht so entschlossen vorgetragen hat, wie wir es erwartet hatten. Jedenfalls waren alle sehr überrascht, als er anschließend in einer Pressekonferenz in Washington erklärte, wir strebten weder diplomatische Beziehungen zu der Volksrepublik China noch eine Handelsvertretung wie mit den osteuropäischen Staaten noch ein Handelsabkommen an.

Schröder war sehr verärgert, daß Erhard sofort eingeknickt war; denn damit war die China-Initiative tot. Ich schämte mich meiner hochfliegenden, stolzen Worte in dem Berner Gespräch über die Unabhängigkeit unserer Politik.

Es fanden später noch einige Gespräche mit den Chinesen in Bern, dann in London statt, an denen ich nicht mehr teilnahm, weil ich einen langen Urlaub angetreten hatte. Die Chinesen waren, nachdem Erhard unsere Absicht verleugnet hatte, nicht mehr so interessiert wie zuerst, außerdem war Chruschtschow am 14. Oktober 1964 gestürzt worden, und Peking wollte wohl erst einmal abwarten, wie sich das Verhältnis zur Sowjetunion nun unter seinen Nachfolgern entwickelte. Zudem begann die sogenannte Kulturrevolution. Unser Versuch, amtliche Beziehungen, wenn auch anfangs nur im Handel, mit China aufzunehmen, war mißlungen.

Es sollte Schröder erst im zweiten Anlauf im Jahr 1972 gelingen, als er – nun nicht mehr Bundesaußenminister, sondern Vorsitzender des Auswärtigen Ausschusses – nach Peking reiste und im Gespräch mit Zhou Enlai die Voraussetzungen für die Aufnahme amtlicher, und dieses Mal voller diplomatischer Beziehungen zu China schuf.

16. Juni 1964
Heute die Telegramme gesehen, die Groepper aus Moskau geschickt hat. Einige Formulierungen in der Instruktion für sein kommendes Gespräch mit Chruschtschow, das ich ihm vor acht Tagen gesandt hatte, schlägt er zu verbessern vor. Seine Formulierungen sind in der Tat besser. Bei gründlicherem Nachdenken hätte ich selbst darauf kommen müssen.

Der große Zampano

Man hat nun viel von dem großen Zampano gehört. Er hatte sich gerühmt, ein langes Memorandum an die sowjetische Adresse geschrieben zu haben, das in Bonn und in der NATO gefiel, Chruschtschow aber gar nicht. Er hatte Geheimgespräche in Bern geführt, schrieb Reden für den Bundesaußenminister und Bundeskanzler und Noten an die Sowjetunion. Er war, sagte Hans Werner Richter, das Haupt der Gruppe 47, einmal spottend, der einzige unter den Schriftstellern, der »es zu etwas gebracht hat«.

Da war der große Zampano, in der Höhenluft der großen Politik tätig, wohl stolz und zufrieden, und er lebte, wie man es aus dem Film kennt, großartig in seiner prächtigen Residenz?

Ach nein, er fühlte sich nicht, er fühlte sich *niemals* als der große Zampano. Und die Residenz lag zehn Autominuten vom Auswärtigen Amt entfernt in Bad Godesberg und war ein Reihenhaus in einer Beamtensiedlung, als Bonn Bundeshauptstadt wurde, billig und schnell errichtet.

Das Haus mit Küche und Bad war 98 Quadratmeter groß, nicht ganz so groß wie unsere Drei-Zimmer-Wohnung in Heidelberg, in der ich Hörspiele geschrieben hatte. Wohn-Eßzimmer und Küche lagen im Erdgeschoß, eine enge Treppe führte ins Obergeschoß mit einem Schlafzimmer für Franz und mich, einem Zimmer für Wolfram und Ulrich, die gerade ihr Abitur in Schwaben bestanden hatten und nun in Bonn studieren wollten; und Barbara als Kleinste bekam das kleinste Zimmer von sechs Quadratmetern ganz für sich. Im Wohn-Eßzimmer stand ein Kachelofen. Die anderen Zimmer waren ohne Heizung. Hinter dem Haus lag ein Garten von hundertfünfzig Quadratmetern, und zwischen uns und einem Nachbarhaus befanden sich zwei Garagen. Das war die Residenz des großen Zampano.

Wir waren fünf Personen und die Foxterrierhündin Tschibi, die Mutter wurde, weil Franz eine Zucht edler Drahthaar-Foxterrier begründen wollte. Sie verkaufte aus Tschibis erstem Wurf die kräftigen mit Gewinn. Der schwächste, geistig etwas behindert, blieb zurück. Barbara konnte sich nicht von ihm trennen, gerade weil er so schwach und lieb war. Sie nannte ihn Mickerchen.

Ein Nachteil des Hauses war, daß ich keinen festen Platz hatte, um ungestört Aufzeichnungen, Entwürfe für Reden und Noten zu verfassen; denn dafür hatte ich oft nur nach den Bürostunden Zeit. Deshalb schrieb ich im Wohnzimmer im Sessel sitzend, die kleine Olivetti-Reiseschreibmaschine – wie schon in meiner Heidelberger Zeit – auf den Knien oder, wenn die Kinder im Wohnzimmer waren, oben im Schlafzimmer, auf dem Bettrand sitzend. Die bereits geschriebenen Seiten und die Akten lagen dann rings um mich her auf dem Bett oder auf Stühlen. Wenn Franz und die Kinder zu Bett gingen, zog ich mit allen Papieren wieder um ins Wohnzimmer und schrieb dort weiter.

Das war zwar etwas unbequem, aber es ging. Alle nahmen in der Enge aufeinander Rücksicht. Wir wohnten gerne hier, waren nicht mehr bei anderen zu Miete, sondern in einem Haus, bald einem eigenen! Die Gesellschaft, die das Beamtenviertel in den fünfziger Jahren gebaut hatte, wollte die Häuser loswerden, da jetzt größere und bequemere gefragt waren. Sie bot sie den Mietern zum Kauf an.

Wir kauften das Haus, in dem wir schon zur Miete wohnten; denn sonst hätten wir ausziehen müssen. Ich fürchtete, es werde Jahrzehnte dauern, bis die Hypotheken getilgt wären, die ich für das Reihenhaus aufnehmen mußte.

Franz hielt, wie immer, die Familie zusammen. Auch später, als die Kinder längst eigene Familien mit Kindern und Enkeln besaßen, war sie das Band zu allen, Mittelpunkt, Ratgeber und Helfer, während ich, eigensüchtiger als sie, die Augen auf meine Sache richtete, freilich auch darin für die Familie sorgend.

Als die beiden Jungens nach dem Abitur zurückkamen, wurden sie mit einer Reise nach Griechenland belohnt, unter der Bedingung, wenigstens den Peloponnes zu Fuß zu durchwandern, um das Land kennenzulernen. Sie taten es, deuteten aber später vorsichtig an, daß sie, wenn es sich gerade so traf, manchmal auch von Lastwagen ein Stück Wegs mitgenommen wurden.

Beide vertrugen sich gut, verübten ihre Streiche zumeist gemeinsam und waren doch sehr verschieden. Wolfram ließ die Dinge auf sich zukommen, während Ulrich stets voller Pläne war. Er hatte die gleiche Neugier wie ich und wollte alles wissen und untersuchen. Als wir Ende der fünfziger Jahre an der nordspanischen Küste Urlaub machten, vereinbarte er mit Fischern, ihn nachts zum Fischfang auf See mitzunehmen. Wolfram dagegen zog es vor, sich zu gewohnter Zeit ins Bett zu begeben und ruhig zu schlafen.

Ulrich kam früh morgens müde, aber stolz über sein Abenteuer zurück und beschrieb es in der Jugendzeitschrift »Rasselbande«. Die Schreibmaschine hatte er sich von seinem Taschengeld gekauft, und das Maschineschreiben mit zehn Fingern hatte er sich nach einem Übungsbuch selbst beigebracht. Wenn er früher in Heidelberg aus der Schule nach Hause kam und mich in meinem Sessel sitzend, die Schreibmaschine auf den Knien, Hörspiele schreiben sah, da habe er, so schrieb er später einmal, mich zum Vorbild genommen. Er selbst hatte damals auch ein Hörspiel geschrieben, das jedoch nicht gesendet wurde.

Nun wohnten die beiden Brüder in unserem Reihenhaus in Godesberg und hatten sich bei der Universität in Bonn immatrikuliert. Da ich in meinem ersten Semester in Berlin unter den Geisteswissenschaften am liebsten alle Fächer gleichzeitig hatte studieren wollen, riet ich den Söhnen, sich im ersten Semester ebenfalls in allen Disziplinen umzusehen, was sie auch taten. Danach entschied sich Wolfram für Geschichte, während Ulrich Jura wählte, weil er damals wohl noch an eine Laufbahn im Auswärtigen Amt dachte. Doch als er nach einigen Semestern ein Fulbright-Jahresstipendium am *Wesleyan College* in den Vereinigten Staaten erhalten hatte, wandte er sich den sogenannten Politischen Wissenschaften zu, die ihn nach seiner Rückkehr mitten in die Szene der Achtundsechziger führte. Auf einem Foto im »Bonner General-Anzeiger« war er sogar einmal neben Rudi Dutschke zu sehen. Ich vermutete, dies werde seine Chancen bei der Auswahlkommission des Auswärtigen Amtes – der damaligen, versteht sich – kaum erhöhen; aber er hatte bereits andere Pläne für die Zukunft.

Er arbeitete lebhaft in der Bonner Studentenschaft mit und gründete zum Beispiel eine Ballettgruppe. Er schrieb sich schließlich auf dringende Vorstellungen seines Vaters bei den Kursen des Star-Repetitors Schneider ein, über dessen drastischen Vorlesungsstil unzählige Anekdoten kursierten.

Wolfram zog es nicht in die Welt; er wäre am liebsten zu Hause geblieben und hätte in Bonn geruhsam weiterstudiert. Die Eltern aber verstießen ihn herzlos in die Kälte anderer Universitäten und empfahlen unserem Freund und alten Lehrer Hubert Schrade,

Ordinarius für Kunstgeschichte in Tübingen, ein Auge auf ihn zu halten. Doch schon nach zwei Semestern wanderte er weiter nach Erlangen, wo er bei einem anderen Heidelberger Freund, dem Historiker Walter Peter Fuchs promovieren und Chinesisch im Nebenfach studieren wollte. Auch ihn trieb der Zeitgeist zum Protest gegen den Muff in den Talaren, so daß sich sein Studium ebenso lange hinzog wie das seines Bruders.

Barbara

Barbara hatte ihre ersten fünf Schuljahre auf französischen Schulen in Paris verbracht, zuletzt, wie schon erwähnt, in der Schule *La Source* in Meudon. Als wir nach der Pariser Zeit in unsere alte Heidelberger Wohnung zurückgekehrt waren und ich den Roman über den Taiping-Aufstand schrieb, mußte sie in Heidelberg deutsche Rechtschreibung, die bei uns übliche Schreibschrift und die deutsche Weise des Rechnens lernen. Der Klasse wurde erklärt, warum sie hier etwas nachzuholen hatte, und die Mitschüler und Mitschülerinnen verstanden es. Als die Schulleiterin einmal in der Morgenandacht über das Gleichnis von dem Samariter sprach, sagte sie, sie habe gesehen, wie Barbara stets die Schultasche einer Mitschülerin trug, die ein geschientes Bein hatte. Barbara war stolz, denn sie hatte bisher gar nicht gewußt, daß das eine gute Tat war.

Schwerer hatte sie es, als sie in ein Gymnasium in Bad Godesberg kam. Die Klasse bemerkte gleich, daß sie anders war: Sie trug noch immer weiße Socken und ein wollenes Stirnband, wie es unter ihren Pariser Mitschülerinnen Mode war. Die Godesberger Mitschülerinnen fanden das affig.

In der Klasse waren Jungens und Mädchen. Die sieben Mädchen standen in einer Front gegen sie. Sie sprachen oder spielten auf dem Schulhof nicht mit ihr. Sie war anders, und wer anders war, wurde ausgeschlossen. Die Lehrer sahen es, taten aber nichts. Einer von ihnen machte sich sogar vor der Klasse über sie lustig, und als er bemerkte, daß die Mitschülerinnen das mit Vergnügen sahen, steigerte er sich noch und wurde ordinär, so daß ich ihn zu einem Gespräch in Anwesenheit des Rektors bat. Es war das erste Mal, daß ich von dem Phänomen des *Mobbing* hörte.

Mit den Jungens kam Barbara dagegen immer gut aus. Im Unterschied zu der Schule hatte sie in unserer Nachbarschaft Freundinnen. Mit zwei von ihnen gründete sie einen Verein. Der Verein war ein großes Geheimnis, von dem niemand erfahren durfte.

Barbara hatte ein Geheimtreffen in dem Rohbau eines Hauses angesetzt. Eine Treppe gab es noch nicht, aber man konnte mit einer Leiter ins Obergeschoß steigen. Dort wartete Barbara auf die beiden anderen Vereinsmitglieder. Sie stand am Fenster, sah hinaus; dann ging sie ein paar Schritte rückwärts. Hinter ihr, wo später ein Kamin eingebaut werden sollte, hatten die Maurer ein Loch in der Decke gelassen.

Sie fiel hinab ins Erdgeschoß, etwa drei Meter, schleppte sich noch hinaus auf die Straße. Ein Mann, der vorbeikam und sie dort schreiend fand, brachte sie zu uns, und wir fuhren sie, als der Arzt sie untersucht hatte, ins Krankenhaus.

Der Ulnarisnerv war an der Wurzel ausgerissen, der linke Arm, die linke Hand und die Finger waren gelähmt, völlig gefühllos, die Schmerzen Tag und Nacht unerträglich. Franz schlief bei ihr in der Klinik. Nach einem Monat wurde Barbara entlassen, und eine lange neurologische Therapie minderte die Lähmung zwar, aber Arm und Hand blieben schwach, und sie hat bis heute kein Gefühl mehr im linken Arm.

William Appleton

Ich komme morgens gegen halb neun ins Büro, da steht einer an meiner Tür und sieht sich das Namensschild links oben an meiner Tür an. Er ist pechschwarz und fragt mich: »*Are you Mr. Wickert?*«

Das konnte er sich doch denken; das hatte er eben doch gelesen.

»*Yes*«, sagte ich und erklärte ihm, daß er sich an das Afrika-Referat wenden müsse. Ein Stockwerk tiefer. Er antwortete, da sei er schon gewesen, und dort habe man ihn an mich verwiesen.

»*Yes?*« fragte ich zweifelnd.

» *I come from Moscow, I studied at the Lumumba University, but they expelled me.*«

»*Come right in!*« antwortete ich.

William und Marianne Appleton an ihrem Hochzeitstag

William Appleton sprach fließend Englisch und erzählte seine Geschichte: William V. S. Tubman, seit 1943 Präsident Liberias, sei auf ihn wütend gewesen, weil er, damals noch Gymnasiast, behauptet habe, der Präsident habe seine Amtszeit längst überschritten und damit die Verfassung verletzt. Da William Appleton keine Chancen für seine Weiterbildung in Liberia sah, versuchte er trotz des strengen Sicherheitssystems das Land zu verlassen, was ihm auch gelang, und dann reiste er – wohl mit Hilfe sowjetischer Agenten, vermutete ich – nach Moskau, um dort an der für afrikanische Studenten gegründeten Lumumba-Universität zu studieren.

Präsident Tubman aber war ein dezidierter Gegner der Sowjetunion und des Kommunismus, und William Appleton war in seinen Augen ein Landesverräter, der in Moskau eine kommunistische Partei Liberias gründen wolle.

Eigentlich habe er Architektur studieren wollen, sagte Appleton, aber man habe ihn und seine Kommilitonen dort als Führungskader für den kommenden revolutionären Kampf in Afrika ausbilden wollen.

»Und weil Ihnen das nicht paßte, sind Sie jetzt zu uns gekommen, um hier Architektur zu studieren?«

»Man hat mich ausgewiesen und ins Flugzeug nach Deutschland gesetzt. Ich insistierte in Moskau auf dem Wunsch, Architektur zu studieren; aber man hörte gar nicht auf mich, und als ich sagte, das habe man mir in Monrovia zugesagt, hat man mir geantwortet, wir sollten zufrieden sein, daß wir überhaupt studieren könnten. Als kämen wir geradewegs aus dem Urwald. Man hat nicht nur mich schlecht behandelt, auch die anderen afrikanischen Studenten. Die weißen Studenten suchten Streit mit uns, machten sich über uns lustig oder beleidigten uns. Studenten aus Somalia, die Moslems waren, mußten Schweinefleisch essen und brachten es gar nicht herunter. Wenn es zu Schlägereien kam, wurden nur immer wir bestraft.«

»Warum?«

»Weil wir eine schwarze Haut haben. Als ein ägyptischer Kommilitone und ich einmal zwei Medizinstudentinnen aus der DDR zu einem Tanzabend ins Hotel »*Moskva*« eingeladen hatten, wurde ich beim Hinausgehen von Unbekannten niedergeschlagen.«

»Und nun wollen Sie hier Architektur studieren?«

»Nein, ich will nur meinen Reisepaß verlängern lassen, weil Liberia in Moskau keine diplomatische Vertretung hat. In Bonn ist die nächste. Und dann möchte ich in die USA weiterreisen und dort studieren, weil ich Englisch spreche, aber nicht Deutsch. Die Studentenschaft der Universität Bonn hat mich hierhergeschickt. Sie wissen auch nicht, was sie mit mir anfangen sollen. Zuerst aber muß ich meinen Reisepaß verlängern lassen, der bereits ungültig ist.«

Ich rief den Auslandsbeauftragten der Studentenschaft in Bonn an, und bat ihn, sich Appletons anzunehmen, ihn vorläufig möglichst bei einem Kommilitonen unterzubringen und mir dann Bescheid zu sagen. Er antwortete, das werde nicht leicht sein; denn einige linke Studenten verbreiteten, er sei wegen krimineller Delikte abgeschoben worden. Aber schließlich versprach er, sich um ihn zu kümmern, wenn wir für die Kosten aufkämen.

Den liberianischen Botschafter erreichte ich erst am Nachmittag. Er sagte, Appleton sei schon bei ihm gewesen, und auch Moskau habe ihn bereits informiert. Appleton habe dort von Anfang an Schwierigkeiten gemacht. Er sei ein Querulant und habe sich ständig beschwert. Die Lumumba-Universität halte ihn für einen Kriminellen. Wir sollten nicht auf ihn hereinfallen; er werde sicher Märchen erzählen. Auch Präsident Tubman sei unterrichtet und sei wütend.

Wir sprachen über Appleton im Referat. Alle rieten zu Vorsicht. Warum hatten die Sowjets ihn nicht nach Liberia zurückgeschickt? Warum zu uns? War er ein *agent provocateur?* Was waren seine Aufträge? Wir beschlossen abzuwarten, wie er sich benahm.

Am nächsten Morgen lagen im Pressespiegel des Bundespresseamtes Übersetzungen von Artikeln der »*Prawda*« und der »*Iswestija*« auf meinem Schreibtisch, in denen stand, Appleton sei ausgewiesen worden, weil er die großzügige Gastfreundschaft des sowjetischen Volkes und der Lumumba-Universität arg mißbraucht habe. Er habe Unruhe gestiftet, die Universitätsordnung nicht beachtet, sei oft verwarnt worden, weil er sich mit sowjetischen Mädchen in Kneipen herumgetrieben und Schulden gemacht habe. Er habe Taxifahrer nicht bezahlt und sich mit ihnen geprügelt, aber selbst wenn der Tatbestand völlig klar war, habe er alles geleugnet. Er sei ein abgefeimter Lügner, absolut unglaubwürdig. Die Studenten der Lumumba-Universität selbst hätten in einer Resolution gefordert, ihn von der Universität zu verweisen und abzuschieben.

Als ich das las, war ich sicher, daß er uns die Wahrheit gesagt hatte. Die sowjetischen Anschuldigungen waren Tiefschläge, die ihn moralisch diskreditieren sollten. Einen *agent provocateur* hätten die sowjetischen Medien, wenn überhaupt, allenfalls konterrevolutionärer Aktivitäten beschuldigt oder als überzeugten Gegner des Marxismus-Leninismus bezeichnet, um ihn uns als politisch unverdächtig zu empfehlen; auf keinen Fall aber hätten sie ihn als kriminell und unglaubwürdig hingestellt.

William Appleton lachte über die Vorwürfe. Wahr sei lediglich der Streit mit einem Taxifahrer in den letzten Tagen. Der Mann habe ein grotesk überhöhtes Fahrgeld gefordert, und als er mit ihm darüber gestritten habe, da seien, wie bestellt, ein halbes Dutzend anderer Taxifahrer erschienen, hätten ihn zu Boden geschlagen und unablässig getreten. Das sei ganz gewiß eine geplante Aktion gewesen.

Er fragte schüchtern, ob er nicht vielleicht doch ein Stipendium zum Architekturstudium bei uns erhalten könne, weil der liberianische Botschafter seinen Paß einbehalten habe und sich weigere, ihm einen neuen auszustellen, so daß er nicht in die Vereinigten Staaten reisen könne.

Ich versprach, ihm zu helfen und sandte ihn erst einmal zu einem Deutschkurs an das Goethe-Institut in München. Als er den Intensivkurs nach einem Monat beendet hatte, rief er mich an, sprach deutsch und fragte, ob er noch einen Anschluß-Kurs belegen dürfe. Das genehmigte ich, denn der liberianische Botschafter, den ich ins Auswärtige Amt gebeten hatte, weigerte sich in ziemlich unverschämtem Ton, den Paß zu verlängern. Präsident Tubman tobe vor Wut.

Die Verhandlungen zogen sich hin, weil wir auch in Liberia vorstellig wurden. Da kam William Appleton nach seinem zweiten Kurs aus Bayern zurück, sprach nur noch deutsch mit mir und zwar recht gut, so daß ich ihn zur Technischen Hochschule nach Aachen schickte. Man prüfte ihn und war bereit, ihm ein Stipendium zu gewähren.

Da er nun keinen Paß hatte, fragte ich im Bundesinnenministerium an, ob man ihm nicht die deutsche Staatsbürgerschaft gewähren könne. Der junge Mann sei zuverlässig, fleißig und spreche schon ganz gut Deutsch.

Da kam ich aber schlecht an! Meine Frage wurde mit einem Aufschrei der Entrüstung abgelehnt. Ein Neger mit einem deutschen Paß! Der Hinweis auf die vielen Schwarzen in den Vereinigten Staaten fruchtete überhaupt nichts. Wir sind doch nicht in den USA, wir sind in Deutschland! Es gelang schließlich, ihm einen zeitlich befristeten Fremdenpaß zu besorgen. Das war im Jahr 1963.

William studierte in Aachen. Sein Vater schrieb mir aus Monrovia, er bete jeden Abend für mich. Die Vorfahren waren alle Geistliche der episkopalischen Kirche gewesen. Der Vater bat mich, William anzuhalten, den Eltern öfter zu schreiben. Manchmal mußte ich auch Briefe des Vaters an den schreibfaulen Sohn weiterleiten.

William schrieb ein kleines Buch über seine Erlebnisse auf der Lumumba-Universität in Moskau unter dem Titel *The Student Trap, Friendship University, Moscow,* in dem er schilderte, wie die afrikanischen Studenten dort politisch auf den revolutionären Kampf in der Dritten Welt ausgebildet wurden. Als Präsident

Tubman es gelesen und sich überzeugt hatte, daß William kein kommunistischer Revolutionär war, verlieh er ihm wieder die liberianische Staatsangehörigkeit, die er ihm vorher abgesprochen hatte, und William bekam nun auch wieder einen liberianischen Reisepaß, setzte aber sein Studium in Aachen fort und schloß es im Jahr 1972 als Diplom-Ingenieur in der Fachrichtung Architektur ab.

Schon einige Jahre vorher hatte er mir geschrieben, er habe als Praktikant in Leverkusen eine junge Deutsche kennengelernt. Sie heiße Marianne, und sie wollten heiraten. Ob ich Trauzeuge sein wolle. Ich wollte es, und auch Franz kam zu der Hochzeit.

Nach seinem Examen arbeitete er im Stadt-Planungsamt von Salzgitter, zog dann nach Liberia, machte dort ein Architekturbüro auf und wurde Leiter der Wohnungsbaubehörde. Während des liberianischen Bürgerkriegs verlor er alles. Er arbeitet jetzt im Auftrag der UN-Wirtschaftskommission Pläne für die Stadt-Land-Raumplanung in Afrika aus. Seine Tochter Patrizia hat in Heidelberg ihr Abitur bestanden und ist Sängerin. Der Sohn besucht die deutsche Botschaftsschule in Nairobi.

Als sein Vater starb, bat William mich, Vater zu mir sagen zu dürfen. Er darf.

Um die Eiger-Nordwand zu durchsteigen

Ich wollte ausbrechen und wieder einen Roman über ein Thema schreiben, das ich schon seit Jahrzehnten mit mir trug. Genau gesagt: Seit Sommer 1940. Ein schweres Thema: von einem Menschen, der das Gute wollte, aber politisch scheiterte. Es drängte mich, es nun zu schreiben. Aber ich fürchtete mich auch davor. Wenn ich nachts daran dachte, sah ich vom Tal aus hoch im Himmel über mir den schneebedeckten Gipfel des Berges, und nun wollte ich ihn über die senkrecht aufsteigende Nordwand besteigen. Würde ich es schaffen? Konnte ich fliegen?

Warum wollte ich das eigentlich, obwohl ich mich vor einem Absturz fürchtete? Ich erinnere mich heute nicht mehr, so angestrengt ich auch in mich hineinhöre. Ich er-innere mich nicht. Dabei war das Gefühl doch ungewöhnlich stark, sonst hätte es nicht alle vernünftigen Gegengründe beiseite schieben können.

Was trieb mich wieder zu Allotria außerhalb meines Geschäftsbereichs? Man hatte mir immer mehr Aufgaben übertragen, die über meine eigentlichen Kompetenzen hinausgingen. Das war nicht angenehm. Ich wollte nicht Ausnahme sein, als Seiteneinsteiger nun auch noch ins Arbeitsgebiet von Kollegen einbrechen. Und doch konnte ich zufrieden sein: Es wäre uns beinahe geglückt, amtliche Beziehungen zu China aufzunehmen. Meine Notenentwürfe an den Kreml hatten Außenminister und Bundeskanzler fast unverändert unterzeichnet. Die Parteien und unsere Presse hatten sie wohlwollend aufgenommen. Man hatte es mir überlassen, den außenpolitischen Teil der Regierungserklärung des Bundeskanzlers Erhard zu schreiben, unserem Botschafter Groepper in Moskau Weisungen für einen grundlegenden Gedankenaustausch mit Chruschtschow auszuarbeiten; in Redeentwürfen für Bundesaußenminister Schröder konnte ich gelegentlich neue Gedanken einführen, die er übernahm.

Von selbst und ohne mein Zutun ergab es sich, daß ich, meine unmittelbaren Vorgesetzten übergehend, direkt mit dem Staatssekretär und Minister verkehrte und dort Vertrauen genoß. Das hatte sich inzwischen auch bei meinen ausländischen Gesprächspartnern in Bonn und bei Konsultationen in Paris oder London herumgesprochen. Sie suchten meine Ansichten zu erfahren. Und das wollte ich aufgeben? Um einen Roman zu schreiben? Um einen Roman zu schreiben!

Doch ich war mit dem Auswärtigen Amt auch unzufrieden. Vor neun Jahren war ich in den Auswärtigen Dienst eingetreten, aber immer in derselben Gehaltsstufe geblieben. Die Personalabteilung begründete es damit, daß ich Seiteneinsteiger sei und mich nach dem Bundesbeamtengesetz erst sieben Jahre nach der Beamtung in meiner Stufe bewähren müsse; die Tatsache, daß ich während des Krieges nicht ins Beamtenverhältnis übernommen worden war, wurde als unerheblich angesehen.

Duckwitz hatte sich energisch für mich eingesetzt, hatte aber keinen Erfolg gehabt. Er sagte mir, als er nach einer Unterredung mit ihnen aus dem Erdgeschoß wieder hinaufkam: »Diese Dunkelmänner da unten sind so schwarz, daß sie selbst im Kohlenkeller noch Schatten werfen, und wenn die einen Furz lassen, ist die ganze Bude voll Ruß.« Er war Sozialdemokrat.

Als ich Schröder zwei Jahre später sagte, ich würde gerne wieder einen Roman schreiben, denn im Auswärtigen Amt hätte ich doch keine Chance, widersprach er mir lebhaft und sprach besorgt und fürsorglich: Daß ich hier keine Chance hätte, das dürfe ich nicht denken; er werde sich sofort mit dem Personalchef Raab in Verbindung setzen. Das tat er auch, Raab aber zog, wie mir jedenfalls schien, die Prozedur wieder in die Länge. Carstens hörte das und entsandte mich als Vertreter des Auswärtigen Amtes in den Verwaltungsrat der Deutschen Welle, um wenigstens mein Gehalt etwas aufzubessern.

Es war gut gemeint, denn das Gehalt war in meiner Gehaltsstufe knapp; doch wir kamen aus, weil noch immer Wiederholungshonorare für Hörspiele eintrafen, oder weil ich im Urlaub längere Dokumentar-Hörfolgen und ein Hörspiel schrieb.

Aus meinem Notizbuch

Ich hatte mir lange keine Notizen über meine politischen Gespräche gemacht. Jetzt fing ich wieder an, schrieb sie abends zu Hause hastig nieder, ohne weiter auf Stil und Ausdruck zu achten. In der NATO hatte ich gelernt, aus dem Gedächtnis den Inhalt selbst stundenlanger Reden fast wörtlich wiederzugeben, wenn ich mit dem Aufschreiben nicht lange wartete. Über wichtige Gespräche notierte ich mir später meist schon auf der Rückkehr im Auto Stichworte für den Bericht an das Auswärtige Amt. Die folgenden Notizen sind Auszüge aus meinen Eintragungen. Ich halte mich im Wortlaut eng an sie, ergänze sie nur selten durch Einzelheiten, die mir darüber hinaus noch im Gedächtnis geblieben sind, bringe aber nur Auszüge.

Man verstehe die Aufzeichnungen über Gespräche mit Schröder, Kiesinger, Willy Brandt und anderen nicht falsch: Die Unterhaltungen lagen meistens *vor* politischen Entscheidungen, die erst darauf erwogen, gewogen und schließlich formuliert wurden. Ich habe mich gefragt, ob man diese vertraulichen und persönlichen Unterredungen mit meinen Vorgesetzten wiedergeben dürfe, habe mich aber entschlossen es zu tun, um ihre Persönlichkeit und ihr Denken zu beschreiben und zu zeigen, wie freimütig und mit welcher persönlichen Wärme sie mit ihren Untergebenen umgingen.

Schröder bat mich am Samstag um 13 Uhr 40 zu sich. Er wollte noch an diesem Wochenende nach Pontresina fahren. Als ich hereinkam, war sein Freund und Adlatus Kurt Hofmann im Zimmer. Er ging hinaus, als ich eintrat.

Schröder fragte, wie es mir letzten Abend auf seinem großen Diplomatenempfang in der Beethovenhalle gefallen habe.

Ich: Gut. Die Stimmung war ausgezeichnet. Manche sind noch lange geblieben. Ich auch.

Schröder: Bis wann denn noch?

Ich: Bis zwei Uhr. Wir haben zum Schluß noch lange mit den Amerikanern zusammengesessen.

Schröder: Ich wollte heute vor meinem Urlaub noch ein paar Minuten mit Ihnen sprechen, und zwar über zwei Angelegenheiten. Zuerst: Ihre Laufbahn. Die Beförderung wird jetzt eingeleitet. Raab sagt, es sei noch eine Ausnahmegenehmigung einzuholen. Nach dem Bundesbeamtengesetz seien nach der Beamtung vor einer Beförderung drei Jahre Auslandserfahrung vorgeschrieben. Nach der Beamtung aber seien Sie nur zwei Jahre in Paris gewesen. Die Genehmigung wird jetzt beantragt. Ich habe das heute mit ihm besprochen. Danach werden Sie etwa zur gleichen Zeit mit einigen anderen zum Vortragenden Legationsrat I. Klasse befördert.

Zweitens: Sie haben sicher die Angriffe gegen mich verfolgt. Sie kommen aus verschiedenen Richtungen, und ihnen liegen die unterschiedlichsten Motive zugrunde. Es sind nicht etwa diejenigen, die die Wiedervereinigung wollen; ganz im Gegenteil, es sind einige dabei, die gar nicht so sehr danach streben.

Ich: Ich habe das gelesen und gehört. Es sieht fast nach einer Kampagne aus; aber sie wird sich meiner Ansicht nach schließlich positiv für Sie auswirken. Man sieht ja, wie sich die Presse gleich hinter Sie stellt.

Schröder: Ja, über die Presse kann ich mich nicht beklagen. Aber die CDU! In ihr habe ich meine Wurzeln, nicht in der SPD und der FDP. Und hier muß ich etwas tun. Ich habe mir auch schon überlegt, was man tun kann. Vielleicht denken Sie auch einmal darüber nach. Man müßte manchen Leuten vielleicht ihren Posten wegnehmen.

(Ich fragte mich, wen er meinte, konnte es aber nicht erraten.)

Ich: Oder ihnen einen anderen Posten geben.

Schröder: Ja, vielleicht auch das. Ich muß nun wieder vor dem Evangelischen Arbeitskreis der CDU eine Rede halten. Er tritt vom 4. bis 6. April wieder zusammen. Das Thema haben wir heute festgelegt: »Deutschlands Lage und Deutschlands Zukunft«. Deutschlands Lage – weil ich dabei auch etwas über die innenpolitische Lage sagen kann.

Bei einer meiner früheren Reden hat man mich gefragt, warum ich soviel über Wirtschaft rede anstatt über mein Metier, die Außenpolitik.

Jetzt möchte ich etwas über unsere Lage, auch die geopolitische, sagen, aber vor allem über die Gesamtlage. Vielleicht auch etwas über Nachwuchsprobleme, Wissenschaft, Deutschland im Weltkräftefeld. Dann natürlich über Außenpolitik. Vielleicht sehen Sie sich dazu einmal die Reden an, die ich in letzter Zeit gehalten habe, zum Beispiel vor der WEU.

Ich bemerke eine Unruhe bei uns, man fragt sich, was geht hier eigentlich vor? Mit den Passierscheinen zum Beispiel. Und was haben die Amerikaner vor? Die Unruhe führt bei manchen dazu, sich an de Gaulle anzulehnen. Das ist für sie das Nächstliegende. Aber davon halte ich nicht viel.

Wer will denn wirklich die Wiedervereinigung? Keine der europäischen Mächte. Großbritannien auch nicht. 52 Millionen, und dann noch 17 Millionen der Ostzone dazu? Das will niemand, höchstens noch die Amerikaner. Die setzen sich noch dafür ein. Das kann ich natürlich in meiner Rede nicht sagen; aber überlegen Sie mal, wie man das formulieren kann!

Wir müssen die Leute beruhigen. Nicht zu optimistisch, aber auch nicht zu pessimistisch. Ausgewogen – wie immer.

Ich: Sie sprachen vorhin von den Angriffen gegen Sie. Wer steckt dahinter? Auch der Bundeskanzler?

Schröder: Ja. Einmal im Außenpolitischen Ausschuß, wo ich ihm ziemlich scharf entgegentrat; dann aber noch zweimal, als ich nicht dabei war. Er sagte zum Beispiel, er vermisse bei mir eine warmherzige Politik. Als ob er jemals eine warmherzige Politik getrieben hätte! Oder de Gaulle! Der ist doch ein ganz eiskalter Politiker, der nur nach außen hin mit großem Pathos daherkommt. Das eignet sich vielleicht für Reden, aber nicht für Konferenzen. Da muß man nüchtern und bei der Sache bleiben.

Adenauer will jetzt wieder Parteivorsitzender werden, und da er Erhard nicht angreifen kann, nimmt er mich aufs Korn.

Ich: Haben Sie heute Georg Schröders Artikel in der »Welt« gelesen? Sehr positiv für Sie. Nur daß er immer wieder von Ihrer Kühle oder Humorlosigkeit spricht. Ihr Amtsvorgänger von Brentano war doch auch nicht gerade eine Quelle sprühenden Humors.

Schröder (lacht): Ja, ich habe auch versucht, etwas dagegen zu tun. Jetzt wird ja ein neues Buch über mich geschrieben – von Schwarzkopf und einem anderen. Die wollen etwas über meine Familie bringen: daß da alles in Ordnung ist. Daß ich Schwestern habe, Kinder, kurz, daß ich auch ein Mensch bin. Ich mag das alles ja nicht so sehr, aber es muß wohl sein.

Ich: Apropos, ich weiß nicht, ob es nötig war, nach dem Presseball zu dementieren, daß Sie getanzt haben, und zwar auch Twist.

Schröder: Ja, das müssen Sie verstehen! Ich hatte zum Schluß des Balles zu Erhard gesagt, jetzt hätte ich den ganzen Abend über nicht einen Tanz getanzt, und dann tanzte ich einen. Am nächsten Tag las ich in den Zeitungen, ich hätte die ganze Nacht durch Twist getanzt. Unser Sprecher hat das natürlich zu feierlich dementiert. Er wird leicht feierlich. Felix von Eckardt, der war natürlich ein Kavalier in seinen besten Zeiten, und der hätte ein solches Dementi komisch und in einem Nebensatz gebracht.

(Frau Nuphaus kam herein und meldete, Carstens sei jetzt frei, aber Schröder bat, ihm zu sagen, er werde ihn rufen lassen.)

Ich: Werden Sie auch auf dem Bundesparteitag der CDU eine Rede halten?

Schröder: Nein, da werde ich wohl nur in der Debatte zur Außenpolitik etwas sagen; denn Erhard hat ja jetzt auch Geschmack an der Außenpolitik gefunden, und in seinem Überblick wird er auch darauf eingehen. Na, soll er ruhig! Ich werde dann in der Debatte sprechen und brauche da nichts vorwegzunehmen, was ich im Evangelischen Arbeitskreis sagen werde. Da sind wir dann ganz frei im Thema.

Ich bitte Sie, auch mit Kurt Hofmann Fühlung zu nehmen. Ich weiß nicht, ob ich im Urlaub noch mal nach Bonn komme. Ich muß zwischendurch ja nach Paris, aber vielleicht fahre ich gleich von Pontresina aus dahin. Und wenn ich hier vorbeikomme, dann ist der Tag doch gleich besetzt.

(Ich stand auf, denn weitere Anregungen zu seiner Rede waren nicht mehr zu erwarten. Ich hatte jetzt freie Hand. Im Hinausgehen sagte ich, ich würde gerne wieder einmal ein Buch schreiben.)

Schröder: Ja, ich weiß.

Ich: Die Frage ist natürlich, ob das Amt das verkraften kann.

Schröder: Eben!

Ich: Aber meiner Ansicht nach müßte es gehen. Man kann mit einer solchen Urlaubs-Planstelle in der Personalabteilung doch auch ganz schön jonglieren, sie zwischendurch mit einem anderen Beamten besetzen und so weiter.

Schröder: Ja, aber das wird doch schwierig sein. Na, wir müssen mal sehen.

Ich wünschte ihm gute Erholung.

4. Juni 1964

Franzl Krapf erzählte mir heute, Schröder habe in einer Besprechung mit Raab und Carstens gesagt, man solle mir den Schriftsteller-Urlaub gewähren, da ein Künstler immer einmal eine Zeit brauche, um sich zu regenerieren. Raab habe das auch richtig gefunden und Franzl gesagt, die Beförderungsurkunde werde mir »sehr bald« überreicht werden.

Carstens hatte Franzl gefragt, warum ich ihm, Carstens, von meinem Wunsch nicht vorher auch etwas gesagt hätte. Franzl erwiderte, bei Schröder habe sich offenbar gerade einmal die Gelegenheit ergeben. Franzl muß Carstens noch eine Stellungnahme zu meinem Urlaubswunsch abgeben. Sehr begeistert ist Franzl nicht, daß ich gehe.

Er gab mir eine Aufzeichnung des Sowjetreferats, die Erhard in Washington als Gesprächsunterlage dienen soll. Sie lief im Grunde darauf hinaus, Chruschtschow nicht zu uns einzuladen. Ich schrieb mit Franzls Einverständnis eine neue, die genau das Gegenteil vorschlug. Es wäre gut, wenn er kommt!

Nach Dienstschluß kurz bei Hohmann* im Bundeskanzleramt. Er hatte den Entwurf für Erhards Rede vor dem New Yorker *Council of Foreign Relations* fertig und bat mich, sie noch einmal durchzusehen. Das will ich heute abend tun. Morgen nachmittag wollen wir uns dann darüber unterhalten.

* Karl Hohmann, Leiter des Kanzlerbüros im Bundeskanzleramt und rechte Hand von Bundeskanzler Erhard.

Schröder will keine Erklärung über die Nichtigkeit des Münchner Abkommens abgeben. Weil die CDU dagegen ist, wie Hohmann meinte. Aber ich sagte Hohmann, daß wir auf jeden Fall eine solche Erklärung noch vor Erhards Washington-Besuch abgeben müßten. Das wäre das beste Entree für ihn. Die Amerikaner zweifeln an uns. Die »Neue Zürcher Zeitung« habe heute geschrieben, wenn wir zum Münchner Abkommen nichts sagten, bleibe unsere Politik im Zwielicht. Das sei durchaus richtig. Hohmann antwortete, er warte nur, daß Seebohm noch einen Fehler macht, damit man ihn rausschmeißen kann.

Samstag, den 1. August 1964

Daß mein unbezahlter Urlaub genehmigt worden war, erfuhr ich zuerst durch eine Büronotiz der Personalabteilung, wonach ab 1. August 1964 bis zum 1. Mai 1965 mein Anspruch auf Beihilfe im Krankheitsfall für meine Familie und mich wegfällt und daß die Zeit auch nicht auf mein Pensionsalter angerechnet wird. Erst einen Tag später kam die eigentliche Genehmigung, in der mir mitgeteilt wurde, daß ich vom Antritt meines Urlaubs an keine Dienstbezüge mehr erhalte.

Ich sagte Frau Nuphaus, ich würde Schröder gerne noch einmal sehen, bevor ich den Urlaub antrete. Er ließ mich heute vormittag zu sich bitten. Zuerst dankte ich ihm, daß mir der Urlaub durch seine Fürsprache gewährt worden sei.

Er erkundigte sich nach dem Roman, den ich schreiben wollte. Ich deutete nur kurz an: Ein spätrömischer Kaiser öffnet sich, als er sieht, daß er gescheitert ist, die Adern, da er nicht mehr als Privatperson leben kann, wo er einmal das Imperium besessen hatte. Nach einem Satz in Rankes *Weltgeschichte*. Er war ein Intellektueller, der vor der primitiven Macht eines anderen versagt hatte. Schröder dachte gleich an Forrestal. Ich bog ab.

Auf seine Frage erwiderte ich, ich werde hier in Godesberg bleiben, während ich an dem Roman arbeitete, vielleicht auch einmal im Tessin in dem Sommerhaus meiner Verlegerin. Er sagte, wenn er wieder eine größere Rede zu halten habe, werde er mich vielleicht bitten, meinen Urlaub kurz zu unterbrechen. Ich schwieg dazu. Er wünschte mir gutes Gelingen und sagte: »Ich möchte es auch einmal so gut haben wie Sie. Mit meinen vielen Terminen führe ich ein Hundeleben.«

Ich antwortete: »Sie sprechen von meinem guten Leben in den kommenden Monaten. Aber ich fühle mich wie einer, der Urlaub erbeten hat, um die Eiger Nordwand auf der *Direttissima* zu besteigen. Nun stehe ich am Fuß der Bergwand und sehe hinauf: Da erscheint mir mein Vorhaben doch sehr bedenklich, und es schwindelt mir schon jetzt. Aber ich wollte es ja. Und wenn das Schreiben auch nicht gerade ›Spaß macht‹, wenn man oben ist, dann ist das ein Lohn, über den man die Angst, abzustürzen und alle Anstrengungen beim Aufstieg vergißt.«

Wir sprachen über zwei Buchprojekte, ein Berlin-Weißbuch und eins über die deutsch-amerikanischen Beziehungen, und wen man als Verfasser nehmen konnte. Und dann über die Konferenz mit unseren Vertretern in Osteuropa und die demnächst bevorstehenden Wahlen in den USA und Großbritannien.

Schröder: Halten Sie den Besuch Chruschtschows bei uns für gut?

Ich: Ja.

Schröder: Ich auch, und zwar war ich von Anfang an dafür. Glauben Sie, er wird kommen?

Ich: Ja. Denn er will auskundschaften, was in Europa für ihn zu machen ist, welche Möglichkeiten bestehen. Das will er aus zwei Gründen: Er fürchtet, daß seine sogenannte Koexistenz-Politik mit den USA durch einen immerhin möglichen Sieg Goldwaters gefährdet sein könnte. Und außerdem scheint mir aus den Gesprächen Adschubeis...

Schröder: Haben Sie das Protokoll der Besprechung mit Erhard gelesen?

Ich: Nein, nur Karl-Günther von Hases Aufzeichnung. Aber aus den Gesprächen scheint mir hervorzugehen, daß die Sowjets eine unerklärliche und zur Zeit auch ganz und gar nicht begründete Furcht vor China haben, so daß sie in Europa Ruhe und den Rücken frei haben wollen. Am liebsten auf der Basis des *Status quo*. Natürlich noch lieber würden sie die Bundesrepublik Deutschland in ihren Machtbereich einbeziehen oder wenigstens auf ihre Seite locken.

Schröder: Aus dem, was ich über Adschubej gelesen habe, hatte ich auch den Eindruck, daß die Sowjets sich sehr vor den Chinesen fürchten. Und vor de Gaulle?

Ich: Ich möchte noch einmal auf Adschubej–Chruschtschow zurückkommen. Adschubej ist eine Art Pilotfisch, wie ihn Fischschwärme vorausschicken, um die Gewässer vor ihnen zu erkunden. Darum habe ich überhaupt nicht verstanden, warum man ihn hier anfangs nicht einmal empfangen wollte. Aber man muß sich auch überlegen, was der Bundeskanzler Chruschtschow sagen und vorschlagen könnte. An dem Besuch macht mir nur eins Sorge: Ob und wie Erhard das Gespräch mit ihm bestehen werde.

Schröder: Sie werden verstehen, wenn ich zu dieser Frage nichts sagen möchte. Immerhin dürfen Sie nicht vergessen, daß Erhard in der deutschen Frage und Berlin immer sehr hart und entschlossen gewesen ist, entschlossener und eindeutiger als Adenauer. Der hatte seinerzeit den Plan gehabt, das Problem auf zehn Jahre zu vertagen und dann abzustimmen. Das war ja reines *Appeasement.* Adenauer, der jetzt immer nach einer harten Linie ruft, war damals gar nicht so hart. Seine Härte entdeckte er erst, als er aus der Regierung ausschied, also etwa bei Abschluß des Test-Stopp-Abkommens.

Ich: Man sollte aber doch den Gedanken eines Stufenplanes nicht ganz ablehnen. Ich könnte mir denken, daß Chruschtschow nachdenken würde, wenn man ihn fragte, ob er dahingehende Vorschläge habe. Natürlich sind zehn Jahre etwas lang; aber auch wir sollten uns solche Möglichkeiten einmal überlegen, damit man nicht immer die alten Argumente wiederholt, was sicher zu nichts führt und kein gutes Gespräch sein würde. Chruschtschow wünscht sicher, wie auch angedeutet wurde, ein Gespräch »in weiten historischen Perspektiven«.

Man sollte herauszufinden suchen, ob Chruschtschow die Deutschland-Frage einer Lösung zuführen würde, wenn man ihm die Möglichkeit gäbe, sein Gesicht zu wahren. Vielleicht – oder vielmehr sicherlich – würde es beim ersten Gespräch noch keine Resultate geben, aber es wäre gut, wenn man ihn wenigstens zum Nachdenken bringt.

(Wir sprachen darauf über ein anderes, damit zusammenhängendes Thema, dann fragte Schröder unvermittelt und direkt:)

Schröder: Was halten Sie von de Gaulle?

Ich: Ich sehe keine Möglichkeit, seine Politik und die von ihm geschaffenen Probleme zu beeinflussen.

Schröder: Ich bin derselben Meinung. Gestern habe ich ein Gespräch mit Adenauer gehabt. Er hat das gleich in die Presse gebracht.

Ich: Ach, er war das?

Schröder: Ja, natürlich; denn er wollte in die Schlagzeilen, und ich habe ja keine Veranlassung, ihn in die Schlagzeilen zu bringen. Ich habe Erhard vor dem Gespräch Bescheid gesagt und ihm auch nachher darüber berichtet.

Adenauer sagte (und dabei las Schröder aus seinem Notizblock vor), wir sollten de Gaulle den Vorwurf ersparen, er habe mit seiner Deutschlandpolitik Schiffbruch erlitten. In Wirklichkeit meinte Adenauer natürlich, wir sollen ihm den Vorwurf ersparen, er habe mit seiner Frankreichpolitik Schiffbruch erlitten. (Schröder lachte.)

Ich: Ihr Gespräch hat ja zwei Stunden gedauert. War er zugänglicher und vernünftiger als vorher?

Schröder: Ach, wissen Sie, er sieht in mir immer so etwas wie seinen jüngsten und gelehrigen Schüler. Schließlich habe ich ja auch neunzehn Jahre mit ihm zusammengearbeitet. Natürlich traut er mir nicht ganz, zum Beispiel in der Frankreichpolitik; aber ich habe den Eindruck, als wolle er jetzt etwas mit mir zusammenarbeiten – über mich auf etwas hinarbeiten. Was halten Sie von der innenpolitischen Lage?

Ich: Ich sehe, daß die Union sich selbst verstümmelt, wenn sie so weitermacht.

Schröder: Ja, man sollte die ganze CSU nehmen und ins Wasser schmeißen.

Ich: Das wird aber schwer sein, solange Adenauer Chef der CDU ist.

Schröder: Eben!

Ich: Und die Angriffe der CSU gegen Sie? Sie sind der zweite Mann. Wenn Erhard etwas zustößt, was dann?

Schröder (lachend): Dann werden sie vielleicht an Barzel denken! Aber Sie haben recht.

Ich: Man kann eben nicht nur eine »Wahllokomotive« wie Erhard herausstellen und den zweiten Mann schlechtmachen. Aber vielleicht denkt Strauß daran, selbst der zweite Mann, die Alternative zu werden.

Schröder: Sicher! Aber das ist doch unmöglich! Es gibt keine Gruppe außerhalb der CSU, die ihn stützen würde. Das sieht er selbst nicht ein. Das beste, was er tun könnte, wäre, sich bescheiden zurückzuhalten. Er ist intelligent, sieht sofort, was in einer Situation zu tun ist, er kennt die Zusammenhänge. Man kann ihn gut als Roboter für eine bestimmte Aufgabe verwenden – aber eine langfristige Aufgabe? Einen langfristigen Kurs durchhalten? Das kann er nicht. Wer kann ihm eine solche Aufgabe anvertrauen?

Ich: Sicher ist Strauß sehr intelligent, aber er hat einen blinden Fleck in seinem Auge gegenüber allem, was seine eigene Person, Stellung und Möglichkeiten betrifft.

(Ich stand auf, um mich zu verabschieden.)

Schröder: Ich danke Ihnen für all das, was Sie für uns hier getan und geleistet haben. Wann sind Sie denn wieder da?

Ich: Am 1. Mai.

Schröder (zog die Nase kraus): Na, dann werden Sie von dieser Zeit an wieder mächtig in die Speichen greifen können. Wenn Sie zwischendurch einmal Gedanken haben, bitte ich, mir zu schreiben. Ich will mit Ihnen Kontakt halten und wünsche Ihnen guten Erfolg. Meine Frau dankt Ihnen für das Buch *The Spy who came in from the Cold.*

Im Hinausgehen sprachen wir noch etwas über das Buch und den Autor John le Carré, der unter seinem richtigen Namen Cornwall bis vor kurzem Legationsrat an der britischen Botschaft hier in Bonn gewesen war.

Vom Leben in einer Garage

Unsere »Residenz« in der Wupperstraße von Bad Godesberg hatte zwar kein Zimmer, in dem ich an meinem Schreibtisch sitzen und ruhig arbeiten konnte, aber zu ihr gehörten nicht nur eine, sondern sogar zwei nebeneinanderliegende Garagen. Ich dachte bei mir, wenn ich nun eins der Garagentore zur Straße hin zumauerte, und zum Garten hin ein Fenster und eine Tür einbaute, hätte ich ein schönes Arbeitszimmer, in dem ich ungestört und in Ruhe Reden entwerfen oder Aufzeichnungen, ja sogar einen Roman schreiben könnte.

So geschah es: Das Garagentor wurde ausgebaut, die Wand zur Straße hin zugemauert, die zum Garten hin aber durch eine Glasfront mit einer Glastür ersetzt. Das Zimmer erhielt Anschluß an

Schriftstellerwerkstatt in einer Garage

unsere neue Warmluftheizung, an die Strom- und Telefonleitung. Zum Haus hatte man keinen unmittelbaren Zugang: Man mußte vom Wohnzimmer die wenigen Schritte bis zur Glastür durch den Garten gehen, und wenn es regnete, wurde man naß. Dafür war das Zimmer aber völlig abgeschlossen, und die Kinder konnten im Haus toben und Krach machen – in meinem Garagenzimmer hörte man nichts.

Wände und Decke waren wärmeisoliert und weiß gestrichen. Das Zimmer war licht bis in die hinterste Ecke. Dort stand eine Bettcouch und an den beiden Wänden Regale mit den Büchern, die ich für meine Arbeit brauchte.

Da mein Schreibtisch bei einem Luftangriff in Tokio verbrannt war, hatte ich in Heidelberg einen neuen entworfen: den Korpus aus dunklem Palisander und die große Platte aus heller Esche. Ein alter Tischler hatte sich die Zeichnung angesehen, für gut befunden und dann alle seine Kunst darangesetzt, ein schönes und elegantes Möbel daraus zu schaffen. Dieser Schreibtisch nun stand vor der Glasfront, und wenn ich hinter ihm an der Schreibmaschine saß, über den Entwurf einer Rede oder einer Aufzeichnung nachdachte und hinausblickte, sah ich nur den grünen Rasen, die grünen Büsche und grünen Bäume des Gartens.

Jetzt aber, am ersten Tag meines Urlaubs unter Fortfall der Dienstbezüge erhob sich dahinter der Berg, und mit arger Beklemmung schaute ich auf die senkrecht hinter dem Gartenzaun aufsteigende Eiger-Nordwand. Der Gipfel leuchtete schneebedeckt in der Höhe. Er schien unerreichbar. Um die Angst zu verdrängen, blickte ich zurück auf den Schreibtisch und entwarf einen Zeitplan. Heute war der 1. August. Neun Monate Urlaub hatte ich, um den Roman zu schreiben. Am 1. Mai mußte das Manuskript druckfertig vorliegen. Länger reichte auch der Vorschuß nicht, den mir meine Verlegerin Hildegard Grosche, die Leiterin des Goverts-Verlages, in Aussicht gestellt hatte, und die zu erwartenden Wiederholungshonorare von Hörspielen. Selbst in den neun Monaten würde die Decke sehr knapp sein.

Über römische Geschichte, insbesondere aber die Zeit der Soldatenkaiser im 3. Jahrhundert nach Christus, hatte ich mir schon seit vielen Jahren laufend Literatur gekauft. In den ersten beiden Monaten des Urlaubs, August und September, wollte ich sie wiederlesen, intensiv und mit Notizen, und außerdem ein paar Wochen die Orte in Italien besuchen, an denen der Kaiser Quintillus sich aufgehalten haben konnte.

Mein Plan sah einen Roman von etwa 450 Druckseiten vor. Die erste Durchschrift wollte ich in den fünf Monaten Oktober bis Februar schreiben, das hieß in 150 Tagen und jeden Tag drei Seiten. In den zwei Monaten März und April war dann der Text zu überarbeiten und natürlich Seite für Seite neu zu schreiben, damit ich ihn, wie versprochen, am 1. Mai druckfertig abgeben konnte.

Versteht man jetzt, daß ich am ersten Tag des Urlaubs, als ich mich an meinen Schreibtisch setzte, voller Beklemmung hinaussah? Nicht einmal die Route zum Gipfel kannte ich, wußte nur, daß der Roman vom Kampf zweier Brüder um den kaiserlichen Purpur handeln und wie er enden sollte. Vor meinem Auge wechselten des Abends hundert Bilder von Männern, Frauen, Szenen, Kaisern, Soldaten und Kaiserinnen, die ich allesamt wieder vergaß. Man sieht: ein waghalsiges Abenteuer, wiederum geboren aus Mut und Übermut.

Den Zeitplan hielt ich ein, jedenfalls fast; denn es gelang mir am Ende, weil ich den Text noch einmal mit der feinen Feile durchgehen wollte, den Urlaub um eine Woche, zu verlängern, so daß ich das Manuskript mit hängender Zunge am 8. Mai 1965 nachmittags zum Postamt bringen und an Hildegard Grosche senden konnte. Doch soweit sind wir noch nicht!

In den ersten vierzehn Tagen meines Urlaubs las ich von morgens bis tief in die Nacht die Bücher über jene Zeit noch einmal. Es waren vor allem die großen alten Standardwerke: Rostovtzeffs *Social and Economic History of the Roman Empire*, Marquardts *Privatleben der Römer*, Teile aus Friedlaenders *Sittengeschichte*, Alföldi, Seeck, Voigt, Altheim, Lothar Wickert. Aber ebenso gründlich die antiken Historiker Ammianus Marcellinus und die *Scriptores Historiae Augustae*, sowie einiges aus Plotins Werken und Porphyrios' Buch über das Leben dieses Philosophen; aber auch neuere deutsche und englische Werke über die römische Kaisergeschichte und eine kleine Monographie über den Kaiser Claudius II. mit einem kurzen Schlußkapitel über seinen Bruder Quintillus, der die Hauptperson meines Romans sein sollte.

Dann fuhren Franz und ich mit unserem Wagen nach Italien, um Orte zu suchen, an denen sich die Handlung hätte abspielen können, die mir immer noch nur undeutlich vorschwebte. Historisch belegt ist allein sein Sterbeort Aquileia, halbwegs zwischen Venedig und Triest. Dort – oder vielmehr in dem vorgelagerten Badeort Grado – waren wir jedoch schon früher ein paar Mal mit unseren Kindern gewesen.

Am geeignetsten aber erschien die geschichtsträchtige Landschaft der Campagna. Heute bin ich mir seltsamerweise nicht mehr sicher, ob nicht jemand meinen Weg nach Formiae gelenkt hatte, weil dort das Landhaus des Quintillus gelegen war; und zur Grotte von Cumae, weil ihm die Sibylle dort verschlüsselt den Purpur vorausgesagt hatte; und nach Minturnae, weil er dort den leprakranken Plotin gesprochen hatte. Seit ich ihn und sein Leben in diese Landschaft versetzte, kann ich mir nicht mehr vorstellen, daß er woanders hätte leben können.

Herbert Blankenhorn, zu jener Zeit Botschafter in Rom, hatte uns eingeladen, in seiner Residenz, der Villa Almone, zu wohnen. Wir waren schon oft in Rom gewesen; aber nun durchstreifte ich noch einmal mit Blick auf den Roman zusammen mit Franz die Fora, den Palatin und die anderen antiken Stätten. Ich war tagelang im *Museo della Civiltà Romana* mit dem großen Modell des kaiserlichen Roms und vielen Repliken von Gegenständen des Alltags, Beispielen für Leben, Wohnen und Gebräuchen des täglichen Lebens.

Auf dem Rückweg nach Deutschland sahen wir vom Turm des Doms in Aquileia über die Lagune nach der alten Bischofsstadt Grado. Und der Dom selbst! Man hielt den Atem an, wenn man eintrat und plötzlich vor der hohen Majestät des weiten Kirchenschiffs stand, bis man sich von dem Eindruck erholte und Muße zum Anblick des antiken Fußbodenmosaiks hatte – uralt, aber leider erst aus dem Jahrhundert *nach* dem Tod des Kaisers Quintillus. Was mich aber nicht hinderte, im Roman zu behaupten, eins der schönen Damenporträts stelle die Kaiserin Junia, Schwägerin des Quintillus dar.

Der Leiter des Museums von Aquileia, Giovanni Brusin, schrieb, als er meinen Roman gelesen hatte, eine freundliche und lange Rezension unter dem Titel *»Un' Augusta ad Aquileia«*. Er freute sich, daß die Frau in dem Mosaikmedaillon auf der rechten Seite des Hauptschiffs nun endlich identifiziert sei, und zwar als Junia, die Gattin des Kaisers Claudius II. Goticus. Dabei wußte er natürlich, daß die Geschichte von einer Frau des Kaisers Claudius II. nichts berichtet und daß sie ein Geschöpf meiner Phantasie war.

In München besuchte ich Hans Werner Richter, der sich für Gerhard Schröders Ostpolitik interessierte. Er würde gerne den Kern der Gruppe 47 in Berlin zu einem Gespräch mit ihm zusammenrufen. Ich schrieb das Schröder nach meiner Rückkehr, und er antwortete, er sei dazu bereit. Doch aus irgendeinem Grunde scheint es nicht dazu gekommen zu sein.

Wir waren wieder in unserem Haus in Godesberg. Fast zwei Monate von meinem Urlaub waren schon vergangen, und keine Zeile geschrieben! Das war zwar geplant, aber der Druck, nun den Roman endlich zu schreiben, war schier unerträglich. Dennoch ging ich planmäßig vor.

Am Morgen nach der Rückkehr heftete ich einen großen Bogen Millimeterpapier an die Wand meines Garagen-Studios, auf der die Sollkurve in blauer Tinte eingezeichnet war, die jeden Tag um drei Manuskriptseiten stieg. Die Istkurve, also die Kurve der tatsächlich geschriebenen Seiten, mußte ich von nun an täglich eintragen. Sie sollte möglichst gleichmäßig ansteigen. Kleine gelegentliche Dellen waren genehmigt, mußten aber alsbald wieder ausgeglichen werden.

Spätestens am 1. Mai des nächsten Jahres sollten sich beide Kurven auf Seite 450 schneiden. Es konnte auch fünfzig Seiten früher oder später geschehen, wenn die Geschichte des Kaisers Quintillus zu Ende erzählt war: Man war ja kein Pedant. Aber der 1. Mai, an dem mein Urlaub endete, stand als letzter Termin fest.

Und von nun an arbeitete ich jeden Tag, werktags, sonntags und an Feiertagen, von neun Uhr morgens bis nachts um ein Uhr mit einer Mittagspause und Siesta sowie einer Pause für das Abendbrot. Wenn ich um ein Uhr nachts noch nicht fertig war, arbeitete ich weiter und schlief auf der Couch neben dem Schreibtisch. Ich schlief immer tief und fest, und bald träumte ich vorwiegend von den Menschen des Romans.

Am Vormittag schrieb ich die drei Seiten des Vortages ins reine, am Nachmittag führte ich die Handlung weiter, die ich nicht anzutreiben brauchte. Die Menschen und Bilder traten ungerufen vor mich. Ich mußte sie nur auf dem Weg halten und zusehen, daß sie nicht in Sackgassen liefen oder vor der Zeit abstürzten. Es lief alles so ab wie vor fünf Jahren, als ich den *Auftrag* schrieb.

Der Purpur

Der erste Gedanke zu dem Roman lag weit zurück. Im Juni 1940 hatte ich in Bralitz, meinem Geburtsort im Oderbruch, am weißen Sandufer eines kleinen Sees, der abgesoffenen Tongrube des Onkels Martin, in Rankes *Weltgeschichte*, seinem Alterswerk, über die Soldatenkaiser des 3. Jahrhunderts gelesen, darunter den Absatz über Quintillus. Den hatte nach dem Tod seines Bruders, des Kaisers Claudius II. Goticus, der Senat gewählt und zum Caesar ausgerufen, während das Heer sich durch Akklamationen für den General Aurelian entschieden hatte. »Zu einen Kampfe zwischen beiden kam es nicht«, schreibt Ranke. »Im Gefühl, sich nicht behaupten und doch auch nicht als Privatmann leben zu können, nachdem er das Imperium besessen, öffnete sich Quintillus die Adern.«

Gerade hatte Hitler Frankreich in einem Blitzkrieg besiegt. Ich hatte gefürchtet, es werde wieder zu Materialschlachten kommen wie im Ersten Weltkrieg. Nun war ich erleichtert, aber in meiner Neigung, stets Katastrophen zu denken, führte ich Rankes Gedanken weiter: Frühere Reichskanzler durften, wenn sie sich nicht behaupten konnten, zurücktreten und als private Bürger weiterleben. Hitler aber, so meinte ich, durfte das nicht. Wenn er sich nicht behaupten, etwa Großbritannien, den einzigen noch Widerstand leistenden Feind nicht besiegen konnte, wenn er zur Kapitulation gezwungen war, durfte er sich nicht als Privatmann auf den Obersalzberg zurückziehen und von seiner Pension leben. Er hatte alle Macht besessen wie ein Imperator, hatte das Volk in den Krieg geführt und trug allein die Verantwortung für sein Imperium. Wenn er sich nicht behaupten konnte, blieb ihm nur eins übrig, sich so zu entscheiden wie Quintillus.

Der Gedanke an den gescheiterten, unbekannten römischen Kaiser ließ mich nicht los. Ich hatte früher schon beschrieben, daß und warum mein erster Versuch eines Romans über Quintillus gescheitert war. In meinen Notizbüchern finde ich verschiedene Entwürfe für die Handlung. Keine davon habe ich, als es nun ernst wurde, übernommen.

Jetzt, im Jahre 1964, nachdem ich die Politik und ihre Mächte aus der Nähe gesehen hatte, war ich bescheidener geworden und wollte nun nichts weiter, als eine Geschichte vom Aufstieg, Glück, Unglück, Schuld und Schicksal eines Kaisers erzählen.

Doch so einfach war das nicht. In der Regel wußte ich, bevor ich mich an einen Roman machte, wie er anfangen und wie er enden sollte. Hier aber kannte ich nur das Ende der Geschichte, das die Historiker zudem in verschiedenen Versionen überliefern: Der Kaiser Quintillus habe sich die Adern geöffnet, schreiben die einen, während andere behaupteten, meuternde Soldaten hätten ihn erschlagen.

Zuerst zitierte ich in dem Roman alle Quellen über Quintillus, meist nur kurze Darstellungen, die sich in jeder Hinsicht widersprachen. Einige hielten ihn für naiv und politisch unbegabt, andere dagegen für einen Mann von einzigartiger Selbstbeherrschung und Bildung, der ein echter und großer Kaiser zu werden versprach. Die Zitate über alles, was die Geschichte über ihn weiß, nahmen knapp drei Seiten ein. Das war das Thema. Es folgten auf den übrigen fast 450 Seiten der Roman, der sich nun aus erfundenen »Dokumenten« zusammensetzte.

In Rom versammelte sich einige Jahre nach dem Tod des Quintillus ein Kreis seiner Freunde und Anhänger zu einem Gastmahl, um zu erforschen, warum ihm trotz seiner Integrität, politischen Begabung und seines mutigen Reformprogramms die Herrschaft entglitten war. Ob die Gründe im Verhältnis zu seinem Bruder lagen oder ob vielleicht ihre Frauen sein Schicksal mitbestimmt hatten.

Das Protokoll dieses »Gastmahls« verfolgte seinen Weg vom Privatmann bis zu Thron und Tod. In dem Gespräch dieser Runde, aus verschiedenen, natürlich fiktiven, Dokumenten, Briefen, Erinnerungen, Gesprächen wurde die anfangs so eindeutige, in rhetorischem Pathos der Zeit überhöhte Gestalt des Quintillus in sich immer widersprüchlicher und mehrdeutiger. Wie man eine Zwiebel Schale um Schale abtragen kann, so verfuhr das »Gastmahl« mit ihm in dem Bemühen, ihm Gerechtigkeit widerfahren zu lassen und die Gerüchte eines Verbrechens, des Brudermords nämlich, zu widerlegen, die, wie vermutet wurde, sein Nachfolger Aurelian verbreitet hatte; aber mit jeder Schale, die man abnahm, mit jeder Deutung, die sich als unhaltbar erwies, wurde der Kaiser fragwürdiger; die Teilnehmer des »Gastmahls« ahnten, unter welchem inneren oder äußerem Zwang er getan hatte, was manche nicht begreifen konnten. Erst wenn älteste Freunde nach langem Zögern berichteten, was sie hier gesehen und dort erlebt hatten, begannen sie zu verstehen, warum und wie er in die Katastrophe glitt.

Er erschien ständig in anderem Licht, doch manche seiner Taten geschahen ohne Zeugen, sie blieben verdächtig im Halbdunkel, so daß die Freunde ihn vor sich nicht mit Gewißheit von Schuld und Fehlern freisprechen konnten. Zum Schluß stand er als vielgeprüfter, vom Schicksal geschlagener Mensch vor uns, der keinen anderen Ausweg mehr sah, als sich von einem Feldscher die Adern öffnen zu lassen.

Der Kaiser behauptete kurz vor seinem Tode, die Götter hätten im Traum auf seine Frage, warum sie gerade ihn verlassen hätten, einander lächelnd angesehen, als habe er etwas ganz Unvernünftiges gefragt und geantwortet: »Weil es uns eben so gefiel.« Der Freundeskreis des Quintillus war über eine solche leichtfertige Antwort der Götter empört. Sie erhielten aber, als sie dem Orakel in Delphi dieselbe Frage vorlegten, dort dieselbe Auskunft.

Auch ein deutscher Pfarrer aus Siebenbürgen und Leser des Romans war später damit unzufrieden und sprach, in einem Brief an eine Malerin und Frau des Bukarester deutschen Stadtpfarrers, von meinem »sarkastischen Fatalismus«. Das war aber ein christliches Mißverständnis: Ich antwortete daher, im Roman deute einer der Freunde die Worte überzeugend wie folgt:

Vielleicht hätten die Götter gar nicht so willkürlich gehandelt, wie sie sich den Anschein gaben. Man könne zum Beispiel die Vermutung wagen, ihnen habe an einer Verbesserung der Weltläufte gar nicht gelegen, und des Kaisers Wunsch, Gerechtigkeit auf Erden herzustellen, hätten sie nicht gebilligt.

Und ferner sei es wohl denkbar, daß die Himmlischen überhaupt nichts von dem Plan des Kaisers hielten, alle Rechte gleichmäßig unter Gute und Böse, Dumme und Kluge zu verteilen. Es könnte ja sein, daß eine solche Ordnung in ihrem hohen, unerforschlichen Sinn mit Gerechtigkeit gar nichts zu tun hat... Kurzum: Die Gerechtigkeit des Himmels habe nichts gemein mit der Gerechtigkeit der Menschen.

Übrigens, so schrieb ich dem siebenbürgischen Pfarrer, seien Menschen, die so sprachen, viel frömmer als diejenigen, die immer genau zu wissen glauben, was Gott will und was er nicht will.Und außerdem sei die Antwort der alten Götter auch ganz lutherisch.*

Ludwig Giesz schrieb mir zu dem Buch, das Ganze erweise sich nun doch als »ein Palimpsest, wo wie bei dem Film *Rashomon* die tiefere Wahrheit verborgen bleibt, wenn man nur nach dem Buchstaben geht. Natürlich mußte ich doch darüber lächeln, wie diese Römer mit einer Verbindung von Logik, Sammlerfleiß und Psychologie die Wahrheit ganz zu erfahren glaubten, ja bei der Enthäutung der Zwiebel sich gegenseitig noch durch Tricks ermuntern und dabei einen Mann zeichnen, der Prinz von Dänemark sein könnte.«

Ich stimmte Ludwig Giesz' Vergleich mit dem japanischen Film *Rashomon* zu, »wenn auch hier einige kompositorische Unterschiede bestehen: Während in dem japanischen Werk die Folge angeblicher Tatsachen nacheinander in drei Spiegeln dargeboten

---

* Cum sit Deus verus et unus, deinde totus incomprehensibilis et inaccessibilis humana ratione, par est, imo necessarium est, ut iustitia sua sit incomprehensibilis. Zit. nach Rudolf Otto, *Das Heilige*, 1918, S. 111.

wird, schreitet sie in dem uns auf so glückliche Weise erhaltenen Literaturdenkmal des »Gastmahls« in dauernd wechselnder Spiegelung vorwärts. Wie in einer Spirale, möchte man sagen, kreisen wir – ja, um was? Um die Wahrheit? Ist sie in der Mitte?

Ein merkwürdiges kompositorisches Prinzip übrigens, das jedoch dem plotinischen Denkprozeß entspricht: Denn, daß sich die Wahrheit, das Eine, dem unmittelbaren Zugriff entzieht, dessen war der Autor sich wohl bewußt. Und sich der Wahrheit im dialektischen Walzertakt zu nähern, wie später Hegel, das unterließ er klugerweise, wohl ahnend, daß man dabei nur allzuleicht auf *Holzwege* gerät und daß einem das Seiende ein Bein stellt. Ist aber seine und des »Gastmahls« Art, die Wahrheit dauernd zu umkreisen, von Widerspruch zu Widerspruch aufsteigend, nicht vielleicht doch eine Möglichkeit, nun – nicht die Wahrheit zu ergreifen und zu besitzen, wohl aber ihrer in ihren Widersprüchen inne zu werden?«

Wie im Roman *Der Auftrag* ist also auch der Roman *Der Purpur* aus Dokumenten zusammengesetzt, die Quintillus und seinen Weg aus verschiedenen Blickwinkeln sehen. Das gab mir wieder Gelegenheit, zu spielen und mit vielen Stimmen zu sprechen und zu täuschen. Doch ich ließ auch wissen, daß unter all den erfundenen Dokumenten jedenfalls eins authentisch und eine wörtliche Übersetzung sei, verschwieg aber, welches. Unter den Rezensenten des Romans hat es später nur einer erkannt und wie beiläufig in seiner Besprechung erwähnt – der Kritiker des »Trierer Volksfreunds«.

In der von Aberglauben und Magie beherrschten Zeit schildern in dem Roman die Magier in Verhören, wie sich die Ereignisse in ihrer Sicht zugetragen haben, Senatoren reden wie Politiker aller Zeiten vorsichtig um die Sache herum. Ein frecher Schlager und eine anzügliche Pantomime zeigen, wie das Volk den Streit zwischen der Kaiserin Junia und Dardana, der Frau des Quintillus, ansieht.

Getreideschiebungen, die Berichte der *agentes in rebus,* wie der unschuldige Name der kaiserlichen Geheimpolizei lautete, die Unverfrorenheit der jungen Proleten aus Roms berüchtigtem Stadtteil Subura bei der Musterung, alle die kleinen Kapitel, die die Handlung vorantreiben oder hemmen, versuchen zu gleicher Zeit, ein Bild der Stadt und der römischen Welt zu geben.

In der Handlung und der Darstellung der Personen fühlte ich mich frei, aber die Zeit, in der sich die Handlung entwickelte, wollte ich, anders als im *Auftrag*, wo ich den chinesischen Kaiserhof ins Literarisch-Mythische erhob, nahe bei der historischen Realität lassen – soweit wir sie erkennen können. Stolz war ich daher, als ich Jahrzehnte später erfuhr, daß in einem gelehrten Buch über Römisches Recht in einer Fußnote stand, die Zeit sei in dem Roman gut getroffen.

Den Historiker Ammianus Marcellinus lasse ich in seinem verqueren, gewaltsamen und schweren Stil den Wankelmut der Göttin Fortuna beschreiben. Und es war erfreulich, später von der Althistorikerin Maria Radnoti-Alföldi zu hören, daß sie dieses Dokument des Sprachstils wegen für echt hielt. Als sie aber den lateinischen Text seines Werks suchte, entdeckte sie, daß das angegebene Buch des Ammianus Marcellinus überhaupt nicht überliefert ist.

Die Zeitschrift »Der Monat« brachte als Vorabdruck ein Kapitel aus dem Roman, nämlich den Brief eines Offiziers, der süffisant beschreibt, wie der General Aurelian mit Erstaunen in einem Trinklokal die Fresserei und Sauferei von germanischen Soldaten beobachtete, sich unvorsichtigerweise einmischte und in allgemeiner Trunkenheit schmählich von den Soldaten mißhandelt wurde. Darauf erhielt ich von einem amerikanischen Schulbuchverleger einen Brief, in dem er mich um den lateinischen Wortlaut bat, der ja amüsant sei und sich deshalb gut für ein lateinisches Textbuch eigne. Ich erwiderte, es tue mir leid, der Originaltext sei mir auf unerklärliche Weise abhanden gekommen.

Der Herr Vetter

Was darf sich der Autor eines historischen Romans erlauben? Alles. Er muß es nur überzeugend darstellen. Das Unmögliche, das wahrscheinlich ist, sei dem Möglichen vorzuziehen, das unglaubhaft ist, schreibt Aristoteles in seiner Poetik. Wie Homer verstecke ein guter Dichter die Unwahrscheinlichkeiten unter seinen anderen Vorzügen und mache selbst das Absurde anziehend. Das Unbegreifliche, meint er, passe zum Epos.

In der Geschichte der römischen Kaiserzeit traf ich oft auf Schriften des Althistorikers Lothar Wickert. Mit leichtem Grauen stellte ich mir vor, was er leiden mußte, wenn er einen Roman unter seinem Namen, nun jedenfalls doch seinem Nachnamen, zu Gesicht bekam, der willkürlich mit der überlieferten Geschichte umging, und wie peinlich es ihm sein mußte, wenn ernsthafte Kollegen ihn in der Nähe eines historisch so unseriösen Buches vermuteten oder gar, Gott behüte, ihn mit mir verwechselten.

Er war Ordinarius für Alte Geschichte an der Universität Köln, und ich glaubte ihn warnen zu müssen, damit er seinen Kollegen von vornherein sagen konnte, er habe mit diesem Machwerk nichts zu tun.

»Sehr geehrter Herr Professor«, schrieb ich ihm deshalb, »bitte lassen Sie sich durch die Tatsache, daß wir beide den gleichen Nachnamen führen, nicht irre machen: Dies ist kein Verwandtenbrief.

Eine Verwirrung könnte es indessen doch geben, weil ich im Begriff stehe, in recht unbekümmerter Weise Ihre Kreise zu stören. Und Sie schonend darauf vorzubereiten, ist der Sinn dieses Briefes.«

Das Buch, schrieb ich des weiteren, werde eine ganze Reihe, teils bewußte, teils, wie ich fürchtete, mir auch unbewußte Abweichungen von der Geschichte enthalten. Doch es gehe mir ja nicht darum, die historische Wirklichkeit (gibt es eine?), sondern das Charisma des Herrschers und den Verlust des Heils und der *felicitas* darzustellen.

Er antwortete sehr freundlich, erwähnte auch, daß er gerne historische Bücher lese, deren Stoff dem Mittelalter oder der Neuzeit entnommen seien; da wisse er nämlich nicht so genau Bescheid. Doch entmutigend fügte er hinzu: »Stammt der Gegenstand jedoch aus der griechisch-römischen Antike, dann verzichte ich lieber auf das Sehen oder Hören.«

Ich sandte ihm darauf den Roman *Der Auftrag*, der ihm gefiel, weil er ja im kaiserlichen China des vorigen Jahrhunderts spielt, von dem er keine Ahnung hatte. Anscheinend neugierig geworden, bat er schließlich, doch einmal mein Manuskript einsehen zu dürfen. Das aber war noch unvollständig. Ich schrieb ihm, ich würde es ihm schicken, wenn es fertig sei. Inzwischen fragte ich mich manchmal, ob ich ihm das wirklich antun sollte. Doch ich hatte es ihm nun versprochen.

Er bat mich schon einige Tage, nachdem er es erhalten hatte, zu sich. Er hatte es sofort und, wie er sagte, mit Vergnügen gelesen, zeigte mir einige Widersprüche, vermerkte – etwas traurig, wie mir schien – daß ich seine Datierung der Schlacht bei Naissus (Nisch) nicht übernommen hatte, fand aber sonst von seinem Fach her wenig auszusetzen. Er war ein literarisch interessierter, weitgebildeter Mann, erkannte verborgene Zitate in meinem Entwurf und entdeckte listige Anspielungen auf Menschen unserer Zeit, zum Beispiel in dem Bild Aurelians.

Nicht einig waren wir uns in unserer Unterhaltung darüber, wie weit der historische Roman sich von der Geschichte entfernen dürfe. Ich meinte, es sei alles möglich und verstieg mich zu der Behauptung, ein historischer Roman könne durchaus glaubhaft erzählen, wie ein Flugzeug der Alitalia zur Zeit des Augustus über Rom fliege. Das aber konnte der Althistoriker Lothar Wickert nun wirklich nicht ertragen. Damit verletzte man ja die Kontinuität der Zeit, die irreversibel in die Zukunft eilt.

Der gleichmäßig und nur von der Vergangenheit über die Gegenwart in die Zukunft dahinfliegende Pfeil der Zeit ist Voraussetzung der Geschichte und damit auch des historischen Romans; darin hatte Lothar Wickert schon recht. Dennoch schien es mir möglich, das Erscheinen eines Flugzeugs in der Antike glaubhaft darzustellen, wenn man das Phänomen der Zeit in den Mittelpunkt des Romans stellte und dann umständlich erzählt, wie etwa einer der minderen italischen Götter mit guten Beziehungen zu Chronos diesen überredet, als besondere Gunst den Pfeil der Zeit ausnahmsweise und ohne weitere kosmische Folgen auch einmal in die entgegengesetzte Richtung zu lenken und ein Flugzeug über ein antike Stadt fliegen zu lassen. So zwanzig Jahre später in dem Roman *Der verlassene Tempel* beschrieben.

Sehr ungewöhnlich, ja absurd! Dennoch ist mir bisher kein Leser begegnet, der in diesem Roman den Alitalia-Flug über die Stadt Velia des 3. Jahrhunderts n. Chr. für unglaubhaft gehalten hat. Im Gegenteil nach den vorhergehenden Dialogen über die Zeit und die Götter, war nach Aristoteles das Unmögliche wahrscheinlich und das Absurde anziehend geworden. Lothar Wickert hat diesen Roman noch mit Vergnügen gelesen.

Wir tauschten fortan unsere Bücher und Aufsätze aus, schrieben uns lange Briefe, und zwischen uns entstand eine Freundschaft, die bis zu seinem Tod anhielt. Er und seine Frau Gisela Wickert-Micknat waren weit über ihr Fach, die griechisch-römische Antike, hinaus gebildet, in der deutschen Kunst und Literatur bewandert, und darüber hinaus waren beide hervorragende Stilisten, denen ich auch in dieser Hinsicht wertvolle Hinweise verdanke.

Schließlich entdeckten wir, daß unsere beiden Familien unter Friedrich dem Großen als Kolonisten aus der Pfalz nach Preußen, meine in den Warthe-Distrikt, seine weiter hinaus nach Westpreußen ausgewandert waren. Um unsere Verwandtschaft zu beweisen, blieb schließlich nur noch ein einziges *missing link* übrig, das sich aber vermutlich in den Kirchenbüchern des heute polnischen Gebiets verborgen hielt und das die dortigen Behörden – es war ja noch die Zeit des Kalten Krieges – vor uns verheimlichten. Das hinderte uns aber nicht, seine Existenz als gewiß vorauszusetzen: Wir redeten uns deshalb zuletzt als Herr Vetter an.

Sie werden kräftig in die Speichen greifen

»Ich freue mich, daß Sie wieder da sind«, sagte Bundesaußenminister Schröder, als ich mich völlig erschöpft von der *tour de force*, in der ich den Roman geschrieben hatte, wieder bei ihm meldete. »Sie haben ein Dreivierteljahr Urlaub gehabt. Da werden Sie nun sicher kräftig in die Speichen greifen.«

Das klang so, als hätte ich die ganze Zeit Ferien gemacht; ich ließ ihn bei dem Glauben.

»Ich habe gleich etwas für Sie. In drei Wochen muß ich eine außenpolitische Rede vor dem Evangelischen Arbeitskreis der CDU/CSU halten, und zwar unter dem Thema ›Deutsche Politik heute und morgen‹.«

»Kein sehr origineller Titel«, sagte ich.

»Nein, aber da kann man alles reinpacken.«

Doch über das, was er alles reinpacken wollte, schien er sich noch nicht klar zu sein. Er nannte einige Themen und beschrieb seine innenpolitische Lage, die Angriffe, denen Rechnung zu tragen war. Bei einigen Politikern des Evangelischen Arbeitskreises könnte ich mich nach deren Themenvorschlägen erkundigen und ihm dann ein Exposé der Rede in Stichworten vorzeigen.

Er bekam die Stichworte einige Tage später. Wir besprachen sie, und ich legte ihm den Redetext schon zwei Wochen vor der Tagung auf seinen Schreibtisch. Er hatte nun vierzehn Tage Zeit

Herrn Gesandten Erwin Wickert
zum freundlichen Gedenken
in aufrichtiger Verbundenheit

am 11. Juni 69

Ludwig Erhard

und benutzte sie, neue, eigene Gedanken hineinzubringen und dafür meine Ideen und vor allem die schöne Einleitung durch eine trockenere zu ersetzen. Ein großes Unglück war es freilich nicht, denn was er schrieb, hatte Hand und Fuß, und schließlich war es ja auch sein gutes Recht, seine Rede nach eigenem Gutdünken zu verändern. Ich begann also, wie man sieht, mir etwas auf »meine« Reden einzubilden – die professionelle Eitelkeit der Redenschreiber! Dabei sollte ich doch froh sein, wenn ich nur die Hälfte meiner Gedanken retten konnte.

Im September 1965 sollten Bundestagswahlen stattfinden. Bis dahin geschah nichts in unserer Politik. Am Sonntag nach der Wahl, in der die CDU/CSU wieder stärkste Partei und in Koalition mit der FDP die Regierung unter Ludwig Erhard bildete, war ich bei Karl Hohmann in Rhöndorf. Sein Haus lag dicht unter dem Adenauers. Alles, was Bundeskanzler Erhard schrieb, beriet und verfügte, lief auch über Hohmanns Schreibtisch. Er hatte mich schon gelegentlich gebeten, die außenpolitischen Teile von Erhards Reden zu schreiben oder seine eigenen Entwürfe zu prüfen. Er wollte mich nun überreden, am außenpolitischen Teil von Erhards Regierungserklärung mitzuarbeiten, was dann auch geschah.

An diesem Sonntag war ich, wie ich meinen Notizen entnehme, unausstehlich pessimistisch. Ich klagte über die Unbeweglichkeit unserer Regierung auf außenpolitischem Gebiet. Die Partei fessele Schröder in seiner Ostpolitik. Erhard nehme zu viel Rücksicht auf die Vertriebenenverbände, deren Einfluß auf die Wähler stets überschätzt werde. Unsere Europapolitik sei zum Stillstand gekommen, nicht nur Frankreichs wegen. Chruschtschow hatte offenbar sondieren wollen, ob mit der Wiedervereinigung eine Neugestaltung Europas – natürlich nach sowjetischen Vorstellungen – möglich sei, aber seine Nachfolger blieben ebenso stur auf der alten Linie wie wir. Dabei sollten wir wenigstens sondieren, ob es möglich sei, sich mit Moskau über den Betonkopf Gromykos hinweg zu verständigen.

Gerade vor ein paar Tagen habe mir ein deutscher Industrieller, der enge, vielleicht zu enge Verbindungen zum sowjetischen Geheimdienst und insbesondere zu deren Chef Scheljepin hat, berichtet, seine Kontaktpersonen wünschten das Patt zu brechen und einmal vernünftig mit uns über die Deutschland-Frage zu reden.

Ulbricht, sagte ich zu Hohmann, habe in den letzten Jahren international an Ansehen gewonnen, wir aber nicht. Der Druck, ihm entgegenzukommen, wachse, nicht nur in der NATO, sondern auch bei uns. Unsere abgestandenen Deklarationen mit immer wiederholten Argumenten führten uns nicht weiter. Auch Washing-

ton wolle von uns wissen, welchen Preis wir für die Wiedervereinigung zahlen würden, die Sowjets auch. Die Anerkennung der
Oder-Neiße-Grenze? Noch mehr? Neutralität vielleicht? Wenn
wir nur still liegenblieben und nur unsere alten Forderungen wiederholten, schaukelten wir langsam dem Abgrund entgegen. Die
Zeit arbeite gegen uns.

Hohmann hörte interessiert zu und fragte, warum ich nicht
versuchte, etwas Bewegung in die Politik zu bringen. Ich lachte.
Dazu sei meine Basis doch viel zu klein. Um etwas zu bewegen,
brauche man eine Plattform, die Raum zum Handeln gebe, so daß
man wirklich und legitim in der Politik mitwirken könne.

»Denken Sie an eine Verbindung zwischen Bundeskanzleramt
und Auswärtigem Amt?« fragte er.

»Der Gedanke ist verlockend«, antwortete ich, »aber den Posten gibt es ja schon. Jedoch auch von da aus läßt sich nicht viel
bewegen: Das deutsche Volk in der Bundesrepublik hat sich auf
seinen Rechtspositionen zur Ruhe gelegt, schläft und will nicht
geweckt werden. Auf den Kanzler und die Parteiführungen kommt
es an. Sie allein könnten unserem Volk die Realitäten *ad oculos*
demonstrieren und Angst machen.«

»Sie haben meine Frage noch nicht beantwortet«, sagte Hohmann.

»Ich habe doch schon gesagt, daß das ein verlockender Gedanke ist; aber der Posten ist besetzt«, antwortete ich. »Deshalb
wäre ich mit einem ganz ruhigen Auslandsposten durchaus zufrieden, etwa als Botschafter in Kabul.«

»Das ist doch nicht Ihr Ernst?«

»Doch!« antwortete ich. »Das ist mein Ernst. Seit meiner Jugend träume ich von Afghanistan – aber der Posten in Kabul ist
auch nicht frei.«

Die Friedensnote

Am 22. Dezember 1965 hatte Staatssekretär Carstens Franzl Krapf
mitgeteilt, unser Verteidigungsminister von Hassel meine, die sowjetische Propaganda gegen uns wirke so stark im Ausland, daß
wir sie durch ein Weißbuch entkräften sollten.

Auch wir im Auswärtigen Amt hatten schon lange gesehen,

daß viele unserer Alliierten unseren Wunsch nach Wiederver-
einigung als den eigentlichen Hemmschuh für eine Ost-West-
Entspannung ansahen. Sie glaubten, man müsse nur ordentlich
Druck auf uns ausüben, daß wir diesen Wunsch aufgäben und
Ruhe hielten.

Ich gab Franzl am 10. Januar eine Aufzeichnung, in der ich zu
Hassels Vorschlag schrieb, ein Weißbuch wäre eine Verteidigung,
und Argumente der Verteidigung und Rechtfertigung fänden stets
weniger Interesse als Argumente der Anklage. Außerdem läsen
weder das Publikum noch leitende Politiker des Auslands dicke
Weißbücher.

»Unserer Informationsarbeit«, schrieb ich, »ist es nicht gelungen, das Bild des politisch unberechenbaren, militaristischen, re-
vanchistischen Deutschen durch ein friedlicheres Bild zu ersetzen. Wir werden das Bild, das die Gegner von uns zeichnen, kaum
durch ein anderes ersetzen können, wenn uns die Schlagzeilen
nicht positiv zeichnen.

Am erfolgreichsten werben Nachrichten. Nachrichten aber
werden nicht vom Bundespresseamt, sondern von der politischen
Führung gemacht. Man müßte also politische Initiativen entwik-
keln, die, ohne unseriös zu sein, die Weltöffentlichkeit beeindru-
ken und unsere politischen Ziele in günstigem Licht darstellen.«

Ich gab dazu einige improvisierte Beispiele vor allem aus der
Abrüstungs- und Nuklearpolitik.

Trotzdem erteilte Carstens Franzl am 2. Februar – wohl auf
Grund eines Gesprächs mit Schröder – die Weisung, eine Note zu
entwerfen, in der wir unsere alten Argumente Friedensliebe, Ge-
waltverzicht, ABC-Waffen-Produktionsverzicht und »was sonst
in dieser Richtung verwendbar« sei, darstellen sollten; denn die
Sowjets würden uns auf ihrem Parteitag im März vehement angreifen. Die Note »solle sich für die Übergabe an sämtliche Regierungen der Welt eignen«.

Franzl gab den Auftrag an mich weiter, aber ich erwiderte, ich
hätte keine Lust, die alten, langweiligen Argumente in einer Note
an die ganze Welt zu wiederholen. Franzl erwiderte, das sollte ich
dann am besten Carstens selbst sagen.

Das tat ich auch. Eine solche Note der ganzen Welt zuzustel-
len, sagte ich, sei unzweckmäßig. Der XXIII. Parteitag in Moskau
werde sich übrigens vorwiegend mit anderen Themen beschäfti-

gen. Wir sollten uns nicht nervös machen lassen und außerdem auf Angriffe nicht propagandistisch, sondern politisch reagieren. Wir sollten, wenn wir eine Note an alle schicken wollten, unsere Politik zu unseren Nachbarstaaten darstellen und neue Vorschläge zur Abrüstung und Sicherheit machen.

Carstens hörte sich meine Argumente an und sagte schließlich, niemand hindere mich, solche neuen Vorschläge in die Note aufzunehmen. Ich sei frei, die Note nach meinen Vorstellungen zu entwerfen. Dann könne man immer noch prüfen, ob es sinnvoll sei, sie an alle Welt zu richten. Einen Katalog möglicher Abrüstungs- und Sicherheitsmaßnahmen könne ich mir ja bei dem Abrüstungsbeauftragten Schnippenkötter holen, mit dem er deshalb sprechen werde.

Das Gespräch faßte ich in einer Aufzeichnung für Franzl zusammen und zog mich dann in meine Garage zurück, um eine Disposition der Note in Stichworten zu entwerfen.

Aus Schnippenkötters Arsenal hatte ich mir fünf Themen ausgesucht, darunter den Vorschlag, die Zahl atomarer Sprengköpfe und Raketen in Europa nicht mehr zu erhöhen, sondern abzubauen.

Carstens erhob dagegen Einwände und strich ihn, ich fügte ihn aber in der nächsten Fassung meines Entwurfs wieder ein; denn sonst wäre unser Kapitel mit Vorschlägen blaß, und alle Welt würde sich fragen, warum *tant de bruit pour une omelette* in einer Note an alle Welt. Carstens glaubte aber, das Verteidigungsministerium werde den Vorschlag sowieso nicht durchgehen lassen; schließlich aber war er dennoch bereit, ihn in die Sitzung des Verteidigungsrats einzubringen, wolle aber nicht dafür kämpfen.

Verteidigungsminister von Hassel erhob in der Tat Einwände, doch in Gesprächen mit Fachleuten aus seinem Ministerium einigten wir uns ziemlich schnell auf eine Formulierung, der alle, nicht nur Hassel, sondern auch unsere Alliierten zustimmen konnten. Sie blieb also in der Note und wurde zusammen mit dem Vorschlag, Manöverbeobachter auszutauschen, später auch in die Helsinki-Akte aufgenommen.

An dem Entwurf änderten Carstens und Schröder nur wenig; doch dann kam das Bundeskanzleramt! In der NATO mußte das Einverständnis der Alliierten eingeholt werden. Mit Kollegen aus der amerikanischen, französischen und britischen Botschaft besprach ich den Entwurf. Die Amerikaner und Engländer gaben hilfreiche Anregungen für einige Formulierungen, der französische Kollege nahm den Entwurf nur zur Kenntnis.

Es fanden weitere Besprechungen bei Carstens statt, in der ich auch Einsprüche von Kollegen des Auswärtigen Amts abwehren mußte. Franzl Krapf war in diesen Tagen als Botschafter nach Tokio versetzt worden, und sein Nachfolger als Leiter der Ostabteilung sah es nicht gern, daß ich ihn zwar über alles informierte, doch die Note unmittelbar mit Schröder und Carstens besprach und die Verantwortung bis zur endgültigen Fassung nicht aus der Hand gab. Er wünschte sich für meinen Entwurf eine »würdigere, männlichere Sprache«, fand mit seiner Kritik aber im Kreis der Kollegen und bei Carstens kein Verständnis.

Drachen kamen aus allen Höhlen, besonders aus dem Bundeskanzleramt, wo die Vertriebenenverbände ihre Fürsprecher hatten und wo Ratgeber saßen, die an unhaltbaren Rechtspositionen festhalten wollten. Einer der schärfsten Kritiker war der Bundesminister für besondere Aufgaben Heinrich Krone. In meinem Entwurf stand, das Verfahren, mit dem wir uns mit Frankreich über das Saarland geeinigt hatten, könne auch Vorbild bei der Lösung der deutschen Frage sein. Das war ja meine alte Idee, von der ich aber auch diesmal nur wenige überzeugen konnte. Wegen Krones Einspruch wurde dieser Passus aus der Note gestrichen.

Zum Thema Oder-Neiße-Linie zog sich die Note auf das alte Argument zurück, dieses Problem könne erst von einer freigewählten gesamtdeutschen Regierung entschieden werden. Einem Satz, der auch nur von ferne die Möglichkeit andeutete, wir könnten diese Grenze anerkennen, hätte keine Partei im Bundestag zugestimmt.

Ich notierte mir damals recht drastisch in mein Tagebuch: »Wir müssen die Vertriebenen einzeln knacken. Indem wir den Polen in bestimmterer Sprache entgegentreten, haben wir, wie ich hoffe, nur die Sudetendeutsche Landsmannschaft gegen uns.«

Carstens fügte an den Schluß des Polen-Absatzes in der Note den Satz ein, wir seien bereit, für die Wiedervereinigung auch Opfer zu bringen. Ich fand den Satz sehr gut und hilfreich. In den Zusammenhang mit der Oder-Neiße-Linie wollte Krone das Wort aber nicht stellen. Wir nahmen es daher an den Anfang der Note, wo es sogar wuchtiger wirkte.

Sehr schwierig war es, eine Formel über die Ungültigkeit des Münchner Abkommens zu finden. Über die Formulierung wurde bis zur Absendung der Note gerungen.*

Am Samstag, den 19. März, war die Reinschrift des endgültigen Entwurfs fertig. Ich brachte ihn mit Carstens' Unterschrift zu Karl Hohmann ins Bundeskanzleramt. Doch Schweiß brach mir aus, als er mich mit den Worten empfing, der Bundeskanzler freue sich auf die Note. Er habe den Bleistift zur Redaktion schon gespitzt, wolle die Note zwar nicht in seine Sprache bringen (O Gott!), aber einiges wolle er doch ändern. Die Behauptung, das Münchner Abkommen sei nicht mehr gültig, müsse weg. Ich erwiderte, der Text sei bereits mit unseren Verbündeten abgestimmt, und eine so wichtige Streichung würde dort »erhebliches Schütteln des Kopfes« bewirken. Man könne den Text nicht mehr verändern.

Ich rief Carstens am Sonntag zur Hilfe. Aber erst dem Bundesaußenminister Schröder gelang es am Montag, durch eine Kompromißformel den Sinn des Textes zu retten.

Doch als ich glaubte, nun sei alles klar, rief der Kollege Rouget aus dem Bundeskanzleramt an: Der Bundeskanzler wolle noch ein paar Änderungen anbringen. Ich war es leid und antwortete, es sei schon zu spät. Ich verschwieg, daß ich trotzdem auf einen Vorschlag einging und einen weniger wichtigen Satz änderte, der damit logisch deutlicher wurde.

Zuletzt, am Montag, den 21. März, kam der amerikanische Gesandte Hillenbrand in offizieller Demarche zu Carstens: Washington wolle, wir sollten dringend einen unserer Sicherheitsvorschläge ändern. Aber Carstens antwortete, die Note sei schon unterwegs. Doch erst am Nachmittag gab Carstens grünes Licht, und ich ordnete die Absendung an.

Nachdem soviel von der Entstehung der Note die Rede war, soll wenigstens ein kurzer Überblick über den Text gestattet sein: Die Note stellt zu Beginn unsere politischen Ziele dar:

---

* Die Diskussion darüber ist in einem Aufsatz von Rainer A. Blasius »Erwin Wickert und die Friedensnote der Bundesregierung vom 25. März 1966« enthalten, der auf meinen privaten Notizen fußt. »Vierteljahrshefte für Zeitgeschichte«, Heft 3/1995.

»Das deutsche Volk will in Frieden und Freiheit leben. Seine größte nationale Aufgabe sieht es darin, die Teilung zu überwinden, unter der es seit vielen Jahren leidet. Die Regierung der Bundesrepublik Deutschland hat mehrfach erklärt, daß das deutsche Volk bereit wäre, für seine Wiedervereinigung auch Opfer auf sich zu nehmen. Es ist entschlossen, diese Aufgabe nur mit friedlichen Mitteln zu lösen.

Der Gedanke an einen neuen Krieg, der ganze Länder und Völker und selbst Erdteile vernichten würde, ist ihm unerträglich. Es will dazu beitragen, daß sich eine solche Katastrophe niemals ereignen kann; und in diesem Wunsch weiß es sich mit allen vernünftigen Menschen einig.«

Damit sind die Grundsätze unserer Politik schon in den ersten beiden Absätzen dargestellt. Die Einleitung spricht darauf von den enttäuschend geringen Fortschritten in der Abrüstungspolitik, für die konkrete Vorschläge ankündigt werden.

Der Hauptteil der Note beginnt mit unserem Verhältnis zu Osteuropa, zitiert mit Sorge sowjetische Politiker und Generale, die uns mit atomarer Vernichtung drohen, beschreibt unser Verhältnis zur NATO und macht endlich sechs konkrete Vorschläge zur Abrüstungs- und Sicherheitspolitik.*

Am Montag, dem 21. März, spätnachmittags verließen die Kuriere mit der Note in ihren Kuriertaschen das Auswärtige Amt und fuhren zum Flugplatz oder Bahnhof. Telco, die Telegrammkontrolle, arbeitete die ganze Nacht und funkte sie verziffert in alle Welt.

Ein Mitarbeiter unseres Referats, Legationsrat Wolfgang Eggers, hatte in einem generalstabsmäßig ausgearbeiteten Plan die Versendung so eingerichtet, daß die Note, sei es durch Funk, sei es mit Kurier oder Luftbeutel in allen unseren Botschaften oder Vertretungen unserer Schutzmächte trotz der verschiedenen Zeitzonen so rechtzeitig vorlag, daß sie am 25. März überall den Außenministerien übergeben werden konnte.

---

* Der Text der Note und eine Auswahl der dazugehörenden Aufzeichnungen und Berichte ist abgedruckt in den »Akten zur Auswärtigen Politik der Bundesrepublik Deutschland«, 1966, Bd. 1.

In Prag

Am Freitag, den 25. März 1966, um zehn Uhr vormittags hielt das Taxi vor dem Palais Czernin, dem Außenministerium in Prag. In der Pförtnerloge wußte man schon Bescheid. Ein Angestellter führte mich zur Protokoll-Abteilung. In dem Empfangssaal begrüßte mich eine junge, elegante und den Augen wohlgefällige Dame, die mir ihre Visitenkarte überreichte, auf der stand: Vlasta Gregorowa, Premiére Secrétaire. Ich gab ihr meine Karte, und wir nahmen in Sesseln Platz.

»Rauchen Sie?« fragte sie.

»Ich rauche nur Pfeife; aber die habe ich nicht mitgebracht.«

Frau Gregorowa rauchte nicht. Sie fragte, ob ich mir schon die Stadt angesehen hätte, und was ich in Prag alles sehen wollte. Ich sagte, ich wolle, wenn Zeit sei, noch zum Schriftstellerverband gehen, ferner den Hradschin ansehen sowie das Grab Kafkas und die Altneuschul-Synagoge besuchen.

Nun, sagte sie, das sei ja ein schönes Programm; aber es gebe ja darüber hinaus noch viele andere Sehenswürdigkeiten in Prag, die zu besuchen sich lohne.

»Dazu werde ich wohl keine Zeit haben«, antwortete ich, »denn ich bin ja gekommen, um eine Note der Bundesregierung zu übergeben. Das ist mein Auftrag, wie Sie von Ihrer Militärkommission wissen. Diesen Auftrag habe ich zuerst auszuführen; deshalb bin ich hier.«

Frau Gregorowa machte ein trauriges Gesicht.

»Das trifft sich heute aber leider schlecht. Die Herren sind alle in Konferenzen.«

Dann lächelte sie. Sie hatte schöne Zähne. »Doch wozu die Eile!« fuhr sie fort. »Morgen ist Sonnabend, und da arbeiten wir im Außenministerium nicht. Vielleicht können wir uns in der nächsten Woche einmal über Ihre Note unterhalten. Denn – Sie verstehen – ich muß erst Weisung einholen.«

Ihr Deutsch war tadellos.

»Tun Sie das! Diese Note wird heute allen Regierungen der Welt, auch denen des Warschauer Pakts, zugestellt und am Abend veröffentlicht. Die Bundesregierung wollte, indem sie einen Emissär mit der Note nach Prag entsandte, Ihrer Regierung die Möglichkeit geben, den Text schon vor der Veröffentlichung kennenzulernen, da die Tschechoslowakei darin ausdrücklich erwähnt wird.«

»Ich werde das meinen Vorgesetzten sagen und Sie gegen Mittag oder am Nachmittag im Hotel anrufen.«

»Dann fahre ich jetzt in das Hotel zurück«, sagte ich, »und erwarte Ihren Anruf bis zwölf Uhr.«

Ich nahm meine Aktentasche, die ich seit meiner Abreise aus Bonn immer mit mir herumschleppte, und stand auf. Sie schien überrascht, vielleicht weil ich eine Frist setzte und nicht mit mir handeln ließ. Ich verabschiedete mich freundlich von ihr an der Pförtnerloge. Das Taxi hatte ich warten lassen. Ich hatte Kopfschmerzen von dem elenden Sekt gestern abend.

Wir unterhielten keine amtlichen Beziehungen zur Tschechoslowakei, hätten die Note freilich der Schutzmachtvertretung übergeben können; ich hatte aber Carstens gebeten, mich mit der Note nach Prag zu entsenden, weil sich in der Tschechoslowakei in der letzten Zeit ein frischer Wind gegen die doktrinären Positionen der Sowjetunion richtete. Die öffentliche Diskussion, die der Literaturwissenschaftler Goldstikker über Kafka begonnen hatte, war eins der Anzeichen dafür.

Die Tschechoslowakische Militärkommission, die noch aus Besatzungszeiten in Berlin bestand, hatte mich in Prag angemeldet und den Termin genannt, zu dem ich die Note im Prager Außenministerium abgeben konnte.

Am Donnerstag war ich auf dem Flugplatz angekommen, hatte bei der Paßkontrolle mein Visum wie jeder andere Reisende bekommen und war mit einer Taxe zum Hotel »Palace« gefahren, wo mir die Fluggesellschaft ein Zimmer mit Bad reserviert hatte. Ich bekam eins ohne Bad, vielleicht weil dort die Abhöreinrichtungen besser funktionierten.

Abends hatte ich mit Andreas Graf Razumovsky, dem Prager Korrespondenten der »Frankfurter Allgemeinen Zeitung«, in einem Restaurant gegessen, von dem er viel hielt. Ich hätte aber von dem Sekt nicht trinken sollen.

Das war gestern. Heute um halb zwölf rief Frau Gregorowa an und sagte, um ein Uhr sei Herr Ingenieur Rezek bereit, mich zu empfangen. Den Namen kannte ich schon aus unserem Osteuropa-Referat. Er war Leiter der 4. Politischen Hauptabteilung.

Herr Rezek empfing mich in seinem Büro mit zwei Mitarbeitern. Ich erklärte kurz Sinn und Zweck der Note und daß das Auswärtige Amt durch die Entsendung eines Emissärs die Bedeutung der Tschechoslowakei für uns betonen wolle.

Sie lasen die Note aufmerksam, machten Notizen und schienen es zu schätzen, daß der Passus über die Tschechoslowakei allen Regierungen der Welt mitgeteilt werde. Bevor er zu seiner sozialistischen Pflichtübung anhob, sagte Ingenieur Rezek wie zur Entschuldigung: »Ich bitte um Verständnis, daß ich nun als der hierzu beauftragte Beamte gehalten bin, die Ansicht meiner Regierung zu vertreten.« Und er fuhr fort: »Ich sehe mich gezwungen, gegen die Stellen der Note, die Polen und die Sowjetunion angehen, Vorbehalte anzumelden. Die Note würde meiner Regierung weniger Schwierigkeiten machen, wenn diese Stellen fehlten.«

Ich erklärte ihm, warum sie in der Note nicht fehlen durften. Er fragte, ob ich wenigstens befugt sei, sie in diesem an seine Regierung gerichteten Dokument zu streichen. Eine seltsame Frage! Damit man den sowjetischen Brüdern sagen konnte, wie sehr man diese Stellen beanstandet habe? Ich antwortete, dazu sei ich nicht befugt.

Zum materiellen Inhalt wolle er nicht Stellung nehmen. Seine Regierung, sagte er, werde aber alle unsere Vorschläge, die zur Sicherung des Friedens beitragen könnten, prüfen.

Um die Verzögerung bei meinem Empfang zu entschuldigen, sagte er, man sei sich über den Inhalt der Note nicht klargewesen. »Von Kollege zu Kollege« rate er, in Zukunft Verabredungen nicht mehr über die Militärkommission, sondern über die Außenhandelsstelle der ČSSR in Frankfurt zu leiten, zu deren Leiter das Außenministerium volles Vertrauen habe. Also offenbar nicht zur Militärkommission in Berlin.

Schließlich ließ er Kaffee kommen und leitete zum gemütlichen Teil über. Frau Gregorowa habe ihm gesagt, ich wolle noch zum Schriftstellerverband gehen, der hierzulande eine wichtige Rolle spiele, auch in der Politik. Ich erwiderte, wir verfolgten mit Interesse die Diskussion über Kafka, und auf Anregung unseres P.E.N., dem ich angehörte, wolle ich nachher Frau Schwarzowa im Schriftstellerverband fragen, ob man bei uns nicht ein Symposium mit ihren und unseren Literaten über Kafka veranstalten könne.

Rezek sagte dazu nichts. Kafka war ein heikles Thema; er lenkte ab: »Ich habe gehört, daß Sie auch Bücher geschrieben haben. Über Politik?«

»Eins der Bücher«, antwortete ich, »ist ein Roman, der die Verführung eines Volkes durch eine absurde Idee, den Aufstieg und inneren Zerfall einer revolutionären Bewegung beschreibt.«

»So?«

»Und zwar des chinesischen Volkes.«

»Ah!«

»Aber er spielt nicht in der Gegenwart«, fügte ich hinzu, »sondern im kaiserlichen China vor hundert Jahren.«

Seine Miene entspannte sich.

»Ach? So? Des kaiserlichen Chinas? Das könnte ja interessant sein. Ich werde mir das Buch einmal zu besorgen versuchen.«

»Wenn Sie das Thema interessiert, können Sie ein Exemplar von mir haben. Ich habe eins in meiner Tasche, das für den Schriftstellerverband bestimmt war, dem ich es aber auch mit der Post senden kann. Wenn Sie es wünschen, würde ich es Ihnen gerne geben.«

»Gerne!« sagte er. Meine handschriftliche Widmung, um die er bat, war freundlich, aber distanziert.

Als wir uns verabschiedeten, sagte er, er hoffe, wir würden uns bald wiedersehen. Ich hoffte das auch.

Der Friedhof, auf dem Kafkas Grab lag, war geschlossen. Der Taxifahrer sprach einigermaßen Deutsch. Er wunderte sich darüber, daß wir nicht hineingelassen wurden; denn auf dem Schild stand, der Friedhof sei von 13 Uhr an offen.

»Ja«, sagte die Wärterin, die nach langem Klingeln erschien, »aber nur für eine Stunde.« Ich gab ihr ein paar Blumen für Kafkas Grab. Nicht, weil ich ein großer Bewunderer Kafkas war, sondern weil die Stalinisten in Prag ihn nicht veröffentlichen wollten.

Der Taxifahrer konnte nicht verstehen, warum ich die Altneuschul-Synagoge besuchen wollte.

»Weil es die älteste Synagoge Europas ist«, antwortete ich.

»Ich halte nichts von den Juden«, sagte er.

»So? Und weshalb?«

»Weil sie so unreinlich sind.«

Er sagte *unreinlich*! Ich lachte und sagte, das sei mir bisher nicht aufgefallen. Sicherlich mußte er nachher Bericht über mich erstatten. In einem Antiquariat in der Nähe der Karlsbrücke kaufte ich ein paar deutschsprachige Bücher über die römische Staatsverwaltung. Im ersten Stock unterhielt ich mich mit dem schon recht alten Fürsten Schönborn, der dort als Verkäufer arbeitete.

Den Hradschin besuchte ich am nächsten Morgen. Ärgerlich war nur, daß ich im Veitsdom Peter Parlers Selbstbildnis am Triforium nicht fand.

Dann flog ich über Zürich zurück. An den Zeitungsständen im Flughafen sah ich, daß alle Zeitungen auf der ersten Seite von der »Friedensnote« berichteten, wie sie überall genannt wurde.

Das Echo in der Welt war groß, sowohl in den westlichen wie in den kommunistischen Staaten und in den Ländern der Dritten Welt. Die britische Regierung gab eine besondere Erklärung heraus, die französische hielt sich zurück, sie werde, ließ sie verlauten, die Note ernsthaft studieren. Hielt sie es vielleicht für unangemessen oder gar für vorlaut, daß wir zu weltpolitischen Fragen wie Abrüstung, Sicherheit und dem Verhältnis zu den Staaten des Ostblocks eigene Vorschläge machten? Die Sowjetunion kommentierte die Note erwartungsgemäß negativ, auch die anderen Staaten des Ostblocks, diese aber erstaunlich differenziert. Offenbar schätzten sie es, daß sie in weltpolitischen Fragen wie souveräne Staaten angesprochen und um ihre Ansicht gebeten wurden. Von der sowjetischen Generallinie durften sie freilich nicht abweichen.

Alle Parteien im Bundestag stimmten zu. Schröder hatte die Note, bevor wir sie absandten, mit den Fraktionsvorsitzenden Barzel (CDU), Kühlmann-Stumm (FDP) und Erler (SPD) besprochen. Erler hatte mich bei dieser Gelegenheit auf ein zum Text passendes Zitat aufmerksam gemacht, das ich auch übernahm.

Das Auswärtige Amt war mit dem Echo zufrieden. Wir waren uns dennoch bewußt, daß die Note einen großen Fehler hatte: Die DDR war darin nicht einmal erwähnt worden, obwohl ihre Existenz doch der größte Felsbrocken auf dem Weg zur Entspannung war. Jedoch weder war die Zeit reif, noch war das Fundament, auf dem die Regierung Erhard stand, tragfähig genug für Pläne zu einer grundlegenden, auch die DDR einschließenden Ost-West-Entspannung.

Beamte haben keine Namen

Jörg Kastl, neuer Sprecher des Auswärtigen Amts, sagte, Schröder habe sich über den Leitartikel des »Spiegel« geärgert, der beschrieb, wie die Friedensnote entstanden sei. Noch mehr aber habe er sich geärgert, als die »ZEIT« anfragte, ob ich Werner Höfer ein Interview »Über die Entstehung einer Note« geben dürfe. Kastl sagte, auch er habe den Eindruck, ich suche die *Publicity* und mache zuviel Werbung für mich selbst. Ich antwortete, ich hätte mich jedenfalls korrekt und Schröder wie dem Auswärtigen Amt gegenüber immer loyal verhalten. Außerdem schade etwas Publizität dieser Art dem Amt doch gar nicht.

Aber so ganz Unrecht hatte Jörg Kastl dennoch nicht. Ich sah gern, wohl auch zu gern, wenn mein Name in Verbindung mit meinen Büchern oder Hörspielen genannt wurde. Ich hoffte, daß der Schriftsteller während seines Dienstes als Beamter nicht vergessen würde, und ich wünschte, daß man sich in der Öffentlichkeit meiner Romane erinnerte. Das war der Grund dafür, daß ich der Presse gegenüber nicht genug Zurückhaltung zeigte. Ich freute mich zwar über lobpreisende Besprechungen und Artikel, aber – es mag hochmütig klingen – ich bildete mir darauf nie etwas ein.

Ende April 1966 war ich mit Klaus Simon, dem Leiter des Ministerbüros, bei Schröder, um über seine kommende Rede vor dem Evangelischen Arbeitskreis der CDU/CSU zu sprechen. Wir unterhielten uns zu Beginn über einen Artikel im ›Spiegel‹, für den Schröder Günter Gaus verantwortlich machte.

Ich sagte: »Ich habe ihn vor ein paar Tagen gesehen. Er ist nicht der Autor. Und bei dieser Gelegenheit will ich mich auch von dem Artikel über die Friedensnote im ›Spiegel‹ distanzieren.«

»Das ist auch nötig«, sagte Schröder. »Ich dachte, er sei über Ihren Freund Conrad Ahlers reingekommen.«

»Mein Freund Conrad Ahlers«, antwortete ich, »war die ganze Zeit in Vietnam. Außerdem stimmte der Artikel ja nicht. Osterheld wurde als Mitautor genannt; dabei hat er doch überhaupt nichts mit der Note zu tun gehabt. Der Artikel diente nur dazu, dem Bundeskanzleramt das Verdienst an ihr zuzuschreiben.«

»Dabei ist sie doch meine eigene Idee«, sagte Schröder. »Ich habe in meinen Notizen noch einmal nachgelesen. Ich habe das alles eingeleitet. Und der Bundeskanzler hat zum ersten Mal davon gehört, als er den ersten Entwurf bekam.«

»Nein«, widersprach ich. »Nicht einmal das ist der Fall. Er hat erst davon Notiz genommen, als Krone oder Hohmann ihm sagten, daß in der Note Substanz sei. Denn er wollte die »Schlußredaktion« erst übernehmen, als ich mit der endgültigen, auch mit den Verbündeten bereits abgesprochenen Fassung zu ihm kam. Sein Interesse an der Note erwachte eigentlich erst während des Bundesparteitags der CDU.«

Schröder schien überzeugt zu sein, er sagte: »Erhard kann überhaupt keinen Entwurf herumliegen sehen, ohne ihn zu korrigieren. Er hat auch das Vorwort zu dem gerade herausgekommenen Weißbuch geändert, worauf ich mich geweigert habe, es zu drucken.

Ich habe übrigens im Urlaub Ihren *Purpur* gelesen. Es war etwas schwer hineinzukommen, dann aber habe ich es glatt durchgelesen. Ich habe mich doch einmal überzeugen müssen, ob das Geld des Steuerzahlers gut angelegt war.«

»Der deutsche Steuerzahler«, antwortete ich, »hat keinen Pfennig dazu beigesteuert. Ich habe das Buch nämlich in einem ›Urlaub unter Fortfall der Dienstbezüge‹ geschrieben.«

»Nun ja – aber dann war eine Planstelle in der ganzen Zeit vakant.«

Auch das war nicht richtig, aber ich ließ es so stehen. Er war mißtrauisch, und zu einem Kompliment konnte er sich nicht durchringen. Er fragte nach der Auflage, und ich antwortete, der Roman sei bei weitem kein Bestseller, aber er verkaufe sich ganz gut.

»Und was die *Publicity* von Beamten angeht – Beamte haben keine Namen«, sagte er. »Wenn Botschafter von der Presse herausgestellt werden, dann kann man das nicht immer verhindern; aber hier im Amt muß der Minister allein als der Verantwortliche genannt werden.«

»In meinem Fall ist das aber ein Problem. Ich bin schon vor meinem Eintritt in das Auswärtige Amt oft in der Presse erwähnt worden. Auch heute werde ich gelegentlich um Angaben zu meiner Person für ein literarisches Porträt gebeten. Dann kann ich nicht verschweigen, daß ich im AA bin. Aber ich erwähne immer, daß der Bundesaußenminister für meine literarische Tätigkeit und überhaupt für Literatur und Kunst Verständnis hat. Das ist doch auch Werbung für das Amt.«

Schröder gab zu, daß das für mich ein Problem sei.

»Gegen literarische Interviews habe ich ja auch nichts, und – Sie haben recht – es kann eben passieren, daß man einmal unbeabsichtigt in die Presse kommt.«

Ich gab Schröder meinen Stichwort-Entwurf für seine Rede. Er sagte, bevor er ihn las, er wolle über Wirtschaft, Bildung und Jugend als Komponenten der Politik sprechen, eine Analyse des Lebens und der Situation geben, auch der Situation in der Zone – über den innerdeutschen Zusammenhalt – darüber, daß die Politik für den Menschen gemacht werde – über die Bedeutung der USA, die sich vor allem für unsere Wiedervereinigung einsetzten. Keine andere Macht hat, wie schon Walter Hallstein gesagt hatte, die Macht, Europa zu einigen. (Was natürlich gegen Frankreich gerichtet war.)

Das alles war recht unbestimmt. Er drückte sich unpräzise aus, war unkonzentriert und dachte erst beim Reden. Daß ich schon ein Konzept geschrieben und daß er es in der Hand hatte, schien er überhaupt vergessen zu haben.

Klaus Simon fragte mich, als wir draußen waren: »Na, sind Sie jetzt viel erleuchteter? Sie sollten vielleicht das, was Sie eben gehört haben, mit Ihrem Entwurf irgendwie verschmelzen.«

Wir waren uns darin einig, daß er heute einen schlechten Tag hatte.

Karl Jaspers und die Friedensnote

Hubert Schrade, bei dem ich in Kunstgeschichte promoviert hatte, war emeritiert worden und von Tübingen nach Freiburg gezogen; ich wollte ihn besuchen. Als ich Jaspers schrieb, ich werde in der Nähe von Basel sein, bat er mich, doch am 6. April nachmittags zu ihm zu kommen.

Seine Haushälterin führte mich hinauf. Er saß am Schreibtisch und bot mir einen Sessel weit entfernt auf der anderen Seite des Teppichs an. Ich kannte das: weil er Infektionen vermeiden wollte; da er aber schwer hörte, bat er mich schließlich, den Sessel näherzurücken.

Im »Spiegel« waren gerade Auszüge aus seinem Buch *Wohin treibt die Bundesrepublik?* erschienen. Er sagte, er habe nur das Umbruchexemplar da; das würde er mir gerne über Nacht leihen; aber ich nahm das Angebot nicht an, denn ich wollte nicht in Basel übernachten, sondern Franz noch am selben Abend in Freiburg am Bahnhof abholen.

Er sei überrascht, daß der »Spiegel« nur die Stellen veröffentlicht habe, die die Bundesrepublik Deutschland kritisierten, sagte er. Doch er habe sich damit abgefunden, »denn Reklame muß ja sein«.

Ich brachte das Gespräch auf die Friedensnote, ohne meine Mitarbeit daran zu erwähnen.

»Das war aber doch keine gute Note«, sagte Jaspers. »Die Kommunisten haben sie mit Hohn und Spott zurückgewiesen.«

Ich widersprach: »Meiner Ansicht nach hat sie ausgezeichnet gewirkt. Daß die Kommunisten sie zurückweisen würden, war von vornherein klar. Immerhin haben sie auf die sachlichen Vorschläge bisher noch nicht geantwortet, sondern nur geschimpft. Spott und Hohn, von dem sich der Moskauer FAZ-Korrespondent Pörzgen so beeindrucken ließ, ist noch keine Antwort. Außerdem sollte die Note, die ja nicht nur an Moskau und Osteuropa gerichtet war, sondern an alle Welt, dort und besonders bei unseren Alliierten Zweifel an unserer Friedfertigkeit und unserem Wunsch nach Entspannung beseitigen.«

»Ja, wollen die Deutschen denn den Frieden?«

»Ja. Und die Bundesregierung auch.«

»So sehe ich das nicht«, antwortete Jaspers. »Wer Grenzen verändern will, die bestehenden Grenzen Europas nicht anerkennt, der gerät doch wohl zu Recht in den Verdacht, den Frieden stören zu wollen. Schon wer an überholten Rechtspositionen festhält, der stört den Frieden.«

»Auch wir im Auswärtigen Amt halten nicht an Positionen fest, die wir ohnehin einmal aufgeben müssen. Das würde nur Unheil bringen. Andererseits kann die Bundesregierung manche Positionen nicht aufgeben, wenn sie nicht Selbstmord begehen will. Dazu gehört die Oder-Neiße-Frage. Die kann wahrscheinlich nur eine Allparteien-Regierung oder eine Allparteien-Übereinkunft lösen. Man darf an die Bundesregierung keine unerfüllbaren Forderungen richten. In unserer Note zum Beispiel mußten wir von der faktischen Lage ausgehen, der politischen Basis, auf der unsere Regierung steht. Die kann man nicht auf einen Schlag ändern.«

»Natürlich«, erwiderte er, »darf man nur das Mögliche wollen, muß aber auch Anstrengungen machen, das Richtige möglich zu machen.

Sie sind doch nun schon viel in der Welt herumgekommen und haben gesehen, wie klein die Bundesrepublik Deutschland als politischer Faktor ist. Ich beschäftige mich immer wieder mit der Mauer und dem Stacheldraht. Die müssen verschwinden.

Ich denke so: Wenn die Bundesregierung erklärt, kein Soldat der Bundeswehr werde je den Boden der DDR betreten, und ein solcher Befehl, wenn er vom Militär kommt, brauche nicht befolgt zu werden, dann wird das die Friedfertigkeit der Bundesregierung bezeugen. Wie denken Sie darüber?«

»Dann versetze ich mich einmal in die Rolle eines amerikanischen NATO-Generals«, sagte ich, »der den Auftrag hat, unsere Freiheit zu verteidigen. Wie soll er das bewerkstelligen, wenn wir uns so verhalten, wie Sie es sich vorstellen, und wenn die Nationale Volksarmee uns mit Artillerie, Raketen oder Flugzeugen angreift? Was soll er dann tun?«

»Also Sie glauben, der Plan werde schon aus technischen Gründen scheitern.«

»Ja.«

Jaspers trug dann einen anderen Plan vor:

»Um die Mauer verschwinden zu lassen, muß man den Grund für die Mauer beseitigen. Ulbricht hat sie gebaut, um die Flucht in die Bundesrepublik zu verhindern. Geflohen sind die meisten aus materiellen Gründen. Man muß die Zone besserstellen. Wir sollten ein umfassendes Handelsabkommen mit ihr abschließen, viel investieren, den Handel der Zone nach Westen umlenken, so daß sie wirtschaftlich nicht mehr von der Sowjetunion abhängig ist. In der Zone wird sich dann der Lebensstandard heben, die Menschen werden nicht mehr in die Bundesrepublik fliehen wollen. Die Mauer wird überflüssig.«

Er hielt das für einen ganz logischen Gedankengang. So einfach dachte er sich Politik und Wirtschaft. Ich erwiderte:

»Nach der Berechnung meiner Mitarbeiter hat der intensivere Osthandel der NATO-Länder die Abhängigkeit der osteuropäischen Länder von der Sowjetunion nicht wesentlich gemindert.

Um die Zone von der Sowjetunion wirtschaftlich unabhängig zu machen, braucht man unerhört viel Kapital. Und daß sie es mit ihrem Wirtschaftssystem richtig einsetzt, ist sehr fraglich. Außerdem würde die Sowjetunion jeden Versuch in dieser Richtung unterbinden.«

»Diese Bedenken sind mir auch schon gekommen; aber wie können die Sowjets Ulbricht denn zwingen?«

»Ganz einfach: indem sie ihn militärisch nicht mehr stützen. Denn er wird doch von sowjetischen Truppen gehalten. Gespräche und Abmachungen mit Ulbricht werden weder zur Wiedervereinigung noch zum Abriß der Mauer führen. Die Sowjetunion hat die Zone. Nur sie kann sie freigeben. Mit Moskau allein muß man sprechen.«

Dem stimmte Jaspers zu.

Wir hatten eine halbe Stunde gesprochen. Er mußte hinausgehen. »Es ist meine Krankheit. Bitte bleiben Sie noch!« Ich hörte ihn nebenan expektorieren.

Wir sprachen über andere Themen: politische Persönlichkeiten der Bundesrepublik. An Wehner zweifelte er wegen seiner kommunistischen Vergangenheit. Er fragte, welche Parteien »gut« seien, und er wollte wissen, ob man von einer Verbürgerlichung der marxistischen Welt sprechen könne.

Als es sieben Uhr war, klingelte es unten. Ich verabschiedete mich. Am Fuß der Treppe machte sich Frau Jaspers zu schaffen. Sie war anscheinend verwirrt und sprach durcheinander. Mit allen Deutschen kriege sie Zank und Streit, sagte sie. Daher sei es auch ganz gut, daß sie nicht mehr in Heidelberg wohne. Ich hätte als Student immer eine blaue Schleife getragen. Als ich sagte, ich könne mich daran aber gar nicht erinnern, antwortete sie, sie entsinne sich aber ganz genau.

Unvermittelt fragte sie, ob ich eigentlich Nazi gewesen sei. Ich erwiderte, nach meinem Eintritt ins Auswärtige Amt sei ich auch der Partei beigetreten; aber ich sei doch trotzdem oft zu ihnen zu Besuch gekommen, als ihr Mann zwangsemeritiert worden sei.

»Ja, aber vielleicht hat das niemand gesehen!« Was sie damit meinte, weiß ich nicht. »Sie sollten jetzt öfter zu meinem Mann und mir kommen. Wir sind nur meinetwegen aus Heidelberg weggezogen.«

Sie zeigte mir eine schöne Fotografie Heidelbergs vom Philosophenweg aus, die eigentlich ihrem Mann geschenkt worden sei und die jetzt in ihrem Zimmer an der Wand hing; aber sie habe ein viel innigeres Verhältnis zu Heidelberg als ihr Mann. Im gleichen Atemzug erzählte sie von ihrer Haushälterin aus gut württembergischen Hause, die über ihre Antipathie gegen die Nazis lache.

Ich mußte mich schnell verabschieden, damit Franz in Freiburg nicht zu warten brauchte.

Frau Jaspers sagte noch: »Ach, wie schade, daß mein Mann immer über Politik schreibt! Ich tippe ja immer noch seine Manuskripte ab. Manchmal möchte ich mich weigern, diese Dinge zu schreiben.«

Ich fuhr enttäuscht zurück nach Freiburg. In der Studentenzeit war mir Jaspers ein Wegweiser zur Erkenntnis des Menschen und der geistigen Situation der Zeit gewesen. Heute, wo er über konkrete politische Möglichkeiten urteilte, erhoben sich seine Ansichten nicht über Stammtischniveau, und seine politischen Empfehlungen waren fern der politischen Wirklichkeit.

Entspannung

In der NATO verstärkten sich die Entspannungstendenzen. Ich glaubte, die Bundesregierung sollte ihnen nicht entgegenwirken, sondern versuchen, sie durch eigene Vorschläge zu beeinflussen, weil sonst die Gefahr bestand, daß unsere Verbündeten weiterreichende Initiativen ergriffen, die auf unsere Kosten gingen.

Den Entwurf für eine Note an die Tschechoslowakei hatte ich schon vorbereitet. Ihr Zweck war, die Frage des Münchener Abkommens zu entpolitisieren, es moralisch zu verurteilen, aber ob und seit wann es ungültig sei, von einem Gremium internationaler Völkerrechtler untersuchen zu lassen.

Ich entwarf einen Brief Schröders an Bundeskanzler Erhard. »Unser Vorschlag«, schrieb Schröder, »ist also nicht ein bloßer taktischer Zug, sondern ein Versuch, das Problem ernsthaft zu prüfen und, wenn möglich, einer Lösung zuzuführen. Der Vorschlag würde, was ebenso wichtig ist, auch unseren Verbündeten zeigen, daß wir uns ernsthaft um Entspannung bemühen.«

Doch zu dieser Note kam es nicht mehr. Das Kabinett war der Ansicht, wir sollten mündlich verhandeln, aber wohl doch im

Sinn unseres Notenentwurfs, soweit Carstens ihn vorgetragen hatte. Offensichtlich hatte das Kabinett Angst, vor den Wahlen in Bayern und Hessen im November zu der scheinbar seltsamen Frage Stellung zu nehmen, ob das Münchner Abkommen *ex tunc* oder *ex nunc* ungültig sei. Aus der Antwort ergeben sich jedoch gewichtige Folgerungen, zum Beispiel, ob die enteigneten Sudetendeutschen Restitutionsansprüche geltend machen können oder nicht.

Carstens, der mir von der Kabinettssitzung erzählte, fügte hinzu, er fürchte, seine Rolle sei nicht gerade ein Höhepunkt seiner Karriere gewesen: eine bescheidene und sympathische Untertreibung, zumal Carstens stets geschickt, präzise und auf hoher intellektueller Ebene zu argumentieren pflegte. Er formulierte schnell, sprach ruhig und überlegen, ohne – wie Hallstein – den anderen seine Überlegenheit fühlen zu lassen. Die rhetorische und emotionale Sprache, die er später als Bundestagsabgeordneter und Fraktionschef glaubte sprechen zu müssen, wirkte dagegen künstlich und aufgesetzt und überzeugte selten.

Hohmann, der inzwischen dritter Mann im Bundeskanzleramt geworden war, überlegte, als ich ihn in diesen Tagen besuchte, ob ich nicht das »außenpolitische Büro« im Bundeskanzleramt übernehmen sollte. Schröder wiederum dachte daran, mich zum stellvertretenden Leiter der Kulturabteilung zu machen, wie mir Carstens sagte. Ursprünglich hatte er daran gedacht, mich zum Leiter der Kulturabteilung zu ernennen, doch dann wären der Wissenschaftsminister, der Leiter der Kulturabteilung im Innenministerium und der im Auswärtigen Amt alle Protestanten gewesen. Natürlich könne ihm niemand verbieten, mich dennoch zum Leiter zu ernennen, meinte Carstens; aber dann stünde ich von vornherein gegen eine Front, die mir die Arbeit schwermachen würde.

Ich fuhr erstmal mit Franz und Barbara nach Kärnten in den Urlaub. Wir waren schon drei Wochen dort, als Carstens mich zurückrief. Schröder bat mich, den Bundeswirtschaftsminister Schmücker, der zu Wirtschaftsverhandlungen nach Rumänien fuhr, zu begleiten und ihm in außenpolitischen Fragen, in denen er nicht auf dem laufenden sei, zur Hand zu gehen und für den reibungslosen Ablauf des Besuchs zu sorgen, da unser Vertreter Strätling dann erst sechs Tage auf seinem Posten in Bukarest sei.

Schmücker wollte auch mit Ministerpräsident Maurer sprechen. Die rumänischen Vertreter in Bonn hatten dem Kollegen Billy Haas aus dem Osteuropa-Referat gesagt, es sei unsicher, ob er ihn sehen könne. Als er ihnen vor ein paar Tagen sagte, ich käme auch mit, hätten sie aber, wie Haas berichtete, die Ohren gespitzt und gesagt, unter diesen Umständen sei ein Gespräch mit Maurer wohl doch möglich. Aber Haas warnte sie zu Recht davor, an die Tatsache, daß ich mitreiste, politische Erwartungen zu knüpfen.

Buchmesse

Mittwoch, den 1. Oktober 1966. Schröder sprach in Frankfurt zur Eröffnung der Buchmesse. Er hatte aus meinem Entwurf nur einen Satz, der vielleicht die Osteuropäer etwas hätte stören können, gestrichen. Am Sonntag hatte er mich angerufen, ich möchte doch noch etwas über die völkerverbindende Eigenschaft des Buches, kurz einige »überwölbende Gedanken« hinzufügen. Ich schrieb also noch eine kurze »überwölbende« Passage hinzu.

Die Rede wurde mit Beifall aufgenommen. Nur der tschechoslowakische Festredner Grohmann beschwerte sich über Schröders Wunsch, die tschechoslowakischen Buchläden TUSEX sollten auch deutsche Bücher im Sortiment haben. Das sei doch der Fall, sagte er. Sie stünden seit einem halben Jahr in diesen Läden und seien jederzeit greifbar. Schröder rief mich zu Grohmann, und ich bestritt dessen Behauptung. Zufällig kamen Andreas und Dorothea Razumovsky, die ja in Prag wohnten, vorbei. Sie bestätigten, was ich sagte, und wollten mit Grohmann um eine Flasche Wodka wetten. Doch er war wütend und nahm nicht an dem anschließenden Abendessen teil, zu dem der Vorstand des Börsenvereins geladen hatte. Aber ich traf dort Frau Schwarzowa, die ich in Prag im Schriftstellerverband besucht hatte.

In der Rede hatte Schröder ein Wort Bertolt Brechts zitiert. Peter Härtling sagte, bei diesem Zitat habe Brentano weithin hörbar an seinen Sarg geklopft: Brentano hatte Brecht nämlich einmal mit Horst Wessel verglichen.

Jörg Kastl und ich fuhren mit Schröder in seinem Wagen nach Bonn zurück. Schröder sagte, er habe die Rede eigentlich noch etwas ändern wollen. Aber als Meyer-Lindenberg, Leiter der 1. Politischen Abteilung, daran nichts auszusetzen fand, habe er den Text so übernommen, wie er war.

Wir sprachen zwei Stunden intensiv über politische und personelle Fragen. Schröder wollte die Beziehungen mit Rumänien schnell aufnehmen, das Thema nicht vom Bundestag und den Ausschüssen zerreden lassen. Vor allem müsse Erhard endlich einmal handeln. Er sollte sich um das Gerede einfach nicht kümmern. Ich sagte, wir sollten aber nicht eingleisig fahren, sondern auch an die Tschechen denken, die unsere Fortschritte in den Verhandlungen über die Aufnahme amtlicher Beziehungen mit den Rumänen sähen und den Zug zu verpassen fürchteten.

Schröder stimmte mir zu, als ich sagte, an der Forderung nach einer formellen Anerkennung unserer Berlin-Formel sollten die Verhandlungen nicht scheitern; wichtig sei nur, daß die Rumänen uns in der Praxis die Vertretung der Berliner Interessen gewährten. Rumänien sei unter starkem Druck der Sowjetunion und Ulbricht. Wir dürften nicht zu viel von ihnen verlangen.

Wir sprachen über Botschafter, die Format haben wie Johnny Herwarth, Grewe, Franzl Krapf, Duckwitz und Mirbach. In Paris, meinte Schröder, brauchten wir einen Botschafter, dem nicht die Knie schlotterten, wenn er zu de Gaulle gerufen werde.

Schröder war am nächsten Tag überrascht von den freundlichen Kommentaren der Autoren, Verleger und Journalisten zu seiner Rede.

Zuviel Entspannung

Um zwei Uhr kam ich zu Hause an, aber um halb sechs stand ich sehr unwillig wieder auf, um nach Paris zu fahren und an der Sitzung der Ost-Experten in der NATO teilzunehmen.

Die Tendenz, uns zu politischen Zugeständnissen zu drängen, um das Verhältnis unserer Verbündeten zu den kommunistischen Staaten zu entspannen, hatte zugenommen. Die Kanadier, die seit vielen Jahren diese Front anführten, hatten am Tag vorher, als ich noch auf der Buchmesse in Frankfurt war, den Antrag gestellt, *for presentational purposes,* also nur für die Informationspolitik der NATO, eine Studie über den Status Deutschlands, die Hallstein-Doktrin, die Grenzfrage und so weiter auszuarbeiten.

Mein Vertreter hatte den Antrag scharf ablehnen wollen. Ich nannte den Vorschlag aber im Komitee gut und begrüßenswert. Unsere Position werde in der Öffentlichkeit oft falsch dargestellt, im Osten wie im Westen. Die Studie sollte unsere Haltung in den Medien korrekt beschreiben und falsche Ansichten richtigstellen. Über die Substanz dieser Fragen, die ja – wie der Alleinvertretungsanspruch – im Grundgesetz oder in den Pariser Verträgen festgelegt seien, brauchten wir in der NATO nicht zu diskutieren. In dieser unschädlichen Form kam der kanadische Vorschlag dann in den Bericht der Ost-Experten.

Den Kanadiern sagte ich in einer Sitzungspause, daß wir uns mit ihnen in bilateralen Gesprächen natürlich jederzeit auch über substantielle Fragen unterhalten könnten.

Einige Zeit später sprach ich bei einem Mittagessen darüber mit dem kanadischen Botschaftsrat Cameron und sagte, wir seien die Musterknaben der Allianz, hätten alle unsere Truppen der NATO unterstellt, freiwillig Rüstungsbeschränkungen auf uns genommen, seien die Protagonisten der europäischen Einigung – aber all das habe in unserer nationalen Frage, der Wiedervereinigung zu nichts geführt. Viele unserer Alliierten sähen in der Sowjetunion keine Gefahr mehr. Wir aber stünden am Eisernen Vorhang, oft allein gelassen, dem großen, immer noch anwachsenden militärischen Potential des Warschauer Pakts gegenüber.

Da sei es nicht zu verwundern, wenn in Deutschland manche davon redeten, wir sollten uns doch mit den Sowjets arrangieren. Die deutsche Rechte habe schon in der Weimarer Zeit zu einem Arrangement mit Moskau geneigt. Wir wollten zwar die Entspannung, und ich, wie er wisse, ganz besonders, aber man dürfe uns nicht zu sehr drängen, damit wir Tendenzen, die mehr als Entspannung zwischen uns und den Sowjets, nämlich ein Arrangement forderten, kontrollieren können.

Und ich erzählte ihm von einem Gespräch mit Zbigniew Brzezinski, einem unserer amerikanischen NATO-Ostexperten und dem späterem Sicherheitsberater Präsident Carters. Er fühlte noch immer stark seine Bindung an die alte Heimat Polen.

Als er sagte, wir sollten endlich die Oder-Neiße-Grenze anerkennen, hatte ich ausweichend geantwortet, dieses Thema sei nicht aktuell, denn zur Zeit sei das ja nicht unsere Grenze zu Polen, sondern die der DDR. Wenn wir sie jetzt anerkennen, würden außerdem viele Wähler, vielleicht sogar die Mehrzahl, das mißbilligen.

Auch er als gebürtiger Pole müsse verstehen, daß es sie schmerzen würde, endgültig auf ein Gebiet zu verzichten, das viele Jahrhunderte lang das ihre gewesen sei. Das seien nicht einfach Gefühle, die man beiseite schieben könne, sondern Realitäten, mit denen eine auf Wählerstimmen angewiesene Regierung rechnen müsse.

Brzezinski hatte darauf ziemlich ruppig erwidert: »Dann werden wir Amerikaner eben Fakten schaffen und Konsulate in Szczecin und Wroclaw eröffnen.«

»Das können Sie natürlich tun«, hatte ich erwidert. »Indessen würde ich dann gerne an Kossygins und Breschnews Stelle sein. Das nämlich wäre der geeignete Zeitpunkt, uns ein großzügiges oder jedenfalls großzügig scheinendes Angebot zu machen, vielleicht sogar das der Wiedervereinigung unter propagandistisch wirksamen Bedingungen, das unsere Wähler beeindrucken würde und unsere Regierung unter starken innenpolitischen Druck setzen würde, mehr noch als die sowjetische Note im Jahr 1952.«

Als ich hinzufügte, im Herbst 1964 hätte ich den Eindruck gehabt, Chruschtschow habe mit uns über eine grundlegende Neuordnung Mittel- und Osteuropas reden wollen, war Cameron überrascht und beunruhigt.

Ein Problem

Jedermann lachte über seine falsch gewählten Worte und Ungeschicklichkeiten. Auch ich lachte wie die anderen, aber im Grunde tat er mir leid. Aus meinen politischen Notizen will ich einige Anekdoten wiedergeben, die authentisch sind. Nicht, damit man auch über ihn lacht, sondern weil man seine Gedanken ja so gut verstehen kann; sie passen nur nicht in die Situation. Sein Weltbild war begrenzt, aber er war ein aufrechter Mann. Man hätte ihm dieses hohe Amt nicht übertragen dürfen.

Blankenhorn erzählte, als er die Vorbereitungen für seinen Staatsbesuch in Paris mit ihm besprach und ihm die Speisekarte für das Diner vorlegte, das der Bundespräsident für de Gaulle geben wollte, habe Lübke Blankenhorns Menuvorschlag entschieden abgelehnt: Das seien ja die Allerweltsgerichte der internationalen Küche. Das Essen müsse deutschen Charakter haben. Er kenne zum Beispiel einen Metzger im Oldenburgischen, der eine Kalte Platte mit den hervorragendsten deutschen Spezialitäten herrichten könne, daß einem schon beim Anblick das Wasser im Munde zusammenlaufe. Zum Beispiel den rohen und gekochten westfälischen Schinken, die geräucherten und ungeräucherten Würste, Gänsebrust, geräucherten Aal und Flundern von der See, Kieler Sprotten, die nicht zu verachten seien, Roastbeef, das auf der Zunge vergehe, und was es sonst noch an Delikatessen aus deutschen Landen gebe. Kurz, er sprach wie spätere Würdenträger, die ihren ausländischen Gästen Pfälzer Saumagen oder Hamburger Eisbein in der Erwartung vorsetzten, sie würden diese Leckerbissen genießen.

Blankenhorn widersprach deshalb aus langer diplomatischer Erfahrung dem Bundespräsidenten, aber Heinrich Lübke war Westfale und starrsinnig. Die ganze Vorbereitung des Staatsbesuchs, sagte Blankenhorn, habe ihn fast so viel Nerven gekostet, wie der Versuch, den Bundespräsidenten zu überzeugen, daß eine Kalte Platte anstelle eines Staatsdiners in Paris unmöglich sei.

Hans Schirmer, der den Bundespräsidenten Lübke und seine Gattin auf einem Staatsbesuch in den Iran begleitete, erzählte:

»Der Bundespräsident gab für den Schah und seine Gemahlin Farah Diba ein Abendessen in der Residenz des deutschen Botschafters zu Teheran. Es war ganz außergewöhnlich, daß das Herrscherpaar eine Einladung in eine fremde Botschaft angenommen hatte. Um halb zwölf zupfte Wilhelmine Lübke Farah Diba am Ärmel und zeigte auf die Uhr. Die Kaiserin übersah das. Nach einer Weile beließ es Frau Lübke nicht bei Gesten, sie sagte der Kaiserin, daß es nun doch schon sehr spät sei. Farah Diba stand auf, ging zum Schah und flüsterte ihm etwas ins Ohr. Er war konsterniert; denn es war ihm noch nie geschehen, daß ein Gastgeber ihn hinausgeworfen hatte. Er wollte es wohl auch gar nicht glauben. Da aber beseitigte der Bundespräsident alle seine Zweifel und sagte: ›Majestät, es ist wohl besser, wir machen jetzt Schluß, sonst kriegen wir noch Krach mit unseren Frauen.‹

Der Schah und seine Gattin gingen. Am nächsten Tag wurde der Hofmarschall zum Botschafter gesandt, um sich zu erkundigen, ob die Indisposition von Frau Lübke vorüber sei. Sehr galant also, die Taktlosigkeit zu übersehen und sich den Anschein zu geben, als glaube er, Frau Lübke habe sich unwohl gefühlt.«

Hans Schirmer war auch auf der Reise nach Persepolis dabei. Der wissenschaftliche Führer schilderte die Größe des persischen Reichs, als der Erbauer des Palastes, Dareios, der König der Könige, alle Völker vom Hellespont bis zum Persischen Golf, vom Schwarzen Meer bis nach Oberägypten beherrschte. Heute kündeten nur noch diese Ruinen von seiner Größe.

Der Bundespräsident wollte dem Führer etwas Tröstliches sagen. »Ja, wie der Alexander das alles zerstört hat! Aber warten Sie, wenn Ihr Reich wieder einmal so groß ist wie unter Dareios und wenn Sie wieder alle Völker vom Schwarzen Meer bis Ägypten beherrschen, dann bauen Sie das alles in kurzer Zeit wieder auf.«

Der Führer entgegnete: »Ach, Exzellenz, wir müßten ja dann alle unsere Nachbarvölker unterwerfen! Aber unser persisches Volk ist ein friedliches Volk. Es will keinen Krieg!«

»Ja,« antwortete Heinrich Lübke listig, »das Volk vielleicht, aber« – und er deutete mit dem Finger in die Höhe – »auch die da oben?«

Ich habe bei anderen Gelegenheiten noch mehr solche Anekdoten von Zeugen gehört, möchte es aber mit diesen genug sein lassen. Wer davon hörte, lachte darüber, aber man war auch traurig.

Er war ein braver Mann, aber im Jahr 1959 als Lückenbüßer in ein Amt versetzt worden, das ihn überforderte und das er leider noch um eine zweite Amtsperiode verlängerte, obwohl ein früher Prozeß des Alterns ihm die Übersicht immer mehr einschränkte. Er tat mir leid, ganz besonders, als der »Stern« und dann andere Medien verbreiteten, er habe im Kriege Zäune für Konzentrationslager entworfen und geliefert: wie wir heute wissen, eine dreiste Fälschung der DDR.

Als er von einem seiner letzten Staatsbesuche zurückkam, wo er sich übrigens wiederum strikt an die Vorschläge seiner Begleitung gehalten hatte, fragte er nach der Landung in Bonn unseren stellvertretenden Protokollchef Hans Graf Welzcek ängstlich: »Habe ich diesmal wieder alles ganz falsch gemacht?«

Kehrtwendung der Ostpolitik?

Ende September 1966 erschien im Deutschland-Union-Dienst, einem Organ der CDU, ein Artikel über unsere Ostpolitik, der forderte, unsere Beziehungen zu den osteuropäischen Staaten zu normalisieren. Sie hätten zwar seit langem amtliche Beziehungen zur DDR.

Das Risiko, daß Staaten der Dritten Welt, die uns anerkannten, dann ebenfalls Beziehungen zur DDR aufnähmen, sollten wir eingehen wie im Jahr 1955, als Adenauer mit der Sowjetunion Beziehungen aufnahm. Der Modus, den wir bei dieser Gelegenheit angewandt hatten, wurde in dem Artikel als Modell für unsere amtlichen Beziehungen zu den übrigen Ostblockstaaten empfohlen.

Der Artikel war unsigniert. Die »Frankfurter Rundschau« sprach von einer »Kehrtwendung der deutschen Ostpolitik«, was aber nicht zutraf; sondern der Artikel empfahl nur eine mutigere und elastischere Ostpolitik. Es handle sich, schrieb die Zeitung weiter, nicht um eine »Journalistenarbeit ins Blaue«, vielmehr habe der Autor den Artikel mit den maßgebenden Politikern der CDU abgesprochen. Von welchen Unions-Gruppen die Kehrtwendung gedeckt wird, sei bisher nicht zu erfahren gewesen.

Bundestagspräsident Gerstenmaier hatte ernste Bedenken gegen die Aufnahme amtlicher Beziehungen zu den osteuropäischen Staaten, und es war zu einer erregten, lautstarken Auseinandersetzung zwischen ihm und Schröder in der CDU/CSU-Fraktion gekommen. »Daran wird er bis an sein Ende denken. Das wird er mir nie vergessen«, sagte Schröder vierzehn Tage später.

Jörg Kastl erzählte, Krüger, stellvertretender Sprecher der Bundesregierung, habe den Artikel im Deutschland-Union-Dienst scharf verurteilt. Auch in der Direktorenkonferenz des Auswärtigen Amts sprachen einige Teilnehmer ihr Erstaunen aus. Der Presseberichterstatter Schneppen sagte ihnen zur Erklärung, der Artikel stamme von mir und sei vom Minister abgesegnet.

9. Oktober 1966

Als Wirtschaftsminister wird man Erhard noch lange feiern, schrieb ich in meinen Tagesnotizen; als Bundeskanzler ist er unfähig. Das hat man schon früher gewußt, schon als die Koalitionsparteien ihn zum Kanzler machten. Sie taten das nicht, weil er der Fähigste war, sondern weil er eine Wahllokomotive war. Die Lokomotive zieht jedoch schon lange nicht mehr. Sie bremst.

Die ihn zum Kanzler gemacht haben, wollen ihn jetzt gerne wieder loswerden, können sich aber nicht auf einen anderen einigen. Schröder wäre wohl der beste, aber er hätte Strauß und Gerstenmaier als unversöhnliche Gegner neben sich. Die CDU/CSU fällt auseinander. In diesem Alterns- und Zerfallsprozeß will eine neue Generation ran: Barzel zum Beispiel, aber die Alten, die an der Macht sind, wehren sich dagegen.

In unserer Politik geschieht nichts mehr. Der Immobilismus ist jedoch nicht auf die Bundesrepublik Deutschland beschränkt. In der Sowjetunion und den Vereinigten Staaten sieht es ähnlich aus. Alle Welt macht hastige Bewegungen und gibt sich den Anschein, als laufe sie voran, aber sie tritt nur auf der Stelle. Es ist die Zeit, die davonläuft. Ich nenne das eine sublunare Politik: »Guter Mond, du gehst so stille.« Dabei geht der Mond gar nicht. Die Wolken gehen. Der Mond tut nur so.

Es wäre gut, wenn Sie hierblieben

Es ging nichts mehr voran. Erhard schob Entscheidungen hinaus. Es kam zu einer Krise in der Koalition wegen der Haushaltspolitik. Doch der eigentliche Grund für die Krise war, daß man Erhard loswerden wollte. Die FDP wie die Regierungsparteien sahen, daß mit ihm keine Wahl mehr zu gewinnen war.

Die Arbeit in meinem Referat war Routine geworden. Ich war sechs Jahre Referatsleiter und wollte wieder auf einen Auslandsposten. Blankenhorn drängte mich schon lange. Er war Botschafter in London, und ich sollte Gesandter und sein Vertreter sein.

Das Angebot gefiel mir. Die Aufgabe, Großbritannien an die Sechsergemeinschaft heranzuführen, reizte mich. Der englische

Lebensstil gefiel mir. Und die Aussicht, statt der wenig unterhaltsamen Artikel der »*Prawda*«, »*Iswestija*«, »*Scinteia*« und »*Rude Pravo*« jeden Morgen die »*Times*« und den »*Guardian*« zu lesen, war verlockend.

Der Personalchef Raab sagte mir am 1. Oktober, er habe mich für einen Auslandsposten vorgeschlagen, aber da hätten beide Staatssekretäre und der Minister abgewinkt. Schröder wollte mich nicht gehen lassen. Ich sah ihn am 13. Oktober. Er bat mich zu warten, bis der stellvertretende Leiter der Kulturabteilung ins Ausland versetzt werde. Ich erwiderte, das werde aber, wie ich in der Personalabteilung gehört hatte, erst in anderthalb Jahren möglich sein. Wenn ich dann noch drei Jahre Dirigent der Kulturabteilung wäre, würde ich insgesamt elf Jahr im Inland sein.

Schröder sagte dazu: »Herr Raab rechnet nicht mit dem Himmel. Das meine und sage ich gar nicht zynisch. In den nächsten Monaten kann soviel geschehen. Es können sich viele Änderungen in der Spitzengruppe des Auswärtigen Amtes ergeben.«

Er sah zum Fenster hinaus. Träumte er? Dann wandte er sich wieder mir zu: »Und wer wird dann hier auf diesem Stuhl sitzen? Auf solche Veränderungen wird ja lebhaft hingearbeitet. Adenauer schickt eine Truppe nach der anderen gegen Erhard ins Feld: Erst Gerstenmaier, und nachdem er es nicht geschafft hat, Franz Josef Strauß. Und da der auch nicht so richtig zieht, wird er vielleicht noch einmal auf mich zurückgreifen. Vielleicht wird man wieder von einer Großen Koalition reden. Jeder wartet eben auf den günstigen Zeitpunkt.«

Zum ersten Mal hörte ich ihn von einer Großen Koalition reden, noch etwas vage und ahnungsvoll. Sah er sie schon auf sich zukommen? Es klang wie der Abschied von einer Epoche.

»Doch zurück zu Ihnen! Es wäre gut, wenn Sie hierblieben. Ich hätte Sie gerne in meiner Nähe.«

Er sprach warmherzig, und die anerkennenden Worte, mit denen er sonst sehr sparsam war, kamen ohne Zögern von seinen Lippen.

»Ich schätze die Art unserer Zusammenarbeit. Sie hat sich bewährt. Sie haben große Verdienste um unsere Außenpolitik. Sie wissen es ja selbst.«

Nach einer Pause: »Bei der letzten Rede zur Buchmesse hatte ich zwar Zweifel, aber sie ist doch sehr gut eingeschlagen.«

Das war für seine Art viel. »Ich werde mit Raab sprechen, ob wir Ihnen etwas anderes anbieten können, das Ihnen gefällt.«

»Die Tätigkeit für Sie gefällt mir auch, und wenn ich nun auch nach Prag und Bukarest reisen und dort verhandeln kann...«

»Ja, in unserer Ostpolitik«, sagte er, nun wieder ganz nüchtern und bei der Sache, »in der müssen wir vorankommen. Aber Sie kennen ja die Entscheidungsfreudigkeit unserer Regierung. Jetzt wird unsere Ostpolitik schon wieder in der eigenen Partei angegriffen. Und nun etwas Persönliches: Simon geht nach Kopenhagen, und ich brauche einen neuen Persönlichen Referenten. Können Sie mir raten?«

In der Wiedergabe seiner Worte halte ich mich auch hier streng an meine Notizen, lasse aber weg, was er über innenpolitische Gegner sagte. Beim Abschied bat er mich wieder, ihm jederzeit meine politischen Anregungen oder Ideen mitzuteilen. Ich sagte, ich hätte da einige Vorschläge zur Abrüstung, die ich ihm vorlegen werde. Ich dachte an eine engere Zusammenarbeit mit Schweden, Israel, Japan und Indien, so daß wir nicht immer als die einzigen herausgestellt werden, die in der Frage der Non-Proliferation von Nuklearwaffen eigene Vorstellungen hätten.

Seine Worte über meine Verdienste freuten mich, doch ich beziehe sie nur auf meine Mitarbeit in der Ost-West-Politik, die aber lediglich ein Segment unserer Außenpolitik war. Über andere wichtige Bereiche, zum Beispiel die Nahost- und die Europa-Politik, habe ich mich nicht gekümmert. Ich war und bin mir auch darüber klar, daß nur das Verständnis, daß ich bei Franzl Krapf und Carstens und nicht zuletzt bei Schröder selbst fand, zu einigem Erfolg führte.

Eine neue Epoche

Vier Wochen nach meinem Gespräch mit Schröder, am 7. November 1966, rief mich Hans Schirmer an. Er, Günter Diehl, Adolf Sonnenhol und ich sollten uns abends in der Landesvertretung Baden-Württemberg treffen. Kurt Georg Kiesinger wolle mit uns sprechen. Am nächsten Tag sollte, wie die Presse berichtete, die CDU ihren Kandidaten für die Nachfolge Erhards nominieren. Zur Wahl standen Schröder, Gerstenmaier, Kiesinger und Barzel.

Kiesinger kam, als wir vier uns schon versammelt hatten. Er

kam geradenwegs von Gerhard Schröder, der ihm den Posten des Außenministers angeboten hatte, in der stillschweigenden Voraussetzung, die CDU/CSU werde ihn selbst als Nachfolger Erhards zum Bundeskanzler vorschlagen.

Wir vier waren in der Rundfunkabteilung des Auswärtigen Amts während des Krieges Kiesingers alte Mitarbeiter gewesen. Ich kannte ihn damals freilich nur aus den für mich bestimmten Telegrammen an die Botschaft Tokio, da ich schon im August 1940 als Rundfunkattaché in den Fernen Osten versetzt worden war. Und bis dahin war er mir, der erst kurz vorher eingetreten war, noch nicht vor Augen gekommen.

Erst nach dem Krieg, als er einen Vortrag in Heidelberg über Alexis de Tocqueville hielt, lernte ich ihn kennen. Danach habe ich ihn dann öfter getroffen, besonders während meiner NATO-Zeit. Wenn immer er nach Paris kam, und das war oft der Fall, trafen wir uns und lösten in langen Abendgesprächen bei gutem französischen Essen und altem Bordeaux die Weltprobleme.

Über die turbulenten Ereignisse vor und nach Kiesingers Nominierung berichtet schon *Mut und Übermut*, der erste Teil meiner Biographie. Ich will mich daher hier nicht wiederholen.

Schröder hatte ich erst kennengelernt, als er Bundesaußenminister und mein Vorgesetzter wurde. Die Arbeit führte uns näher zusammen. Er sah aus meinen Aufzeichnungen und Entwürfen für Memoranden, daß ich über unsere Politik gegenüber Osteuropa und den Vereinigten Staaten so dachte wie er; er gab mir deshalb Möglichkeiten, dies auch zu formulieren. Eine Rede für ihn zu entwerfen, war für mich daher nicht schwer.

Ich schrieb sie, wie ich sie halten würde, stünde ich an seiner Stelle hinter dem Rednerpult. Meistens trafen meine Entwürfe das, was auch er dachte. Wo seine Meinung abwich, änderte er den Text in seinem Sinne und glich ihn seinem Wortschatz an.

Lange Reden, wie ich sie für ihn ausarbeitete, hielt er selten. Er war auch mit Interviews sparsam und konnte an Mikrofonen vorbeigehen, ohne hineinzusprechen, wozu Politiker selten imstande sind. Er war dennoch populär, gerade weil er sich zurückhielt und sich nicht billig machte. In Bundestagsdebatten konnte er auf Zwischenrufe gut, manchmal schneidend antworten; aber er fuhr nie aus der Haut. Er verhielt sich nicht kumpelhaft mit jedermann. Vielen war diese Distanz sympathisch, anderen schien er zu kühl und unzugänglich. Er war nicht starrköpfig, aber er hätte manchmal mehr Erfolg gehabt, wenn er sein Ziel auf Umwegen angesteuert hätte.

Er besaß nicht den politischen Wagemut und die Unbedenklichkeit, mit der Strauß voranschritt. Aus Loyalität zu Erhard, über dessen Schwächen er sich klar war, hielt er sich zurück, als dessen Sturz vorhersehbar war. Er blieb an seiner Seite, als die meisten Ratten Erhards sinkendes Schiff schon verlassen hatten. Er packte nicht entschlossen zu, sondern wartete, bis man ihn zu einem der Kandidaten machte. Er zögerte auch später oft zu lange und verlor gegenüber denen, die die kräftigeren Ellbogen hatten.

Schröder und ich unterhielten uns gelegentlich auch über persönliche Dinge, Ferienaufenthalte, unsere Familien, die Bücher, die wir lasen, die Journalisten, die wir kannten – aber Distanz wahrten wir beide. Er war Minister, ich war Beamter. Er war, wie schon geschildert, der Ansicht, ein Beamter solle seinen Dienst tun und in seinem Dienst namenlos sein. Nun, ganz so rigoros meinte er es wohl nicht. Wir sprachen vertraut miteinander, aber nicht *al pari*.

Dennoch blieb ich Schröder stets verbunden. Er besuchte mich, als ich Botschafter in Bukarest war, und später auch in China. Dort machten wir mit unseren Frauen eine Reise zur Oase Turfan in die Wüste Gobi; und als ich im Ruhestand war, nahm ich teil an dem »Schröderkreis«, dem einige Dutzend Politiker, Journalisten, Diplomaten, Generale, Wissenschaftler und Wirtschaftler angehörten. Wir trafen uns in seinem Haus auf dem Heiderhof in Bad Godesberg zu Referaten von aktiven Politikern und vertraulichen Diskussionen. Nichts davon erschien darüber in der Presse.

Mit Kiesinger sprach ich *al pari*. Ihm stand ich näher, wir hatten dieselben Freunde, hatten Ähnliches in der schwierigen Zeit des Krieges erlebt, waren uns später oft begegnet, sprachen nicht nur über Politik, sondern über Geschichte, Philosophie und Literatur, und wir lasen dieselben amerikanischen Krimis. Außerdem leerten wir manche Flasche Rotwein, sowohl in Paris wie später im Kanzler-Bungalow neben dem Palais Schaumburg. Als das Erste Deutsche Fernsehen ein Jahr vor seinem Tod ein Gespräch mit einem Rückblick auf sein Leben und seine Zeit aufnehmen wollte und ihm anheimstellte, einen Gesprächspartner zu nennen, wählte er mich. Ich freute mich darüber.

Am 1. Dezember 1966 wählte der Bundestag Kurt Georg Kiesinger zum Bundeskanzler. Willy Brandt wurde Außenminister und Gerhard Schröder Minister für Verteidigung. Blankenhorn, jetzt Botschafter in London, rief mich an, ich solle so bald wie möglich als Gesandter zu ihm kommen. Er habe mir das schon so oft angeboten. In Bonn beginne eine neue Ära; das sei Grund genug, Bonn den Rücken zu kehren.

Eine von Brandts ersten Aufgaben war, auf der Dezembertagung der NATO-Außenminister sich und seine Politik vorzustellen. Er bat mich zu sich und fragte, ob ich die Rede entwerfen könne. Er sei mit den anstehenden Problemen der NATO nicht vertraut. Ich versprach, ihm meinen Entwurf an einem der nächsten Tage vorzulegen.

Als er sich erkundigte, ob ich auch in Zukunft bereit sei, Reden für ihn zu entwerfen, zögerte ich. Es sei selbstverständlich, sagte ich, daß ich ihm die Rede für die Ministerkonferenz der NATO schriebe. Bisher hätte ich Reden für die von Schröder vertretene Außenpolitik der CDU entworfen. Da er aber vermutlich andere Akzente setzen werde, sei es besser, wenn er einen Mitarbeiter, der mit seinen Ideen vertrauter sei, beauftrage, seine Reden zu schreiben. Zum Beispiel Egon Bahr.

Am 8. Dezember fand bei Brandt eine Sitzung statt, in der über die NATO-Ministerkonferenz beraten werden sollte. Es nahmen teil unser NATO-Botschafter Wilhelm Grewe, Ulrich Sahm, Jörg Kastl und ich. Brandt war unkonzentriert und hörte nur halb zu. Er konnte die recht komplizierten Themen, die Grewe mit gewohnter Präzision vortrug, offenbar nicht verstehen. Sein Hauptanliegen schien zu sein, das Kabinett davon zu überzeugen, daß wir dem Umzug der NATO von Paris nach Brüssel nicht zustimmen sollten. Grewe warf kühl ein, der Umzug sei praktisch bereits entschieden und der Beschluß nicht mehr rückgängig zu machen.

Meinen Redeentwurf las Brandt erst nach der Sitzung. Er wurde daraufhin von Egon Bahr, dann von dem neuen Staatssekretär Klaus Schütz und zuletzt von Willy Brandt selbst überarbeitet.

Ende Januar 1967 hatte die sowjetische Regierung uns eine recht scharfe Note gesandt. Sie sollte beantwortet werden. Ruete,

Nachfolger Franzl Krapfs als Leiter der Ostabteilung, hatte, wie schon erwähnt, ungerne gesehen, daß Schröder und Carstens mir unmittelbar Aufträge gaben oder mich zu sich riefen, ohne ihn zu beteiligen. Ich unterrichtete ihn zwar stets darüber, führte aber meine Aufgaben selbständig aus.

Ruete bat nun nicht mich, sondern den Leiter des Sowjetreferats, die Antwortnote zu entwerfen. Die gefiel ihm aber nicht. Nun wurde ich doch gebeten. Ich hielt es nicht für notwendig, auf die Polemik der sowjetischen Note einzugehen und schlug eine kurze Antwort vor. Ruete vermischte die beiden Entwürfe. Ich las sie, aber mir gefiel diese Vermischung nicht. Günter Diehl, damals Chef des Planungsstabs, schlug dem Staatssekretär Schütz vor, Conrad Ahlers, den stellvertretenden Regierungssprecher, und mich mit einem neuen Entwurf zu beauftragen. Ich schrieb nun eine Antwort, und Conrad Ahlers eine ganz andere. Nun lagen bei Bundesaußenminister Brandt vier Entwürfe. Er bat Egon Bahr, daraus einen fünften zu machen. Klaus Schütz gab inzwischen seinem früheren Pressereferenten Struve den Auftrag, ebenfalls einen Entwurf vorzulegen. Was nun aus all diesen Texten wurde, weiß ich nicht. Aber der Bundeskanzler Kiesinger schien an dem Entwurf für eine Antwortnote, die er schließlich erhielt, keinen Gefallen zu finden. Die Note blieb schließlich unbeantwortet.

Man merkte bald, daß es Willy Brandt und Klaus Schütz schwerfiel, das an Erfahrung reiche Potential des Auswärtigen Amts richtig einzusetzen. Es dauerte lange, bis es besser wurde, eigentlich erst, bis Georg Ferdinand Duckwitz aus dem Ruhestand ins Amt zurückgeholt und zum Staatssekretär bestellt wurde.

Ob Kurt Georg Kiesinger ein Nazi gewesen war

Er hatte stets das Bedürfnis, sich wegen seiner Haltung während Hitlers Regierungszeit zu rechtfertigen. Schon an dem Abend vor seiner Nominierung erzählte er uns, daß er 1933 der NSDAP beigetreten war, weil er an einen nationalen Aufbruch geglaubt hatte; aber nach dem Röhmputsch im Juni 1934 seien ihm die Schuppen von den Augen gefallen. Er sei nicht dem NS-Rechtswahrerbund

Kurt Georg Kiesinger

beigetreten und habe schließlich auch nicht auf der Anwaltsliste
gestanden. Das sei ihm gleichgültig gewesen, weil er sich entschieden hatte, sich in Berlin als Repetitor niederzulassen. Im Jahr 1940
habe Hans Schirmer, damals stellvertretender Leiter des Rund-
funkreferates im Auswärtigen Amt, ihn eingestellt.

Kiesinger habe damals den Einberufungsbefehl zum Militärdienst in der Tasche gehabt, dem er sich aber habe entziehen wollen, erzählte uns Hans Schirmer später. Deshalb habe er ihn für
die Arbeit im Auswärtigen Amt dienstverpflichtet. Ich konnte das
gut verstehen, denn auch ich hatte mich im September 1939 vom
Auswärtigen Amt dienstverpflichten lassen, um nicht von irgendeiner mir unsympathischen Organisation zu einer mir unsympathischen Aufgabe eingezogen zu werden.

Nun, Kiesinger hatte uns sein Verhältnis zum Nationalsozialismus schon oft erzählt, und es langweilte uns, das immer wieder
zu hören. Hans Schirmer, Günter Diehl und Adolf Sonnenhol
hatten ihn ja damals auch erlebt und wußten, daß er viel zu intel-

ligent war, um nach der ersten Begeisterung über die neue Zeit an Hitler zu glauben. Wir stoppten ihn daher stets, wenn er sich wieder vor uns rechtfertigen wollte. Conrad Ahlers unterbrach den Bundeskanzler einmal in seiner unverblümten Art ganz brüsk und sagte, er solle nun endlich damit aufhören.

Er litt aber unter dem Gerede, das unter der Hand über ihn verbreitet wurde, zum Beispiel unter der Geschichte von dem Foto, das ihn zwischen Mussolini und Hitler zeige. Wahr sei vielmehr, sagte Kiesinger, daß zu dem Treffen mit Mussolini in einem der letzten Kriegsjahre der Sonderzug von Berlin aus an Ebenhausen vorbeifuhr, wo seine Frau wohnte. Er habe sich Urlaub genommen und sei auf diese bequeme und einigermaßen sichere Weise zu ihr gekommen. Von Hitler, Ribbentrop und Mussolini habe er auf der ganzen Reise überhaupt nichts gesehen, und es gebe daher auch kein solches Bild.

Aber nach dem Krieg habe eine kommunistische Zeitung die Geschichte von dem angeblichen Foto erfunden. Quelle dafür, sagte Kiesinger, sei der frühere Obergebietsführer der Hitlerjugend Cerff gewesen, mit dem er einen Zusammenstoß während des Krieges gehabt hatte, weil der ihm vorwarf, kein Parteiabzeichen zu tragen. Jetzt, sagte er, verbreite der Kreis um Barzel und Krone diese Legende.

Später hörte Günter Diehl von Kiesingers Pressereferenten Weber, Hans Bausch, der Intendant des Süddeutschen Rundfunks protegiere einen aus der DDR übergewechselten Wissenschaftler Prof. N. N., der lange im Staatsarchiv in Potsdam gearbeitet habe und mit einem Koffer voller Akten und Fotokopien zu uns gekommen sei. Na? So einfach? Und wurde von der Vopo nicht untersucht?

Jedenfalls, habe Bausch gesagt, dieser seriöse Archivbeamte wisse von einem Brief, in dem Goebbels Kiesinger große Elogen gemacht habe. Günter Diehl und ich waren verwirrt, Kiesinger hatte ständig heftige Auseinandersetzungen mit dem Reichspropagandaministerium gehabt, ja, die Verteidigung gegen das »Promi« war seine Hauptaufgabe in der Rundfunkabteilung des Auswärtigen Amtes gewesen. Warum hatte er diesen Brief uns gegenüber nie erwähnt?

»Wenn der Brief aber dennoch existiert?« fragte ich.

»Blattschuß!« antwortete Günter.

Ich ging am nächsten Tag in das Archiv des Auswärtigen Amtes und ließ mir alle Akten der Rundfunkpolitischen Abteilung aus der Kriegszeit in den Leseraum bringen. Ich war nicht der erste, der Kiesingers Akten einsehen wolle. Ein Mann vom »Spiegel« war vor mir dagewesen. Verständlich. Aber auch ein Angestellter des Bundespresseamtes. Das war schon seltsamer; denn wer hatte *ihm* den Auftrag gegeben? Die Stasi vielleicht?

Es fanden sich viele Akten mit Aufzeichnungen aus Kiesingers Feder, die ihn durchgehend als Mann zeigten, der die Zuständigkeit des Auswärtigen Amtes gegen Goebbels' Ministerium durchsetzen wollte – verwaltungsrechtlich wirkungsvolle Darstellungen, frei von jedem Parteijargon. Manche enthielten Spitzen gegen das Oberkommando der Wehrmacht. Außerdem fand ich Berichte Kiesingers über seine Reise mit ausländischen Korrespondenten durch Frankreich kurz nach dem Waffenstillstand im Jahr 1940 und in ein sowjetisches Gefangenenlager kurz nach Hitlers Angriff im Juli 1941. Es stand nichts drin, was Kiesinger hätte belasten können; doch allein die Tatsache, daß er an diesen Journalisten-Reisen als Angehöriger des Auswärtigen Amtes teilgenommen hatte, konnte propagandistisch gegen ihn ausgenutzt werden.

Ich fand auch meinen Namen, aber nur auf Personallisten. Doch eine Notiz vermerkte kurz, das Oberkommando der Wehrmacht – offenbar die »Abwehr«-Organisation – habe im Januar 1941 aus Schanghai gemeldet, der kleine deutsche Sender, den ich der Landesgruppe der Nationalsozialistischen Partei entwunden und dessen Programm ich in der Hauptsendezeit auf englisch umgestellt hatte, sei ausgezeichnet und einer der an Niveau besten Sender des Fernen Ostens geworden.

Über Kiesinger fand ich nichts, was ihn wirklich hätte belasten können; dennoch hätte ein gewiefter, mit viel Phantasie ausgestatteter Journalist Sätze aus dem Zusammenhang reißen und eine pikant angemachte Geschichte über Kiesingers Zeit in der Rundfunkabteilung bringen können. Man weiß ja, wie so etwas gemacht wird. Mir schien das nicht wünschenswert, solange Kiesinger Bundeskanzler war.

Ich selbst bin später auch Opfer eines solchen Schmähartikels geworden. Den Schmähfink habe ich verklagt. Er gab dann vor Gericht zu, mir sei persönlich nichts vorzuwerfen, und er habe das seiner Überzeugung nach auch gar nicht getan. Doch *semper ali-*

quid haeret – lernten wir in der Schule. Es bleibt immer etwas hängen. Den Desinformationsdiensten der kommunistischen Länder gingen solche manipulierten Geschichten leicht von der Hand.

Ich entlieh daher die beiden Kiesinger-Aktenbände aus dem Archiv und bewahrte sie bis zu meiner Versetzung nach London in meinem Aktenschrank auf; dann gab ich sie dem Archiv wieder zurück. Eine Rückgabefrist war mir ja nicht gesetzt worden. Das Archiv wußte immer, wo die Akten notfalls zu finden und einzusehen waren. Und ich wußte, wenn jemand danach gefragt hätte, auch, wer sich dafür interessierte. Der Intendant des Süddeutschen Rundfunks drängte mich, sie auch den aus der DDR eingereisten Archivar, Herrn Professor N. N., einsehen zu lassen; aber ich antwortete, der möge warten, bis Kiesinger nicht mehr auf dem Kanzlerstuhl sitze. Außerdem sei da nichts Interessantes für ihn zu finden. Sonst meldete sich niemand bei mir.

Als Günter Diehl und ich Kiesinger nach dem angeblichen Goebbelsbrief fragten, bestritt er, je einen Brief von Goebbels, noch dazu einen mit Elogen, erhalten zu haben. Dieser angebliche Brief ist auch nie aufgetaucht. Offenbar eine Erfindung – fragt sich, von wem.

Eine sogenannte Dokumentarsendung des Zweiten Deutschen Fernsehens von Guido Knopp, den Jacob Burckhardt wohl unter die *terribles simplificateurs* der Zeitgeschichte gesetzt hätte, begann im Jahr 1999 eine Sendung über Kiesinger mit der Szene, in der die jüdische Nazijägerin Beate Klarsfeld sich in einer öffentlichen Veranstaltung an den Vorstandstisch drängte und dort Kiesinger ins Gesicht schlug.

Dies werde, so die Stimme aus dem *off*, als markantestes Bild von Kiesingers Kanzlerschaft für immer im Gedächtnis der Menschen bleiben. Das glaube ich nicht. Das ist mir auch eine zu primitive Sicht auf die Zeitgeschichte. Frau Klarsfelds Attacke war und bleibt die niederträchtige Beleidigung eines Mannes, von dem kein antijüdisches Wort überliefert ist, den im Gegenteil zwei seiner Mitarbeiter beim Reichssicherheitshauptamt der SS denunziert hatten, weil er »nachweislich die antijüdische Aktion hemmt«. Der Denunziant erhärtete das vor der Gestapo durch eine ganze Reihe von Beispielen. Kiesinger habe unter anderem eine Störmeldungsaktion um die Person Henry Fords zur Belebung der antijüdischen Debatte, ferner ein angebliches Angebot an Roosevelt, die europäischen Juden zu übernehmen, eine »Judenbrücke New York-Moskau«, die Errichtung eines jüdischen Geheimsenders »zur Förderung des Antijudaismus in den USA« verhindert. Die Liste im Protokoll der SS ist noch länger.

Außerdem wirft der Denunziant ihm vor, daß er Gespräche mit den Engländern befürworte und nicht an das Durchhaltevermögen des deutschen Volkes glaube. Und als er, der Denunziant, sich einmal darüber gewundert habe, daß sich so wenige Journalisten für den »Antijudaismus« interessierten, habe Kiesinger geantwortet: »Wenn Sie daran denken, wie diese Frage politisch bei uns behandelt worden ist, dürfen Sie sich nicht wundern, daß geistige Menschen sich von ihr fernhalten.«

Die Publikation dieses Dokuments im »Spiegel«, die Conrad Ahlers ohne Wissen Augsteins veranlaßte, entlastete Kiesinger zwar, und das war ihm auch recht; aber er war zugleich enttäuscht über die Perfidie seiner beiden früheren Mitarbeiter. Einer habe nach dem Kriege bei ihm in Tübingen zu Mittag gegessen, erzählte er, aber nichts von seiner Anzeige bei der SS gesagt. Der andere habe ihm geschrieben, er bedaure, was er getan habe. Er sei damals eben unreif gewesen. Ich sagte, ich hielte das für eine ehrliche Erklärung, die man akzeptieren sollte. Kiesinger stimmte mir zu, aber erst nach einigem Zögern.

Die Vorwürfe der Denunzianten sind ein unwiderlegbares Zeugnis für seine Geisteshaltung in der Kriegszeit. Er war zwar 1933 in die Nationalsozialistische Partei eingetreten, weil er damals mit Millionen Deutschen geglaubt hatte, Hitler werde das Deutsche Reich politisch und wirtschaftlich aus der Krise herausführen; aber er war kein Nazi, sondern wie der Denunziant schließlich zusammenfaßte, in der Rundfunkabteilung »Hauptträger der Hemmung der antijüdischen Aktion« und damit »zugleich Träger politischer Tendenzen, die der Außenpolitik des Führers entgegengesetzt sein können«.

Willy Brandt

»Er hat das Format eines großen Staatsmannes«, sagte Sir Evelyn Shuckborough, der Vorsitzende des Politischen Komitees der NATO, als wir im Jahr 1958 von unserem Besuch bei dem Regie-

Willy Brandt

renden Bürgermeister Berlins im Schöneberger Rathaus zurückkehrten. Sir Evelyn hatte als Persönlicher Referent Winston
Churchills während des Krieges alle Staatsmänner der Alliierten
gesehen.

Willy Brandt hatte uns die Situation Berlins aus der politischen
Gesamtlage heraus erklärt, die Probleme der Stadt mit den Flüchtlingen aus der DDR, den Durchgangslagern, die wir besichtigt
hatten. Er hatte in seinem ruhigen Lübecker Tonfall gesprochen
und nüchtern, präzise, gelegentlich auch mit Humor unsere Fragen beantwortet. Wir konnten uns keinen besseren Bürgermeister
an dieser gefährdetsten Stelle zwischen Ost und West vorstellen.
Das war im Jahr 1958 gewesen.

Am 13. Januar 1967 kam ich aus Prag zurück, wo ich wieder
mit dem Sektionschef und Ingenieur Rezek verhandelt hatte. Das
zuständige Referat hatte ursprünglich nur Verhandlungen über
den Austausch von Handelsvertretungen und ein Wirtschaftsab-

kommen führen wollen; ich hatte das Auswärtige Amt – das war noch unter Schröders Leitung – überredet, gleich die Aufnahme diplomatischer Beziehungen vorzuschlagen.

Herr Rezek und sein Ministerium waren über einen so weitgehenden Vorschlag überrascht, der es ihnen erlaubt hätte, als erste unter Moskaus Satellitenstaaten Botschafter mit Bonn auszutauschen. Sie fühlten sich ernst genommen, ja geehrt, aber die Berlin-Klausel machte ihnen Kopfzerbrechen, denn sie fürchteten den Einspruch Moskaus. Sie spitzten den Mund, aber sie wagten nicht zu pfeifen.

Der Sektionschef Rezek war ein kluger und angenehmer Gesprächspartner, der im Gespräch bei einem Abendessen, das er für unsere Delegation gab, erkennen ließ, daß er mit seiner Regierung unzufrieden war. Sie wage nicht, die Avantgarde der osteuropäischen Staaten zu sein. Ich erwiderte, es empfehle sich dennoch, unser Angebot nicht zu lange zu überlegen. Mit den Rumänen seien wir schon ziemlich weit.

Rezek wiegte traurig den Kopf. »Ich weiß ja, ich weiß! Ich habe Angst, daß wir diesmal nicht nur den Zug verpassen, sondern daß plötzlich der ganze Bahnhof weg ist.«

Nach meiner Rückkehr meldete ich mich telefonisch im Ministerbüro zurück. Brandt ließ mich kommen, begrüßte mich kurz, als habe er mich noch nie gesehen, und bot mir den Stuhl ihm gegenüber am Schreibtisch an, sagte aber nichts.

»Sie haben mich sicher gerufen, damit ich Ihnen über die Verhandlungen in Prag berichte.«

»Ja«, sagte er.

Also begann ich. Er ließ mich erzählen und sah zum Fenster hinaus auf den Rhein. In der von mir selbst entworfenen Verhandlungsinstruktion hatte ich mir den Auftrag erteilt, unseren Anspruch, für das ganze deutsche Volk zu sprechen, den »Alleinvertretungsanspruch« also, auch in Prag zu erheben. Brandt hatte ihn gestrichen. Die Tendenz, unsere Position ohne Grund aufzugeben und den Forderungen der DDR und der anderen Ostblockstaaten ohne Not entgegenzukommen, begann also schon gleich nach Brandts Amtsantritt.

Ich berichtete jedoch Brandt, daß ich in den Verhandlungen unseren Alleinvertretungsanspruch wiederholt hätte. Brandt sagte dazu nichts.

Es waren dann ziemlich knifflige völkerrechtliche Fragen besprochen worden, die ich nun Brandt erklärte. Nachdem ich etwa eine Viertelstunde berichtet hatte, ohne daß er eine Frage stellte, schloß ich mit einer summarischen Beurteilung.

»Haben Sie noch Fragen?« erkundigte ich mich.

»Nein«, sagte er und stand auf. »Ich danke Ihnen.«

Ich war mir nicht sicher, ob er überhaupt zugehört hatte.

Ähnlich abwesend war er im Mai 1969, in London im Gespräch mit Außenminister Stewart. Ich war damals Gesandter. Stewart stellte die britische Außenpolitik ausführlich dar, besonders aber das Verhältnis zu den USA, Frankreich und der Sowjetunion. Brandt hörte sich das an, antwortete nicht mit einer ebenso detaillierten Darstellung unserer Außenpolitik, sondern ließ sich befragen. Eine Stunde lang versuchte Stewart aus ihm konkrete Angaben über seine ostpolitischen Vorstellungen, seine Kontakte mit Breschnew, das Verhältnis zu Polen, herauszulokken. London und Washington waren mißtrauisch, wohin und wieweit Brandt in seiner Ostpolitik gehen wolle – oder Egon Bahr. Brandt gab nur einsilbige, oft allgemein gehaltene oder ausweichende Antworten. Stewart mußte den Eindruck haben, Brandt wolle über seine Ostpolitik und sein Verhältnis zu Moskau nicht reden.

Als wir uns von Stewart verabschiedeten, ging ich mit ihm kurz zur Seite und bat ihn, Brandts Schweigsamkeit zu entschuldigen: er sei krank, gerade erst vierzehn Tage im Sanatorium Bühlerhöhe gewesen, und fühle sich noch immer nicht wohl. Er war auch tatsächlich gesundheitlich noch nicht ganz auf dem Posten.

Wir fuhren zur Botschaft am Belgrave Square zurück, wo inzwischen Helmut Schmidt eingetroffen war. Während sie sich dort unterhielten, diktierte ich ein Fernschreiben über Brandts Gespräch mit Stewart. Wir aßen dann, und Brandt taute auf, wurde ganz lebhaft, besonders als es nach dem Essen Kaffee mit Cognac und ein Glas Whiskey gab.

Ich begleitete ihn und Helmut Schmidt zum Flugplatz Heathrow. Im Auto gab ich Brandt mein Fernschreiben zu lesen. Er war amüsiert und sagte: »Da sieht man wieder einmal, wie die Diplomaten aus einer miserablen Vorstellung im *Foreign Office* einen Bericht machen, der den Eindruck erweckt, es sei ein hochpolitischer Dialog gewesen.«

Beide waren in bester Stimmung. Es wurden Witze gemacht und es wurde viel gelacht. Willy Brandt in seiner trockenen, langsamen norddeutschen Sprache konnte gut Witze erzählen und traf stets präzise die Pointe. Dazu gehörten auch Witze über die SPD.

Ein Dreivierteljahr später, im Februar 1970, war Brandt wieder in London. Ich nahm an dem Gespräch mit Premierminister Wilson und Außenminister Stewart teil. Sie stellten ihm wiederum kritische Fragen zur deutschen Ostpolitik. Diesmal war Willy Brandt außerordentlich gut, lebendig, beantwortete die Fragen, die ihm die Gastgeber zur Ostpolitik stellten, brillant und minderte ihr Mißtrauen gegen seine Ziele.

Er war von seinen Stimmungen abhängig. Es kam vor, daß er sich während seiner Zeit als Bundeskanzler in depressiver Gemütslage ins Bett legte und niemand sehen wollte. Horst Ehmke aber sei, wie er erzählt, entgegen Rut Brandts dringendem Rat ins Schlafzimmer gegangen, habe gerufen: »Aufstehn, Willy! Regieren!« – und habe ihn einfach ins Bundeskanzleramt mitgenommen.

Ich hatte den Eindruck, die Ostpolitik Willy Brandts beruhe auf einer Gemütslage, nicht aber auf einem durchdachten großen und neuen Konzept. Man wollte einen neuen Stil des Umgangs mit den Sowjets, der DDR und den anderen Staaten des Warschauer Pakts, wollte den polemischen Ton der bisherigen Auseinandersetzungen durch einen ruhigen Dialog ersetzen und den Ton des Kalten Kriegs vermeiden. Man zeigte sich entgegenkommend und war bereit, alte Forderungen zu überprüfen und notfalls vielleicht davon auch abzugehen, zum Beispiel vom Alleinvertretungsanspruch. Und wenn man auf ihn auch nicht gleich verzichtete, so wollte man diesen strittigen Punkt doch nicht gleich nennen, um nicht den Widerspruch des sozialistischen Gesprächspartners herauszufordern und ihm die Laune zu verderben. Den Versuch, die Polemik des Kalten Krieges einzustellen und ruhig und vernünftig miteinander zu reden, die rechthaberische Sprache der Vertriebenenverbände zu vermeiden, fand ich gut und hoffte, die Politiker des Warschauer Paktes, die sich darin bisher auch nicht zurückgehalten hatten, würden dem Beispiel folgen.

Ich hatte den Alleinvertretungsanspruch, obwohl Brandt ihn in meiner Instruktion gestrichen hatte, in Prag dennoch deutlich genannt, was unsere Gesprächspartner auch gar nicht überraschte. Überrascht wären sie eher gewesen, wenn ich ihn verschwiegen hätte.

Auch Schröder war bereit gewesen, nicht haltbare Positionen der Hallstein-Doktrin aufzugeben, um diplomatische Beziehungen zu den Staaten Osteuropas herzustellen und enger zu knüpfen – wirtschaftlich und politisch. Der Alleinvertretungsanspruch aber war ein Grundpfeiler unserer Deutschlandpolitik. Auf ihn beriefen wir uns, wenn wir den Deutschen der DDR überall in der Welt – außer in den sozialistischen Staaten – Schutz gewährten und ihnen, wenn sie es beantragten, einen Paß der Bundesrepublik Deutschland ausstellten. Darauf konnte sich auch die Deutsche Botschaft in Prag im September 1989 berufen und ihnen Zuflucht gewähren.

Das Gemüt bestimmt die Richtung der Politik

Klaus Schütz, ein gescheiter und umgänglicher Mann, verhältnismäßig jung und tatenbegierig, war der neue Staatssekretär des Auswärtigen Amts. Außenpolitische Erfahrungen besaß er nicht.

Der belgische Außenminister Harmel sollte der NATO einen Plan für die künftige Haltung der NATO zum Ostblock vorlegen, den die Mitgliedsnationen ausarbeiten sollen. Den politischen Teil des Berichts sollten Großbritannien und wir gemeinsam entwerfen. Das Auswärtige Amt hatte mir die Federführung für die deutsche Seite übertragen. Klaus Schütz sollte unseren Beitrag in der NATO vertreten.

Im Londoner *Foreign Office* hatte ich mit dem *Assistant Undersecretary of State* Watson den Entwurf des Kapitels über die politische Haltung der NATO zum Ostblock ausgearbeitet, nicht ohne Schwierigkeiten, weil er, kein ständiger Beobachter der Osteuropapolitik, glaubte, die Liberalisierung im Ostblock sei nicht mehr aufzuhalten und die Tendenz unumkehrbar.

Ich war dessen damals – im Jahr 1967 – nicht so sicher. Man hatte schon öfter »Tauwetter« in sozialistischen Staaten erlebt und »hundert Blumen blühen« sehen, doch nur kurze Zeit, dann folgte eisiger Frost. Ich war sicher: Wo immer die Macht der Partei durch Liberalisierungstendenzen in Frage gestellt werde, da werde die Sowjetregierung diese Tendenzen ungerührt stoppen, ob in der Sowjetunion oder – nach dem Prinzip der »sozialistischen brüderlichen Hilfe« – in den Satellitenstaaten.

Ted Orchard war Leiter des *Northern Department,* das im *Foreign Office* seit je die Sowjetunion bearbeitete. Ich erzählte ihm, wie sein Kollege die Liberalisierungs- und Entspannungsbereitschaft der Sowjetunion einschätzte. Ted war einer der erfahrensten Sowjet-Kenner; er sorgte dafür, daß Watson die Lage realistischer beurteilte, was mir die Arbeit erleichterte.

Doch Klaus Schütz urteilte aus der Sicht des Kreises um Brandt nicht viel anders als der britische Kollege Watson. Er fügte in den Text unseres sorgfältig und mühsam formulierten Entwurfs den Satz ein »*There exists undoubtedly a general desire for détente in the East...*«

Ich räumte ein, daß dies für viele Intellektuelle in Osteuropa zutreffe und daß der wachsende Wunsch nach mehr Freiheit in den sozialistischen Ländern nicht zu übersehen sei; die NATO müsse sich bei der Neuorientierung ihrer Politik aber nach der Haltung der Machtzentren richten. Daß sich die Liberalisierungstendenz auch dorthin ausbreite, sei eine Hoffnung, aber leider keine Tatsache. Bisher gebe es kein Anzeichen, daß auch im Politbüro oder Parteisekretariat in Moskau »ein allgemeiner Wunsch nach Entspannung« vorherrsche. Allenfalls werde man dort aus wirtschaftlichen Gründen partiellen oder zeitlich begrenzten Entspannungsmaßnahmen zustimmen, die wir natürlich nach Kräften nutzen sollten. Sein Satz aber könne falsche Erwartungen wecken, und ich bat, ihn wieder zu streichen.

Da er aber bei seiner Ansicht blieb, bat ich ihn, die Verantwortung dafür selbst tragen. Ich könne den Satz nicht nach London weitergeben. Schütz tat dies und gab den Text mit seiner Ergänzung an das *Foreign Office.* Ich machte Ted Orchard telefonisch ohne weiteren Kommentar auf die neue Variante aufmerksam. Der Kollege Watson lehnte sie daraufhin ab. Ein Jahr darauf bestätigten die Sowjets meinen Zweifel über ihren allgemeinen Wunsch nach Entspannung, als im August 1968 ihre Panzer und Truppen in die Tschechoslowakei einrückten.

»Die deutsche Politik«, sagte unser Kollege Loeck zu Klaus Schütz, »mutet von außen an wie ein Brei.«

»Das ist sie ja auch!« gab er zu. Er war ehrlich und sah bald ein, wie schwer es war, eine erst in Umrissen konzipierte Ostpolitik in die Praxis umzusetzen, die es unterlassen hatte, ihr Verhältnis zur NATO und besonders zu den USA mit ihren Plänen in Einklang zu bringen.

Ulrich Sahm, Dirigent unserer Ostabteilung, fragte ihn, wie Brandts letztes Interview im Deutschlandfunk aufzufassen sei. Manches sei darin nicht klar. Schütz antwortete, er wisse das auch nicht. Wir wollten besprechen, wie wir Paul Henri Spaak und dem NATO-Generalsekretär Brosio bei einem Besuch in den nächsten Tagen unsere Ostpolitik erläutern sollten. In meinen Tagebuchnotizen heißt es:

»Die Sitzung war erschütternd. Dilettantisch. Einmal wird hier, einmal dort ein Ton angeschlagen, aber nirgends ergibt sich eine Melodie. Ein zusammenhängendes Konzept ist nicht zu erkennen... Der einzige Gedanke, der einigermaßen konsequent durch alle Themen geführt wird, lautet: Annäherung an die osteuropäischen Staaten. Aber nirgends wird der Zusammenhang mit unserer Westpolitik gesehen.«

Willy Brandt hatte mir einige Zeit zuvor gesagt, er wolle Egon Bahr nach Prag entsenden, um über die Errichtung von Handelsmissionen zu verhandeln. Er würde es begrüßen, wenn ich als sein Vertreter mitreiste. Ich antwortete, bisher sei ich zweimal in Prag gewesen und hätte die Verhandlungen selbst geleitet. Mir wäre es lieber, wenn er mir die Aufgabe, als zweiter Mann mitzureisen, nicht übertrüge. Unausgesprochen blieb, daß ich auch andere Vorstellungen über die Verhandlungen hatte. Brandt schien mit dieser Antwort gerechnet zu haben.

Haben wir Washington vergessen?

Es war immer nur von einer Annäherung an die osteuropäischen Staaten die Rede. Die SPD forcierte sie und wollte wegen kommender Landtagswahlen Ergebnisse an ihre Fahnen heften. Einen Brief Kiesingers an den tschechoslowakischen Ministerpräsidenten Lenart, den ich für ihn entworfen hatte, hielten Schütz und Brandt zurück.

Kiesinger sprach, nachdem er sich mit de Gaulle getroffen hatte, mit höchstem Respekt von dessen politischen Ideen, aber abfällig über die Vereinigten Staaten. Bundespräsident Lübke klagte bei dem amerikanischen Vizepräsidenten Humphrey darüber, daß hohe amerikanische Politiker hinter unserem Rücken mit den Sowjets verhandelten. Er las ihm aus den geheimen Mitteilungen des Bundesnachrichtendienstes sogar die Namen vor.

Ich machte mir Sorge um die Wurschtigkeit, mit der man Washington behandelte. Kiesinger hatte einmal, als wir bei Diehls am Kamin saßen, kritisiert, daß die Amerikaner bisher nichts für die Wiedervereinigung getan hätten. Ich fragte ärgerlich: Werde denn de Gaulle etwas dafür tun? Werde er den Zugang nach Berlin offenhalten? Die Amerikaner hätten nichts für die Wiedervereinigung getan? Aber hätten wir ihnen denn jemals gesagt, welchen Preis wir dafür zahlen würden? Wir hätten nur auf dem Selbstbestimmungsrecht bestanden, das die Sowjets nirgendwo anerkennen, und damit eine prohibitive Verhandlungsposition eingenommen. Dabei wissen wir doch, daß die Sowjetunion auseinanderfallen würde, wenn sie ihren kaukasischen und moslemischen Minderheiten das Recht auf Selbstbestimmung einräume.

Seit der »Friedensnote« hätten die Alliierten nicht mehr den Verdacht, wir wollten eine Ost-West-Entspannung verhindern. Wir sollten sie jetzt bitten, uns in Osteuropa zu unterstützen, wenn wir die Beziehungen normalisieren wollen, aber es nicht allein versuchen.

Wenn sich unser Verhältnis zu Washington nicht bessere, würde ich an Ulbrichts Stelle kleinere Schweinereien anzetteln, etwa an der Zonengrenze; oder ich würde Pässe im innerdeutschen Verkehr einführen oder die Wasser- und Stromversorgung West-Berlins behindern. Wer würde uns dann unterstützen, wenn nicht die Amerikaner?

Im August 1967 wollte Kiesinger Washington besuchen. Günter Diehl und ich beschlossen, ihn vorher zu sprechen. Ich sagte das Hans Neusel, dem Persönlichen Referenten, und Kiesinger bat uns abends um acht Uhr zu sich.

Ich war als erster im Kanzlerbungalow, der erst vor kurzem fertig geworden war. Kiesinger besprach im Arbeitszimmer noch etwas mit Neusel. Ich war im Salon. Die Proportionen des Raums waren gut, nur die Decke hätte höher sein müssen. Eine Wand war holzgetäfelt, die Gartenfront ganz aus Glas, eine andere Wand aus unverputzten braungelben Ziegeln: zu farblos und gedämpft. Es fehlten kräftige Töne. Ich sah hinaus auf die weite Rasenfläche und die schönen alten Bäume.

Günter traf ein, dann kam Kiesinger aus seinem Arbeitszimmer. Er bat um Entschuldigung und sagte, er müsse noch etwas essen; wir hätten ja wohl schon gegessen. Wir antworteten gedehnt »Ja«, würden aber ein Wurstbrot zur Gesellschaft mitessen. Kiesinger verstand.

Wir gingen in das Eßzimmer: Es war klein, und für ein Essen mit mehr als vier Gästen kaum geeignet. Kiesinger ließ drei Gedecke auflegen. Günter und ich bekamen die beiden Steaks, die eigentlich für ihn bestimmt waren. Er aß inzwischen ein Wurstbrot, bekam dann aber auch noch ein Steak. Darauf aßen wir alle noch Käse, tranken zuerst Bier und einen Aquavit und dann im Salon im Lauf des Abends zwei Flaschen guten 58er Bordeaux.

Kiesinger klagte über das Auswärtige Amt. Er müsse jede Glückwunschbotschaft neu schreiben; denn was man ihm da für Entwürfe zur Unterschrift vorlege! Dann sprachen wir über die Große Koalition. Er brauche ein Projekt, das das Volk beflügele, denke an Schulen, kommunale Vorhaben, Schwimmbäder, Straßen.

Ich erwiderte, mit den Autobahnen habe Hitler ein wirkungsvolles Projekt gehabt; aber es lasse sich nicht wiederholen. Und außerdem könne man Straßen nicht verkaufen; sie seien nicht im unmittelbaren Sinn produktiv. Ein Luftfahrtprogramm, das Airbus-Projekt, der Aufbau der Atom-, der Computer-, Laser- und der Kunststoffindustrie versprächen mehr. Wir schlossen das Thema aber nicht ab, weil wir zur Außenpolitik kamen.

Ich sagte und wußte, daß ich Kiesinger damit reizte, de Gaulles Verhalten bei seinem Besuch in Kanada, wo er zur Freiheit der Franco-Kanadier aufgerufen habe, sei mir unverständlich. In dieser Sprunghaftigkeit erinnere er mich – nun hoch provozierend – an Wilhelm II., nur habe dieser nach seinem »Panthersprung« wenigstens ein schlechtes Gewissen gehabt; de Gaulle aber glaube, er habe recht gehandelt.

Kiesinger widersprach, ging aber auf den mißglückten Kanada-Besuch nicht ein. Mit Kaiser Wilhelm sei er nicht zu vergleichen. De Gaulle denke klar und kalt, aus eisiger Höhe. Aus seinen Kommuniqués und öffentlichen Äußerungen sei seine Politik vielleicht manchmal schwer verständlich, unverständlich oder gar bizarr.

Er habe in diesem Zimmer ein langes Streitgespräch in deutlicher Sprache mit ihm geführt. Erst einmal habe er ihn in den Park geführt. De Gaulle sei anfangs kühl und befremdet gewesen, bis er ihn zu der Ulme – oder nannte Kiesinger eine Platane? – dem schönsten Baum Deutschlands geführt habe. Da sei er aufgetaut. Hier im Salon habe Kiesinger ihm geraten, die antiamerikanischen Bemerkungen zu unterlassen, worauf de Gaulle geantwortet habe, der amerikanischen Macht als Sicherheitsfaktor für Europa sei er sich wohl bewußt. »Wir sind doch nicht *pueril*!« Aber man müsse Europas Eigenständigkeit wahren, damit es nicht in die amerikanische Zivilisation zu einem großen Zivilisationsbrei eingerührt werde. Die sowjetische Ideologie und Kultur seien keine Gefahr für Europa, nicht einmal für Osteuropa. »Nicht der Wodka wird die Welt gefährden, sondern Whiskey und Coca Cola.«

Die Sowjetunion werde Europa nicht angreifen, ihre Militärmacht sei jedoch eine potentielle Gefahr; daher die NATO und daher die Zusammenarbeit mit den USA zur Sicherheit Europas. Im übrigen seien seine antiamerikanischen Kommentare innenpolitisch notwendig. Damit finde er selbst bei seinen Gegnern Verständnis.

Kiesinger sprach über die Nahost- und Balkanpolitik und erwähnte, Brandt wolle bei seinem Besuch in Bukarest den Ministerpräsidenten Maurer einladen. Ich riet ab, erst sollten wir in unseren Beziehungen zu den anderen Satellitenstaaten weiter sein. Die Reaktionen würden dort zu stark sein, wenn wir unsere Beziehungen mit Rumänien forcierten. Doch ich dankte Kiesinger, daß er vor einiger Zeit auf meine Anregung hin das Wirtschaftsministerium angerufen und dafür gesorgt habe, daß man der rumänischen Handelsdelegation günstige Konditionen einräumte.

In China sah er noch immer eine große Gefahr, wenn dieses Land mit seinen atomaren Fernwaffen erst die Sowjetunion und die Vereinigten Staaten erreichen könne. Ich wollte das grundsätzlich nicht ausschließen, sagte aber, der zunehmende Polyzentrismus der osteuropäischen Staaten habe sich nur wegen des sino-sowjetischen Konflikts entwickeln können. Es sei im Interesse dieser Staaten wie in unserem, daß China eine wichtigere außenpolitische Rolle spiele und daß wir auch darauf hinwirkten. Wir sollten China in unser weltpolitisches Konzept einbeziehen, wenn das auch zur Zeit wegen der sogenannten Kulturrevolution und der verworrenen Lage in China schwierig sei. Auch de Gaulle habe das ja getan.

Als Kiesinger nach Bahrs Verhandlungen in Prag fragte, antwortete ich, er habe unsere Interessen nicht fest genug vertreten und seine Möglichkeiten nicht ausgeschöpft. Kiesinger war derselben Ansicht. Er selbst habe deshalb dafür gesorgt, daß die Verhandlungen abgebrochen würden. Ich zählte auf, welche Ergebnisse der Verhandlungen mir besonders bedenklich erschienen: Wir hätten keine Möglichkeiten, die deutschen Touristen durch unsere Mission zu betreuen, weder die aus der Bundesrepublik noch die aus der DDR; unsere Anlaufstelle sei das Außenhandelsministerium, nicht das Außenministerium; wir könnten mit Privatpersonen nur »auf Veranlassung der tschechoslowakischen Behörden« Verbindung aufnehmen. Kiesinger sagte, so sei ihm das bisher nicht klargemacht worden. Ich erwähnte, daß man meinen Entwurf für einen Brief an Lenart nicht zu ihm durchgelassen habe. Das, sagte er, habe er inzwischen auch gehört.

Dann sprachen wir ausführlich über seinen Besuch in Washington. Kiesinger sagte, mit Johnson sei er anfangs nicht richtig warm geworden. Er sei ausweichend und unpräzise gewesen, bis Kiesinger schließlich erkannt habe, was Johnson eigentlich wolle: nämlich daß er, Kiesinger, »das Maul halte«. Johnson habe Ärger durch Kiesingers Reden von einer Komplizenschaft USA–Sowjetunion gehabt. Man habe sich aber darauf geeinigt, daß dies an »ungenügender Konsultation« gelegen habe, und jetzt sei das persönliche Verhältnis gut.

Günter Diehl und ich entwickelten jetzt unsere Gedanken: Kiesinger solle die Deutschland-Frage nicht in den Vordergrund stellen. Er solle Verständnis für die anderen, zum Beispiel für die pazifischen Probleme der USA zeigen, auch für ein Gespräch Johnsons mit Kossygin. Wir könnten die Wiedervereinigung nicht im Alleingang und in unmittelbaren Verhandlungen mit Moskau erreichen. Wir sollten vielmehr versuchen, sie in den Dialog der Vereinigten Staaten mit der Sowjetunion einzubringen. Unsere Ostpolitik dürfe nicht als ein Gegengewicht gegen den Dialog Washington-Moskau erscheinen.

Auch Vierergespräche würden nicht zum Erfolg führen, weil die Interessen Frankreichs und Großbritanniens sich mit unseren kaum vereinen ließen. Verhandlungen der beiden Paktsysteme seien überhaupt aussichtslos und schieden von vornherein aus.

Eine Wiedervereinigung sei nur möglich, wenn die beiden Weltmächte sich über ihre Ziele verständigten. Wenn diese Mächte aber solche globalen Fragen besprächen, sollten wir dabei oder den Vereinigten Staaten jedenfalls so nahe sein, daß sie auch unsere Interessen mitverträten. Wir sollten damit verhindern, daß die beiden Supermächte sich in der Deutschland-Frage über unseren Kopf hinweg verständigten.

Brandt könne mit seiner Ostpolitik ein besseres Verhältnis zu den Staaten des Warschauer Pakts erreichen, und das sei ja auch erstrebenswert; aber er erkenne anscheinend nicht, daß die Deutschland-Frage von uns im Alleingang nicht gelöst werden könne. Die Frage sei, ob die Wiedervereinigung Brandt oder Bahr eigentlich überhaupt am Herzen liege, und ob sie es nicht auch bei dem Nebeneinander von zwei deutschen Staaten belassen würden. Damit wären ja alle zufrieden: London, Paris, Moskau, Ost-Berlin und die osteuropäischen Staaten. Das deutsche Volk werde freilich nicht gefagt und bleibe geteilt.

Günter sagte, wenn wir in enger Übereinstimmung mit den USA die Frage der Wiedervereinigung auf die Tagesordnung setzten, müßten wir aber »endlich einmal die Hosen runterlassen« und sagen, wie wir uns ein künftiges Mitteleuropa vorstellten. Weil sie das nicht wüßten, hätten die Amerikaner ja bisher auch nicht für unsere Wiedervereinigung eintreten können. Rusk selbst habe einmal in einem Hintergrundgespräch vor Journalisten gesagt, wir sollten endlich einmal Farbe bekennen, aber nicht immer mit prohibitiven Forderungen kommen.

Kiesinger hörte sich das an, war auch nicht ganz ablehnend, aber er wich aus und zögerte mit klaren Antworten, wohl weil er die gewaltige innenpolitische Aufgabe darin erkannte und sie zu übernehmen sich nicht zutraute.

Wir sprachen lange über Innenpolitik. Kiesinger war über die SPD besorgt. Wehner sei krank, nehme acht Wochen Urlaub. Er habe resigniert. Es gebe keine Führungskraft in der SPD. Brandt sei es nicht. Leber, eine große Potenz, sei noch nicht so weit.

Brandt sei manchmal verträumt, konzentriere sich auf das Auswärtige Amt und vernachlässige seine Partei; aber er sei ein guter Interpret unserer Politik im Ausland. Wir wandten ein, daß die SPD-Spitze im Auswärtigen Amt isoliert sei und nicht verstehe, auf dem Apparat mit vielen erfahrenen Beamten zu spielen und sie einzusetzen, wobei wir – zugegeben – natürlich auch einige Flaschen in unseren Reihen hätten. Dem letzten Halbsatz stimmte Kiesinger nachdrücklich zu. Aber ich erwiderte, im Bundeskanzleramt, mit Respekt, seien nicht weniger.

»Einverstanden«, sagte Kiesinger. Über Schröder sprach er diesmal freundlicher, jedoch nicht ohne Argwohn.

Er sagte, er wolle Carstens fragen, ob er nicht Nachfolger Kniepers als Staatssekretär im Bundeskanzleramt werden wolle. Im Januar habe Carstens geschrieben, er stehe für jedes Amt zur Verfügung. Günter und ich empfahlen ihn sehr. Ich besonders, weil ich glaubte, er könne auch die Spannungen zwischen Kiesinger und Schröder vermindern. Carstens sei der beste Mann, sagte ich, er werde das Bundeskanzleramt bald in Ordnung bringen. Günter fügte hinzu, man müsse aber auf jeden Fall bei einer Berufung Carstens' klarmachen, daß man dann Osterheld als außenpolitischen Berater dem Auswärtigen Amt zurückgebe. Kiesinger stimmte zu.

Günter sagte auf Kiesingers Frage, er würde gerne Planungschef des Auswärtigen Amts bleiben; aber er kam dann doch wieder ins Gespräch, als Kiesinger meinte, Karl-Günther von Hase sei schon fünf Jahre Leiter des Bundespresseamts, er möge ihn zwar, aber nun sollte er den Stuhl doch einmal wechseln und Intendant der Deutschen Welle werden.

»Und sein Nachfolger?« fragte ich. »Da bleibt schließlich doch nur einer übrig: Günter.«

Günter sagte, für diesen Vorschlag kriegte ich nachher draußen Prügel. Kiesinger lachte, aber er wird ihn wohl ernennen.

Günter fragte, was ich denn tun wolle. Ich erwiderte, ich hätte im Auswärtigen Amt keine mich ausfüllende Aufgabe mehr. Ich hätte Brandt um ein Dreivierteljahr »Urlaub unter Fortfall der Dienstbezüge« gebeten, um wieder einen Roman zu schreiben; aber Brandt habe geantwortet, er könne mir höchstens drei, vier Monate garantieren, dann müsse er mich vielleicht wieder zurückrufen. Ich hätte Brandt erwidert, in so kurzer Zeit sei ich mit dem Manuskript nicht fertig, und ein zweites Mal könne ich das Thema nicht mehr von vorne anfangen. Man steige nicht zweimal ins selbe Badewasser.

Günter sagte streng: »Jetzt geht es nicht um deine Romane, sondern um das, was du fürs Vaterland tun kannst.«

»Ich will raus. Entweder Gesandter in London oder Botschafter in Prag.«

Günter protestierte. Kiesinger wollte wissen, ob ich mir nicht etwas anderes im Inland vorstellen könne.

»Wenn Osterhelds Posten im Bundeskanzleramt frei wäre…« sagte ich.

Kiesinger überlegte kurz und sagte dann: »Ja, das wollen wir machen, wenn Sie dazu bereit sind. Merkwürdig«, fügte er hinzu, »daß man immer wieder auf die ältesten Mitarbeiter zurückkommt; eben, weil man sich auf sie verlassen kann.«

Wir hatten ohne Reserve und ungeschützt gesprochen. Wie vor Jahren, als wir in der *Brasserie Lorraine* in Paris die politischen Probleme der Welt lösten, bis die Stühle auf die Tische gestellt wurden und die Reinmachefrauen kamen. Ich sagte, wir sollten vielleicht öfter so miteinander sprechen.

»Rufen Sie Neusel an und sagen Sie ihm, Sie wollten mich noch am selben Abend sehen!«

Na ja! Man kennt das.

Er will am 29. Juli Urlaub machen. Ich sagte, ich auch. Er fragte, wie lange. Bis zum 22. August. Das schien ihm nicht ganz zu passen. Er sagte, er hätte mich gerne noch einmal vor seiner Amerikareise gesprochen.

»Ich würde dann meinen Urlaub unterbrechen.«

Er: »Na, höchstens für zwei Tage, so um den 13. August.«

Als er hörte, ich sei dann in Locarno, zögerte er etwas, aber ich erwiderte, ich würde mich jedenfalls bei ihm melden.

Wir verabschiedeten uns um halb eins. Ich hatte schwer geladen, legte beim Anfahren versehentlich den Rückwärtsgang ein und kam erst in den Büschen, aber noch vor der Mauer des Bungalows zum Stehen.

Freunde

»Großer und guter Freund!« begann das Beglaubigungsschreiben. Es lag in einer Pergamentmappe, auf deren Vorderseite das Siegel des Bundespräsidenten eingeprägt war. Unterzeichnet war es von dem Bundespräsidenten Heinemann. Und sein Großer und Guter

Freund, dem ich es im Jahr 1971 überreichte, hieß Nicolae Ceausescu. War er Heinemanns Großer und Guter Freund? Ich glaube nicht. Aber so redeten sich Staatsoberhäupter an, wenn sie formelle Schreiben wechselten.

In tiefe Sorge hatte Lübke seine diplomatischen Begleiter auf seiner Afrikareise im Jahr 1966 gestürzt, als er ihnen in Kamerun verkündete, in Togo, der nächsten Station, werde er dem Präsidenten Eyadema nicht die Hand geben. Er sei nicht sein Freund, habe vielmehr seinen, Lübkes, Freund Olympio ermordet und rühme sich dessen sogar.

Botschafter Graf Posadowsky-Wehner, der Lübke begleitete und von dem ich die Geschichte habe, machte Einwände: Togo sei ein uns besonders freundlich gesinnter Staat; er wies auf die möglichen Folgen hin. Ohne Erfolg. Er werde dem Mörder Eyadema nicht die Hand geben. Man sandte ein *Citissime*-Telegramm nach Bonn, und auch Staatssekretär Carstens bat in seiner Antwort den Bundespräsidenten, dem Präsidenten Togos die Hand zu schütteln. Auch das machte auf Lübke keinen Eindruck.

Als die Delegation am nächsten Morgen ins Flugzeug stieg, um nach Lomé zu fliegen, betrat Bundespräsident Lübke die Gangway zum Flugzeug und stützte sich auf den Delegationsarzt. Er hatte den rechten Arm dick verbunden in einer Schlinge.

»Sie wissen ja wohl, warum«, sagte er und kniff ein Auge zu. Er hat Eyadema dann zwar nicht die Hand gegeben, sich im Laufe des Besuchs aber mit ihm so gut verstanden, daß er ihm beim Abschied vielleicht doch die Freundeshand gereicht hätte. Aber die war ja in einer Schlinge.

Franz und ich hatten viele Freunde. Conrad und Heilwig Ahlers hatten wir bei der Silvesterfeier im Jahre 1961 bei Diehls kennengelernt. Connie war gerade aus dem Gefängnis entlassen worden, weil man ihm wegen seines Artikels *Bedingt abwehrbereit* im »Spiegel« Landesverrat nicht nachweisen konnte. Er und Heilwig standen uns seit jener Zeit als Freunde am nächsten.

Im Juli 1967 hatten sie uns abends vor der Konfirmation ihres Sohnes Detlef eingeladen. Wehner, Detlefs Taufpate, war da, Guttenbergs, Diehls, Klaus Schütz, Jacobi vom »Spiegel« und viele andere.

Connie stellte mich Wehner vor, setzte mich neben ihn und sagte, ich sei der Mann, der seiner Dunhill-Pfeife einen Teil des

Kopfes abgesägt habe. »Mit einer Stahlsäge«, ergänzte ich. »Der Kopf war mir zu schwer; er hebelte mir die Zähne aus, wenn ich die Pfeife im Mund hatte.«

Wehner konnte es nicht fassen. »Barbarisch!« sagte er.

»Es war ein Fehler«, gab ich zu. »Es tut mir jetzt noch weh, sie nur anzusehen. Die Proportionen stimmen nicht mehr. Sie ist nicht mehr zu gebrauchen.«

Ich rauchte damals immer Pfeife. Den ganzen Tag. Begann morgens nach dem Frühstück und rauchte die letzte Pfeife, bevor ich zu Bett ging. Auf meinem Schreibtisch standen in einem kleinen Regal mindestens ein Dutzend Pfeifen, alle bei Dunhill in London gekauft.

»Barbarisch!«, sagte Wehner.

Connie erklärte ihm, wo ich arbeite.

»Ich weiß«, sagte Wehner, wenig interessiert. »Ich habe ihn einmal bei Schröder gesehen«. Er zog an seiner Pfeife und schwieg.

Um es nicht dabei zu belassen, begann ich mit meiner Lieblingsbeschwerde jener Wochen. Wir ließen, sagte ich, die Amerikaner links liegen, und es sei uns ganz egal, ob wir sie verärgerten. Wir dächten nur an eine Annäherung an Osteuropa. Die Wiedervereinigung würden wir auf diese Weise nicht erreichen.

»Die Wiedervereinigung?« fragte Wehner, als sei das eine Utopie.

»Gerade jetzt in dem Gespräch Johnsons mit Kossygin in Glassboro hat man ja gesehen, wo die Musik spielt und wo über Krieg und Frieden entschieden wird.«

Wehner widersprach heftig. Wir hätten die Amerikaner zwanzig Jahre lang verwöhnt.

Ich erzählte, daß Zbigniew Brzezinski, der dem Weißen Haus doch nahestehe, und seine Freunde genau wissen wollten, wohin unsere Ostpolitik ziele. »Sie trauen uns nicht.«

Wehner: »Wir sollen sie ruhig einmal mißtrauisch machen! Was haben sie denn überhaupt je für uns getan? Was die Wiedervereinigung betrifft, sind wir keinen Schritt weitergekommen. Was haben die Amerikaner für uns getan? Nichts!«

Ich fragte: »Und Berlin? Haben sie es nicht gehalten. War das nichts?«

»Einverstanden, aber 1961 haben sie die Mauer nicht verhindert. Mit ein paar Panzern wäre das möglich gewesen.«

»Aber unser Bundeskanzler hat sie damals nicht dazu ermutigt. Und im Gespräch mit dem Sowjetbotschafter hat er ganz sanfte Töne angeschlagen.«

»Ja!« rief Wehner, plötzlich ausfallend und laut, »und wer hat ihn beraten? Das war die Verwaltung mit ihren Ratschlägen. Sie tragen die Verantwortung dafür, die Beamten, die die Hosen voll hatten!«

Das war einfach Unsinn. Die Gäste drehten sich zu uns um. Es war zwecklos, mit dem Krakeeler zu argumentieren.

Ich stand auf und ging zum Buffet. Nachher war mein Stuhl neben Wehner besetzt, und ich nahm neben Horst Mönnich Platz, der vor kurzem eine schöne Hörspieltrilogie geschrieben hatte. Dann gesellte sich Guttenberg zu uns, der Kennedy unterschätzte und irrige Thesen über ihn aufstellte.

Conrad und Heilwig Ahlers blieben die Freunde, die uns in Bonn am nächsten standen – bis zu ihrem Tod. Wo immer wir im Ausland auf Posten waren, besuchten sie uns. Und wenn immer wir in Bonn waren, wohnten wir bei ihnen im Gästezimmer. Einmal waren wir in einem Hotel abgestiegen, da holten sie uns sofort zu sich.

Als die Große Koalition gebildet wurde, hatte Wehner gefordert, Conrad Ahlers, dem Adenauer einen »Abgrund von Landesverrat« vorgeworfen und den Strauß hatte verhaften lassen, zum stellvertretenden Regierungssprecher zu machen. Die Union schluckte diese Kröte. Es fiel ihr nicht einmal schwer, denn Connie war ein unabhängiger Mensch, redete niemand nach dem Munde und ordnete sich der SPD-Parteidisziplin nicht unter.

Wehner war mit ihm und seinen Kommentaren, die er im »Stern« veröffentlichte, keineswegs glücklich. Als Conrad Ahlers bei den nächsten Wahlen SPD-Abgeordneter geworden war, ließ ihn Wehner im Bundestag nie zu Worte kommen. Mit der Gevatterschaft war es aus. Connie resignierte. Er wurde schließlich auf Vorschlag Bruno Hecks (CDU) Intendant der Deutschen Welle: eine Aufgabe, die ihn begeisterte.

Das Haus Ahlers war immer voller Gäste: dort trafen sich Politiker, Beamte, Journalisten, Wirtschaftler, Ärzte, Wissenschaftler. Willy und Rut Brandt, Walter und Mildred Scheel, Duckwitz, Rohwedders, Novotnys, Luegs, Abgeordnete aller Parteien, die zu einem Glas Wein nach dem Abendessen vorbeikamen, aber bis tief in die Nacht blieben. Man diskutierte, hörte zu, ließ sich überzeugen oder nicht, deckte heimliche Motive der Politik auf, stellte provozierende neue, vielleicht richtige, aber in der Praxis unbrauchbare Thesen auf, widersprach, stritt. Es wurde nichts übelgenommen.

Und es kam vor, daß zu später Stunde Walter Scheel behauptete, er wolle Bundespräsident werden, was ihm keiner glaubte, und daß er und Friedrich Novotny in einer Sprache, die sie für russisch ausgaben, hochdramatische Opernduette sangen.

Ich zögere hier oft, wenn ich von diesem oder jenem Freund spreche und frage mich stets, ob das Wort auch angemessen ist; denn manchmal waren es eher Weggefährten, Menschen, die dachten wie wir oder die wir als offen, treu, standhaft oder hilfsbereit erfahren hatten. Wir waren uns gewogen und wußten, daß wir uns auf sie verlassen konnten. Sie gehörten nicht zu unseren nächsten Freunden, aber wir waren einander doch freundschaftlich verbunden.

Franz und ich strebten nicht danach, wie manche meiner Mitstudenten und -studentinnen am Dickinson College *to be popular*. Denn *everyone's friend is no one's friend*. Weder Franz noch ich spielten Skat oder Bridge oder Golf. Wenn wir zu großen Empfängen eingeladen waren, suchten wir schon beim Eintreten, ob es eine Tür gab, durch die man, wenn es zu langweilig war, unbemerkt wieder verschwinden konnte.

Unser Sinn für Feierlichkeiten und Zeremonien war nur schwach entwickelt. Aber wir pflegten unsere wirklichen Freundschaften und waren dankbar, daß wir mit so vielen Menschen vertraut reden konnten, und daß sie uns wohl wollten wie wir ihnen.

Darüber hinaus besaßen wir einige Freunde, nicht mehr als Finger an einer Hand, die das ganze Leben lang an unserer Seite standen, denen wir selbst dann nahe waren, wenn wir lange und weit voneinander entfernt lebten. Aber trafen wir wieder zusammen, konnten wir das Gespräch ohne Mühe fortsetzen, wo wir es Jahre vorher unterbrochen hatten. Es waren Freunde, an denen man nie zweifelte und die nie an uns zweifelten. Wir waren glücklich, solche Freunde zu haben.

Wir liebten das Zusammensein mit ihnen und nahmen jede Gelegenheit wahr, sie zu treffen, mit ihnen zu reden, fröhlich, manchmal ausgelassen zu sein und ein Glas oder mehrere zu trinken.

Freunde (von rechts): Helga Diehl, Katharina Focke,
»Franz«, Günter Diehl, Conrad Ahlers, Autor

Aber ich hatte keineswegs nur Freunde. Viele Gegnerschaften
hätte ich vermeiden können, wenn ich etwas biegsamer gewesen
wäre. Menschen, mit denen ich nichts anfangen konnte, ließ ich
liegen. Die Dummen zum Beispiel, oder die Ehrgeizigen, oder
die, mit denen man über nichts als ihren Beruf oder ihre Karriere
reden konnte.

Und dazu gab es natürlich auch Kollegen, die meine politischen Ansichten nicht teilten. Zum Beispiel einen, der beredt und
mit unbestreitbarer Intelligenz seine juristischen Bedenken vortrug und der damit politische Fortschritte verhinderte, etwa indem er bei der Beratung des Kernwaffensperrvertrags die sogenannten »Feindstaatenartikel« in der UN-Charter als schwere
Belastung hinstellte und die Streichung der Artikel 53 und 107 der
Charta der Vereinten Nationen betreiben wollte, in denen man uns
und Japan 1945 noch als Feinde aller anderen Nationen in die
Sünderecke gestellt hatte.

Schröder, Carstens und Kiesinger waren Juristen, und rechtliche Bedenken machten auf sie immer Eindruck. Ich bemühte mich nach Kräften, diese Bedenken zu zerstreuen: Wir sollten uns doch nicht in einem Kampf gegen Windmühlen lächerlich machen. Diese Artikel seien längst von der Wirklichkeit begraben. Wir seien NATO-Verbündete, hätten Freunde in aller Welt und sollten juristische Leichen vermodern lassen, statt den Eindruck zu erwecken, wir hielten sie noch für lebendig.

Den Kollegen, der seine Bedenken mit besorgter Miene und nicht ohne Geschick überall verbreitete und unsere Politiker unsicher machte, betrachtete ich als meinen Gegner, und ich verbreitete meine Ansicht über die sogenannten Feindartikel in der UN-Charter ebenfalls nach allen Seiten.

Später, als ich Botschaften leitete, machte ich mir auch aus anderen Gründen nicht überall Freunde, vor allem nicht bei jenen Auslandsbeamten, die besser bezahlt, sozial umhegt und umsorgt waren und doppelt soviel Urlaub hatten wie ihre ausländischen Kollegen, dennoch immer noch weitergehende Ansprüche anmeldeten. Es waren zwar immer nur wenige; sie folgten aber einem Zuge der Zeit, dem die Bonner Verwaltung nicht entgegentrat, wie es ihre Aufgabe gewesen wäre. Und neben den vielen, die den hohen Ruf unseres Auswärtigen Dienstes begründeten, gab es eine nicht geringe Zahl von Mitarbeitern, die wenig leisteten und die an der Sache nicht interessiert waren.

Diese seufzten manches Mal über mich. Ich hatte nicht die leichte Hand meines Freundes Karl-Günther von Hase, der selbst Unruhestifter, Spaltpilze und wahre Kotzbrocken in der Belegschaft dazu bewegen konnte, sich einzuordnen.

Der »Stern«, der mich einmal in Peking befragte, beschrieb mich so: »Immer wieder heißt es hinter vorgehaltener Hand: ›Er mag ja ein ganz guter Botschafter sein – aber den interessiert nur Arbeit, Arbeit, Arbeit.‹ Wickert, darauf angesprochen, daß er als Chef der Botschaft eher gefürchtet sei, macht nicht den Eindruck, als lege er großen Wert darauf, beliebt zu sein: ›Überarbeitung ist nicht so schlimm wie zu wenig Arbeit.‹

Die normale Arbeitswoche hat für ihn sechs Tage, freie Sonntage gönnt er sich zweimal im Vierteljahr, verfügbar zu sein hat man immer. Am liebsten würde er das auf alle anderen ausdehnen. ›Es wird hier ein gewisses Aufatmen geben, wenn ich gehe; denn ich habe sehr viel verlangt von meinen Leuten.‹ Und leise wie immer, aber mit der vollen Überzeugung, das würde zum Abschied irgend jemand trösten, fügt er hinzu: ›Aber ich habe von keinem mehr verlangt als von mir.‹«

Wenn ich auch in der Tat keine Lust hatte, mich bei den stets Unzufriedenen einzuschmeicheln, um populär zu sein, hatte ich doch öfters Gelegenheit, Mitarbeitern zu helfen, die mit oder ohne Schuld in ernste Bedrängnis geraten waren. Sie haben mir diese Hilfe nicht vergessen.

In den *Gesprächen* des Konfuzius* fragen die Schüler den Meister: »Da gibt es einen Mann, der bei allen Leuten im Dorf beliebt ist. Was halten Sie von ihm?«

»Daß er bei allen beliebt ist, besagt noch gar nichts«, antwortete Konfuzius.

»Aber in dem Dorf lebt auch einer, der bei allen unbeliebt ist. Was halten Sie denn von dem?«

»Auch daß einer überall unpopulär ist, will noch nichts bedeuten. Entscheidend ist, ob einer bei den guten Menschen beliebt und bei den Schlechten unbeliebt ist.«

Auf neuem Posten

»Ja, das wollen wir machen, wenn Sie dazu bereit sind«, hatte Kiesinger gesagt.

Ich war bereit; denn politisch war das eine Schlüsselstellung, und mit Kiesinger konnte ich gut zusammenarbeiten. Ich wäre nahe dem Zentrum der Entscheidungen gewesen.

Ich war bereit, aber auf dem Posten, den Kiesinger mir anbot, saß Horst Osterheld, einer meiner früheren Mitarbeiter in der NATO-Vertretung, den ich sehr schätzte. Kiesinger bat das Auswärtige Amt, ihn wieder in den Auswärtigen Dienst zu übernehmen, aus dem er herkam. Aber dort war keine Stelle seiner Gehaltsklasse frei, weder im Inland noch im Ausland.

Ich sagte Kiesinger, ich sei zwar bereit, möchte aber nicht mehr lange auf meinem Posten im Auswärtigen Amt ausharren, den ich seit sieben Jahren einnahm. Die Sache zog sich hin.

* *Gespräche* (Lun Yü), XIII, 24

Wolfram, Barbara, Ulrich und Vicky, die erste Schwiegertochter

Obwohl mich sein Angebot außerordentlich reizte, war mir ein wichtiger Auslandsposten auch nicht ganz unlieb. Zunächst sprach ich aber mit Wolfram und Ulrich. Sie studierten nun beide schon dreizehn Semester, und obwohl sie sparsam lebten, kosteten mich ihre beiden Monatswechsel ein Drittel meines Gehalts. Mit vollem Ernst betrieben sie ihr Studium ohnehin nicht. Ein Bild im »Bonner General Anzeiger« zum Beispiel zeigte Ulrich bei einer Demonstration auf dem Podium neben Rudi Dutschke, und das Echo von Wolframs Reden und Taten im Erlanger Studentenparlament drang bis nach Bonn, während unser alter Heidelberger Freund, der Historiker Walter Peter Fuchs, bei dem Wolfram promovieren wollte, schrieb, seine Fortschritte ließen sich noch beschleunigen.

Es überraschte mich, daß der Sturm der studentischen Protestbewegung beide Söhne mit solcher Gewalt vor sich hertrieb, obwohl sie im Haus der Eltern und im Kreis unserer Freunde und Amtskollegen eine lebhafte, ständige und an den Fakten orientierte politische Diskussion miterlebt hatten. Doch wir waren nicht die einzigen Eltern, die das erlebten, hielten weiter enge Verbindung zu den Söhnen, diskutierten auch mit ihnen, ohne daß freilich der eine den anderen überzeugte, und wir vertrauten darauf, daß sie nach einer Weile wieder in die Realität zurückkehren würden. Das war denn auch der Fall, wenn auch Spuren jener Sturm-und-Drang-Jahre noch heute deutlich an ihnen zu bemerken sind, was aber auch nicht zu verwundern ist.

Zu einem Zerwürfnis ist es in keinem Augenblick gekommen. Franz und ich faßten uns in Geduld, und sie übten sich ebenfalls in Geduld und zählten darauf, daß die schon über fünfzig Jahre alten greisen Eltern noch einmal einsehen würden, wie überholt ihre Anschauungen waren.

»Sportsfreunde«, verkündete ich ihnen deshalb, »angesichts dieser Lage halte ich es für zweckmäßig, daß ihr euch mit den Realitäten auseinandersetzt. Konkret gesprochen: Was die Monatswechsel betrifft, ist am letzten Tag eures vierzehnten Semesters Sense.«

Sie fanden ihren Vater unerhört hartherzig und grausam; außerdem komme die Ankündigung so plötzlich und unerwartet. Die Vorbereitungszeit für das Examen sei viel zu kurz. Ich versicherte sie meiner unveränderten Sympathie, blieb aber bei meiner Ankündigung. Sie verließen enttäuscht über den menschenfeindlichen Vater das Haus, um zu studieren. Sie bestanden wenige Tage vor dem Ende des vierzehnten Semesters ihre Examina: Ulrich als Referendar in Jura und Wolfram als Magister in Geschichte als Haupt- und in Chinesisch als Nebenfach.

Unsere Freunde warteten nur auf sie: Connie Ahlers, damals stellvertretender Sprecher der Bundesregierung, stellte Wolfram als seinen Persönlichen Referenten an, obwohl dieser noch kurz zuvor mit Schlägerhelm auf dem Kopf vor dem Bundespresseamt gegen die Notstandsgesetze der Regierung demonstriert hatte; und unser Freund Hans Joachim Lange, Fernsehdirektor beim Westdeutschen Rundfunk, ließ Ulrich ein Praktikum bei dem Fernsehmagazin »Monitor« absolvieren, das von der Entrüstung über wirkliche und vermeintliche Skandale lebte. Ulrich bewährte sich in diesem Magazin, wandte sich nach einigen Jahren, als er über Frankreich und die Vereinigten Staaten berichtete, erfreulicherweise aber seriösen Themen zu und hatte schon bald große und verdiente Erfolge. Seine früheren Pläne, ins Auswärtige Amt einzutreten, hatte er aufgegeben. Ich versuchte noch eine Weile, ihn wieder dazu zu überreden, aber er wollte beim Fernsehen bleiben; außerdem hatte ich den Eindruck, daß die Auswahlkommission des Auswärtigen Amtes seine politischen Ansichten von damals kaum geteilt hätte. Dagegen zeigte er schon bald, daß seine eigentliche Begabung in dem Medium Fernsehen lag.

Willy Brandt sah, daß ich eine andere Aufgabe suchte. Er fragte mich, ob ich Botschafter in Prag werden wollte, aber dann hörte er von der Personalabteilung, es gelte noch ein Erlaß Schröders, wonach Beamte, die früher Mitglied der NSDAP gewesen waren, nicht als Missionschefs in die kommunistischen Länder versetzt werden sollten. Aus demselben Grund könne man auch Franzl Krapf nicht nach Moskau entsenden. Willy Brandt sagte, seine Partei würde es nicht verstehen, wenn er den Erlaß aufhöbe. Später ignorierte er ihn dennoch, als ich nach Bukarest versetzt wurde.

Blankenhorn drängte.

London

Eingewöhnung in die englische Society

So, das waren die Jahre in Bonn. Ich begebe mich nun mit meinen Gästen in einen anderen Teil des Palastes meiner Erinnerungen. Die Treppe wird breiter, ist auf einmal mit einem blauen Läufer belegt, hat ein Marmorgeländer. Es wird herrschaftlicher. Ich will den Besuchern die Zimmer in dem Londoner Flügel zeigen.

Die Gäste fragen, ob wir jetzt höher sind als in dem Bonner Flügel.

»Kann sein, auf jeden Fall hat man von hier eine weitere Aussicht.«

»Nein, wir meinten, ob Sie selbst damit auch aufgestiegen sind.«

»Eine Gehaltsstufe, ja.«

»Und auf Ihrer Visitenkarte steht ›Außerordentlicher und Bevollmächtigter Gesandter‹. Das klingt ganz außerordentlich.«

»Mag sein; dabei ist es nur eine der alten Formeln, wahrscheinlich aus dem Aachener Protokoll von 1818. Auf jeden Fall heißt das nichts weiter, als daß ich Blankenhorns Vertreter bin, und wenn er nicht in London ist, bin ich der Geschäftsträger. Und nun gehen wir in das erste Zimmer. Seien Sie vorsichtig! Hier liegen Teppiche, und die rutschen auf dem Parkett.«

Man sieht hier nicht so viele Akten. Ich habe mir hier weniger notiert. Ich sehe diese glücklichen Jahre eher in Bildern. Hier zum Beispiel den Belgrave Square. Das Gebäude an der Ecke ist die Botschaft der Bundesrepublik Deutschland. Auf der Ecke gegenüber liegt die spanische, und rechts neben uns die österreichische Botschaft und an den anderen Seiten des Platzes noch fünf oder sechs weitere diplomatische Missionen. Belgrave Square ist eine vornehme Adresse, und auf die Adresse legt man hier großen Wert. Mit einer guten Adresse ist man gesellschaftsfähig.

Die Häuser des Belgrave Square unterscheiden sich kaum voneinander. Postklassizistischer Stil aus der ersten Hälfte des 19. Jahrhunderts nach einem einzigen Plan gebaut. So auch unsere Botschaft: Rustica Erdgeschoß, Säulen rechts und links des Vorbaus über der Eingangstreppe und der großen Tür; vier hohe Halbsäulen vor den beiden darüberliegenden Geschossen mit den Gesellschaftsräumen und dem Arbeitszimmer des Botschafters. Prächtig und imposant und vornehm, aber langweilig und ohne Leben. Belgrave Square ist das Gegenteil einer italienischen Piazza.

Ich arbeitete im Erdgeschoß und konnte auf den Innenhof sehen. Die anderen Büroräume lagen in dem Flügel, der vom Belgrave Square nach Westen führte. Das große Grundstück dahinter, getrennt durch die *mews*, in denen früher die Pferdeställe, Remisen und Kutscherwohnungen lagen, war noch unbebaut.

Blankenhorn wollte es kaufen, weil das Bürogebäude nicht mehr ausreichte. Es gab sonst keine Möglichkeit, die Botschaft zu erweitern. Da die Bodenpreise stiegen, mein Vorgänger wegen des hohen Preises aber zögerte, wurde ich schon kurz vor meiner Versetzung im Dezember 1967 nach London abgeordnet, um über den Kauf zu verhandeln. Der Kauf kam zustande, nachdem unser Finanzministerium zugestimmt hatte. Zwei Jahre vorher war uns das Grundstück noch für die Hälfte des Preises angeboten worden. Heute steht dort der große Bürotrakt der Botschaft mit der Konsularabteilung.

Am Eingang der Residenz des Botschafters auf dem Belgrave Square sieht man Herrn Kluck stehen, den Pförtner, über den man eigentlich noch reden müßte. Er spricht mit Mr. Avis, der gerade aus dem Auto gestiegen ist. Als Blankenhorn mir sagte, das sei mein Dienstwagen und Mr. Avis sei mein Fahrer, antwortete ich, ich hätte aber doch meinen alten Opel mitgebracht.

»So«, sagte Blankenhorn, »und wenn Sie ins *Foreign Office* fahren wollen, wo würden Sie da wohl parken? Oder wenn Sie zu einem Dinner eingeladen sind, vielleicht mit Ihrer Frau. Alle anderen Gäste kommen vorgefahren, aber Sie kommen vom Parkplatz zu Fuß! Sie vielleicht im Frack oder Smoking und Ihre Frau im langen Kleid! Sie werden sich übrigens bald daran gewöhnen. Oder wollen Sie mit unangebrachter Bescheidenheit kokettieren?« Er hatte recht, und ohne Mr. Avis konnten wir bald nicht mehr auskommen.

Er steht jeden Morgen vor dem Eingang des Hauses Princes' Gate, No.7. Dort wohnen wir im vierten Stock, *Flat 20*. Princes'

Gate liegt in Kensington, am Hyde Park, an der südlichen, der richtigen Seite also. Es ist eine sehr gute Adresse. In dem Apartment über uns wohnt Lady Clementine Churchill, Witwe Winston Churchills, der wir manchmal im Fahrstuhl begegnen.

Hinten im Eingangsflur, vor Treppe und Fahrstuhl, halten John und Frederic Wache. Sie wechseln sich mit George und Harry ab. Nachts sitzt nur Bill hier, schon ziemlich alt. Sie sind Pförtner und haben nur Vornamen, sind auch nicht *Mister*.

John und Frederic und die anderen sagen morgens, wenn man aus dem Fahrstuhl steigt: »*Good morning, Sir. Nice weather today, Sir!*« oder »*Good morning, Sir! It started raining an hour ago, Sir. You might want an umbrella, Sir.*«

Unsere Nachbarn im *Flat 21* waren Mr. und Mrs. Fields. Er war Rechtsanwalt. Er wurde jeden Morgen von seinem großen Bentley abgeholt. Eines Morgens stand Mr. Fields auf der Straße und winkte den Taxis; aber es regnete, und alle waren besetzt. Ich nahm ihn mit, und er erzählte unterwegs, er habe Bentley und Chauffeur abgeschafft. »Der Kerl kommt morgens, fährt mich ins Büro und abends wieder nach Hause. Sonst tut er nichts. Das ist hinausgeworfenes Geld. Ich nehme jetzt Taxis. Sie kommen ja dauernd vorbei.«

»Wenn es allerdings regnet…«, sagte ich. Er sah das Problem.

Als ich ihn ein paar Wochen später morgens wieder am Eingang traf, stand da ein Taxi.

»Kein Problem mehr?« fragte ich.

»Nein«, antwortete er. »Ich habe die Taxifirma gekauft.«

Für ihn anscheinend eine Kleinigkeit. Über dem Kamin in seinem *Flat* hing ein wunderbarer Guardi mit einem Blick auf San Giorgio Maggiore, und in seiner Anwaltspraxis beschäftigte er hundertundvierzig Angestellte.

Wenn Franz vom Einkauf mit einem kleinen Päckchen zurückkam, sprangen sofort John oder Frederic herzu, nahmen es ihr ab und brachten es hinauf. Damen schleppen sich nicht mit Paketen ab. Und wenn uns jemand unangemeldet besuchen wollte, ließen sie ihn nicht durch, bis sie sich telefonisch erkundigt hatten, ob wir ihn sehen wollten.

Der Chef von Scotland Yard hatte mir bei einem Essen von seinem geheimen Museum mit den gesammelten *corpora delicti* der Londoner Verbrechen des letzten Jahrhunderts erzählt. Als ich ihm sagte, ich würde das gerne einmal sehen, antwortete er: »Gut. Wenn Sie es wirklich sehen wollen, und wenn es Ihnen nichts ausmacht«, sagte er, »aber da sind schon stramme Polizisten bleich und mit weichen Knien herausgekommen.«

Als Günter Diehl einmal in London war, führte ich ihn, um ihm eine Freude zu bereiten, nicht in die Cézanne-Ausstellung der *Tate Gallery*, sondern zu Scotland Yard.

Vor den geheimen Räumen der Sammlung zeigte man uns den Kartenraum. Ich wollte Princes' Gate No. 7 sehen. Man zog eine große Karte aus der Kartenwand. Ich fand unser Haus sofort, es waren zwei kleine rote Nadeln eingesteckt.

Warum? fragte ich.

Zwei Einbrüche in diesem Jahr. Einer über den Dienstboteneingang, und den anderen begingen zwei Männer, die den Portiers von der Telefongesellschaft angemeldet waren, um in einem *Flat* im Erdgeschoß ein neues Telefon zu installieren. Einer der ältesten Tricks.

Als ich John später einmal nebenbei fragte, ob hier in letzter Zeit einmal eingebrochen worden sei, antwortete er, verwundert über eine solche Frage, er sei schon zwanzig Jahre hier, aber in diesem Gebäude sei nie dergleichen vorgekommen.

Flat 20 war die Dienstwohnung des Gesandten, für die ich natürlich die der Größe und guten Adresse entsprechende Miete zahlen mußte; aber sie war unmöbliert. Sie war ganz leer. Unsere Möbel kamen. Sie stammten noch aus der ersten Nachkriegszeit, und einige Sessel sogar noch aus dem ersten Kriegsjahr in Schanghai. Sie paßten in unser kleines Reihenhaus in Godesberg, aber eigneten sich nicht für diese große Wohnung, wo wir Luncheons, Dinners und Empfänge geben mußten. Erich Kordt hatte uns einen großen ausziehbaren Eßtisch aus dem Erbe seines Bruders Theo geschenkt, an den wir vierzehn Gäste setzen konnten. Aber wir hatten ja nur sechs Stühle! Für alle Fenster, auch für die des kleinen Gästeappartements brauchten wir Vorhänge, für die Küche das Kochgeschirr, für die Essen das Porzellan und Tafelsilber und für die Empfänge Gläser. Es war Franz, die geschickt und findig alles, was uns fehlte, auslieh, bis wir es nach und nach selbst kaufen konnten.

Auch unsere Garderobe war unzureichend, sowohl Franz' wie meine. Frack und Cut waren unentbehrlich, und zu *Queen's Birth-*

day ging man im grauen Zylinder in den Garten des Buckingham Palastes. Avis kannte das Geschäft, das sie auslieh, wenn man sich einen rechtzeitig vor der Garden Party reservierte.

Der Code

Der Attachélehrgang sah vor, daß der junge Amtsanwärter vor dem Abschluß ein halbes Jahr in einer Auslandsvertretung Dienst tat. Er durchlief alle Referate und mußte zum Schluß auch eine schriftliche Arbeit vorlegen, in der er zeigen sollte, was er in dem Land gelernt hatte.

Einmal meldeten sich zwei Kandidaten, die beim Einführungsgespräch einen guten Eindruck machten. Am Nachmittag waren sie zu einem Empfang in unserer Wohnung geladen. Franz und ich begrüßten die Gäste. Die beiden angehenden Attachés kamen eine halbe Stunde später. Wir behielten sie in unserer Nähe. Als wir sie einer Abgeordneten vorstellten, nahmen sie schnell die Zigarette aus dem Mund und versteckten sie mit der linken Hand hinter dem Rücken, gaben der Dame die Hand und sagten »*How-do-you-do*«. Später mischten sie sich unter die Gäste und unterhielten sich lebhaft mit den zwei jungen Töchtern eines unserer Beamten. Als der Empfang endete und wir die Gäste verabschiedeten, waren sie schon weg.

Ein jüngerer Legationsrat gab ihnen in den nächsten Tagen Ratschläge, zum Beispiel, daß die jüngsten Botschaftsangehörigen beim Empfang als erste kommen und als letzte gehen, um dem Gastgeber zur Hand zu gehen, denn man sei ja nicht zu seinem eigenen Vergnügen eingeladen; daß man bei Vorstellungen nicht raucht und sich nicht mit Handschlag begrüßt, daß man sich nicht mit deutschen Kolleginnen unterhält, sondern die Gäste unterhält und sich um sie kümmert und daß bei einer Essenseinladung niemand aufbricht, bevor nicht die älteste Dame gegangen ist und so weiter.

Aus den Abteilungen, die sie durchliefen, kamen gute Berichte über sie. Ich bat sie zu mir, um mit Ihnen Themen für ihre schriftliche Arbeit zu besprechen. Zuerst fragte ich, ob sie vielleicht selbst welche vorschlagen könnten. Der eine wollte über die britische Politik *East of Suez* schreiben, der andere, wenn ich mich recht erinnere, über die Zukunft des Commonwealth. Mir schienen beide Themen für Anfänger und für die kurze Zeit, die ihnen zur Verfügung stand, zu umfangreich. Ich bat sie statt dessen beide, ein leichteres Thema zu behandeln, zum Beispiel die Unterschiede zwischen dem deutschen und dem britischen Code gesellschaftlichen Benehmens.

Der eine antwortete, solche Fragen halte man heutzutage für zweitrangig. Es war das Jahr 1968.

»In Deutschland, aber nicht in England«, erwiderte ich, »und unter Ihren künftigen ausländischen Kollegen ist isoliert, wer den deutschen Sonderweg geht und sich nicht richtig benehmen kann.«

Der andere wandte ein, wie solle er die anscheinend doch ziemlich abseitigen Regeln des englischen guten Tons kennen, wo man doch schon mit den konservativen deutschen seine Probleme habe, weil sie gerade im Umbruch seien.

»Eben!« sagte ich und »Drum!«, holte weit aus und sprach etwa wie folgt: Wir Deutschen, sagte ich, gelten von alters her als bäurisch. Peter Wapnewski habe kürzlich französische Verse schon aus der Zeit des Minnesangs zitiert, in denen uns das vorgeworfen wurde. Wir hätten im 16. Jahrhundert als einzige Nation den Grobianismus zur literarischen Stilform erhoben. Auch bei Shakespeare seien die Deutschen ungehobelt. Im Sturm und Drang des 18. und der Wandervogelbewegung des 20. Jahrhunderts habe man sich den gesellschaftlichen Formen verweigert und sie als Zwang angesehen, der den Menschen an der freien Entfaltung seiner Persönlichkeit hindere. Es scheine, als legten wir es manchmal darauf an, das Bild von den *Boches* und *Huns* zu bestätigen.

Natürlich wolle ich es nicht durch die Karikatur des Sektglas schwingenden Diplomaten im Frack ersetzen. An erster Stelle stehe bei uns die Arbeit. Die Teilnahme an Empfängen und allen anderen gesellschaftlichen Veranstaltungen am Abend und an den Wochenenden, wo jeder andere Privatmann sich der Familie oder seiner Selbstverwirklichung widmen könne, sei bei uns Auslandsbeamten Dienst und oft mit Verzicht verbunden.

Der Code des gesellschaftlichen Umgangs sei in den zivilisierten Ländern verschieden; aber nur wenn man ihn kenne und beherrsche, sei man ein freier Mann und werde von den anderen akzeptiert.

So etwa sprach ich ernst, ausgewogen und mit pädagogischem Eros. Sie hatten aufmerksam zugehört, aber als sie gegangen und die Tür hinter sich geschlossen hatten, werden sie wohl aus tiefstem Herzensgrund über solche unzeitgemäßen Ansichten geseufzt haben. Oder sie haben sich darüber halbtot gelacht.

Sie lieferten ihre Arbeit am Ende ihres Lehrhalbjahrs pünktlich ab, doch ihr Vergleich des deutschen und britischen gesellschaftlichen Codes war so langweilig wie ein Schulaufsatz. Sie hätten doch die vielen Skurrilitäten, an denen der britische gesellschaftliche gute Ton so reich ist, wenigstens mit etwas Humor beschreiben können. Weder waren ihnen die gesellschaftlichen Ausreden, Formalismen und Unwahrheiten, der *cant* und Snobismus, der einem in der britischen Oberklasse begegnen kann, aufgefallen, noch hatten sie bemerkt, wie gesellschaftliche Regeln den Umgang der Menschen miteinander erleichterten, zum Beispiel die Gepflogenheit, sich für Fehler zu entschuldigen. Im Deutschen lügt man, wenn man höflich ist, und man entschuldigt sich nur, wenn es wirklich nicht anders geht und fühlt sich womöglich dadurch gedemütigt. In den angelsächsischen Ländern lernen schon die Kinder zu sagen: »*I am sorry!*« Und wenn einem eine Dame auf die Füße tritt, sagt man »*I am sorry, it was my fault.*«

Die beiden jungen Attachéaspiranten haben jedoch ihr Examen bestanden, was ihnen damals fehlte, in der Praxis schnell gelernt und sich in ihrer späteren Laufbahn, wie man hören konnte, auch bewährt.

Vom Versuch, die Botschaft zu stürmen

Rudi Dutschke war Wortführer und Idol der rebellierenden deutschen Jugend. Er rief auf zur Veränderung der Gesellschaft und dem langen Marsch durch die Institutionen. Bei einer Demonstration in West-Berlin zog im April 1968 ein bisher unbescholtener Bürger, dem das nicht paßte, die Pistole, schoß auf ihn und verletzte ihn schwer.

Nicht nur die deutsche, auch die englische Jugend fühlte sich herausgefordert. Tariq Ali, ein Pakistani aus wohlhabendem Hause, führte damals das Wort unter den zornigen jungen Londonern. Er rief das für Krawalle bereitstehende jugendliche Potential auf, die deutsche Botschaft zu besetzen. Ein Versuch, die amerikanische Botschaft aus Protest gegen den Vietnam-Krieg zu stürmen, war erst vor kurzem fehlgeschlagen; denn sie war eine Festung. Die deutsche Botschaft dagegen war es nicht.

Am Nachmittag hörten wir, daß sich viele junge Menschen in der Gegend der King's Road versammelten. Das unbebaute Gelände auf der anderen Seite der *mews*, hinter dem Büroflügel der Botschaft, das wir vor einigen Monaten gekauft hatten, umgab ein hoher Bretterzaun. Aus dem ersten Stock konnten wir sehen, wie eine Abteilung berittener Polizei dort durch die Bretterpforte einzog. Die Polizisten saßen ab und schlossen die Pforte. Das Gelände war von der Straße aus nicht einzusehen.

Blankenhorn war nicht in London, und ich war daher Geschäftsträger. Einige Polizeioffiziere ließen sich bei mir melden und fragten, welche Maßnahmen die Botschaft ergreifen werde.

»Keine«, antwortete ich. »Wir fühlen uns in Ihrem Schutz völlig sicher.«

»Aber es werden Zehntausende sein, möglicherweise bis an die Hunderttausend. Sie sind sehr aufgebracht.«

»*Indeed!*« antwortete ich und zeigte mich ungerührt.

Natürlich hatten wir schon etwas unternommen. Ich hatte den Kanzler Rubarth gebeten, von den sechs Mann des Bundesgrenzschutzes, die hier Hausordnungsdienst taten, die Dienstpistolen einzuziehen und im Panzerschrank zu verwahren. Wenn die Demonstranten Anstalten machten, die Eingangstreppe hinaufzukommen und einzudringen, sei die große Eingangstür des Bürotrakts abzuschließen.

Zuerst hörten, dann sahen wir sie aus den Fenstern des ersten Stocks. Sie kamen von der Sloane Street her und würden also vermutlich gerade vor jenem Eingang haltmachen. Sie schrien: »*Murderer!*« und »*Nazi!*« und marschierten in dichten Reihen. Zuletzt hakten sie sich unter. Zwei Reihen von Polizisten, die vom Belgrave Square gekommen waren, bildeten eine recht dünne Kette vor dem Eingang des Büroflügels. Die beiden Fronten standen sich gegenüber, und es schien, als wollten die Demonstranten einen Durchbruch versuchen.

Wir sahen aus dem Fenster: Die Sloane Street war, soweit wir blicken konnten, voller Demonstranten. Sie brüllten weiterhin »*Nazi!*«, »*Murderer!*« In der Mitte wurden Transparente geschwenkt. Auch eine Hakenkreuzfahne war dabei. Die Menge von hinten drängte nach vorn, und das Geschrei wurde wilder.

Ich ging hinaus und sagte dem Polizeioffizier vor dem Eingang, ich sei bereit, eine Delegation von drei bis vier Mann in meinem Büro zu empfangen und kehrte an meinen Schreibtisch zurück.

Der Kanzler Rubarth führte die Delegation in mein Büro. Als erster trat Tariq Ali ein, der Sprecher: ein hochgewachsener, sportlicher, dunkelhäutiger Mann, der nicht unsympathisch wirkte. Nach ihm kam ein Mädchen, dessen Alter schwer zu schätzen war: eine kümmerliche Gestalt, die ihr Haar seit langem nicht gekämmt hatte und die unerträglich nach Schweiß roch. Sie sei aus Hamburg, erklärte Tariq Ali. Als Dritter trat ein Mann ein, der in den Dreißigern sein mochte und sich als Australier vorstellte. Wir nahmen an einem kleinen runden Tisch in den Besuchersesseln Platz.

Die Tür ging auf, und herein kam noch einer: Herr Werbke, der Korrespondent des Südwestfunks, der sich geschickt hinter Rubarths Rücken eingeschmuggelt hatte und der sich, um nicht weiter aufzufallen, auf einen Stuhl neben der Tür setzte, wo er jedoch alles hören konnte.

Ich sagte den drei Delegierten, daß ich mich freute, sie kennenzulernen und fragte, ob ich ihnen helfen könne. Tariq Ali sprach etwa fünf Minuten, leidenschaftlich, aber nicht ausfallend. Er behauptete, an dem feigen Mord an Dutschke sei die deutsche Regierung schuld. Sie sympathisiere unter der Hand mit dem Mörder, provoziere und unterdrücke die revolutionäre Bewegung. Es sei ja vorauszusehen, daß dem Mörder nichts passieren werde und daß sich solche Morde wiederholen würden. Die britische Öffentlichkeit protestiere heftig dagegen.

Ich erwiderte, auch die Bundesregierung verurteile das Attentat. Sie stimme darin völlig mit ihm überein. Glücklicherweise sei Herr Dutschke nicht mehr in Lebensgefahr. Der Täter aber sei verhaftet, bereits vernommen und werde vor Gericht gestellt.

»Aber die Bullen!« rief die Hamburgerin und sprach aufgeregt und schnell, was ich jedoch nicht verstand, weil sie englisch sprach. Das aber beherrschte sie nicht.

Der Australier unterbrach sie und sagte in breitestem Australisch, an allem sei die Stringer-Presse schuld, die mit ihren Hetzparolen die alten Nazis aufwiegele. »Springer-Presse« korrigierte die Hamburgerin leise und verlegen; aber der Australier fuhr fort, die Stringer-Presse anzuklagen; und auch Tariq Ali stimmte nun ein und warf der Bundesregierung vor, die Hetze der Stringer-Zeitungen kommentarlos und insgeheim zustimmend zur Kenntnis zu nehmen.

Ich antwortete, die Bundesregierung werde Herrn Springer und seiner Presse nicht den Mund verbieten. Wir seien ein freies Land. Wir könnten uns gerne weiter darüber unterhalten, ob ich ihnen aber vorher eine Tasse Tee anbieten dürfe.

»*Yes, thank you*«, sagte der Australier, aber Tariq Ali bedauerte. Draußen stünden Zehntausende, die auf ihn warteten. Ich bat ihn, seinen Gefolgsleuten zu sagen, die Bundesregierung sei, was das Attentat angehe, ganz seiner Meinung. Sie sei über das Attentat empört, und der Attentäter werde seine gerechte Strafe erhalten. Ich würde meiner Regierung natürlich berichten, daß die Tausende, die vor der Botschaft stünden, das Attentat ebenso verurteilten.

Die Besucher sahen sich an, als fragten sie sich, was sie nun eigentlich noch sagen sollten. Es fiel ihnen nichts mehr ein, und sie waren wohl auch nervös, weil sie nicht wußten, was auf der Straße los war. Sie standen auf, ich brachte sie zur Tür. Die Hamburgerin wollte mir im Hinausgehen zum Abschied die Hand geben. Sie wußte nicht, daß ein *handshake* nicht angezeigt war, weil das als herzliche Geste gilt. Tariq Ali drängte, und so verabschiedeten wir uns höflich, aber ohne Bekundung von Herzlichkeit.

Tariq Ali sprach von der Eingangstreppe des Konsulargebäudes aus durch einen Lautsprecher und berichtete, er habe schärfsten Protest gegen den Mord und die Hetze der Stringer-Presse ausgesprochen und erreicht, daß dies auch der Regierung in Bonn übermittelt werde.

Es gab keinen Beifall, die Menge war sichtlich unzufrieden. Sie zog um die Ecke zum Belgrave Square. Einige verbrannten eine Hakenkreuzfahne und eine Karikatur Hitlers. Die Fernsehreporter, die in großer Zahl gekommen waren, nahmen das auf, damit sie wenigstens etwas abliefern konnten.

Die Demonstranten verliefen sich. Sie waren enttäuscht, weil Tariq Ali durch seine Quatschereien die Erstürmung der Botschaft verhindert hatte, die man so schön vor den Fernsehkameras hätte verwüsten können. Es war wieder einmal nichts.

Nachzutragen ist, daß der kranke Rudi Dutschke und seine Frau Gretchen zwei Jahre später in Cambridge in dürftigen Verhältnissen lebten. Ich bat den Bundespräsidenten um Hilfe. Er stellte einen ansehnlichen Geldbetrag zur Verfügung, den Legationsrat Karl Heinz Kuhna dem Ehepaar in Cambridge überbringen konnte.

Herbert Blankenhorn in London

Am 20. November 1968 lag, als ich morgens mein Büro betrat, ein Fernschreiben mit der höchsten Dringlichkeitsstufe *Citissime nachts* auf dem Tisch, das nachts gegen zwei Uhr an das Auswärtige Amt abgegangen war. Unterschrieben hatte es Blankenhorn. Als ich es gelesen hatte, war ich überrascht und konnte es mir nicht erklären.

Premierminister Wilson hatte ihn nach Mitternacht zu sich gerufen und im Gespräch mit ihm die Bundesregierung in ungewöhnlich scharfer Sprache aufgefordert, die Deutsche Mark aufzuwerten, was wir bisher strikt abgelehnt hatten. Blankenhorn hatte unseren Standpunkt überhaupt nicht vertreten, sondern sich das nur angehört. Ich lief sofort die Treppe zu ihm hinauf in sein Arbeitszimmer. Er saß an seinem Schreibtisch und las die eben hereingekommenen Berichte der Nachrichtenagenturen und war empört.

»Es ist wieder alles Unsinn, was die da schreiben! Wilson habe mich aus dem Schlaf geweckt, und ich sei ungekämmt und verschlafen bei ihm erschienen! Nichts davon ist wahr! Ich hatte nach dem Essen für Filbinger und den Schatzkanzler noch den Smoking an, im Sessel ein Buch gelesen, als um zwölf Uhr Michael Paliser aus *Number Ten* anrief, die Weltwährungssituation sei kritisch geworden, und der Premierminister wolle mich so bald wie möglich sehen. Weil Roy Jenkins heute wegen dieser Frage zur Zehnerkonferenz nach Bonn fliegt, antwortete ich, dann käme ich wohl am besten gleich rüber in die *Downing Street*. Das hatte Paliser wohl auch erwartet.«

Premierminister Harold Wilson, Außenminister Stewart, der *Chancellor of the Exchequer* Roy Jenkins und ihre Experten waren alle im Kabinettssaal, als Blankenhorn gegen halb eins eintraf. Sie hatten sich über die Schwäche des Pfundes beraten. Es war so schwach, daß man es abwerten mußte, und das wäre eine Katastrophe für die City, das Commonwealth, das Pfund – und die Regierung Wilson gewesen. Nur wenn wir die starke D-Mark aufwerteten, würde der Druck auf das Pfund nachlassen; doch unser Bundesfinanzminister Schiller glaubte – damals jedenfalls noch –, das liege nicht in unserem Interesse.

Wilson nahm Blankenhorn sofort auf die Hörner. Was die Bundesregierung an Import-Export-Regulierungen anbiete, sei völlig ungenügend. Die Haltung der Bundesregierung sei »irresponsible and intolerable«. Und etwas verklausuliert drohte er, wenn wir die Deutsche Mark nicht aufwerteten, könne er die britischen Truppen bei uns nicht mehr finanzieren. Das alles in barschem Ton und ungezügelter Sprache.

Blankenhorn nahm das widerspruchslos hin und sagte, er werde berichten. Seinem Fernschreiben nach Bonn entnahm ich, daß ihm der Schreck über diesen rüden Anpfiff gehörig in die Glieder gefahren war.

Als Wilson der Bundesregierung vorwarf, sie habe sich verantwortungslos und unerträglich verhalten, hätte ich an Blankenhorns Stelle gebeten, diese Worte zu wiederholen, um sie zu notieren. Hätte Wilson das getan, dann hätte ich sie als unzutreffend zurückgewiesen; vielleicht auch gefragt, ob das die Botschaft an meine Regierung sei, derentwegen er mich um diese Zeit habe kommen lassen. Er hätte dann sicherlich seine Sprache gemäßigt.

Nicht aus Empfindlichkeit hätte Blankenhorn so antworten sollen, sondern weil Wilson sich uns gegenüber einer Sprache bediente, die ängstliche Beamten und Politiker in Bonn nicht selten veranlaßten nachzugeben, da man doch mit allen Gut-Freund sein wollte. Vielleicht hatte auch Wilson den Eindruck gewonnen, man müsse uns nur kräftig ins Kreuz treten, dann knickten wir sofort ein. Nie hätte Wilson in dieser Art mit dem französischen oder amerikanischen Botschafter geredet, um Druck auf ihre Regierungen auszuüben, weil er sicher sein konnte, damit nur das Gegenteil zu erreichen.

Roy Jenkins berichtet in seinen Erinnerungen, als Blankenhorn gegangen war, sei Wilson in euphorischer Stimmung in dem großen Arbeitszimmer auf und ab gegangen und habe ausgelassen-fröhlich und selbstgefällig ausgerufen: »*Irresponsible and intolerable!* habe ich ihm gesagt!« Als Roy Jenkins um Viertel nach zwei zu Bett ging, habe er befürchtet: »*We might have done a bad night's work with Blankenhorn.*« Auch die britische Presse, die natürlich alles von den britischen Zeugen erfuhr, empfand Wilsons Verhalten als ungehörig. Blankenhorn spielte den Vorfall damals und auch später in seinen Erinnerungen herunter.

Er war ein glänzender Erzähler und konnte einen ganzen Abend lang eine Runde mit Geschichten aus seinem reichen politischen Leben unterhalten; er faszinierte durch die spontane und pointierte Beschreibung von Personen und Szenen. Seine Ansichten trug er überzeugend vor; allerdings konnte jemand, der am nächsten Tag die gleiche Meinung äußerte, von ihm genau die entgegengesetzte hören.

Er hatte sich nicht immer so zurückgehalten wie in dem Mitternachtsgespräch mit Wilson. Als Blankenhorn im Jahre 1957 an einem Gespräch Brentanos mit John Foster Dulles teilnahm, beschwerte er sich, daß die Amerikaner oft handelten, ohne den NATO-Rat vorher zu konsultieren. Er sprach leidenschaftlich und nannte Beispiele. Brentano schwieg.

Dulles ließ Blankenhorn reden, aber sein Gesicht lief allmählich rot an, schließlich unterbrach er ihn zornig und stellte ihm an anderen Beispielen vor, wie töricht es gewesen wäre, in kritischen Situationen erst die NATO-Botschafter zu konsultieren, die ohnehin schwerwiegende Entscheidungen nur nach Rückfrage bei ihren Regierungen treffen konnten. Er habe genug zu tun, in akuten Krisen sofort den Präsidenten, das Kabinett und den Kongreß zu unterrichten und zu handeln. In seinen Erinnerungen nennt Blankenhorn Dulles' Reaktion »recht heftig«.

Blankenhorn arbeitete nicht systematisch. Dennoch war es oft bemerkenswert, wie er trockene und langatmige Berichte seiner Referenten zusammenstrich und mit wenigen Worten den politischen Gehalt herausstellte, der allein berichtenswert war.

Viele respektierten seine Energie, seine politische Phantasie, aber er hatte, soviel ich weiß, nur wenige wirkliche Freunde. Er selbst war in seinen Urteilen über Politiker und einige Kollegen, besonders Hallstein, kritisch. Adenauer nahm er aus. Ihm war er ergeben und absolut loyal. Er hat durch viele Initiativen den

Westkurs Adenauers mitgestaltet und zum Erfolg geführt. Unter Erhard und Kiesinger nahm sein Einfluß auf die Außenpolitik ab.

Blankenhorn schätzte mich als Mitarbeiter, aber wir blieben uns dennoch in vieler Hinsicht fremd. Er hatte zum Beispiel kein Verständnis für meine Neigung zu den Künsten. Ich übergab ihm, wenn ein neues Buch von mir erschien, aus *Courtoisie* stets ein Exemplar mit einer freundlichen Widmung. Er nahm es höflich entgegen, erwähnte es danach aber nie mehr, hat wohl auch kaum jemals hineingesehen. Es war seltsam, daß er mich, wo wir doch täglich eng zusammenarbeiteten, uns gegenseitig besuchten oder gemeinsam Ausflüge machten – nicht einmal über Auflage, Verkauf oder Rezensionen meiner Bücher befragte. Ich habe es ihm nicht übelgenommen, weil auch ich ungefragt nie darüber sprach, hätte aber doch gerne gewußt, was ihn bewog, das Thema als Tabu zu behandeln.

Er war kein musischer Mensch, las in den Zeitungen nicht das Feuilleton, und für literarische Gestaltung hatte er keinen Sinn. In seinen Erinnerungen vermied er, die Personen, das Umfeld, die konkrete Situation zu beschreiben und Humor durchblicken zu lassen. Das Buch war so trocken wie ein amtlicher Bericht. Dabei konnte er dieselben Ereignisse im Gespräch amüsant, spannend und farbig schildern.

Die Zusammenarbeit mit ihm war oft anregend, er war aufgeschlossen für Initiativen, aber in seinen letzten Dienstjahren wurde es zunehmend schwieriger, ihn auf einer Linie zu halten. Vielleicht lag das daran, daß er nicht mehr den Kontakt mit den Bonner Politikern hatte wie früher und die Möglichkeiten nicht immer richtig einschätzen konnte. Im Februar 1970 trat er in den Ruhestand und lebte seitdem zurückgezogen in Badenweiler, seiner Heimat.

Sein Nachfolger wurde Karl-Günther von Hase, etwa meines Alters, den ich schon von Bonn her kannte, als er Chef des Bundespresseamtes war. Die Zusammenarbeit mit ihm war angenehm. Er hatte eine leichte Hand, verstand, die Belegschaft an der Arbeit zu interessieren, und er war auch im Umgang mit den Heimatbehörden geschickt.

Ich hatte Bonn schon lange zu überreden versucht, eine deutsche Handelskammer in London zu errichten. Die großen deutschen Firmen hatten dort Vertretungen, den Firmen unseres Mit-

Karl-Günther von Hase

telstandes aber fehlten Informationen und Orientierungshilfen, um auf dem britischen Markt Fuß zu fassen. Eine Handelskammer konnte ihnen dabei helfen.

Der BDI-Präsident Fritz Berg, der die Interessen der Großfirmen in manchmal recht massiver Weise vertrat, hielt eine Handelskammer dagegen für unnötig und ließ sich nicht überzeugen. Da er aber in Bonn eine starke Position einnahm, blockierte er den Plan. Karl-Günther von Hase gelang es jedoch geduldig und in langen Verhandlungen mit allen zuständigen deutschen Behörden und Institutionen der Wirtschaft, die Handelskammer zu errichten.

Der Kranz für Karl Marx

Doch kehren wir an den Anfang meiner Londoner Zeit zurück! Am 2. Mai 1968 fand in Schloß Heimerzheim bei Bonn eine außenpolitische Klausurtagung unter dem Vorsitz Kiesingers statt.

An ihr nahmen die Minister Brandt, Strauß, Schiller, Schröder teil, die Fraktionsvorsitzenden der CDU und SPD, viele Staatssekretäre und die Botschafter der acht wichtigsten Auslandsvertretungen. Da Blankenhorn krank war, mußte ich ihn vertreten.

Großbritannien, sein Beitritt zur Europäischen Wirtschaftsgemeinschaft und die Haltung Frankreichs dazu waren ein Hauptthema, das lange diskutiert wurde. Da ich erst einige Monate in London auf Posten war, hatte ich mich von den jungen Mitarbeitern der Botschaft in Politik und Wirtschaft vorbereiten lassen: Hans Schauer, Hans-Otto Bräutigam, Margarete Stark, Dietrich Graf von Brühl. Sie kannten das Land länger, hatten mir nachdrücklich widersprochen, wenn ich falsche Ansichten vertrat, und hatten mir nichts durchgehen lassen. Sie waren ausgezeichnet.

Nach dem Mittagessen in Heimerzheim machten wir eine Pause auf dem weiten Rasen hinter dem Schloß. Brandt hatte mich etwas zu meinem Referat über England gefragt, und ich hatte ihm geantwortet.

»Am 5. Mai ist der hundertundfünfzigste Geburtstag von Karl Marx«, sagte ich. »Da werden die kommunistischen Parteiführer der ganzen Welt oder doch ihre Vertreter in London sein und an seinem Grab auf dem Friedhof *Highgate* einen Kranz niederlegen.«

»Wird die britische Regierung davon Notiz nehmen?«

»Nein. Aber es wäre schön, wenn die kommunistischen Delegierten aus aller Welt kämen und sähen, daß da schon ein Kranz von uns zu seinem Gedächtnis liegt. ›Dem deutschen Philosophen‹ oder so ähnlich.«

Brandt nahm das anscheinend nicht ernst.

»Doch!« fuhr ich fort, »Karl Marx muß ein gräßlicher Mensch gewesen sein. Und was er geschrieben hat, ist eine Utopie, die nach seinem Tod viel Unheil in die Welt gebracht hat; andererseits ist die Arbeiterbewegung ja ohne ihn nicht zu denken, und sie hat bei der Wirtschaft und dem Staat soziale Errungenschaften durchgesetzt und viel Elend verhindert. Wenn er nicht gewesen wäre, sähen alle Unternehmer heute so aus wie Fritz Berg.«

Brandt lachte. Er kannte meinen Streit mit dem BDI-Präsidenten.

»Meinen Sie das mit dem Kranz im Ernst?«

»Ja. Trotz allem war er doch ein Deutscher.«

»Sie haben ja recht«, antwortete Willy Brandt, »und ich habe auch nichts dagegen, aber ich kann das nicht auf meine Kappe nehmen. Fragen Sie den Bundeskanzler!«

Ich ging zu Kiesinger, der nicht weit von uns stand, und trug ihm meinen Plan vor.

»Vielleicht etwas ungewöhnlich«, sagte er, »aber der Plan hat einen gewissen Reiz. Die Genossen aus Moskau und Peking werden große Augen machen, wenn schon ein Kranz von uns am Grabe liegt! Natürlich war Karl Marx ein bedeutender Deutscher. Theodor Heuss hat ihn in die Biographie der Großen Deutschen aufgenommen. Einverstanden!«

An eins hatte ich nicht gedacht. Es fiel mir erst ein, als ich wieder in London war. Was sollte auf der Schleife des Kranzes stehen? Wir berieten. Die Bundesregierung? Nicht möglich, denn ich konnte mich ja nur auf die mündliche Zustimmung des Bundeskanzlers und Bundesaußenministers berufen. Der Bundeskanzler? Der Bundesaußenminister? Das könnte die Presse mit etwas Geschick als grundsätzlichen Wandel der deutschen Politik interpretieren.

Am Morgen des 5. Mai fuhr ich mit dem jungen Legationsrat Karl Heinz Kuhna zum Friedhof *Highgate*. Der Kranz lag auf dem Rücksitz.

Wir kannten den Weg zu Marx' Grab. Der mannshohe schwarze Kopf mit dem breiten Vollbart war ja auch nicht zu übersehen. Wir legten den Kranz mitten vor den Stein und breiteten die Schleife für die nachfolgenden Besucher aus. Auf dem einen Schleifenband stand »Dem deutschen Gelehrten« und auf dem anderen »Die Botschaft der Bundesrepublik Deutschland«.

Wieder im Kanzlerbungalow

Es war am 27. Januar 1969. Frau von Quistorp, die Hausdame des Kanzlerbungalows, empfing mich und führte mich in das Kaminzimmer. Der Bundeskanzler habe noch eine Besprechung mit Barzel und Stücklen über die Nachfolge Gerstenmaiers als Bundestagspräsident. Hans Neusel, der gerade Ministerialdirigent geworden war, kam herein und leistete mir Gesellschaft. Ich gab ihm einen der Kriminalromane, die eigentlich für Kiesinger bestimmt waren; aber Neusel brachte es immer fertig, mir, wenn ich alle vier oder sechs Wochen nach Bonn kam, einen Termin bei Kiesinger zu verschaffen. Er verdiente einen Krimi. Frau von Quistorp brachte uns einen Württemberger Rotwein, und ich zündete den Kamin an.

Nach einer Viertelstunde kam der Kanzler, und Neusel verabschiedete sich. Kiesinger berichtete über seinen Tageslauf, vor allem über die Finanzreform, die die Kompetenzen des Bundes gegenüber den Ländern erweitern solle. Die von Strauß vorgeschlagenen Änderungen hatte der bayerische Ministerpräsident Goppel alle wieder gestrichen.

Ich gab Kiesinger vier der neuesten Kriminalromane, darunter zwei gute von Patricia Highsmith. Er fing wieder an von den Kosten zu reden, die mir dadurch entstünden, aber ich beruhigte ihn, zuerst hätte ich sie ja alle gelesen.

Wir gingen bald in das kleine Eßzimmer. Kiesinger wollte mich zu der »Punkt-Diät« bekehren, der er sich gerade verschrieben hatte. Ihr Sinn sei *Eat fat, stay slim.* Das heißt, man soll alle Kohlehydrate vermeiden. Er sagte, er habe in den letzten vierzehn Tagen sechs Pfund abgenommen, fühle sich besser, und als er beim letzten Sonntagsspaziergang nach drei Stunden ein schärferes Tempo angeschlagen habe, hätten die sehr viel jüngeren Begleiter protestiert.

Kiesinger aß, seiner »Punkt-Diät« folgend, Steak und Spinat, und ich natürlich auch. Nachher gab es Käse. Wir sprachen bei Tisch und nachher bei Rotwein querbeet über Politik, Politiker, Freunde und Persönliches.

Mir lag daran, ihn auf den Besuch Wilsons vorzubereiten, und gab ihm daher einen Überblick über die wirtschaftliche und innenpolitische Lage Großbritanniens. Er wollte mehr über Wilson wissen. Ich erzählte ihm, daß ich vor kurzem mit Klaus Schütz bei ihm zum Lunch gewesen war, und meine Augen seien so von seinen Fingernägeln gebannt gewesen, daß ich mich zwingen mußte, nicht immer auf sie zu sehen.

»Warum?« fragte Kiesinger.

»Weil sie schwarze Trauerränder hatten, als habe er gerade im Garten gearbeitet und danach die Hände nur einmal kurz unter den Wasserhahn gehalten. Bei Sir Alec Douglas-Home kann ich mir das nicht vorstellen.«

Kiesinger lachte und sagte, als sie sich zum ersten Mal trafen, habe er eine freundliche Tischrede gehalten, Wilson aber habe ihn in seiner Erwiderung zu belehren und ihm vorzuwerfen versucht, wir täten nicht genug für Europa. Und sein Versuch, Blankenhorn nach Mitternacht einzubestellen und in ungehöriger Form die Aufwertung der D-Mark zu fordern, sei auch nicht klug gewesen. Ich gab das zu und sagte, daß Jennifer Jenkins, Roy Jenkins' Frau, mir am Tag darauf gesagt habe, sie habe sich geschämt und der Vorfall sei *very unfortunate* gewesen. Wilson habe damals das Wasser bis zum Hals gestanden. Er habe gefürchtet, das Pfund noch einmal abwerten zu müssen, und das hätte seine Regierung nicht überlebt. Außerdem habe er aus Äußerungen des Bundesbankpräsidenten entnommen, daß bei uns die Meinungen über eine Aufwertung geteilt seien, so daß er geglaubt habe, gemeinsamer Druck von London, Washington und Paris werde uns zur Aufwertung zwingen. Kiesinger meinte dazu, das entschuldige Wilsons Benehmen nicht. Er habe nun wohl eingesehen, daß diese Art der Pressionspolitik bei uns keinen Erfolg habe.

Ich riet, mit Wilson alle Probleme offen anzusprechen und sie nicht, um Gut-Freund zu sein, zu entschärfen. Vor allem aber sollten wir ihm klaren Wein darüber einschenken, daß wir an einer europäischen Union, die Frankreich in die Isolierung treiben würde, nicht teilnehmen. Kiesinger war auch dieser Meinung und sagte, unser Verhältnis zu Frankreich sei zwar gespannt, aber man müsse das, was an Zusammenarbeit mit Frankreich erreicht worden sei, in die Nach-de-Gaulle-Zeit hinüberretten.

Kiesinger kam wieder auf den Nichtverbreitungsvertrag zu sprechen: Die CSU mit Strauß an der Spitze, wolle ihn nicht unterzeichnen. Und wieder kamen die unseligen beiden »Feindartikel« 53 und 107 in der UN-Charter zur Sprache.

Ich war ungeduldig und sagte, man solle doch endlich die Diskussion über die beiden längst obsoleten Artikel beenden. Kiesinger sagte, er wolle einmal mit Nixon darüber sprechen, der ihm gerade einen herzlichen Brief gesandt habe. Strauß mache in dieser Angelegenheit ernste Schwierigkeiten, und er habe ihm gesagt: »Franz Josef, wenn du aus diesem Grund das Kabinett verlassen willst, dann tu das! Ich stelle dir nichts in den Weg. Die Regierung kannst du damit nicht gefährden.«

Strauß sei keineswegs Herr der CSU, und er wisse das auch.

Kiesinger sagte, er würde es schon auf eine Auseinandersetzung mit Strauß ankommen lassen, wenn nicht die Wahlen vor der Tür ständen; aber die müsse Strauß auch fürchten. Denn wenn er die Bindung CDU-CSU gefährde, werde er in Bayern Stimmen verlieren. Strauß' nationalistischer Kurs bereite ihm Sorge, wenn in Bayern auch ein etwas grobschlächtigerer Wahlkampfstil angemessen sei. Dennoch könne Strauß die NPD nicht rechts überholen.

Irritiert war Kiesinger darüber, daß die britische Presse Strauß soviel politisches Gewicht zuschreibe und gar den nächsten Bundeskanzler in ihm sehen wolle. Solche Spekulationen trafen offenbar bei Kiesinger auf einen empfindlichen Nerv. Ich antwortete, wir sagten den Journalisten ja schon, daß Strauß keine Chance habe, aber er sei eben für viele Briten die Inkarnation des begabten, schlauen, unzuverlässigen und stiernackigen Deutschen, und das Bild liebten sie, weil sich soviel darüber nach altem Schema schreiben lasse.

Kiesinger hielt Strauß' Intelligenz für sehr überschätzt. Schiller sei ihm intellektuell weit überlegen, schlafe nur vier bis fünf Stunden und arbeite, während Strauß mit seinen Kumpanen saufe. Schiller strebe übrigens auch nach dem Kanzlerposten. Ich fand, das sei ja ein weiterer erschreckender Gedanke. Das meinte Kiesinger auch. Schiller habe die Zehnerkonferenz im November, zu der damals auch Roy Jenkins gekommen sei, schlecht geleitet und sich immer in den Vordergrund gespielt. Solange er Wirtschaftsminister sei, werde es keine solche Konferenz mehr geben.

Wir sprachen über Schröder und Hallstein, und ich meinte, Hallstein lebe in einem politischen Wolkenkuckucksheim, einer absolut künstlichen, rein intellektuell zusammengebastelten politischen Landschaft. Er habe kein Gefühl für die eigentlich wirksamen Kräfte und zudem auch keinen politischen Takt. Kiesinger stimmte dem lachend zu.

Mit Gerhard Schröder schien Kiesinger immer noch nicht im reinen zu sein. Wenn ich etwas Positives über ihn sagte, hatte er gleich Zweifel. Als Adenauer schon auf dem Totenbett lag und glaubte, bald vor den ewigen Richter zu treten, habe er ihm gesagt: »Dieser Mann Schröder ist ein Verhängnis. Er muß vernichtet werden.« – »Nun«, bemerkte Kiesinger dazu, »man muß natürlich bedenken, daß die beiden sich haßten, aber ich kann Adenauers Wort doch nicht vergessen.«

Ich vermute, Kiesinger übertrieb diese Warnung vor Schröder auf Adenauers Totenbett. Er habe, fuhr er fort, Schröder vor der Bundespräsidentenwahl gesagt, seine eigene Stimme werde nicht Schröder gehören; aber wenn er doch zum Bundespräsidenten gewählt werde, dann werde er loyal mit ihm zusammenarbeiten. Schröder sei davon sehr bewegt gewesen und habe feuchte Augen gehabt.

Am liebsten wäre es Kiesinger gewesen, Weizsäcker wäre als Kandidat aufgestellt worden: Er habe eine integrierende Kraft, anders als Schröder und Heinemann. Außerdem habe er ein gutes Verhältnis zur Jugend und ein richtiges Urteil über die NS-Zeit.

Wir sprachen noch über viele andere Dinge, zum Beispiel die Ostpolitik und lachten auch viel. Kiesinger erkundigte sich eingehend danach, wie es uns in London gefalle. Die Stelle Osterhelds sei noch immer nicht frei.

Gegen elf Uhr verabschiedete ich mich, nachdem wir doch wieder zwei Flaschen Rotwein ausgetrunken hatten.

Versuch, Willy Brandt das Rauchen abzugewöhnen

Franz und ich waren in Bonn und wohnten wo? Natürlich bei Ahlers. Abends kamen Willy und Rut Brandt zu einem Glas Wein vorbei, und Connie, jetzt Chef des Bundespresseamts, zeigte dem neuen Bundeskanzler ein paar Presseausschnitte.

Der »*Daily Mirror*« hatte ein großes Porträt Willy Brandts gebracht, eine Zigarette rauchend. Ein gutes Foto, ich glaube von Yousuf Karsh. Daraufhin schrieb ein gewisser Henry Blythe einen Leserbrief an die Zeitung, er sei über das Bild so betrübt gewesen, daß er Willy Brandt in einem Brief angeboten habe, ihn von dem Laster des Rauchens schnell, schmerzlos und für immer zu erlösen. Er habe schon unzählige Erfolge in der Raucher-Therapie gehabt und sei gerne bereit, deshalb nach Bonn zu kommen. »Bild« und andere deutsche Zeitungen hatten die Nachricht übernommen.

Conrad Ahlers meinte, man solle wenigstens den Brief des Herrn Blythe beantworten. Die Journalisten würden danach fragen. Vielleicht könne dieser Mr. Blythe einem auch wirklich das Rauchen abgewöhnen.

»Wie denn?« fragte Willy Brandt.

»Schnell, schmerzlos und für immer«, antwortete Connie Ahlers.

»Ja, aber mit welcher Methode?«

»Vielleicht durch Beten«, vermutete ich.

Der Bundeskanzler bezweifelte das. Da müßte er schon ein sehr starker Beter sein. »Kennen Sie ihn?«

»Nein, aber wenn ich wieder in London bin, kann ich mich nach ihm erkundigen.«

»Gut!« rief Connie. »Und frage ihn, wie er das anstellt!«

»Ja, ich werde sagen, du wolltest es erst einmal ausprobieren.«

»Ausgezeichnet! Connie raucht tatsächlich zu viel«, sagte Willy Brandt.

»Nicht mehr als du«, warf Rut Brandt ein.

In London rief ich Mr. Blythe an. Er wohnte in Torquay an der See. Der Bundeskanzler habe seinen Brief bekommen. Der Regierungssprecher Mr. Ahlers sei ein starker Raucher, und er wolle es einmal ausprobieren. Ich fragte Mr. Blythe, ob er den Menschen das Laster durch Hypnose austreibe. Mit Hypnose habe es nichts zu tun, erwiderte er. Er lasse *The Force* wirken.

»*The Force?*« fragte ich.

»Ja, wie bei Jesus. Der hat auch nicht hypnotisiert. Uralte Kraft. Schon bei den Ägyptern und Indern.«

Dazu sagte ich nichts und bat um einen Termin für Conrad Ahlers.

In vierzehn Tagen, Anfang Dezember, sagte Mr. Blythe, sei er in London. Die Behandlung dauere vierzig Minuten und koste zehn *Guineas*. Also rund neunzig Mark nach dem Kurs von damals.

Connie konnte im Dezember nicht nach London kommen; aber an dem genannten Termin traf ich mich mit Mr. Blythe in seinem Londoner Hotel. Nur so zum Spaß. Er war eine große, elegante Erscheinung mit schlohweißem Haar. Wir saßen in der Halle und sprachen über Großbritanniens Beitritt zur Europäischen Wirtschaftsgemeinschaft. Er hatte Bedenken. Aber dann fragte er mich plötzlich: »Sie hatten mir doch geschrieben, Sie seien Pfeifenraucher, und ob ich auch Pfeifenraucher heilen kann. Natürlich kann ich das.«

»Ich habe aber nur aus Neugier gefragt. Ich rauche von morgens nach dem Frühstück bis abends, bevor ich zu Bett gehe. Und ich genieße jede Pfeife. An der Schreibmaschine fällt mir nichts ein, wenn die Pfeife nicht raucht.«

»Aber manchmal haben Sie doch auch das Gefühl, Sie seien – ich will nicht sagen: süchtig – aber doch abhängig.«

Das konnte ich nicht leugnen.

»Dann kommen Sie hinauf in mein Zimmer. *Ten Guineas* – und Sie rühren keine Pfeife, Zigarette oder Zigarre mehr an.«

»Aber ich hatte doch nur aus Spaß gefragt.«

Er antwortete gar nicht, war aufgestanden, und ich ging mit ihm hinauf, nahm in dem einzigen Sessel im Zimmer Platz, und er setzte sich mir gegenüber auf einen Stuhl.

The Force? Ich habe auf sie gewartet, aber ich hörte von Mr. Blythe nur, was in Büchern über Hypnose steht. Er verkündete, die Sucht fessele die Persönlichkeit, und es sei doch nur vernünftig, das Rauchen aufzugeben. Also nichts Neues; aber seine Argumentation war geschickt und schlüssig.

Ich zahlte die zehn *Guineas* und dachte: hinausgeworfenes Geld! Nicht länger als zehn Minuten, von *The Force* keine Spur – und dann zehn *Guineas*!

Auf dem Rückweg im Auto trug ich die Pfeife in der Manteltasche, aber ich stopfte sie nicht. Zu Hause legte ich sie und den Tabaksbeutel in die Schreibtischschublade, und am nächsten Morgen fuhr Avis mich zu Dunhill. Ich legte alle meine schönen Dunhill-Pfeifen auf den Tisch und bat, sie zu reinigen und zu polieren. Als ich sie nach einem Monat zurückbekam, sandte ich sie meinem Freund Ött in Aachen, der dem Laster aufs tiefste verfallen war.

Einige Monate später sah ich Willy Brandt wieder bei Ahlers und berichtete, Mr. Blythe habe mich geheilt. Er mache das nicht mit Hypnose, sondern lasse *The Force* wirken. Ich rauchte nun schon ein Vierteljahr nicht mehr. Willy Brandt erwiderte: »Bestimmt nur dank Ihrer Willenskraft.«

»Willenskraft?« fragte ich. »Sie wissen doch, daß ich keine habe. Ich schlage mich immer nur mit etwas Glück durchs Leben. Nein, es war *The Force*!«

Willy Brandt lachte.

»Als erstes scheinen Sie in London den Gebrauch des *Understatements* gelernt zu haben! Ich glaube Ihnen erst, wenn der Mann auch Connie Ahlers das Rauchen abgewöhnt hat.«

Als ich wieder in London war, erschien im »*Daily Express*« ein Artikel »Hypnotiseur Henry Blythe zu Herrn Willy Brandt gerufen, um ihm das Rauchen abzugewöhnen.« Die »*Daily Mail*« schrieb etwas vorsichtiger, Mr. Blythe hoffe, nachdem er schon einen deutschen Minister geheilt und ihm das Rauchen abgewöhnt hat, zum gleichen Zweck zu Kanzler Willy Brandt gerufen zu werden. Mit *Minister* war ich gemeint, denn das Wort konnte im Englischen Gesandter, Geistlicher und schließlich auch Minister bedeuten.

Schöne Reklame für Blythe! Ich wollte ihn anrufen, aber da wurde mir schon ein viele Seiten langer Brief gebracht, in dem er sich sehr entschuldigte und alles mit vielen Worten zu erklären versuchte. Er schwor, kein Wort werde mehr in der Presse stehen.

Als Conrad Ahlers ein paar Monate danach einmal nach London kam, bestellte ich also Mr. Blythe in die Botschaft. Er behandelte ihn in meinem Büro, während ich draußen wartete. Die Zeit wurde mir lang. Erst nach einer Dreiviertelstunde war die Sitzung beendet. Connie zahlte, und wir verabschiedeten Mr. Blythe.

Auf dem kleinen Tisch, an den wir uns setzten, lag noch Connies Zigarettenpäckchen. Aus alter Gewohnheit griff er danach, aber die Hand war noch in der Luft, da blieb sie stehen und zuckte zurück, als habe er einen elektrischen Schlag erlitten. Er ließ die Zigaretten liegen, steckte sie auch nicht in die Tasche, als er ging. Er war offenbar geheilt.

Einige Monate später sahen Günter Diehl und ich sein Auto vor Ria Maternus' Restaurant in Godesberg stehen, gingen hinein, und siehe, da saß Connie Ahlers mit dem Journalisten Lothar Rühl. Als er uns kommen sah, nahm er blitzschnell die Zigarette aus dem Mund und versteckte sie unter dem Tisch. Wie ein Schulbub. Doch es half ihm gar nichts. Er war ergrimmt und extrem schlecht gelaunt, als wir uns an seinen Tisch setzten und als Nichtraucher über seine Nikotinsucht nur stumm den Kopf schütteln konnten und dann einen grundsätzlichen Dialog über die Willenskraft und ihre Grenzen begannen.

Er erklärte uns langatmig, es sei nur das Treffen Willy Brandts mit dem DDR-Minister Willi Stoph in Erfurt daran schuld. Die Umstände des Treffens, alles sei so aufregend gewesen, daß er einfach wieder eine Zigarette habe rauchen müssen. Na ja, und dann…

Willy Brandt freute sich. Mr. Blythe hatte versagt, und nun konnte er ihn mit gutem Grund vergessen und weiterrauchen wie vorher.

Herr Kluck

Herr Kluck war der Pförtner der Botschaftsresidenz. Er hatte einst eine historische Rolle gespielt. Als Botschafter von Hoesch Mitte der dreißiger Jahre auf seinem Posten in London starb, entsandte Hitler einen seiner neuen Panzerkreuzer, der im Hafen Londons sehr bestaunt wurde, um den Leichnam Seiner Exzellenz nach Deutschland zu überführen. Und Alfons Kluck war ausersehen, ihn bis zu seiner letzten Ruhestätte zu begleiten.

Ein schönes Beispiel für das hohe Ansehen, das ein Botschafter in alten Zeiten genoß, und für den Verfall der Sitten. Heute werden Missionschefs, wenn sie auf Posten gestorben sind, nicht mehr von Panzerkreuzern, sondern ohne Umstände und ohne Begleiter von Bestattungsinstituten mit der Eisenbahn nach Hause gesandt.

Alfons Kluck hatte sich damals in seiner verantwortungsvollen Aufgabe bewährt und wurde nach dem Kriege wieder als Pförtner der Botschaft London eingestellt. Er hatte wenig zu tun, mußte aber öfter Herrn Kunkel, dem Butler des Botschafters, helfen: beim Silberputzen zum Beispiel.

In seiner Freizeit arbeitete er oft bei uns als Butler und machte bei Empfängen und Abendessen einen hervorragenden Eindruck, nicht nur durch die diskrete, unaufdringliche Betreuung der Gäste, sondern auch durch die vornehme rote Weste, die er zum Smoking trug und die ihn vor anderen Bediensteten auszeichnete.

Besucher des Botschafters wunderten sich manchmal über den starken Whiskeyduft in der Eingangshalle der Residenz. Der kam aber, wenn man der Sache nachging, nicht aus meinem Arbeitszimmer, sondern aus der Pförtnerloge links neben dem Eingang, obwohl Herr Kluck dort oft lüftete und zudem im Gespräch mit Gästen den Kopf abwandte und zur Seite hin sprach.

Wenn Essen und Empfänge angekündigt waren, und das war fast täglich der Fall, warnte ich ihn vorher mit erhobenem Zeigefinger. »Herr Kluck!« sagte ich. Ich brauchte weiter nichts zu sagen. Er verbeugte sich stumm und wußte Bescheid.

Doch eines Tages stolperte er, als er einen Gast die breite, geschwungene Freitreppe hinaufführte, und fiel der Länge nach hin. Die Gäste amüsierten sich und hatten bei Tisch etwas zu erzählen.

Doch ich setzte mich nachher zu ihm in das Pförtnerzimmer und führte ein ernstes Gespräch mit ihm. Er war einsichtig, und auf meine Bitte, zeigte er mir auch die fast geleerte Whiskeyflasche in seinem Schreibtischfach. Er stimmte mit mir darin überein, daß sie dort nichts zu suchen habe, und um seine Einkehr zu beweisen, nahm er sie und goß den Rest des Whiskeys in das Waschbecken hinter einem Vorhang. Er tat mir leid, denn ich konnte mir vorstellen, was er fühlte, als der Whiskey dort ganz unnütz im Abfluß verschwand.

Das nächste Mal, einige Wochen später, holte er sie, als ich eintrat, von selbst aus dem Schrank und goß sie stumm in das Waschbecken; sie war auch schon fast leer. Ich setzte mich zu ihm und bat ihn, mir das einmal alles zu erklären. Ob er vielleicht Kummer habe, und da greift manch einer ja gerne zur Flasche. Nein, es war nicht Kummer, es hing nämlich mit Sibirien und seiner Kriegsgefangenschaft zusammen. Damals fing es an und merkwürdigerweise immer bei Vollmond. Es sei dort sehr schwierig gewesen, an Wodka heranzukommen; aber manchmal gelang es einem doch, meistens bei Vollmond. Ja, und so habe das angefangen und so sei das eben geblieben. Vollmond sei seitdem immer die Zeit.

Das war eine plausible Erklärung. Ich verstand ihn, und wir verabredeten, daß ich künftig in solchen schweren Tagen ganz besonders ein Auge auf ihn haben würde. Aber nicht immer konnte ich kleine Unfälle verhindern.

Blankenhorn war wütend, wenn Gäste lachend eintraten und ihm humorvoll erzählten, wie Herr Kluck sie, als sie zur Tür ins Haus kamen, empfangen habe. Er wollte ihn sofort rauswerfen, fristlos entlassen. Aber ich hielt meine Hand über Kluck und antwortete Blankenhorn, das sei wegen des Personalrats nicht möglich. Solche Einwände setzten ihn gleich matt.

Dann vergingen Wochen ohne Beschwerden, und die Luft im Eingang war rein. Vielleicht hing das mit den Mondphasen zusammen. Doch Blankenhorn war nicht mehr zu bändigen, als Herr Kluck altbekannte Gäste, die zu einem *formal dinner* eingeladen waren, am Eingang freudig begrüßte und eine Dame des Hochadels, die er jahrelang nicht gesehen hatte, sogar umarmte.

Kluck war am nächsten Tag völlig verstört und konnte sich sein Benehmen vom Abend vorher gar nicht erklären. Es gelang erst nach langer Zeit, Blankenhorn zu besänftigen. Es waren ohnehin seine letzten Wochen, und ich riet ihm, das Problem seinem Nachfolger zu überlassen.

Als Karl-Günther von Hase seinen Dienst angetreten hatte, unterrichtete ich ihn über Klucks sibirisches Erlebnis und die Folgen, würdigte seine historischen Verdienste beim Heimgang des Botschafters von Hoesch und erwähnte, daß Kluck ohnehin demnächst in Rente gehe.

Hase hatte volles Verständnis. Wir hielten nun beide ein Auge auf ihn, und so geschah es, daß Herr Kluck im Jahr darauf sicher die Altersgrenze erreichte und in Ehren aus dem Dienst entlassen wurde.

Machtwechsel

Im Mai 1970 hatten die Tories gesiegt. Edward Heath wurde Premierminister; Außenminister wurde Sir Alec Douglas-Home. Zuständig für die Ost-West-Politik war und blieb der *Deputy Undersecretary of State* Sir Tom Brimelow. Der Parlamentarische Staatssekretär (FDP) unseres Auswärtigen Amtes besuchte London und fragte Sir Tom, wie sich der Sieg der Tories auf die Karriere eines Beamten auswirke, wenn er Mitglied der Labour-Partei war.

»Negativ«, antwortete Tom Brimelow.

»Aber positiv auf einen, bei dem es sich nun herausstellt, daß er der Konservativen Partei angehört?«

»Auch negativ«, entgegnete Brimelow. »Wir wünschen nicht, daß unsere Beamten einer Partei angehören. Sie dienen dem Vereinigten Königreich, nicht einer Partei.«

Walter Scheel war ein Jahr vorher unser Gast gewesen, und als er sich ins Gästebuch eintrug, fragte er:

»Soll ich schreiben: ›Ihr künftiger Außenminister‹?«

»Lassen Sie es lieber, denn das werden wir schon zu verhindern wissen«, antwortete ich.

Übermütig und etwas voreilig; denn wenige Monate später nach den Wahlen im September 1969 war er in der Tat Bundesminister des Auswärtigen.

Er und Egon Bahr, der jetzt Staatssekretär im Bundeskanzleramt war, verhandelten Anfang August 1970 in Moskau über den deutsch-sowjetischen Grundvertrag.

Tom Brimelow sagte mir, die Bundesregierung sei nun im Begriff, zwei Verträge abzuschließen, einen in Moskau und einen in Warschau. Es müsse aber sicher sein, daß dadurch die originären Rechte der Vier Mächte – also der USA, Großbritanniens, Frankreichs und der Sowjetunion – in bezug auf Deutschland und Berlin nicht beeinträchtigt werden. Nur auf Grund dieser Rechte seien diese vier Mächte in Deutschland und Berlin. Sie könnten für die Stadt nur etwas tun, solange ihre Anwesenheit auf einer rechtlich unstrittigen Grundlage beruhe. In der Tat erwiesen sich zwei Jahrzehnte später diese Rechte in den Konferenzen der »Zwei plus Vier« als Grundlage für die Verhandlungen über die Einheit Deutschlands.

Im August 1970 fürchteten unsere drei westlichen Verbündeten, es könnte sich eine Krise ergeben, wenn die Sowjetunion, also die vierte Macht in diesem Gremium, erklärte, diese Rechte seien durch den gerade in Moskau verhandelten deutsch-sowjetischen Grundvertrag hinfällig geworden.

Botschafter Karl-Günther von Hase war in Urlaub und ich Geschäftsträger. Da hörte ich von Tom Brimelow, der sowjetische Außenminister Gromyko habe zu Scheel gesagt, der Vertrag beeinträchtige die Rechte der Vier Mächte nicht *and you can go and tell it to the Western Allies.* Das genüge aber nicht, meinte Brimelow, man brauche eine bindende schriftliche Erklärung des sowjetischen Außenministers.

Am nächsten Abend um elf Uhr traf in der Botschaft London ein Fernschreiben mit dem Text des deutsch-sowjetischen Vertragsentwurfs ein, den Scheel zwei Tage später unterschreiben wollte. Die Frist hatte er sich selbst gesetzt, wodurch er sich dem Druck des Partners aussetzte, der viel Zeit hatte.

Mein Mitarbeiter Wentker und ich übersetzten den Text bis zwei Uhr nachts. Der Passus über die Vier-Mächte-Rechte, den Gromyko am nächsten Tag abgeben werde, fehlte zwar noch, aber er werde, so hieß es im Fernschreiben, eine Form haben, die jede Polemik oder Korrektur durch uns unnötig machen werde.

Außerdem unterrichtete uns unsere Delegation in Moskau in einem geheimen Fernschreiben, Egon Bahr habe den Missionschefs der USA, Großbritanniens und Frankreichs erklärt, Gromyko werde »die Tatsache, daß die Vier-Mächte-Rechte nicht berührt werden, in vollem Umfang bestätigen«, und zwar schriftlich, wie Bahr zweimal hinzufügte. Der Passus werde *klar und nicht zu beanstanden* sein. Er sei mit diesem Ergebnis, das weit über seine Erwartungen hinausgehe, sehr zufrieden.

Als unangebracht empfand ich den Ton, in dem Egon Bahr das den westlichen Missionschefs mitteilte: Von der Sowjetunion ein Papier zur Frage der Vier-Mächte-Rechte zu bekommen, sei nicht ganz einfach gewesen, sagte er. Donnerwetter, mußten da die versammelten Botschafter sagen, aber der Teufelskerl, der Bahr, hat es dann doch geschafft!

Und um ihnen sein Verdienst noch einzureiben, hatte er bescheiden hinzugefügt, er habe etwas erreicht, was die Alliierten in all den letzten Jahren nicht geschafft hätten. Ein großer Staatsmann also mit seiner neuen Ostpolitik, die in wenigen Tagen zuwege brachte, was die Kalten Krieger der NATO in vielen Jahren bei den Sowjets nicht erreicht hatten.

Tom Brimelow, dem ich am nächsten Morgen den Vertragstext brachte, schien Bahrs triumphierenden Ton überhört zu haben. Er war zufrieden, daß Bahr offenbar die schriftliche Anerkennung der Vier-Mächte-Rechte erreicht hatte.

Aber schon am nächsten Tag war die Luft aus dem Ballon raus. Brimelow rief mich an, er habe etwas besorgniserregende Nachrichten aus Moskau. Ich fuhr zu ihm ins *Foreign Office*. Im Gegensatz zu dem, was Egon Bahr gestern den Alliierten triumphierend als seinen großen Erfolg verkündet habe, nämlich eine schriftliche, nicht zu beanstandende Bestätigung der Vier-Mächte-Rechte durch Gromyko, berichtete ihm der britische Geschäftsträger Edmonds aus Moskau das Gegenteil.

»Ich werde jetzt etwas ganz Ungehöriges (*something rather naughty*) tun«, sagte Brimelow, »und Ihnen Edmonds' Telegramm geben. Lesen Sie selbst!«

Es trug den Geheimvermerk. Ich las, Scheel und Bahr hätten die westlichen Missionschefs empfangen. Edmonds habe weisungsgemäß den Wunsch der britischen Regierung mitgeteilt, Gromykos Text vorab zu sehen und zu studieren. Darauf habe Scheel geantwortet, er werde diese Frage prüfen, aber es sei schwierig vorauszusehen, was Gromyko erklären werde. Er werde die Erklärung außerdem nur mündlich abgeben. Auch Scheels Ton war unfreundlich. Nach Edmonds' Darstellung hielt er die britische Bitte, Gromykos Erklärung vor der Vertragsunterzeichnung zu sehen, für ungehörige Neugier.

Ich genierte mich, denn nun hätte es so aussehen können, als ob ich oder Bahr oder meine Regierung Tom Brimelow gestern bewußt über Gromykos Absichten hatten täuschen wollen, um den Vertrag vor einem eventuellen britischen Einspruch schnell paraphieren zu können. Das kann aber kaum Bahrs Absicht gewesen sein.

Sein Fanfarenstoß von gestern zeigte nur, daß er, wie mir schien, Gromykos Wort entweder nicht verstanden oder nicht sorgfältig geprüft hatte, weil er an die Güte und Redlichkeit dieses alten Fuchses geglaubt und ihm einen Trick nicht zugetraut hatte.

Der britische Außenminister Sir Alec Douglas-Home war über die unklare Haltung der Sowjets ebenfalls beunruhigt, zumal Scheel dabei blieb, er werde den Vertrag am nächsten Tag unterzeichnen. Er sandte ein persönliches Fernschreiben an Scheel. Von unserem Staatssekretär Paul Frank aus Bonn erfuhr ich, bei der Information der drei westlichen Botschafter gegen Mitternacht sei es zu einer erregten Auseinandersetzung zwischen dem britischen Geschäftsträger und Scheel gekommen.

Am 7. August früh lag Brimelow schon Gromykos – nur mündlich abgegebene – Erklärung vor, in der es hieß, die *Frage* der Vier-Mächte-Rechte werde durch den deutsch-sowjetischen Vertrag nicht berührt. Brimelow war damit nicht zufrieden, weil die Sowjets nur zugaben, daß unser Vertrag nur die *Frage* der Vier-Mächte-Rechte nicht berühre. Sie ließen also offen, ob die Rechte selbst berührt wurden, ja, ob sie überhaupt noch bestanden.

Auch in Washington war man irritiert, weil man zu Unrecht annahm, Bahr habe sie durch seine selbstzufriedene, aber unzutreffende Anschuldigung hinters Licht führen wollen. Das Vertrauen unserer drei Alliierten, daß wir sie immer ehrlich informierten, hatte dadurch ein weiteres Mal gelitten. Ich berichtete dem Auswärtigen Amt darüber und schrieb abschließend: »Sehr befriedigend ist also die Angelegenheit von uns nicht behandelt worden.« Das war ein höfliches *Understatement*.

Dennoch! Indem wir der DDR immer weitergehende Anerkennung gewährten, wurde die Ost-West-Spannung weiter abgebaut. Schon unter Erhard und Kiesinger hatten wir gesehen, daß es über unsere Kräfte ging, die DDR in der Welt zu isolieren. Nun kamen wir auch unseren Alliierten entgegen, die uns dauernd aufforderten, die politische Realität anzuerkennen und uns damit abzufinden, daß eine Wiedervereinigung der beiden Staaten unmöglich sei. Besonders Norwegen, Dänemark, Kanada und die Niederlande drängten uns zu einem schnelleren Tempo und fielen uns damit oft lästig.

Man hatte schon früh den Eindruck, daß Brandt auf ein Nebeneinander der beiden deutschen Staaten hinauswollte. Bereits in seinem ersten Monat als Bundesaußenminister hatte er, wie erwähnt, den Satz über unseren Alleinvertretungsanspruch gestrichen, offenbar doch nur, weil er glaubte, für Bürger der DDR im Ausland einzutreten, sei Sache der DDR.

Ich hielt dagegen immer noch den Satz für richtig, mit dem die Friedensnote begann: *Das deutsche Volk sieht seine größte nationale Aufgabe darin, die Teilung zu überwinden, unter der es seit vielen Jahren leidet.* Brandt und Bahr glaubten nicht mehr an eine Wiedervereinigung des deutschen Volkes. Im November 1988, also ein Jahr vor dem Fall der Mauer, erklärte Egon Bahr, diese These sei »objektiv und subjektiv Lüge, Heuchelei, die uns und andere vergiftet, politische Umweltverschmutzung«, und Willy Brandt bezeichnete im September 1988 die Hoffnung auf Wiedervereinigung zur »Lebenslüge der zweiten Deutschen Republik«.

Die DDR hatte unter den Funktionären der SPD und der Gewerkschaften sowie in der Jugend Respektabilität, ja sogar heimliche Attraktivität gewonnen. Daß Tausende unserer Landsleute das höchste Risiko eingingen, um der DDR zu entkommen, störte in ihren Augen das Bild nicht.

Als ich dem britischen Gewerkschaftsführer Victor Feather, der unsere Gewerkschaften nach dem Krieg wieder aufgebaut hatte, einmal erzählte, laut »Spiegel« seien im vergangenen Jahr 13000 deutsche Gewerkschaftler bei ihren DDR-Kollegen zu Besuch gewesen, war er beunruhigt. Noch besorgter war er freilich darüber, daß unser Gewerkschaftsführer Heinz Oskar Vetter den früheren KGB-Chef und Gewerkschaftsboß Alexander Scheljepin eingeladen hatte.

Er fragte mich: »Wenn aber so viele Gewerkschaftler bei ihren

Kollegen in der DDR Besuch machen, werden sie doch die Unfreiheit ihrer Landsleute und das Unrecht sehen, unter dem sie leiden. Wird ihnen das nicht die Augen über dieses Regime öffnen?«

»Sehr fraglich«, erwiderte ich. »Sie suchen Übereinstimmung mit ihren Kollegen und sind überwältigt von den sozialistischen Errungenschaften der DDR, die ihnen vorgeführt werden. Mit Besuchen bei den Funktionären kann man beweisen, wie vorurteilslos und ungezwungen man mit Kommunisten umgehen konnte. Das Volk interessiert sie weniger. Die Deutschen der DDR sehen derweil im Westfernsehen jeden Mittwoch begeistert den Rechtsaußen der deutschen Fernsehkommentatoren, Gerhard Löwenthal, wie er den Kommunismus aufs bissigste angreift.«

Ich hatte den Glauben an die Wiedervereinigung der Deutschen nicht aufgegeben. In diesen Jahren aber fürchtete ich sie. Nicht jetzt! dachte ich. Denn sonst würde die Gemeinschaft der Funktionäre hüben und drüben nicht nur die »sozialistischen Errungenschaften«, sondern womöglich auch die anderen ihnen attraktiv erscheinenden Züge sozialistischer Machtausübung bei uns einführen. Und dann wäre die Bundesrepublik Deutschland von der DDR nicht mehr zu unterscheiden. Wiedervereinigung ja, aber nicht unter dem Risiko, die Freiheit zu verlieren.

Auch dem *Foreign Office* war es nicht geheuer, wie sich in den maßgebenden politischen Kreisen bei uns das Verhältnis zu den kommunistischen Staaten gewandelt hatte. Man fragte sich, wie weit es noch gehen würde.

Die öffentliche Meinung in England dagegen war frei von solchen Zweifeln. Sie begrüßte in Willy Brandt den Mann, der ein Gegner des Nationalsozialismus gewesen, der vor Hitler geflohen war und die Kriegszeit in Norwegen verbracht, die D-Mark aufgewertet, das deutsch-sowjetische Verhältnis entspannt, die lästigen Querelen mit der DDR abgestellt und sich mit den Machthabern dort und in Moskau arrangiert hatte. Er war in Großbritannien der populärste deutsche Politiker seit Menschengedenken. Nur sollte er den Sowjets nicht zu weit entgegenkommen.

Willy Brandt und die compassion

Der von Egon Bahr erwartete Wandel durch Annäherung hatte sich nicht eingestellt. Es hatte den Anschein, als drängten die Gäste aus dem Westen in der DDR auch gar nicht so sehr auf einen Wandel des Regimes. Seine Verbrechen und die Unterdrückung der Bevölkerung machten ihnen offenbar wenig Kopfschmerzen. Sie wollten sogar, um die Machthaber in Ost-Berlin nicht zu kränken, die Behörde abschaffen, die bei uns, in Salzgitter, die Verbrechen der DDR-Regierung an ihrer eigenen Bevölkerung registrierte. Selbst mit Horst Ehmke, dem Rechtsprofessor, der in dieser Behörde eine Beleidigung der DDR sah, geriet ich deshalb in Streit.

Willy Brandt hat *compassion* für die Mitmenschen gefordert, worunter er eher Mitgefühl als Mitleid verstehen wollte, ein Unterschied, der mir freilich nie ganz klar geworden ist. *Compassion* mit den Landsleuten, die in der Parteidiktatur der DDR Unrecht erlitten, hat Willy Brandt sicher gefühlt, aber dieses Mitgefühl hat seine Ostpolitik nicht bestimmt. Er hat sich in der Verurteilung des Unrechts in der DDR zurückgehalten – aus Staatsraison. Ich glaube nicht, daß es ihm leichtgefallen ist, seine Landsleute dem ostdeutschen Regime zu überantworten. Aber da er in der DDR einen anderen souveränen deutschen Staat sehen wollte, mußte er sich jeder Einmischung in seine inneren Angelegenheiten enthalten. Lediglich humanitäre Einrichtungen, wie der in jedem einzelnen Fall erlösende, als Methode aber barbarische Freikauf politischer Gefangener und politisch Verfolgter blieben erhalten und wurden gefördert, da sie die Souveränität der DDR nicht antasteten, sondern in ihrem Einverständnis erfolgten. Sie verdiente ja auch kräftig dabei.

Als ich ihm vor meiner Ausreise nach Bukarest sagte, ich wolle die Familienzusammenführung der rumänischen Volksdeutschen mit ihren Verwandten bei uns in meinen ersten Gesprächen in Bukarest nur vorsichtig anschneiden, damit man uns nicht eine Politik wie die des alten VDA (des Vereins für das Deutschtum im Ausland) und Volkstumspolitik vorwerfe, antwortete er, es sei aber zu bedenken, daß die Rumänen in manchen Fällen außerordentlich hart sein könnten. Er fühlte also durchaus *compassion* mit den Leiden anderer Menschen – der Rumäniendeutschen.

Willy Brandt hielt Distanz zu seinen Mitmenschen. Lord Chalfont, damals einer der intelligentesten englischen Fernsehkommentatoren, fragte ihn einmal in einem Interview, wo er sich am wohlsten fühle: unter Genossen, im Familienkreise oder unter Freunden. Brandt antwortete: »Allein, beim Spaziergang im Wald.«

Er hatte keine Freunde, denen er sich ganz öffnete, am ehesten, wenn auch mit Reserven, vielleicht noch Horst Ehmke und Connie Ahlers, den er bei der Bildung seines zweiten Kabinetts freilich fallenließ, als Helmut Schmidt rief, diese »beiden Hofschranzen« müßten weg. Conrad Ahlers hörte aus den Nachrichten, daß er nicht im neuen Kabinett sein werde. Erst auf die Anregung von Parteifreunden schrieb Willy Brandt ihm nach einer ganzen Weile einen erklärenden Brief, der aber so distanziert und kühl war, daß Conrad Ahlers ihn las und sofort zerriß. Hatte Brandt so spät und so kühl geschrieben, weil er sich im Grunde schämte, Connie Ahlers so mir nichts, dir nichts fallengelassen zu haben? Er hatte der Forderung Schmidts und wohl auch Wehners sofort nachgegeben. Er war kein Kämpfer.

Dennoch war Ahlers es, der ihm später in den Tagen der Guillaume-Affäre und des Rücktritts zur Seite stand und ihm in Spaziergängen im Park des Palais Schaumburg Mut zusprach.

Willy Brandt wußte, daß ich über seine Ostpolitik anders dachte als er und Bahr. Wir vermieden es zwar, darüber zu diskutieren. Dennoch hielt ich mit meiner Meinung nicht zurück, wenn im Gespräch eine Behauptung aufgestellt wurde, die ich nicht teilte.

Ich war jetzt in London und berichtete ihm, wie die Engländer zu uns standen, auch über das Mißtrauen im *Foreign Office* und der *Downing Street No. 10* gegenüber seiner Ostpolitik. Er erlebte diesen Argwohn ja auch selbst bei jedem Besuch in London. Zu Conrad Ahlers sagte er später einmal, als ich in Bukarest auf Posten war, meine Fernschreiben lese er gerne: »Da weiß man gleich, was er von einer Sache hält. Er sagt entweder: ›Das geht‹ oder ›Das geht nicht.‹« Und er liebte es, drastische Beschreibungen der Sitten unter Ceausescus Regiment aus meinen Fernschreiben zu zitieren.

Obwohl die britische Regierung an Brandts Ost- und Westpolitik zweifelte, wuchs sein Bild in der britischen öffentlichen Meinung: ein vereinfachtes Bild freilich. Seine Persönlichkeit war keineswegs so einfach.

Manche seiner Anhänger verehrten und verehren ihn noch heute wie einen Heiligen. Nun, ein Heiliger war er sicher nicht. Er sah stark und kräftig aus, sprach langsam, abgewogen, einfach und verständlich, regte sich im Gespräch mit seinen Partnern nicht auf, konnte zuhören, hatte Sinn für Humor. Er strahlte Vertrauen aus, er besaß Charisma, dem auch ich mich nicht entziehen konnte und das ich noch heute spüre, selbst wo mein Kopf Einwände vorbringt. Ich mochte Brandt, obwohl ich damit rechnen mußte, daß er plötzlich hinter einer Wand verschwand und für niemand zu erreichen war, und er mochte mich auch. Wir haben viel zusammen gelacht, uns auch im Urteil über andere Menschen nicht zurückgehalten und waren uns darin oft einig. Er war ein bedeutender Mann. Mit Rut Brandt waren wir, besonders Franz, herzlich verbunden. Und ich bin es heute noch.

Seine Erscheinung war vielfach gebrochen. Kiesinger hatte wohl recht, wenn er von Brandts Führungsschwäche sprach, und auch Wehner, wenn der, freilich taktlos wie stets, darüber auf seiner Reise durch die Sowjetunion spottete. Willy Brandt konnte alles sein: mitfühlend und allen Menschen fern; besinnlich, träumerisch oder drastisch; überlegend, abgemessen in seinen Worten, dann wieder ungeschützt redend; fröhlich und ausgelassen, aber an einem anderen Tag depressiv und ganz von der Welt abgeschlossen. Er hörte dann gar nicht zu. Er konnte sich plötzlich einen Spalt weit öffnen, Sekunden später war er wieder fest verschlossen wie eine Muschel. Manchmal, wenn er feindseligen Widerspruch hörte, verschloß sich sein Gesicht; es war versteinert. Er sah dann aus, als verachte er alle Menschen.

Er hegte Mitgefühl für die Opfer des Nationalsozialismus, war ja selbst eins. Sein Kniefall in Warschau zeugte vor aller Welt davon. Es war hingegen keine spontane Geste gewesen. Ich konnte mich nur schwer mit der Auskunft aus befreundeter Quelle abfinden, daß bei dem Entschluß zu dem Kniefall auch politisches Kalkül und die Wirkung auf die Öffentlichkeit mitgespielt hatten.

Einmal klagte er über die Schwierigkeiten, die ihm eine hessische Genossin machte: Sie sei so dumm. Ich antwortete, das sei doch gut; dann werde sie ihm auch keine klugen Schwierigkeiten bereiten. Aber der Gedanke war ihm schon zu machiavellistisch. »Nein«, erwiderte er, »wenn sie klug wäre, könnte ich sie doch überzeugen.«

Er ließ sich nicht ins Herz schauen, aber er verschwieg auch nicht, wo er gerührt war. In einem heiteren Gespräch bei einem Essen in London fiel ihm ein Film ein, in dem Juden von ihrem schwierigen Leben in Dänemark während der deutschen Besatzung erzählten. Und als einer von ihnen seinen Bericht mit den Worten geschlossen habe: »Ja, und dann kam ja der Duckwitz, der uns rettete...«, sagte Brandt, da seien ihm die Tränen gekommen.

Ostpolitik und political correctness

Er hatte eine Vision, wollte ein vertrauensvolles Verhältnis zwischen Ost und West schaffen und den Frieden in einem Mitteleuropa sichern, wo der gefährliche Sprengsatz, die Teilung Deutschlands, entschärft war. Er wollte die risikoreiche Epoche des Kalten Krieges beenden, die Gefahr eines heißen Krieges, an dessen Abgrund Europa in dieser Zeit öfter gestanden hatte, gänzlich ausschließen. Viel davon hat er erreicht, wenn auch Rückschläge wie der sowjetische Einmarsch in die Tschechoslowakei und später in Afghanistan nicht vergessen werden sollen. Er hat die von Außenminister Gerhard Schröder eingeleitete Ostpolitik fortgesetzt, frei von den Widerständen in der eigenen Partei, gegen die dieser zu kämpfen hatte, und den politischen Boden vorbereitet, auf dem sich später Genscher und Kohl auf der einen und Gorbatschow und Schewardnadse auf der anderen Seite trafen, die sich dann freilich nicht auf Brandts und Bahrs Konstruktion zweier deutscher Staaten einigten, die allenfalls eine Zwischenlösung hätte sein können, sondern auf die vom Grundgesetz vorgesehene, vom deutschen Volk gewünschte Wiedervereinigung Deutschlands.

Die Chancen, daß die Bürger der Bundesrepublik Brandt in seiner Politik zweier deutscher Staaten gefolgt wäre, waren nicht schlecht gewesen: Das Bekenntnis zur Wiedervereinigung war bei uns zu einer Formel geworden, nicht nur bei der SPD. Auch in der CDU glaubten nur wenige, daß sie sie noch erleben würden. Brandt, Bahr und andere SPD-Politiker taten ihr möglichstes, um diejenigen, die noch an die Wiedervereinigung glaubten, abzuqualifizieren.

Doch sie täuschten sich. Die Landsleute in der DDR, die die SPD bisher als politische Kraft ignoriert hatte, zerstörten ihre Politik und ihre Vorstellung von einem ungestörten Nebeneinander der beiden in ihrem System so verschiedenen Staaten. Politiker wie Bahr hatten bei allem Scharfsinn die Möglichkeit eines elementaren Ereignisses, den Ruf ostdeutscher Menschen »Wir sind ein Volk!«, in ihre abstrakten Kalkulationen nicht einbezogen. Sie hatten die Menschen vergessen.

Nicht in Gesprächen mit unseren Freunden, wohl aber im Auswärtigen Amt, hatte sich seit Ende der sechziger Jahre ein neuer Geist ausgebreitet, der *political correctness* forderte und unabhängige Meinungen nicht gelten lassen wollte. Zweifel an der Friedfertigkeit und dem Entspannungswillen der Sowjets, an Bahrs These »Wandel durch Annäherung«, Kritik an der unnötigen Preisgabe unserer Positionen und an der Vernachlässigung der Westpolitik wurden von einigen Kollegen – ich spreche nicht von *allen* – schon als unzeitgemäße, ja zuweilen als anrüchige Gedanken von Rechtsabweichlern angesehen.

Im Auswärtigen Amt wurde dem Studium der kommunistisch regierten Länder nicht mehr soviel Wert beigemessen wie früher: Man ging eher von der Annahme aus, der Kreml handle nach denselben Kriterien politischer Vernunft wie wir, und das Bekenntnis zur »Friedlichen Koexistenz« sei mit unserem Wunsch nach Entspannung im Grunde identisch. Beides grundfalsche Annahmen.

Früher herrschte in der politischen Diskussion im Auswärtigen Amt volle Freiheit, und selbst radikale Forderungen an unsere damalige Ostpolitik, etwa die Abtretung West-Berlins gegen Gebiete an der Zonengrenze, wurden unter uns – etwa zwischen Günter Diehl und mir – als Planspiele sachlich und detailliert auf ihre Durchführbarkeit geprüft. Wir waren der öffentlichen Diskussion darin oft weit voraus.

Kritik an Details des »real existierenden« Kommunismus wurden, wenn ich jetzt meine alte Wirkungsstätte besuchte, zwar hingenommen, denn die Schwierigkeiten, die die Kollegen im Verkehr mit Polen und Sowjets hatten, konnten sie ja nicht leugnen. Wer aber grundsätzlich gegen den Kommunismus, wer also Antikommunist war, galt als Kalter Krieger. Der war nicht nur politisch unkorrekt, sondern hatte auch die neue Zeit nicht verstanden.

Ich traf viele jüngere Beamte, die dem Geist der Zeit folgten oder sich von ihm beeinflussen ließen. Bei der ersten Generation der Kollegen, von denen noch viele den Krieg durchgemacht hatten und die nach ihrem Studium in der Diplomatenschule in Speyer ausgebildet worden waren, ist mir das selten begegnet. Ihr Weltbild war in der Härte jener Zeit fester geprägt worden.

In den späteren Jahrzehnten neigten einzelne, manchmal nach meinem Geschmack zu viele dazu, sich dem Geist der Zeit oder den Ansichten des Außenministers oder seiner Partei schnell und unkritisch anzupassen. Wir hatten schon gehört, daß das *Foreign Office* es nicht schätzte, wenn seine Angehörigen einer Partei angehörten; sie hatten dem Land zu dienen. Ihre Art politisch zu denken und zu handeln, war durch die lange Tradition des Amtes gebildet worden, und sie waren einigermaßen gefeit gegenüber den Moden des Zeitgeistes.

Diese Tradition fehlte uns. Schon Ribbentrop hatte die Wilhelmstraße und den in ihr gepflegten Code politischen Denkens, Handelns und Benehmens zerstört, und Hitler hatte ihre politischen Maximen lächerlich gemacht. Willy Brandts Bestreben, die Verkrampfungen im Ost-West-Verhältnis zu lösen, war richtig und ein Erfolg. In der öffentlichen Meinung aber verbreitete sich die Hoffnung, die tiefen Ost und West trennenden Fragen ließen sich ohne hinderliche diplomatische Absicherung mit etwas gutem Willen leicht lösen. Großzügige Vorleistungen oder »Wandel durch Annäherung« zum Beispiel würden schon genügen.

Im *Foreign Office*, in Konsultationen mit Ted Orchard, den amerikanischen Kollegen Horst Sonnenfeld und Zbigniew Brzezinski wurde die sowjetische Interessenlage nüchterner und unvoreingenommener gesehen. Da fühlte ich mich eher zu Hause.

Das war – man vergesse das nicht! – im Jahr 1970. Zwanzig Jahre später hatte sich die Lage grundlegend geändert.

Willy Brandt hält eine Rede auf Latein

Mein Tagebuch verzeichnet für den 19. Februar 1970 ein kleines Mittagessen Karl-Günther von Hases für Alan Bullock, einen bedeutenden Kenner der neueren Geschichte. Er war jetzt Vizekanzler der Universität Oxford, was bei uns etwa dem Rektor der Universität entspricht.

Ich erzählte ihm bei Tisch, welche Mühe ich im Jahr 1952 in Heidelberg hatte, seine Hitler-Biographie zu bekommen, das erste umfassende und bis zu Joachim Fests Buch das maßgebende Werk über Hitler. Ich hatte es in London bestellt. Es lag bei der Post, wurde mir aber nicht ausgehändigt. Man hielt es für ein Zeugnis ausländischer Hitler-Propaganda.

Wir unterhielten uns über Hitlers Außenpolitik. Er sprach eindrucksvoll über die Sudetenkrise im Spätsommer 1938. Über Zunftgenossen redete er sehr von oben herab in der Manier, die einige Oxford Dons kultivierten.

»Meine britischen Kollegen«, sagte er, »haben keine Ahnung vom Dritten Reich und verstehen nichts von jener Zeit. Sie glauben, sie wären immer auf der Seite des Widerstands gewesen. Aber daran ist gar nicht zu denken.«

Hase hatte ihn eingeladen, weil die Universität Oxford in vierzehn Tagen Willy Brandt den Titel eines Ehrendoktors verleihen wollte. Am Tag darauf sollte er vor beiden Häusern in der *Royal Gallery* des Parlaments sprechen. Wir besprachen das Rahmenprogramm für Oxford, und Hase bat mich, in Oxford mit Alan Bullock alle weiteren Einzelheiten zu verabreden.

»Es wird wohl darauf hinauslaufen«, schrieb ich in mein Tagebuch, »daß ich auch die Reden für Brandt entwerfen muß.« Die Prognose stellte sich leider bald als richtig heraus. Ich seufzte, weil ich ziemlich überlastet war, aber es half nichts.

Die Vorbesprechung in Oxford war einfach. Alan Bullock nahm sich die Zeremonien als Muster, die man einst für die Verleihung der Doktorwürde an den französischen Präsidenten – war es Chaban-Delmas oder Pompidou? – ausgearbeitet hatte.

Der frühere Ministerpräsident Harold Macmillan, *Chancellor* der Universität Oxford und dort vorwiegend bei zeremoniellen Gelegenheiten anwesend, sollte die Versammlung feierlich eröffnen, zu den Pedellen auf lateinisch sagen »*Ite Bedelli!*«, die darauf Willy Brandt und den *Public Orator* holen sollten. Der sollte den Gast vorstellen und sein Leben und Werk würdigen. Darauf sollte Willy Brandt danken, worauf Macmillan ihm die Ehrenurkunde überreichen würde. An dem vorgeschlagenen Programmverlauf hatte ich nichts auszusetzen.

»Herr Brandt spricht doch Englisch?« fragte Alan Bullock.

»Ja.«

Er notierte sich, Brandt werde auf die *Oratio* in englisch antworten.

»Einen Augenblick!« unterbrach ich ihn. »Warum nicht auf deutsch?«

»Auf deutsch? Aber er spricht doch Englisch!«

»Wie hat der französische Präsident geantwortet?«

»Französisch«, sagte er beiläufig, als ob das in diesem Fall belanglos sei.

»Dann«, erwiderte ich, »wird der Bundeskanzler auch deutsch antworten.«

Alan Bullock lächelte: »Aber das versteht doch in Oxford niemand mehr. Eher verstehen sie Griechisch oder Latein.«

Ich sagte, ich sei in den nächsten Tagen in Bonn und würde den Bundeskanzler fragen. In Bonn berichtete ich Willy Brandt.

»Warum will denn Herr Bullock nicht, daß ich deutsch spreche? Oder verstehen die Professoren in Oxford wirklich kein Deutsch mehr?«

»Natürlich verstehen es die meisten, viele sprechen es sogar vorzüglich, Bullock zum Beispiel. Eher ist ihr Latein lückenhaft, denn damit sie die lateinische Rede des *Public Orator* verstehen können, wird ihnen eine englische Übersetzung ins Programmheft gelegt.«

»Was schlagen Sie vor?«

»Daß Sie den Dank – es wird ja keine lange Rede erwartet – auf deutsch sprechen und dann dem Sinne nach hinzufügen, es sei Ihnen zu Ohren gekommen, daß die Gelehrten in Oxford kein Deutsch mehr verstehen, und daher wiederholten Sie Ihre deutschen Worte jetzt in Latein, das die Anwesenden ja alle besser beherrschten.«

Willy Brandt lachte.

»Ich und Latein!« Aber dann sagte er: »Warum eigentlich nicht? Bis zur Quarta habe ich Latein gehabt. Ich glaube, ich würde es noch hinkriegen. Können Sie mir den Text einmal zeigen?«

»Ich habe nur einen deutschen Entwurf hier, und ich selbst traue mich nicht an eine Übersetzung. Aber ich würde Lothar Wickert bitten, die Rede in elegantes Latein zu bringen. Er ist Ordinarius für Alte Geschichte in Köln.«

Willy Brandt nahm Feierlichkeiten nicht sehr ernst. Die Zeremonie in Oxford in dem Großen Saal des *Sheldonian Theatre* begann aber höchst feierlich. Die Professoren in schwarzen und roten Talaren zogen in einer Prozession ein – an der Spitze in goldbesticktem Talar der Kanzler der Universität, Alt-Premierminister Harold Macmillan – und nahmen in den Reihen Platz, die wie in einem Hörsaal ringsum anstiegen.

Die Orgel spielte Mozart und dann Purcell.

Harold Macmillan eröffnete die Sitzung, sagte: »*Ite Bedelli!*« und die Pedelle holten Willy Brandt, der einen schlichten Talar trug, in den Saal und führten ihn zum Ehrenplatz. Der *Public Orator* der Universität las nun eine Eloge auf den Bundeskanzler in Latein vor. Die Gelehrten folgten dem Text in der englischen Übersetzung, die in dem Programmheft lag.

Willy Brandt trat vor, Harold Macmillan ernannte ihn zum Ehrendoktor Bürgerlichen Rechts, überreichte ihm die Urkunde, und Willy Brandt begab sich zum Pult und las die Dankesrede:

Hochverehrter Herr Kanzler!

Bewegt habe ich die Urkunde entgegengenommen, in der mir die älteste und berühmteste Universität Englands die Würde eines Ehrendoktors verleiht. Ich schätze diese Ehre sehr hoch ein, da sie von einer Republik der Gelehrten kommt, die sich frei weiß und die ihr Urteil nicht von äußeren Erwägungen beeinflussen läßt.

Obwohl ich weiß, daß die meisten der hier versammelten Gelehrten der deutschen Sprache mächtig sind, möchte ich mich nun doch für *alle* Anwesenden der Sprache bedienen, in der zu uns jene Kultur redete, auf die sowohl die englische wie die deutsche zurückgehen, ja, auf der die ganze europäische Kultur beruht.

Insignissime cancellarie!

Valde commoveor, quod hoc diplomate doctorem honoris causa me renuntiavistis; gratias vobis ago quam maximas, et accipio honorem summo gaudio.

Testimonium mihi est non solum benevolentiae et aestimationis a vobis mihi concessae, sed etiam consensus cuiusdam qui pertinet ad res multo graviores. Cognoscere enim mihi videor comprobari a vobis consilia mea, quibus una cum omnibus bonis pacem iustam et diuturnam appeto tota europa confirmandam, qua confisi omnes sive singuli sive nationes securitate et libertate fruantur, suae quisque fortunae faber atque moderator.

Brandt hatte auch den lateinischen Teil fließend und tadellos vorgetragen, natürlich in der bei uns üblichen erasmischen Aussprache, während Macmillan, dem vorher ein Zettel zugeschoben worden war, aufstand, Brandt die Hand reichte und *gratias ago* sagte – in englischer Aussprache, so daß es wie *greeschas ego* klang.

Fehlschläge und gute Taten

Manches von dem, was ich mir vorgenommen hatte, war mir in London nicht geglückt, die Errichtung einer deutschen Handelskammer zum Beispiel, von der schon die Rede war. Doch Hase hatte die Sache auf guten Weg gebracht.

Lange hatte ich gemeinsam mit der Fontane-Forscherin Charlotte Jolles englische Verleger zu überreden versucht, Theodor Fontane übersetzen zu lassen und herauszugeben. Wir wiesen auf Fontanes Erinnerungen, Briefe, Artikel aus England, auf seine schottischen Balladen hin, die Romane, die in ihrem Geist und Ton britischer Lebensart so nahe waren. Einige Verleger zeigten wohlwollendes Interesse; aber am Ende lehnten alle ab. Fontane ließ sich nicht verkaufen.

Doch neben solchen Fehlschlägen habe ich in den fünfundzwanzig Jahren Auswärtigen Dienstes auch zwei gute Taten aufzuweisen, deren ich mich ganz ungeniert berühme – eine in London und eine in Peking.

Zuerst will ich von der Londoner guten Tat reden: Dort habe ich eine deutsche Schule gegründet. Viele Deutsche lebten mit ihren Kindern nur wenige Jahre in England. Wenn sie zurückkehrten, sprachen die Kinder zwar vorzüglich Englisch, verloren aber bei der Wiedereingliederung in deutsche Schulen meist ein Jahr oder mehr oder erhielten mit dem britischen Abgangszeugnis nicht den Zugang zu deutschen Hochschulen. Das würde bei einer deutschen Schule in London, die nach deutschen Lehrplänen unterrichtete und zum Abitur führte, nicht der Fall sein. Und Englisch würden sie in London und in der Schule ohnehin lernen.

Doch es ging mir auch darum, ihnen eine geistige Heimat zu geben. Sie sollten Deutsch richtig schreiben können und wissen, wer Lessing, Goethe und Schiller, wer Kaiser Friedrich II. und wer König Friedrich II., wer Bach, Beethoven und Wagner, Fontane und Thomas Mann, Bismarck, Hitler, Adenauer und Brandt waren, damit sie sich ein eigenes Urteil über ihr Vaterland und seine Geschichte bilden und unter gebildeten Deutschen mitreden können. Erst wer die eigene Geschichte mit ihren Tiefen und Untiefen kennt, ist imstande, auch die Tiefen und Untiefen in der Geschichte anderer Völker zu erkennen und aus dem Vergleich zu lernen.

Da unsere Kulturreferentin in London aber von meinem Plan nicht überzeugt war, nahm ich, im Einverständnis mit Blankenhorn, die Sache selbst in die Hand und gab einem jungen Legationsrat, unmittelbar mir unterstellt, den Auftrag, in London Gebäude zu suchen, die für eine Schule geeignet waren, mit der deutschen Gemeinde zu verhandeln und die Errichtung einer Schule vorzubereiten. Er setzte sich mit beachtlicher Energie dafür ein, fand mehrere Objekte, und wir entschieden uns für *Douglas House*, ein kleines Herrenhaus mit Parkgelände in Richmond. Ich holte die Genehmigung des Auswärtigen Amtes ein und sicherte in Bonn die Finanzierung des Kaufs und des Schulbetriebs. Das war noch in der Zeit, als das Auswärtige Amt Schulen und Goethe-Institute gründete und nicht schloß. Der junge Legationsrat war Jürgen Sudhoff, der später eine steile Karriere machte.

Als ich mich jetzt – nach fast dreißig Jahren – im Kulturreferat der Deutschen Botschaft in London nach der Zahl der Schüler erkundigte, warf mir der Beamte vor, mit der Gründung der Schule im Jahr 1971 eine Fehlentscheidung getroffen zu haben. Eine deutsche Schule in London sei obsolet und ein Anachronismus. Man wäre sie am liebsten wieder los. Ich hoffte, das war nur eine Einzelmeinung, und nicht die Ansicht der Botschaft.

Die Schule erfüllt einen dringenden Wunsch der deutschen Gemeinde in London. Sie ist unseren Landsleuten heute soviel wert, daß sie für jedes Kind rund 9000 DM jährlich an Schulgeld bezahlen; denn die staatliche Beihilfe ist erheblich gekürzt worden, weil das Auswärtige Amt nicht mehr bereit ist, für deutsche Auslandsschulen, Goethe-Institute und ganz allgemein für deutsche Sprache und Kultur soviel Geld auszugeben wie früher.

Die Londoner Deutsche Schule ist schnell gewachsen und führt bis zum Abitur. Heute hat sie 670 Schüler, darunter auch viele Ausländer. Neben dem Herrenhaus sind im Park neue, große Gebäude mit Sporthalle und Hallenbad entstanden.

Meine zweite gute Tat, der ich mich hier rühme, liegt nach der

Douglas House, Richmond, in dem die Deutsche Schule in London im Jahr 1971 begann, die heute in einem neuen großen Gebäude daneben im Park untergebracht ist.

Deutsche Schule in Peking im Jahr 2000 für 240 Schüler und einem Kindergarten für 60 Kinder.

in diesem Buch beschriebenen Zeit. Aber soll ich deshalb davon schweigen? Es war wieder die Gründung einer deutschen Schule, diesmal in Peking. Auch hier hatte die Kulturreferentin Einwände: Es gebe doch schon eine französische Schule und eine pakistanische mit Unterricht in englischer Sprache. Der Einfachheit halber nahm ich die Sache selbst in die Hand und vereinbarte mit der Kulturabteilung des Auswärtigen Amtes die Gründung der deutschen Schule.

Ein Lehrer wurde entsandt, Herr Hölldobler, der ein Harmonium in seinem Reisegepäck mitführte, und in einem Zimmer seines Zweieinhalb-Zimmer-Appartements in Peking den Unterricht begann, wobei ein Kreidestrich in der Mitte des Raumes Klassen- und Wohnzimmer teilte. Er begann mit fünf Schülern, vier Deutschen und einem Chilenen. Das war im Jahr 1978.

Heute führt die Schule in Peking bis zum Abitur. Im Jahr 2000 hatte sie 240 Schüler und Schülerinnen, und 67 Kinder waren im Kindergarten. Seit Anfang 2001 werden sie in dem neuen, aufs modernste ausgestatteten von der Bundesbaudirektion errichteten Schulgebäude unterrichtet.

Der Salon

Wir gehen an einigen Türen im englischen Flügel des Palastes vorüber. Man kann und will den Besuchern ja nicht alles zeigen. In den Zimmern, die wir nicht betreten, liegen Briefe, Berichte, Telegramme, Vorträge, Artikel. Wir haben schon genug von Politik gehört. Doch da liegt unser Gästebuch. Und von den Gästen muß man reden. Da finden sich die Namen unserer Freunde, der Mitarbeiter, der Gäste, mit denen ich dienstlich zu tun hatte. Wir hatten fast jeden Tag Gäste oder waren eingeladen. Es war die lebhafteste und anregendste Zeit unseres Lebens.

Nichts langweilt in England mehr als *name dropping*, das heißt: die Namen von Prominenten, die man kennt, ins Gespräch einzuflechten. Doch hier *muß* ich wenigstens einige nennen. Denn was wäre unsere Zeit in London ohne sie!

Wenn man das Gästebuch aufschlägt, wird man nicht irgendwann einmal einen berühmten Namen entdecken. Nein, da findet man auf jeder Seite Namen, die in jenen Tagen viel bedeuteten und die dem Leben in London damals ihr Gesicht gaben. Nehmen wir an, wir öffnen die hohe Flügeltür, und wir stehen in unserem Salon mit einigen alten und schönen Möbeln, die wir geliehen oder auf Auktionen in aufgegebenen *Manor Houses* gekauft hatten. Wer in London etwas auf sich hält, besitzt alte Möbel; nur ein *homo novus*, der keinen Sinn für die Geschichte und Kunst hat, richtet sich seine Wohnung ausschließlich mit Möbeln aus Glas und Stahl und neuen Teppichen ein. Wir hatten wenig Möbel, aber doch genug und viel Platz für die Gäste.

Sie kommen herein, und Franz steht in der Nähe des Eingangs – elegant, fröhlich, und alle Gäste, die sie begrüßen, mögen sie.

Denis und Edna Healey. Er war viele Jahre Verteidigungsminister. Jetzt hatte Labour die Wahlen haushoch verloren, und in London – anders als bei uns – ist es guter Ton, daß der neue Minister schon am Tag nach der Wahl in sein Büro einziehen kann. Als Denis Healey aber am Morgen die Speditionsfirmen anrief, waren sie schon alle ausgebucht. Er mietete sich daher einen Lieferwagen, setzte sich selbst ans Steuer, fuhr bei der *Admiralty* vor, räumte sein Zimmer aus und fuhr seine Sachen nach Hause. Der neue Verteidigungsminister konnte sich im Büro an seinen Schreibtisch setzen.

Als er den Orden »Wider den tierischen Ernst« in Aachen bekommen sollte, kam er zu uns, und wir entwarfen die Rede. Am nächsten Tag, noch vor der Feier in Aachen, rief er mich an, ein hoher sowjetischer Militär habe ihn besucht und nach der Veranstaltung in Aachen gefragt. Er habe ihm erwidert, natürlich sei die Verleihung des Ordens »Wider den tierischen Ernst« nur die Tarnung für ein Treffen der westlichen Geheimdienstchefs; aber das sei, wie er annehme, in Moskau sicherlich bekannt. Der General, sagte Denis Healey, habe ihn nachdenklich verlassen und würde zu Hause nun wohl großen Krach machen, weil der KGB ihn nicht davon unterrichtet hatte.

Oder wie Edna Healey bei Nina Chruschtschowa zum Tee eingeladen und sie mit ihrer Erlaubnis fotografiert hatte, als sie Klavier spielte. Edna habe das nachher ganz harmlos erzählt, aber kurz vor dem Abflug wurde sie von dem Vertreter einer großen amerikanischen Illustrierten bedrängt, der ihr eine fabelhafte Summe für die Bilder anbot. Den ganzen Flug über habe sie mit Denis überlegt, ob man das Angebot annehmen dürfe oder nicht, ob das mit den *Ethics* vereinbar sei oder nicht. Es war viel Geld. Sie waren sich immer noch nicht einig, als sie in London ankamen.

Denis, der große Amateurfotograf, wollte den wertvollen Film mit den diskreten Aufnahmen nicht einem Labor übergeben, sondern sie in seiner eigenen Dunkelkammer entwickeln. Als er wieder herauskam, war er blaß und fiel in einen Sessel. Edna sagte, da wußte sie gleich Bescheid: Die Bilder waren nichts geworden. Er hatte den Film in seiner Aufregung zuerst in das Fixierbad statt in den Entwickler gelegt. Sie waren aber beide nach dem ersten Schreck froh, daß sie nicht mehr zwischen ethischem und unethischem Verhalten zu entscheiden brauchten.

Er hielt, als Hases ein Abschiedsessen für Franz und mich gaben, die Tischrede auf uns. Franz bekam feuchte Augen.

Und wer kommt nach ihm in den Salon? Nigel Lawson und Jack Bruce-Gardyne, der Schotte. Nigel Lawson war damals noch Herausgeber des »Spectator« und einfacher Parlamentsabgeordneter. Er hatte vor zehn Jahren einmal die englische Übersetzung meines Romans »Der Auftrag« freundlich besprochen. Er kam mit Vanessa. Sie haben sich später getrennt, bevor er in *Downing Street No. 11* Schatzkanzler unter Margaret Thatcher wurde. Frau Thatcher hat übrigens ihren Namen auch groß ins Gästebuch eingetragen, als wir sie zum Dinner mit dem Stuttgarter Kultusminister Hahn eingeladen hatten. Sie war damals Ministerin für kulturelle Angelegenheiten, lebhaft und amüsant, und wir waren alle von ihr angetan. Einen Argwohn gegenüber uns Deutschen haben wir damals nicht bemerkt. Hoffentlich haben wir ihr nicht Anlaß dazu gegeben.

Denis und Angela Greenhill, die wir schon aus Paris von der NATO her kannten, und Pat und Paul Gore-Booth treten ein. Sie waren nacheinander *Permanent Undersecretary of State* vor Tom Brimelow. Wir halten die Freundschaft bis heute. Sie besuchten uns in Deutschland, und wir sie in London. Und als sie beide Lords geworden waren, gaben sie für Franz und mich ein Essen im Oberhaus. Was uns verband? Wir hatten die gleichen politischen Grundanschauungen und den gleichen Sinn für das, was ernst zu nehmen war und was nicht und für das Komische in der Welt.

Der *Permanent Undersecretary of State* ist der höchste britische Beamte. Paul Gore-Booth war außerdem Präsident der Sherlock-Holmes-Gesellschaft, die sich als achtbare, wissenschaftliche So-

Paul Gore-Booth als Sherlock Holmes und Patricia
Gore-Booth als Miss Adler im Mai 1968 auf der Reise in die
Schweiz zum Gedenken an den Tod des Meisterdetektivs
in der Reichenbach-Klamm.

zietät ausgab. Uns verband unter anderem, daß auch ich einem
achtbaren Verband angehörte, der freilich weder einen wissenschaftlichen Ruf besaß noch ihn anstrebte, der dafür aber eine
segensreiche Tätigkeit zur Rettung einer unverschuldet in Miß-
achtung geratenen Delikatesse ausübte: Ich meine den »Verein zur
Förderung des Ansehens der Blutwurst« in Adliswil (Kanton Zü-

rich), laut »Neuer Zürcher Zeitung« einer der kleinsten Schweizer Vereine, der dennoch einen heldenhaften und nicht aussichtslosen Kampf gegen die *Nouvelle Cuisine* und für eine rechtschaffene, nach altem Rezept hergestellte Blutwurst führte. Der Verein war erst überrascht, als ich um Mitgliedschaft nachsuchte, gewährte mir aber, als ich eine wissenschaftliche Untersuchung über den Weg der römischen Blutwurst von *Colonia Agrippinensis* (Köln, dort als »Blootwosch« bekannt) nach Rätien (Schweiz) vorlegte, alle Privilegien, einschließlich der Rezeptur für die reine Blutwurst.

Ich war freilich nur einfaches Mitglied meines Vereins, Paul Gore-Booth dagegen Präsident seiner Gesellschaft. Er hatte in dieser Eigenschaft schon lange eine Reise zur Reichenbach-Klamm in der Schweiz antreten sollen, wo Sherlock Holmes auf engem Felsenpfad von seinem Gegner Professor Moriarty in den Abgrund gestürzt worden war. Mitglieder der wissenschaftlichen Gesellschaft sollten ihn in der Kleidung begleiten, wie man sie um 1900 getragen hatte. Stillschweigend wurde vorausgesetzt, daß der Präsident auf der Reise den berühmten Detektiv verkörpern sollte.

Eines Morgens im Mai 1968 trafen sich die Mitglieder der Sherlock-Holmes-Gesellschaft im Flughafen Heathrow, empfangen von einer großen Schar von Journalisten und Fernsehkameras: Paul Gore-Booth in der Kleidung, in der der Detektiv oft abgebildet worden war, mit der flachen Mütze auf dem Kopf und der unvermeidlichen Pfeife im Mund, während Patricia Gore-Booth ihn als Miss Irene Adler begleitete, in einem Kleid aus der Zeit um 1900 und mit einem großen Hut, reich geschmückt mit Blumen und Federn.

Presse und Fernsehen begleiteten sie auf der Reise, und Paul mußte den Kampf mit Professor Moriarty auf dem engen Felsenpfad über der Reichenbach-Klamm dreimal für die verschiedenen Fernsehnetze wiederholen – ohne den Absturz, versteht sich.

Denis Greenhill schätzten wir schon, als wir beide im Politischen Ausschuß der NATO saßen. Er half mir damals, mich in die politische Arbeit hineinzufinden, und ich lernte viel von seinem scharfen Blick, mit dem er Hintergründe und verborgene Motive erkannte. Er konnte mit der liebenswürdigsten Miene eine politische Meinung, unwahre Argumente oder Wichtigtuer in einer kurzen ironischen Bemerkung in Luft auflösen. Angela Greenhill war und ist eine bedeutende Lyrikerin, die 1994 mit dem ange-

Denis Greenhill, später Lord Greenhill of Harrow,
und Angela Greenhill

sehenen *Grand Poetry Prize* der »*Literary Review*« ausgezeichnet
wurde. Sie überraschte uns oft durch ihren mit ernstem Gesicht
vorgetragenen Humor.

Einmal berichtete sie in einem Leserbrief an die »*Times*«, eine
Taube gehe jeden Morgen in der *Underground* Station Kensington High Street zu Fuß in einen Wagen der Linie *Inner Circle*,
picke die dort liegenden Krümel auf und verlasse die *Underground* wieder auf der Station Gloucester Road.

Der Brief gab Anlaß für eine längere Diskussion im Leserbrief-
kasten der »*Times*«, in der sich zeigte, daß das Verhalten dieser
Taube kein einzigartiges Phänomen war. Ein Leser behauptete,
eine Taube sei beobachtet worden, wie sie in Charing Cross in
die Bakerloo Line umgestiegen sei, aber nicht einmal das *Foreign
Office* könne sagen, ob sie dann mit dem Zug zurück zur Kensington High Street gefahren sei oder den Bus Nummer 9 genommen habe. Ein Taubenliebhaber schrieb, es sei eine Schande, daß

die Tauben wegen der Überfüllung des Luftraums nunmehr gezwungen seien, die U-Bahn zu nehmen.

Zwischen den Gästen, die hereinkommen, sehen wir Herrn Kluck, von dem schon die Rede war. Er trägt wieder seine rote Weste zum Smoking und ist in jeder Hinsicht der perfekte Butler.

In den Salon tritt Debby Owen, Amerikanerin, Literaturagentin. Sie hatte einmal ein Gelübde abgelegt: Nie einen Arzt oder einen Politiker zu heiraten, weil Ärzte mitten in der Nacht oder am Wochenende immer zu Patienten gerufen werden und weil Politiker immer im Wahlkreis, im Parlament oder in einem Ausschuß sind, aber nie zu Hause.

Kurz nach meiner Ankunft wollte Blankenhorn mir bei einem kleinen Mittagessen zwei vielversprechende junge Parlamentarier vorstellen, mit denen ich Kontakt halten sollte. Der eine war Nigel Lawson. Der andere kam erst, als Kunkel den Nachtisch brachte. Es war David Owen.

Er entschuldigte sich, er komme eines Unfalls wegen zu spät. Nein, nicht er habe einen Unfall gehabt, sondern ein anderes Auto. Der Beifahrer sei verletzt gewesen. Und da sei er gleich ausgestiegen und habe ihn versorgt, bis das Krankenauto kam. Dr. David Owen war Arzt gewesen, jetzt war er Unterhausabgeordneter. Debby hatte also zwiefach gegen ihr Gelübde verstoßen.

Nigel Lawson, das haben wir schon gehört, wurde später Schatzkanzler unter Margaret Thatcher und David Owen Chef der Liberalen Partei und Außenminister, nicht gerade zur Freude der Bundesregierung.

Richard Friedenthal und seine Frau begrüßen Franz, er mit der Höflichkeit eines Herrn aus alten Zeiten. Sie kommen oft, und wir besuchen sie gerne in ihrem kleinen Haus nicht weit vom Friedhof Highgate, wo Karl Marx liegt. Friedenthal hat auch über ihn eine gute und kenntnisreiche Biographie geschrieben, auf die man sich verlassen kann – im Unterschied zu der von Fritz Raddatz. Jetzt ist sein Schreibtisch voll von alten Folianten in lateinischer Sprache. Er schreibt ein Buch über Jan Hus.

Seine Bildung, ungewöhnlich weit gespannt, erstreckte sich auf die ganze Geschichte, Kunst und Literatur des Abendlands nach dem klassisch-humanistischen Kanon. Er führte seine Bildung nicht vor, sondern bewegte sich in ihr ohne Anstrengung, nicht eigentlich Neues schaffend, aber das Überlieferte von allen Seiten beleuchtend, so daß es wieder wie neu vors Auge trat. Richard Friedenthal liebte es, heimliche Widersprüche in der Geschichte und ihren Menschen aufzudecken und das Erhabene heiter auf das Menschliche zu reduzieren. Etwas vom Geist Fontanes, dem Spott Friedrichs des Großen – jedenfalls etwas vom rechten, liberalen Preußentum war in ihm, was er auch gerne zugab.

Es tritt eine Gestalt ein, die gar nicht hierher zu passen scheint: ein alter Mann in einem sehr altmodischen Anzug. Er kommt geradenwegs auf mich zu, etwas unsicher auf den Beinen, sieht mich lächelnd an und freut sich offenbar, daß ich ihn nicht erkenne. Ich habe das Gesicht schon gesehen; aber es muß lange her sein. Doch als er mir die Hand gibt und mit dünner Stimme zu mir spricht, fällt es mir ein.

»Pastor Reichard?« frage ich. »Sie sehen aus wie Pastor Reichard, aber das kann doch nicht sein, ich dachte…«

»Du hast richtig gedacht, Erwin. Aber das ist doch hier ohnehin nur eine, wie man heute sagt, virtuelle Veranstaltung. Und da habe ich mir gedacht, ich könnte mich ganz unschuldig unter die Besucher mischen. Ich will dich nur etwas fragen, sonst aber nicht weiter stören.«

Er war unser alter Dorfpfarrer in Rotta, als ich noch ein Kind war, Mitte der zwanziger Jahre. Er war der erste, der ein Rundfunkgerät hatte. Hatte man mir nicht erzählt, er sei schon vor dem Krieg in Wittenberg gestorben?

»Ich habe gehört, daß heute so viele berühmte Leute zu dir kommen. Und da wollte ich dich nur an eine Stelle aus einem deiner Hörspiele erinnern, wo der Lehrer Siebusch seinen Schülern sagte: ›Vielleicht erfüllen mein Briefträger oder meine Putzfrau das, was Gott mit den Menschen vorhat, eher als ein Nobelpreisträger der Literatur.‹«

»Natürlich! Ich erinnere mich. Das *kann* ich gar nicht vergessen. Ich habe immer so gedacht.«

Er sieht mich freundlich an und klopft mir auf die Schulter.

»Ach«, sagt er, »das freut mich, daß du immer noch so denkst und daß die Große Welt dir nicht den Kopf verdreht hat. Ich wollte nur sicher sein.«

Es ist auf einmal großes Hallo am Eingang, ich blicke hin, und als ich mich wieder zu ihm wende, um ihm dafür zu danken, daß ich jeden Sonntagnachmittag um zwei Uhr zu ihm kommen und die »Märchenstunde« im Sender Berlin hören durfte, obwohl ihn das einen Teil seines Mittagsschlafs kostete, steht er nicht mehr an meiner Seite.

Am Eingang aber sehe ich Franz in den Armen von Carl Zuckmayer. Man wird gleich erfahren, ob er mit Alice kommt oder seiner Freundin aus Lugano. Er kommt mit beiden. Wir waren letztes Mal zusammen in der Londoner Erstaufführung des *Hauptmanns von Köpenick*, und am nächsten Tag gaben wir ein Abendessen für seine Freunde. Paul Scofield konnte natürlich nicht dabei sein, weil er dann auf der Bühne stand und einen großartigen Schuster Voigt spielte, daß der Zuschauer nicht wußte, ob er lachen oder weinen sollte.

Carl Zuckmayer schrieb oder rief gewöhnlich von Saas Fee aus an, wen wir von seinen Freunden einladen sollten. Luise Rainer hatte zugesagt; bei uns in Deutschland war sie nicht bekannt, aber Carl Zuckmayer kannte sie aus der Zeit, als er und Alice auf ihrer Farm in Vermont arbeiteten. Damals hatte Luise zweimal den *Oscar* bekommen. Elisabeth Bergner hatte abgesagt, weil sie nach Bulgarien reisen mußte. Aber Trevor Howard kam. Auch Sir Lawrence Olivier wollte kommen.

Ja, er *wollte* kommen, aber er kam nicht. Es war ein großes gesetztes Essen. Wir warteten eine halbe Stunde auf ihn, dann setzten wir uns zu Tisch. Am nächsten Tag erhielt Franz einen Korb mit Rosen von ihm und einen Brief, in dem er zerknirscht um Entschuldigung bat und alles erklärte: Sein Butler habe an dem Abend frei gehabt, ihm deshalb schon um sechs Uhr in den Smoking geholfen, die Schleife gebunden und sich verabschiedet. Er selbst habe sich in den Sessel gesetzt, einen Sherry getrunken, die Zeitung gelesen; dann seien ihm die Augen zugefallen, und als er aufwachte, war es neun Uhr und zu spät, noch zu uns zu kommen.

Carl Zuckmayer sahen wir oft. Der Verleger Henry Goverts hatte ihm den Roman *Der Auftrag* gegeben, und das Buch hatte ihm gefallen. Vielleicht kam er auch Franz' wegen, sehr wahrscheinlich sogar. Er begrüßt jetzt Christian Ferber, der eigentlich Georg Seidel heißt und Ina Seidels Sohn ist. Ina Seidels Schwester Annemarie, die Schauspielerin, war Anfang der zwanziger Jahre Carl Zuckmayers Geliebte gewesen. Er war damals noch unbekannt und arm wie eine Kirchenmaus, sie lungenkrank – eine rührende Geschichte.

Wir sollten endlich aufhören, berühmte Namen zu nennen, aber da sind noch so viele, die wir nicht auslassen dürfen. Günter Grass, Walter und Inge Jens, Peter Härtling, Alfred und Gisela Andersch, die alle in unserem Gästeapartment wohnten, wenn sie in London waren. Luise Rainer kam mit ihrem Mann Robert Knittel, dem Sohn John Knittels, inzwischen Chef des Collins Verlags, der schon vor einem Jahrzehnt meinen Roman *Der Auftrag* in englisch veröffentlich hatte und Jahrzehnte später das Buch *China von innen gesehen* unter dem Titel *The Middle Kingdom* herausbrachte.

Sybille und Denis Haynes treten ein, sie die große Etruskologin und er der Leiter der Antikensammlung des Britischen Museums, mit Michael Ayrton im Schlepptau, der gerade den Zyklus der *Minotauros*-Radierungen vollendet hatte. Julien Stock von Sotheby's, dessen Namen vor kurzem durch die Weltpresse ging, als er unter lauter unbedeutenden Blättern eine Handzeichnung Michelangelos erkannt hatte. Er trägt seinen dunkelroten Samt-Smoking und kommt mit Angela aus Köln, die bald seine Frau wird. David Carver, der Präsident des Internationalen PEN, bringt wie immer seine Frau im Rollstuhl mit.

Doch nun muß ich wirklich aufhören. Sie kommen jetzt alle, die Journalisten, an der Spitze Terence Pretty, Lord Thompson of Fleet, William Rees-Mogg, damals noch nicht Lord, und Sandy Rendel – alle von der »*Times*«, Reginald Steed vom »*Daily Mirror*«, Roland Hill von der »Stuttgarter«, Georg Schröder von der »Süddeutschen Zeitung«, Charly Weiß vom Fernsehen und viele andere.

Nun hören wir aber wirklich auf. Nun ist Schluß mit dem *name dropping*. Christian Ferber hat einmal in der »Welt« einen Abend bei uns beschrieben. Da heißt es zum Beispiel, Helena Vlachos, die griechische Zeitungseigentümerin und eine der großen Damen des europäischen Journalismus, die den Obristen nicht gehorchen wollte, sitze neben Denis Healey an einem Tisch mit Günter Grass.

»Gegen Mitternacht verschwindet Grass, um noch die Schauspieler zu besuchen, die sich nicht mit den Londoner Politikern, Kritikern, Verlegern, Autoren mischen wollen. Daß er aber mit beiden Gruppen zusammensaß, in einer Nacht, das verdankt er einer Einrichtung, die gar keine ist, einem zwanglosen Salon für alle möglichen Leute, die etwas zu sagen haben ... wahrlich, eine ungewöhnliche Oase im Land der Diplomatie.«

Also doch ein Diplomatenleben mit dem Cocktailglas? Nein, kaum. Diplomaten waren zwar nicht ausgeschlossen, aber blieben in der Minderheit. Wir wollten in London Engländer kennenlernen, die etwas zu sagen hatten. Wir waren neugierig auf Menschen. Und im Gespräch mit ihnen merkten wir erst, in welcher provinziellen Enge wir bisher in Bonn gelebt hatten. Die Gespräche mit der intellektuellen Elite des Landes fanden nach der Arbeit statt, aber wir waren nicht müde, denn der Reichtum an Menschen, ihrem Leben und ihrem Werk überwältigte. Franz hatte den Haushalt vorzüglich eingerichtet, so daß wir uns ganz unseren Gästen widmen konnten.

Wir klappen das Gästebuch zu, schließen die Tür und verlassen den Londoner Flügel des Palastes. Wir wollen noch die rumänischen Räume besuchen, bevor die Sonne untergeht. Für China wird es heute ohnehin zu spät, und die Bilder aus China habe ich ja auch schon öfter gezeigt. Der rumänische Flügel liegt auf der anderen Seite des Palastes.

London war wohl die anregendste Zeit unseres Diplomatenlebens. Wir fühlten uns wohl bei den englischen Bekannten, die wir bei uns, in ihren Wohnungen oder ihren Landhäusern an Wochenenden trafen. Die Kultur im Umgang der Menschen miteinander schätzten wir. Die kleinen Schrullen insularer Gewohnheiten und den noch verbliebenen Hochmut imperialer Vergangenheit nahmen wir mit Humor. Daß wir nur eine kleine obere Schicht der englischen Gesellschaft kennenlernten, war uns bewußt; aber unsere Fähigkeit, noch mehr von England aufzunehmen, war begrenzt.

Mit Hases waren wir freundschaftlich verbunden. Dennoch hielt ich nach drei Jahren Ausschau nach einem selbständigen Posten. Im Sommer 1971 fragte mich Walter Scheel, der damals unser Außenminister war, ob ich Botschafter in Bukarest werden wolle. Ich fragte Franz.

»Es wird keine leichte Aufgabe sein, das Leben ist dort härter«, sagte ich. »Willst du?«

»Ja«, antwortete sie.

Bukarest

1971–1976

Respektsperson

Die Fluggäste mußten warten, bis Franz und ich ausgestiegen waren und der Protokollchef des Außenministeriums uns am Fuß der Treppe begrüßt hatte. Mich zuerst, Franz nach mir. So will es das Protokoll. Dann begrüßte uns Bernhard Wolf, der Geschäftsträger *ad interim,* also während der kurzen botschafterlosen Übergangszeit und fortan mein Vertreter. Pressefotografen machten Aufnahmen, und dann begleitete man uns in das Flughafengebäude. Man merkte gleich, im Balkan war ein Botschafter Respektsperson, und wir mußten uns von nun an auch so aufführen. Wir waren jetzt immer auf einem Podium, wurden beobachtet, und wenn wir einmal etwas flapsig oder albern daherredeten, wurde es so weitergegeben. Wir waren seltener allein und für uns.

Erst jetzt durften die anderen Fluggäste aussteigen, mußten aber natürlich durch die Paß- und Zollkontrolle. Wir dagegen wurden gleich in den VIP-Raum geführt, wo Herr Wolf uns die Mitarbeiter der Botschaft, Damen und Herren, vorstellte. Alle sagten jetzt »Herr Botschafter« zu mir. Und ich sprach einige freundliche Worte von Zusammenarbeit, guter Laune, daß ich immer für jedermann da sei und was man bei Amtsübernahmen so sagt. Bernhard Wolf schlug uns vor, nunmehr in unsere Residenz zu fahren. Residenz!

Franz rief: »Aber das Gepäck! Wo ist unser Gepäck?«

»Ist alles schon in Ihrem Wagen. Sie brauchen sich um nichts zu kümmern. Und anschließend«, sagte Herr Wolf und wandte sich zu mir, »bitte ich Sie in die Botschaft. Sie müssen nämlich heute noch den Vertrag für die neue Residenz unterschreiben.«

»Das«, antwortete ich, »werde ich mitnichten tun.«

Es fing ja schön an.

»Sonst kriegen wir sie aber nicht. Das Außenamt hat die Frist nur bis zum Tag Ihrer Ankunft verlängert. Daß man uns dieses Prachtgebäude exakt zur Zeit Ihrer Ankunft anbietet, ist ein politisches Zeichen. Es bedeutet, daß man auf die Verbindung zu uns größten Wert legt. Der Vertrag ist von allen Seiten, auch der Rechtsabteilung in Bonn, geprüft. Es ist alles vorbereitet. Sie brauchen nur zu unterschreiben.«

»Um es noch deutlicher und wie die Berliner zu sagen: Das werde ich mit gar keinen Nichten tun«, antwortete ich freundlich. Pardon für den Kalauer!

Denn ein Kollege hatte in einem ähnlichen Fall gleich nach seiner Ankunft in einem Land des Nahen Ostens arglos unterschrieben. Der Vertrag war von den Juristen der Botschaft, war ebenfalls von der Rechtsabteilung des Auswärtigen Amtes geprüft und in Ordnung befunden worden, das Geld wurde angewiesen; aber dann stellte sich heraus, daß das Grundstück für die neue Residenz im Grundbuch gar nicht auf den Namen des Verkäufers lautete, der mit dem Geld bereits verschwunden war. Kurzum, das Auswärtige Amt machte den Kollegen für den Schaden regreßpflichtig, und seitdem wurde ihm allmonatlich eine beträchtliche Summe von seinem Gehalt abgezogen. Bis zum Ende seiner Dienstzeit.

Wir setzten Franz an der Residenz ab. Und ich fuhr natürlich doch zur Botschaft weiter und prüfte den Vertrag. Es war kein Kauf-, sondern nur ein Mietvertrag mit dem Diplomaten-Service-Amt des Außenministeriums und von dessen Leiter unterzeichnet. Der Vertrag war von Bonn gebilligt. Da es nur ein Miet- und kein Kaufvertrag war, sträubte ich mich nun nicht länger, folgte dem weiseren Rat meiner neuen Mitarbeiter, unterschrieb, ließ das Dokument zum Außenministerium bringen und glaubte, wir könnten, wenn unsere Möbel aus London kämen, gleich in dieses so hochgepriesene neugemietete Gebäude einziehen.

Als vorläufige Residenz diente uns eine kleine, gemütliche Villa aus dem Anfang des Jahrhunderts, die uns genügt hätte, die aber keine Räume für größere Empfänge, Essen oder Besprechungen besaß.

Dort begrüßte ich jetzt die vom Vorgänger übernommene Dienerschaft: Frau Grete, unsere Köchin, und Sofie, beides Siebenbürger Sachsen, und Viorica, eine Rumänin, die aber gut Deutsch sprach. Später kam noch Hans, Frau Gretes Bruder, als Butler hinzu. Sie alle haben uns während unserer Zeit in Rumänien treu und zuverlässig versorgt.

Die Botschaft

Das Botschafts- oder Kanzleigebäude war ein älteres, unauffälliges Bürohaus, dreistöckig, an einem kleinen, ruhigen Platz gelegen, nicht weit von unserer Residenz entfernt. In ihr taten rund dreißig Mitarbeiter ihren Dienst unter Referenten für Wirtschaft, Politik, Kultur und Presse. Zuständig für die Verwaltung war der Kanzler der Botschaft. Die meiste Arbeit fiel bei dem Leiter der Rechts- und Konsularabteilung an.

Die Eingangshalle war jeden Morgen voll von rumänischen Staatsbürgern deutscher Nationalität, wie es in ihren Ausweisen hieß, also Volksdeutschen, den sogenannten *Sachsen*, deren Familien seit dem 13. Jahrhundert in Siebenbürgen, und den sogenannten *Schwaben*, die seit dem 18. Jahrhundert im Westen Rumäniens, im Banat lebten. Die meisten Menschen im Warteraum wollten ins *Reich* zu ihren schon ausgewanderten Verwandten oder zu ihren deutschen Verlobten ausreisen; aber von den rumänischen Behörden erhielten sie keinen Paß und kein Ausreisevisum. Man sah viele verweinte Gesichter. Mit diesem Anblick begann jeden Tag meine Arbeit.

Einer der Konsulatsbeamten hatte sich nach drei Dienstjahren in Bukarest weggemeldet, weil er die täglichen Klagen seiner Besucher über die Schikanen und Demütigungen durch die Behörden, besonders aber durch die *Securitate*, die Geheimpolizei also, nicht mehr ertragen konnte.

Das Diplomatenserviceamt, dem rumänischen Außenministerium zugeordnet, stellte den Botschaften rumänische Hilfskräfte zur Verfügung und den Diplomaten Wohnungen, Residenzen sowie Hauspersonal. Die Angestellten bezogen ihr Gehalt von diesem Amt und mußten dort auch ihre Sozialversicherungsbeiträge einzahlen. Das Diplomatenserviceamt war also eine mächtige Behörde, die alle Möglichkeiten hatte, nur ihr genehme und kooperative Leute den Botschaften zur Verfügung zu stellen und – den ausländischen Missionen Schwierigkeiten zu bereiten.

Dieses Amt ließ uns wissen, wir könnten die neue Residenz besichtigen. Franz und ich, begleitet von einer unserer Dolmetscherinnen, fuhren hin, bogen von der eleganten Villenstraße, der Sosea Kiseleff, der Ausfallstraße zum Flugplatz Otopeni, in einen kleinen Weg ein und standen fünfzig Meter weiter vor der Auf-

fahrt zu einer imponierenden großen Villa, die Immobilienhänd-
ler wohl hochherrschaftlich genannt hätten. Erbaut war sie Ende
der zwanziger Jahre von dem Besitzer eines Pharmaziekonzerns.

Über eine Freitreppe kam man in das Entrée mit Gästegarde-
robe, dann in den großen Salon, der achtzig Quadratmeter groß
sein mochte, in einen kleineren Salon, eine geräumige Bibliothek
mit eingebauten Regalen, ein Eßzimmer, in dem Platz für eine
Tafel mit dreißig Stühlen war, dahinter in einen Wintergarten mit
einem Springbrunnen, den man aber abgestellt hatte. Das war der
offizielle Teil, der auch vom Auswärtigen Amt möbliert werden
sollte.

Unser Wohnteil bestand aus vier Schlafzimmern und drei Ba-
dezimmern im ersten Stock. Ein Wohnzimmer war nicht vorhan-
den; aber wir konnten unsere Sitz- und Leseecken auf dem Trep-
penvorplatz einrichten. Im Mansardengeschoß standen unseren
Gästen vier Schlaf- und Wohnräume zur Verfügung. Und Sofie,
die im Hause wohnen sollte, hatte oben auch ein schönes, großes
Zimmer mit Bad. Im Untergeschoß befanden sich Vorratsräume
und ein Bierkeller mit Holztischen und Bänken. Doch er war
anscheinend schon lange unbenutzt.

An einer Tür wollte unser rumänischer Hausverwalter schnell
vorübergehen; wir wollten aber doch sehen, was sich dahinter
verbarg. Er fand den Schlüssel nicht, aber wir halfen ihm beim
Suchen, und schließlich trafen wir auf einen, der paßte. Als wir die
Tür öffneten, strömte uns der Geruch von *Tsuika*, dem Pflaumenschnaps, so stark entgegen, daß Franz zurückwich. Der Hausverwalter fand den Lichtschalter nicht, obwohl er dicht neben der
Tür war. Ich schaltete ihn an. Da sahen wir eine mit großen Glas-
gefäßen und anderen Geräten modern und, wie es schien, profes-
sionell ausgestattete Destillieranlage.

Der Hausverwalter war entgeistert. Da müßten wohl Unbe-
fugte ins Haus eingedrungen sein, vermutete er. Es stand ja schon
monatelang leer. Anders konnte er es sich nicht erklären. Er werde es dem Diplomatenserviceamt melden. Die Geräte werde er
beschlagnahmen lassen. Sie waren in der Tat schon am Tag darauf
ausgeräumt – beschlagnahmt oder in ein anderes leerstehendes
Haus gebracht.

Wir sahen aber noch eine Tür, als unser Begleiter uns schon
wieder hinaufführen wollte. Das sei ein weiterer, noch tieferer

Keller – für Wein zum Beispiel, sagte er. Er wollte uns jetzt in den Garten führen. Wir aber wollten zuerst auch diesen Keller sehen, der sich zum Weinkeller eignete. Unser Begleiter schloß auf. Aber hinter der Tür war keine Destille, wie ich vermutet hatte, sondern eine Treppe. Wir mußten noch weiter hinabsteigen. In dem tiefsten Keller, hinter einer Stahltür, lag ein offenbar leerer Raum. Da der Lichtschalter nicht funktionierte, sah man im Licht der Treppenlampe nur die kahlen Betonwände.

Der Raum hat sich später in der Tat als Weinkeller bewährt, wurde von unseren Gästen gerühmt, und es freute uns, daß der Vizeaußenminister Macovescu, von dem noch viel die Rede sein wird, sich zu der Behauptung verstieg, es sei der am besten ausgestattete Weinkeller in Bukarest, in dem besonders die Mosel-Saar-Ruwer Weine vom Weingut Reverchon und die Bordeauxweine, darunter der *Château de la Mission Haut Brion* zu rühmen seien. Macovescu mußte es ja wissen, denn er kannte die Weine aller Botschaften.

Als wir in den leeren, halbdunklen Raum hineingegangen, nichts Bemerkenswertes entdeckt hatten und wieder hinaufgingen, sagte Franz: »Wenn da unten die Stahltür hinter uns zugefallen wäre, hätten wir im Dunkeln gesessen und hätten rufen und schreien können, aber kein Mensch hätte uns gehört.«

Sie hat es später möglichst vermieden, in den Weinkeller zu gehen. Unsere Freundin Tita Ivasiuc verstand das. Sie sagte, wenn sie früher, noch vor Ceausescus Zeit, auf der Sosea Kiseleff an der Einfahrt zu dieser Villa vorbeiging, durfte sie nicht stehen bleiben. Denn es kamen dann immer gleich Männer der Miliz und verhörten sie. Warum sie stehen geblieben sei? Ob sie hier etwas suche? Und was sie da vermute? Sie habe dann erfahren, daß in der Villa damals Alexandru Draghici, der berüchtigte Innenminister aus den fünfziger Jahren, gewohnt habe. Doch sie irrte. Wie wir später erfuhren, war die Villa eine Zeitlang sogar die Residenz des rumänischen Staatschefs Georghe Gheorgiu-Dej gewesen, Ceausescus Vorgänger.

Der Garten! Ach, es war ja ein Park! Unser Begleiter hatte hier keine Schwierigkeiten, uns alles zu erklären: Er wurde wieder gesprächig und seine Sprache lyrisch. Sechstausend Quadratmeter. Ein großes Wasserbecken. Zum Schwimmen, zugegeben, zu flach, aber schön, wenn der Springbrunnen in der Mitte seine

Fontäne hoch in den Himmel warf. Nein, anstellen könne man ihn jetzt nicht; der Motor müsse auch erst repariert werden. Und der Nachbar sei Fazekas, Vertreter der ungarischen Minderheit im Politbüro. Die schöne Terrasse! Die Gäste können im Sommer bei Empfängen vom Salon direkt auf die Terrasse treten.

Wir waren zufrieden. Sehr zufrieden. Der Leiter eines Bonner Einrichtungshauses kam und nahm die Maße für die Fenstervorhänge und Spannteppiche und machte unzählige Notizen. Franz wählte mit ihm unter seinen Musterkollektionen Vorhänge aus und traf Verabredungen für den Wandanstrich, flog nach München und ließ sich unter anderem Kronleuchter für die Empfangsräume zeigen, die sie dem Auswärtigen Amt zum Kauf vorschlug.

Des Bundespräsidenten Großer und Guter Freund

Ich übergab dem rumänischen Staatsoberhaupt mein Beglaubigungsschreiben, das nicht gedruckt, sondern wie üblich von dem Kalligraphen des Auswärtigen Amts in schönster Schrift geschrieben worden war. »Herr Präsident, Großer und Guter Freund«, begann es, und unterzeichnet hatte es der Bundespräsident Gustav Heinemann. Er hatte mit der Anrede nicht solche Schwierigkeiten wie sein Vorgänger Heinrich Lübke.

Die Zeremonie fand in einem Saal des alten Königsschlosses statt. Vizeaußenminister Georghe Macovescu war anwesend, schwieg aber in Anwesenheit seines Präsidenten. Nach der offiziellen Zeremonie, die das Fernsehen aufnahm und am Abend in voller Länge sendete, nach dem Austausch von Höflichkeiten, guten Wünschen und Hoffnungen, saßen wir noch eine Stunde zusammen.

Bundeskanzler Brandt hatte mir eine ausführliche Schilderung seines Besuchs bei Breschnew auf der Krim telegrafiert, um sie Ceausescu mitzuteilen. Das interessierte Ceausescu sehr. Die Aussichten von Brandts Ostpolitik beurteilte er ansonsten skeptisch. Wir kämen erst weiter, wenn wir die DDR diplomatisch anerkennten, sagte er. Er war gut informiert, auch in Einzelheiten, stellte abweichende Ansichten kurz fest, ohne zu insistieren oder zu argumentieren, nur als ich erwähnte, der Bundespräsident wäre Ceausescu dankbar für eine Mitteilung, wie er über seine

Im Gespräch mit Nicolae Ceausescu, Herbst 1971

beim Staatsbesuch übergebene Liste humanitärer Härtefälle von
Rumäniendeutschen entschieden habe, zeigte er, daß ihm das
Thema nicht behagte. Er war aber während des Gesprächs ruhig,
freundlich und sichtlich bemüht, kontroverse Ansichten nicht
weiter zu diskutieren.

Franz kam aus München zurück. Als sie am nächsten Tag unsere neu angemietete Residenz besuchen wollte, war der Hausverwalter, mit dem sie sich verabredet hatte, nicht da. Ich hatte
mich einige Tage darauf wieder bei Ceausescu angemeldet, um
ihm eine moderne kleine Fernsehkamera zu übergeben, den nach-
gelieferten Teil einer Fernsehausrüstung, die der Bundespräsident
Heinemann ihm bei seinem Staatsbesuch geschenkt hatte.
Ceausescu bedankte sich kurz und formell.

In dem anschließenden Gespräch unter vier Augen – die Augen des Dolmetschers nicht mitgezählt – fragte ich, ob er überhaupt Zeit für Amateur-Fernsehaufnahmen, etwa im Kreis der
Familie, habe. »Nein«, erwiderte er und beklagte sich über seine
Arbeitsüberlastung, Reisen und Redeverpflichtungen.

Er war mit nichts zufrieden. Sein Pessimismus sprach aus jedem Satz. Er sehe mit Sorge in das neue Jahr. Die politische Lage in der Welt sei nicht stabil. Die deutsch-rumänischen Beziehungen stagnierten. Als er auf meine Frage wenigstens zugab, das kürzlich unterzeichnete Wirtschaftsabkommen sei positiver zu sehen, brachte ich das Gespräch auf die Familienzusammenführung. Er behauptete, die Fälle, die der Bundespräsident ihm vorgelegt habe, seien seinem Wunsch gemäß entschieden worden. Ich antwortete, davon hätten wir bisher nichts gehört. Ich wäre dankbar, wenn man uns das im einzelnen mitteilte, damit wir den Bundespräsidenten davon unterrichten könnten.

Ceausescu antwortete, man dürfe das Problem der Familienzusammenführung nicht isoliert sehen; es lasse sich nur in größerem Zusammenhang lösen. Ich bat ihn, mir das zu erläutern.

Auch die Rumänen, sagte er, hätten humanitäre Anliegen, nämlich die Wiedergutmachung des Unrechts, das sie durch die Nazis erlitten hätten.

Ich erwiderte, man habe unter den uns in Bonn übergebenen Dokumenten Beispiele für medizinische Experimente an Rumänen gefunden. Meiner Ansicht nach könnte und sollte man diese Fälle bei der nächsten Konsultation in Bonn auf die Tagesordnung setzen. Ceausescu schüttelte den Kopf: Er denke weniger an Einzelentschädigungen als vielmehr an eine Globallösung.

Auf meine Frage, ob er über die Wiedergutmachung schon mit dem anderen Teil Deutschlands, der DDR, gesprochen habe, war er nicht vorbereitet. Jedenfalls sagte er etwas verblüfft:

»Nein«, und setzte lachend hinzu: »Ich wende mich an Sie, weil Sie genug Geld haben. Schließlich haben Sie erst in den letzten Tagen durch die Aufwertung der Deutschen Mark wieder einen großen Profit gemacht.«

Ich erwiderte, das sei keine überzeugende Antwort auf meine Frage. Gerade erst habe er von einem humanitären rumänischen Anliegen gesprochen, jetzt stelle sich heraus, daß er eigentlich ein finanzielles meine.

Ceausescu entgegnete, die Familienzusammenführung belaste doch auch den rumänischen Staat, er verliere Menschen, die unter großen Kosten ausgebildet seien. Ich sagte, das berücksichtigten wir doch auch.

Er verstand sicherlich den diskreten Hinweis, denn wir zahlten für die Auswanderungserlaubnis, also den Freikauf eines Akademikers erheblich mehr als für die eines Landarbeiters, und das Geld brachten seine Vertrauensleute in Koffern in die Schweiz und sicherlich auf sein Privatkonto.

Wir haben stets Wiedergutmachungszahlungen an den rumänischen Staat abgelehnt, da der rumänische Machthaber Antonescu als Verbündeter Hitlers am selben Tag wie dieser die Sowjetunion angegriffen und im Laufe des Vormarschs Bessarabien zurückerobert sowie Teile der Südukraine annektiert hatte. Er mußte diese Gebiete freilich alle wieder aufgeben, als die Sowjets vorstießen und im Jahr 1944 Rumänien besetzten.

»In den sowjetischen Archiven«, sagte mir der sowjetische Botschafter Drosdenko später, »liegen Berge von Akten über Greueltaten, die die rumänischen Truppen während des Krieges verübt haben, darunter auch in der (heute) sowjetischen Moldau-Republik.«

Ich unterrichtete das Auswärtige Amt über die rücksichtslose Offenheit, mit der Ceausescu seine Forderungen dargelegt habe. »Wenn Ceausescu gebeten würde, seine humanitären Anliegen in Zahlen auszudrücken«, schrieb ich, »würde er uns sicherlich eine beträchtliche Summe nennen.«

Der Jäger

Er hieß eigentlich Ludwig Rodewald, hatte aber nach dem Krieg seinen Namen rumänisiert in Rudescu, war Mitglied der Akademie der Wissenschaften in der Fachschaft Biologie und hatte das Donau-Delta, das Biotop für unzählige Zugvögel, gerettet. Ceausescu hatte es trockenlegen und in Ackerland umwandeln wollen; aber Rudescu hatte das mit dem Argument verhindert, das dort wachsende Schilf sei wertvoller Zellstoff und in der Industrie vielfach zu verwenden. Er war Vizepräsident des rumänischen Jägerverbands. Ein großgewachsener, stämmiger Mann. Seine Muttersprache war Deutsch, aber er sprach ebensogut Rumänisch.

Er fragte, ob ich einmal mit ihm auf die Jagd gehen wollte.

»Ich habe nur als Kind einmal ein Luftgewehr gehabt.«

»Nun«, sagte er, »dann können Sie ja schießen.«

»Das Luftgewehr ist mir aber inzwischen verlorengegangen.«

»Sie können eine Büchse von mir haben.«

Ihm stand ein großes Jagdrevier in Ghermanesti, nicht weit vom Snagov-See, zur Verfügung, eine dreiviertel Autostunde von Bukarest entfernt.

Er lehrte mich die Jagd und war streng. Das erste Mal nahm er einen ausgestopften Uhu mit, der auf einen Pfahl mitten in ein Feld gestellt wurde. Er erwartete, daß die Raben oder Krähen wütend auf den Uhu herabstoßen würden, und auf die sollte ich schießen.

Wir setzten uns auf Holzstämme am Rand des Waldes und warteten. Neun Jahre war ich alt, als ich mit dem Luftgewehr zu meinem Entsetzen ein Rotkehlchen angeschossen hatte, das hilflos am Boden umherhüpfte. Ich war verzweifelt, pflegte es, aber am Abend war es tot. Da stellte ich das Luftgewehr auf dem Speicher ab. Nie wieder wollte ich ein Gewehr in die Hand nehmen, hatte auch nie wieder eins angerührt, mich bisweilen auch damit gebrüstet.

Rudescu reichte mir seine Flinte herüber. Ich nahm sie, wußte aber nicht, ob ich sie nicht lieber zurückgeben sollte. Doch die Vögel auf dem Felde bei Snagov kümmerten sich gar nicht um den ausgestopften Uhu. Sie verachteten ihn. Nach einer Weile legte ich die Schrotflinte beiseite.

Es war still, nur ab und zu hörten wir Vogelstimmen aus dem Walde. Er erklärte sie mir. Dann sah er am gegenüberliegenden Wald einen Rehbock heraustreten, darauf die Ricken. Er zeigte sie mir, ich allein hätte sie nie bemerkt.

Das Land war flach, ringsum standen Kiefernwälder, und es war ruhig. Wenn nur ein Ast im Wald knackte, wurde man aufmerksam, und Rudescu wußte meistens auch, warum es geknackt hatte. Die Sonne schien schon schräg auf eine kleine Wolke. Man konnte sehen, wie sie sich veränderte. Das Büro, der Staat, Ceausescu, die eingelaufenen Fernschreiben waren weit weg. Wir saßen still auf unseren Baumstämmen. Es war nicht langweilig; es ereignete sich immer etwas, und wenn es nur eine Maus war, die vor uns über den Weg lief, nicht weit von unseren Füßen anhielt, sich umsah, ohne uns Riesen zu bemerken, dann weiterlief und im Gras der Wiese verschwand.

Als es zu dämmern begann, wurde es hinter uns im Wald lebendig. Wir sahen einen Fuchs, vielmehr Rudescu sah ihn und zeigte ihn mir. Das Tier schnürte an uns vorbei und wir verloren es aus den Augen, als es sich auf dem Weg am Waldrand entfernte.

Es begann schon zu dunkeln, da kam ein Bauernwagen mit zwei Panjepferden über den Feldweg angezuckelt. Er war hoch mit Stroh beladen.

»Woher hat er das Stroh?« fragte ich.

»Gestohlen. Von einer großen Strohmiete irgendwo dort hinten. Wir haben doch den Sozialismus, und alles, was geerntet wird, gehört dem Volk. Nun, wenn man reich ist und zwei Pferde hat, da holt man sich eben etwas Futter für sie, wenn es dunkel wird. Doch der Kerl verjagt uns alles Wild.«

Es war ohnehin kein Büchsenlicht mehr, und ich wollte ja auch gar nichts schießen. Dennoch stand Rudescu auf, schrie den Bauern an und drohte ihm mit der Faust. Nicht weil er Stroh gestohlen, sondern weil er störte und das Wild vertrieben hatte. Der Bauer duckte sich auf seinem Wagen aus Angst, antwortete nicht, sondern trieb die Pferde mit der Peitsche an, um so schnell wie möglich dem zornigen Herrn zu entkommen. Denn daß es ein Herr war, das hörte er an der Lautstärke, mit der er angebrüllt wurde. Die Pferde zuckelten nur wenig schneller. Rudescu schimpfte hinter ihm her und schüttelte die Faust. So stand er gegen den Horizont, das Bild eines Bojaren, vor dem der Bauer in Furcht erzitterte. Rudescu war kein Bojar, meinte es auch nicht böse, er behandelte die Bauern nur, wie sie seit jeher behandelt worden waren. Wir holten den Uhu, verstauten ihn im Kofferraum und fuhren nach Hause.

Rudescu hielt nichts von Hochsitzen. Die Tiere sollen auch eine Chance haben, meinte er, als wir am nächsten Wochenende wieder hinausfuhren.

Der Bock kam nur zwanzig Meter von uns entfernt aus dem Wald heraus. Ich hatte ihn gar nicht gesehen, Rudescu berührte leise meinen Arm, ich nahm die Büchse an die Schulter, zielte lange, schoß. Der Bock brach sofort zusammen. Ich war noch lange erregt, war stolz, so gut getroffen zu haben. Kein Gedanke mehr an meinen Schmerz, als ich das Rotkehlchen angeschossen hatte. Wir weideten ihn aus, und das Gekröse nahm ich für Phylax mit.

Ich fragte Rudescu, wann er wieder Zeit habe. Mein Gewissen war rauh und hart geworden. Er hatte oft Zeit. Es waren, auch wenn kein Wild herauskam, Stunden, in denen Ceausescu und sein Regime hinter dem Horizont verschwunden waren.

Wir saßen schweigend auf unseren Jagdstühlen, lauschten, blickten über die Felder, sahen und hörten, was ich lange nicht gesehen und gehört hatte. Ich hatte, in den Städten lebend, das Land vergessen. Jetzt sprach es wieder. Das kleine Getier lief oder kroch an uns vorbei. Ein Raubvogel schrie. Rudescu deutete in die Höhe: ein Kranichzug. Hasen hüpften auf ein Rübenfeld. Wir blickten den Wolken nach, die über uns dahinzogen und achteten auf den Wind, der uns verraten konnte.

Wir nahmen selbst die lästigen Mücken hin, wenn wir Insektenspray vergessen hatten. Sie gehörten dazu. Wir brauchten nicht über die Welt und die Menschen und das Leben in den Städten nachzudenken. Es waren die schönsten Stunden, die ich in Rumänien verbrachte.

Gerhard Schröder der Ältere

Ende Oktober besuchte Gerhard Schröder Rumänien, jetzt Vorsitzender des Auswärtigen Ausschusses und früher Bundesaußenminister.

Ich begleitete ihn zu Ceausescu. Der schien seinen schlechten Tag zu haben und leitete das Gespräch wieder mit der Klage ein, die Beziehungen zwischen unseren beiden Ländern stagnierten. Vorteile, die wir anderen gewährten, enthielten wir Rumänien vor. Er behauptete unter anderem, daß durch das *floating* der D-Mark die Schuldenlast Rumäniens um hundert Millionen Mark gestiegen sei und daß wir das nicht berücksichtigten.

Plötzlich wandte er sich mir zu und fragte, wann wir endlich mit Rumänien über die Wiedergutmachung verhandeln wollten. Ich antwortete unwillig: »Wir haben Ihnen schon oft gesagt, daß wir darüber nicht verhandeln werden und daß Sie von uns keinen Pfennig Wiedergutmachung erhalten werden. Außerdem kann ich keine Stagnation erkennen: Das Handelsvolumen steigt laufend. Wir haben unser Interesse an Rumänien kürzlich durch eine großzügige Finanzierungshilfe bewiesen, die Sie eben vergessen hatten zu erwähnen.«

Ich nannte noch andere Beispiele. Schröder unterstützte mich hilfreich; aber Ceausescu blieb dabei, früher seien wir hocherfreut darüber gewesen, daß Rumänien als erster Staat Osteuropas Beziehungen zu uns aufgenommen habe, heute behandelten wir es wie alle anderen Staaten des Warschauer Pakts, in mancher Hinsicht sogar schlechter. Ihm scheine, wir wollten mehr und mehr Dinge alleine machen.

Ceausescu argumentierte während des ganzen Gesprächs ruhig, oft elegisch. Er sah sich verlassen. Zhou Enlai hatte ihm erst vor kurzem klargemacht, daß Rumänien von China nichts als schöne Worte zu erwarten hatte. Die Chinesen kannten ihre Schwäche. »Mit Wasser, das weit entfernt ist, kann man das Feuer im Haus nicht löschen«, hatte Zhou ein chinesisches Sprichwort zitiert.

Ceausescu hatte in einer Hinsicht schon recht: Er war allein gelassen. Wir und die Europäische Gemeinschaft bemühten uns um gute Beziehungen zu Polen und den anderen Staaten des Warschauer Paktes, in erster Linie natürlich zur Sowjetunion, so daß er in seinem Bemühen um Emanzipation von der Sowjetunion für viele von uns nicht mehr so interessant war.

Die Beispiele, die er uns gegenüber vorbrachte, waren freilich nicht fundiert. Man erkannte im Westen sehr wohl den Nutzen, den sein Streben nach Unabhängigkeit von dem großen Nachbarn für uns hatte, überschätzte es sogar. Er machte es uns aber nicht leicht, ihm zu helfen. Immer wieder stieß er den Westen durch überzogene Forderungen, Eitelkeiten und Schikanen seiner Sicherheitsorgane vor den Kopf. Er hätte durch eine stetige, geduldige Politik dem Westen gegenüber mehr erreichen können.

Wir kehrten nach dem Gespräch in die Residenz zu einem Tee mit Franz zurück. Schröder meinte, ich hätte Ceausescu auf seine Frage nach der Wiedergutmachung doch wohl etwas verbindlicher antworten können.

»Natürlich«, antwortete ich, »aber das wäre nicht zweckmäßig gewesen. Er soll wissen, daß es sich nicht lohnt, auf Wiedergutmachung zu bestehen, und daß er jedesmal, wenn er danach fragt, eine dumme Antwort bekommt.«

Schröder schwieg. Er war immer höflich, hätte nie eine dumme Antwort gegeben. Ich fuhr deshalb, um meine Ansicht zu erläutern, fort. »Er treibt sein Spiel schon eine ganze Weile. Er erhebt ja keinen moralischen Anspruch, weiß auch sehr gut, daß er keinen erheben kann; denn den Krieg hat ja Antonescu nicht auf Hitlers Drängen angefangen, sondern selbst mit aller Kraft betrieben, um Gebiete im Süden der Sowjetunion zu erobern, beziehungsweise zurückzuholen.

Ceausescu hält nichts von Humanität, aber er weiß, daß Wiedergutmachung zu fordern, ein Hebel ist, mit dem er von uns Geld bekommen kann. Natürlich würde kein Rumäne, der im Krieg gelitten hat, von dem Geld auch nur einen Lei sehen; ebensowenig wie die polnischen Kriegsopfer und Zwangsarbeiter von den zig Milliarden, die unsere Regierung kürzlich den Polen gezahlt hat, auch nur einen Zloty bekommen haben.

Jeder humanitäre Anspruch hat auch seine finanzielle Seite, wie Ceausescu ja selbst in aller Offenheit gesagt hat.

Er hat Hunderttausende von Zeugnissen im Lande gesammelt – mit entsprechendem Druck natürlich –, in denen seine Landsleute das Ungemach und den Schaden bezifferten, den sie im Kriege, *in ihrem eigenen Krieg* als Komplizen Hitlers erlitten haben.

Als das Auswärtige Amt es ablehnte, diese Dokumente zu prüfen, hat die rumänische Botschaft in Bonn sie auf Lieferwagen in den Hof des Auswärtigen Amtes fahren lassen und sie dort einfach abgeladen. Eine doch recht ungewöhnliche und wenig verbindliche Art, Forderungen einzutreiben!

Aber Ceausescu glaubt eben, steter Tropfen höhle den Stein. Kein Wunder, wenn ihn sogar ein deutscher Bundestagsabgeordneter dazu ermuntert und sagt, mit der Forderung nach Wiedergutmachung werde er auf die Dauer Erfolg haben, denn es gebe politische Gutmenschen bei uns, die es für richtig hielten, jeden Kriegsschaden zu ersetzen, den andere erlitten hätten.«

»Wen meinen Sie?«

»Den Abgeordneten Martin Hirsch, SPD.«

»Von wem wissen Sie das?«

»Rumänische Politiker haben sich unseren Beamten gegenüber darauf berufen. Er selbst macht übrigens auch kein Geheimnis daraus.«

Schröder schwieg, dann sagte er, das sei ein schwerwiegender illoyaler Akt; ein Verrat, wie man ihn einem Bundestagsabgeordneten eigentlich nicht zutrauen würde. Er werde mit Wehner darüber sprechen.

Wir unterhielten uns über seine politische Stellung. Ich bedauerte, daß er im Bundestag nie eine außenpolitische Rede halte: Die Deutschlandpolitik, das Verhältnis zu unseren Alliierten böten doch genug Argumente für eine Kritik. Er fragte, ob ich ihm beim Entwurf einer solchen Rede behilflich sein könne; das aber konnte ich nicht, weil ich als Beamter nicht an einer öffentlichen Kritik der Opposition mitarbeiten durfte und wollte, was Schröder auch sofort einsah; aber wir unterhielten uns lange und wie früher über die politische Lage in Bonn, über seine bevorstehende China-Reise und die Möglichkeit diplomatischer Beziehungen zu Peking. Er wußte, daß ich schon 1967 in Bern über die Aufnahme von Wirtschaftsbeziehungen verhandelt hatte. Ich freute mich, daß er ein politisches Ziel weiterverfolgte, das in der Regierung Erhards gescheitert war.

Die Schlüssel sind weg

Franz hatte sich schon einige Male mit dem Verwalter der leerstehenden neuen Residenz verabredet, aber sie hatte ihn nie angetroffen. Auch das Diplomatenserviceamt brachte es nicht fertig, ein Treffen zu vermitteln. Darauf sandte ich dem Außenministerium eine Verbalnote und bat um einen Termin mit dem Hausverwalter. Der Temin wurde uns genannt. Wir nahmen unsere Dolmetscherin Frau Wachner mit.

Den Hausverwalter fanden wir im Garten. Er bedauerte, die Schlüssel seien weg. Man habe überall gesucht. Aber sie seien einfach verschwunden. Auf die Frage, ob man sie vielleicht doch noch finden werde, oder ob man andere Schlüssel anfertigen lassen könne, antwortete er, die Frage sei für ihn zu schwierig zu beantworten. Dazu könne er nichts sagen. Da verabschiedeten wir uns.

Franz sagte im Auto, sie glaube, wir bekämen dieses Gebäude nicht. Ich antwortete, die Rumänen hätten eingeräumt, daß unsere alte Residenz ungeeignet sei, wir hätten darauf mit einer Behörde des Außenministeriums einen Vertrag abgeschlossen. Die aber habe schon meinen Vorgänger betrogen und eine ihm versprochene Residenz den Argentiniern gegeben. Sie könne den unterzeichneten Vertrag doch nicht einfach ignorieren. Ich fragte Frau Wachner, die Dolmetscherin:

»Ihre Frau hat recht«, antwortete sie. »Man hat etwas anderes mit der Residenz vor.«

»So? Nun, dann beantragen Sie bitte einen Termin für mich bei dem Außenminister!«

Aber Außenminister Corneliu Manescu war krank, er litt an einem Magengeschwür. Es war, wie ich später sah, ein weit verbreitetes Leiden unter den hohen Funktionären.

»Wenn Manescu an einem Magengeschwür leidet«, sagte ich, »beantragen Sie bitte einen Termin bei dem amtierenden Außenminister Macovescu!«

Die Schlüssel sind wieder da

Was ich schon in den ersten beiden Monaten in Bukarest an Schikanen, Willkür, Lügen, Korruption und Unmenschlichkeit der Behörden erlebt oder von den deutschen Besuchern, den Geschäftsleuten, Reisenden und nicht zuletzt von den Volksdeutschen erfahren hatte, genügte mir. Ich wollte Macovescu meine Meinung sagen. Es war mir gleich, ob das rumänische Außenministerium mich zur *persona non grata* erklärte und ich zurückberufen würde. Für die Rumänen würde es freilich ein politisch schwerwiegender und kaum zu rechtfertigender Schritt sein. Doch es war mir egal. Sie sollten wissen, daß sie mich nicht über den Tisch ziehen konnten.

Es war ein Gespräch unter vier Augen. Wir sprachen englisch. Macovescu lehnte sich nach vorn über seinen Schreibtisch, um mich besser hören zu können; denn wenn immer ich wirklich aufgebracht bin, spreche ich leise.

Zuerst schilderte ich langsam und ruhig die Lage. Wir hätten vom rumänischen Diplomatenservicebüro, das dem Außenministerium unterstand, ein Haus gemietet, auch die Miete für die ersten Monate bezahlt; jetzt aber verweigere man uns die Schlüssel und lasse uns nicht mehr hinein.

Ich fuhr fort: »Vorgestern habe ich mit den Chefs der deutschen Firma gesprochen, die hier, wie Sie wissen, über den großen Kooperationsvertrag verhandelten. Als sie mich nach der Bonität der rumänischen Partnerbehörde fragten, habe ich ihnen von dem Schlüssel erzählt und das kommentiert. Sie sind gestern wieder abgeflogen. Ich weiß nicht, ob aus dem Geschäft noch etwas wird.

Residenz der deutschen Botschaft in Bukarest, Gartenfront

Ich habe mir schon länger Gedanken darüber gemacht, in was für einen Staat ich versetzt worden bin. Jedenfalls in einen, in dem man noch nichts von dem alten Grundsatz gehört hat, daß Abmachungen und Verträge einzuhalten sind. Ich glaube, ich befinde mich hier nicht in der Zivilisation, sondern in einer Zeit, wo reine Willkür herrscht und wo Gesetze nichts gelten, politisch also noch in der Steinzeit.«

»Wo, bitte?« fragte Macovescu.

Ich wiederholte, etwas deutlicher:

347

»Ihre Regierung treibt noch Politik wie in der Steinzeit, wo Abmachungen und Verträge nichts galten.«

Er überlegte, sagte dann. »Ich muß erst bis zehn zählen, ehe ich Ihnen antworte.«

»Bitte!«

Es dauerte wirklich lange, bis er erwiderte, sehr unfreundlich: »Sie werden von uns hören.«

Ich stand auf, dankte ihm, daß er Zeit für das Gespräch gefunden hatte, und ging hinaus.

Am Nachmittag war Bernhard Wolf im Außenministerium. Sein Gesprächspartner konnte auf einmal kein Deutsch mehr und wunderte sich in französischer Sprache über meine Demarche bei Macovescu in einer Angelegenheit, die niemand im Außenministerium verstehe. Wolf erwiderte, das Außenministerium sei offenbar nicht über den Grund für die Demarche unterrichtet. Man lasse uns nicht mehr in das von uns gemietete Haus, weil angeblich die Schlüssel verschwunden seien.

»Verschwunden?« fragte Mihai ungläubig. »Die Schlüssel? Davon kann doch keine Rede sein. Der Hausverwalter hat sie. Vielleicht hatte er sie einmal zufällig nicht bei sich. Sie können jederzeit ins Haus.«

»Ist das Ihre persönliche Vermutung?« fragte Wolf. »Oder sind Sie beauftragt, mir das mitzuteilen?«

»Es ist amtlich«, antwortete Mihai. »Wir wundern uns über Ihren Botschafter. Die Demarche war doch gar nicht nötig.«

»Da muß es irgendwo oben aber mächtig gekracht haben«, vermutete Frau Wachner, als sie das hörte.

Das Bitt Gezuch

Die Botschaft erhielt unzählige Briefe, in denen Volksdeutsche um Hilfe baten. Wir taten, was wir für sie tun konnten. Es war wenig genug. Die rumänischen Behörden behinderten uns.

Die Rechts- und Konsularabteilung legte mir einen Brief als Kuriosum vor, weil der Brief an »Seine Exzellenz Herrn Minister Erwin Wickert Regierungs Schef der Gezandschaft der Deutschen Bundesrepublik in Rumänien« gerichtet war. Der Brief selbst war gar nicht kurios; es war im Grunde der lange, traurige Brief eines armen, hartgeprüften Menschen, seiner Schreibweise nach vermutlich deutsch-ungarischer Herkunft.

Aus alter balkanischer Feudalzeit leitet sich wohl die unterwürfige Sprache des Bitt Gezuchs her und auch, daß er mir submissest höchste Titel und Würden zusprach und meiner ganzen Familie Gottes Segen wünschte. So was konnte ja auch nicht schaden, wird er sich in verschmitzter Durchtriebenheit gedacht haben, das könnte sicherlich mein Wohlwollen für ihn fördern: Also nennen wir ihn »Regierungs Schef und Minister«!

Jeder Buchstabe war einzeln, schön und sauber geschrieben. Teile des Dokuments sollen hier als Beispiel für viele andere zitiert werden und zwar in seiner hier unverändert wiedergegebenen Orthographie:

»Unterzeichneter Thesz Ignacz geboren am 29 August 1907 in Ost Reschitza Geigenwertige anschrift Reschitza Strasse 6 Muntie Nr. 2

Bitt Gezuch

Da aus unzere Ehe keine Kinder Hervorgegangen sind und meine Frau die Kinder so sehr Lieb hatte und sie keine Kinder bekommen konte ist sie Nerwen Krank geworden und haben eine Arzt zurate gezogen der Arzt hat unz geraten wir sollen unz ein Kind inz Hauss nehmen und der zufall wollte es das eine Kosine fon mir von irrem Mann Geschiden hat, und die ein kleines Mädchen haben, und die Mutter arbeiten muste und das Kind keine pflege hatte, haben wir das 5 jahre alte Mädchen in pflege genommen, und da ihre Eltern sich wider Verheiratet haben, so wurde das bis zu irrer Verheiratung von unz Grozs gezogen, und dan im 1962 ist sie dann mit irrem Mann nach Deutschland Uberszidelt, wo irren Mann seine Eltern wahren, und sou das das wir wider ohne Kinder geblieben sind, und seit unsere Nichte fort ist, ist der zustand meiner Frau Viel schlimmer geworden, si Leidet sehr viel ich weis mir keinen rat mehr, jetzt brinkt sie mir Fremde Kinder Von der Strasse inz Haus, und gipt innen zum Essen und erzäilt inen Merchen, und dern Kindern irre Eltern komen und machen mirr skandal, und der Arzt meint wier solen zu den Kindern Übersideln so rasch wie möglich sonst ist es zuspet und da unzere Nichte unz schon die Einreize bewilligung für nach Deutschland Geschickt hatte, und wir unter Nummer 7297 einregistriert sind, habe ich dan am 24 Dezember 1970 beider Reschitzarer Kreis

Militz um meine Auswanderung nach Deutschland Angezucht, und da ich keine antwort bekommen habe wahr ich dan persönlich 5mal in Bukarest, bei allen Ministerien habe ich angezucht und 8 Gezuche Geschrieben, und das rezultat wahr dan am 27 September habe ich die Abweizung beckommen un dann wahr ich am 18 Oktober in Bukarest bei der Regierungs Kommission, und die haben mir nur gezacht ich soll 2 Erzliche von meiner Frau und fon mir und eine deklaration von unzerer Nichte irrer Mutter wo sie bezeigen sol das irre Tochter wirklich in Deutshland ist das habe ich alles geschickt und keine Antwort bekomen...«

Und so ging es weiter, bis zum Schluß des Bitt Gezuchs, wo es heißt:
»Ich bin seit 11 jahre Rentner und beide sind wir leidend, ich kan den Rumenisen Staat doch keinen nutzen mehr bringen, und doch last man unz nicht hinaus, Darum bitten wir Seine Exzellenz Den Herrn Minister Von Ganzen Herzen er möge unz Seine Erbarmung schenken und Möge Unz Hellfen daz wir zu unzere Kinder Hinnüber Dürfen.«
Ich bat unsere Konsular-Abteilung, Herrn Ignaz Thecz auf die Liste humanitärer Härtefälle zu setzen und schrieb ihm, er solle die Hoffnung nicht aufgeben. Es sei schwer, für ihn und seine Frau eine Ausreisegenehmigung bei den rumänischen Behörden zu erwirken. Wir wollten aber alles tun, was möglich sei. Darauf schrieb er wieder:
»...das wahr eine grosse freude, meine frau mit Tränen in den Augen hat sie mir den Brief übergeben, mit den worten wir sind doch nicht ganz verlassen, da müssen wir Betten den lieben Gott soll den Herrn Doktor und Seine Lieben Familie die Liebe Gezundcheit und Viel Glück schenken, Hochgeehrter Herr Minister Gestatten sie mir mitteilen zu dürfen dass der liebe Brief mit den si unz Beehrt haben hat unz das Leben sozusagen wider gegeben, wir waren Hoffnungslos und hatten keinen willen mer zum Leben.«
Er zählt dann auf, wie viele »Gezuche« er abgegeben habe und »da ich dan am 21 September die Apweizunk bekommen habe, da wolte ich im November Monat bei Stamora Morawitza über die Serbische Grenze und da habe ich pech gechapt, da haben sich gerade die Posten gewechselt es hat stark geregnet noch ein pahr Schritte hätt ich gechapt dan weere ich drüber gewezen und da

hatte ich das pech das gerade dan sich die posten gewechselt da hat mich ein hund aufgeschpürt, Laufen konnte ich nicht, da der boden frisch geackert wahr, da haben sie mich geschnapt, da haben die Herren Grenzjäger sich beraten wassi mit mir anfangen soln, da habe ich den Herrn Offizier erzeilt was ich schon alles unternommen habe, dan haben sie mich frei gelassen wegen meinem Alter aber ich musste ihnen Versprechen das ich mich an der Grenze nicht mehr Blicken lasse, an der Grenze mus man alles Versprechen nur einhalten prauch man das nicht, zuchause angekommen da haben wir unz besprochen, wen wir das Glück nicht haben können das wier Legal hinnüber können, dan werden wir es wider Versuchen über die Grenze zu kommen...

Wir legen Unser Schicksal in Euren Lieben Hende Der Liebe Gott möge den Herrn Doktor und seine Lieben Familie Segnen Für die Gutte Tat.«

Als ich Innenminister Stanescu einmal aufsuchte, übergab ich ihm eine kleine Liste humanitärer Härtefälle zur wohlwollenden Entscheidung. Sie enthielt auch den Namen von Thesz Ignaz und seiner Frau. Einige Monate später hörte ich, er sei in meiner Abwesenheit in der Botschaft gewesen und habe sich bedankt, daß er und seine Frau nun ausreisen dürften.

Die Diplomatenjagd

Sie fand einmal im Jahr, meistens im Januar oder Februar statt. Ceausescu, Ministerpräsident Maurer, ein großer Nimrod vor dem Herrn, und einige Minister nahmen daran teil. Die gefährlichsten Tiere, meinte Ceausescu, denen man die Diplomaten aussetzen konnte, seien Fasane und Hasen. Sie waren, wie man vermutete, am Tag vorher im Jagdrevier an ihren Futterplätzen ausgesetzt worden.

Die Missionschefs trafen sich um acht Uhr früh vor dem Diplomatenklub, in den ich während meiner ganzen Zeit in Bukarest nie meinen Fuß gesetzt habe. Ich fuhr in einem Geländewagen der Armee mit dem sowjetischen Botschafter Drosdenko. Er sagte während der Fahrt, im vergangenen Jahr seien ja manche Probleme zwischen unseren beiden Ländern aus dem Weg geräumt worden, und wir seien wohl über den Berg.

»Ja«, antwortete ich, »und vor allem ein Problem, das mit dem Spitzbart.«

Drosdenko meinte, es gebe in der Welt noch andere Leute, die einen Spitzbart haben, wenn man ihn auch nicht sieht. Man brauche ihn nicht abzuschneiden, man sollte diese Leute nur neutralisieren. Ich hatte Ulbricht gemeint, der 1971 zurücktreten mußte; wen er meinte, konnte ich mir denken. Ceausescu natürlich.

Drosdenko war ein Langweiler, Parteifunktionär mittlerer Preislage, doch immerhin im Moskauer Zentralkomitee. Erst nach einem Jahr wurde er gesprächiger, vor allem wenn er Bosheiten über Ceausescu loswerden wollte. Wir fuhren anderthalb Stunden nach Süden.

Bei der Ankunft auf den Jagdgründen kam Außenminister Corneliu Manescu, der wieder genesen war, zu mir und führte mich etwas abseits.

Er war ein stattlicher, hochgewachsener, athletisch gebauter Mann, dem man nicht ansah, daß er an einem Magengeschwür hatte leiden können. Er trug juchtene pelzgefütterte Jagdstiefel und einen eleganten Jagdrock. Mit seinem großen, knochigen Gesicht und kräftigen Kinn erinnerte er an einen Preisboxer, der in die feine Gesellschaft aufgestiegen war. Er konnte recht hochfahrend sein, log und war, wie ich mir in mein Tagebuch notierte, ein Kreuz für die Botschaft.

Nach seinem Fall und seiner Wiederauferstehung zwei Jahre später konnte man aber mit ihm vernünftiger reden; er ließ erkennen, daß er über Ceausescu kritisch dachte. Kein Wunder, denn er hatte unter ihm viel zu leiden. Nach dem Tod des Machthabers im Dezember 1989 glaubten manche Rumänen, Corneliu Manescu sei der Rechte, um aus Rumänien wieder einen ehrbaren Staat zu machen. Doch da war er schon ernsthaft krank.

Als wir abseits von den anderen standen, sagte er mit gedämpfter Stimme.

»Wenn Sie den Staatspräsidenten nachher sehen, bedanken Sie sich bei ihm!«

»Wieso? Wofür?«

»Na, er hat doch persönlich entschieden, daß Ihnen die neue Residenz zur Verfügung gestellt wird.«

»Aber das war doch bereits in dem Mietvertrag vorgesehen«, antwortete ich.

»Ich weiß, ich weiß, aber trotzdem! Bedanken Sie sich!«

Wir waren etwa dreißig Botschafter. Der amerikanische und der britische Kollege hatten abgesagt, sie waren nicht in Bukarest. Ich hatte keine Flinte mitgenommen. Wir standen am Rande der Schützenkette. Das Wild wurde uns aus einer Schonung heraus zugetrieben. Es war bitterkalt, zehn Grad unter Null, und an manchen Ecken wehte ein schneidender Wind.

Den Ministerpräsidenten Maurer in Aktion zu sehen, war faszinierend. Bei der Diplomatenjagd im nächsten Jahr ging ich mit der Schrotflinte neben ihm. Er hatte mich mit Bedacht an seine Seite geholt. Manche der Botschafter aus exotischen Ländern schossen wild drauflos und hätten am liebsten eine Kalaschnikow in der Hand gehabt. Maurer meinte wohl, mit mir an seiner Seite sei er sicherer.

Er hatte ja auch recht: Wenn in der Schonung ein Fasan vor mir aus dem Wald kam, prüfte ich als guter Beamter erst die Sachlage, ob es auch wirklich ein Fasan, kein Treiber war, der sich da bewegte, bevor ich die Entscheidung traf zu schießen. Bis dahin war der Fasan natürlich längst weggeflogen. Wenn er nach links aufflog, hatte er noch eine Chance; flog er aber nach rechts, hatte er einen fatalen Fehler begangen. Da stand nämlich Maurer, und da kam kein Fasan durch. Doch das war bei der Jagd im zweiten Jahr.

Auf der Jagd im ersten Jahr hatte ich nur die Kamera bei mir; aber sie funktionierte in der Kälte nicht. Am frühen Nachmittag wurde die Strecke in einer Lichtung aufgelegt. Ceausescus Strecke war die längste – hundertfünfzig Fasane –, Maurers war mit fast hundert erheblich kürzer.

Ich sah Maurer zweifelnd an. Er sagte nur: »Das ist schon richtig. Er ist der Chef.«

Für drei Uhr war das Essen in einem langen, hohen Militärzelt angesetzt. Es war dort schön warm. Wir zogen die Mäntel im Vorraum aus. Als ich den Protokollbeamten fragte, wo mein Platz sei, zeigte er mir die lange Tafel im Hauptraum und sagte, ich könne mich hinsetzen, wo ich wolle. Ich hatte erst vor ein paar Monaten mein Beglaubigungsschreiben übergeben und war daher an Anciennität einer der Jüngsten im diplomatischen Corps. Doch als ich mit dem iranischen Botschafter eintrat, sah mich ein Dolmetscher und führte mich an einen Platz in der Mitte des Tischs.

Manescu kam vorbei und machte mir ein Zeichen mit der Hand: Ich sollte mich bedanken. Der sowjetische Botschafter Drosdenko kam. Es war keineswegs so, daß jeder sich seinen Platz wählen konnte. Er wurde mir gegenüber plaziert. Links neben mir saß der Iraner, rechts, durch einen leeren Stuhl von mir getrennt, Cambiotis, der griechische Botschafter und amtierende Doyen des diplomatischen Corps. Ministerpräsident Maurer nahm schräg gegenüber Platz, und dann kam Ceausescu. Er grüßte nickend nach allen Seiten und setzte sich zwischen Cambiotis, den Doyen, und mich.

Die Tischordnung in der Mitte der Tafel war nun wie folgt:

Cambiotis, *griechischer Botschafter*, Doyen	Ceausescu	ich
	Tisch	
chinesischer Botschafter	Maurer *Ministerpräsident*	Drosdenko *sowjetischer Botschafter*

Hinter uns saßen Dolmetscher, die nicht mitaßen. Corneliu Manescu machte mir schräg über den Tisch wieder eine energische, ermunternde Geste: Ich solle mich gleich bedanken. Ich antwortete mit einer Geste des Abwartens. Der DDR-Kollege Voss war weit von uns und ungünstig plaziert; man sah ihm seinen Unmut selbst auf die weite Entfernung an.

Zuerst wurde Lauch aufgetischt, eingelegte Gurken, Paprika, warmes Brot und Mamaliga, eine Art Polenta, dazu heißer Tsuika, also Pflaumenschnaps, und ganz ordentlicher, jedenfalls sauberer rumänischer Weiß- und Rotwein. Es waren noch immer nicht alle Gäste am Tisch, da begann Ceausescu schon zu essen. Und dann fing das Mahl an, wie bei einer Bauernhochzeit: Es kamen immer neue Gerichte auf den Tisch: gegrilltes, gebratenes, gesottenes Fleisch, Geflügel, Wild, Fisch.

Ceausescu stopfte, was immer auf seinem Teller lag, hastig in sich hinein, ohne aufzublicken. Er fraß. Ich konnte es nicht ansehen und sprach mit dem Iraner. Erst nach einigen Gängen wurde Ceausescu langsamer. Maurer uns gegenüber aß Diät, er wandte sich einmal seinem chinesischen Nachbarn, der recht unglücklich aussah, einmal seinem sowjetischen Nachbarn zu.

Es geschah nie, daß Ceausescu uns, seinen Nachbarn zu beiden Seiten, etwa die Sauciere reichte oder ihnen eingoß. Nur einmal, als er mit mir anstieß, sorgte er dafür, daß ich Rotwein trank; er glaubte, in meinem Weißweinglas sei Wasser.

Ich sagte bei der Gelegenheit beiläufig: »Übrigens danke ich Ihnen, daß Sie Ihre Beamten wegen der Miete der Residenz wieder auf den Pfad der Tugend verwiesen haben.« Ich hatte erwartet, daß er jetzt auf die diplomatischen Usancen der Steinzeit zu sprechen kommen werde, und ich war bereit, mich mit ihm über vorgeschichtliche und zeitgemäße Rechtsvorstellungen zu unterhalten. Doch er machte nur eine kurze Bewegung mit der linken Hand, als wolle er sagen: »Das ist überhaupt nicht der Rede wert.«

Das Jagdessen dauerte gute dreieinhalb Stunden. Die Stimmung war schon von Anfang an gelockert und rustikal, gelegentlich auch scherzhaft-rauh, aber nie verletzend. Ich dachte mir, daß die Sitzungen von Friedrich Wilhelms I. Tabac-Collegium ähnlich verlaufen sein mochten. Auch Ceausescu zeigte, daß er Witz hatte und witzige Anworten vertragen konnte. Natürlich waren Scherze über ihn selbst ausgeschlossen. Das Spiel von schnellen Antworten schien aus einer alten Tradition zu kommen. Es lag etwas Archaisches, das ich nicht näher benennen kann, über dem Jagdessen. Vielleicht eine Erinnerung an graue Vorzeit und Freude über Jagdbeute. Die Unterhaltung wurde im Lauf des Abends ausgelassener. Es wurde viel getrunken, ich hielt mich zwar zurück, war aber nicht abstinent.

Nachdem er eine Weile mit dem griechischen Botschafter zu seiner Rechten gesprochen hatte, wandte er sich mir zu. Er krempelte, bildlich gesprochen, die Ärmel auf. Und schon aus seinen ersten Worten konnte man erkennen, daß er sich ein ernstes Thema vorgenommen hatte, über das er Grundsätzliches verkünden wollte.

Er begann, zu mir gewandt, lauter und so, daß auch alle in der Nähe Sitzenden mithören konnten: »Ich bin für freie Meinungsäußerung, einen freien Austausch von Gedanken und Worten, sowohl im eigenen Land, als auch von Land zu Land, und zwischen West und Ost.«

Ich hätte am liebsten wie die Abgeordneten im Unterhaus gerufen »*Hear, hear!*«, sagte aber nur: »Das ist genau die Ansicht der Bundesregierung. Und wenn Sie diese Ihre Meinung mit gleichem

Nachdruck auf der Konferenz in Helsinki vortragen, wird sie Sie voll unterstützen.«

Er: Das freut mich zu hören. Indessen darf die Freiheit auch nicht mißbraucht werden. Propaganda und rassistische Hetze müssen unterbunden werden, sonst könnte ein neuer Hitler auferstehen und wiederum von den höheren Rechten der Herrenrasse sprechen.

Ich: Da frage ich mich, wo das wohl der Fall sein könnte.

Er: Das braucht keinesfalls in Deutschland zu sein, das wäre auch anderswo möglich.

Ich: Bei uns ist das ja auch auf jeden Fall ausgeschlossen. Schon einschlägige Artikel des Grundgesetzes, die eine solche Hetze unter Strafe stellen, stehen dem entgegen.

Er: Aber diese Artikel wenden Sie leider nicht an! Da verbreitet zum Beispiel »*Radio Free Europe*« von München, von Ihrem Territorium aus täglich Propaganda- und Hetzsendungen in rumänischer Sprache. Ihre Regierung duldet das, obwohl sie es verbieten könnte.

Ich: Bevor wir uns darüber streiten, sollten wir uns darüber klar sein, was Information und was Propaganda ist. Darin gehen vielleicht unsere Ansichten auseinander. Wenn Sie aber konkrete Beispiele für Hetz- und Propagandasendungen vor Augen haben, teilen Sie sie mir bitte mit. Ich werde sie dann dem Auswärtigen Amt weiterleiten.

Er: Ich könnte Ihnen ohne weiteres viele Beispiele nennen.

Ich: Dann geben Sie bitte Weisung, daß man sie mir zusendet.

Er: Was heißt überhaupt »Radio Freies Europa«? Rumänien ist auch freies Europa. (*Hear! Hear!*) Ich wünschte mir einen einzigen sowohl nach Ost- wie nach Westeuropa ausstrahlenden freien europäischen Rundfunksender, der unparteiisch ist und nichts als die lautere Wahrheit verbreitet. Nur Information, keine Propaganda.

Ich: Das wäre ein interessanter Vorschlag für die Europäische Konferenz der Sicherheit und Zusammenarbeit in Helsinki, und zwar für den sogenannten Korb 3. Wenn Sie ihn dort einreichen, bitte ich Sie, mich auch gleich zum Intendanten des Supersenders vorzuschlagen.

Er: Einverstanden. Sie werden Präsident des Senders. Das wollen wir so machen.

Ich: Und wie erfahre ich dann die Wahrheit?

Er: Von uns. Machen Sie sich darüber keine Sorgen!

Er kam jetzt auf Rumäniens Verhältnis zu uns zu sprechen.

»Die Deutschen«, sagte er, »haben durch ihre Könige Rumänien siebzig Jahre lang beherrscht und ausgebeutet. Insgesamt hat Deutschland dabei dreißig Milliarden Dollar oder noch mehr Profit gemacht. Das müssen Sie alles als Entwicklungshilfe wieder zurückzahlen.«

Ich: O ja? Da müssen Sie aber noch lange warten! Ich hatte aus meinen Geschichtsbüchern eher den Eindruck gewonnen, daß in den Jahrzehnten, als Hohenzollern auf dem Thron in Bukarest saßen, viele Milliarden Dollar, dreißig oder noch mehr, in die Taschen der rumänischen Bojaren und Besitzer von Gruben und Ölquellen geflossen sind.

Er: Nein, nein! Die Trusts haben das große Geschäft gemacht und alles Geld nach Deutschland transferiert. In den zwanziger und dreißiger Jahren haben die USA, England und Frankreich unser Land ebenfalls ausgebeutet und mehr als acht Milliarden Dollar dabei verdient. Auch das müssen sie bis auf den letzten Cent zurückzahlen.

Ich: Sie haben aber den Kaiser Trajan vergessen. Da waren Sie doch eine veritable Kolonie des Römischen Reichs, wie wir übrigens auch.

Er: Trajan ist doch schon lange tot.

Ich: Die Hohenzollern auch.

Er: Und außerdem haben die Italiener kein Geld, um Trajans Raub wiedergutzumachen. Das Problem der Vermögenskonzentration überhaupt muß einmal gelöst werden, sowohl die Konzentration im Staat wie in der Gemeinschaft der Nationen. Jetzt ist die Zeit gekommen, wo die reichen Nationen zur Kasse gebeten werden, um die unterentwickelten Nationen zu unterstützen. Sonst revoltieren die geprellten Nationen.

Der japanische Botschafter dahinten macht sich zwar sehr klein; aber Japan ist ein großes, reiches Land, das andere ausgebeutet hat. Japan muß auch zahlen! Alle müssen zahlen.

Ich: Ist Ihnen schon einmal aufgefallen, daß allein die Bundesrepublik Deutschland mehr Entwicklungshilfe zahlt, als der ganze Ostblock – Verzeihung, ich weiß nicht, ob man noch von einem Ostblock sprechen kann – jedenfalls mehr als alle kommunistischen Staaten zusammen?

Er: Was Sie zahlen, ist bei weitem noch nicht genug. Jeder Industriestaat muß mindestens fünf Prozent seines Nationaleinkommens den Entwicklungsländern zur Verfügung stellen.

Ich: Nun, wir geben zwei Prozent, und das ist eine ganze Menge. Übrigens läßt sich das Problem nicht allein durch Kapitalhilfe lösen, weil viele der unterentwickelten Länder noch nicht so organisiert sind, daß sie das Geld sinnvoll anlegen können. Sie kaufen damit vielleicht Waffen, oder es verschwindet in einzelnen weiten Taschen. Einige dieser Länder haben nämlich ihre Art von Bojaren.

Im übrigen können Sie ja einen Anfang machen und die gleichmäßige Verteilung des Reichtums in den sozialistischen Ländern in der nächsten Woche auf der Konferenz in Prag beantragen.

Er: Ja, auch im Warschauer Pakt gibt es Ungleichheit. Ich gebe das zu. Die DDR zum Beispiel profitiert ganz ungeheuer von ihrem Handel mit der Bundesrepublik Deutschland. Es ist mehr als eine Milliarde Dollar im Jahr.

Ich: Da Sie das einsehen, werde ich Sie, wenn Sie wieder einmal Geld von uns fordern, erst einmal an die DDR verweisen, die ja mit Ihnen verbündet ist.

Er: Nein, beide müssen zahlen! Ich werde mich (rief er dem DDR Botschafter Voss unten am Tisch zu) immer an Sie beide halten.

Ich (zu Voss): Na, da kommt ja in Zukunft allerhand auf uns zu!

Voss (machte eine Grimasse und eine wegwerfende Handbewegung): Ach, diese rumänischen Sprüche kenne ich schon!

Er: Die kleineren Staaten haben am meisten gesunden Menschenverstand, mehr als der ganze Sicherheitsrat. Den muß man abschaffen oder ändern. Zum Beispiel, indem man Rumänien darin einen ständigen Sitz als Vertreter der kleinen Nationen einräumt.

Maurer: Ja, aber dann gleich zwei Stimmen!

Ich: Soll man dann nicht auch, wenn es einmal soweit ist, Deutschland oder den beiden deutschen Staaten einen Sitz im Sicherheitsrat geben?

Er: Nein! Ich bin dagegen. Die Deutschen würden sich dann nur wieder zusammentun und sich wiedervereinigen. Davor haben alle Angst. Ich habe mit vielen Staatsmännern in Ost und West gesprochen. Keiner war für die Wiedervereinigung, auch wenn sie es manchmal nicht so geradeheraus zugaben.

Ich: Da kann ich Ihnen nicht zustimmen.

Er: Allenfalls kann man die Wiedervereinigung billigen, wenn auch die Bundesrepublik Deutschland kommunistisch wird.

Ich: Dann würden Sie sich aber doch ins eigene Fleisch schneiden; denn wer würde dann das Geld für unterentwickelte Länder wie Rumänien aufbringen!

(Ceausescu lachte, und auch der Dolmetscher konnte vor Lachen manchmal nicht weitersprechen.)

Er: Nochmal zum Sicherheitsrat: Man solle die Supermächte aus dem Sicherheitsrat allesamt ausschließen.

Ich: Auch China?

Er: Ja, auch China! Alle! Die Welt soll von der Mehrheit der kleinen Nationen regiert werden. Mehrheitsentscheidungen sollen die Welt regieren.

Ich: Ein interessanter Vorschlag. Soll die Mehrheit dann auch im internationalen Bankwesen entscheiden?

Er (lachend): Ich weiß genau, wo Sie hinauswollen! Nein, das internationale Bankwesen, auch die Comecon Bank*, das alles ist ein ganz anderes Gebiet.

Botschafter Cambiotis: Wie wollen Sie und die kleinen Nationen denn ihre Entscheidungen in der Welt durchsetzen?

Er: Ganz einfach: Die Großmächte sollen den kleinen Mächten die Atomwaffen geben.

Ich: Da zeigt es sich wieder einmal: Sie suchen immer den billigsten Weg, um an die Atomwaffen zu kommen.

Er: Nein, ich bin eigentlich dafür, daß alle Nuklearwaffen abgeschafft werden und daß man das Geld den unterentwickelten Ländern zur Verfügung stellt. Jedes Jahr werden viele Milliarden unnütz für die Rüstung ausgegeben.

Ich: Auch ein gutes Thema für die Konferenz des Warschauer Pakts in Prag. Irgendeiner muß doch den Anfang mit der Abrüstung machen. Vielleicht Rumänien?

Er: Nein, alle gleichzeitig! Man muß nicht nur über die Abschaffung der Kernwaffen, sondern auch über die B- und C-Waffen reden. Die sind vielleicht noch gefährlicher. Die B- und C-Waffen sind die Atombomben der kleinen Nationen, die sich

---

* Bank des Rats für Gegenseitige Wirtschaftshilfe der Warschauer-Pakt-Staaten.

keine Wasserstoffbombe leisten können, obwohl auch die immer billiger wird. Die Gefahr ist groß, daß eine kleine Nation, wenn sie an die Wand gedrückt wird, Zuflucht zu bakteriellen Waffen nimmt.

Ich: Und wie stellen Sie sich die Kontrolle von Abrüstungsmaßnahmen vor? Da liegt doch der Hund begraben.

Er: Ich habe gegen eine Kontrolle gar keinen Einwand. Rumänien würde sich jeder Kontrolle seines Gebiets unterziehen.

Ich: Durch rumänische oder auch durch ausländische Kontrolleure?

Die Antwort ging unter, weil der belgische Botschafter, der gerade Sprecher der NATO-Staaten war, ans Glas geklopft hatte. Er hielt eine kleine Ansprache, in der er für die Einladung zur Jagd und dem opulenten Essen dankte, aber die meisten redeten weiter.

Danach erhob sich Ceausescu und antwortete ihm. Jetzt hörten alle zu: »Es haben heute viele heitere Gespräche stattgefunden; aber im Hintergrund stand doch oft auch tiefer Ernst. Ich danke Ihnen, Herr Botschafter, für Ihre freundlichen Worte, und deshalb will ich heute auch kein Wort gegen Belgien sagen; aber was die NATO angeht, die soll man auf einen großen Dampfer setzen und weit ins Meer hinausfahren. Und dasselbe soll man mit dem Warschauer Pakt machen. Und wenn die beiden draußen beieinander sind, dann sollte man eine Atombombe auf sie werfen und die Schiffe im Meer, wo es am tiefsten ist, versenken.«

Ein osteuropäischer Botschafter: Aber die NATO zuerst!

Er: Nein, beide zugleich!

Ein osteuropäischer Botschafter: Aber wer soll denn dann die Atombombe abwerfen?

Er: Wir Rumänen natürlich!

Er sprach noch einige unverbindliche Sätze und nahm wieder Platz.

Ich: Wenn Sie so drastische Maßnahmen ergreifen, dann wird Europa in Zukunft nur noch aus zwei Nationen bestehen: Belgien und Rumänien.

Er: Nein, man soll nur die NATO und den Warschauer Pakt als Organisationen auf den Dampfer setzen und versenken. Die beiden Blöcke gehören aufgelöst!

Maurer: Na gut, also jetzt haben wir Europa liquidiert, dann kommt Asien dran, dann Afrika und Amerika; schließlich bleiben wir allein zurück und krepieren alle.

Der chinesische Botschafter saß meistens still da und hörte, was der Dolmetscher ihm aus dem Rumänischen ins Chinesische übersetzte. Ein paarmal, von Ceausescu angesprochen, gab er die Sprachregelung aus der Pekinger »Volkszeitung« wieder: China wolle den Frieden, den Rückzug aller Truppen von fremdem Boden und die Unabhängigkeit aller Nationen.

Er (zu mir): Ich habe gehört, daß Sie einmal in China waren. Kennen Sie das Buch von Spatarul Milescu? Nein? Der ist vor zweihundert Jahren über Land nach China gereist und hat ein zweibändiges Reisebuch geschrieben.* Die Chinesen, berichtet er schon damals, seien eine friedfertige Nation, hätten nie fremde Nationen überfallen und Hegemonie ausgeübt; aber sie seien sehr empfindlich. Ich werde das Buch dem sowjetischen und chinesischen Botschafter schicken. Die wird es besonders interessieren. Und Sie (sagte er zu mir) können auch eins haben.

Er gab gleich Weisung an die Dolmetscher, es nicht zu vergessen. Ich bekam es ein halbes Jahr später, in Leder gebunden, in Schubern und mit der Visitenkarte Nicolae Ceausescus.

Er (nachdem er sich mit Cambiotis unterhalten hatte, zu mir): Ich plane jetzt, Industriewerke auch in geographisch ungünstig gelegenen Regionen Rumäniens zu errichten, zum Beispiel in Maramuresch. In den kapitalistischen Ländern ist das anders. Da sucht sich die Industrie die Standorte, an denen sie am meisten Profit machen kann. Auf die Bedürfnisse der Menschen in den anderen Gebieten nimmt sie keine Rücksicht. Wir aber denken immer zuerst an die Menschen! *(Hear! Hear!)*

Ich: Sie irren, Herr Präsident, wenn Sie glauben, wir denken weniger an die Menschen als Sie. Bei uns erhalten die Zonenrandgebiete und die Gebiete an der Grenze zur Tschechoslowakei hohe Ausgleichszahlungen. Der Kapitalismus, wie Sie ihn sich vorstellen, existiert überhaupt nicht. Und was den Marxismus angeht –

---

* Nicolae Milescu, *Descrierera Chinei*. Der Verfasser hatte zwar in der zweiten Hälfte des 17. Jahrhunderts, also nicht vor zwei, sondern vor drei Jahrhunderten, Reisen durch Asien bis zu den Mongolen unternommen, China aber nie gesehen. Seine Beschreibungen Chinas sind Auszüge aus Büchern westeuropäischer Reisender. Zur gleichen Zeit hatten jesuitische Missionare am Kaiserhof zu Peking ausführlich über China berichtet.

kürzlich habe ich gelesen, Karl Marx hätte, nach dem, was er alles geschrieben hat, heute überhaupt keine Chance in eine der regierenden kommunistischen Parteien aufgenommen zu werden. Er war gewiß ein guter Beobachter der Wirtschaft und der Gesellschaft; aber wenn er heute noch lebte, würde er sein »Kapital« völlig neu und völlig anders schreiben.

Er: In dieser Hinsicht muß ich Ihnen voll zustimmen. Der sowjetische Botschafter wird mir zwar widersprechen, aber er soll es doch hören, auch die Botschafter Bulgariens, Ungarns, Polens und der DDR. Tovarisch Drosdenko! Chinesischer Botschafter! Alle mal herhören! *(Er sprach laut über die ganze Tafel hin.)*

Wenn Marx nicht gestorben wäre, sondern heute noch lebte, hätte er seine Werke in der Zwischenzeit mindestens zweimal völlig umgeschrieben. Der Kapitalismus, von dem Marx sprach, und die allgemeinen wirtschaftlichen Bedingungen haben sich völlig geändert.

Die Dolmetscher übersetzten. Einen Augenblick schwieg die ganze Runde, dann erhob der Sowjetbotschafter sein Glas Tsuika und sagte trocken: *»Nasdarowje!«*

Dann also Prost! Wir erhoben also unsere Gläser mit Pflaumenschnaps und tranken auf diesen bedeutenden *ex cathedra* verlautbarten Beitrag zur marxistisch-leninistischen Ideologie. Der chinesische Botschafter, der anscheinend erst jetzt seinen Dolmetscher richtig verstand, führte das Glas an die Lippen, trank aber aus Vorsicht nicht auf diese ihm verdächtige These.

Am Tisch sprachen überhaupt nur Ceausescu und die ausländischen Gäste. Der Außenminister Corneliu Manescu versuchte auch, etwas zur Konversation beizutragen, mußte aber dreimal Anlauf nehmen, bis Ceausescu ihn hörte und dann überhörte. Maurer warf nur gelegentlich ein Wort ein. Er ließ Ceausescu das Wort führen. Ab halb sechs wurde er ungeduldig. Er deutete auf seine Armbanduhr, aber Ceausescu nahm davon keine Notiz. Er ging einmal hinaus, kam wieder, deutete wieder auf die Armbanduhr. Einmal nahm er den griechischen Botschafter, den Doyen, ihn französisch anredend aufs Korn, weil er Ceausescu immer wieder etwas fragte, worauf dieser langatmig antwortete. Maurer erinnerte ihn unverblümt an die Schweigsamkeit und lakonischen Antworten der alten Spartaner. Damit wollte er sagen, Cambiotis solle endlich den Mund halten.

Er saß dabei wie ein kritischer Vertreter der älteren Generation, der dem Jüngeren zwar das Wort ließ, ihn wiederum auch nicht ganz ernst nahm. Offenen Widerspruch freilich wagte er nicht, wohl aus Respekt vor Ceausescus tatsächlicher Macht und seinen Launen. Ceausescu trank viel, mehr Rotwein als Tsuika, war aber nicht betrunken, nur sehr aufgeräumt und genoß offenbar das rustikale Jagdfest. Wirklich und unbeschwert fröhlich war aber sonst wohl niemand in seiner Gesellschaft. Jeder wußte: Der Mann, der jetzt zu Scherzen aufgelegt war, würde morgen eine andere Laune haben und könnte dann rücksichtslos vernichten, wen und was ihm nicht gefiel.

Schließlich stand er auf, und die Jagdgesellschaft trat vor das Zelt. Dort waren Fackeln im Kreis aufgestellt, und in der Mitte lag eine Matratze. Hier wurden die Neulinge, also die Botschafter, die zum ersten Mal an der Diplomatenjagd teilnahmen, nach rumänischem Jägerritus exekutiert. Diesmal waren es sieben.

Wir wurden einzeln nach der Anciennität aufgerufen, mußten uns auf die Matratze, den Kopf auf einen Hasen und einen Fasan aus der Jagdbeute legen, und dann stellte der Jagdherr Ceausescu eine Frage, die wir beantworten sollten. Sie wurde von Ceausescu immer für falsch befunden, und die liegende Exzellenz erhielt von Ceausescu drei Streiche mit einem langen Stab auf das Hinterteil. Nur einmal wurde während meiner fünf Jahre in Rumänien nach langer Diskussion eine Ausnahme gemacht, als sich nämlich die philippinische Botschafterin energisch weigerte, sich diesem Ritual zu unterziehen.

Es gab einiges Hallo, als ich aufgerufen wurde. Ich legte mich wie vorgeschrieben auf die Matratze, den Kopf auf Hasen und Fasan. Es fiel mir schwer.

Ceausescu stellte mir die Frage, ob wir Rumänien endlich Entwicklungshilfe zahlen würden.

Ich hob den Kopf aus meiner unbequemen Stellung und rief:

»Keinen Lei! Wir werden vielmehr selbst bei GATT den Antrag stellen, als Entwicklungsland anerkannt zu werden.«

Der Dolmetscher übersetzte. Ceausescu entschied, die Antwort sei ungenügend und gab mir drei leichte Streiche mit seinem Stab. Er lachte.

Er und das Ritual waren mir zuwider. Ich stand auf und rief: »Jetzt aber muß Macovescu eine Frage beantworten!«

Die Diplomaten, die im Kreis umherstanden, griffen den Gedanken lebhaft auf. Alle riefen nach Macovescu, und auch der *Conducator* selbst schien den Gedanken vorzüglich zu finden. Macovescu lachte nur, legte sich auf die Matte. Ceausescu stellte ihm eine Frage in Rumänisch, die ich nicht verstand, Macovescu antwortete und erhielt drei kräftige Streiche von seinem obersten Vorgesetzten, setzte es danach aber durch, daß der Doyen, Botschafter Cambiotis, gewissermaßen in Vertretung für alle anderen Diplomaten, ebenfalls das Ritual über sich ergehen lassen mußte, obwohl er vor Jahren schon einmal »exekutiert« worden war.

Mag sein, daß dies ein uralter Initiationsritus der Jäger aus der Zeit der alten Daker war. Ich fand jedoch keinen Geschmack daran, durch diese alberne Zeremonie in die Kumpanei Ceausescus aufgenommen zu werden.

Auf der Rückfahrt im Geländewagen sprachen Drosdenko und ich nur ein paar Worte, dann schliefen wir ein. Um halb neun war ich zu Hause. Franz lag mit einer leichten Erkältung im Bett. Sie schlief. Ich ging, ohne Licht zu machen, leise hinein, um mir eine bequeme Strickjacke zu holen. Sie lachte: »Du, ich bin eben aufgewacht; aber nicht, weil du da im Dunkeln rumkramst, sondern weil das ganze Schlafzimmer nach Pflaumenschnaps riecht.«

Ich erzählte ihr kurz von der Jagd, ging dann aber in mein Arbeitszimmer und schrieb den Dialog mit Ceausescu in Stichworten, aber ausführlich nieder; denn wenn ich mir sofort Notizen machte, konnte ich am nächsten Tag auch lange Gespräche vollständig und Satz für Satz wiedergeben.

Die kleinen Negerfäuste

Zwei Arbeiter eines Bonner Einrichtungshauses sind gekommen und setzen die neue Residenz instand, in die wir demnächst, so Gott will, einziehen werden. Sie legen gerade Spannteppiche aus, strapazierfähige, aber billigste Qualität. Im Vestibül jedoch haben sie eine Überraschung für uns. Sie haben dort an der Wand Lampen, oder besser gesagt, Beleuchtungskörper in Form alter Petroleumlampen, aber natürlich mit elektrischen Glühbirnen angebracht, und zwar rechts und links neben dem großen Spiegel und auch an der gegenüberliegenden Wand.

Schwarze Negerärmchen kommen aus ihr heraus und halten in ihren kleinen Fäusten diese falschen Petroleumlampen. Sie im Vestibül leuchten zu lassen und die Gäste auf das deutsche Ambiente im Haus einzustimmen, war ein Herzenswunsch des Referatsleiters im Auswärtigen Amt, der für die Einrichtung von Botschaften und Residenzen zuständig war.

Als er mir vor einigen Wochen die Abbildungen sandte, hatte ich ihn in einem Fernschreiben gebeten, von der Lieferung abzusehen, da ich mokante Bemerkungen meiner Gäste über den deutschen Geschmack gleich beim Eintritt vermeiden wollte. Die Beleuchtungskörper in den Fäusten von Negersklaven seien *chi-chi*, schrieb ich. Darauf antwortete er, diese Ansicht teile das Auswärtige Amt nicht. Man sei dort im Gegenteil gewiß, daß sie einen gewissen »Pfiff« in das Entree brächten. Afrikanische Botschafter, antwortete ich, hätten für diesen Pfiff aber vermutlich kein Verständnis.

Franz hatte vorsichtshalber in München schon Kristall- oder Glasflußlampen auf eigene Rechnung gekauft, die ich bei meiner Versetzung später abmontierte und die jetzt den Eingang meines Hauses beleuchten.

An einem dieser Tage hörte ich von Sascha, von dem noch die Rede sein wird, Ceausescu habe nach meiner Demarche bei dem damals amtierenden Außenminister Macovescu einen Wutanfall bekommen und den Bukarester Oberbürgermeister Popa, eine prominente Parteigröße, gefeuert, weil er das von uns gemietete Residenzgebäude, das bisher als Gästehaus der Stadt gedient hatte, für sich reklamiert habe und der Bundesrepublik Deutschland nicht überlassen wollte. Er selbst wollte dort einziehen. Jetzt sei er zum Botschafter ans Ende der Welt, nach Pjöngyang in Nordkorea entsandt worden.

Phylax

Phylax war blond und so klein, daß wir ihn in einem kleinen Korb im Flugzeug von Deutschland nach Bukarest mitnehmen konnten. Ein Jahr drauf wog er freilich fünfunddreißig Kilo.

Ein Techniker des Bundesnachrichtendienstes, der die neue Residenz nach eingebauten, elektronischen Abhöreinrichtungen untersuchte, hatte einen guten Wachhund, besser noch deren zwei

Ulrichs Tochter Adrienne mit Phylax

anzuschaffen empfohlen, weil Strolche in Uniform oder Zivil ohne große Mühe vom Garten her ins Haus eindringen konnten. Sein Dienst habe die besten Erfahrungen mit Hovawarts gemacht, einer Rasse, die auf den alten deutschen Hof- und Wachhund zurückgekreuzt worden sei. Sie seien als Wächter allen anderen Rassen überlegen.

Ich antwortete ihm, er enttäusche mich als Mensch wie als Beamter. Solche rassistischen Bewertungen wolle ich überhört haben. Wir hätten einmal einen Drahthaar-Foxterrier gehabt, Bauschan genannt, dessen Intelligenzquotient unheimlich hoch gewesen sei. Bauschan habe zum Beispiel gewußt, wenn ich nur bei mir selbst überlegt hätte, ob es nicht Zeit sei, spazierenzugehen. Bevor ich überhaupt davon gesprochen hätte, sei er schon eilig auf den Flur gesprungen, habe von sich aus die Leine aus der Garderobe geholt und mir vor die Füße gelegt, weil er mitkommen wollte.

Der Techniker erwiderte, dergleichen sei Kinderspiel für einen Hovawart. Sein Intelligenzquotient sei dem der Foxterrier weit überlegen. Das sei von Hunderassenforschern wissenschaftlich belegt.

Ich verwarnte ihn wieder: Solche sogenannten Rassenforscher, auch wenn sie sich wissenschaftlich tarnten, verstießen gegen das Grundgesetz, und was sie lehrten, sei strafbar. Ich erzählte ihm noch eine andere lange Geschichte von der Intelligenz unseres früheren Drahthaarfoxes Bauschan. Von ihm konnte ich überhaupt sehr lange erzählen, während mich Geschichten anderer Hunde überhaupt nicht interessierten.

Er blieb bei seiner Meinung. Hovawarts seien auf jeden Fall intelligenter als Foxterriers und sähen es einem Menschen gleich an, wenn er Böses im Schilde führe. Sie beurteilten sie gewissermaßen nach moralischen Kriterien. Ich zweifelte stark daran, weil selbst wir Menschen einem Menschen Böses nicht immer ansehen könnten.

»Vielleicht«, antwortete der Mann vom Bundesnachrichtendienst, »kann ein Hovawart es aber riechen.«

Also kauften Franz und ich bei unserem nächsten Aufenthalt in Deutschland einen Hovawart, und zwar den dicksten und kräftigsten Welpen im ganzen Wurf, einen Rüden.

Wir sollten nicht versuchen, ihn scharf zu machen; die Rasse sei von sich aus scharf, sagte die Züchterin, aber in der Familie und mit Kindern sei er wie ein Lamm. Wir nannten ihn Phylax. Das ist griechisch und heißt *der Wächter*.

Er schlief in einem Korb im Entree. Er schlief, aber es störte ihn gar nicht, wenn Leute hereinkamen oder wenn geklingelt wurde. Er schlief den ganzen Tag, und er schlief die ganze Nacht. Ich war enttäuscht, daß er gar keine Neigung zur Wachsamkeit entwickelte; er hätte doch wenigstens ein bißchen bellen können. Statt dessen wedelte er nur, wenn Besucher eintraten, mit dem Schwanz. Aber Franz erinnerte mich, daß wir ihn ja nicht scharf machen sollten. Also ließen wir ihn schlafen.

Er schlief, aber er wuchs währenddessen, und der Korb war bald zu klein; er war, als wir in die neue Residenz gezogen waren, tagsüber zumeist im Hof hinter einem hohen Drahtzaun in einem Zwinger, nachts schlief er weiter im Eingang vor der Haustür. Er störte niemand, und er ließ sich auch durch nichts stören.

Dann aber tat er in seiner Entwicklung plötzlich einen Quantensprung. Ein Brief war eingeworfen worden, Phylax erschrak und bellte, der Briefträger entfernte sich. Phylax aber glaubte, er habe ihn durch sein Bellen verjagt. Er sah das als Erfolg an, und seitdem bellte er, sobald sich jemand der Tür von außen näherte, und wenn der Mensch nicht gleich wegging wie der Briefträger, wurde er sehr wütend und versetzte die Menschen in Schrecken, denn sie vermuteten einen Wolfshund hinter der Tür. Sein Bellen klang schon wie Donnergrollen, als er erst die Größe eines Foxterriers erreicht hatte, und wer immer dieses Hündchen sah, das so furchterregend bellte, mußte lachen. Einige Monate später lachte niemand mehr.

Die Enkel kamen zu Besuch: Barbaras Tochter aus London, Ulrichs Tochter aus Bonn und Wolframs beide Jungens aus New Delhi. Ja, so groß war unsere Familie inzwischen geworden! Sie spielten mit Phylax im Garten. Sie konnten sich auf ihn werfen, sie konnten die Finger in seine Nase stecken. Im Snagov-See hielt Ulrichs Tochter, die von jedermann Nuß gerufen wurde, ihn am Schwanz und ließ sich von ihm durchs Wasser ziehen; denn er schwamm gut und schneller als wir. Wenn die Kinder im Garten aber auf ihm reiten wollten, ging er weg.

Einmal nahm ich ihn mit auf die Jagd, aber nur einmal, weil er Rudescu nervös machte: Denn während wir Äste von den Bäumen geschlagen und uns hinter ihnen versteckt hatten, um dem Wild eine Chance zu geben und regungslos dasaßen und warteten, ob sich ein Rehbock zeigte, durfte man sich nicht hartnäckig hinter dem Ohr kratzen oder vor Hitze laut hecheln wie Phylax, weil dann kein Bock aus dem Wald ins Freie trat.

Doch daß er nicht dumm war, merkten wir bald. Er lernte schnell, an der Leine und bald auch ohne Leine »bei Fuß« neben uns herzugehen, stehen zu bleiben, wenn wir stehen blieben, sich zu setzen, wenn man »Setzen!« und sich hinzulegen, wenn man »*Down!*« sagte und sogar zu bellen, wenn man »Laut!« sagte. Das brachte ich ihm nur durch Belohnungen mit kleinen Hundekeksen bei, die ich stets in der Tasche trug.

Gegen Gäste hatte er nichts. Er durfte außer bei offiziellen Anlässen immer dabei sein, legte sich gewöhnlich in eine Ecke; wenn die Gäste ihn aber riefen, kam er zu ihnen, ließ es über sich ergehen, daß sie ihn streichelten und kehrte dann in seine Ecke zurück. Nur eins konnte er nicht leiden: daß ein Fremder, ohne von uns oder Sofie oder Hans empfangen worden zu sein, das Haus betreten wollte. Da wurde er gefährlich.

Andreas Graf Razumovsky vertrat die »Frankfurter Allgemeine Zeitung« in Belgrad, war aber auch für Rumänien zuständig. Wenn er in Bukarest war, wohnte er, und von uns gerne gesehen, auch mit Dorothea, in einem der Gästezimmer. Beide waren und sind unsere guten Freunde.

Als Phylax einmal unvermutet von ferne bemerkte, wie Andreas einen Gast einlassen wollte, mischte er sich ein. Es entstand ein Knäuel von Andreas, dem hochgewachsenen Gast, Phylax, der den Gast zerreißen wollte und überhaupt von schreienden Menschen, da Sofie wegen des Lärms auch herbeigeeilt war. Als Franz und ich auch noch auf der Szene erschienen, stand der Gast zitternd und allein im Entree, während Andreas und Sofie draußen vor der Tür Phylax festhielten, der wieder ins Haus hereinwollte, um sich dem Gast zu widmen. Es war der Korrespondent der Moskauer »Isvestija« und gleichzeitig hochrangiger Mitarbeiter des sowjetischen Geheimdienstes, der Andreas Razumovsky besuchen wollte. Die Rumänen lobten Phylax sehr, weil er die höchst zweifelhafte Natur dieses sowjetischen Funktionärs sofort erkannt hatte. Er schien also doch einen Riecher zu haben, wie der Mann des Bundesnachrichtendienstes ja auch vorhergesagt hatte.

Vor der Einfahrt zur Residenz wachten stets zwei Angehörige der Miliz, weniger um uns zu schützen, als um die Besucher zu registrieren und gegebenenfalls zu verhören. Phylax mochte sie gar nicht, weil sie manchmal zu nahe an das Haus herankamen. Zweimal gelang es ihm, an einem Besucher vorbei durch die Haustür nach draußen zu entwischen. Einem der armen Milizionäre zerriß er die Bluse, stellte ihn an die Wand und wartete, daß er sich bewegte, was dieser aber klugerweise unterließ, bis wir ihn erlösten. Das andere Mal rettete der Milizionär sich in die Garage.

Als einmal ein Dutzend rumänische Schriftsteller, Damen und Herren, bei uns zu Gast waren, draußen vor dem Haus aber die Milizsoldaten sich etwas zuriefen, frage ich: »Phylax, wo ist die Miliz?«

Da sträubten sich bei ihm, wie stets bei dieser Frage, die Nakkenhaare, er sprang erregt auf, blickte um sich, horchte, knurrte drohend, und rannte dann, daß die Teppiche flogen, ungestüm durch das ganze Haus zu allen Türen und Fenstern, um allfällig eingedrungene Milizsoldaten zu zerreißen. Die rumänischen Schriftstellerkollegen waren von dem bisher so dekorativ daliegenden, nun aber wilden und unbändigen Tier erschrocken, doch dann klatschte Nicolae Breban in die Hände.

»Nein«, rief er, »was hat dieser Hund doch für ein politisches Bewußtsein! Daran kann sich mancher Rumäne ein Beispiel nehmen!« Und alle empfingen Phylax mit Applaus, als er nach dem Rechten gesehen hatte und wieder zurückkam.

Da sie behaupteten, als Schriftsteller die öffentliche Meinung zu beeinflussen, wenn nicht gar überhaupt die öffentliche Meinung zu sein, verbreiteten sie überall, die Residenz des deutschen Botschafters werde von einem kolossalen Hund mit unbestechlichem, korrektem politischen Bewußtsein bewacht.

Sie erdichteten und erzählten Geschichten von ihm, die seine Ansicht über politische Tagesereignisse und Politiker wiedergaben. Er wurde eine Sage. Und wenn immer sie zu uns kamen, flehten sie mich an, ihn doch bitte wieder zu fragen, wo die Miliz sei.

Der zweite Mann

Emil Bodnaras war der zweite Mann im Staat und der Partei. Er wollte nicht erster werden, und Ceausescu wußte das. Wenn Ceausescu im Ausland war, vertrat Bodnaras ihn. Er war stellvertretender Vorsitzender des Staatsrats, und in der Partei gehörte er dem Exekutivbüro des Zentralkomitees, dem obersten Führungsgremium, an. Bei der Eröffnungssitzung der Nationalversammlung im Jahr 1975 saß er neben Ceausescu, über dem Ministerpräsidenten, ja, kaum zu glauben, sogar noch über Elena Ceausescu.

Ob Emil Bodnaras je Karl Marx gelesen hat, scheint mir zweifelhaft. Ich habe mich oft und lange mit ihm unterhalten, aber von Marx oder Marxismus war nie die Rede. Der Ministerpräsident Maurer sagte einmal bei einem Mittagessen in seinem Urlaubshaus in Sinaia, und ich habe darüber früher schon einmal ausführlich berichtet:

»Ideologie! Das ist auch so eine deutsche Erfindung. Glauben Sie mir, von den kommunistischen Führern haben höchstens fünf Prozent etwas von Karl Marx gelesen.« Er sah, daß ich ihm nicht glaubte. »Sie zweifeln daran? Vielleicht haben Sie recht. Vielleicht habe ich übertrieben, und es sind nur drei oder vier Prozent.«

Maurer selbst aber kannte Karl Marx, er hatte über ihn Vor-

Bodnaras empfängt Kardinal-Erzbischof Döpfner

lesungen gehalten – vor dem Krieg, als er noch Anwalt war und die Kommunisten verteidigte.

Maurer war trotz seines deutschen Namens Rumäne; er verstand Deutsch kaum, sprach dagegen gut Französisch. Bodnaras sprach indessen trotz seines rumänischen Namens Deutsch fließend. Seine Mutter war Volksdeutsche gewesen, sein Vater rumänischer Nationalität, hatte jedoch im österreichischen Heer und in der österreichischen Verwaltung gedient.

Schon als Jurastudent und junger Offizier war Bodnaras mit Kommunisten zusammengekommen, wurde vermutlich sowjetischer Agent und mußte sich 1932 in die Sowjetunion absetzen. Als er zwei Jahre später mit einem Geheimauftrag nach Rumänien zurückgekehrt war, wurde er verhaftet und zu zehn Jahren Zuchthaus verurteilt, die er absaß.

Kaum war er wieder frei, da verhaftete er im August 1944 im Verein mit anderen und in konspirativem Einvernehmen mit der

Umgebung des Königs, den Machthaber und Verbündeten Hitlers, Marschall Antonescu, arrangierte den Übergang Rumäniens von der deutschen auf die sowjetische Seite und sicherte gleichzeitig für die Kommunisten entscheidende Positionen in der neuen Regierung.

Er gab den Anstoß zum Aufbau des Geheimdienstes, überredete die Sowjets, ihre Truppen von Rumänien abzuziehen, wurde Verteidigungsminister der von ihm geschaffenen neuen Armee und war in der Führungsspitze der einzige, der das stalinistische Regime Ana Paukers und das Gheorghiu-Dejs unbeschadet überstand. Er wird wohl – anders kann ich es mir bei diesem Lebenslauf nicht vorstellen – auch Leichen in seinem Keller gehabt haben. Jetzt im Alter konnte man es ihm freilich nicht ansehen.

Ich unterhielt mich gerne mit ihm, und er holte mich, wenn er mich sah, stets zu sich. Beim ersten Empfang zum Nationalfeiertag bat er mich auf das Podium zu den Spitzenfunktionären. Seine Heiligkeit der Patriarch, die anderen Botschafter, darunter auch der DDR-Kollege, feierten im Parkett.

»Was gibt es Neues?« fragte er.

»Daß Kronstadt seit gestern Brasov, daß Klausenburg Cluj und daß Hermannstadt Sibiu heißt.«

»Ja, das sind die rumänischen Namen. Auf deutsch heißt Brasov Kronstadt und Sibiu Hermannstadt und Cluj Klausenburg, seit Jahrhunderten. Sie sagen doch auf deutsch auch nicht Milano, wenn Sie Mailand meinen, oder Venezia, wenn Sie Venedig meinen.«

»Ja, natürlich, aber Sie fragten mich, was es Neues gibt. Und da fiel mir auf, daß in der deutschsprachigen Zeitung »Neuer Weg« Kronstadt seit gestern Brasov heißt, und daß auch die anderen deutschen Städtenamen nicht mehr benutzt werden.«

Er sah mich erst ungläubig an, dann rief er ärgerlich: »Ja, welcher Dummkopf hat denn das wieder angeordnet?«

Mir schien, er wußte das ganz genau: nämlich der einzige, der es sich erlauben konnte, solche Entscheidungen zu treffen.

Er hatte mich schon wenige Tage nach der Übergabe des Beglaubigungsschreibens zu sich gebeten. Er erzählte von seiner Familie, der Mutter, dem Vater und der religiösen Erziehung im Elternhaus.

Da er herzleidend war, hatte er in letzter Zeit immer mehr exekutive Befugnisse abgegeben, sich aber einige Aufgaben, wie das

Kirchenwesen, vorbehalten. Er hielt seine schützende Hand sowohl über die orthodoxe wie die evangelische und die hier kleinere römisch-katholische Kirche. Ein orthodoxer Priester erzählte mir einmal, daß er regelmäßig für die Kirche in seinem Heimatdorf in der Nordbukowina spende.

Er wollte, daß die Volksdeutschen in Rumänien blieben. »Rumänien kann sie gerade jetzt in dem industriellen Aufbau nicht entbehren. Sie sind tüchtig, fleißig, zuverlässig. Sie haben auch in kritischen Zeiten loyal zum rumänischen Staat gehalten, anders als die ungarische Minderheit. Hitler hat viele Banater Schwaben und Siebenbürger Sachsen in die Waffen-SS gepreßt und mit seiner Propaganda ›ins Reich‹ gelockt. Nur daraus sind die Probleme entstanden, die uns heute Kopfschmerzen machen.«

Ich korrigierte ihn nicht: Die meisten hatten sich freiwillig und begeistert zur Waffen-SS-Division »Prinz Eugen« gemeldet, um nicht zur rumänischen Armee eingezogen zu werden.

»Diejenigen aber«, fuhr er fort, »die hier geblieben sind, haben viel erdulden müssen. Vierzigtausend oder noch mehr sind in die Sowjetunion zur Zwangsarbeit deportiert worden, viele sind dabei umgekommen. Ich kenne die Leiden unserer deutschen Mitbürger! Wir Rumänen haben ihnen nicht helfen können, wir konnten uns gegen die sowjetische Besatzungsmacht nicht durchsetzen.«

Er sagte: sowjetische Besatzungsmacht!

»Wir wollen die Deutschen bei uns behalten – anders als die Tschechen, die die Sudetendeutschen vertrieben haben; sie hätten viel zum Aufbau der Tschechoslowakei beitragen können. Aber jetzt sind sie ein innenpolitischer Faktor in der Bundesrepublik Deutschland, der einer Verständigung zwischen Bonn und Prag im Wege steht.«

Was Bodnaras zu unserer Politik der Familienzusammenführung an Kritik vorbrachte, war verständlich und in mancher Hinsicht auch berechtigt.

»Leider wird mit diesem Wort oft Mißbrauch getrieben, zum Beispiel, wenn Verwandte dritten, vierten oder gar fünften Grades mit ihren sogenannten Familienangehörigen in Deutschland zusammengeführt werden wollen. Es gibt noch andere Arten des Mißbrauchs: Großzügige rumänische Entscheidungen sind nicht selten ausgenutzt worden.

Sorge macht mir ferner, daß – besonders in der Touristensaison – viele Deutsche in den sächsischen oder schwäbischen Ortschaften unseres Landes geradezu eine Werbekampagne für die Auswanderung nach Deutschland entfalten und von Ort zu Ort ziehen.

Was soll ich zum Beispiel dazu sagen, wenn mir Bischof Klein aus Hermannstadt erzählt, daß deutsche Pastoren solche Werbereisen durch sächsische Dörfer und Kleinstädte unternehmen und dort Unruhe hervorrufen! Ich frage mich, ob nicht der Bundespräsident Heinemann eine Möglichkeit sieht, hier in diskreter Weise Abhilfe zu schaffen.«

Manchmal habe ich ihm widersprochen, wenn ich zum Beispiel die Praxis der rumänischen Behörden beschrieb, die Verlobten die Ausreise zu ihrem Partner zur Heirat verweigerten. Dann hörte er zu und suchte meine Einwände zu verstehen. Oft aber habe ich ihm recht geben müssen, und eigentlich hätte ich auch ihm etwas über gewisse fragwürdige und überzogene Entschädigungsforderungen erzählen können, die manche Übersiedler in Deutschland für wirkliche oder angebliche Vermögensverluste in Rumänien stellten.

Diskrete und indiskrete Gespräche

Neujahrsempfang Ceausescus im Staatsratspalais, dem alten Königsschloß. Der Doyen war jetzt der polnische Botschafter Ochedusko; er hatte Fieber und zitterte bei seiner Ansprache am ganzen Körper. Dann sprach Ceausescu, und was er sagte, wurde jeweils nach einigen Sätzen ins Englische übersetzt. Ceausescu machte in der Begrüßung einen Unterschied zwischen den Genossen Botschaftern und denen der nichtkommunistischen Welt.

»*Tovarish Ambassadori! Domnilori Ambassadori!*« begann er, und der Dolmetscher übersetzte:

»*Comrades Ambassador! Gentlemen Ambassador!*«

Die *Genossen* Botschafter waren überrascht, daß Ceausescu oder vielmehr der Dolmetscher sie nicht zu den *Gentlemen* rechnete.

Bei der Cour nach der Rede tauschten wir Botschafter, *Genossen* wie *Gentlemen*, einige höfliche Worte mit Ceausescu aus und wünschten ihm *la multi ani.* Der nächste in der Reihe nach mir war der DDR-Kollege Hans Voss. Ceausescu fragte uns: »Sie haben wohl gute, um nicht zu sagen sehr gute Beziehungen zueinander?«

Ich erwiderte: »Ich hoffe, das beunruhigt Sie nicht.«

Ceausescu machte scherzhaft eine bedenkliche Miene, als könnten die Beziehungen doch einmal zu weit gehen.

Ich sagte zu Voss, als wir aus der Gratulantenreihe ausgetreten waren: »Wir wollen den anderen, die es gerne sähen, wenn wir uns angrobsen, diesen Gefallen nicht tun.«

Voss war derselben Meinung.

Einige Wochen vorher. Bei dem Empfang der Jugoslawen zu ihrem Nationalfeiertag hatte Bodnaras gesehen, wie ich mich mit Voss unterhielt. Er kam quer über den Saal auf uns zu und sagte: »Ich freue mich, Sie beide zusammen zu sehen. Meine Mutter hat mir und meinen Geschwistern immer gesagt: »Ihr mißt zusammenhalten wie Schweinsdreck!« Das kam ihm, einmal ausgesprochen, wohl etwas undiplomatisch vor, und er setzte hinzu: »Sie war immer ein wenig derb, und das war vielleicht etwas vulgär ausgedrückt, aber richtig und in guter Absicht gesagt.«

Zurück zu dem Neujahrsempfang der *Genossen* und *Gentlemen*! Bodnaras sagte, die Bombardierungen Vietnams seien reine Terrorangriffe. Was die Amerikaner machten, sei gegen die Spielregeln. Die Chinesen würden nervös.

Ich fragte ihn nach den Beziehungen des Comecon, des Rates für gegenseitige Wirtschaftshilfe, zu ihrem westlichen Gegenpart, der Europäischen Wirtschaftsgemeinschaft. Er antwortete, die Sowjetunion möchte als Sprecher der osteuropäischen Länder auftreten; aber von einer Absprache, wie sie Moskau kürzlich erwähnte, könne keine Rede sein. Die osteuropäischen Länder sollten bilateral mit den einzelnen westlichen Ländern wie mit Brüssel sprechen. Den Großmächten solle man nicht dreinreden, aber die Kleinen sollten dafür sorgen, daß sie den Frieden bewahren. »Denn wenn die Großmächte sich in die Haare kriegen, dann müssen immer wir Kleinen den Arsch hinhalten.«

Seine größte, oft vehement ausgesprochene Sorge galt der sowjetischen Bedrohung nicht nur Rumäniens, sondern ganz Europas. Er sagte oft, er sei ja lange genug in Moskau gewesen und kenne die Absichten der Sowjets. Er war überzeugt, daß sie expansive Ziele verfolgten und nur auf die Gelegenheit warteten, sie zu verwirklichen. Rumänien, sagte er, sei dem Schicksal der Tschechoslowakei nur entgangen, weil es bereit gewesen sei, sich zu verteidigen.

Er danke Zhou Enlai, der Rumänien in jenen Tagen demonstrativ unterstützt habe, am 23. August, dem rumänischen Nationalfeiertag, mit sechzig Offizieren zum Empfang in der rumänischen Botschaft zu Peking erschienen sei und eine hilfreiche Erklärung abgegeben habe.

Obwohl alter Kommunist, war er an der Ausweitung des Kommunismus und am »proletarischen Internationalismus« nicht interessiert. »Uneigennützige oder brüderliche Hilfe« war für Bodnaras ein Reizwort.

Die Wiedervereinigung Deutschlands hielt Bodnaras für historisch unvermeidlich und für notwendig, da Europa eine stabile politische Mitte brauche. »Solange Deutschland nicht wiedervereinigt ist, so lange ist Europa instabil.«

Über die Versuche der DDR, die Einheit der deutschen Nation zu leugnen, sprach er nur voller Verachtung: »Womöglich werden die auch noch von einer West-Berliner Nation reden!«

Während Ceausescu eine Wiedervereinigung nicht, allenfalls unter kommunistischer Führung erlauben wollte, hatte ich den Eindruck, daß Bodnaras die Frage, unter welchem Regime das vereinte Deutschland stehen sollte, für belanglos hielt. Vermutlich hätte er auf eine Frage gesagt, ein nicht-sozialistisches Deutschland sei als starker Riegel gegen sowjetischen Expansionismus vorzuziehen.

»Wenn sich die Beziehungen zwischen den beiden Teilen Deutschlands normalisieren, ist das gut. Man kann eine Menge zusammen aufbauen. Aber manches muß auch abgebaut werden.«

Ich verstand das als eine allgemeine Bemerkung, aber er korrigierte den Eindruck sogleich: »Also konkret gesprochen: die schändliche Mauer! Da muß man wieder über die Grenze gehen können, ohne totgeschossen zu werden.«

Er war im Gespräch oft von einer ungewöhnlichen Offenheit und von ganz undiplomatischem Freimut, so daß ich über manche seiner Worte nur mündlich berichtete, manche als nur an mich gerichtet betrachtete und auch in meinem Tagebuch nicht erwähnte.

Einmal sagte er: »Ihr Bundeskanzler hat den Polen die Oder-Neiße-Grenze ja praktisch schon garantiert. Aber Stalin hatte mit der Grenze nur im Sinn, einen ewigen Streit zwischen Polen und Deutschen zu stiften, damit diese beiden Völker sich darin verbeißen und nie eine Bedrohung für die Sowjetunion werden können.«

Als ich aufgestanden war und wir zur Tür gingen, sagte er: »Na, und Ihr Bundeskanzler Brandt! Und sein Kniefall in Warschau! Gut, von ihm aus eine große, eine menschlich bewegende Geste, obwohl und gerade weil er am wenigsten Anlaß hatte, auf Knien Buße zu tun. Aber an einem falschen Denkmal!«

»Wie meinen Sie das?«

»Es war ein Denkmal für die jüdischen Opfer, und die Polen sind doch alle Antisemiten! Wenn er wenigstens vor einem Denkmal für polnische Opfer gekniet hätte! Aber ob es überhaupt politisch richtig war? Sie nützen es ja nur aus. Die Polen und die Sowjets sagen: ›Also soweit haben wir ihn gebracht. Und nun noch mehr Druck, wo er gerade kniet!‹«

Das ging nun zu weit, aber er hatte es sich angewöhnt, mit mir ganz offen und ungeschützt zu reden und seine Meinung zu sagen, und darüber war ich froh. Er kritisierte auch nicht, um Willy Brandt herabzuwürdigen, sondern um vor der sowjetischen Taktik zu warnen, die auch diese »große, bewegende Geste« ausnützen würden. Außerdem wußte er anscheinend, was ich erst viele Jahre später erfuhr, daß nämlich die polnische Führung über den Kniefall tatsächlich irritiert war und angeordnet hatte, diese Szene nicht im Fernsehen zu zeigen. Heute steht dort, wo Brandt gekniet hatte, ein Denkmal.

Bodnaras hatte die Hand schon an der Klinke. Ich suchte ein Wort, erwiderte schließlich, es möge sein, daß manche Politiker in der Sowjetunion so dächten; aber wir ließen uns dadurch nicht erpressen. Ich sei sicher, daß das Bild, wie Brandt vor dem Denkmal knie, lange wirken und für seine Verurteilung von Hitlers Verbrechen in Polen zeugen werde.

Als Vertreter meines Landes hätte ich wohl noch entschiedener widersprechen müssen; ich tat dies nicht. An Brandts innerer Bewegung, als er vor dem Denkmal stand, zweifle ich nicht. Aber ich mag pathetische Gesten, Bekundungen der Demut vor bereitstehenden Kameras nicht und hatte schon damals den Argwohn, sie könnte aus publikums- und medienwirksamen Gründen vorausberechnet worden sein. Sie paßte zudem nicht zu Brandt, der doch sonst seine Gefühle vor anderen so fest verschloß. Das Foto von de Gaulle und Adenauer beim Gottesdienst in der Kathedrale von Reims im Gebet, das keinen spontanen Einfall wiedergab, sondern Teil einer alten Liturgie war, sah ich dagegen ohne Bedenken.

Daß viele meine Ansicht über Willy Brandts Kniefall nicht teilen, ist mir bewußt, aber an dieser Meinung ändert auch die Tatsache nichts, daß das Bild eine unerhörte Wirkung tat und in der Welt als Symbol für Brandts, ja oft auch für Deutschlands Bitte um Vergebung für die Verbrechen Hitlers gesehen wird.

Die Tür war schon geöffnet, Bodnaras gab mir die Hand, aber dann schloß er die Tür wieder, nahm mich zurück ins Zimmer.

»Ich will Sie noch etwas ganz Indiskretes fragen. Wie berichten Sie über unsere Gespräche? Auf welchem Weg?«

»Ich werde nur über das berichten, was wir heute zu Anfang besprochen haben. Berlin-Vertretung, den klassischen Handel, Kompensations-Geschäfte, Gemischte Gesellschaften, Darlehen und so weiter. Was Sie mir zuletzt gesagt haben, eignet sich nicht für einen schriftlichen Bericht. Da haben Sie mir nur Ihre persönliche Meinung gesagt,«

»Ja, gut. Das ist auch meine Ansicht. Aber über die Sowjetunion, die DDR?«

»Wenn überhaupt, nur mündlich oder allenfalls in einem Privatbrief an den Staatssekretär, Bundesaußenminister oder Bundeskanzler.«

Er überlegte, dann legte er mir die Hand auf die Schulter: »Aber nichts über den Fernschreiber! Auch nicht chiffriert!« Ich dankte ihm für diesen Rat, und wir verabschiedeten uns.

Das war ein deutlicher Hinweis von dem alten Geheimdienstchef, daß selbst unsere verzifferten Fernschreiben, auch die an den Bundeskanzler, von Unbefugten mitgelesen würden und daß ein Leck zu vermuten sei.

Ich untersuchte zusammen mit dem Kanzler unserer Botschaft den Weg, den unsere geheimen Fernschreiben gingen. Wir kamen zu dem Schluß, daß in unserer Botschaft keine undichte Stelle möglich sei. Heute, nachdem so viel über die Unterwanderung unserer Behörden durch Agenten oder IM der Stasi bekannt geworden ist, bin ich mir freilich nicht sicher, ob wir wirklich alle Möglichkeiten eines Lecks in der Botschaft berücksichtigt hatten.

Ich gab sofort unserem Kurier einen persönlichen Brief, der nicht über die Registratur lief, an den zuständigen Beamten im Auswärtigen Amt mit und unterrichtete ihn von Bodnaras' Rat, für vertrauliche Mitteilungen auch an den Bundeskanzler keine Fernschreiben, ob chiffriert oder unchiffriert, zu benutzen. Einen Monat später war Guillaume enttarnt und Willy Brandt als Kanzler zurückgetreten. Als ich wieder in Bonn war, fragte ich den zuständigen Beamten, was auf meinen Brief hin unternommen worden sei.

Nichts.

Emil Bodnaras starb im Januar 1976 an einem Herzinfarkt. Er war 71 Jahre alt geworden. Er und Ion Gheorghe Maurer waren die letzten Männer der alten Garde. Maurer trat 1974 als Ministerpräsident zurück und mußte *Manea* Manescu Platz machen, der mit dem früheren Außenminister *Corneliu* Manescu nicht, wohl aber mit der Familie Ceausescus entfernt verwandt war. Maurer lebte noch lange über Ceausescus Tod hinaus. Er starb erst im Februar 2000.

Beide, Maurer und Bodnaras, hatten nicht zu der rund zwanzig Jahre jüngeren Verwandtschaft und Kumpanei Ceausescus gehört. Aber allein durch ihre Gegenwart in den höchsten Gremien des Staates und der Partei hatten sie für mehr Besonnenheit gesorgt und extreme Pläne verhindert oder gemildert, den Personenkult Ceausescus aber nur wenig bremsen können. Ceausescu und seine Funktionäre werden froh gewesen sein, als sie diese beiden Instanzen los waren und nun ungehemmt walten konnten.

Zwei Monate nach Bodnaras' Tod besuchte ich die Provinz Moldau im Norden Rumäniens, die an die Sowjetunion grenzt. Franz und einige Beamte der Botschaft reisten auch mit.

Ich machte in der Judetshauptstadt Iasi meinen Antrittsbesuch bei dem Parteisekretär Iliescu, der im Gespräch alles vermied, was auf Spannungen zu Ceausescu hindeuten konnte. Allerdings waren seine Schilderung der Bodenerosion, der Abholzung, der ungenügenden Maßnahmen gegen Überschwemmungen, seine Vorschläge für Aufforstung, Anlegen von Grasnarbe und Anbau von Halmfrüchten indirekt eine deutliche Kritik an der Regierungspolitik.

Als Gegner Ceausescus bekannt, war er weit hinauf in den Norden versetzt worden und hat dann im Jahr 1989 entscheidend am Sturz des Diktators mitgewirkt. Von 1990 bis 1996 war er Ministerpräsident, und im Jahr 2000 wählte man ihn wiederum in dieses Amt.

Ich besuchte die Universität und den Metropoliten Moisescu, nach dem Patriarchen Justinian in Bukarest der zweite Mann in der rumänischen orthodoxen Kirche und strammer Parteigänger Ceausescus. Wir verbrachten einen Abend mit Simionescu, dem Rektor der Technischen Hochschule, und seiner Frau, kultivierten und sympathischen Menschen, die beide ganz offen über das Regime sprachen.

Doch es ging das Gerücht, er habe Elena Ceausescus Dissertation geschrieben und sie, die von Chemie keine Ahnung gehabt hatte, in diesem Fach promoviert. Zum Dank dafür sei er Rektor geworden. Lüge aus Kollegenneid? Ich nahm es an; denn überall regierte die Lüge.

Nach den offiziellen Funktionen fuhren wir früh morgens zu den Moldauklöstern, die, von hohen Mauern umgeben, wie Festungen in der leicht hügeligen Landschaft liegen und mit ihren Außenfresken zu Recht als bedeutendes Erbe der rumänischen Kunst berühmt sind. Wir kannten sie schon und besuchten jetzt nur das Kloster Suceava und ein Nonnenkloster. Dort fragte ich eine der Nonnen, ob sie Blumen im Garten habe. Bevor wir gingen, erhielten Franz und ich zwei schöne Frühlingssträuße. Dann fuhren wir nach Iaslowitz, einem kleinen Bauerndorf.

Der Judetsgouverneur Iliescu behandelte uns wie einen hohen Parteiführer. Auf der ganzen Strecke waren schon seit Stunden alle Straßen, die unsere Chaussee kreuzten, gesperrt, damit wir freie Fahrt hatten. Rechts und links sahen wir kilometerlange Wagenkolonnen, die warten mußten, bis wir vorbei waren. Die Bauern nahmen diese Behandlung, lange daran gewöhnt, anscheinend als gottgegeben hin.

Es war ein einfacher Dorffriedhof am Hang einer kleinen Anhöhe. Die Blumen und Kränze auf Bodnaras' Grab lagen noch zuhauf, waren aber schon braun und verwelkt. Wir standen einige Zeit davor und sprachen über den Toten. Franz und ich legten unsere Frühlingsblumen vor die verwelkten Kränze. Als wir den Friedhof verließen, trafen wir einen Vetter von Bodnaras, gekleidet wie ein Bauer, der uns auf deutsch begrüßte: Er hatte noch in der österreichischen Armee gedient, war jetzt 79 Jahre alt.

Der Rektor Simionescu, der an der Beerdigung teilgenommen hatte, erzählte, die Bauern hätten in ihren langen Schafspelzen am Dorfeingang gestanden, das Leichenauto aus Bukarest angehalten und den offenen Sarg auf einen Bauernwagen gelegt. Der wurde von vier Ochsen gezogen, die mit bunten Tüchern an den Hörnern geschmückt waren. Sie wollten ihn wie einen alten Bauern begraben, an der Stelle auf dem Friedhof, die er sich selbst ausgesucht hatte.

Aber es war ein weltliches Begräbnis angeordnet worden. Der Metropolit war anwesend, jedoch nur als *Freund* des Verstorbenen; er durfte keine Trauerpredigt halten. Statt dessen wurde Bodnaras mit militärischen Ehren, Gewehrsalven über dem Grab und unter Absingen der Parteihymne beerdigt.

Saschas Zähne

Sascha, mit vollem Namen Alexander Ivasiuc, lernten wir durch Andreas Razumovsky kennen. Er war ein entfernter Verwandter Konstantin Wassilkos, der wiederum ein Vetter von Andreas war. In diesen Verwandtschaftsverhältnissen kenne sich einer aus! Alexander Ivasiuc war ein wichtiger Mann, nämlich einer der vier Sekretäre des Schriftstellerverbandes, und die Schriftsteller sind in den kommunistischen Staaten immer eine privilegierte Klasse. Ingenieure der Seele hatte Lenin sie genannt. Sie waren aber überall auch ein Problem für die Führung: ein Sack Flöhe, wußten alles besser, jeder hatte andere Ansichten, und selten stimmten sie vorbehaltlos den Ideen der Partei zu; aber die Partei brauchte sie. Manchmal verwöhnte sie sie, manchmal sperrte sie sie ein und behandelte sie wie Verbrecher.

Andreas Razumovsky hat Franz und mich zu einem Abendessen mit Sascha Ivasiuc eingeladen. Wir trafen ihn im Hotel »Intercontinental«, und Sascha riet, in das kleine Restaurant »Minion« zu gehen, zu Fuß natürlich, denn unser Wagen wäre dort zu sehr aufgefallen.

Wir gingen den Boulevard Magheru, einst die Haupt- und Prachtstraße der Stadt, entlang, Franz neben Andreas, ich neben Sascha. Er war, schätzte ich, Mitte vierzig.

»An dem Tag, an dem ich entlassen wurde, ging ich hier auch spazieren, und hier kam ein Mädchen in einem bunten Sommer-

Der Schriftsteller Alexandru (Sascha) Ivasiuc

kleid um die Ecke, so frisch und anmutig. Seit Jahren hatte ich keine Frauen gesehen. Ich schaute sie an und lächelte. Aber sie fuhr entsetzt zurück, als sei ich ein Gespenst. Ich war selbst erschrocken, blieb stehen und blickte ihr nach; dann fiel mir ein, warum sie so zurückgefahren war. Weil ich gelächelt hatte. Ich konnte die ganze Nacht nicht schlafen.«

»Warum?«

Sascha lachte trocken.

»Drei Jahre zuvor hatte man mich in der Nacht verhaftet, weil ich eine Demonstration in einem Hörsaal angestiftet hatte. Am Morgen wurde ich in das Gefängnis eingeliefert. Mittags hatte ich keine Zähne mehr.

Im Gefängnis war das nicht so schlimm. Ich war ja nicht der einzige. Ich fiel gar nicht auf und gewöhnte mich bald daran. Essen konnte ich ja. Wir bekamen ohnehin nur magere Suppen, und das Brot mußte man eben aufweichen.«

Ich ließ ihn reden.

»Hier auf dem Boulevard Magheru hatte ich die Menschen erschreckt, als ich lächelte. Am nächsten Tag ging ich in eine Zahnarzt-Praxis, aber ich kam ausgerechnet zu einer Ärztin. Ich wagte zuerst gar nicht, vor ihr den Mund aufzumachen.«

Sascha lachte. Er sprach gut Englisch, war zwei Jahre *poet in residence* an einer Universität in Iowa gewesen. In New York hatte er in dem rumänischen Botschafter bei den Vereinten Nationen den Richter wiedererkannt, der ihn verurteilt hatte.

»Aber es hat auch gute Zeiten gegeben. Als ich eingesperrt und in Ungnade war, wurde ich nach einiger Zeit verbannt, und das waren die schönsten Jahre: Drei Dörfer, nur von Verbannten bewohnt. Ich hatte eine kleine Hütte, und auf dem Gartenflecken davor habe ich die größten Tomaten des Dorfes gezogen. Wir waren dort frei. Wir konnten alles sagen.«

Er hatte ein Problem, ein wahres Schriftstellerproblem: Der Schriftsteller Paul Goma, der nach Deutschland hatte ausreisen dürfen, hatte vor acht Tagen in »*Le Monde*« einen Artikel veröffentlicht und darin Sascha angegriffen, weil Sascha ihm Plagiat vorwarf: Goma, hörte ich jetzt, habe einen Text Saschas übernommen, ihn aber verändert und gegen Elena Ceausescu gerichtet, habe damit Sascha gefährdet und so weiter. Dabei waren sie lange die dicksten Freunde gewesen, hatten in derselben Zelle gesessen, Goma hatte später bei ihm gewohnt, sei aber zu faul gewesen, auch nur Brot einzukaufen.

Als Alexander Ivasiuc sich beruhigt hatte, erzählte er, wie er und sein Schriftstellerkollege Nicolae Breban vor einiger Zeit zum *Conducator* in seine Villa am Meer zitiert worden waren.

Beide waren als Kritiker des Regimes bekannt: Sascha Ivasiuc war nach der Entlassung aus der Haft durch seine Aufsätze bekanntgeworden, war Sekretär des Schriftstellerverbandes geworden, hatte dann aber sein Amt wieder aufgegeben, weil die Behörden den Autoren nicht genug Freiheit ließen. Später hat man ihn zum Leiter der Sektion Film bestellt, doch auch dieses Amt gab er auf, als wir noch in Bukarest waren, weil die Partei ihm dauernd dreinredete. Er nahm damit, als sei es ganz selbstverständlich, in Kauf, daß er alle Privilegien verlor und daß sein Schriftsteller-Gehalt um ein Drittel gekürzt wurde.

Nicolae Breban war Chefredakteur der Zeitschrift »*Romania Literara*« und Mitglied des Zentralkomitees gewesen, kehrte im Jahr 1971 wegen der Einmischung der Partei in seine Arbeit von einer Auslandsreise nach Frankreich und in die Bundesrepublik Deutschland nicht zurück und kritisierte im Ausland die rumänische Kulturpolitik und Unfreiheit der Schriftsteller. Erst ein Jahr später entschloß er sich, wieder heimzukehren. Er habe sich, erzählte er uns, in der Fremde nicht wohl gefühlt. Er sei eben Rumäne und wolle miterleben, was seine Landsleute erlebten und erlitten.

In Bukarest wurde er aus dem Zentralkomitee und der Partei ausgeschlossen und lebte fortan als Schriftsteller, das heißt als Staatsangestellter, in dem Schriftstellerdorf Mogoshaia. Man hielt ihn für zu prominent, um ihn zu verhaften und ins Gefängnis zu stecken. Er und Ivasiuc waren seit langem befreundet.

Ceausescu hatte sie zu sich bestellt, weil er den Verband strenger reglementieren und die Schriftsteller fester an die Leine legen wollte. Das Zentralkomitee hatte schon ein Komitee zur Untersuchung des Verbandes eingesetzt.

Zuerst, erzählte uns Sascha, hätten sie theoretisch von der Freiheit der Künstler und Schriftsteller, Ceausescu von ihrer nationalen Verantwortung und dem Dienst am Sozialismus gesprochen, aber das habe zu nichts geführt.

»Da habe ich Ceausescu erzählt, daß mich heute morgen ein Freund angerufen und mir ein Gedicht vorgelesen habe. Mit ihm hatte ich nach dem Einmarsch der Sowjets in die Tschechoslowakei im August 1968 verabredet, wenn die Russen auch in Bukarest einrücken sollten, würden wir von unserem Fenster aus auf sie schießen. In seinem Gedicht, das er mir heute morgen am Telefon vorlas, hieß es: Damals seien wir bereit gewesen, unser Leben für Ceausescus Politik zu opfern, und heute sei ich von ihm einbestellt worden, weil er uns die Kandare anlegen wolle.«

Das, sagte Ivasiuc, sei eine Geschichte gewesen, die Ceausescu gerührt habe. »So mußte man ihn nehmen! Er war so bewegt, daß er seinen Tick, das leichte Stottern, bekam, und danach lud er uns beide zu einem Motorboot-Ausflug ein.«

Zwischen Weihnachten und Neujahr sei er noch einmal zu ihm gerufen worden, diesmal allein. Ceausescu stellte ihm nur fünf oder sechs Fragen, sagte aber in den Antworten nichts. Sascha ging nach Hause, wartete und fürchtete sich, bis er einige Tage später hörte, der Ausschuß des Zentralkomitees zur Untersuchung des Schriftstellerverbandes sei aufgelöst worden.

Vor einiger Zeit habe er es in seiner Wohnung im Stadtzentrum wegen des Lärms nicht mehr aushalten können. Er habe das

Ceausescu geschrieben, der ihm sofort eine neue habe zuweisen lassen.

»Um solcher kleinen Dinge wegen muß man sich an unseren Staatspräsidenten wenden! Und er kümmert sich darum, damit ich weiß: Er ist mächtig. Er kann sie mir ebenso schnell wieder nehmen.«

Feudale Gesellschaft

Razumovskys wohnten im Gästezimmer. Sie hatten schon oft von ihrem Vetter in Bukarest gesprochen. Ich bat sie, ihn doch einmal mitzubringen; aber sie antworteten, das sei nicht so einfach. Er sei nämlich Rumäne, und die Miliz würde ihn verhören, wenn er zu uns käme. Aber dann hatten sie ihn noch einmal gefragt, und wir wurden von ihm und seiner Frau zum Tee eingeladen.

Meinen Wagen ließen wir in einer anderen Straße stehen, weil wir mit der auffälligen Diplomatennummer nicht vor seinem Haus parken wollten; dann gingen wir zu Fuß weiter.

Wie der Vetter heißt?

»Konstantin Wassilko«, sagte Andreas. »Seine und meine Mutter waren Schwestern.«

»Dann war seine Mutter auch Deutsche.«

»Logisch. Sayn-Wittgenstein.«

Zu der Wohnung kam man nur durch den Garten. Eine Haustür und ein Flur fehlten, wir traten gleich in den Wintergarten ein, der als Vorraum zu ihrem einzigen Zimmer diente.

Das Ehepaar Wassilko empfing uns. Sie war schlank und hochgewachsen und bewegte sich, als habe sie täglich Gäste zum Tee. Er war groß und breit, eine kräftige Figur, sah jung aus. Dann kam aus dem Zimmer von hinten die Tochter und brachte Tee. Alle sprachen akzentfrei Deutsch.

Er hielt nichts von Ceausescu und dem ganzen Regime. Die Arbeiter könnten zwar weder lesen noch schreiben, dächten jedoch wie er und seien durch »Radio Freies Europa« über die Lage im Lande und der Welt gut informiert. Was er von den Arbeitern erzählte, klang so authentisch und war so lebendig, daß ich ihn fragte, woher er das alles so genau wisse.

»Weil ich jeden Tag mit ihnen arbeite«, erwiderte er lachend. »Auf dem Güterbahnhof: Güterwagen beladen und entladen.«

Er erzählte, er sei nie auf der Universität gewesen, habe aber Mechaniker- und Elektrikerkurse genommen und lange Zeit auf dem Bau gearbeitet. Jetzt brauche er keine Angst zu haben, daß er wie Angestellte oder Funktionäre des Staates entlassen werde. Mechaniker und Ingenieure brauche man immer.

Allerdings habe er manchmal seine Stelle wechseln müssen, wenn die Vorgesetzten erfuhren, wer er war. Am einfachsten sei es gleich nach dem Krieg unter sowjetischer Besatzung gewesen. Die Sowjets hätten möglichst viel Holz aus den Wäldern haben wollen, und wer die Bäume fällte, sei ihnen egal gewesen. Sie hätten nicht gefragt, ob proletarisch, bourgeois oder feudal – Hauptsache, die Zahl der abgelieferten Baumstämme habe gestimmt.

»Wenn er es nicht erzählt«, fiel Andreas ein, »muß ich es tun. Die Grafen Wassilko sind seit fünf- oder sechshundert Jahren als Herren der Landschaft nordwestlich von Czernowitz dokumentarisch belegt. Ihnen gehörten weite Ländereien und Landgüter *vor* den Karpaten, so viele Berge und Wälder *in* den Bergen, daß sie dort eine eigene Bahn hinführen mußten. Das Stadthaus war in Czernowitz. Konstantins Vater war Senator in Bukarest.«

»Ja«, warf Wassilko ein, »aber er nahm nicht an den Sitzungen des Senats teil, weil sie zur Zeit der Hirschbrunst stattfanden.«

»Und wo ist das alles geblieben?« fragte Franz.

»Mit dem Einmarsch der sowjetischen Truppen im Jahre 1944 war ich enteignet.«

»Und seitdem?«

»Zuerst Waldarbeiter, dann geheiratet, Gefängnis, während dieser Zeit geschieden, wieder geheiratet, wieder Gefängnis, insgesamt dreimal und jedesmal für mehrere Jahre, dann Zwangsaufenthalt zwischen Constanza und dem Ort davor. Sie können das Lager von der Straße aus sehen.«

Ich habe es später gesehen.

»Und warum Gefängnis und Zwangsaufenthalt?« fragte Franz.

»Weil ich Feudalherr gewesen war. Das war Grund genug. Ich habe einmal mein Dossier gesehen. Es war *so* dick, viele hundert Seiten. Ich kann mir nicht vorstellen, was man da alles reingeschrieben hat.«

»Und wie haben Sie die Zeit überstanden, als Ihr Mann im Gefängnis war?« fragte Franz die Gräfin.

»Die meiste Zeit war auch ich im Gefängnis. Gleich nach dem

Krieg hatte ich eine Zeitlang als Dolmetscherin in der britischen Botschaft gearbeitet, dann habe ich Konstantin geheiratet, wurde bald aber auch verhaftet und eingesperrt, weil ich für die Briten gearbeitet hatte. Im Gefängnis wurde mein Sohn geboren, den man mir aber wegnahm. Als ich nach Jahren wieder freigelassen wurde, habe ich ihn lange unter den Hunderten von namenlosen Waisenkindern gesucht. Gott sei Dank habe ich ihn gefunden, und ich durfte ihn wieder zu mir nehmen.«

Jetzt gab sie Nachhilfeunterricht in Deutsch, Englisch und Französisch.

Ich fragte beide, ob sie einmal eine Einladung von uns annehmen könnten. Er sagte, er habe keine Bedenken. Er belade Güterwagen, und niedriger eingestufte Schwerarbeiten gebe es nicht. Sie könnten ihm eigentlich nichts antun. Natürlich könnten sie ihn wieder einsperren, aber in Gefängnissen kenne er sich aus. Also – er komme gerne.

Einen richtigen Nationalfeiertag hatte die Bundesrepublik Deutschland damals nicht. Der 17. Juni war zwar Feiertag und Tag der Deutschen Einheit. Doch den Aufstand der Arbeiter im Jahr 1953 gegen die DDR-Führung zu feiern, konnte man den kommunistischen Politikern und Diplomaten nicht zumuten. Wir luden daher alle Welt in die Residenz und den Garten zum 23. Mai ein, dem Tag, an dem im Jahre 1949 unser Grundgesetz in Kraft getreten war, auch Konstantin Wassilko. Seine Frau wollte sich da lieber nicht sehen lassen.

Er trug einen dunklen Nadelstreifen-Anzug, der wie maßgeschneidert aussah, ein passendes Hemd, eine farblich vorzüglich damit abgestimmte Krawatte und machte einen höchst eleganten Eindruck. Wir stellten ihn Deutschen und westlichen Diplomaten vor, mit denen er sich in Deutsch, Englisch und Französisch unterhielt. Zu den rumänischen Funktionären hielt er Abstand.

Die heile Welt hat einen Sprung

Die Brauteltern, Pfarrer Orendi und die Kirchengemeinde Tartlau mitten im Siedlungsgebiet der Siebenbürger Sachsen, nahe Kronstadt, hatten Franz und mich zu einer Hochzeitsfeier eingeladen. Wir mußten Besuche bei Volksdeutschen vorher in Bukarest anmelden. Wir taten es jedesmal und verhielten uns wie gewöhnliche Besucher und vermieden den Eindruck, wir seien als Vertreter der Bundesregierung gekommen, damit die Besuchten nachher keinen Ärger mit der Sicherheitspolizei bekamen. Die Reisen wurden uns nie verweigert.

In Tartlau waren wir schon früher gewesen und hatten die eindrucksvolle Kirchenburg aus dem frühen 13. Jahrhundert angesehen. Sie glich der Kirchenburg im nahen Honigberg, in die uns Pfarrer Baldur Knall einmal eingeladen hatte. Hier wie dort hatte die Gemeinde gewöhnlich außerhalb der Burg gewohnt, sich bei Gefahr mit ihrem Vieh aber in die Kirchenburg gerettet, wo Heu, Stroh, Getreide in Scheunen und die Lebensmittel der Menschen im »Speckturm« gelagert waren.

Jede Familie hatte eine Wohnung in der Burg. Die Häuser des Dorfes außerhalb der Burg waren im Laufe der Jahrhunderte angeblich fünfzigmal zerstört und abgebrannt worden, die Kirchenburg aber hatten die Türken nie erobert. Die Einwohner der Dorfgemeinde Tartlau waren stolz auf ihre wehrhafte Vergangenheit, lebten noch immer für sich und waren selbst in der Zeit Ceausescus noch in sich geschlossen. Daß diese heile Welt schon einen Sprung hatte und von Rissen durchzogen war, die auch durch die Familien liefen und daß Teile vom Ganzen abbröckelten, erkannte man erst, wenn man nahe herangekommen und lange hingesehen hatte.

Bei großen Festen, Taufen, Hochzeiten, Beerdigungen schien alles noch so zu sein wie vor alten Zeiten. Es *sollte* so scheinen wie in alter Zeit; aber jeder wußte, daß man sich an den Festen nur in eine vergangene Welt zurückträumte.

Schon vier Tage lang waren die Vorarbeiten im Gange gewesen. Ein Gast schätzte, es seien vier Schweine für die vierhundert Hochzeitsgäste geschlachtet worden. Eingeweihte behaupteten, es seien mehr gewesen.

Der ganze Tag verlief nach alten Bräuchen mit dem Kirchgang und der Trauung als Höhepunkt am Vormittag und dem Festmahl, das schon am frühen Nachmittag mit Reden und Gesängen begann.

Eine in allen Einzelheiten, vielleicht schon seit Jahrhunderten, festgelegte Prozedur war das Anlegen der Brauttracht sowie das »Bockeln«, das heißt, das Aufsetzen und nach dem Gottesdienst das Abnehmen der Brautkrone. Eine alte Frau saß währenddessen im Hintergrund des Zimmers und wurde in Zweifelsfragen zu Rate gezogen, weil sie die alten Gebräuche und Handhabungen kannte und darüber wachte, daß nichts anders gemacht wurde als in ihrer Jugend zu Beginn des Jahrhunderts.

Wir waren nicht die einzigen, die hier zusahen. Die Kinder waren mit ihren Müttern dabei und verfolgten jeden Schritt und jede Phase des »Bockelns«.

Wie geborgen war doch der Mensch, der in dieser Gemeinde aufwuchs, schon an der Hand der Mutter an allen von jeher festgelegten Bräuchen teilnahm, jede Station im Leben des Menschen von der Taufe bis zur Beerdigung als festliches Ereignis der ganzen Gemeinde wahrnahm, bis er selbst heiratete, Kinder taufte, Angehörige beerdigte und schließlich zu Grabe getragen wurde! Ein heile Welt, in der alles seinen gebührenden Platz hatte und ohne Zweifel war. Wir sahen es mit Neid aus unserer Verwirrung und Unsicherheit.

Am Nachmittag wurden die Gäste zu Tisch gebeten. Wir saßen am Tisch des Brautpaars mit Brauteltern und Pfarrer, und es kamen während des stundenlangen Mahles ständig andere Gäste und setzten sich zu uns.

Die Tische waren voll von Gebäck, und dann trug man die deftigeren Gerichte auf: Schwein, Kalb, Gänse, Enten, Hühner, Fisch und Wild.

Man fragte sich, woher dieser Überfluß in dem armen Land?

»Wie kommen Sie denn zu Schweinen in der sozialistischen Wirtschaft?« fragten wir. »Sind die Tiere nicht alle in Schweine-Kooperativen?«

»Im Prinzip ja«, antwortete der Tischnachbar. »Aber in unseren Höfen werden sie schneller fett. Warum das so ist, weiß keiner; und weil sie bei uns schneller wachsen, gibt die Kooperative sie bei uns in Pension und liefert uns das Futter. Nun ja, und da pflegen wir eben immer ein paar Schweine für uns mit, und unsere Hühner und Gänse gleichermaßen. Der Bürgermeister Threin hat sechzig Schweine in Pflege.«

Einer stimmte das Lied der Sachsen an: »Siebenbürgen, süße Heimat«. Mein Nachbar hatte Tränen in den Augen, und viele andere mußten sich plötzlich die Nase schnauben. Die Tränen waren kaum trocken, da fragte der Nachbar, ob ich seinem Sohn und seiner Schwiegertochter nicht behilflich sein und ihnen Pässe und Ausreisevisa beschaffen könnte. Er selbst wolle zunächst noch hier bleiben. Später könne man ja immer noch Familienzusammenführung beantragen. Siebenbürgen, süße Heimat!

Die meisten, die sich zu uns setzten, hatten eine traurige Geschichte von sich oder der Familie zu erzählen, manche Geschichten etwas larmoyant und voller Selbstmitleid, aber auch andere, die ans Herz rührten und uns lange nachgingen.

Ich hatte das Gefühl, wie es ein amerikanischer Besatzungssoldat nach dem Krieg in Deutschland gehabt haben mag: Man lebte gut und hatte deshalb vor dem Elend der anderen ein schlechtes Gewissen. Helfen aber konnte man nur selten.

Dies hier ist nicht der Ort, die Lage der damals rund 380 000 Banater »Schwaben« im Westen des Landes, und der Siebenbürger »Sachsen« und die ganze Auswanderungsproblematik darzustellen. Nur auf die Freikaufgelder komme ich später zurück, die Ceausescu forderte und erhielt.

Statt dessen lasse ich den evangelischen Landesbischof Klein zu Worte kommen, den ich in Hermannstadt besuchte. Er war die bedeutendste Gestalt unter den Siebenbürger Sachsen und war schon einige Male in Bukarest unser Gast gewesen, besonders wenn deutsche Geistliche zu Besuch kamen. Mit ihm stimmte ich, was die Volksdeutschen betraf, weitgehend überein. Bei ihm holte ich mir Rat, wenn ich unsicher war.

Der Kern Hermannstadts war alt und unversehrt. Man traf auf schöne Durchblicke durch Gassen und über Dächer. Man hätte irgendwo in Süddeutschland sein können. Aber nirgends sah ich eine deutsche Inschrift außer in der Kirche, einer Basilika aus dem 13. Jahrhundert.

Der Kreisvorsitzende und der Bürgermeister, beide Rumänen, bestätigten, daß es hier eine deutsche Minderheit gab. Aber sie sei gering, nur etwa 28 Prozent. Außerdem dürfe man die ungarische Minderheit in der Stadt nicht vergessen. Ein deutsches Theater? Sie sahen sich fragend an. Dann sagte einer, doch, das gebe es. Sie hatten davon schon gehört.

Das alte renommierte Hotel »Zum Römischen Kaiser« hieß jetzt *Imperatul Romanilor*. Man teilte mir eine gewaltige Suite zu, aber im Badezimmer rannten die Schaben um ihr Leben, als ich das Licht anmachte. In der Badewanne fehlte der Stöpsel, und am nächsten Morgen lief das warme Wasser nicht.

Bei Bischof Klein hatte ich mich durch das rumänische Kultusamt ganz offiziell anmelden lassen. Man sollte sehen, daß ich nicht hinter dem Rücken der Behörden heimlich Volkstumspolitik treiben wollte. Er wohnte im rückwärtigen Teil eines alten, aufwendig gebauten Bürgerhauses, oben im ersten Stock. Man kam dahin durch einen langen gedeckten Holzbohlengang.

Der Erbauer hatte es an Größe und Pracht dem Brukenthal-Palais gleichtun wollen, wo ich dem Direktor gerade eine deutsche Medaille überreicht hatte. Das Wohnzimmer war eine geräumige, behagliche, geschmackvoll eingerichtete Bürgerstube. Frau Klein brachte eine deutsche Himbeer- und Aprikosentorte.

Der Bischof sagte, er werde angefeindet, weil er keine Volkstums- und keine »Heim-ins-Reich«-Politik befürworte, sondern lediglich Familienzusammenführung. Aber er könne das ertragen. Erst kürzlich habe er eine Gemeinde besucht, die »etwas hinter Gottes Angesicht« lag. Dort habe ein Bauer den Koadjutor gefragt: »Warum besorgt uns der Bischof denn keine Pässe zur Ausreise ins *Reich*?«

Auf die Antwort, das könne der Bischof gar nicht, habe der Bauer erwidert: »Ach der Bischof! Wenn er will, kann er das schon; aber er will einfach nicht!«

Der Gedanke, die Bundesrepublik Deutschland solle die ganze deutsch-rumänische Volksgruppe den Rumänen abkaufen, werde immer wieder diskutiert. Viele hofften darauf. Aber ich hätte ja von Bodnaras gehört, daß Rumänien auf die Deutschen nicht verzichten und sie nicht ziehen lassen wollte. »Nur einige wenige«, habe Ceausescu zugestanden, »um Druck abzulassen.«

Auf einem Jugendtreffen hätten die Teilnehmer gestanden, etwa ein Viertel von ihnen würde nach Deutschland ausreisen, wenn man ihnen Pässe gebe. Aber dann würde es zu einem Erdrutsch kommen: Alle anderen würden folgen oder von den Jungen nachgeholt werden.

»Und warum wollen so viele auswandern?« fragte der Bischof und beantwortete die Frage selbst: »Weil sie hier scheitern oder gescheitert sind. Es geht ihnen auch nicht schlechter als den Rumänen und der ungarischen Minderheit; aber oft sind ihre Anstrengungen nicht ernst genug, weil sie sich den Ausweg einer Auswanderung ›ins Reich‹ in Gedanken vor Augen stellen. Sind sie gescheitert, dann befinden sie sich in einer Krise, aus der sie nicht mehr herausfinden: Sie stellen dann einen Antrag nach dem anderen auf einen Paß, und das Ziel verfolgen sie energisch und ausdauernd. Nicht selten auch, um damit familiäre Krisen zu lösen. Sie fliehen oft vor solchen Problemen, etwa in der Ehe oder überhaupt in der Familie, indem sie auswandern.

Aber in Deutschland angekommen, fällt ihnen die Integration in das Leben schwer. Sie hatten sich ja ein hochidealisiertes Bild von dem Land gemacht, wo Milch und Honig fließt und alle Menschen treu, fleißig, pünktlich und ehrlich sind, wie sie es einmal gelernt hatten. Die vielen Lehrer, die dorthin wollen, wissen gar nicht, was sich dort seit 1968 verändert hat und was ihnen blüht, wenn sie der Jugend unserer Zeit gegenüberstehen. Mit ihren Anschauungen werden sie dort doch nur ausgelacht.

Hier waren sie integriert, dort sind sie einsam. Mein ›Gegenschwiegervater‹ zum Beispiel kommt zweimal im Jahr jeweils für vier bis sechs Wochen hierher, weil seine Freunde noch hier sind. Vor ihnen aber glaubt er, seine damalige Ausreise rechtfertigen zu müssen, preist das Leben in Deutschland in den glühendsten Farben und will sie verlocken, auch dorthin zu kommen, damit er nicht allein ist.

Unsere Volksdeutschen haben sich seit Jahrhunderten als Herrenvolk gefühlt und haben die Rumänen, die sie in ihre Städte aufnahmen, als unterprivilegierte Klasse behandelt. Seit Jahrhunderten besteht die Antipathie zwischen den beiden zusammen wohnenden und doch getrennt von einander lebenden Volksgruppen, die nicht untereinander heiraten.

Grund waren und sind nicht rassische oder völkische Vorbehalte, sondern soziale. Die Sachsen besaßen Anteile am Königsboden, waren im 12. und 13. Jahrhundert *ad retinendam coronam* hergerufen worden und hatten vielerlei Privilegien; sie waren und fühlten sich als die Höherstehenden. Die Heirat eines Sachsen mit einem Rumänen bedeutete sozialen Abstieg.

Noch heute leben viele Sachsen mit diesem Anspruch, aber die Zeiten haben sich geändert. Wer im Beruf aufsteigen will, muß studieren. Ein Studium im Ausland ist heute so gut wie ausgeschlossen. Er muß auf einer rumänischen Universität zusammen mit Rumänen lernen. Und selbst wenn er sein Studium mit dem besten Examen abschließt, wird er erkennen, daß alle maßgebenden Stellen im Staat den Rumänen vorbehalten sind.«

»Und daher versteht man auch«, sagte ich, »daß alle Volksdeutschen, die nach Höherem und einem größeren Wirkungskreis
streben, hinaus wollen.«

»Ja«, erwiderte er, »verstehen kann man es schon.«

Deutsche Boxer

Etwa zehn Boxer der deutschen Junioren-Mannschaft waren zu
Wettkämpfen mit den rumänischen Junioren hier. Sie klagten über
schlechte Ernährung. Wir luden sie und ein Dutzend Trainer und
Sportfunktionäre zu einem kräftigen deutschen Mittagessen ein.
Ihr Herzenswunsch war reiner Orangensaft. Wir hatten daher
schon am Tag vorher unseren Fahrer losgeschickt, ob er irgendwo
Apfelsinen auftreiben konnte. Die gab es nirgends zu kaufen; aber
der Fahrer fand schließlich zwei große Körbe. Im Laden für die
Parteiprominenz. Schwarz und gegen ein entsprechendes Hand-
geld.

Die jungen Boxer waren munter und vergnügt, litten aber unter dem Klimawechsel. Es war in Bukarest zehn Grad wärmer als
in Berlin; wir fanden es gerade herrlich bei 26 Grad, Sonne und
trockener Luft. Wir standen im Garten, und sie tranken Apfelsi-
nensaft, bevor es zum Essen ging.

Sie waren anscheinend empfindlich und hochtrainiert. Der
Trainer bestätigte es. Schon der physische Unterschied zu den
Boxern der Oststaaten sei groß. Die hätten ganz andere Staturen,
seien seit ihrer Jugend an Handarbeit gewöhnt und hätten bereits
Muskelpakete, bevor sie überhaupt zu trainieren begännen. Unter
unseren Junioren seien zwei Studenten, einer stehe vor dem
Abitur, und einer sei Soldat.

Die Boxer Osteuropas kämpften mutiger und aggressiver. Die
Belohnung für einen Sieg sei eine Reise in den Westen; davon
könnten alle anderen Rumänen nur träumen. Eine Niederlage wäre
für die rumänischen Boxer ein schmerzlicher Schicksalsschlag.
Unsere Junioren freuten sich natürlich auch nicht, wenn sie geschlagen werden; aber es sei für sie doch nicht viel mehr als ein
Gesichtsverlust.

Favorit unter unseren Schwergewichtlern war der Berliner
Bernd. Er wog 190 Pfund und war sehr groß. Im nächsten Jahr

wollte er sein Abitur machen. Das rumänische Essen schmeckte ihm nicht, und er klagte darüber. Er freute sich darauf, jetzt etwas Gutes aus der deutschen Küche zu bekommen. Wir standen etwa ein halbe Stunde, da bat er, sich setzen zu dürfen; er könne nicht so lange stehen. Ich holte ihm schnell einen Stuhl. Er sah in der Tat ganz blaß aus.

Die Bustelli-Figur

Nach der Außenministerkonsultation in Bonn fuhren Macovescu, der jetzt Außenminister geworden war, seine Frau und Mihai, der Leiter der Westeuropa-Abteilung, auf Einladung des Auswärtigen Amtes nach München. Der rumänische Botschafter Oancea, seine Frau, Franz und ich begleiteten sie. In München hatte ich eine Besichtigung der Porzellan-Manufaktur Nymphenburg vorgeschlagen.

Der Leiter empfing uns und führte uns durch die Arbeitsräume. Ich nahm am Eingang einen Angestellten beiseite und bat ihn, eine Porzellanfigur, vielleicht die eines kleinen Eroten von Bustelli, in einer schönen Geschenkpackung Frau Macovescu beim Abschied zu überreichen und die Rechnung mir zu senden.

Frau Macovescu bedankte sich artig, als ihr der Leiter der Manufaktur das kleine Geschenkpäckchen überreichte. Und ich bezahlte die Rechnung später aus der Aufwandsentschädigung, die ich zu solchen Zwecken erhielt.

Frau Macovescu war eine lebhafte, vergnügte Frau, die eine unendliche Menge von balkanischen, geistreichen, meist jüdischen Witzen kannte. In ihrem vorzüglichen Französisch mit charmantem rumänischen Akzent und mit sicherem Sinn für die Pointe, wußte sie damit Reisegesellschaften oder Gäste stundenlang zu unterhalten. Ich saß gern in ihrer Nachbarschaft.

Das Geschenk von Nymphenburg erwähnte sie nie, bis ich sie Monate später einmal bei Tisch ganz unschuldig fragte, was eigentlich in dem Päckchen gewesen sei.

»Ach«, antwortete sie, »so eine kleine Figur von Bustelli, aber nur weiß. Wenn sie bemalt sind – das wurde uns bei der Besichtigung ja erklärt –, sind diese Figuren viel teurer.« Also bekam sie zu Weihnachten, wo selbst die hohen Politiker Rumäniens Geschenke erwarteten und gerne annahmen, eine bemalte.

In München wohnten wir in den »Vier Jahreszeiten«. Die Rumänen wollten zurück nach Bukarest, wir zum Urlaub an den Lago Maggiore. Die Abfahrt zum Flugplatz war auf 10 Uhr 30 festgesetzt. Wir trafen uns pünktlich am Eingang des Hotels. Die Autos und die Polizeieskorte standen schon in der Einfahrt, Macovescus Koffer wurden in die Autos gepackt.

Aber der Botschaftsrat Mihai war nicht da. In seinem Zimmer meldete er sich nicht. Das Gepäck war weg. Er wurde gesucht. Jemand vom Personal sagte, er habe schon früh das Hotel verlassen. Das Personal am Empfang hatte ihn seither nicht gesehen.

Es wurde 10 Uhr 40. Der Botschafter Oancea wurde sehr nervös, lief hierhin und dorthin, und in den Augen seiner Frau sah man Panik. Macovescu blieb nicht bei seiner Frau und uns stehen, er ging ruhig auf und ab. Der Leiter der Motoreskorte kam herein und sagte, wenn man das Flugzeug noch erreichen wolle, müsse man gleich abfahren.

Wir setzten uns also in die Autos. Macovescu bat, noch fünf Minuten zu warten. Wir saßen schweigend im Wagen, schließlich sagte Macovescu: »Abfahren!«

Mit Blaulicht und Sirenen, wie es das Münchener Protokoll liebte, und in hoher Geschwindigkeit ging es zum Flugplatz. Macovescu sah hinaus auf die Straße und sagte traurig: »*Il a choisi la liberté.*«

So war es also, wenn einer plötzlich desertierte und zum Klassenfeind überlief! Er dachte wohl daran, was er Ceausescu nun alles erklären mußte. Man würde es ihm nie verzeihen. Er dachte wohl auch über den Menschen Mihai nach, der seine Absicht so gut verborgen hatte.

»*Il a choisi la liberté.*« Weiter sagte er nichts. Auf dem Flugplatz stellte es sich heraus, daß das Flugzeug noch nicht abflugbereit war. Wir warteten in der VIP-Lounge. Ich versuchte mit dem Hotel zu telefonieren, aber die Leitung war immer besetzt.

Es war ein Viertel nach zwölf, als Mihai, einen Koffer in der Hand, seelenruhig durch die Tür kam und überrascht war, uns dort zu sehen. Er begrüßte uns wie seine verloren geglaubte Familie.

Er sei, wie Botschafter Oancea gesagt hatte, um 10 Uhr 45 …

»Nein, 10 Uhr 30!« rief Oancea dazwischen. »Ich habe gesagt, wir fahren um 10 Uhr 30!«

Nun, vielleicht, fuhr Mihai fort, sei er auch ein paar Minuten später nach einem kleinen Einkaufsbummel im Hotel »Vier Jahreszeiten« angekommen. Er habe Minister Macovescu in seinem Appartement gesucht, aber es war leer gewesen. Am Empfang habe er erfahren, daß er und seine Frau schon längst abgefahren seien. Da habe er sich furchtbar erschrocken, mußte sich erst einmal in der Empfangshalle hinsetzen, denn ihm war sofort klar: *Ils ont choisi la liberté.*

Er habe sich die Verhöre vorgestellt, die ihn nach der Rückkehr in Bukarest erwarteten, und überlegt, was er nun tun solle. Doch er habe keinen Augenblick gezögert, nach Bukarest zurückzukehren, kurz: Er habe entschlossen seinen Koffer aus der Gepäckkammer des Hotels geholt und ein Taxi zum Flugplatz genommen, um – wenn auch als einziger – in das sozialistische Heimatland zurückzukehren.

Nun, ich glaubte ihm diese schnelle Entscheidung nicht ganz und fragte mich, ob er nicht doch einen Moment die Möglichkeiten abgewogen hatte, den günstigen Augenblick zu nutzen und abzuspringen und um Asyl zu bitten, oder ob ihm der Mut dazu gefehlt habe, so daß er beschlossen habe, jeden Skandal zu vermeiden und zu Frau und Kindern nach Bukarest heimzukehren.

Ein Stein fiel seinen Landsleuten vom Herzen, weil er wieder bei ihnen war und nicht die Freiheit gewählt hatte. Selbst Macovescu wurde wieder gesprächig, und seine Frau erzählte, Mihai habe neulich in Paris auch beinahe das Flugzeug verpaßt. Man habe es auf dem Weg zur Startbahn noch aufgehalten, um ihn mitzunehmen. Wir waren uns beide einig, daß das alles ein schlechtes Licht auf ihn werfe, und daß er eines Tages wohl doch das Flugzeug verpassen und den Weg zurück nicht mehr finden werde.

Böll ist beleidigt

Wir waren von München zu Hans Joachim und Elfi Lange nach Trarego am Lago Maggiore gefahren. Hans Joachim hatte in den fünfziger Jahren ein schönes Buch über die unheimlichen letzten Tage im April 1945 vor dem Abzug der deutschen Truppen aus Norditalien geschrieben. Es hieß »Die Mauer von Mallare«. Ein wacher, kritischer, ironischer Geist, aber er schrieb nichts mehr.

Dafür machte er Karriere beim Hessischen Rundfunk, wo Alfred Andersch und Heinz Friedrich arbeiteten, für deren Abendstudio ich ab und zu Beiträge schrieb.

Dort hatte ich ihn kennengelernt. Dann wurde er Fernsehdirektor in Köln und später in Baden-Baden. Er hatte sich ein Sommerhaus am italienischen Teil des Lago Maggiore gebaut und wollte auch uns verlocken, dort eins zu bauen. Es sei ganz billig in Italien, sagte er. In den Ferien wohnten wir oft bei ihm.

In London hatte ich einmal meine Sammlung japanischer Farbholzschnitte einem Experten gezeigt, die ich mir während des Krieges in Tokio und Kyoto für ein Butterbrot und ein Ei gekauft hatte. Ich hatte mich auf zwei Meister aus dem frühen 19. Jahrhundert beschränkt, die viele Ukioye-Sammler schon für westlich infiziert hielten: Hokusai und Ando Hiroshige, von dem ich unter anderem die vollständige Serie der *Tokaido* in Drucken bester Qualität erwarb. Erst nach dem Krieg, als die Amerikaner gelandet waren, stiegen die Preise. Kurz und gut, der Experte in London erzählte einem Händler von der Sammlung, der bot mir einen Preis, den ich in dieser Höhe nie erwartet hatte. Ich verkaufte ihm die Sammlung, erwarb dafür in Brissago, auf der Schweizer Seite des Lago Maggiore, ein Grundstück und baute dort ein kleines Sommerhaus, das auch einen schönen Arbeitsraum für mich enthielt.

Im Urlaub wohnten wir währenddessen bei Langes und verfolgten von dort aus den Hausbau. Hans Joachim hatte sich über einen Brief von Heinrich Böll geärgert. Er sprach so viel davon, daß ich die Geschichte in meinem Tagebuch notierte.

In Köln hatten sie sich oft eingeladen und waren vertraut miteinander. Jetzt aber schrieb Böll: »Sehr geehrter Herr Dr. Lange!« und beschwerte sich in scharfem Ton, daß Hans Joachim eine Sendung Bölls wiederholt habe, obwohl er dem Südwestfunk doch verboten hatte, jemals einen seiner Beiträge zu wiederholen. Denn ein unverschämter junger Kritiker namens Ulrich Frank-Planitz hatte dort ein Buch Bölls verrissen. Ihm werde schlecht, schrieb Böll, wenn er nur das Gesicht dieses Kritikers sehe.

Hans Joachim hatte Böll darauf kurz geantwortet, die Sendung sei nicht im Südwestfunk, sondern im Saarländischen Rundfunk ausgestrahlt worden. Böll solle sich seine Angriffsziele sorgfältiger aussuchen. Er, Hans Joachim, sei nicht der einzige in Deutschland, der gegen solche wilden Anschuldigungen empfindlich sei. Was Böll wiederum zu einer sarkastischen Antwort veranlaßte, in der er von Hans Joachims »empfindlichem Herzchen« sprach.

Ich sagte Hans Joachim, unser Volk liebe Böll als den guten Menschen und wolle nicht, daß er auch eine andere, weniger erfreuliche Seite habe. Aber die guten Menschen hätten eben nicht nur gute Seiten. Statt sich aufzuregen, könne er diesen Briefwechsel doch veröffentlichen. Ohne Kommentar. Dann könne sich jeder selbst ein Bild von Böll machen.

Ein Sommernachtstraum

Die Briten führten den *Sommernachtstraum* in der Inszenierung von Peter Brook im Nationaltheater in Bukarest auf. Franz und ich kannten sie schon aus London. An der Bukarester Aufführung gefiel mir, daß einige von Brooks Einfällen gestrichen waren, zum Beispiel das endlose Schaukeln von Oberon und Puck auf Trapezen oder das Schwingen von stählernen Spiralen, die ich-weiß-nicht-was bedeuten sollten. Das Ensemble spielte brillant, und die Inszenierung bezauberte wieder, wenn das Stück auch weder Sommernacht noch Traum war. Alles war ganz in Weiß. Das surrealistische Traumbild von London fehlte hier. Daher verspürte man wohl auch das gefährlich Drohende hinter aller koboldhaften Leichtigkeit dieses Mal nicht.

In der Loge saß Dumitru Popescu – »Gottgleich«, wie man ihn nannte – der rumänische Kulturpapst, der unmittelbar dem Zentralkomitee unterstand. Die Kulturgewaltigen kamen in der Pause ziemlich verstört aus der Loge ins Foyer, standen eng zusammen und diskutierten ernst mit Dan Negreanu. Wir konnten uns denken, warum.

Im letzten Bild vor dem Pausenvorhang wurde nämlich *Bottom the Weaver* auf den Schultern seiner Kumpane mehrere Male in ausgelassenster Stimmung um die Bühne getragen, und einer der übermütigen Träger hatte seinen Arm unter seinen Beinen hindurch weit ausgestreckt, so daß er wie ein erigierter Riesenphallus aussah. Das rumänische Publikum, dergleichen Späße ungewohnt, hatte erst den Atem ob dieser Obszönität angehalten, dann aber doch gelacht und applaudiert, als der Vorhang fiel. In

Maßen, denn die Angelegenheit konnte sich zu einem Skandal entwickeln, und da sollte man nach der anstößigen Szene besser nicht zu enthusiastisch klatschen.

Dan Negreanu, der für dieses Gastspiel verantwortlich war, gab sich zunächst ganz entspannt, Sonja Philip aber, seine Frau, die uns die Karten besorgt hatte und neben uns saß, sah besorgt aus. Sie und ihr Mann waren Juden, und das machte sie besonders verwundbar. Sie fürchtete für ihren Mann. »Gottgleich« Popescu beauftragte ihn aber vorerst nur, mit dem Ensemble zu verhandeln und diese empörende Szene zu streichen.

Sie sollten das Stück kürzen, sagte Dan Negreanu zu den Schauspielern. Der Sprecher fragte, wie das zu verstehen sei, ob sie den Arm unter Bottoms *bottom* nicht so weit herausrecken sollten, oder vielleicht eher runterhängen lassen sollten. Sie nahmen Dan Negreanu auf den Arm und nutzten ihre starke Position nach Kräften aus. Und wenn Negreanu verlangen würde, sie sollten nur einmal, nicht dreimal mit *Bottom the Weaver* um die Bühne marschieren, dann könnten sie nur antworten, das sei unmöglich. Die Szene sei integraler Bestandteil der Inszenierung, sie könne unter keinen Umständen gekürzt oder gar gestrichen werden. Alles was Peter Brook inszeniert habe, sei heiliges Vermächtnis und dürfe nicht geändert werden.

Offenbar erhoffte das Ensemble sich ein Verbot, das dem Theater zu Hause unbezahlbare Schlagzeilen eingebracht hätte. Doch Dan Negreanu tat ihnen den Gefallen nicht; er drängte nicht weiter und setzte nur durch, daß die Abbildungen der Szene aus dem Programmheft herausgenommen wurden. Seine Schwierigkeiten begannen erst danach, als er dem Kulturpapst Dumitru Popescu erklären mußte, warum sich an der Szene nichts kürzen ließ.

Die Zauberflöte

In der Bukarester Oper wurde *Die Zauberflöte* gegeben. Regisseur und Dirigent kamen aus Saarbrücken. Das rumänische Orchester war lahm, und der Dirigent hatte Mühe, die Musiker aus ihrer Lethargie zu reißen. Die Stimmen aber waren gut, einige sehr gut, Papageno zum Beispiel, der seine Rolle nach Kräften ausspielte. Er war aber auch ein guter Sänger und Schauspieler.

Der deutsche Regisseur Hermann Wedekind lief beim Schluß-applaus auf der Bühne von einem Sänger zum anderen, drückte jedem begeistert die Hand, wandte sich dann dem Publikum zu und applaudierte ihm ebenfalls. Die rumänischen Sänger und der Chor taten desgleichen.

Da starb der Beifall des Publikums mit einem Schlag. Sie hatten erwartet, einen deutschen Regisseur zu sehen, der sich benimmt wie ein Herr aus dem Westen vor einem kultivierten Publikum. Glaubte er etwa, sich mit dieser von den Sowjets eingeführten Sitte, auch dem Publikum Beifall zu klatschen, bei den Rumänen anbiedern zu können? Das britische Ensemble hatte sich dagegen richtig verhalten – wie vor einem britischen Publikum. Es war herausgekommen, hatte sich aufgestellt und hatte sich für den Applaus bedankt und verbeugt.

In der Pause sprach ich mit dem deutschen Impresario, der gerne *Die Soldaten* von Bernd-Alois Zimmermann hier einstudieren und dann nach Düsseldorf bringen wollte. Ich zog die Nase kraus. Er glaubte, mir gefalle die Musik nicht. Ich sagte: »Mit der Musik kann ich in der Tat nicht viel anfangen, aber was mir hier Bedenken macht, ist das Libretto.«

»Aber es ist doch *gegen* die Soldaten. Es ist *anti*-militaristisch!« antwortete er.

Ich lachte: »Eben! Deshalb!«

Da verstand er die Welt nicht mehr. Militaristisch, das war doch nur die NATO, während die kommunistischen Staaten ihre Soldaten nie, oder nur einsetzten, um den Frieden zu wahren oder zu *brüderlicher Hilfe*, wie in Prag.

Ceausescu wird nervös

Rumänien hatte jahrelang eine bedeutende Nebenrolle oder, besser gesagt, Chargenrolle in der Ost-West-Politik gespielt. Doch jetzt kam es in dieser Rolle nicht mehr recht an. Schon im Gespräch mit Schröder hatte Ceausescu beklagt, daß die Staatsmänner des Westens glaubten, Rumänien nicht mehr nötig zu haben.

Nixon flog nach Peking und Moskau, Brandt nach Moskau und auf die Krim, Breschnew nach Paris. Früher blendeten alle Scheinwerfer auf, wenn Rumänien auf der chinesischen Bühne auftrat; heute waren sie auf Nixon gerichtet.

Hilfe des Westens konnte Rumänien in einem ernsten Konflikt mit der Sowjetunion nicht erwarten. Premierminister Heath hatte einen Besuch in Bukarest abgelehnt, reiste aber nach Warschau. Bundeskanzler Brandt wäre als Förderer des rumänischen Prestiges hoch willkommen, aber er zeigte sich an der Einladung, die Maurer ausgesprochen hatte, nicht interessiert. Er war ja auch erst vor ein paar Jahren hier gewesen.

Mit Tito, Kádár, Schiwkoff, den Nachbarn, traf man sich zuweilen, aber eine irgendwie geartete Balkan-Formation kam dabei nicht heraus. Und Tito hatte im eigenen Land mit einer Krise zu tun, die düstere Aussichten für die Zeit nach ihm eröffnete. Ceausescu hatte im letzten Jahr Ägypten und sechs kleinere afrikanische Staaten besucht; aber diese Reisen waren nicht Zeichen einer politischen Strategie, sondern planloser Geschäftigkeit. Auch unter den hohen Funktionären wurden sie unter der Hand kritisiert, weil sie nichts eingebracht hatten.

Es gab einige nachdenkliche, realistische Rumänen, die eine Rückkehr in den Schoß des Warschauer Pakts nicht als Schmach, sondern als vernünftige Alternative zu Ceausescus riskanter und wenig erfolgreicher Politik zwischen den Blöcken ansahen. Sie konnten darauf hinweisen, daß sich die Wirtschaft Ungarns und Bulgariens günstiger entwickelte als die rumänische. Niemand sagte das uns freilich in aller Offenheit, aber aus den oft nur wenig verhüllten Klagen hörte man gelegentlich Zweifel an der bisherigen Politik heraus.

Ceausescu hatte erkannt, daß er isoliert war. Nun wollte er schnell zu uns und nach Japan reisen, nicht etwa als Bittsteller, nein, als einer, der Hilfe und Achtung fordern konnte. Denn hatte er sich nicht oft genug von der Politik des Warschauer Pakts distanziert? Warum sahen die westlichen Industriemächte nicht, daß er für sie unentbehrlich, daß er überhaupt der Größte war und Anspruch auf höchste Ehren hatte?

Von seinem Staatsbesuch bei uns war schon längere Zeit die Rede, aber seit einigen Tagen schien es ernst zu werden. Der rumänische Botschafter Oancea in Bonn hatte unserem Chef des Protokolls gesagt, Ceausescu sei mit dem Besuchsprogramm nicht zufrieden. Er wünsche normale Besuchsbedingungen; sie sollten denen entsprechen, die man dem Bundespräsidenten Heinemann bei seinem Rumänienbesuch gewährt habe. Unser Protokollchef hatte geantwortet, er sehe nicht, wo unser Programmvorschlag die rumänischen Bedingungen nicht erfülle.

Ich suchte Macovescu auf und fragte ihn, was es mit den Worten des Botschafters Oancea in Bonn auf sich habe. Macovescu wich aus, er war anscheinend von den Besuchsabsichten noch gar nicht unterrichtet. Man müsse Mißverständnisse vermeiden, sagte er. Die »objektiven Gegebenheiten« für die Reise seien offenbar noch nicht gegeben.

Was sollten solche rätselhaften Antworten? Hingen sie mit der unruhigen innenpolitischen Lage zusammen? Es fanden in Rumänien Umbesetzungen in hohen Positionen statt. Das Staatssicherheitsamt und das Innenministerium wurden wieder zusammengelegt, nachdem Ceausescu sie erst vor drei Jahren getrennt hatte. Burtica wurde Chef von Rundfunk und Fernsehen, obwohl er erst vor einigen Monaten zum Sekretär des Zentralkomitees ernannt worden war. Wie der Sowjetbotschafter Drosdenko erzählte, habe ihm mein Nachbar Fazekas, der Vertreter der ungarischen Minderheit im Politbüro, sich vorher nach links und rechts umsehend, zugeflüstert, mit Ceausescu sei es nicht mehr auszuhalten.

Ministerpräsident Maurer hatte in Klausenburg eine Rede gehalten, in der er die rumänische Wirtschaft heftig kritisiert, Ceausescu aber überhaupt nicht erwähnt hatte.

Drosdenko erzählte, Frau Maurer hoffe, trotz der Gerüchte über die Absetzung ihres Mannes, er werde noch länger im Amt bleiben, denn sonst erhielten sie monatlich nur 5000 Lei, also rund tausend Mark, Pension. Er gehörte eben nicht zu dem Kreis der Privilegierten aus Ceausescus Umgebung, die sich aus der Staatskasse bedienen durften. Maurers deutscher Jagdfreund hatte mir kürzlich im Vertrauen erzählt, Maurer habe ihm Felle selbst erlegter Bären geschickt, die er in Deutschland für ihn verkauft habe. Ich hatte Maurer einmal in seinem Privathaus aufgesucht, einer bescheidenen Villa, bescheiden eingerichtet.

Am 28. Mai 1972 rief mich das Außenministerium an, Macovescu möchte mich morgen, am Samstag, sehen. Das Treffen fand bei dem stellvertretenden Ministerpräsidenten Patsan statt.

Ceausescu sei mit dem ganzen Programm seines vorgesehenen Staatsbesuchs in Bonn unzufrieden, begann dieser. Wir sollten sofort eine Wirtschaftsdelegation nach Bukarest entsenden, die eine Vereinbarung über langfristige Import- und Exportpläne unter Berücksichtigung der rumänischen Finanzlage, Kreditkonditionen und eine Perspektivplanung für die nächsten vier bis fünf Jahre ausarbeiten solle, die Ceausescu zur Krönung seines Staatsbesuchs in Bonn unterzeichnen könne.

Ich fragte, welche Termine Ceausescu für seinen Staatsbesuch vorschlage. Entweder vor dem 25. Juni 1972, also innerhalb der nächsten drei Wochen, oder ab 25. August, antwortete Patsan.

Nun hub Vizeaußenminister Macovescu mit seinem Teil an: Auch die protokollarische Seite des Besuchsprogramms stelle den Staatspräsidenten nicht zufrieden. Bundeskanzler Brandt habe ihm, Macovescu, im Februar gesagt, er werde sich für die Gespräche mit Ceausescu viel Zeit nehmen. Jetzt stehe kaum Zeit zur Verfügung. Nicht einmal bei der Ankunft sei er auf dem Flugplatz.

Ich antwortete, in Bonn seien immer nur der Bundesaußenminister und allenfalls der Bundespräsident bei dem Empfang auf dem Flugplatz anwesend. Macovescu erwiderte, man könne einen so bedeutenden Staatsbesuch wie den des rumänischen Staatspräsidenten doch auch politisch aufwerten, indem der Bundeskanzler ebenfalls zum Flugplatz komme.

Er habe aber noch mehr zu beanstanden: An zwei Tagen des Staatsbesuchs sei der Bundeskanzler überhaupt nicht in Bonn. Das entspreche nicht den Wünschen, die er seinerzeit selbst geäußert habe und das sei auch mit der Würde des rumänischen Staatsoberhaupts nicht vereinbar. Ferner: Der Bundespräsident wolle Ceausescu verabschieden und unmittelbar darauf nach Berlin fliegen. Das erwecke den Eindruck, Ceausescu sei uns lästig und wir wollten ihn so schnell wie möglich loswerden – als sage man sich: Bringen wir diesen Staatsbesuch doch so schnell wie möglich hinter uns!

Ich erwiderte, was man bei solcher Gelegenheit sagt: Natürlich werde der Staatspräsident Ceausescu von uns mit allem Respekt und aller Hochachtung, korrekt und herzlich empfangen, und er sei uns, wie schon verschiedentlich versichert, sehr willkommen. Es seien aber viele Termine des Kanzlers und des Bundespräsidenten schon seit langem besetzt. Wir planten immer viele Monate voraus, und diese Probleme wären nicht aufgetreten, wenn Rumänien schon im März zu einer Besprechung des Termins bereit gewesen wäre.

Ich dankte jedoch für die Mitteilung der rumänischen Pläne und Erläuterungen, die ich nach Bonn weitergeben würde. In meinem Fernschreiben schlug ich dem Auswärtigen Amt einen Termin im Spätherbst vor.

Im Hinausgehen fragte ich Macovescu ohne Dolmetscher auf englisch, ob er denn einen Besuch vor dem 25. Juni, also innerhalb von drei Wochen, mit vorgeschalteten Wirtschaftsgesprächen überhaupt für realistisch halte. Er antwortete nur: »Ich habe eine Weisung ausgeführt.«

Und als ich beim Abschied zu ihm und Patsan sagte, ich wolle mich um ein Programm bemühen, das sie zufriedenstelle, korrigierten sie mich beide, deuteten mit dem Finger nach oben an die Decke und antworteten: »... das *ihn* zufriedenstellt!«

Kurz darauf hörte ich, daß Macovescu und Patsan sich am Abend vor meinem Gespräch in gleicher Weise bei dem japanischen Botschafter über unzureichende protokollarische Achtung Ceausescus bei dem geplanten Staatsbesuch in Tokio beklagt und die sofortige Entsendung einer Wirtschaftsdelegation, Ausarbeitung eines Perspektivplans und Unterzeichnung eines Protokolls bei dem Staatsbesuch vorgeschlagen hatten, der zwischen dem 25. Juni und 10. Juli stattfinden könne. Die Japaner sagten nach kurzer Bedenkzeit ab.

Die beiden Beispiele sind charakteristisch für Ceausescus Regierungsstil: Er hatte plötzlich eine politische Idee, deren Aussichten, Vorteile und Nachteile er nicht im Gespräch mit seinen Ministern oder Fachleuten abgewogen hatte, sondern die er sofort auszuführen befahl. Widerspruch war verboten. Wenn der Plan an Hindernissen scheiterte, waren die zuständigen Minister daran schuld und wurden bestraft.

Der Außenminister Corneliu Manescu, der athletisch wie ein Boxer gebaut war, lag wieder mit einem Magengeschwür im Krankenhaus. Im Herbst war er seines Amtes enthoben, zur Unperson gemacht und gedemütigt worden. Macovescu hatte, wie schon erwähnt, sein Amt übernommen.

Mit Sascha und Tita Ivasiuc sprach ich später einmal über die Anfälligkeit hoher Funktionäre für Magengeschwüre und legte ihnen meine Theorie vor. Ein Grund für Magengeschwüre, sagte ich, sei bekanntlich der Streß – vom Helicobacter wußte ich damals noch nichts. Der Streß könne von der Angst kommen, daß man einmal etwas gesagt habe, was seinerzeit politisch korrekt, heute aber Anathema sei. Oder daß man damals mit einem Mächtigen der Partei gesprochen habe, der heute Unperson sein. Jeder habe also eine Leiche im Keller.

»Stimmt«, sagte Sascha. »Die Vergangenheit ist verdächtig. Wer sorgenfrei leben will, darf keine Vergangenheit haben. In der Vergangenheit findet man immer etwas politisch Unkorrektes. Ja, die Vergangenheit selbst ist nicht korrekt. Das sieht man allein daran, daß die Parteizeitung ›Scinteia‹, wenn sie älter als zwei Jahre ist, in den Bibliotheken sekretiert wird. Alle älteren Jahrgänge sind Staatsgeheimnis, weil Sachen drinstehen, die heute nicht mehr erwähnt werden dürfen.«

Ceausescus Haupteigenschaft ist das Mißtrauen. Er nimmt die absurdesten Lobpreisungen entgegen, macht dazu nie ein erfreutes, sondern immer eine mißgelauntes Gesicht. Er weiß, daß die Lobsprüche verlogen sind, aber er fordert sie dennoch. Seine Umgebung lebt in ständiger Furcht vor seinen Befehlen.

Er hat kein Augenmaß, entscheidet hastig, so, wie er bei der Diplomatenjagd gegessen hatte: ohne nach links oder rechts zu sehen, rücksichtslos. Er ändert seine Entschlüsse manchmal blitzschnell. Alles hört auf mein Kommando! Die ganze Politik soll unverzüglich kehrtmachen! Er ist ungeduldig, wird leicht nervös, und dann verliert er den Gleichschritt mit der Wirklichkeit. Alle hassen ihn.

»*Oderint dum metuant*« – sagte der römische Kaiser Caligula: »Meinetwegen können sie mich hassen, solange sie mich nur fürchten!«

Die unvorsichtigen Fußgänger von Bukarest

Die Dolmetscherin kam aufgeregt in mein Zimmer, eine Zeitung in der Hand.

»Haben Sie das gelesen?«

»Nein«, erwiderte ich, »ich lese doch nur den ›Neuen Weg‹, und Sie haben die ›*Romania Libera*‹.«

»Verzeihung, ja, ich weiß. Aber diese Klein-Anzeige!«

Sie hielt den Finger drauf. Die Anzeige war nicht größer als eine Briefmarke.

»Zeugen des Unfalls, der sich am 4. Juni um 19 Uhr 30 am

Fliegerdenkmal ereignet hat und bei dem Doina, Hilniu überfahren wurde, werden gebeten, sich in der Calea Floreascu Nr. 118 oder unter den folgenden drei Telefonnummern zu melden.«

Ich sah Frau Calinescu fragend an.

»Die Anzeige ist von den Doinas, den Eltern, aufgegeben worden. Das Mädchen Hilniu war achtzehn Jahre alt und sofort tot.«

»Warum erzählen Sie mir das? Woher wissen Sie das alles?«

»Weil ich heute morgen schon ein paar Mal von Freunden angerufen worden bin. Alle Leute in Bukarest haben die Anzeige gelesen. Die Mutter des Mädchens, Frau Doina, ist Rechtsanwältin und wird keine Ruhe geben. Und alle wissen, daß es Nicu war, der mit 140 Sachen durch die Soseaua Aviatorilor gebraust ist.«

»Nicu Ceausescu?«

»Wer sonst! Die Verkehrspolizei hat ihn gleich laufen lassen, aber den Milizangehörigen im Begleitfahrzeug hat man verhaftet.«

Am gleichen Tag veröffentlichte die Presse einen Artikel des Generalinspektors der Miliz. Er forderte, die Verkehrsregeln zu beachten, und das gelte auch für die Fußgänger: In dieser Situation war das sicherlich kein taktvoller Rat. Im Grunde aber hatte er damit durchaus recht. Als Autofahrer mußte man oft blitzschnell reagieren, wenn in Bukarest Leute, die lange plaudernd am Straßenrand gestanden hatten, im Augenblick, wo die Ampel auf Rot schaltete, wie die Hühner schnellstens über die Straße sprinteten.

Vierzehn Tage später tadelte die »*Romania Libera*« noch einmal die unvorsichtigen Fußgänger, erwähnte diesmal aber auch den Tod Hilniu Doinas, die der Oberfeldwebel der Miliz Gheorghe Raschitor überfahren hatte. Er hätte, das wird zugegeben, die Verkehrsregeln besser beachten sollen, zumal er selbst der Verkehrspolizei angehöre.

Klägliche und vergebliche Versuche, die Öffentlichkeit zu täuschen! Die Erregung in Bukarest war groß, da Ceausescu selbst doch ständig kritisierte, daß die amtlichen Verordnungen nicht eingehalten wurden. Man würde es ihm nicht verzeihen, meinten viele, wenn er den Fall zu vertuschen und seinen Sohn einem Gerichtsverfahren zu entziehen suchte. Ach, ich war da skeptisch: Was hatte man ihm nicht schon alles durchgehen lassen!

Nach den umlaufenden Gerüchten war Nicu sofort in die Schweiz geflogen. Man hatte Hilnius Mutter angeblich eine Entschädigung von 100000 Lei, das sind rund 20000 Mark, angeboten. Sie soll das abgelehnt und auf einem ordentlichen Gerichtsverfahren und Bestrafung des Schuldigen bestanden haben.

Man konnte jedoch voraussehen, was dann geschehen würde: Der Oberfeldwebel Raschitor wird in einem Gerichtsverfahren verurteilt. Wenn sich alles beruhigt hat, wird er freigelassen und irgendwo im Ausland, vielleicht als Pförtner eines Konsulats oder Kraftfahrer, eingesetzt. Und Nicu wird einen anderen Wagen bekommen. Er wünscht sich, wie wir noch hören werden, einen Audi Sport. Den kriegt er aber nicht.

Der Patriarch und die Ölpumpe

Derrick Ashe feiert *Queen's Birthday* im kleinen Garten seiner Residenz. Er hat 1200 Leute geladen. Er wird erleichtert sein, daß es heute nicht regnet. Franz und ich gehen kurz hinüber.

Wir finden den Patriarchen Justinian mit seinem Gefolge unter einem Baum: mit Bischof Antonie, der für Auslandsbeziehungen der Kirche zuständig und außerdem, was wir aber damals nicht wußten, Oberst der *Securitate* war, neben ihm der Metropolit Moisescu von Iasi, Mitglied der Großen Nationalversammlung.

Franz und ich sprachen mit dem Patriarchen, den wir gerne mochten. Er war mittelgroß, feingliedrig, ruhig-fröhlicher Natur, und man fühlte im Gespräch mit ihm einen Anflug franziskanischen Geistes. Heute war er wieder ganz in Weiß, trug die weiße hohe Tiara, wenn man die Kopfbedeckung von Patriarchen so nennt.

Er war unser Gast gewesen, als Kardinal Döpfner Bukarest besuchte und hatte uns zu dem Festgottesdienst eingeladen; wir hatten uns entschuldigt, aber dann entschloß ich mich am Sonntag vormittag doch noch, wie ich Franz sagte, einmal kurz hineinzuschauen.

Kurz? Es dauerte über vier Stunden. Ich mußte die ganze Zeit stehen, aber das fiel nicht schwer, weil ich mich auf das Armgestühl stützen konnte. Vor mir geschah immer etwas: Die Priester in ihren prächtigen Gewändern gingen und kamen durch die mittlere Tür oder die beiden Seitentüren der hohen Ikonostase oder verschwanden dahinter, formierten sich zu Chören, in denen die

Baßstimmen dominierten. In langen Responsorien wurde auch die Gemeinde beteiligt, Weihrauchgefäße wurden geschwenkt, manchmal wurde geklingelt, oft gebetet. Und als wir hinausgingen, mußten Kardinal Döpfner und ich hinter dem Patriarchen gehen. Gläubige draußen auf dem Platz legten ihre Jacken vor uns auf den Boden, daß wir sie im Hinübergehen heiligten. Sie küßten dem Patriarchen, dem Kardinal und sogar mir im Vorübergehen die Kleider.

Zum Oster-Mitternacht-Gottesdienst lud der Patriarch Franz und mich in all den Jahren ein. Wir saßen dann an seiner Seite auf der überdachten Terrasse der Patriarchie. Der Platz vor der Kathedrale war bis in die letzten Ecken gedrängt voller Menschen, Junge ebenso wie Alte. Hundertfünfzigtausend, sagte uns Bischof Antonie.

Der Patriarch leitete die Liturgie von der Terrasse aus ein. Dann traten ein Bischof und andere Geistliche aus der Kathedrale auf den Platz. Sie trugen brennende Kerzen in den Händen, zündeten damit die Kerzen an, die jeder der Gläubigen mitgebracht hatte. Diese gaben das Licht weiter, bis der ganze Platz erleuchtet war. Nur die Türme der Kathedrale verschwanden hoch oben im Dunkel.

Als der Patriarch dann dreimal über den Platz rief: »Christus ist auferstanden!« antwortete ihm jedesmal die Menge: »Er ist wahrhaftig auferstanden!« Nicht in liturgischem Gesang, sondern in wuchtigem, bekennendem Ruf. Da glaubte man, die Wände der Kathedrale und der Häuser um den Platz bebten. Der Ruf hallte wider von den Mauern des Platzes. Man hat es im Himmel hören müssen. Auch mir ging das gewaltige Bekenntnis dieser großen Menge von Gläubigen ans Herz, die unter einer glaubenslosen Herrschaft leben mußten.

Jetzt unter dem Baum in Derrick Ashes Garten sagte Seine Seligkeit, er hätte mich beinahe in den vergangenen Tagen in der Botschaft wegen eines kleinen Problems aufgesucht. Ich antwortete, ein Anruf hätte genügt, und ich wäre zu ihm in die Patriarchie gekommen.

»Nein, nein!« wehrte er ab. »Es ging ja nur um ein kleines, persönliches Problem. Ich habe«, fuhr er verschmitzt lächelnd fort, »statt Ihnen lästig zu fallen um eine Unterredung bei dem Generalsekretär des Ministerrats nachgesucht, ohne das Thema zu nennen. Die Audienz wurde mir gewährt, was nicht immer der Fall ist. Ich sagte dem Generalsekretär, es sei nur eine Kleinigkeit: Die Ölpumpe meines Mercedes ist defekt. Man habe versäumt, ihn regelmäßig zur Inspektion zu schicken. Nun würde ich gerne Ersatz haben; aber die Patriarchie hat ja keine Devisen. Der Generalsekretär hat mich aufmerksam angehört und mir das Ersatzteil besorgt.«

Der Patriarch lachte laut und war vergnügt, weil ihm durch seine List eine Audienz gewährt worden war, und weil er darauf eine neue Ölpumpe erhalten hatte. Ich antwortete, ich erwarte ernstlich, daß Seine Seligkeit in Zukunft erst bei mir anfragt, wenn die Ölpumpe des Mercedes wieder kaputt sei.

Der Innenminister

Hans-Dietrich Genscher, damals noch Bundesinnenminister, hatte seinen rumänischen Kollegen Ion Stanescu nach Bonn eingeladen, Stanescus Frau auch, die mit den Ceausescus irgendwie verwandt sein sollte. Genaues wußte man aber nicht. Er war Präsident des Staatssicherheitsrates gewesen und nun, seit April, gleichzeitig Innenminister. Ihm unterstanden die gefürchtete *Securitate*, die Miliz und die verschiedenen anderen Sicherheitsdienste. Als Mitglied des Zentralkomitees und des Exekutivbüros hatte er einen hohen Rang auch in der Partei. Er besaß eine selbst von den höchsten Funktionären gefürchtete Macht im Staate.

Ich lud ihn und seine Frau zum Mittagessen in die Residenz ein. Er freute sich auf die Reise, wollte sie mit einem Besuch der Olympischen Spiele in München verbinden, war ein Fußball-Fan, ein großer Jäger, der auch Bären jagte.

Er erzählte bei Tisch von einem Geldfälscherring, der seine Dollar- und Deutsche Mark-Blüten hier leicht los wurde, da die Schwarzhändler es nicht wagten, die Noten bei den Banken auf Echtheit prüfen zu lassen. Der Ring sei aufgeflogen, alle Verbrecher verhaftet, und man habe alle gefälschten Noten bis auf einige wenige wiederbekommen. Er sagte nicht, wie; aber ich hatte den Eindruck, daß keine Behörde in Rumänien so gut arbeitete wie die Polizei. Dieser Eindruck war jedoch unbegründet; wir werden es noch sehen.

Er erzählte von dem Massenmörder Ramaru, der vor zwei Jahren ganz Bukarest geängstigt habe: Alle fürchteten ihn, obwohl natürlich nichts über ihn in den Zeitungen gestanden habe. Aber die Frauen seien damals abends nie mehr allein auf die Straße gegangen. Er habe Frauen überfallen, niedergeschlagen, vergewaltigt und dann erstochen. Immer die gleiche Methode, und dann habe er sie gebissen. Daraus konnte man sein Gebiß rekonstruieren und ungefähr auch sein Alter schätzen. Ja, ein Zeichner habe sogar ein Fahndungsbild entworfen, das sich nachher als gar nicht so unähnlich herausgestellt habe.

Einmal fand man bei einem Opfer einen Papierschnitzel, mit dem er sich Blut abgewischt hatte; der wurde sogfältig untersucht, und man fand heraus, daß er Teil eines Entschuldigungsformulars war, wie Studenten es abgeben mußten, wenn sie ein Kolleg versäumten. Man hat darauf Studentenwohnungen untersucht. Die meisten Studenten wohnen mit einem Kommilitonen zusammen. Da der Mörder seine Kleidung aber jeweils sehr mit Blut verschmiert haben mußte, hätte er sich bei einem Zimmergenossen verraten. Man habe sich daher auf die Alleinwohnenden konzentriert und in der Tat bei einem belastendes Material gefunden und ihn festgenommen. Er wurde überführt, zum Tode verurteilt und hingerichtet.

Stanescu hatte mit Hingabe alle Details beschrieben und nun mit Bravour geendet.

»Ein Geisteskranker?« fragte Franz.

»Nein, juristisch voll verantwortlich. Er hat alle seine Überfälle mit großem Scharfsinn vorbereitet.«

»Aber«, warf Franz ein und wollte weiterfragen, doch Stanescu schloß ab: »Abartig. Nekrophil.«

Stanescu sagte, er möchte in Zukunft direkt mit uns zusammenarbeiten, nicht mehr »auf dem Umweg über das Außenministerium«. Er stand im Parteirang und als innenpolitischer Garant von Ceausescus Macht weit über dem Außenminister. Außerdem wollte er sich wohl auch in seinen Verbindungen zu uns nicht in die Karten sehen lassen. Ich antwortete, ich stünde ihm natürlich in jeder Hinsicht zur Verfügung, und im übrigen könnte man über die Verbindungswege in Bonn beraten.

Wir waren uns darin einig, daß die Familienzusammenführung nicht zu einem politischen Problem, etwa dem Freikauf oder der

Auswanderung aller Volksdeutschen »heim ins Reich« werden dürfe, sondern daß sie sich auf humanitäre Fälle beschränken solle. Sonst könne es zu Unruhen in der Bevölkerung kommen, die nicht leicht zu kontrollieren seien. Er wollte die Härtefälle in der ersten Liste des Bundespräsidenten Heinemann positiv entscheiden und dies gewissermaßen als Gastgeschenk mitbringen.

Wir hätten vielleicht auch noch den einen oder anderen Wunsch. Ich sagte, eine kleine Liste von Härtefällen habe die Botschaft schon vorbereitet; die werde ich ihm nachher mitgeben. Ein Fall sei in der Liste nicht enthalten, den ich ihm aber mündlich vortrage und besonders ans Herz lege, das sei die Ausreise der Familie Wassilko nach Deutschland.

»Oh«, sagte er, »das ist aber eine schwierige Sache! Seine Frau ist ja auch involviert. Der Vorgang geht weit zurück und füllt mehrere Aktenordner.«

»Aber sie haben sich doch kein Unrecht zuschulden kommen lassen.«

»Warum«, fragte er, »haben Sie uns nicht schon früher auf den Fall angesprochen?«

Ich wollte nicht sagen, daß ich davon ja erst vor wenigen Wochen gehört hatte und antwortete daher: »Es ist ja eigentlich kein Härtefall in der Familienzusammenführung, obwohl Konstantin Wassilko eine deutsche Mutter hat, eine Prinzessin Sayn-Wittgenstein. Und außerdem ist er – fragen Sie mich nicht, wie! – mit dem Fürsten Solms-Hohensolms-Lich verwandt, der die Familie in seinem Schloß zu Lich aufnehmen würde. Eine Ausreisegenehmigung für die ganze Familie würde sich natürlich sehr günstig für unsere Zusammenarbeit auswirken.«

»Die ganze Familie? Wie viele?«

»Die Mutter Tatjana, geborene Sayn-Wittgenstein, das Ehepaar Wassilko, der Sohn, die Tochter, deren Mann und junge Tochter, also sieben Personen.«

»Da brauchen ja nicht alle auszureisen. Es genügt ja, wenn wir dem Ehepaar, allenfalls noch seiner deutschen Mutter die Ausreise bewilligen.«

»Nein«, sagte ich. »Das geht nicht. Die Familie muß zusammenbleiben.«

»Aber gleich sieben Personen!« Er machte eine bedenkliche Miene. Schließlich antwortete er: »Ich werde darüber nachdenken. Wir sollten nicht weiter darüber sprechen. Wer zuviel redet, kann den Prozeß verlieren.«

Das Mittagessen zog sich bis halb fünf hin, weil er zum ersten Mal in einer Botschaft eingeladen war und nicht wußte, wann er aufbrechen sollte, wie unsere Dolmetscherin uns nach dem Besuch sagte. Der Protokollchef hatte die ganze Zeit draußen in der Einfahrt gewartet, aber nicht gewagt, den Innenminister herauszuholen. Am nächsten Tag erhielt Franz einen Korb roter Nelken. Sie mag keine Nelken.

Bei Tisch hatte er öfter stolz erwähnt, daß er der erste Innenminister eines sozialistischen Landes sein werde, der seinen Kollegen in einem NATO-Land besuchte. Es sei zwar vorauszusehen, daß seine Kollegen in den Warschauer Pakt-Staaten das »mißverstünden«, aber – er warf die Hände hoch: Mit solchen Kontakten müssen sie sich eben abfinden! Er wünschte also sehr, daß der Besuch stattfand.

Er fiel jedoch vorerst ins Wasser: Genscher war wegen der Geiselnahme durch arabische Terroristen bei den Olympischen Spielen nicht abkömmlich.

Ich hatte nach einigen Wochen bei Stanescu angemahnt, daß uns noch keine Entscheidung über die Ausreise der Familie Wassilko mitgeteilt worden sei. Sie traf dann aber ein, und Großmutter, Eltern und Kinder, Schwiegersohn und Enkelin – alle sieben – flogen nach Deutschland, Dorothea Razumovsky holte sie am Flughafen in München ab, und ihr Bruder, Fürst Solms, stellte den Wassilkos eine Wohnung im Schloß Lich zur Verfügung.

Die Reise Stanescus wurde auf November verschoben. Franz und ich waren vorausgereist und schon in Bonn, als sie ankamen. Wir begleiteten sie die meiste Zeit und legten überhaupt Wert darauf, bei solchen Besuchen dabei zu sein; denn da lernte man sie besser kennen, sah ihre Reaktion auf Menschen und Gespräche und konnte manchmal helfend eingreifen.

Ich nahm auch an den Fachgesprächen teil, begleitete Stanescu zum Bundeskriminalamt und anderen Behörden. Franz hingegen war vollauf damit beschäftigt, seine Frau bei Laune zu halten, führte sie in den Bundestag, zeigte ihr das Beethovenhaus,* Bonn

---

* Auflösung zu Seite 53: Beethoven war es, der seine Missa Solemnis vielen Verlegern angeboten und dafür Vorschuß erhalten hatte.

und Köln, die Kaufhäuser und den Kölner Dom. Die Nerzstola kaufte sich Frau Stanescu freilich in München, als sie allein und nur von einem Dolmetscher der *Securitate* begleitet war.

Über die Fachgespräche – Drogenhandel, Terrorismus vom Libanon aus, Goldschmuggel, funktechnische Direktverbindungen zwischen Bonn und Bukarest, will ich hier nicht berichten. In einer Sitzung im Bundesinnenministerium legte Stanescu seinem Gastgeber eine ganze Fotoserie zum Fall des Massenmörders Ramaru vor: Bilder der Opfer, ihrer Verletzungen und der Mordwerkzeuge. Die Fotos waren so gruselig, daß ich sie schnell über den Tisch meinem Nachbarn weiterschob.

Als ich in Bonn einmal mit Stanescu im Auto unterwegs war, sagte er, er nehme den Vorwurf, Rumänien sei ein Polizeistaat gerne in Kauf, wenn er sehe, welche Zustände in unserem Lande herrschten: Baader-Meinhof-Bande, RAF-Terror, Geiselnahmen und Todesschüsse bei den Olympischen Spielen und so weiter. Das werde es in Rumänien nie geben.

Wie schwer es ihm aber fiel, die Zustände bei uns zu verstehen, zeigte sich am nächsten Tag. Stanescus, Genscher und seine Frau, Franz und ich waren mit dem Hubschrauber nach Bremen geflogen und besichtigten dort den Verladehafen. Als wir um das große Hafenmodell standen, fragte Stanescu, wie das Gelände nachts bewacht werde.

Von einem Mann der Bremer Wach- und Schließgesellschaft, erwiderte der Hafenangestellte.

Stanescu konnte das nicht begreifen, und fragte immer wieder, bekam aber immer wieder dieselbe Antwort: Ja, ein Mann mit einem Hund.

Ob denn eine Polizeiwache im Hafengelände liege. Nein, hieß es, aber am Eingang zum Hafen. Im übrigen sei der Hafen ja umzäunt.

Stanescu und seine Frau schüttelten den Kopf und waren von der Erklärung nicht überzeugt: Aus unerfindlichen Gründen wollten wir offenbar mit der Wahrheit nicht heraus. Sie hatten eben Rumänien vor Augen. Wenn, sagen wir, in Constanza ein Schiff auch nur eine Nacht unbewacht im Hafen läge, wäre es am nächsten Morgen abgetakelt und alles, was nicht niet- und nagelfest und was an Ladung weggeschafft werden konnte, wäre verschwunden.

Als ich eines Tages im nächsten Jahr mit dem Auto zum Handelsministerium in Bukarest fuhr und Frau Calinescu mir währenddessen die Hauptnachrichten aus den Morgenzeitungen übersetzte, stutzte sie.

»Hier!« sagte sie, »in der Spalte *Cronica* nur drei Zeilen: »Innenminister Stanescu, von Emil Bobu abgelöst, wird einen anderen verantwortungsvollen Posten übernehmen.«

Wie immer, ohne jede weitere Erklärung. Wir hörten aber bald aus seinem Ministerium, er und seine *Securitate* hätten sich bei Ceausescus Leibarzt Dr. Schechter angelegentlich nach der Gesundheit des *Conducators* erkundigt, und das mochte dieser ganz und gar nicht. Der Arzt verübte Selbstmord, weil er Auskünfte gegeben hatte. Nach einer anderen Version hatte er sich nicht ganz freiwillig umgebracht.

Der rumänische Botschafter Oancea erzählte Genscher, Stanescu sei die Treppe hinaufgefallen, er stehe nun im Rang eines stellvertretenden Premierministers. Ich klärte Genscher auf: Er sei in der Tat Vorsitzender eines Regierungsbezirks (*Judets*) geworden, aber davon gebe es in Rumänien neununddreißig.

Taktik

Als wir mit Stanescus in Bonn waren, wohnten wir – wie immer – bei Conrad und Heilwig Ahlers. Wir feierten seinen fünfzigsten Geburtstag. Carlo Schmid las die Übersetzung der Elegie eines griechischen Lyrikers aus dem 6. vorchristlichen Jahrhundert zum fünfzigsten Geburtstag eines Freundes. Erst zum Schluß merkten wir, daß das überhaupt keine Übersetzung, sondern ein Gedicht Carlo Schmids war. Ich hatte Connie aus Bukarest einen alten Bootskompaß mitgebracht, der ihn, wie ich in einem begleitenden Gedicht erklärte, daran hindern sollte, vom rechten politischen Weg abzukommen. Gemeint war der *rechte* Weg im Unterschied zu dem ganz linken in seiner Partei.

Gäste waren nur die Familie und einige von Connies engsten Freunden, darunter Rut Brandt. Sie sagte zu Franz, sie werde uns demnächst in Bukarest besuchen – inkognito, fügte aber hinzu: »Vielleicht ist das Inkognito jedoch nach den Wahlen am 19. November gar nicht mehr nötig.«

Auch Egon Bahr kam vorbei.

Am nächsten Tag war ich im Auswärtigen Amt und hörte da: Als Bundesaußenminister Scheel Anfang Oktober in New York bei der Generalversammlung der Vereinten Nationen und als gleichzeitig Staatssekretär Paul Frank in der Türkei war, habe Bahr aus dem Bundeskanzleramt angerufen und gesagt, der tschechoslowakische Parteichef Husák habe einen Brief an Bundeskanzler Brandt geschrieben. Das Auswärtige Amt möge eine Antwort, das Münchner Abkommen von 1938 betreffend, in positivem Sinne entwerfen. Scheel und Frank, mit denen er gesprochen habe, seien einverstanden.

Prag wünschte immer, daß wir das Abkommen als von Anfang an – *ex tunc* – für ungültig erklärten. Das Auswärtige Amt fragte bei dem Außenminister Scheel in New York und seinem Vertreter in Ankara nach. Staatssekretär Frank antwortete, davon sei ihm nichts bekannt. Er habe mit Bahr darüber nicht gesprochen. Und Scheel antwortete ärgerlich, an einer solchen Abmachung sei kein wahres Wort. Bahr solle keinesfalls versuchen, Erfolge für seine geplante Moskaureise von vornherein einzuhandeln, indem er Zugeständnisse über die Gültigkeit des Münchner Abkommens mitbringe. Der Wortlaut von Scheels Fernschreiben war derart, daß das Auswärtige Amt Bahr nur mitteilte, Außenminister und Staatssekretär seien nicht dafür, Husáks Schreiben in positivem Sinne zu beantworten.

Eine halbe Stunde später rief Bahr an, er habe eben mit Scheel in New York telefoniert. Das Fernschreiben sei überholt, das Auswärtige Amt möge verfahren, wie von ihm erbeten. Scheel sei einverstanden.

Das Auswärtige Amt bat Scheel um Bestätigung; der aber antwortete noch ärgerlicher, jedes Wort seines urspünglichen Fernschreibens bleibe bestehen. Nichts sei daran geändert worden, und das Auswärtige Amt könne es Bahr ruhig zeigen.

Als man es Bahr lesen ließ, fing dieser sich in bewunderungswürdiger Weise, diktierte unverzüglich in Gegenwart des Beamten aus dem AA den Entwurf eines Antwortschreibens des Bundeskanzlers an Husák, indem er weitere Besprechungen über das Thema vorschlug. Der Beamte wollte einfügen »auf diplomatischem Wege«, aber Bahr schrieb statt dessen: »auf dem üblichen Wege« – das heißt, er behielt sich den Weg vor, auch einen Weg am Auswärtigen Amt vorbei.

Das war ein neuer Stil. Früher wären solche Täuschungsmanöver undenkbar gewesen.

»Mir gilt in der Geschichte nur das Große; nicht das Kleine, das Nebensächliche«, sagte – wir erinnern uns – Gymnasialprofessor Distelkamp in Fontanes Roman *Frau Jenny Treibel*.

»Ja und nein, Distelkamp«, antwortete sein Kollege Wilibald Schmidt. »Das Nebensächliche gilt nichts, wenn nichts dahintersteckt. Steckt aber was drin, dann ist es die Hauptsache, denn es gibt einem dann immer das eigentlich Menschliche.«

Ein Roman, gegen den nichts einzuwenden ist

Frau Dr. Sevilla Raducanu war Dozentin am Fremdspracheninstitut der Universität Bukarest und bat um eine Unterredung in persönlicher Angelegenheit. Wir luden sie zum Kaffee am Samstagnachmittag ein. Sie sprach fließend Deutsch mit charmantem balkanischen Akzent. Sie sagte, sie müsse ein Gutachten über meinen Roman *Du mußt dein Leben ändern* schreiben, den man gerne übersetzt sehen möchte, und bat mich um Auskünfte.

»Aber den habe ich ja vor fünfundzwanzig Jahren geschrieben und ganz vergessen! Ich erinnere mich nur noch an den Namen der Hauptperson, weil ich meine Tochter Barbara nach ihr genannt habe. Aber die anderen? Sagen Sie mir doch bitte, wie Sie auf diesen Roman gekommen sind!«

Frau Raducanu zierte sich gar nicht.

»Das war einfach«, sagte sie. »Wir suchten einen Roman, mit dem wir keine Probleme haben. Nun, dieser Roman ist eine reine Liebesgeschichte, aber er enthält keine obszönen oder drastischen erotischen Szenen, Sie verstehen.«

Ja, ich verstand, und ich hatte den Eindruck, daß sie persönlich gegen solche Schilderungen gar nichts einzuwenden gehabt hätte.

»Zweitens«, sagte sie, »ist er unpolitisch. Ich habe immer Angst gehabt, daß im letzten Augenblick im Buch doch noch ein Faschist auftauchen würde, Barbaras Mann vielleicht. Ich war ganz erleichtert, daß er unpolitisch blieb, bis zum Schluß.«

»Das müssen Sie verstehen«, erwiderte ich. »Ich habe ihn gleich nach Kriegsende geschrieben, als wir noch in Japan waren. Über ein Jahrzehnt hatten wir nur über Politik und Krieg und Bombenangriffe gesprochen. Nun konnten wir endlich auch etwas anderes denken. Eine Last war abgefallen. Wir waren frei.«

»Ja, und drittens«, fuhr sie fort, »das Buch enthält keine Gewaltszenen, die handelnden Personen nehmen keine Drogen, sie sind ganz normal, möchte ich sagen.«

Ich lachte und erklärte ihr, daß ich damals noch ganz in der Nachfolge und Sprache meiner großen Vorbilder, Thomas Mann und Theodor Fontane geschrieben und daß ich im Jahr 1945, nach all den Greueln des Krieges, einfach eine reine Liebesgeschichte, nichts anderes, hatte erzählen wollen. Meine eigene Sprache hätte ich erst später gefunden.

Sie war zufrieden. Professor Mihai Isbasescu übersetzte den Roman. Aber Sevilla Raducanu übersetzte zwei Jahre darauf den später geschriebenen Roman *Der Purpur*. Er erschien in Romul Munteanus Verlag, der ihn mit einem längeren Vorwort einleitete.

In diesem Roman hatte sie dann, was sie in dem ersten vermißte: Gewalt, Betrug, Mord und Totschlag und einmal auch eine erotische Szene, die in ihren Augen vielleicht ruhig etwas drastischer und breiter hätte geschildert werden können.

Wer teure Havannas raucht

Corneliu Manescu, der Außenminister, war abgesetzt worden, und Georghe Macovescu war sein Nachfolger. Wir haben schon davon gehört.

An ersten Dienstag eines jeden Monats hatten wir »Offenes Haus« und Buffet für die deutschen Wirtschaftsvertreter, die nach Bukarest kamen. Mit der Zeit legten sie fast alle ihre Bukarest-Reisen in die erste Woche. Es waren jeweils zwischen fünfzig und sechzig Gäste. Unsere Wirtschaftsreferenten Volkmar von Arnim und später Horst Bächmann hielten dann ein Referat über neue Entwicklungen, neue Ereignisse und Vorschriften im Handel und der Wirtschaft. Manchmal luden wir auch die zuständigen rumänischen Ministerialbeamten dazu, damit sie Auskünfte geben oder ihre Verordnungen erklären konnten.

Einer der deutschen Wirtschaftsvertreter, ursprünglich rumänischer Nationalität, überreichte mir bei einem dieser Treffen eine Zigarre in einer Folie.

»Especiales Para Cornelio Manescu«

»Danke!« sagte ich, »ich rauche zwar nicht mehr; aber vielleicht einer meiner Gäste.«

»Es ist eine gute Zigarre. Aus Havanna. Sie sollte aber nicht geraucht werden: Es ist nämlich eine politische Zigarre.«

»Sie meinen, sie geht in die Luft, wenn man sie anzündet?«

Er lachte: »Nein, sehen Sie einmal die Banderole an!«

Auf dem Rand der Banderole stand: *H. Upmann – Habana,* also die kubanische Spitzenzigarre, und auf dem Schild in der Mitte: *Especiales Para Cornelio MANESCU.*

»In dem Tabakgeschäft ist noch ein großer Vorrat dieser Zigarren. Sie wurden anscheinend bei Corneliu Manescu beschlagnahmt und werden jetzt öffentlich verkauft, um ihn als einen Mann darzustellen, der nicht in proletarischer Schlichtheit, sondern in Saus und Braus gelebt hatte und dem Luxus soweit verfallen war, daß er sich *Especiales* bei H. Upmann in Havanna bestellte.«

Ich sandte unseren Chauffeur am nächsten Tag in das Geschäft, um noch zwei Zigarren zu kaufen, eine für mein Tagebuch, und die andere sandte ich an das Auswärtige Amt mit dem Zusatz, den Bericht dem Bundesaußenminister vorzulegen und dann zu den Akten zu nehmen. In dem Bericht schilderte ich die subtile Art, mit der in Rumänien Außenministern, wenn sie aus dem Amt geschieden sind, noch ein Fußtritt versetzt wird. Als ich wieder einmal in Bonn war, fragte ich Scheel, ob er die Zigarre auch zu den Akten gegeben habe.

»Keineswegs«, sagte er, »eine *Upmann* ins Archiv zu senden, wäre ein krimineller Akt gewesen. Ich habe sie natürlich geraucht, aber die Banderole weisungsgemäß zu den Akten geschrieben.«

Gäste aus Deutschland

Der Münchener Oberbürgermeister war von seinem Bukarester Kollegen Cioara eingeladen. Im Gespräch bei Tisch sagte er, die von der CDU geführten Bundesregierungen hätten immer versucht, die osteuropäischen Staaten gegeneinander auszuspielen und sie aus dem Warschauer Pakt herauszubrechen. Solche finsteren Pläne hege die von der SPD und der FDP geführte Bundesregierung natürlich nicht.

Ich ließ ihn ausreden, korrigierte ihn aber dann und sagte, ich hätte an der Ostpolitik sowohl des CDU-Außenministers Schröder wie des damaligen SPD-Außenministers Brandt mitgewirkt. Es sei weder Schröders noch Brandts Ziel gewesen, die osteuropäischen Länder gegeneinander auszuspielen, wohl aber ihnen beizustehen, wenn sie eine freie und unabhängige Politik treiben wollen. Cioara antwortete, das sei auch richtig und im Sinn der rumänischen Politik gewesen.

Als ich unbemerkt einige Worte mit dem Münchener Gast sprechen konnte, sagte ich ihm, ich betrachtete es als meine Aufgabe, die Politik der Bundesregierung als folgerichtig und kontinuierlich darzustellen, was sie auch sei, nicht aber Parteipolitik vor den Rumänen auszubreiten. Das erscheine mir als unpassend und werde auch von den Rumänen so empfunden, was er ja der Antwort seines rumänischen Gastgebers habe entnehmen können.

Aber an dieser Schwäche litten manche unserer Stadt- und Landespolitiker, die die parteipolitischen Vorstellungen der Provinz auch im Ausland nicht immer ablegen konnten.

Als der Hamburger Senatspräsident einmal abwägend und klug mit dem Ministerpräsidenten Maurer über die Entwicklung der Europapolitik sprach, warf sein Pressereferent, der sich in den Vordergrund zu spielen versuchte, ein, Maurer brauche keine Sorge zu haben, daß die Europäische Gemeinschaft je zu einer politischen Macht werde. Sie werde sich in der Verfolgung wirtschaftlicher Ziele erschöpfen.

Aber da kam er bei Maurer an den Richtigen! Der erwiderte, er hoffe im Gegenteil, daß sie sich zu einer politischen Macht in Europa entwickle, und er sei auch davon überzeugt, daß sie auf diesem Wege nicht aufzuhalten sei, obwohl es dann für ein kleines Land wie Rumänien auch ein Problem gebe, daß es sich nämlich einer so gewaltigen Macht gegenüber in einer ungünstigen Verhandlungsposition befinde.

Maurer pflegte Probleme offen anzusprechen und nahm Rumänien von seiner Kritik nicht aus. Das zeigte sich zum Beispiel, als unser Justizminister Gerhard Jahn ihm bei einem Besuch sagte, er habe aus den Gesprächen mit seinem rumänischen Kollegen viel gelernt. Der habe ihm interessante Informationen gegeben.

Maurer, der früher Rechtsanwalt gewesen war, entgegnete trocken: »Ich hoffe, er hat Ihnen nicht alles über unsere Justiz verraten. Was führt Sie eigentlich in erster Linie nach Rumänien?«

Jahn antwortete: »Wir planen gerade eine Justizreform, und ich wollte wissen, welche Antworten die rumänische Justiz auf einige der auch von uns behandelten Probleme gefunden hat.«

Maurer lachte: »Also ich würde mir an Ihrer Stelle eine rumänische Justiz nicht gerade zum Vorbild nehmen!«

Der Bonner Oberbürgermeister wurde in Bukarest sehr hoch empfangen, weil man ihm eine landespolitische Bedeutung zuschrieb, wie sie sein Bukarester Kollege besaß. Dabei waren von ihm allenfalls kommunalpolitische Bemerkungen zu hören – wenn er überhaupt etwas sagte.

Er hatte nur eins im Sinn: Er wollte seine Rede, mit der er die Ausstellung »Bonn stellt sich vor« eröffnen sollte, unbedingt in rumänischer Sprache halten; wir sollten ihm den Text in Rumänisch vorlegen, den lese er dann ab. Er könne zwar kein Wort Rumänisch, spreche aber gut Spanisch, und manche nannten ihn deshalb auch »Don Pedro«. Es half nichts, wir mußten grausam sein: Als er die Ausstellung eröffnen wollte, war der rumänische

Text noch nicht fertig, so daß er nur den deutschen vortragen konnte.

Am nächsten Tag bei Ceausescu. Ich hatte dem Gast Fragen genannt, die er im Gespräch stellen könne; aber die hatte er offenbar gleich vergessen.

Ceausescu deutete auf seinen Schreibtisch und sagte, da sei wieder eine heftige Kritik in einer deutschen Zeitung erschienen. In einer Zeitung aus Bonn. Um mir mein Argument gleich vorwegzunehmen, warf er die Arme hoch und rief:

»O ja, ich weiß! *Presa libera!* Da kann die Regierung nichts machen!«

Ich fragte: »Wird darin Rumänien angegriffen? Oder werden die deutsch-rumänischen Beziehungen kritisiert?«

Ceausescu lachte.

Ich fuhr fort: »Denn unsere wirtschaftlichen Beziehungen könnten ja in der Tat besser sein. Ich bin immer enttäuscht, wenn ich die Wachstumsraten im deutsch-polnischen und im deutsch-sowjetischen Handel mit den deutsch-rumänischen vergleiche. Ein bißchen Kritik schadet in dieser Beziehung nichts.«

Ceausescu: »Darin haben Sie recht. Deshalb habe ich es ja beim Parteikongreß an Kritik an unserer Wirtschaft auch nicht fehlen lassen.«

Er wandte sich dann dem Oberbürgermeister zu und sagte, er wolle Bukarest nur bis auf zwei Millionen Einwohner wachsen lassen. Er wünsche kein Super-Bukarest. Das Land solle gleichmäßig entwickelt und zu große Einwohnerkonzentrationen sollten vermieden werden. Das werde allerdings teurer.

»Ich muß Ihnen da widersprechen«, warf ich ein, »auf lange Sicht ist das billiger. Denn wenn die Hauptstadt ungehindert weiterwächst, erreicht sie ab einer bestimmten Größe den *point of no return*, wo die Infrastruktur, vor allem die des Verkehrs, zu teuer würde. Außerdem sind Riesenstädte nicht so leicht zu regieren.«

Der letzte Punkt schien ihm am meisten einzuleuchten.

»Es können sich«, antwortete er, »in der Tat internationale Situationen ergeben, wo es besser ist, wenn die Bevölkerung und die Ressourcen nicht alle auf einen Platz konzentriert sind.«

Der Bonner Oberbürgermeister war derselben Meinung. Er nickte zustimmend, und man trennte sich in vollem Einvernehmen.

Kurt Biedenkopf, damals Generalsekretär der CDU, und seine Frau waren Ende Juni 1974 über eine Woche in Rumänien, zum ersten Mal in einem osteuropäischen Land. Sie reisten nach Hermannstadt, nach Mamaia ans Schwarze Meer und wurden in Bukarest von Ceausescu und anderen hohen Parteigrößen empfangen. Ich war bei allen Gesprächen dabei und mir fiel auf, daß unser Gast trotz seiner hohen Intelligenz zu schiefen Urteilen über die Lage Rumäniens kam. Er traf hier auf etwas Neues, und er nahm für wahr, was ihm die Rumänen erzählten. Er hatte bisher mit deutschen, amerikanischen und anderen westlichen Politikern, Politologen, Journalisten gesprochen und konnte voraussetzen, daß sie ihn in der Regel nicht betrügen wollten. Das setzte er auch bei seinen rumänischen Gesprächspartnern voraus, und er baute auf den ihm vorgetragenen Daten seine Theorien auf. Er war nicht gewöhnt, die Nuancen und Motive für die Aussagen erst zu wägen und zu prüfen. Kaum hatte der andere ausgesprochen, da glaubte er schon, Bescheid zu wissen.

Zu einem Abendessen hatten wir auch Corneliu Manescu eingeladen, dem Gnade erwiesen und dem wieder einige protokollarische und mindere auswärtige Aufgaben zugeteilt worden waren. Dabei verbreitete Biedenkopf seine Ideen von der fortschreitenden Dezentralisation der Wirtschaft in den sozialistischen Ländern, von der ich noch nie etwas bemerkt hatte. Manescu nahm das auch nicht ernst und scherzte über diese Vorstellung. Später war Biedenkopf nahe daran, von einer irreversiblen Konvergenz der Systeme zu sprechen. Als ich Manescu fragte, ob er auch daran glaube, schwächte Biedenkopf gleich ab und sagte, davon habe er nicht gesprochen. Er dachte und sprach nur politische Theorien und dozierte lange wie in einem Seminar. Ich hörte ihm gerne zu.

Um ihn aber an die Wirklichkeit der Zustände in Rumänien heranzuführen, lud ich Bischof Klein aus Hermannstadt und den Stadtpfarrer Ambrosi aus Bukarest zu einem Essen mit ihm ein und beklagte im Gespräch die Lüge, die hier so viele Gespräche verfälsche. Bischof Klein sagte, das sei überhaupt das Kernproblem, unter dem hier alle lebten. Jeder wisse, daß gelogen wird, daß der andere lügt und daß der andere weiß, daß man selbst lügt.

Mag sein, daß mich die Zeit des Nationalsozialismus gelehrt hatte, Nachrichten, die man las oder hörte, nicht für wahr zu nehmen, sondern zuerst zu fragen, warum sie überhaupt gedruckt wurden und was sie bewirken sollten. Nur wenige Artikel, amtliche Berichte oder Kommentare jener Zeit wurden geschrieben, um die Wahrheit darzustellen. Die meisten waren, wo nicht erlogen, so doch mit einer Tendenz geschrieben und hatten damit die Dinge verfälscht. Wenn in Maos Zeit ein Artikel gegen Konfuzius, über den Ersten Kaiser, ein Schauspiel über den braven Beamten Hai Rong erschien, diente das nicht der Wissenschaft oder der historischen Wahrheit, sondern es war ein folgenreiches politisches Manifest, das Kampagnen, ja sogar die Kulturrevolution auslösen konnte.

Deshalb fällt es unseren Historikern heute so schwer, die Dokumente jener Zeit richtig zu lesen und zu verstehen. Manche meiner NATO-Kollegen in Bukarest hatten die gleichen Schwierigkeiten wie Biedenkopf. Daher war ich in der Wertung einer Nachricht oder Rede Ceausescus mit meinem DDR-Kollegen Hans Voss meist eher einig als mit unseren Alliierten. Wir waren mit einer Politik, die auf Betrug beruhte, vertraut – er aus der DDR, ich aus der Zeit Hitlers – und wir erkannten leichter, was ernst zu nehmen war und wo sich hinter einer kleinen Abweichung von der Sprachregelung eine neue Politik oder ein Dissens in der Führung versteckte.

Bei dem amerikanischen Botschafter Harry Barnes traf Biedenkopf den renommierten Osteuropa-Experten vom *Massachusetts Institute of Technology* (MIT) William Griffith. Da waren nun zwei richtige Professoren zusammen, und es war lehrreich für meinen amerikanischen Kollegen und mich, ihren Theorien zu lauschen, die nur an einem Fehler krankten: Die Fakten, auf denen sie beruhten, stimmten nicht oder nur fast. Sie errichteten auf ihnen Theorien in eindrucksvoller Abstraktion, vermieden aber, persönliche Ambitionen der Politiker, deren Bindung an ihre politische Vergangenheit, Freunde und Feinde und ihren Charakter zu berücksichtigen. Biedenkopf schien mir – damals jedenfalls – mit wenig Fakten auszukommen, um Prognosen aufzustellen.

Mit der Sammlung, Prüfung und Wertung der Fakten aber begann unsere politische Analyse. Das war in Bukarest nicht immer ganz einfach, denn für ausländische Besucher erfanden die Rumänen gerne *ad hoc* geeignete Fakten. Unserer Gesundheitsministerin Katharina Focke wurden die abenteuerlichsten Angaben über den Stand der rumänischen Gesundheitsfürsorge gemacht.

Sie glaubte ihnen natürlich, denn so schlimm konnte man doch einen Gast nicht belügen; und ich weiß nicht, ob ich sie habe überzeugen können, wenn ich die rumänischen Angaben einfach als Märchen bezeichnete, und daß ich ihr, wenn sie Zeit hätte, das leicht hätte beweisen könne.

Andererseits hatten die Behörden selbst oft keine zuverlässigen Fakten, weil alle Berichte, ganz besonders die von Produktionsziffern, verfälscht waren, um oben einen guten Eindruck zu machen. Das war in allen kommunistischen Staaten so.

Biedenkopf sandte mir nach seiner Rückkehr eine Zusammenfassung seiner Eindrücke. Ich sah daraus, daß er einige Vorurteile, mit denen er angekommen war, beibehalten hatte.

Ein kleines Nachspiel hatte der Besuch: Ceausescu und Andrei, der zu seinen engsten Mitgliedern in der Parteiführung gehörte und schon damals die außenpolitisch wichtigen Gespräche führte, behaupteten, Biedenkopf habe vor ihnen die sozial-liberale Bundesregierung kritisiert. Das war jedoch nicht der Fall gewesen. Ich hatte ihn zu allen Terminen begleitet und konnte Genscher in einem Brief mitteilen, daß das reine Erfindungen seien.

Die Betreuung der Gäste

Deutsche Minister, Landesfürsten, Bürgermeister und Parteiführer liebten Reisen nach Bukarest. Sie wurden hier in der Regel von Gesprächspartnern hohen Ranges empfangen, hörten freundliche Worte über die Bundesrepublik Deutschland, Warnungen vor den sowjetischen Absichten – und wenn sie die Wiedervereinigung des deutschen Volkes forderten, stimmten ihnen die Rumänen in der Regel lauthals zu: Es kostete ja nichts und machte die Besucher glücklich.

Die Not und Unterdrückung des rumänischen Volkes blieb den Besuchern verborgen. Sie hörten davon nur von uns. Einen nachweisbaren materiellen Nutzen erbrachten nur wenige dieser Visiten. Die Rumänen stellten selbst Bürgermeister deutscher Provinzstädte in der Presse groß heraus, zum Beweis, daß das internationale Ansehen ihres Landes und des *Conducators* ständig wachse.

Als Stefan Andrei einmal dem Bundeskanzler Schmidt von den vielen Besuchen deutscher Minister erzählte, bemerkte dieser trocken, dann könne er ja demnächst seine Kabinettssitzungen in Bukarest abhalten.

Die Rumänen wünschten dringend ein Abkommen über technische Zusammenarbeit auf dem Gebiet der Tribologie, das heißt der Wissenschaft von Reibung und Verschleiß, mit uns abzuschließen und lockten Bundesforschungsminister Volker Hauff mit der Aussicht nach Bukarest, eine neue Formel über die Einbeziehung Berlins darin aufzunehmen. Hauff hoffte, damit im Alleingang einen Durchbruch in einer lange umstrittenen politischen Frage zu erzielen.

Die rumänischen Andeutungen über den Text der Formel aber waren so vage, daß wir von dem Besuch dringend abrieten. Unser letztes warnendes Fernschreiben, das wir ihm mit der höchsten Dringlichkeitsstufe »*Citissime nachts!*« sandten, erreichte ihn nicht mehr, da er mit seiner großen Delegation bereits unterwegs zum Flugplatz war.

Schon bei der ersten Besprechung mit dem rumänischen Technologie-Beauftragten Ursu bei uns in der Bibliothek erwies sich die neue rumänische Formel über die Einbeziehung Berlins als unannehmbar, und ich riet Hauff, ohne weitere Verhandlungen mit seiner ganzen Delegation am gleichen Tag wieder nach Bonn zurückzufliegen, was er auch tat. Abends war er wieder zu Hause.

Die Betreuung der vielen Gäste belastete die Botschaft zeitlich zwar sehr, andererseits war uns der persönliche Kontakt mit deutschen Politikern von Nutzen, weil sie uns über die innenpolitische Lage auf dem laufenden hielten. Die weit umfangreichere Arbeit des täglichen Dienstes der Botschaft in Wirtschaft, Politik, Kultur, Presse, Rechts- und Konsularwesen, Familienzusammenführung, Ausreisen, Verkehr mit den Behörden, der Berichterstattung und so weiter blieb natürlich nicht liegen, sondern wurde, wenn unerledigt, im Anschluß an die Besuche nachgeholt.

Für die Personalabteilung des Auswärtigen Amtes stellten wir einmal das Gästeprogramm einer durchschnittlichen Woche zusammen. Es erlaubt einen Einblick in die Alltagsarbeit einer Botschaft und zeigt, wie auch Franz an vielen Funktionen teilnehmen mußte. Ihre Arbeit bestand in der Vorbereitung von Empfängen, Mittag- und Abendessen, Herrichtung der Räume sowie in der Begleitung der Besucher. Sie war von früh bis spät voll im Dienst – und noch dazu gerne.

Gästebetreuung der Botschaft Bukarest vom 24.–29. 04. 72

Montag, den 24. 04.

11.00 Abholung des saarländischen Ministerpräsidenten (MP) Röder und Bundesratsdirektor Pfitzer mit Damen am Flughafen. *(Botschafter und Frau Wickert)*

13.00 Mittagessen für MP Röder und Dr. Pfitzer mit Damen in Botschafterresidenz. *(Botschafter und Botschaftsrat (BR) von Arnim, Frau Wickert, Frau von Arnim)*

16.00 Besprechung MP Röder mit gastgebendem rumänischen Minister Blajovici. *(Begleitung BR von Arnim)*

17.30 Begleitung MP Röders zu kleinem Stadtrundgang auf seinen Wunsch. *(Botschafter)*

20.00 Abendessen gegeben von Minister Blajovici für MP Röder und Dr. Pfitzer. Mit Damen. *(Botschafter, BR von Arnim, Frau Wickert, Frau von Arnim)*

Dienstag, den 25. 04.

8.30 Besprechungen MP Röders mit Präsidenten der Großen Nationalversammlung,

13.30 Mit Vizeaußenminister Gliga, Vizetourismusminister Voicu, stellv. Ministerpräsident und Außenhandelsminister Patsan. *(Begleitung Herr von Arnim)*

16.00 Abflug der Delegation Röder nach Suceava (Moldau), dort Besprechungen mit Regierungspräsidenten, Besichtigungen etc. *(Begleitung Botschafter und Frau Wickert, Botschaftsdolmetscherin. Diese Begleitung war nicht absolut notwendig, gab aber günstige Gelegenheit, diesen wichtigen Landesteil und seine Verwaltungsspitze kennenzulernen.)*

Mittwoch, den 26. 04.

17.00 Abholung von Bischof Brinkhues und seiner Delegation auf dem Flugplatz Bukarest *(BR von Puttkamer)*

20.00 Besichtigungen in der Moldau, Besprechungen mit Verwaltungsspitzen, Mittagessen in Suceava gegeben vom Regierungspräsidenten. *(Rückkehr Botschafters und Frau Wickerts nach Bukarest mit Flugzeug, während MP Röder und Delegation mit dem Auto über Kronstadt zurückkehrten.)*

Donnerstag, den 27. 04.

14.00 Mittagessen auf Einladung des Patriarchen für Bischof
Brinkhues. *(Botschafter)*

20.00 Abendessen auf Einladung Botschafters in der Residenz für
Bischof Brinkhues und Delegation, den Metropoliten der
Moldau und Bischöfe des Patriarchats.
(Botschafter, BR von Puttkamer)

Freitag, den 28. 04.

12.00–14.00 Gespräch MP Röders mit rumänischem Ministerpräsidenten Maurer. *(Begleitung Botschafter)*

16.00–17.00 Begleitung MP Röders auf seinen Wunsch beim Einkauf
von Ikonen in Staatshandelsladen. *(Frau Wickert)*

17.00 Abholung der Crew des Bundeswehrflugzeuges für MP Röder
am Flugplatz und Ablieferung im Hotel. *(Regierungsamtmann
(RA) Erdmann, z.Z. Urlaubsvertretung des Kanzlers)*

18.00 Verabschiedung von Bischof Brinkhues und seiner Delegation
auf dem Flugplatz. *(BR von Puttkamer)*

20.00 Essen für die Crew der Bundeswehrmaschine, gegeben von
Botschaft. *(RA Erdmann)*

20.00 Abendessen auf Einladung Botschafters in Residenz für MP
Röder und Delegation, Minister Blajovici, Kulturminister, stellv.
Außenminister, etc. Mit Damen. *(Botschafter und Frau Wickert)*

Samstag, den 29. 04.

8.15–9.30 Verabschiedung MP Röders, Dr. Pfitzers und Damen auf
dem Flugplatz, unter Teilnahme der rumänischen Gastgeber.
(Botschafter und Frau Wickert)

Sonntag, den 30. 04.

Drahtbericht über das zweistündige Gespräch Ministerpräsident
Röders mit rumänischem Ministerpräsident Maurer. *(Botschafter)*

Botschafterfrauen erhielten damals keine, später eine kleine, nominale Vergütung, die gerade für zusätzlich notwendige Garderobekosten und dergleichen ausreichte.

Eine reichlichere Entschädigung sah sie jedoch darin, daß sie in ihrer im Beamtengesetz nicht vorgesehenen Funktion viele bedeutende Menschen aus allen Berufen, ein anderes Land und eine andere politische, soziale Kultur und Gesellschaft kennenlernte, und daß wir beide eng zusammen an einer gemeinsamen Aufgabe arbeiten konnten.

Den Verkehr mit dem diplomatischen Corps beschränkten wir auf das Nötigste. Gelegentlich hörten wir Klagen, daß wir uns dort so rar machten, nie bei *Bridge Parties* gesehen wurden und häufig Diners absagten, weil wir uns lieber mit den Rumänen oder unseren Besuchern aus Deutschland beschäftigten. Es waren ja nicht nur die Schriftsteller, Journalisten und Verleger, Musiker, Regisseure und Schauspieler, die häufig bei uns zu Gast waren, auch Wissenschaftler, darunter besonders die großen Archäologen und Althistoriker Nestor, Pipidi, Iliescu und der junge Petru Ceausescu, Germanisten, Mediziner wie der Herzspezialist Moga, der in Tübingen studiert hatte. Den Maler Corneliu Petrescu und die Grafikerin Eva Cerbu besuchte ich oft im Atelier, und dem Altmeister der rumänischen Maler, Corneliu Baba, saß ich sogar für ein Porträt, für das ich diesem großen Künstler dankbar bin. Es reiht sich würdig ein in sein bedeutendes Werk, wenn ich mich auch erst ein wenig an den etwas staatsmännischen Blick gewöhnen mußte, den er mir gab.

Die Mehrzahl unserer Gäste kamen jedoch nicht aus der Kunst und Geisteswissenschaft, sondern aus der Wirtschaft, wie überhaupt die Beschäftigung mit wirtschaftlichen Aufgaben, die ich in diesem Buch meist übergehe, über die Hälfte meiner Arbeitszeit einnahm.

Unter den Kollegen verkehrten wir vor allem mit denen, die ebenfalls enge Verbindungen zu Rumänen hatten. Das waren in erster Linie der israelische Botschafter Ben Shalom und der amerikanische Kollege Harry Barnes, mit denen und deren Frauen wir oft zusammensaßen und unsere Ansichten austauschten.

In der Botschaft hatten einige Mitarbeiter von sich aus schon ein enges persönliches Verhältnis zu rumänischen Gesprächspartnern hergestellt, mit denen sie die Lage im Lande vertrauensvoll besprechen konnten. Aber es waren immer nur einige, wie der Kulturreferent Franz Keil oder die Wirtschaftsreferenten Volkmar von Arnim und Horst Bächmann, die sich diese Mühe unter einem Regime machten, das solche Kontakte möglichst zu verhindern suchte.

Der DDR-Kollege

Wir kehren noch einmal kurz zu den ersten Tagen in Bukarest zurück: Etwa eine Woche, nachdem ich mein Beglaubigungsschreiben überreicht hatte, waren die Missionschefs gebeten worden, Tito und seine Frau bei seiner Ankunft auf dem Flugplatz Otopeni zu begrüßen. Ich stand, im Freien wartend, mit dem amerikanischen und britischen Botschafter im Gespräch. Neu hinzu kommende Diplomaten begrüßten uns, und ich stellte mich jeweils vor: »*I am the German Ambassador.*« Einer antwortete auf deutsch: »Ich bin auch...«, aber dann stockte er. Er durfte den Satz nicht so vollenden, wie er angesetzt hatte. Er war ja nicht *auch* der deutsche Botschafter, sondern – der Botschafter der DDR.

Ich nahm ihn beiseite und sagte, ich hätte ihn nicht in Verlegenheit bringen wollen, bestellte ihm, der bei dem Treffen Willy Brandts mit Stoph in Erfurt Sprecher der DDR-Delegation gewesen war, vielmehr Grüße von Conrad Ahlers. Ich sei der Ansicht, daß wir beide die Deutschland-Frage hier in Bukarest nicht lösen könnten und wünschte mir daher ein gutes Verhältnis zwischen uns.

Er erwiderte, er sei der gleichen Meinung. Wir hielten in Zukunft offiziell Distanz. Wenn wir uns gesellschaftlich bei Rumänen oder in anderen Botschaften trafen, unterhielten wir uns aber entspannt, waren uns, wie schon geschildert, in unseren Ansichten über rumänische Ereignisse oft grundsätzlich einig, nicht zuletzt über Ceausescu, ohne das zitierfähig auszusprechen.

Einmal, als wir uns über unsere Polenverträge unterhielten, sagte ich, Kohl, damals Parteivorsitzender der CDU, habe geschickt operiert und habe gute Aussichten, in unserer Politik etwas zu werden.

»Aber er ist kein Politiker, der Erfolg haben wird. Er ist zu anständig«, antwortete Voss.

Es war nicht leicht, ihm darauf mit einem Satz zu widersprechen. Ich habe Voss als verbindlichen, umgänglichen und undoktrinären Kollegen erlebt.

Nur einmal hat er sich wohl über mich geärgert, und das verstand ich auch: Der Berliner Aufstand vom 17. Juni 1953 war »Tag der Deutschen Einheit« und galt – man hat es heute fast vergessen – jahrzehntelang als Feiertag, an dem wir in der Bundesrepublik unseres politischen Auftrags, der Wiedervereinigung gedenken sollten. Doch er hatte in der Bevölkerung an Sinn verloren, je schwächer die Hoffnung auf die deutsche Einheit und bei vielen, nicht nur in der Führung der SPD, auch der Wille zur Wiedervereinigung wurde. Ich glaube, ich war einer der letzten, der im Jahr 1971 die Angehörigen der deutschen Botschaft in London zu einer Feierstunde einlud und über diesen Tag und unseren Auftrag sprach.

Am liebsten hätten ihn damals viele abgeschafft, doch das war nicht möglich, denn die Gewerkschaften betrachteten jeden arbeitsfreien Tag, auch diesen, als eine soziale Errungenschaft, die sie sich nicht nehmen lassen wollten. Dennoch wollte ich in Bukarest unseres nationalen politischen Auftrags und der Opfer gedenken, die unsere Landsleute im Osten dafür gebracht hatten. Ich ließ an diesem Tag flaggen.

Der DDR-Kollege Hans Voss sah beim Aufstehen aus dem Fenster seiner Residenz, die nicht weit von unserem Kanzleigebäude lag, wie früh morgens die Wachleute unseres Hausordnungsdienstes unsere Flagge hißten.

Er rief, wie mir später einer unserer Kollegen erzählte, in Moskau an, ob die deutsche Botschaft auch dort geflaggt habe. Die Antwort habe gelautet: Ja, aber das tue sie jeden Tag. Bei einem Anruf in Budapest habe er gehört, daß dort wegen des Zeitunterschiedes die deutsche Botschaft noch geschlossen sei. Er wird wohl bei sich gesagt haben, das sehe mir wieder ähnlich, und die Flagge werde sicherlich nicht auf Weisung der Regierung Willy Brandts gehißt, die darüber ganz anders denke, sondern das sei meine eigene Idee.

Gegen Mittag erhielt ich eine Verbalnote des rumänischen Außenministeriums mit der Bitte, die Flagge möglichst einzuziehen. Ich antwortete, das sei nicht möglich.

Der Geigenkasten

Ende März 1974 verabschiedete die rumänische Große Nationalversammlung einstimmig ein Gesetz, das die Verfassung änderte. Sie schuf das Amt eines Präsidenten der Republik. Das Zentralkomitee schlug für diesen Posten den Genossen Nicolae Ceausescu vor, der als Präsident des Staatsrats freilich ohnehin schon Staatsoberhaupt war und diese Funktion nun in sein neues Amt mitnahm.

Gleichzeitig wurde Ministerpräsident Ion Gheorghe Maurer durch Manea Manescu ersetzt. Präsident der Nationalversammlung wurde Stefan Voitec, ein weißhaariger Herr der älteren bürgerlichen Generation.

Die feierliche Einsetzungszeremonie Ceausescus fand im Parlamentsgebäude statt, das wie ein Theater gebaut ist. Im Parkett saßen die Abgeordneten, im ersten Rang die Diplomaten und prominente rumänische Persönlichkeiten, unten in der einen Proszeniumsloge Ceausescu mit seiner Gattin, in der anderen die Regierung. Ich kam spät und setzte mich auf einen der nächsten freien Plätze. Mein Nachbar war der junge Nicu Ceausescu.

Nach der Wahl Ceausescus zum Präsidenten der Republik – einstimmig natürlich – traten zwei Männer auf die Bühne: Der eine trug ein Futteral, wie man es für Urkunden verwendet, und eine kleine Schachtel in den Nationalfarben, der andere einen länglichen Kasten wie für ein Musikinstrument. Schwarz. Ich fragte Nicu, ob das ein Geigenkasten sei und ob jetzt ein Konzert stattfinde. Er antwortete, mürrisch wie meistens, was jetzt folge, das wisse er auch nicht. Er wußte es ganz bestimmt.

Der neue Parlamentspräsident Voitec stieg ein paar Stufen zur Bühne hinauf, und von seiner Loge trat Ceausescu in feierlichem dunkelblauen Anzug hinzu. Wollte etwa einer von ihnen die Violine spielen? Hier war ja alles möglich, aber das konnte ich mir denn doch nicht vorstellen. Doch was folgte, war vielleicht noch bizarrer.

Der Parlamentspräsident überreichte dem neuen Präsidenten der Republik mit einer kurzen Ansprache die Ernennungsurkunde, dann öffnete er die kleine Schachtel, der er eine breite Schärpe entnahm. Er hängte sie dem neuen Präsidenten der Republik um, nicht ohne Schwierigkeiten. Sie war in den Landesfarben gehalten und in Brusthöhe mit dem gestickten, goldumrandeten Wappen Rumäniens geschmückt.

Darauf versuchte Parlamentspräsident Voitec den Geigenkasten zu öffnen, dessen Verschluß aber klemmte. Schließlich kriegte er ihn aber doch auf. Es war aber kein Geigenkasten. Er entnahm ihm vielmehr einen länglichen Gegenstand, den man erst, als er ihn Ceausescu mit beiden Händen feierlich überreichte, als Szepter erkannte: Es war ein ellenlanger brauner Stab, gewiß aus edlem Holz, mit goldenem Knauf an einem Ende.

Ceausescu nahm ihn entgegen, wußte offensichtlich nicht, wie er ihn halten sollte, ergriff ihn schließlich am Knauf und hielt ihn vor die Brust, was freilich nicht der protokollarischen Haltung entsprach, die wir aus mittelalterlichen Kaiserminiaturen kennen.

Die Kameras blitzten. Der Präsident blieb noch einen Augenblick so stehen, dann legte er das Instrument vor sich auf den Tisch, posierte in strammer Haltung für weitere, amtlicherseits später bevorzugte historische Aufnahmen und schritt wieder in seine Loge zurück.

In der anschließenden Pause gab sich das diplomatische Corps einer seiner Lieblingsbeschäftigungen hin, nämlich Fragen des Protokolls: Wer sollte nun wem gratulieren?

Ich hatte, da uns das rumänische Außenministerium über die Rangerhöhungen schon vorab informiert hatte, dem Auswärtigen Amt vorgeschlagen, der Bundeskanzler sollte dem neuen rumänischen Regierungschef Manescu und die Bundestagspräsidentin Frau Renger sollte ihrem neuen rumänischen Kollegen Voitec ein Glückwunschtelegramm senden. Und damit genug. Ceausescu hatte ich nicht erwähnt, denn er blieb ja, was er bisher war – nämlich Staatsoberhaupt.

Der britische Kollege Derrick Ashe dachte ebenso. Andere aber drängten darauf, auch unsere Staatsoberhäupter sollten Ceausescu Glückwünsche senden. Er habe doch ein neues Amt angetreten, was formal in der Tat auch als ein berechtigtes Argument gelten konnte.

Der neue Doyen, der dänische Botschafter Thorben Busck-Nielsen, war hin- und hergerissen. Er fragte uns, er fragte den sowjetischen Botschafter Drosdenko, ob er einen Glückwunsch von Staatsoberhaupt zu Staatsoberhaupt empfehle. »*Njet*« war

*Ceausescu nach seiner Wahl zum Präsidenten
der Republik, geschmückt mit Orden und Ehrenschärpe.
Vor ihm liegt das Szepter.*

433

seine entschiedene und ärgerliche Antwort. Der Chef des rumänischen Protokolls dagegen beschwor Thorben, wenigstens im Namen des diplomatischen Corps zu gratulieren. »Denn was machen wir sonst bloß!« jammerte er.

Außenminister Macovescu beschwerte sich beim Doyen, daß wir Botschafter während der feierlichen Zeremonie nicht oder nur kurz aufgestanden seien, als der Präsident die Bühne betrat.

Es sei ein trauriger Anblick gewesen: Die Abgeordneten im Parkett hätten sich begeistert erhoben und Ceausescu zur Übernahme des neuen hohen Amtes applaudiert, die Diplomaten aber hätten sich ruhig und bequem in ihren Sesseln zurückgelehnt! Wir sollten immer aufstehen, wenn die Abgeordneten sich erheben!

Als Thorben Busck-Nielsen mir das erzählte, erwiderte ich, ich dächte nicht daran, einer solchen Weisung nachzukommen, die entweder von Ceausescu oder den Speichelleckern unter seinem Thron ausgegangen sei und aus uns Vertretern fremder Staatsoberhäupter Claqueure machen wollte.

Während darüber in den *Couloirs* gestritten wurde, fragte mich Harry Barnes, was ich von dieser komischen Oper hielte. Ich sah darin in erster Linie eine Legalisierung der bisherigen Lage, die Ceausescu das Regieren erleichtern könne. Bodnaras war gestorben, Maurer entlassen, Ceausescu und seine engsten Genossen im Besitz der Macht, und mit der neuen Würde erhob er sich noch weiter über Rivalen unter den alten Kämpfern. Er konnte fortan nach Laune schalten und walten; aber die neue Stellung isolierte ihn auch mehr und machte seine Basis spröder und gegen Gefahren anfälliger. Es sei eine Stufe höher zum Caesarenwahnsinn.

Am Nachmittag ging ich nicht mehr ins Parlament, mein Vertreter berichtete, mitten unter den Diplomaten habe Vizeaußenminister Ghenea gesessen und bei jeder Gelegenheit heftigst applaudiert, als wolle er die Diplomaten auch dazu ermuntern. Hinter ihm hätten die Claqueure gestanden.

Die rumänische Presse veröffentlichte Glückwunschtelegramme, darunter auch eins von Salvador Dalí. Die Leser merkten es zuerst, die Propagandaabteilung der Partei zu spät, Ceausescu vermutlich nie, daß Dalis Glückwunsch reine Ironie war.

Abends waren wir bei Stadtpfarrer Ambrosi. Seine Frau erzählte, in ihrer Schulzeit habe, wenn Stalin erwähnt wurde, die Klasse immer aufstehen und seinen Namen skandieren müssen.

Bei Parteiveranstaltungen müsse man eine Dreiviertelstunde vor Beginn erscheinen, damit die Veranstalter sehen, ob der Saal voll werde; wenn nicht, würden in letzter Minute Claqueure herangeschafft. Die erkenne man daran, daß sie nachher immer im Rhythmus klatschten.

Zum Wohl!

Der neue französische Botschafter hatte seine NATO-Kollegen zu einem Diner eingeladen, als er an der Reihe war, Sprecher der NATO-Missionschefs zu werden. Ehrengast war Außenminister Macovescu, der an dem Abend wenig Berichtenswertes erzählte. Nach dem Hauptgang ergriff der französische Kollege das Wort. Sein Vorgänger hatte in seinen Reden gerne kleine, aber den Gast selbst nicht verletzende Giftpfeile an die rumänische Adresse abgeschossen. Dies unterließ der Nachfolger. Er zog einen unterhaltenden Ton vor. Zum Schluß brachte er den Toast aus, wie üblich, aber mit einem ungewöhnlichen Zusatz. Er bat uns alle, das Glas zu erheben und zu trinken:
»auf das Wohl des rumänischen Staatspräsidenten,
auf das Wohl des rumänischen Volkes,
auf die französisch-rumänische Freundschaft und
auf das Wohl der Kommunistischen Partei Rumäniens.«
Ich war nicht der einzige, dem es schwerfiel, auf das Wohl der Kommunistischen Partei Rumäniens zu trinken. Wir waren doch nicht beim Parteivorstand akkreditiert. Wir machten gute Miene und führten aus Höflichkeit wenigstens das Glas zum Munde.
Dann ergriff Macovescu das Wort. Er sprach gut und fließend Französisch und sagte die üblichen Freundlichkeiten. Auch er brachte einen Trinkspruch mit einem ungewöhnlichen Zusatz aus, als er uns bat, das Glas zu erheben und zu trinken:
»auf das Wohl des französischen Präsidenten,
auf das Wohl des französischen Volkes,
auf die rumänisch-französische Freundschaft,
auf die Freundschaft mit allen an diesem Tisch vertretenen Ländern und – er machte eine kleine Pause – *auf das Wohl aller französischen Parteien.«*
Wir erhoben das Glas, tranken, und Macovescu erhielt langen Applaus.

Alle vierzehn Tage trafen die Botschafter der NATO-Staaten sich in der »Guten Stube«, entweder in der amerikanischen oder in unserer. Die der amerikanischen Botschaft hatte nur den Nachteil, daß sie im heißen rumänischen Sommer immer so tiefgekühlt war, daß man einen Pullover tragen mußte, und im Winter so heiß, daß man am liebsten die Jacke ausgezogen hätte.

»Laube« oder »Gute Stube« nannten wir unsere abhörsichere Kabine, in der sich die Referenten unserer Botschaft jeden Tag zur Morgenbesprechung trafen, in der wir tagsüber vertrauliche Dinge besprachen oder Gäste unterrichteten. Es war eigentlich ein Zimmer, das in ein größeres Zimmer eingebaut war und das zu dessen Mauern auf allen Seiten Abstand hielt, so daß die Außenwände der Kabine überall eingesehen werden konnten. Gegen Abhörversuche, ob elektronisch oder akustisch, war sie abgesichert. Innen stand ein großer Konferenztisch mit rund vierzehn Stühlen. Sonst nichts.

Wir trafen uns – ich greife jetzt zeitlich etwas voraus – Ende September 1975 in der amerikanischen »Guten Stube«, und Geoffrey Peterson, der neue britische Botschafter, berichtete vom Besuch seines Premierministers Harold Wilson in Bukarest vor einigen Tagen. Was er uns erzählte, war so uninteressant, daß wir uns nur aus Höflichkeit einige Notizen machten.

Nun hatte aber die rumänische Presse auch die Tischreden beim Staatsbankett in vollem Wortlaut veröffentlicht. Danach hatte *Her Majesty's Prime Minister* gesagt, er habe bei allen seinen diplomatischen Begegnungen höchstens zwei oder drei Staatsmänner getroffen, die an Einsicht Ceausescu gleichkämen.

Als unser britischer Kollege geendet hatte, erkundigte ich mich, ob es indiskret sei zu fragen, wer die anderen beiden an Einsicht mit Ceausescu vergleichbaren Staatsmänner gewesen seien. Geoffrey sah verlegen auf das Blatt, das vor ihm auf dem Tisch lag und murmelte, Wilson habe wohl an Mao Zedong und an Lee Kuanyu in Singapore gedacht.

Wir alle lachten bei diesem Vergleich. Geoffrey fügte verlegen hinzu, den Text des Toasts habe zwar die Botschaft ausgearbeitet, dies aber sei der einzige Satz, den Wilson von sich aus spontan hinzugefügt habe.

Wir eilten Geoffrey sofort zur Seite, trösteten ihn, er brauche sich nicht zu schämen, er solle die Ohren steif halten und das Ungemach tapfer ertragen. Diese Situation kenne doch jeder von uns.

Der Kreuzer »Intrepid«

Auch Geoffrey Petersons Vorgänger Derrick Ashe hatte einmal Kopfschmerzen. Der Grund wurde aber öffentlich nicht bekannt, und Franz und ich waren diskret. Franz fragte Derrick, wann denn nun der Kreuzer »Intrepid« seinen Besuch in Rumänien mache.

Die Zeitungen hätten ihn schon seit einem Jahr wiederholt angekündigt, und sie habe sich notiert, daß er am 30. November im Hafen von Constanza eintreffen werde. Jetzt sei nun der 27. November, aber sie habe immer noch keine Einladung der britischen Botschaft nach Constanza erhalten.

»Ja«, antwortete Derrick. »Du hast schon recht. Wir hatten mit den rumänischen Behörden in Bukarest und mit den Hafenbehörden in Constanza alle Einzelheiten geregelt, und die ›Intrepid‹ war zum Auslaufen bereit; aber dann wurde alles verworfen. Der Besuch findet nicht statt.«

Jetzt war auch ich interessiert.

»Und warum?« fragte Franz.

»Geheim!«

»Komm!« sagte ich. »Raus mit der Sprache!«

»Es muß aber geheim bleiben«, antwortete Derrick Ashe zögernd.

»Streng geheim«, antwortete ich. »*Cross my heart!*«

»Die Köpfe der Offiziere in der *Admiralty* sind heute noch rot. Sie entdeckten erst, als der Auslaufbefehl schon geschrieben war, daß die Türken uns nicht passieren lassen würden, weil nach der Konvention von Montreux die Durchfahrt eines Kreuzers von dieser Tonnage durch die Dardanellen nicht gestattet ist.«

Wir lachten, und Derrick auch. Ich glaube, heute kann man das erzählen.

Nachts klingelte es plötzlich, und Phylax bellte wie wild. Ich ging im Schlafanzug durch die Zimmer im unteren Stockwerk, dann im Erdgeschoß. Vielleicht, so vermutete ich, hat jemand statt auf den Lichtschalter auf den unmittelbar darunterliegenden Klingelknopf gedrückt. Aber wer sollte es gewesen sein? Und warum klingelte es immer weiter? Die Klingeln waren alle in Ordnung.

Sofie, deren Zimmer im obersten Stockwerk lag, kam auch herunter und ging zum Hintereingang an der Küche. Außen fand sie die Türklingel eingedrückt, und der Knopf sprang nicht zurück. Ich ging hinaus. Es war niemand da.

Phylax rannte hinaus, aber statt zu suchen, lief er nur über den Hof und pinkelte an einen Baum. Er kam gleich wieder zurück ins Haus, weil es regnete.

Ich war auf Phylax schlecht zu sprechen. Sein politisches Bewußtsein hatte schmählich versagt. Es war Samstag. Es kann sein, daß ich Phylax, als er uns morgens schwanzwedelnd begrüßte, einige unfreundliche Worte sagte, weil er sich erst ganz wild gebärdet, dann aber keine große Suche im Hof veranstaltet hatte, weil es regnete.

Als ich gegen zehn Uhr hinausging, um zur Botschaft zu fahren, standen in der Einfahrt zwei Offiziere und zwei Soldaten der Miliz, alle mit Maschinenpistolen. Sie berieten. Ich erzählte ihnen von dem Klingeln am frühen Morgen. Sie machten ernste Gesichter, sahen sich die Klingel an und fragten, ob wir Phylax nicht immer ins Haus nehmen könnten. Tagsüber, sagte ich, sollte er grundsätzlich im Hof bleiben, aber nachts holen wir ihn immer rein. Und er sei ja in der Nacht auch im Haus gewesen. Sie sagten, sie wollten nachts auch rings um das Haus patrouillieren.

»Wieso?« fragte ich. »Was ist hier eigentlich los?«

Sie zuckten die Achseln. Wir wurden von jetzt an streng bewacht, Tag und Nacht standen vier bewaffnete Milizsoldaten vor dem Haus.

Mittags hatte ich Berthold Beitz und zwei Mitarbeiter des Ministerpräsidenten Maurer eingeladen. Beitz bestellte mir Grüße von Willy Brandt, bei dem er gestern abend gewesen war. Er solle mir sagen, daß Ceausescu im Juni nach Bonn kommen werde. Der rumänische Botschafter Oancea sei bei Brandt gewesen und habe das verabredet. Ich wußte noch nichts davon und versuchte, die ironischen Bemerkungen über uninformierte Botschafter so gelassen wie möglich und mit Humor zu nehmen. Aber in Wirklichkeit rührte Beitz' Spott an eine alte Wunde. Am Sonntag fragte ich in einem *Cito*-Fernschreiben in Bonn an und bat um Unterrichtung. Man bestätigte: Ceausescu werde im Juni der Bundesrepublik Deutschland einen Staatsbesuch abstatten. Ein Jahr später, als er ursprünglich geplant hatte.

Ja, was war hier eigentlich los? Nach dem palästinensischen Terroranschlag bei den Olympischen Spielen in München hatten wir die Sicherheitsvorkehrungen in der Botschaft verstärkt, denn wir Deutschen waren wegen der Schießerei auf dem Flugplatz im Fadenkreuz der Terroristen. Viel an Sicherheitsmaßnahmen konnten wir in Bukarest allerdings nicht vornehmen. Was wir in Bonn vorschlugen, wurde dort zumeist abgelehnt, weil es Geld kostete, zum Beispiel ein hoher Zaun auf der Rückseite der Residenz. Im November hatte uns das Auswärtige Amt außerdem mitgeteilt, wir könnten unsere verstärkten Sicherheitsmaßnahmen wieder abbauen.

Wir sahen zwar immer noch öfter verdächtige, dem Aussehen nach arabische Gestalten auf dem Platz vor der Botschaft, die sich unser Kanzleigebäude genau betrachteten. Unser Hausordnungsdienst – das waren Bundesgrenzschutzbeamte – informierte die rumänische Polizei, die immer in der Gegend patrouillierte. Sie nahm auch einen der von uns gemeldeten Verdächtigen fest. Der sei aber nur ein Schwarzhändler gewesen, sagte man uns, was wir freilich nicht glaubten.

Kurz nach Weihnachten aber ließen sich auf dem kleinen Platz vor der Botschaft auffällig viele bewaffnete Soldaten und Milizangehörige nieder und errichteten sogar ein Zelt. Auch unser amerikanischer Kollege klagte über zu viele Uniformen in der Nähe seiner Botschaft. Der israelische Botschafter Ben Shalom beschwerte sich, daß er wegen der Straßenarbeiten vor seinem Kanzleigebäude nur unter Schwierigkeiten ins Büro gelangte.

Wir erkundigten uns insgesamt viermal beim Innenministerium. Ich fragte auch den Innenminister Stanescu, der damals noch im Amt war, ob die ungewöhnlich starke Wach- und Patrouillentätigkeit in irgendeiner Weise mit der Geiselnahme in der israelischen Botschaft in Bangkok zusammenhänge. Keineswegs, sagte er. Die Auskünfte, warum diese plötzliche Aktivität auf dem Platz stattfand, waren alle vage und unbefriedigend.

Regierungskriminaldirektor Küttner von der Sicherungsgruppe Bonn, der die Botschaft und Residenz auf Sicherheit und versteckte Wanzen überprüfte, verschwieg uns ebenfalls die Wahrheit und sagte, ihm sei nichts von einer Bedrohung der Botschaft bekannt.

Erst Mitte März kam die Wahrheit heraus, als sich Beamte unseres Innenministeriums mit ihren rumänischen Kollegen in Bukarest trafen: Nach dem Attentat auf die israelische Botschaft in Bangkok hatte unser Bundesinnenministerium von einem befreundeten Nachrichtendienst erfahren, die Palästinenser in Bangkok hätten gesagt, »es werde gleichzeitig in Bukarest losgehen«. Der »Münchner Merkur«, den wir allerdings nicht bekamen, soll etwa zur selben Zeit gemeldet haben, Terroristen hätten einen Anschlag auf uns geplant. Von all dem wurde die deutsche Botschaft Bukarest nicht informiert.

Statt dessen unterrichtete unser Bundesinnenminister den rumänischen Botschafter Oancea in Köln davon. Der wiederum teilte ihm mit, die rumänischen Behörden hätten ebenfalls Hinweise auf einen solchen Anschlag auf unsere, vielleicht aber auch auf die israelische oder amerikanische Botschaft in Bukarest. Der für Sicherheit im Auswärtigen Amt zuständige Beamte sei benachrichtigt worden, habe es aber auf Grund einer angeblich »auf Staatssekretärsebene getroffenen Weisung« abgelehnt, uns zu informieren. Warum diese vage Ausdrucksweise? Warum wurde der Staatssekretär nicht mit Namen genannt? Vielleicht gab es ihn überhaupt nicht.

Die rumänische Polizei und Miliz hatten nicht nur einen, sondern mehrere der von unserem Hausordnungsdienst gemeldeten Verdächtigen festgenommen. Sie wurden verhört und angeblich abgeschoben. Rumänisches Militär und Miliz besetzten darauf den Platz vor der deutschen Botschaft, verstärkten auch die Bewachung der amerikanischen und der israelischen Botschaft, vor der sie, um den Zugang zu erschweren, die Straße aufrissen, vorgeblich, um Leitungen zu reparieren.

Um die Weihnachtszeit versuchte das palästinensische Ausführungskommando, wie die Rumänen es nannten, einzureisen. Die Terroristen führten im doppelten Boden ihrer Koffer eine zerlegte

Maschinenpistole, Munition, Revolver, Handgranaten, Zünder und festehende Messer mit. In Zeitungen eingelegt, hatten sie Briefumschläge mitgebracht, die mit einem hochwirksamen Sprengstoff präpariert waren. Die Rumänen hatten sie ausprobiert und schwärmten davon: Einer, sagten sie, hätte genügt, um ein Büro völlig zu zerstören und die Wände einzudrücken.

Die Rumänen verweigerten dem Ausführungskommando die Einreise und schickten es zurück. Sie wollten einen Konflikt mit den Palästinensern vermeiden. Denn Ceausescu verfolgte damals einen großen Plan, von dem wir freilich erst später Näheres erfuhren: Er wollte Sadat, Golda Meir und Arafat in Bukarest an einem Tisch zusammenbringen und, was alle anderen Staatsmänner der Welt nicht zustande gebracht hatten, Frieden im Nahen Osten stiften; denn sein sehnlichster und bescheidener Wunsch war, mit dem Friedensnobelpreis ausgezeichnet zu werden.

Diesen friedenstiftenden Plan suchte er im Alleingang ohne das Außenministerium, jedoch unter Assistenz seines Auslandsnachrichtendienstes zu verwirklichen. Arafat ließ sich dadurch nicht abhalten, bei einem Besuch Golda Meirs in Bukarest ein Attentat auf sie zu versuchen, das Ceausescus Geheimdienst in letzter Minute vereiteln konnte. Die verhinderten Attentäter wurden ebenso wie das ein Jahr später auf uns angesetzte Kommando abgeschoben.

Die Waffen und Briefbomben, die für uns bestimmt waren, aber beschlagnahmten die Beamten des rumänischen Geheimdienstes, und Fotos davon legten sie ihren Bonner Kollegen vor. Das geschah auf dem Wege, den Stanescu mit meiner Zustimmung bei seinem ersten Besuch in Bonn verabredet hatte, um das rumänische Außenministerium zu umgehen! Ich hatte nicht damit gerechnet, daß unser Innenministerium auch uns umgehen und über Gefahren, denen unsere Botschaft ausgesetzt war, nicht unterrichten würde.

Ich schrieb dem Auswärtigen Amt, als ich nachträglich die Wahrheit erfahren hatte, in einem geharnischten Bericht, die angebliche Weisung »auf Staatssekretärsebene«, uns nicht zu unterrichten, könne ich mir nicht erklären. Dadurch seien Sicherheitsmaßnahmen bei uns unterlassen und Menschenleben in Gefahr gebracht worden. Ja, man hatte uns sogar in dem Glauben gelassen, wir könnten die Sicherheitsmaßnahmen nun abbauen.

»Ich wäre dankbar für Klärung dieser Angelegenheit und bitte, meinen Mitarbeitern und mir die Gewißheit zu geben, daß die Angehörigen der Botschaft Bukarest die Fürsorge und den Schutz der deutschen Behörden genießen, und daß die Botschaft gewarnt wird, wenn noch immer oder wenn von neuem Hinweise auf eine Bedrohung vorliegen.

Ich bitte außerdem wegen meiner Stellung und Arbeitsmöglichkeit in Bukarest um Unterrichtung über alle wichtigen Themen, die mit der rumänischen Botschaft oder dem rumänischen Botschafter in Köln besprochen werden. Ich habe mich in dem vorliegenden Fall dem hiesigen Innenminister und seinen Mitarbeitern gegenüber als ein von meinen Heimatbehörden nicht informierter Botschafter gezeigt, dem sogar Nachrichten vorenthalten werden, die seine eigene Dienststelle und deren Sicherheit angehen. Das erschwert meine Arbeit und verringert das Gewicht meiner Ausführungen bei künftigen Gesprächen.«

Ich bat ferner, die bisher immer abgelehnten Sicherheitsmaßnahmen an dem Botschaftsgebäude und der Residenz unverzüglich vornehmen zu lassen und diesen Bericht dem Staatssekretär und Minister vorzulegen, was man, wie ich später erfuhr, jedoch wohlweislich unterlassen hat.

Ceausescus Staatsbesuch

Am 26. Juni 1973 um elf Uhr sollte das Flugzeug mit Nicolae und Elena Ceausescu und seiner Delegation auf dem Flughafen Köln-Bonn landen. Um zehn Uhr war ich mit Franz in dem Dienstwagen des Bundesaußenministers vor seiner Dienstvilla auf dem Venusberg vorgefahren. Ich sollte Scheel zum Flugplatz begleiten und ihn im Auto über die Themen, die beim Staatsbesuch behandelt würden, informieren. Franz sollte in dem zweiten Wagen hinter uns zum Flughafen fahren, weil Mildred Scheel keine Lust hatte, Frau Elena Ceausescu abzuholen.

Walter Scheel kam 20 Minuten nach zehn aus dem Haus. Da wurde es mit der Zeit etwas knapp. Als er im Wagen saß, nahm er aus seinem Aktenkoffer die Gesprächsmappe heraus, die die zuständigen Referate des Auswärtigen Amtes und wir in Bukarest für ihn vorbereitet hatten. Sie enthielten Aufzeichnungen, Ge-

Walter Scheel und der Autor

sprächsvorschläge, Stellungnahmen zu allen voraussehbaren Themen und rumänischen Wünschen.

Scheel sagte, er sei gestern abend bei einer FDP-Sitzung im Raum Trier gewesen und erst um fünf Uhr ins Bett gekommen. Man sah auf den ersten Blick, daß er miserabler Laune war.

»Die Mappe haben Sie sicher schon durchgeblättert«, sagte ich.

»Nein«, erwiderte er, »wie kommen Sie zu dieser Annahme? Es ist das erste Mal, daß ich sie sehe, und ich denke auch nicht daran, sie zu lesen. Ich will sie gleich mal wieder weglegen.«

»Ich dachte es mir schon. Daher hatte ich Ihnen bereits von Bukarest ein Fernschreiben gesandt, das die Hauptprobleme und unsere Ansichten auf drei Seiten darstellt. Frau Finke-Osiander hat Ihnen eine Ablichtung mitgegeben. Sie liegt in der Mappe obenauf.«

»Habe ich nicht gelesen. Ich lehne es auch ab, Fernschreiben zu lesen. Das ist mir zu mühsam. Lese ich nie.«

Das stimmte natürlich nicht.

»Gut«, sagte ich, »dann will ich Ihnen die Hauptthemen kurz nennen.«

Ich begann, aber er hörte gar nicht zu. Nach einer Weile unterbrach er mich: »Was will der Kerl überhaupt bei uns?«

»Geld«, antwortete ich.

»Kriegt er aber nicht.«

»Vielleicht müssen wir ihm aber doch etwas unter die Arme greifen und sollten einmal über Umschuldung oder andere Transferlinien nachdenken – vorausgesetzt, daß er seinen politischen Spielraum in der Berlin-Frage ein wenig zu unseren Gunsten erweitert. Wenn er nämlich in Rumänien mit seinem ehrgeizigen Fünf-Jahres-Plan scheitert, wird sein Nachfolger ein Mann sein, der gehorsam alle Weisungen aus Moskau ausführt.«

»Ach was! Ich gebe dem Außenminister Macovescu ein Frühstück, und damit hat sich's.«

»Das genügt nicht. Wir haben ein umfangreiches Programm für seine Gespräche mit Ihnen und dem Bundeskanzler ausgearbeitet.«

Ich trug ihm verschiedene Themen vor, in denen Entscheidungen getroffenen werden müßten und die wir alle schon vorbereitet hatten. Aber er hörte wieder nicht zu.

»Was will er denn noch außer Geld?«

»Zum Beispiel im Handel die Meistbegünstigungsklausel.«

»Kann er haben.«

»Nein«, antwortete ich. »Die kann er nicht haben. Die können Sie ihm gar nicht gewähren. Sonst kommen Sie vor den Gerichtshof in Luxemburg. Wie Italien. Die Meistbegünstigung zu gewähren ist eine Prärogative von Brüssel.«

»Mir egal!«

Man konnte mit ihm heute nichts anfangen.

Im Warteraum auf dem Flugplatz standen Staatssekretär Sachs (»Sächs'chen«), der im Auswärtigen Amt für Wirtschaft zuständig war, und Frau Finke-Osiander, die das Osteuropa-Referat leitete. Ich ging gleich zu ihnen und berichtete, daß Scheel den Rumänen die Meistbegünstigung einräumen wolle. Sächs'chen stöhnte. Scheel kam hinzu und sagte, die Informationen, die ich ihm gegeben hätte, seien ganz unbefriedigend. Ich fragte, warum. Er antwortete, er verstehe nicht, warum er den Rumänen nicht die Meistbegünstigung geben könne. Sachs versuchte es ihm zu erklären.

»Vor einem Gerichtsverfahren in Luxemburg fürchte ich mich nicht. Und ich will Macovescu überhaupt nicht sehen!«

Frau Finke-Osiander entgegnete, sie müsse »ganz freimütig« sagen, so, wie er sich das vorstelle, könne er Macovescu nicht behandeln.

Sächs'chen und ich sahen die Lage inzwischen realistischer und lachten. Denn es würde natürlich alles ganz anders verlaufen, und wir brauchten uns keine Kopfschmerzen zu machen.

Als Scheel Wochen später wieder einmal in großer Runde bei Ahlers saß, verkündete er, nie habe ihm jemand die Probleme eines Staatsbesuches so meisterhaft und in aller Kürze nahegebracht wie ich auf der Fahrt zum Flugplatz. Diskrete Form der Wiedergutmachung! Er konnte sich denken, daß mir das hinterbracht würde und daß ich diese Bemerkung zu würdigen wisse. Was auch der Fall war. Jeder hat mal schlechte Laune.

Das Flugzeug landete in schönstem Sonnenschein, und die Militärkapelle spielte die rumänische Nationalhymne mit mehr Schwung als sie je in Bukarest zu hören war.

Scheel gab ein Mittagessen im Königshof in Bonn für Macovescu, während das Ehepaar Ceausescu und der Sohn Nicu bei Bundespräsident Heinemann zu einem kleinen Essen eingeladen waren.

Bei dieser Gelegenheit wurden den Staatsgästen die Gastgeschenke übergeben. Ceausescu erhielt eine Lithographie von Max Beckmann, die er ohne Bewegung entgegennahm und beiseite stellte, während Frau Elena Ceausescu den gewünschten Nerzmantel zweimal anprobierte und für passend befand. Der neunzehn Jahre alte Sohn Nicu erhielt eine Kassettenstereoanlage, und als der Bundespräsident Heinemann ihn fragte, ob er schon eine habe, antwortete er wahrheitsgemäß und kurz mit »Ja.« Worauf seine Mutter sofort einfiel und ergänzte, eine so schöne habe er aber natürlich nicht.

Die Auswahl der Geschenke hatte eine lange Vorgeschichte, die ich stark gekürzt wiedergeben will: Ich hatte ein römisches Glasgefäß vorgeschlagen, wie sie in Köln zu Dutzenden gefunden wurden, oder einen abgeführten Jagdhund. Die Protokollabteilung des Auswärtigen Amtes hatte für Ceausescu einen Tischaufsatz der Porzellanmanufaktur Nymphenburg vorgesehen – einen Pfau.

Von einem Pfau riet ich dringend ab. Denn westlich vom Pfauenthron gilt dieser Vogel als Sinnbild der Eitelkeit, und ich stellte unserem Chef des Protokolls vor, daß Ceausescu vermutlich den Pfau aus Porzellan auf den Boden stellen, sich mit beiden Armen auf der Rückenlehne eines Sessel abstützen und mit den Füßen so lange auf dem Pfau herumtrampeln würde, bis er in lauter kleine Stücke zerbrochen war.

Unsere Presse werde über das Gastgeschenk berichten und natürlich auch der Münchener amerikanische Sender »*Radio Free Europe*« in rumänischer Sprache. Alle Rumänen würden über das Geschenk lachen, das so trefflich zu Ceausescu und zu dem ins Groteske wachsenden Führerkult paßte.

Wenn man ihm schon ein Tier als Tafelaufsatz schenken wolle, müsse es ein Sinnbild für Klugheit, Mut, Weisheit, Geduld, Vorsicht, Wahrheitsliebe und Sanftmut sein – kurzum: wie er sich selbst sah. Aber kein Pfau!

Unsere Protokollabteilung nahm meine Einwände unwirsch als unzulässige Einmischung eines Botschafters in ihre Angelegenheiten auf. Der Bundespräsident habe so entschieden, hieß es. Und jetzt könne man ihn nicht erreichen, weil er auf der »Gorch Fock« in See gestochen sei.

Ich schwieg, aber Heilwig Ahlers und Franz erzählten das heiter bei einer Tee-Gesprächsrunde, zu der auch Rüdiger von Wechmar, der Chef des Bundespresseamtes, gestoßen war. Er plauderte das ebenso amüsiert im Kreise von Journalisten aus. Als diese dann im Auswärtigen Amt beim Chef des Protokolls in großer Zahl anriefen und fragten, ob man Ceausescu wirklich einen Pfau schenken wollte, entschied man dort, ohne zu zögern und ohne den Bundespräsidenten auf der »Gorch Fock« zu behelligen, die Geschichte zu dementieren und dem Gast statt dessen lieber etwas Unverfängliches zu schenken. So kam Ceausescu zu der Lithographie von Max Beckmann.

Es war ferner vage davon die Rede, daß die Firma Daimler-Benz ihm einen großen Mercedes zu Werbezwecken liefern werde. Den hatte er sich nämlich – nach den ebenso vagen, aber doch unmißverstächlichen Andeutungen des rumänischen Protokollchefs mir gegenüber – heiß gewünscht. Später hieß es, er habe den Wagen aber nicht abgerufen. Das Thema lag mir nicht, und ich unterließ es, mich weiter zu erkundigen, ob er den Wagen hatte abholen lassen.

Der später abgesprungene stellvertretende Geheimdienstchef Pacepa schreibt, der Wagen, ausgestattet mit allen Raffinessen, habe lange in Deutschland herumgestanden und sei dann im Einverständnis mit rumänischen Geheimdienstoffizieren versteigert worden.

Reiseschnappschüsse von der Familie

Von Macovescu wußte ich, der *Conducator* hoffe, es werde sich auf dieser Reise ein ähnlich enges, freundschaftliches Verhältnis zu Willy Brandt entwickeln, wie es sich seiner Ansicht nach zwischen Breschnew und Brandt auf der Krim ergeben hatte.

Dieser Wunsch ging jedoch nicht in Erfüllung, denn Willy Brandt wußte, mit wem er es zu tun hatte. Er war höflich, aber kühl und wohlinformiert, weil er unsere Gesprächsmappen gelesen hatte. Als Ceausescu trotz aller unserer Warnungen »Wiedergutmachung« forderte, lehnte Brandt das höflich und bestimmt ab, auch Ceausescus Forderung, Rumänien als Entwicklungsland anzuerkennen. Brandt sah ebenfalls keine Möglichkeit, ihm einen zinsverbilligten Kredit zu gewähren. Einigkeit bestand lediglich darin, den bilateralen Handel und die Kooperationen zu fördern. Ceausescu mußte das Ergebnis als dürftig ansehen.

Als er sich ins Goldene Buch der Stadt Bonn eintrug, erwähnte der Oberbürgermeister, in dieses Buch habe kürzlich schon ein anderer prominenter Rumäne seinen Namen eingeschrieben. Ceausescu war neugierig, denn gab es außer ihm überhaupt einen prominenten Rumänen? Als Corneliu Manescu, der frühere Außenminister, genannt wurde, huschte ein Schatten über sein ohnehin schon mürrisches Gesicht.

Die rumänischen Zeitungen ließen den Hinweis des Oberbürgermeisters auf Manescu in ihrem Bericht zwar weg, aber er sagte mir, als ich ihn im Juli in Bukarest traf, er habe sich sehr gefreut, daß sein Name erwähnt wurde. »*Radio Free Europe*« hatte die Zeremonie und die Rede des Oberbürgermeisters ungekürzt gesendet.

Am letzten Tag seines Besuches gab Ceausescu im Schloß Gymnich ein Essen für die deutsche Wirtschaft. Ich freute mich, bei dieser Gelegenheit Hanns-Martin Schleyer wiederzusehen – zum ersten Mal seit unserer Studentenzeit in Heidelberg, wo wir und ein halbes Dutzend Kommilitonen uns regelmäßig nach dem Mittagessen an unserem Stammtisch im »Storchennest« des Cafés Scheu getroffen hatten. Auch unsere Freundinnen, Hanns-Martin Schleyers spätere Frau und Franz, waren oft dabei.

Am Nachmittag sollte in Bonn die Pressekonferenz stattfinden. Als es Zeit war abzufahren, sagte ich dem rumänischen Protokollchef, er solle Ceausescu holen. Bis vor kurzem war Ecobescu einer von mehreren Vizeaußenministern und unser arrogantester Gesprächspartner gewesen. Jetzt als Protokollchef war er ein gehetztes Wesen, und oft stand ihm der Angstschweiß auf der Stirn.

Das Ehepaar Ceausescu wohnte im Obergeschoß des Schlosses. Ich riet Ecobescu nun ernstlich, jetzt endlich hinaufzugehen und seinen Chef aus der Mittagsruhe zu wecken, sonst kämen wir ins Pressezentrum in Bonn, aber die Journalisten seien alle nach Hause gegangen.

Ecobescu sah mich mit großen Augen verständnislos an: »Weggegangen? Aber sie können doch nicht einfach weggehen!«

»Doch, können sie! Wir sind in Deutschland. It's a free country! Wenn wir zu spät kommen, ist der Saal leer bis auf die Korrespondenten Ihrer Nachrichtenagentur ›Agerpress‹ und der Zeitung ›Scinteia‹.« Ich übertrieb etwas, aber mit Lust.

»Nein!« sagte er erschrocken und eilte die Treppe hinauf.

Doch es ereignete sich nichts. Als er nach fünf Minuten noch immer nicht erschienen war, ging ich hinauf: Da stand er vor der Glastür zu Ceausescus Flur, gebückt, den gekrümmten Zeigefinger in der Luft; aber er wagte nicht zu klopfen. Ich ging deshalb selbst zur Tür und klopfte laut und deutlich. Dann überließ ich Ecobescu seinem Schicksal.

Ceausescu war nicht brillant, aber er überstand die Pressekonferenz einigermaßen, man stellte ihm auch keine zu harten Fragen, und außerdem mußte die Diskussion aus Zeitmangel ohnehin bald abgebrochen werden.

Am nächsten Tag: Ceausescu hatte gebeten, deutsche Industriebetriebe zu sehen. Wir reisten nur mit Hubschrauber. Die Gute-

Hoffnungs-Hütte wurde besichtigt. Ceausescu erhielt als Geschenk einen kleinen Reisebus, in dem er bei seinen Provinzreisen auch arbeiten könne. Er wird ihn schwerlich je benutzt haben.

Bei der Werkbesichtigung hatten wir Schutzhelme zu tragen, die wir nachher wieder ablegen sollten. Nicu Ceausescu nahm, als wir uns verabschiedeten, seinen ab und hielt ihn mit ausgestrecktem Arm in die Luft in der Erwartung, jemand werde von hinten kommen und ihn ihm abnehmen. Franz und ich waren hinter ihm. Er sah sich erstaunt um, als niemand herzueilte. Das war ihm noch nie passiert: Er mußte ihn selbst ablegen!

In Wolfsburg überlegte man, ob Volkswagen ein Zweigwerk in Rumänien anlegen sollte, war also an guten Beziehungen zur Bukarester Führung interessiert. Der Volkswagenchef Leiding hatte gehört, Nicu Ceausescu wünsche sich einen Sportwagen. Er nahm ihn bei dem Empfang in Wolfsburg zur Seite und sagte, er hoffe, es werde ihm Freude machen, wenn er ihm nachher einen VW-Sportwagen schenke, der unten schon bereitstehe.

Nicu aber entgegnete, er habe mit einem *Audi Sport* gerechnet. Darauf wurde Leidings Gesicht plötzlich ernst, und er antwortete, er wisse nicht, ob sich das arrangieren lasse. Es ließ sich tatsächlich nicht einrichten, und auch vom VW-Sportwagen war nicht mehr die Rede. Franz und ich freuten uns.

Bei Staatsessen saß ich oft neben ihm. Er sprach Französisch, aber auch nur so-so. In Hannover schenkte die Landesregierung seinem Vater ein Sachsenroß aus Porzellan.

Ich fragte Nicu, ob er auch reite und ein Pferd habe.

»Eins?« fragte er und zuckte mit den Achseln über eine so dumme Frage. »Drei! Aber nicht in Bukarest.«

Ob er auch einmal in die Politik gehen werde.

»Weiß ich nicht. Darüber habe ich noch nicht entschieden. Erst mal das Biologie-Studium abschließen.«

Er saß blasiert da und wartete, daß man ihn unterhielt. Ich fragte ihn, ob er auch manchmal mit seinem Vater auf Jagd gehe.

Er antwortete, er habe schon »Dutzende von Bären« erlegt. Der Angeber! Ich bemerkte, das sei doch aber ein recht gefährlicher Sport. Das hinwiederum wollte er nicht gelten lassen. Ich vermutete, bei der Bärenjagd werde er in einem gepanzerten Unterstand sitzen, und die Bären würden vorbeigetrieben.

Der Hubschrauberflug von Wolfsburg nach Hamburg war we-

Elena Ceausescu während des Staatsbesuchs in Deutschland
mit »Franz« und dem Autor

gen einer Gewitterfront etwas unruhig. Ceausescu war blaß und
nervös, als wir in Hamburg landeten, und nach der Besichtigung
von Korffs *Pellet*-Stahlwerk und der Hafenrundfahrt am nächsten
Tag wollte Ceausescu nicht mehr mit dem Hubschrauber nach
Bremen zu den Focker-Werken fliegen. Aber unser Protokollchef
Graf Podewils bestand darauf: Von Bremen nach Köln/Bonn
könnten wir dann alle in einem normalen Flugzeug fliegen.

Ceausescu hatte schon nach seinen ersten Gesprächen eine
sauertöpfische Miene aufgesetzt, und im Laufe der Reise verdü-

sterte sie sich noch. Auf dem Rückflug nach Bonn hatte das Flugzeug etwas Verspätung. Als der Pilot vor Bonn eine Schleife flog, wurde Ceausescu ungeduldig, schrie herum und schickte einen General der Miliz aus seiner Begleitung in das Cockpit, um den Piloten zur Eile anzutreiben. Der tat aber keineswegs, was ihm der General befohlen hatte. Dann ging unser Justizminister Jahn, der die Delegation während der Betriebsbesichtigungen als Regierungsvertreter begleitet hatte, zum Piloten und redete ihm gut zu. Der aber sagte, er fliege nun erst recht eine langsame Schleife, damit die Stewardessen das Geschirr in Ruhe abräumen könnten. Das konnte Jahn hinwiederum dem *Conducator* nicht sagen, der in Bonn beim Aussteigen tief verbittert den roten Teppich betrat.

Elena Ceausescu, in Rumänien die wohl bestgehaßte Frau und von vielen – wohl zu Recht – für Ceausescus bösen Geist, Ohrenbläserin und Komplizin in vielen Untaten gehalten, war auf der Reise freundlich, hatte keine Sonderwünsche und fiel nicht unangenehm auf. Sie war stets um ihren Sohn Nicu besorgt. Wenn sie beide nur einmal kurze Zeit getrennt waren, eilte sie sofort zu ihm, erkundigte sich, wie er sich fühle, strich ihm über das Haar oder drückte ihn an sich. Er war von ihr maßlos verzogen.

Franz hatte sich die Begleitung schwieriger vorgestellt, hielt Distanz, kam jedoch auf der Reise gut mit ihr aus.

Versuch, Ceausescu zu beschreiben

Er war klein. Wenn man hundert Rumänen der Größe nach hätte antreten lassen, wäre er unter den zehn kleinsten gewesen. Aber er glaubte, er sei der Größte. Und da er Ungläubige widerlich behandeln konnte, taten viele so, als glaubten auch sie, er sei der Größte.

Er war im Jahr 1918 in dem kleinen Dorf Scornicesti rund 150 Kilometer westlich von Bukarest geboren. Sein 55. Geburtstag wurde, als ich in Bukarest war, groß gefeiert, nicht fröhlich, auch nicht pompös, sondern angestrengt. Die Glückwünsche, die seine Funktionäre in aller Welt angefordert hatten, wurden gezählt und in einem mehrere Kilo schweren Folianten veröffentlicht. Die Botschaft erhielt mehr Exemplare als sie brauchen konnte; ich sandte eins dem Bundeskanzler, eins dem Bundesaußenminister als Beispiel dafür, wie weit man es an Heldenverehrung treiben kann, und eins behielt ich selbst.

Angesicht des Alters von Mitte fünfzig war er beweglich, aber er war kein Sportler. Auf der Diplomatenjagd habe ich mehrere Male neben ihm auf Fasane geschossen. Er war ein guter Schütze, fackelte nicht lange, schoß sofort, während ich immer noch überlegte; aber er war kein so passionierter Jäger wie Maurer. Zum guten Jäger fehlte ihm die Geduld. Wenn er aus dem Jeep stieg und in den Wald ging, sollten der Hirsch oder der Bär schon dastehen.

Rudescu hatte sich der Aufgabe, Jagden für ihn zu organisieren, entzogen. Bei einer Saujagd hatte er schlechte Erfahrungen gemacht: Die Sauen hatten es vorgezogen, die lärmende Treiberkette hinter ihnen zu durchbrechen, statt vor Ceausescu zu defilieren.

Nicht nur bei der Jagd fehlte ihm die Geduld. Er konnte nie warten. Langfristige Projekte interessierten ihn nicht. Selbst der Fünfjahresplan war ihm zu lang: Der letzte mußte in viereinhalb Jahren erfüllt sein – war es dann aber nur zum Teil. Das Flugzeug von Bremen nach Köln/Bonn flog ihm zu langsam.

Er besaß weder Charme noch Charisma und eignete sich überhaupt nicht dazu, zur Führerkultfigur erhoben zu werden. Ein Redner war er auch nicht. Weder im Gespräch noch in Reden konnte er überzeugen. Die Massen konnte er nicht mitreißen: Er legte seine Forderungen dar und begründete sie mit Argumenten, die immer auf das gleiche hinausliefen: mehr, schneller, besser! Auf die Erwartungen, Wünsche oder Sorgen der Hörer ging er nicht ein.

Nur für eine kurze Zeit, im Jahr 1968, bei dem Einmarsch der Sowjets in Prag, als die Bevölkerung auch eine Invasion Rumäniens befürchtete, hat er den Willen des Volkes vertreten. Damals war er populär. Manche Schriftsteller dachten noch zehn Jahre später mit Sehnsucht an diese Zeit nationaler Solidarität zurück.

Ich habe nie von ihm eine Frage nach dem persönlichen Wohlergehen der Familie oder dem Leben des Gesprächspartners gehört. Das interessierte ihn nicht. Mit Willy Brandt wünschte er sich ein freundschaftliches Verhältnis; aber wenn er mit ihm sprach, gab er allenfalls Auskunft über seinen Flug und das Reisewetter, im übrigen blieb er bei den politischen Fragen. Er war vermutlich zu gehemmt, um nach privaten Dingen zu fragen oder etwas von seinem eigenen Leben, seinen Vorlieben, seiner Familie preiszugeben. Ich habe aus seinem Munde weder eine Anekdote, ein erlebtes Beispiel, mit dem er ein Argument stützte, oder gar einen Witz gehört, noch wurden dergleichen Äußerungen Ceausescus kolportiert. Seine Grundstimmung war mürrisch, mißtrauisch, unzufrieden.

Für kurze Zeit konnte er allerdings gut gelaunt sein und über einen Scherz durchaus lachen. Er konnte aufgeräumt sein, wie er sich bei meinem ersten Tischgespräch auf der Diplomatenjagd zeigte. Bei der Aufstellung zu einem Gruppenfoto spielte er sogar einmal ein wenig den Clown, als er sich bemühte, feindliche Brüder, den amerikanischen und den nordvietnamesischen, den sowjetischen und den chinesischen Botschafter nebeneinander aufzustellen und wenigstens auf dem Bild zu vereinen. Ich hatte, als ich merkte, worauf er hinauswollte, unauffällig unter anderen Kollegen Deckung genommen. Der Botschafter der DDR auch.

Ceausescu hatte einen Sprachfehler, stotterte etwas, besonders wenn er erregt war, setzte zur Aussprache eines Wortes an, zögerte dann auf dem ersten Konsonanten etwas, aber doch merklich, wiederholte ihn manchmal auch, bis auf einmal das ganze Wort herausplatzte, zusammen mit den nächsten. Wenn wir ihn zitierten, sprachen Franz und ich gerne so.

Schlecht gelaunt habe ich ihn zwar oft gesehen, aber mir gegenüber war er nie unhöflich. Seine Untergebenen, und das waren alle Landsleute, behandelte er dagegen wie Hausknechte, ausgenommen einige ältere Respektspersonen wie Maurer oder Bodnaras, denen er seinen Aufstieg nach dem Krieg verdankte.

Er war unsicher und auch feige; und wenn nicht feige, so doch ängstlich: Zum Beispiel, wie er nach dem etwas unruhigen Hubschrauberflug von Wolfsburg nach Hamburg am nächsten Tag nicht mehr mit einem Hubschrauber fliegen wollte. Oder sein ängstlicher Blick, als auf einem Parteikongreß ein Deputierter wagte, Kritik zu üben: Einen Augenblick wußte er nicht, was tun, bis Elena ihm offenbar einige resolute Worte zuflüsterte. Denselben ängstlichen Blick konnte man in den Fernsehaufnahmen von seinem letzten öffentlichen Auftritt auf der Terrasse des Parteipalasts in Bukarest bemerken, als Protestrufe seine Rede unterbrachen und die Menge plötzlich unruhig wurde. Er schien es nicht zu glauben. Er schien ratlos zu sein.

Ceausescu war sprunghaft, widerrief seine Befehle oft, erwartete aber, daß sie jeweils prompt befolgt würden. Da sie sich aber nicht selten widersprachen oder behinderten, wurden sie nicht oder nur teilweise ausgeführt. Das blieb ihm nicht verborgen; er gab aber die Schuld stets seinen Untergebenen.

Um zu zeigen, daß er unermüdlich um die Wohlfahrt seiner Untertanen besorgt war, begleitete das Fernsehen ihn gelegentlich, wenn er die Märkte kontrollierte. Die Stände waren immer voller Waren, wenn er kam. Sie hatten durch geheimnisvolle Kanäle schon vorher erfahren, was ihnen drohte, vermutlich von seiner Umgebung, die Ärger zu vermeiden wünschte und sicherlich für solche Warnungen honoriert wurde.

Er hatte eine starke, mit der Zeit zunehmende Neigung, sich auch in der Außenpolitik der Geheimdienste zu bedienen, das Außenministerium aber nicht davon zu informieren. In die Verkäufe der Volksdeutschen und Juden war das Außenministerium nicht eingeweiht, oder doch nicht in die Einzelheiten; diese Geschäfte besorgten zwei Vertraute aus seinem Stab und die Geldkofferträger des Geheimdienstes.

Er beauftragte seinen Auslandsgeheimdienst, prominente Politiker und Industrielle zur Mitarbeit zu verpflichten, Werkspionage im größten Stil zu treiben, und Überfall- und sogar Mordaufträge an professionelle Mörder zu erteilen oder selbst auszuführen, zum Beispiel gegen Noel Bernard, den Direktor des Senders »Radio Freies Europa« in München.

Im Umgang mit seinen Gegnern zügelte er seine Wut immer weniger. In einem seiner Gefängnisse war eine Vorrichtung, die seine Gefangenen, ohne daß sie es merkten, hohen Dosen von Röntgenstrahlen aussetzte. Andere Gegner ließ er zusammenschlagen. Den Schriftsteller Goma zum Beispiel.

Es genügte ihm nicht, die großen Linien der Politik zu bestimmen – er regierte bis in die Details hinein, die ihm vorgelegt wurden oder zu Ohren kamen, sei es in der Landwirtschaft, dem Jagdwesen, der Flußregulierung, dem Straßenbau, dem Erziehungswesen, der Altertumskunde, der Architektur, der Literatur. Er gab, wohin seine Fahrten in Rumänien führten, den Landsleuten *indicatii pretioase* – »wertvolle Hinweise«. An Musik schien er nicht interessiert zu sein. In Konzerten oder im Theater habe ich ihn nie gesehen.

Er hatte fünf Jahre die Grundschule in seinem Dorf besucht und anschließend eine Schusterlehre angetreten. Der kommunistischen Partei trat er schon früh bei. Im Kriege war er deswegen im Gefängnis. Der Dichter Jebeleanu erzählte mir, ihm sei im Jahr 1940 bei einem Gefängnisbesuch in Kronstadt ein junger politischer Gefangener aufgefallen, der besonders eifrig und aggressiv diskutierte. Es war Nicolae Ceausescu. Dort hat er, wie viele Kommunisten, in Lehrgängen und Diskussionen eine gewisse politische Grundbildung erworben und sich auch auf anderen Gebieten Kenntnisse erworben, aber unsystematisch und partiell.

Er war Autodidakt. Das war Hitler auch. Der aber hatte viel mehr gelesen und überraschte seine Zuhörer manchmal durch unerwartete, freilich nicht immer haltbare Thesen und Meinungen über Geschichte, Kultur und Technik. Und was für Hitler und Himmler die Germanen waren, das waren für Ceausescu die Daker.

Einmal war ich Zeuge, wie Ceausescu Engels' Thesen über die Entwicklung der Gesellschaft vom Jäger bis zum Bourgeois, Sozialisten und schließlich zum Kommunisten in schulbuchartiger Weise wiederholte. Als er geendet hatte, sagte Ministerpräsident Maurer trocken: »Sie sehen, meine Herren, es geht mit dem menschlichen Geschlecht laufend bergab.«

Maurer hatte französisch gesprochen, und es wurde ins Rumänische übersetzt. Ceausescu fand die Bemerkung nicht witzig, aber Maurer war das gleichgültig. Er erlaubte sich eben solche Späße.

Wie alle Halbgebildeten glaubte Ceausescu mehr zu wissen, als er eigentlich wußte, selbst von der Wissenschaft und ihren Aufgaben. Grundlagenforschung hielt er für entbehrlich. Übrigens auch seine Frau. Sie wollte als Kapazität erst nur für Chemie, dann für alle Fragen der Wissenschaften gelten. Dabei hatte sie nur die ersten vier Klassen der Dorf-Grundschule besucht. Einmal war sie sitzengeblieben. Als ihr Mann Parteichef geworden war, hatte sie sich – davon war schon die Rede – eine Dissertation über ein Thema der Chemie schreiben lassen, obwohl sie nie studiert hatte. Danach ließ sie sich als große Chemikerin feiern, sammelte – und bekam! – von vielen, nicht nur von rumänischen, sondern auch von Universitäten und Akademien des westlichen Auslands Ehrendoktortitel.

Die wissenschaftliche Forschung sollte nach ihrer und ihres Mannes Ansicht gleich zu greifbaren Resultaten führen. Schon die Grundschule sollte sich auf Produktion ausrichten, das heißt, bereits die Schüler der unteren Klassen mußten im Werkunterricht verkäufliche Produkte erzeugen. In der Grundlagenforschung bekannte Wissenschaftler wurden aufs Land geschickt, um Bodenanalysen vorzunehmen. Kunstgeschichte und Geschichte sollten sich auf Rumänien beschränken. Das berühmte Mathematische Institut in Bukarest löste Ceausescu auf, obwohl auch seine Tochter dort studierte. Er glaubte durch seine Industriespionage im Ausland alle ihn interessierenden Produktionsverfahren und Blaupausen billiger erwerben zu können.

Mißtrauen war eine seiner ausgeprägtesten Eigenschaften. Freunde hatte er nicht. Im Flugzeug saß allenfalls seine Frau neben ihm. Man riskierte, wenn man in seiner Nähe war, unversehens von einem Unmutsanfall getroffen zu werden. In seiner Gegenwart sprachen nur er oder Elena oder ausländische Gäste. Andere durften nur reden, wenn sie gefragt wurden. Und dann hatten sie kurz zu antworten.

Er hatte keine Mitarbeiter, mit denen er sich beriet, sondern nur Untergebene, die auf Weisungen warteten. Die meisten lebten in ständiger Angst. Man sagte, wenn er während der letzten großen Überschwemmung gerade im Ausland gewesen wäre, hätte niemand gewagt, die Flut zu bekämpfen. Er hätte jede Entscheidung, die ohne ihn getroffen worden wäre, mißbilligt.

Ceausescu nahm Ehrungen meist sauertöpfisch entgegen; doch es konnte kein Zweifel sein, daß er tiefste Verneigungen vor seiner Person verlangte. Wie hoch er von sich dachte, zeigten die protokollarischen Forderungen für seinen Empfang bei Staatsbesuchen.

Der japanische Botschafter erzählte mir einmal, als er mit dem rumänischen Protokoll über Ceausescus geplanten Staatsbesuch in Japan sprach, habe man hohe Orden nicht nur für ihn, sondern auch für seine Frau und seinen Sohn Nicu gefordert; denn auch bei einem Staatsbesuch der britischen Königin würden der Prinzgemahl und der Prince of Wales mit hohen Orden ausgezeichnet. Er wünschte eine Einladung zum Diner beim Tenno, wollte aber nicht den obligaten Frack, sondern das Ehrenkleid des rumänischen Werktätigen tragen, den dunkelblauen Anzug. Das japanische Protokoll bestand darauf, daß seine Sicherheitsbeamten ihre Waffen ablieferten, wenn sie Japans Boden betraten; doch davon wollten die Rumänen nichts wissen. Der Besuchsplan scheiterte schon bei den vorbereitenden Protokollfragen.

Er ließ sich als Nachfolger bekannter Heroen der rumänischen Geschichte feiern, etwa Michaels des Tapferen oder Stephans des Großen. Aber er widersprach auch nicht, wenn der Schriftsteller und Parteifunktionär Dumitru *(Gottgleich)* Popescu ihn mit Alexander, Caesar, Hannibal und Napoleon verglich. Die Malerin Marianne Simtion berichtete einmal aus einer Versammlung des Künstlerverbands, daß dort der Sekretär ein Bild Nicolae und Elena Ceausescus angeregt hatte, in dem beide über den Wolken schwebend dargestellt werden.

Der Führerkult förderte seine Popularität nicht, entfernte ihn vielmehr dem Volke. Ein junger Althistoriker wollte schon von vorneherein nicht den Verdacht aufkommen lassen, er sei mit ihm verwandt und stellte sich mir vor: »Petru Ceausescu – *no relation*«. Als sein Vater gestorben war, nahm keine Zeitung die Traueranzeige an: Der Vater hieß Nicolae mit Vornamen – wie der Staatspräsident.

Das Volk liebte ihn nicht, sondern fürchtete ihn. Diese Furcht lag über dem ganzen Land. Sie schlug durch von oben bis auf die unterste Ebene der Behörden. Dennoch hat er es verstanden, sich 25 Jahre an der Macht zu halten und fast unumschränkt zu regieren. *Fast* unumschränkt, denn bei näherem Hinsehen erkannte man, wie brüchig und gefährdet seine Stellung war, weil im Grunde alle gegen ihn waren. Er konnte nicht in dem Maße wie Hitler auf eine Garde wie die SS zählen, die ihn als Mythos verehrte. Selbst vor der *Securitate* mußte er auf der Hut sein; und in der Tat war sie es, die später seinen Sturz betrieben hat.

Doch er war sonst ein Genie in der Kunst, seine Gegner auszuschalten, nicht immer gleich zu vernichten, wie Stalin, aber sie doch mattzusetzen. Er ließ keinen neben sich groß werden. Durch das System der *Rotatie* auf Führungsposten sorgte er dafür, daß niemand sich eine Machtbasis oder einen Namen schuf. Der Ruf seiner Geheimpolizei, die allgegenwärtig war, und einige nicht aufgeklärte Todesfälle von Prominenten sowie das Verschwinden in Gefängnissen schüchterten zudem jede oppositionelle Regung ein.

Über manche Eigenheiten Ceausescus, seine Sprunghaftigkeit, seine Eitelkeit, seinen Größenwahn, könnte man allenfalls hinwegsehen. Nicht hinwegsehen kann man jedoch über das, was ihn zum Despoten machte: Die Menschen waren ihm als Menschen gleichgültig. Er fühlte nichts für sie. Er verkaufte sie. Ihre Sorgen kümmerten ihn nicht. Sie waren ihm nur Verfügungsmasse, eine statistische Größe. Er brauchte sie, um seine Pläne zu verwirklichen. Über ihre Gefühle nachzudenken, wäre Humanitätsduselei gewesen, wie Hitler es nannte. Die Schweinefarm war wichtiger als die Stadt Urziceni. Das Menschenmaterial hatte im Land zu bleiben, abgesehen von den Individuen, die er verkaufte. Man sollte sie mit einem Schalterdruck anstellen, ausschalten oder umpolen können.

Als im Dezember 1989 die Unruhen in Temesvar begannen, hoffte ich auf sein Ende. Und den Film über seine letzte Rede in Bukarest, das Verhör und die Erschießung habe ich mir so oft angesehen, wie er im Fernsehen gebracht wurde. Mit tiefem Grauen verfolgte ich, wie anonyme Kläger Rechenschaft von ihm und seiner Frau forderten, ihn verurteilten und exekutieren ließen. Ich gestehe, ich war froh für das rumänische Volk.

Umgangston

Gise, Vizepräsident des Rates für sozialistische Kultur und Erziehung, war, wie Sascha berichtete, für einen Folklore-Abend verantwortlich, den Ceausescu für Bokassa, den »Kaiser« der Zentralafrikanischen Republik, gab. Das Ensemble führte einen alten Bauerntanz auf, in dem die Tänzer mit langen Stöcken hantierten. Als Ceausescu später den Kaiser fragte, ob ihm der Tanz gefallen habe, antwortete dieser schlicht: »Nein«.

Darauf rief Ceausescu Gise zu sich, schrie ihn an und sagte: »Du-te in pizda ma-te!«*

Gise sei hinausgegangen und habe geweint.

Ceausescu schenkte dem afrikanischen Monarchen übrigens eine Folklore-Tänzerin, die seine Phantasie erregt hatte und die

---

* Sascha Ivasiuc, der uns das auf englisch erzählte, übersetzte es mit den Worten: »Go fuck your mother!«

er heiratete – zusätzlich zu seinen anderen Frauen, versteht sich. Der abgesprungene Geheimdienstchef Pacepa behauptet, sie habe außerdem vom Geheimdienst den Auftrag gehabt, Ceausescus Erwerb einer Diamanten-Mine bei dem Kaiser Bokassa durchzusetzen.

In Peking bin ich ihr einige Jahre später auf einem Empfang der Regierung für Bokassa begegnet. Sie war eine schlanke, hochbeinige, elegant gekleidete Dame. Der Frau unseres Botschafters in Ouagadougou hat sie manchmal ihr Herz ausgeschüttet. Nach dem Sturz Bokassas war ihr die Rückkehr in die Heimat verwehrt, da man ihr die rumänische Staatsangehörigkeit und den Paß entzogen hatte. Sie hatte sich dann nach Frankreich abgesetzt, vermutlich doch wohl mit einer Handvoll Diamanten in der Handtasche.

Macovescu und der Führerkult

Alexander Ivasiuc erzählte, als die ersten Meldungen vom Sturz des Militärregimes in Athen eintrafen, habe Ceausescu angeordnet, die Presse solle von *Hooligans* sprechen, die Unruhe und Terror in Athen verbreiteten. Als sein Außenminister Macovescu dazu bemerkte, die Lage sehe nach den ersten Berichten für das Obristenregime doch ernster aus, schrie Ceausescu ihn an und gab ihm denselben Befehl wie kurz vorher dem Kulturfunktionär Gise. Darauf ging Macovescu hinaus und sagte, er könne es nun nicht länger ertragen.

Er konnte es dennoch. Er war sehr widerstandsfähig, nahm alle Demütigungen in Kauf und suchte sogar das diplomatische Corps, ein dazu gänzlich ungeeignetes Gremium, zum Applaus für Ceausescu zu veranlassen.

In der Partei hatte er keinen hohen Rang, obwohl er schon während des Krieges Parteigänger der Kommunisten gewesen war, wie er einmal erzählte. Er war gebildet, sprach gut Französisch und Englisch und liebte es, sich über literarische Themen zu verbreiten: kenntnisreich, überlegend, kritisch, heiter-ironisch und niemals in Anlehnung an marxistische Kriterien.

Als wir einmal auf einem seiner amtlichen Besuche in Baden-Baden waren, sagte er, während der Siesta habe er auf dem Balkon gesessen, in den Park auf die alten Bäume und die vorüberfließende Oos geblickt und vier Gedichte geschrieben. Nicht eins, sondern vier!

Er hörte bewegt, was ich ihm von Goethe und Marianne von Willemer* erzählte, als wir im Schloßpark von Heidelberg waren, rief dann später in Bukarest bei mir an, weil er das Gedicht *Gingko Biloba* unter Goethes Gedichten nicht fand. Er hatte nicht im *West-Östlichen Divan* gesucht. Gerührt war er, als ich ihm bei meinem Abschied ein Blatt des heute im Heidelberger Schloßgarten stehenden Gingkobaums (es ist nicht mehr der alte) mit einer Abschrift des Gedichts schenkte. Er war Mitglied des rumänischen Schriftstellerverbandes und hatte seinerzeit dessen Sekretär bewogen, aus dem Besuch deutscher Schriftsteller keinen Fall Kempowski zu machen.

Daß der Ceausescu-Kult nicht den geringsten Erfolg hatte, sondern im Gegenteil nicht nur die Intelligenzija, sondern auch die übrige Bevölkerung anwiderte, hat er sicher erkannt. Das ganze Volk machte ja Witze darüber. Dennoch lief Macovescu in der Masse der Lobhudler mit und erfüllte auch die aufgeregten und unbedachten Befehle Ceausescus: Als einmal eine deutsche karitative Organisation in einer Liebesgaben-Sammelaktion viele Siebenbürger Familien törichterweise mit Standard-Briefen und Spendenpaketen mit erfundenen Absenderangaben beschenkte, war Ceausescu anscheinend in Wut geraten, und Macovescu gab mir seine Reaktion im gleichen Ton wütend in Worten wieder, die aus seinem Munde ganz falsch klangen: Die Pakete würden alle zurückgesandt, und in Zukunft müßten als Liebesgaben deklarierte Textilien vorher desinfiziert werden, weil sie Pest- und Cholera-Bazillen enthalten könnten! Ich lachte dazu nur und antwortete, ich würde das weitergeben, selbst aber könne ich diese Argumente nicht ganz ernst nehmen.

Der Rahmen, in dem er Außenpolitik treiben konnte, war durch Ceausescus meist unüberlegte Ideen begrenzt, die er auszuführen hatte. Dennoch hatte er auch an wichtigen Aufgaben mitgearbeitet, unter anderem, wie er einmal auf einer Reise erzählte, als er zwischen Nordvietnam und den Vereinigten Staaten ver-

* Zu Seite 52: Marianne von Willemer hatte das Gedicht »Ach, um deine feuchten Schwingen, West, wie sehr ich dich beneide« verfaßt, das Goethe unter der Überschrift »Suleika« in den *West-Östlichen Divan* aufnahm.

mittelte und ein Treffen beider Parteien in Paris über die Beendigung des Vietnam-Krieges vereinbarte.

Ceausescu hat ihm den Eifer nicht gedankt. In der Parteihierarchie spielte er keine Rolle. Wichtige außenpolitische Aufträge erteilte Ceausescu dem Parteifunktionär Stefan Andrei, der auch oft mit persönlichen Botschaften des *Conducators* nach Bonn entsandt und schließlich Nachfolger Macovescus wurde.

Man würde die politische Bedeutung Macovescus in Bukarest überschätzen, wenn man in ihm den Erfinder des Persönlichkeitskults sähe: So erschien er nur manchmal den diplomatischen Kreisen. Warum er, der kultiviert und sicher in Fragen des Geschmacks war, widerspruchslos mitmachte, ist nicht leicht zu verstehen.

Gewiß wird er gesehen haben, daß ein schwaches Rumänien über kurz oder lang wieder unter die Botmäßigkeit der Sowjetunion fallen könnte, und daß Ceausescus Herrschaft wenigstens außenpolitische Stabilität bedeutete. Aber er wird auch erkannt haben, daß seine Position durch den Kult auf die Dauer nicht gefestigt, sondern labiler wurde. Macovescu hat sich dem Diktator verpflichtet, obwohl ihm dessen Unmenschlichkeit, die Verbrechen und Korruption des ganzen Regimes nicht verborgen bleiben konnten.

Als einzige Erklärung dafür, daß er so engagiert mitmachte, drängt sich der Verdacht auf, er habe in Angst vor dem Verlust seiner Stellung, seiner – wenn auch beschränkten – Macht und in Furcht vor einem Fall in die politische Bedeutungslosigkeit gelebt.

Erpressung

Im Jahre 1974 begann ich einen Bericht an das Auswärtige Amt mit den Worten:

»Die Schönwetterperiode, wie sie in den Beziehungen Rumäniens zu uns vor, bei und noch einige Zeit nach Ceausescus Staatsbesuch herrschte, ist vorbei. Das Barometer steht auf ›wechselhaft‹ mit gelegentlichen Ausschlägen auf ›heiter‹ und ›unfreundlich‹, das heißt also, die Beziehungen sind wieder normal.«

Am 19. Februar 1974 bat mich der Direktor der Konsularabteilung des Außenministeriums zu einer Besprechung, die er mit den Worten begann, in der Konsulatsabteilung der Botschaft sei nicht alles in Ordnung. Er behauptete, wir schickten mit unserer Kurierpost Dokumente von Aussiedlern nach Deutschland, obwohl das verboten sei. Beteiligt seien zwei vom Auswärtigen Amt entsandte Mitarbeiter und Herr Krafft und Frau Kovacs, rumänische Staatsbürger, die das Diplomatenbetreuungsamt der Botschaft als Ortskräfte zugeteilt habe. Ihnen werde die Arbeitserlaubnis nicht mehr verlängert. Ich antwortete, die Vorwürfe träfen nicht zu, sie hätten zu unserer Kurierpost überhaupt keinen Zugang, und mit seiner Drohung, sie uns wegzunehmen, schaffe er einen ernsten Fall.

Eine Woche später teilte uns das Diplomatenbetreuungsamt mit, es werde die Verträge der beiden Ortskräfte nicht mehr visieren und ihre Sozial- und Steuerbeiträge nicht mehr annehmen.

Die rumänische Verordnung, daß Umsiedler außer ihrem Reisepaß keinerlei persönliche Dokumente mitnehmen durften, auch nicht in Ablichtungen, war unverständlich und reine Schikane, denn natürlich brauchten sie in Deutschland Geburts- und Heiratsurkunden, Unterlagen über ihre Ausbildung, die gezahlten Sozialbeiträge, den Familienstand, Führerschein, Diplome und dergleichen. Wir hatten das Innenministerium schon öfter gebeten, diese sinnlose Verordnung aufzuheben. Inzwischen fuhren unsere Beamten fort, wie auch die der anderen westlichen Botschaften, die Urkunden mit dem Kuriergepäck, das nicht durchsucht werden durfte, vorauszusenden.

Unsere vierzehn Ortskräfte, das heißt die gut Deutsch sprechenden Angestellten rumänischer Staatsangehörigkeit, zumeist Volksdeutsche, waren mit Aufgaben betraut, die weder vertraulich noch geheim waren. Die Fahrer zum Beispiel, unsere Hausangestellten, der Pförtner und Bote Herr Krafft oder die Hilfskraft Frau Kovacs, die nur den Besuchern zu helfen hatte, ihre Anträge auszufüllen.

Frau Kovacs sagte, sie sei oft von der Miliz verhört worden und habe auch die Namen der Botschaftsbesucher genannt, darüber hinaus aber jede weitere Mitarbeit verweigert. Sie habe den Verkehr mit allen Bekannten und Freunden abgebrochen, um sie nicht zu gefährden. Von dem Milizbeamten, der sie befragt habe, werde sie oft auf der Straße heimlich beobachtet und verfolgt.

Die Ortskräfte fürchteten sich. Sie vermuteten, die *Securitate* suche sie durch diese neue Disziplinarmaßnahme unter Druck zu setzen und gefügig zu machen.

Ich bat Vizeaußenminister Gliga, die unbegründete Maßnahme der Kündigung von Herrn Krafft und Frau Kovacs rückgängig zu machen. In Bonn wurde auf meine Bitte der rumänische Botschafter einbestellt und ebenfalls von unserem Wunsch unterrichtet.

Das Diplomatenbetreuungsamt nahm darauf die Beschuldigung gegen Frau Kovacs zurück, warf dem Pförtner Krafft jetzt jedoch vor, Bestechungsgelder von Besuchern erpreßt zu haben, was für jeden, der diesen bescheidenen, schüchternen Mann kannte, eine absolut unglaubwürdige Beschuldigung war.

Die nächste Zahlung der Steuer- und Sozialbeiträge wurde nunmehr für alle anderen Ortskräfte nicht mehr angenommen, weil darin auch der Betrag für Herrn Krafft enthalten war. Diese Weigerung beunruhigte alle unsere Ortskräfte, weil sie damit ihre Kranken-, Alters- und Sozialversicherung gefährdet sahen.

Das Sicherheitsreferat des Auswärtigen Amtes empfahl uns, den Pförtner zu entlassen und uns damit abzufinden! Ich war kurz darauf in Bonn. Auch der Leiter der Personalabteilung sagte, ich sollte die Entlassung hinnehmen. Ich erwiderte, gerade das würde ich nicht tun, weil wir eine Treue- und Fürsorgepflicht auch für unsere rumänischen Angestellten hätten, die sich uns gegenüber stets loyal verhalten und in einigen Fällen mit beachtlicher Standhaftigkeit gegen Zumutungen der *Securitate* gewehrt hätten. Dem Leiter unserer Politischen Abteilung im Auswärtigen Amt sagte ich, er habe dem rumänischen Botschafter unseren Wunsch zu sanft und diskret mitgeteilt. Ihm gegenüber sei nur eine deutliche Sprache angebracht.

Ich entwarf einen Sprechzettel für unseren Staatssekretär Gehlhoff zu einer Intervention bei Vizeaußenminister Gliga während der regelmäßigen Konsultation in den nächsten Tagen in Bonn und nahm an dem Gespräch teil.

Gehlhoff sprach höflich, aber knapp und ernst: Wir hätten diesen Fall bisher nur im Auswärtigen Amt behandelt. Er entspreche nicht den sonstigen Beziehungen zwischen unseren Ländern und sollte gemäß unseren Vorschlägen gelöst werden. Denn wenn wir erst andere Ressorts zusätzlich einschalteten oder wenn der Fall in der Öffentlichkeit diskutiert werde, würde er unerwünschte Proportionen annehmen. Gliga antwortete, er sei überrascht, daß dieses doch geringfügige Thema hier in den politischen Konsultationen aufgebracht werde. Er wolle es jedoch wohlwollend prüfen und sich um eine Lösung bemühen.

Dennoch lehnte das Diplomatenbetreuungsamt die Annahme der Sozialbeiträge und Steuern für die Ortskräfte auch nach dieser Mahnung ab. Ich war wieder in Bukarest und suchte noch einmal Gliga auf, der mir sagte, das letzte Wort sei noch nicht gesprochen. Es fand anscheinend ein harter Kampf statt, und entsprechend den rumänischen Usancen schien es mir nicht ausgeschlossen, daß der Fall des Pförtners Krafft vom Präsidenten selbst entschieden wurde. Einige Tage darauf wurden wir in der kürzest möglichen Form vom Diplomatenbetreuungsamt unterrichtet, die Beiträge Kraffts und der anderen Ortskräfte würden wieder angenommen.

Gliga sagte mir, er freue sich, daß wir uns wieder ernsteren Geschäften zuwenden könnten, nachdem er *mit anderen Behörden* eine Einigung erzielt habe. Ich teilte dem Auswärtigen Amt mit, die Ortskräfte seien erleichtert und dankten dem Auswärtigen Amt, daß es sich dem Druck der rumänischen Sicherheitsorgane nicht gebeugt habe. Der Verlauf der Angelegenheit beweise wieder einmal, daß solche Erpressungen nur abgewehrt werden könnten, wenn man ihnen entschlossenen Widerstand leistete.

Wir wurden darauf von einem ungewöhnlichen Drahterlass überrascht, in dem das Auswärtige Amt seine Genugtuung »über den unermüdlichen Einsatz der Botschaft in diesem Fall« ausdrückte.

Tuduc

Tuduc reparierte Teppiche. Er wohnte in einem kleinen Haus in der *Strada Frumoasa*, der Schönen Straße also, dabei war sie nur kurz und fiel durch Schönheit keineswegs auf: Rechts und links standen nur kleine Häuser und gelegentlich der Versuch zu einer Villa.

Wie er mit Vornamen hieß, weiß ich nicht. Bei ihm war ich immer willkommen, und alle paar Wochen, wenn ich gerade ein ruhiges Wochenende hatte, besuchte ich ihn. Anmelden konnte ich mich nicht, weil er kein Telefon besaß. Ich fuhr einfach hin, parkte meinen Wagen ein paar Straßen weiter. Dann ging ich zu Fuß zu ihm.

Er saß immer in seinem hohen Lehnstuhl am Fenster, hatte eine Brücke oder einen Teppich auf den Knien und reparierte schadhafte Stellen. Werktags wie sonntags. Auf einem kleinen Tisch neben ihm lagen Wollfäden in allen vorstellbaren Farben. Hinten im Zimmer war es halbdunkel. Da stand ein Eßtisch mit drei Stühlen und ein breites Sofa. Auf dem lag meistens seine Frau, die sehr dick war. Wenn ich »sehr dick« schreibe, meine ich auch sehr dick. Gewöhnlich schlief sie, aber manchmal mischte sie sich auch unerwartet aus ihrer dunklen Ecke in unser Gespräch ein.

Wir sprachen selten über Politik – die interessierte ihn nicht – sondern meistens über Teppiche, unsere Kinder und Enkel, den Alltag in Bukarest und die Sorgen des kleinen Mannes, das Leben im allgemeinen, oder er erzählte aus seiner Vergangenheit. Er war ein Mann weisen Humors und Ernstes, gewiß ein geriebener Händler und ein Schlitzohr, aber man konnte von ihm lernen, wie ein Mensch auch in Ceausescus Rumänien zurechtkam. Er erhob keine Ansprüche an die Welt, er war zufrieden, und er liebte es zu erzählen.

So wie neben ihm hatte ich schon mit fünfundzwanzig Jahren in Peking neben Sammy Lee gesessen, der damals nur einen Laden mit zwei Räumen etwa fünfhundert Meter südlich des Tian An Men-Platzes gemietet hatte. Da sprachen wir über das Leben in China, die japanische Besatzung, das Geschäft und die Xinjiang-Teppiche, die damals im Winter auf Kamelen über die südliche Seidenstraße aus der Oase Khotan zu ihm kamen. Die Kamele lagen in einer Nebenstraße und waren müde. Fußgroße Placken ihres dicken Fells hingen wie Lappen an manchen Stellen ihres Körpers herab. Heute wären Kamele in einer Pekinger Straße ebenso unmöglich wie in einer Nebenstraße des Kurfürstendamms. Während Sammy Lee und ich redeten, breiteten seine beiden Lehrlinge Teppich auf Teppich vor uns aus und legten sie übereinander. Die Luft war voller Sand der Wüste Gobi, und wenn man sich die Nase schnaubte, war das Taschentuch gelb.

Sammy Lee hatte mir damals die Augen für die hohe Kunst des Teppichs geöffnet. Vierzig Jahre später, als ich in Peking auf Posten war, hatte er mich dort wieder besucht. Inzwischen war er ein großer, international bekannter Teppich- und Antiquitätenhändler mit seinen Hauptgeschäften in Tokio und Hongkong geworden.

Auch Tuduc war ein großer Kenner des Teppichs, und zwar des kaukasischen, vorderasiatischen und persischen, also der Teppiche, die in Europa vor dem Zweiten Weltkrieg gesammelt wurden und von denen Sammy Lee keine Ahnung hatte. Von chinesischen, indischen und zentralasiatischen hingegen wußte Tuduc nichts.

Als ich ihm ein kleines Geschenk zu seinem fünfundachtzigsten Geburtstag brachte, überraschte er mich mit der Nachricht:

»Ich habe mich letzten Sonntag verheiratet. Was sagen Sie nun?«

»Aber Herr Tuduc! Sie sind doch schon verheiratet!«

»Ja, natürlich. Seit fünfzig Jahren.«

Er freute sich, daß ich nicht erriet, womit er mich überraschen wollte.

»Wen haben Sie denn geheiratet?«

»Nu, wen schon? Meine Frau natürlich!«

Jetzt erst geruhte er, mich aufzuklären: Seine Frau war römisch-katholisch, er orthodox. Sie hatte Anrecht auf eine Grabstätte auf dem katholischen Friedhof, wo man jahrzehntelang friedlich und ungestört im selben Grab ruhen konnte, er dagegen mußte ein Grab auf dem allgemeinen Friedhof kaufen, wo die Gräber nach sieben Jahren ausgeräumt und den neuerdings Gestorbenen für wiederum nur sieben Jahre zugewiesen wurden.

Tuduc und seine Frau wollten jedoch im Grabe nebeneinander liegen, und zwar möglichst lange, nicht nur sieben knappe Jahre. Da war er also zu ihrem Glauben übergetreten und hatte sie auch nach römisch-katholischem Ritus geheiratet.

Vor der Zeit des Kommunismus hatte er eine kleine Teppichmanufaktur in der Nähe Kronstadts besessen, in der seine Angestellten nicht nur Teppiche knüpften, sondern auch reparierten. Seine Werkstatt war, wie er erzählte, in der ganzen Welt berühmt gewesen. Er hatte die wertvollsten alten Teppiche restauriert, sogar die mit Goldfäden durchzogenen Polenteppiche, die Vogelteppiche, Drachenteppiche, und einmal hatte man ihm sogar einen Mameluckenteppich aus einer Kairoer Moschee zur Reparatur gesandt. Seine eigenen Teppiche verkaufte er einer Agentur in Wien.

Am liebsten sprach er von den Jahren, wo er mit seinen Teppichen durch Westeuropa gezogen war und berühmte Leute aufgesucht hatte. Ja, den Lago Maggiore, wo mein Sommerhaus im Bau war, den kannte er gut.

Unten am See, zwischen Ronco und Ascona, da habe der Schriftsteller Remarque Erich gewohnt – Tuduc setzte den Familiennamen immer an die erste Stelle –, direkt am See. Dem habe er gleich drei Teppiche verkauft und sich den ganzen Abend mit ihm unterhalten und viel getrunken. Als er im nächsten Jahr wiedergekommen sei, habe Remarque Erich ihn hereingebeten, ihm einen Platz angeboten, sei zum Telefon gegangen und habe gesagt, jetzt rufe er die Polizei. Denn die Teppiche vom vorigen Jahr seien ja keine alten anatolischen Teppiche gewesen, sondern moderne Fälschungen.

»Nu, *Fälschungen*!« habe Tuduc gerufen. »Es sind *keine* Fälschungen! Es sind *Kopien*, und zwar erstklassige Kopien von Brükken aus dem 18. Jahrhundert. Ein Original eines solchen Teppichs würde ein Vermögen kosten. Aber wenn Sie meine Kopien nicht haben wollen – ich nehme sie alle sofort zurück und lege Ihnen den Kaufpreis wieder auf den Tisch! Wo sind die Teppiche?«

Die wollte Remarque Erich aber nicht herausgeben. Tuduc habe ihm dann erzählt, daß er sich von allen wertvollen Originalen, die ihm zur Reparatur gesandt wurden, in seiner Manufaktur Kopien herstelle; er habe ihm berichtet, in welchen Museen seine Teppichkopien heute hingen, und da habe Remarque den Ludwig Emil, der auch Schriftsteller war und in Ascona wohnte, angerufen; dann hätten sie alle drei den ganzen Abend am See gesessen, viel Wein getrunken, und die beiden hätten ihm dann noch ein paar Teppiche aus seiner neuen Kollektion abgekauft.

Eine der größten Freuden seines Alters machte ich ihm, als ich ihm zu Weihnachten das große Buch *Siebenhundert Jahre Orientteppich* von Kurt Erdmann schenkte, dem Direktor des Islamischen Museums in Berlin.

Der hatte ein ganzes Kapitel Tuducs Fälschungen gewidmet. Im *Victoria and Albert Museum* in London, schreibt Erdmann, habe sich ein türkischer Teppich, dessen Alter man auf 300 bis 400 Jahre geschätzt hatte, bei einer chemischen Analyse als modern herausgestellt. Dieser Teppich und einige andere wurden dann als Fälschungen aus einer und derselben Werkstatt erkannt und mit der Zeit auf einen Mann namens Duduk oder so ähnlich zurückgeführt.

»Wer war nun dieser Herr Duduk oder Tudok?« fragt Erdmann. Gewährsmänner hätten ihn als kleinen, aber sehr angesehenen Teppichhändler in Bukarest geschildert, der in seinem Laden und in einer Privatsammlung ausgezeichnete Stücke hatte. Er glaubte, Tuducs Werkstatt habe den Zweiten Weltkrieg nicht überstanden. Dem aber war nicht so, wie ich sah. Tuduc freute sich, daß er so berühmt war. Und in der Tat wurde er einige Jahre danach eingeladen, auf einer Konferenz von Teppich-Sammlern in London einen Vortrag zu halten.

Er bewahrte in seinem Keller noch immer eine kleine Sammlung alter vorderasiatischer und kaukasischer Teppiche auf, aus der er mir ab und zu Beispiele zeigte. Natürlich fand dann der eine oder andere auch den Weg in meine Wohnung. Er zeigte mir Kopien aus seiner Werkstatt und konnte sich gar nicht erklären, wie man sie für alte Originale hatte halten können. Daß er nur die althergebrachten Naturfarben benutzte, verstand sich von selbst. Die neuen Anilinfarben durften überhaupt nicht in die Werkstatt. Gewöhnlich legte er die Teppiche in seinem siebenbürgischen Dorf auf die Landstraße, so daß die Fuhrwerke und gelegentlich auch Autos darüber fuhren. Dadurch erhielten sie in wenigen Tagen Altersglanz.

Aber die Rückseiten! Man brauchte doch nur die Rückseiten anzusehen! Sie waren völlig intakt und neu, die Farben auf der Vorderseite, überhaupt nicht vom Licht angegriffen, stimmten mit denen der Rückseite absolut überein. Wie ein Fachmann diese Teppiche für Originale halten konnte, das vermochte Tuduc nicht zu verstehen. Er jedenfalls habe sie nie als antik ausgegeben. Ich solle das ja nicht glauben. Wir einigten uns darauf, daß er seine Kopien nie direkt als Originale verkauft, sondern die Frage immer offen gelassen hatte. Die meisten habe er ohnehin über den Händler in Wien abgesetzt, und ob *der* sie dann als Originale ausgegeben hatte – Tuduc hob die Hände, ja, das wisse er natürlich nicht.

Als ich einige Jahre später einem Londoner Teppichhändler von Tuduc erzählte, bat er mich dringend, ihm einen »echten Tuduc« zu vermitteln; aber da ruhten Tuduc und seine Frau schon auf dem katholischen Friedhof von Bukarest – nebeneinander.

Man sagte in Bukarest, in allen Behörden herrsche Chaos; die einzige Behörde, die fehlerfrei arbeite, sei die *Securitate*. Diese Meinung war weitverbreitet, traf aber nicht zu.

In der Abteilung für Auslandsspionage waren Leute angestellt, die des Nachts wohl oft von James Bond träumten; aber auch Schriftsteller und Verfasser von *Thrillern* waren als Mitarbeiter und kreative Anreger zu vermuten, die ihre Drehbücher oder Entwürfe manchmal unkorrigiert in Produktion gaben. Jedenfalls fielen die Geheimagenten zum Schluß meist auf die Nase, und der spannende abenteuerliche Film wurde zu einem unbeabsichtigten Lacherfolg. Was dann manchmal den Chefs der Dienste sehr peinlich war.

Als Bundeskanzler Brandt im Jahr 1970 Rumänien besuchte, lud Ceausescu ihn zu einem Besuch in seiner Villa am Schwarzen Meer ein. Das Flugzeug der Bundeswehr landete auf dem Flughafen Constanza und wurde dort abgestellt. Rumänisches Militär bewachte es. Der Bundeskanzler wurde von Ceausescu in seiner Residenz in Mangalia empfangen und übernachtete mit seiner Begleitung und der Crew des Flugzeugs dort in einem Gästehaus.

Am nächsten Morgen, als sie nach Bonn zurückfliegen wollten, entdeckten die deutschen Piloten, daß die verschlossene Maschine in der Nacht aufgebrochen worden war. Die Kabine war durchsucht worden. Es ließ sich aber nicht feststellen, ob etwas fehlte. Die Piloten konnten indessen nicht ausschließen, daß an den Instrumenten manipuliert worden war. Es war ihnen zu riskant, unter diesen Umständen den Bundeskanzler und seine Begleitung zurückzufliegen.

Die rumänischen Behörden hielten einen Einbruch für unmöglich. Die Wachmannschaft hätte Einbrecher auf jeden Fall bemerkt, sagten sie, aber es sei in der ganzen Nacht nichts Ungewöhnliches beobachtet worden. Um jeden Streit zu vermeiden, stellte Ceausescu sofort eine Maschine der rumänischen Luftwaffe zur Verfügung, die Bundeskanzler Brandt und seine Begleitung nach Bonn flog.

Als wir im Dezember 1975 Genschers Besuch in Bukarest vorbereiteten, sagte ich dem rumänischen Chef des Protokolls, er möge die zuständigen Behörden davon unterrichten, daß während des gesamten Besuchs eine deutsche Wachmannschaft im Flugzeug bleibe und dort auch übernachte. Wir hätten aus dem Zwischenfall in Constanza gelernt.

»Ja«, gab der Protokollchef kleinlaut zu, »das ist eine uns sehr peinliche Geschichte!«

Ich erzählte das später Willy Brandt. Er machte große Augen und fragte erstaunt: »Meinen Sie wirklich, die rumänische Geheimpolizei sei nachts in das Flugzeug eingebrochen?«

Frau Calinescu kam eines Morgens in mein Büro und bat mich, den Telefonhörer abzunehmen und gleich ganz schnell die Nummer 06 zu wählen. Ich tat es, hörte aber nichts. Nach einer Weile hatte ich jedoch das Gefühl, mit meinem Telefonhörer in einem anderen Zimmer zu sein. Ein Stuhl wurde gerückt, ein Fenster geöffnet. Man konnte das Geräusch von vorbeifahrenden Autos vernehmen. Ein Mensch kam ins Zimmer. Zwei Männer sprachen miteinander, aber ich konnte nichts verstehen. War es eine afrikanische Sprache? Dann trat wieder ein Mann ein. Mit ihm wurde Französisch gesprochen, aber der Zusammenhang wurde nicht deutlich. Das Mikrofon der Wanze war miserabel. Plötzlich meldete sich auf derselben Leitung unsere Telefonistin, die ein Gespräch von einer anderen Botschaft weiterleitete, aber ihr Teilnehmer war nicht zu hören. Darauf wurde in der Leitung ein Telex übermittelt.

Unsere Grenzschutzbeamten nahmen die Gespräche in dem fremden Zimmer auf, und wir sandten das Band einer dafür zuständigen Stelle in Deutschland, die die technischen Mittel zur Auswertung besaß. Wir erfuhren von ihr, wir seien im Zimmer des jugoslawischen Botschafters in Bukarest gewesen.

An diesem Tag war eine unserer fünf Außenleitungen nicht in Ordnung, und anscheinend hatte der rumänische Abhördienst uns aus Versehen mit einer Wanze im Zimmer unseres jugoslawischen Kollegen verbunden.

Die Geheimpolizei hatte einen Werkspion in einer Maschinenfabrik in Augsburg eingesetzt; als der aber Geschmack am süßen Leben Augsburgs fand und in den Augen der *Securitate* nicht mehr zufriedenstellend arbeitete, beschlossen seine Bukarester Vorgesetzten, ihn zurückzuholen – und war er nicht willig, dann eben mit Gewalt.

An der bayrischen Grenze wurden sie alle in einem vollbesetzten Personenwagen gefaßt. Der Werkspion war nicht vernehmungsfähig. Betäubungsmittel und Spritze wurden im Auto gefunden. Der Gesandte der rumänischen Botschaft in Bonn rief noch in der Nacht im Auswärtigen Amt an und wollte sofort die Referatsleiterin sprechen. Der Botschafter wollte am liebsten Bundesinnen- und Bundesaußenminister zur gleichen Zeit des Nachts besuchen. Die rumänische Botschaft informierte noch in der Nacht alle zuständigen Behörden in Bonn und in Bayern, daß die Drahtzieher der Entführung gewöhnliche Kriminelle seien, und daß die rumänische Regierung davon nichts wisse.

Sie alle fürchteten, die deutsche Presse werde nun von nichts anderem sprechen und waren außer sich vor Angst. Mit Recht. Man stelle sich Ceausescu vor, wenn der BND die Entführung eines deutschen Agenten aus rumänischem Gebiet versucht hätte!

Ich hatte im Auswärtigen Amt dennoch dafür plädiert, diese unerhörte Affäre nicht hochzuspielen, sondern dem zuständigen Geheimdienstmann der rumänischen Botschaft in Bonn die sofortige Ausreise nahezulegen und zu drohen, daß im Wiederholungsfall andere diskrete Abmachungen gefährdet seien. Man werde schon wissen, was gemeint sei. So wurde dann auch verfahren.

Der Schriftsteller Virgil Tanase, der bei uns in Bukarest zu Gast gewesen war, hatte eine befristete Ausreiseerlaubnis nach Frankreich erhalten und erzählte dort freimütig der Presse, wie es in Rumänien zugehe und was er von dem Staatspräsidenten halte. Darauf gab Ceausescu seinem Auslandsnachrichtendienst *Departamentul de Informatii Externe (DIE)* den Auftrag, ihn aus dem Weg zu räumen.

Der Agent Haiducu wurde nach Paris entsandt, sollte Tanase während eines Empfangs eine Tasse Mokka anbieten, in die er aus einem präparierten Füllfederhalter ein von den Moskauer Kollegen erhaltenes Gift geträufelt hatte, das sofortigen Herzstillstand bewirken sollte und das nachher nicht nachzuweisen war.

Doch der Giftzwerg Haiducu, vielleicht aus einer Neigung zur Literatur, schien bei sich gezweifelt zu haben, ob dies rechtens sei; jedenfalls informierte er die französischen Kollegen, die ihn festnahmen, den »Federhalter« als Beweismittel sicherstellten und die Presse informierten. Haiducu aber veröffentlichte seine Giftgeschichte mit allen Einzelheiten in einem angesehenen Pariser Verlag.*

Harry Barnes war, bevor er Botschafter in Rumänien wurde, einige Jahre vorher Botschaftsrat an der amerikanischen Botschaft in Bukarest gewesen. Bei einer Routineuntersuchung stellten Sicherheitstechniker aus Washington fest, daß Harry Barnes tagsüber immer »in der Luft« war. Aber weder in seinem Büro noch in seiner Wohnung wurden elektronische Wanzen entdeckt. Da seine Worte auch gesendet wurden, wenn er von einem Raum in den anderen ging, mußte das Mikrofon an seinem Körper sein. Man fand es im Absatz eines Schuhs. Der rumänische Butler, der die Schuhe putzte, hatte die Batterie jeden Morgen durch eine neue ersetzt.

Der Schuh wurde berühmt und unzählige Male in den Zeitungen abgebildet. In Washington wurde er als Zeugnis für die Findigkeit östlicher Geheimdienste einer Ausstellung übergeben und dann einem Museum geschenkt.

Als ich Harry Barnes fragte, ob man ihm wenigstens die Schuhe ersetzt habe, antwortete er, genau könne er sich nicht erinnern. Aber soweit er das *State Department* kenne, allenfalls diesen *einen*.

Es wird kälter

Im Sommer waren wir an Wochenenden oft am Snagov-See, von uns etwa eine dreiviertel Stunde entfernt, in einem kleinen hölzernen Sommerhaus, das wir für die beiden heißen Monate Juli und August gemietet hatten. Da stand kein Wachmann der Miliz vor dem Haus, der die Namen der Besucher aufschrieb. Es fiel gar nicht auf, wer hier zu uns kam,

Wir hatten ein paar Schriftsteller eingeladen, die gerade von einer Konferenz in dem Seebad Neptun mit Ceausescu zurückkamen. Es seien etwa sechzig Autoren dorthin bestellt worden, erzählten unsere Gäste. Sie waren noch in heller Aufregung.

Die Gehälter der Schriftsteller, habe Ceausescu gesagt, würden vorläufig so bleiben wie bisher, das heißt, das Höchstgehalt werde netto monatlich sechsmal soviel wie der Brutto-Facharbeiter-Min-

---

* Matei Pavel Haiducu, *J'ai refusé de tuer, Un agent secret roumain révèle les dessous de »l'affaire«*, Librairie Plon, Paris 1984.

destlohn betragen, sich also auf rund 8400 Lei im Monat belaufen. Aber dieses Gehalt werde ein Schriftsteller natürlich nur in den Jahren erhalten, in denen er ein Buch veröffentliche.

Im übrigen könne man gar nicht von einem Schriftsteller*beruf* sprechen. Schreiben könne schließlich jeder. Die Zensur werde fortan strenger. Die Anwesenden sollten auch Literatur für die Entwicklungsländer schreiben. Was er damit gemeint habe, sei niemandem richtig klargeworden. Wahrscheinlich sei die Idee ein Produkt seiner völlig ergebnislosen Afrika-Rundreise.

Die Lobhudeleien einiger Schriftsteller seien so schlimm gewesen, daß einer, der das nicht mehr anhören konnte, sich auf der Toilette übergeben habe. Die Kollegin Zoe Dumitrescu habe gesagt, immer wenn sie in Seiner hohen Gegenwart sei, befinde sie sich im Stande der Gnade.

Ceausescu habe auch über den Schlager gesprochen, der gerade bei einem Fest der leichten Musik im Seebad Mamaia mit dem ersten Preis ausgezeichnet worden war und der jeden Tag im Rundfunk gesendet wurde. Der Refrain lautet:

> Wo immer ich hingehe,
> Bist du bei mir.
> Wo immer ich bin,
> Bist auch du.
> Ich bedeute nichts –
> Nicolae Ceausescu.

Er habe dazu bemerkt, ob der Schlager gut sei oder nicht, das könne er nicht beurteilen. Man könnte bei dem Text beinahe denken, der Sänger himmele ein Mädchen an.

Eugen Barbu, der Chefredakteur der Wochenzeitschrift »Saptamina« habe als einziger frei von der Leber gesprochen und Ceausescu eine Geschichte erzählt:

»Eine Arbeitermaus und eine Intellektuellenmaus wurden unter gleichen äußeren Bedingungen im Käfig gehalten. Trotzdem war nach einem Monat die Maus aus der Arbeiterklasse fett, munter und kregel, während die Intellektuellenmaus abgemagert und struppig war. Sie reagierte ängstlich und war offensichtlich psychisch gestört.

Auf Befragen sagte der Experimentator, er könne sich das nicht erklären, beide Mäuse seien in jeder Hinsicht gleich gefüttert und behandelt worden, nur habe man der Intellektuellenmaus dreimal am Tage die Katze gezeigt.«

Ceausescu fand die Geschichte nicht amüsant. Er sei ja vor kurzem in Afrika gewesen, da sei den Intellektuellenmäusen dreimal täglich ein Löwe gezeigt worden. Nicolae Breban, von dem ich das hörte, sagte, damit habe er wohl auf Sekou Touré angespielt, bei dem, wie es heiße, Intellektuellen, die aufgefallen waren, gleich der Kopf abgeschlagen werde.

Der Fall Kempowski

Am Sonnabend sollten die vier jungen deutschen Schriftsteller kommen: Herbert Rosendorfer, Wolfgang Hädecke, Peter Hamm und Walter Kempowski. Die Südosteuropa-Gesellschaft in München hatte sie ausgesucht, und der rumänische Schriftstellerverband hatte sie für eine Woche eingeladen. Eine Gegeneinladung rumänischer Schriftsteller nach München sollte folgen.

Am Mittwoch berichtete unser Kulturreferent, der Vizepräsident des Schriftstellerverbands Fulga habe ihn soeben gebeten, die Gruppe ohne Kempowski kommen zu lassen, denn er habe dem rororo Literatur-Lexikon entnommen, daß Kempowski von 1948 bis 1956 in der DDR wegen Spionage im Gefängnis gesessen habe. Wenn er komme, stehe ein Protest der DDR-Botschaft zu befürchten.

Ich ließ mich bei Fulga anmelden und erklärte ihm, er sei im Begriff eine große Lawine loszutreten. Kempowski sei, als man ihn in der DDR verurteilt habe, neunzehn Jahre alt gewesen, also noch ein Minderjähriger. Damals seien in der DDR wie hier in Rumänien unter Ana Pauker viele Menschen zu Unrecht verurteilt worden. Gerade die rumänische Führung habe später viele rehabilitiert. Wenn er Kempowski auslade, werde ich vorschlagen, die ganze Reise abzusagen. Aber voraussichtlich würden die Autoren schon von sich aus von der Reise zurücktreten. An eine Gegeneinladung rumänischer Schriftsteller nach Deutschland sei dann auch nicht mehr zu denken.

Viele deutsche Journalisten seien zur Zeit in Bukarest, um über den Parteikongreß zu berichten. Wenn aber der Besuch der vier Schriftsteller abgesagt würde, dann würden die deutschen Korrespondenten sich sofort nach den Gründen erkundigen. Und sie würden, statt über den Parteikongreß zu berichten, sofort bei ihm um ein Interview nachsuchen, das er und die Parteiführung noch am gleichen Abend im Sender »*Radio Free Europe*« mit einem der dort üblichen Kommentare hören könne.

Ich bat den Vizepräsidenten, darüber nachzudenken, ob die rumänische Führung eine solche Publizität während des Parteikongresses wünsche. Er hat in der Tat eine Nacht nachgedacht, sich sogar mit dem Außenminister und Mitglied des Schriftstellerverbandes Macovescu beraten und am nächsten Tag seine Bedenken zurückgestellt. Die Schriftsteller kamen alle vier und lasen aus ihren Werken vor einem nach strengen Richtlinien ausgesuchten Publikum.

Da der Schriftstellerverband ihnen keine Gelegenheit geben wollte, durch Siebenbürgen zu fahren und deutsch schreibende Schriftsteller zu treffen, stellten wir ihnen einen Dienstwagen der Botschaft zur Verfügung, mit dem sie Hermannstadt besuchten. Und nach ihrer Rückkehr trafen sie sich zum Abschied mit den deutschsprachigen rumänischen Schriftstellern aus Bukarest im Bierkeller unserer Residenz zu einem solennen Abschiedsfest.

Stehende Ovationen

Die Bezeichnung »Auswärtiges Amt« ist sprachlich Unsinn: Denn das Amt ist nicht auswärtig, es liegt in Berlin und lag früher in Bonn. Es behandelt lediglich auswärtige *Angelegenheiten*. Und ebenso falsch ist der Ausdruck »Stehende Ovationen«. Ovationen können nicht stehen. Nur die *Menschen* können stehen, wenn sie Beifall spenden. Wenn sie im Stehen klatschen, gilt das aus unbekannten Gründen mehr, als wenn sie dabei sitzen bleiben.

»Ich werde mich heute weder zu einer sitzenden noch zu einer stehenden Ovation hinreißen lassen«, sagte ich zu Derrick Ashe, als wir uns im Empfangsraum der Großen Kongreßhalle trafen.

»Ich auch nicht«, antwortete er, »das ist eine Parteiveranstaltung, und ich bin hier nur Beobachter für *Her Majesty's Government*.«

»Und ich werde weder Zustimmung noch Mißfallen ausdrücken, wenn der Parteikongreß seinen Generalsekretär wählt.«

»Auch wenn sich alle unsere Kollegen zu einer stehenden Ovation erheben...«

»...bleiben wir sitzen.«

Unser Schweizer Kollege kam und erkundigte sich, worüber wir so fröhlich einer Meinung waren. Wir klärten ihn auf. Er war ganz unserer Ansicht und war bereit, sich uns anzuschließen und auf dieser Versammlung helvetische Neutralität zu demonstrieren.

»Auch wenn alle die *Internationale* singen und uns zum letzten Gefecht gegen den Klassenfeind aufrufen?« fragte ich.

»Natürlich, ich erhebe mich nur zur rumänischen Nationalhymne.«

Wir saßen alle drei in der vordersten Reihe im ersten Rang, an der Brüstung also, aber nicht nebeneinander. Die Botschafter der sozialistischen Länder hatten ihre Plätze unten im Saal bei den rumänischen Parteidelegierten.

Es war nicht leicht, als kühler diplomatischer Beobachter sitzen zu bleiben, wenn alle im Saal, die Kollegen rechts und links aufstanden, Beifall klatschten oder doch ehrfurchtsvoll stehend warteten, bis das Parkett mit den Delegierten sich nach minutenlangem Begeisterungssturm wieder gesetzt hatte. Die Zeitungsfotos von der stehenden Ovation gaben ein merkwürdiges Bild vom ersten Rang: Alle Personen, die vor der Brüstung saßen, hatten sich erhoben, aber drei waren sitzen geblieben. Sascha Ivasiuc sagte, die Empore habe auf dem Foto wie ein Gebiß mit drei störenden Zahnlücken ausgesehen. Das Politbüro auf dem Podium werde einen ähnlichen Eindruck gehabt und sich gefragt haben, was da eigentlich los sei.

Am nächsten Vormittag diktierte ich einen Bericht über den Parteikongreß, auf dem der Bukarester Bürgermeister den Antrag eingebracht hatte, den Genossen Ceausescu auf Lebenszeit zum Generalsekretär zu wählen. Aber – Ceausescu hatte abgelehnt! Man hatte ihm hinterbracht, daß Enthaltungen oder gar Gegenstimmen möglich seien. Mit grimmiger Miene hörte er sich den langen Beifall an, als er den Vorschlag ablehnte. Wie – wenn man den Vergleich erlaubt – Julius Caesar sich geärgert hatte, als das Publikum Roms ihm für die Ablehnung des Königsdiadems stehend applaudiert hatte.

Als ich den Entwurf meines Fernschreibens noch einmal durchsah, rief das Außenministerium an, Vizeaußenminister Gliga möchte mich gerne sprechen. Ich fuhr also zu ihm. Es handelte sich um eine ganz unwichtige Frage.

Aber dann kam er zur Hauptsache und begann, mir Vorhalte zu machen, weil ich bei dem Parteikongreß sitzen geblieben sei, während die Delegierten Ceausescu stehende Ovationen brachten. Nun, ich sagte ihm meine Ansicht zu seinen Argumenten.

Und als ich wieder in der Botschaft war, rief ich Derrick Ashe an und fragte ihn, ob er Zeit habe; aber er antwortete, er sei gerade wegen einer kleinen Sache zu Gliga gerufen worden. Da bat ich ihn, noch ein paar Minuten zu warten, fuhr zu ihm und berichtete ihm, was ich gerade von Gliga gehört hatte. Sein Gespräch mit Gliga verlief in Rede und Gegenrede ebenso wie meines. Den Schweizer Botschafter, den ich inzwischen auch aufgeklärt hatte, bemühte Gliga dann gar nicht mehr.

Am Nachmittag sandte ich ein langes verschlüsseltes Fernschreiben an das Auswärtige Amt zum Thema »stehende Ovationen«, das hier, ein wenig verkürzt, wiedergegeben werden soll. Willy Brandt konnte daraus ausführlich zitieren.

I

»Vizeaußenminister Gliga teilte mir gestern im Anschluß an ein Gespräch aus anderem Anlaß mit, es sei aufgefallen, daß bei dem Parteikongreß einige Diplomaten, darunter auch ich, sich nicht von ihren Plätzen erhoben hatten, als Ceausescu den Delegierten seine erneute Wahl zum Generalsekretär mitgeteilt habe. Die gesamte Parteiversammlung sei aufgestanden, und es sei unkorrekt, wenn Diplomaten in einem solchen feierlichen Augenblick sitzen blieben. Die Diplomaten hätten dem rumänischen Protokoll und dem Beispiel der Delegierten folgen und sich erheben müssen. Er wolle über meine Haltung zwar kein Werturteil abgeben, man werde sich jedoch überlegen, ob man fortfahren werde, mich zu solchen Veranstaltungen einzuladen.

Wenn man sich dazu entschließe, mich nicht mehr einzuladen, werde der rumänische Botschafter in Bonn dem Auswärtigen Amt mitteilen, daß ein solcher Schritt nicht als Unaufmerksamkeit der Bundesrepublik Deutschland gegenüber aufzufassen sei, sondern seinen Grund in den eben geschilderten Umständen habe.

II

Ich dankte Herrn Gliga für seine Ausführungen und dafür, daß er mir Gelegenheit gebe, meinen Standpunkt darzulegen. Ich hätte, sagte ich, dem rumänischen Staatspräsidenten selbstverständlich stets den gebührenden Respekt gezollt und mich entsprechend internationalen Gepflogenheiten korrekt verhalten. Bei Veranstaltungen hätte ich mich erhoben, wenn der Präsident den Saal betreten oder verlassen, ferner, wenn er sich zur Rednertribüne und nach der Rede wieder auf seinen Platz begeben habe. Natürlich hätte ich mich stets erhoben, wenn die Nationalhymne gesungen wurde. Als Beweis, daß ich auch die feierliche Bedeutung ungewöhnlicher Augenblicke zu würdigen wisse, wies ich Herrn Gliga darauf hin, daß ich auch aufgestanden sei, als im März dieses Jahres dem Staatspräsidenten Ehrenschärpe und goldenes Szepter verliehen worden sei.

Allerdings hätte ich stets vermieden, mich den vielen stehenden Ovationen, dem skandierenden Klatschen und den rhythmischen Rufen des rumänischen Publikums anzuschließen. Er werde sicher nicht erwarten, daß ich mich von meinem Platz erhöbe, wenn der Generalsekretär zum revolutionären Kampf in der Welt, zur Einheit der sozialistischen Bruderparteien aufrufe oder die revolutionäre marxistisch-leninistische Lehre feiere.

Auf dem Parteikongreß habe überdies nicht der Staatspräsident, sondern der Generalsekretär der rumänischen Kommunistischen Partei zu seinen Genossen gesprochen, und es sei nicht Aufgabe der Diplomaten, zu seinen Worten, den Wahlen oder sonstigen Beschlüssen des Parteikongresses in irgendeiner Weise Stellung zu nehmen. Dies würde der Fall sein, wenn sie sich gemeinsam mit den Delegierten bei bestimmten Teilen seiner Rede von den Plätzen erhöben. Ich bat Herrn Gliga, diese meine Auffassung auch seinen Auftraggebern mitzuteilen. Dem Auswärtigen Amt würde ich selbstverständlich ebenfalls berichten.

III

Zu der von Gliga geschilderten Szene: Ceausescu hatte in seiner Schlußrede die Resultate der Wahl für das Exekutivkomitee und das Sekretariat des ZK verlesen. Als er dabei seine Wahl zum Generalsekretär für die nächste Amtsperiode bekanntgab, standen die Delegierten des Parteitags auf, klatschten und riefen wohl eine

Minute lang im Sprechchor: »Ceausescu – PCR!« (*Partidul communist roman*).

Das protokollarische Verhalten der Diplomaten, die in der ersten Reihe des ersten Ranges saßen, war bei dieser Sitzung überhaupt uneinheitlich. Einige Missionschefs der Dritten Welt erhoben sich anfangs jeweils mit der Masse der Delegierten, einige klatschten auch Beifall.

Im Lauf der Sitzung erlahmte jedoch ihre Bereitschaft, und zum Schluß blieben sie sogar sitzen, als die Internationale gesungen wurde. Nur der iranische Botschafter stand bei der dritten Strophe auf.

Der italienische Geschäftsträger erhob sich, als Ceausescu ein Hoch auf die rumänische Kommunistische Partei ausbrachte, setzte sich aber wieder, als er mit einem Hoch auf das rumänische Volk, den heldenhaften und siegreichen Erbauer des Sozialismus fortfuhr. Wie die anderen Vertreter der NATO-Missionen sich jeweils verhalten haben, war von meinem Platz aus nicht zu sehen.

Nach mir wurde auch der britische Botschafter zu Gliga zitiert. Ihm wurden die gleichen Vorhalte wie mir gemacht. Gliga sagte, protokollarisch korrekt wäre es, wenn die Botschafter sich jeweils von ihren Plätzen erhöben, sobald das rumänische Publikum das tue. Man verlange ja nicht, daß die Diplomaten klatschten oder sich den skandierenden Beifallsrufen anschlössen.

IV

Es ist dies das zweite Mal, daß das Außenministerium Kritik in dieser Angelegenheit übt. Ende März wurde der Doyen des diplomatischen Corps, der damalige dänische Botschafter, zu Außenminister Macovescu zitiert, weil die Diplomaten sich in der Nationalversammlung nicht oft genug erhoben hätten. Der dänische Kollege hat diese Kritik würdig zurückgewiesen. Als Macovescu damals eine Glückwunschbotschaft des diplomatischen Corps an Ceausescu forderte, konnte der Doyen darauf hinweisen, daß er erst die ablehnende Haltung der sozialistischen Länder überwinden müsse.

Ob und wieweit Ceausescu selbst von dieser Aktion seiner Paladine unterrichtet ist, läßt sich schwer sagen. Als ich vorgestern eine halbe Stunde mit dem Bonner Oberbürgermeister Krämer bei ihm war, zeigte er sich jedenfalls von ausgesuchter Liebenswürdigkeit und war auch zu Scherzen aufgelegt. Ich nehme an, daß hinter der Beschwerde wiederum Stefan Andrei oder andere Mitarbeiter Ceausescus stehen, die den sich überschlagenden Führerkult dirigieren, der von einem großen Teil des rumänischen Volkes abgelehnt, ganz besonders aber von der Intelligenz als entwürdigend empfunden wird.

V

Ich bitte mir zu bestätigen, daß ich mich richtig verhalten habe, ferner bitte ich um Genehmigung, Gliga dies bei geeignetem Anlaß mitteilen und Massenveranstaltungen fernbleiben zu dürfen, bei denen mir Stellungnahmen zur rumänischen Politik zugemutet werden.

Zum Schluß bitte ich um Nachsicht für einen so langen Drahtbericht zu einem so überflüssigen Thema.

Wickert«

Die Bitte, meine Haltung zu bestätigen, hatte ich hinzugefügt, weil ich es für möglich hielt, daß ein Leser dieses Telegramms – nicht unbedingt im Auswärtigen Amt –, dem das Wohlwollen sozialistischer Machthaber am Herzen lag, mir vorwerfen würde, ich suchte solcher Nichtigkeiten wegen Streit mit der rumänischen Führung.

Mein Argwohn war unberechtigt. Der Direktor der zuständigen Politischen Abteilung des Auswärtigen Amtes telegrafierte mir:

»Entsprechend Ihrer Bitte bestätige ich Ihnen nach Rücksprache mit dem Staatssekretär, daß Sie sich bei der in Frage stehenden Parteiversammlung korrekt verhalten und Vizeaußenminister Gliga bereits alle wesentlichen Gesichtspunkte unseres protokollarischen Verständnisses genannt haben. Es bleibt Ihrem Ermessen überlassen, ob Sie das rumänische Außenministerium bei passender Gelegenheit über die Auffassung des Auswärtigen Amts unterrichten wollen... Unabhängig von Ihren Bemühungen in Bukarest ist beabsichtigt, den rumänischen Botschafter hier auf dieses Thema anzusprechen und ihm zu verdeutlichen, daß das Auswärtige Amt Ihr Verhalten als korrekt und den internationalen Gepflogenheiten entsprechend ansieht.

van Well«

Der Himmel war wolkenlos. Und wenn wir aus dem Wohnzimmer auf die Terrasse traten, lag dreihundert Meter unter uns der Lago Maggiore in einer überwältigenden Rundsicht von der Einmündung des Tessins im Norden und im Süden bis nach Luino auf der italienischen Seite. Die Höhen der Berge uns gegenüber waren schon von Schnee bedeckt. Es war der 21. Dezember 1974.

Franz wollte noch Weihnachtsbriefe schreiben. Ich nahm mir statt dessen vor, unseren Berg durch den Kastanienwald etwa dreihundert Meter hinaufzusteigen, dann von der Alm links auf einem Ziegenpfad quer am Berghang bis zu dem nächsten Dorf in etwa neunhundert Meter Höhe zu laufen und von dort auf der Landstraße bergab nach Porta und von dort wieder hinauf zu uns. Das würde rund vier Stunden dauern. Ich zog mir feste Wanderschuhe an und ging los.

Wir waren gestern erst von Bukarest abgeflogen; das war also unser erster Tag in der Freiheit. Wir hatten in Rumänien viele Privilegien, aber wir waren doch auch eingeflochten in das Leben der Rumänen, hatten sogar viel von ihnen angenommen. Connie

Unser Haus über dem Lago Maggiore

und Heilwig Ahlers machten sich über uns lustig, daß wir uns immer umsahen, ob uns etwa jemand zuhörte, wenn wir ihnen etwas erzählen wollten. Und daß wir nie Namen erwähnten, sondern sie nur umschrieben: »Der Mann, der gestern im Regen so naß geworden war, hat erzählt...« oder »die Dame, deren Sohn keine Studienerlaubnis erhält, meinte...«. Oder wenn wir ein Wort leicht stotternd aussprachen, hieß das, daß wir Ceausescu zitierten.

Wir hatten in der Weihnachts- und Neujahrszeit rund zwei Wochen Urlaub genommen. Zwei Wochen waren wir frei. Nein, wir waren nicht frei, wir hatten uns geirrt, die Gedanken an das Leiden der Rumänen waren uns im Gepäck gefolgt. Wir konnten sie zwar unter dem Bett verstecken. Nachts würden sie sich jedoch wieder melden.

Auf dem Weg bergauf dachte ich an die *Hamlet*-Aufführung, zu der uns Dinu Cernescu eingeladen hatte. Im Kleinen Saal des »Nottara«-Theaters. Im Foyer trafen wir Pintilie, den Regisseur mit dem wilden, roten Bart.

Wie immer bei Dinu: starke Szenen, gute Einfälle, aber manchmal das Ziel auch verfehlt. Die Szene und die Atmosphäre am Hofe war beklemmend. Man war nicht in Helsingör, sondern in Bukarest.

Das Theater war nur im Parkett besetzt; der Rang, der sich um das Halbrund zog, war leer. Der Vorhang hob sich, und der Hof trat von hinten kommend auf die Bühne; in einer Reihe rückten sie vor – in der Mitte Hamlet, der König, die Königin, daneben Horatio, der eine tragende Rolle in dieser Inszenierung spielte, Ophelia und Polonius, der nicht ein geschwätziger Alter war, sondern, wie Dinu nachher sagte, der Berija der Hofgesellschaft: Er trug eine Art Panzermütze, aus der links und rechts seine großen Ohren herausragten; an den Flügeln der Gruppe standen Rosenkranz und Güldenstern und die anderen alle. Sie rückten langsam und zeremoniell vor. Polonius sah prüfend und argwöhnisch nach allen Seiten. Da applaudierte oben vom Rang her, der uns vorher unbesetzt erschienen war, hier und da einer dem vorschreitenden König und der Königin, schüchtern und nur, um die Beifallspflicht zu erfüllen, und dann war Stille.

Polonius trat einen Schritt vor, streifte mit strengem Blick den Rang von der einen zur anderen Seite, als merke er sich jeden, der nicht applaudierte, und wandte sich zum König mit schneidender

Stimme: »Etwas ist faul im Staate Dänemark!« Das Publikum im Theater »Nottara« explodierte fast von dem Beifall.

Nachher waren Dinu Cernescu und eine Choreographin noch bei uns. Wir fragten, warum Pintilie nicht mitgekommen sei.

»Ganz einfach«, antwortete er, »er wird sich sagen, wenn Dinu mit dem Deutschen geht, gut: aber dann gehe ich nicht mit. Wenn der Deutsche mit mir gehen will, dann ist das etwas anderes. Pintilie kann die Aufmerksamkeit nicht mit einem anderen teilen.«

Wir sprachen von der Zensur. Sie hatte ihm im vierten Akt nur eine Szene gestrichen, wo Hamlet mit der Mutter haderte und er ihr die Bluse zerriß. Das habe er akzeptiert, denn die inzestuöse Anspielung kam dennoch deutlich heraus. Aber als Pintilie im vorigen Jahr den »Revisor« herausbrachte, da habe er jeder Änderung seines Kunstwerks widerstanden, das so frei mit dem Text umging, daß man Proteste der Sowjets gefürchtet hatte, die aber ausblieben.

Im Sommer hatte Dinu Cernescu eine Komödie von Goldoni inszeniert: Ein solches Tempo, so treffend improvisierte Dialoge, solchen komödiantischen Witz brächten unsere deutschen Regisseure in ihrem Krampf nie zustande. Am ganzen Abend nach dieser *Commedia dell'arte* waren wir heiter und beschwingt.

Und noch etwas anderes fiel mir auf der Wanderung ein: Die Geschichte von dem Werkspion der *Securitate,* der Gefallen am Leben im Westen gefunden hatte.

Der Weg durch den Kastanienwald wurde zuletzt ziemlich steil, bis ich zur Alm kam. Die Ställe und die Hütte waren natürlich jetzt im Winter leer und verschlossen. Ich bog nach links auf den Ziegenpfad ein, der quer und ansteigend über den Abhang führte. Hier lag schon etwas Schnee.

Man könnte, dachte ich, ein Lustspiel schreiben, wie drei Rumänen mit einem Auftrag der *Securitate* nach Westdeutschland fahren, aber von vornherein die Absicht haben, nie wieder zurückzukommen. Der Gedanke spann sich von allein fort. Ich sah zwei Funktionäre des Fußballklubs »Sputnik« eines osteuropäischen Landes und den obligaten Offizier des Geheimdienstes als Aufpasser, die ein Freundschaftsspiel mit dem FC 29 in Bayern vermitteln wollten. Der Trainer Tomschek des FC 29 war einst Mitglied von »Sputnik« gewesen, aber geflohen, besaß staatsrechtlich jedoch immer noch seine alte Staatsangehörigkeit. Den wollten die drei nach Deutschland einreisenden Funktionäre nach dem Revanche-Freundschaftsspiel in ihrer sozialistischen Heimat bei sich behalten und nicht mehr ausreisen lassen. Der FC 29 wiederum wollte bei dem Freundschaftsspiel in Bayern dem »Sputnik«-Mittelstürmer Urbanitzki, einem internationalen Star, Asyl gewähren und in ihre Mannschaft aufnehmen, was mit ihm schon abgesprochen war.

Als ich wieder zu Hause ankam, kannte ich schon die Hauptpersonen des Lustspiels. Ich zog mir bequeme Schuhe an, nahm weißes Papier und schrieb mit Bleistift, was mir unterwegs schon alles eingefallen war.

Aber ich kam mit dem Schreiben nicht nach: Als ob jemand mich mit lauter Gedanken zu dem Lustspiel – ja, natürlich ein Lustspiel in drei Akten – überschüttet hatte. So schnell konnte ich gar nicht schreiben, weil immer neue Gedanken, die eigentlich in den zweiten oder dritten Akt gehörten, mir schon hier in die Quere kamen.

Ich sah die drei Schlawiner aus dem nicht bei Namen genannten sozialistischen Land vor mir und auch die drei bayrischen Filous, die ihnen durchaus gewachsen waren. Die Geschichte spielte sich vor meinen Augen ab, ich brauchte nur zu notieren. Oft mußte ich selbst über die Ideen lachen, die sich da irgendwer ausgedacht hatte und mir zuschob.

»Ein straffer Herr, der es verstünde, selbst seine Leidenschaften in Reih und Glied antreten zu lassen«, hatte Günter Grass in den »Kopfgeburten« über mich geschrieben, nachdem er uns in Peking besucht hatte. Doch nichts dergleichen! Bei mir trat niemand in Reih und Glied an, sie rannten alle durcheinander und drängten sich vor.

Die Leidenschaften hatten mich überfallen und überwältigt. Ich konnte nicht aufhören und konnte sie nicht abschütteln. Ich hatte nicht einmal Zeit zu essen. Erst in den nächsten Tagen. Aber spazierengehen? Auch dazu war keine Zeit. Oder mit Franz zu reden und zu lachen und zu plaudern – keine Zeit.

Am 21. Dezember nachmittags hatte ich die Notizen begonnen, und am 2. Januar, zwölf Tage später mußten die beiden Funktionäre des Fußballklubs »Sputnik« und der Securitate-Major Wladimir wieder zurückfliegen, nachdem Tita, die Frau Vasiles, nachgekommen war und ihren Asylantrag verhindert hatte.

Im Urlaub

Zwölf Tage war ich in einer anderen Welt gewesen, hatte nur bei den Mahlzeiten kurz auftauchend ein paar Worte mit Franz gesprochen. Sie war es aus früheren Zeiten gewohnt und trug es mit Fassung. Als ich »Ende« unter den letzten Auftritt im dritten Akt geschrieben hatte, liefen wir noch ein paar Tage Ski und flogen dann zurück nach Bukarest, die schwere Last Rumänien im Handgepäck.

In Bukarest erzählte ich Liviu Ciulei von dem »Freundschaftsspiel« in meiner Schublade. Er leitete das »Bulandra«-Theater, hatte vor einem Jahr *Leonce und Lena* wunderbar inszeniert und uns jetzt zu seiner Inszenierung des englischen Schauspiels *Elisabeth I.* eingeladen. Er wollte mein Manuskript sehen.

»Fast gut«, sagte er, als er es gelesen hatte und wir bei uns zusammensaßen. »Nur den Schluß machen Sie sich zu leicht. Das schmeckt zu sehr nach der üblichen Lustspiel-Lösung.«

Er hatte recht, und an den nächsten Wochenenden arbeitete ich den dritten Akt um. Jetzt war er zufrieden. »Ich könnte es jederzeit auf die Bühne bringen, und es wäre hier ein Riesenerfolg. Ich habe die Schauspieler für alle Charaktere des Stücks, und die Dialoge sind sehr komisch, die Situationen auch, und jeder hier würde sie verstehen und sich totlachen – aber...«

»Ich verstehe«, antwortete ich. »Es ist ausgeschlossen.«

»Ja.«

Er war zu einer Gastregie in einem großen Theater des Ruhrgebiets eingeladen, nahm das Manuskript mit, brachte es aber traurig wieder zurück.

»Ausgeschlossen«, berichtete er enttäuscht. »Sie machen sich ja über sozialistische Genossen lustig! Sie sind ja Faschist, nur wissen Sie es nicht! Kein Markt für das Lustspiel in Deutschland.«

Maria Sommer übernahm es in ihren Kiepenheuer Theaterverlag, redete ihren Abnehmern zu, vergeblich, und gab es immer noch nicht auf, als ich mich längst damit abgefunden hatte, daß es keine Chancen hatte.

Jetzt, nach fünfundzwanzig Jahren, hatte ich alles vergessen, konnte mich weder an die Handlung noch die Personen erinnern und las es wieder. Ich habe mich, schreibe ich hier in aller Bescheidenheit, sehr amüsiert und über manche Szenen und Einfälle des Autors laut lachen müssen.

Dieses Buch will keine Geschichte der deutsch-rumänischen Beziehungen bringen. Doch ich sollte erwähnen, daß ich über die Weise, wie wir unsere Interessen vertreten sollten, manchmal anders dachte als die sogenannte Arbeitsebene des Auswärtigen Amtes, also etwa das für Rumänien zuständige Referat oder die Abteilung. Die Unterschiede zeigten, daß der Zeitgeist unsere Kollegen in der Zentrale stärker beeinflußte als uns, die wir den Problemen am Ort gegenüberstanden. Und nur deshalb schreibe ich darüber. Meine persönlichen Beziehungen zu den Beamten der Arbeitsebene, die ansonsten hervorragende Arbeit leisteten, waren ausgezeichnet; wir haben die Unterschiede in unseren Ansichten stets freundschaftlich besprochen.

Um die Unterschiede an konkreten Beispielen zu illustrieren: Bei der Vorbereitung der deutsch-rumänischen Konsultationen, die einmal im Jahr stattfanden, schlug ich einmal vor, die Berlin-Frage an die erste Stelle zu setzen. Aus der »Arbeitsebene« des Auswärtigen Amts hörte ich: »Unsere Auffassung können die Rumänen nicht akzeptieren. Das Thema können wir ihnen nicht zumuten.«

Ich dachte daran, was die Rumänen uns täglich zumuteten. Dann versuchte ich zu erklären, daß dieser Einwand von einem falschen Weg zeugt, unsere Interessen zu vertreten und daß unsere bilateralen Abkommenspläne mit den Rumänen in letzter Zeit nur gescheitert seien, weil die Rumänen West-Berlin aus dem Geltungsbereich der Verträge ausklammern wollten.

Die Einbeziehung West-Berlins in den Geltungsbereich eines solchen Abkommens war für uns aber eine *conditio sine qua non*, und wir sollten das von Anfang an deutlich aussprechen. Es liege, sagte ich, in unserem Interesse zu erfahren, ob der politische Spielraum, den die Rumänen sich im Warschauer Pakt erworben haben, es ihnen immer noch nicht erlaubt, eine Formel zu akzeptieren, mit der man Berlin in ein solches Abkommen einschließt. Wir sollten nicht den Eindruck erwecken, die Frage sei für uns unwichtig.

Die Rumänen waren weniger zartfühlend als unser Auswärtiges Amt. Sie forderten auch bei diesen Konsultationen Wiedergutmachung für die Kriegsschäden, obwohl sie schon oft von uns gehört hatten, daß sie nicht damit rechnen können. Unsere Delegation, die für die Konsultationen angereist war, leitete der parlamentarische Staatssekretär Moersch. Ich bat ihn, in den Gesprächen dem Ministerpräsidenten Maurer, der ein Mann der klaren Worte sei, deutlich zu sagen, daß wir für Antonescus Krieg gegen die Sowjetunion keinen Pfennig Wiedergutmachung zahlen werden. Das tat Moersch denn auch, und der Ministerpräsident Maurer antwortete ihm ebenso klar: Man fordere natürlich keine Wiedergutmachungserklärung oder ein Schuldbekenntnis. Dann fügte er mit entwaffnender Offenheit hinzu: »Wir brauchen eben Geld!« Worauf wir alle lachten, und damit war das Thema auch in aller Freundschaft abgehandelt.

Ein anderes Beispiel: Schon bei meinem Dienstantritt in Bukarest forderte das rumänische Außenministerium von uns die Genehmigung, Konsulate in München und in Hamburg zu eröffnen.

Es stellte sich heraus, daß Rumänien bislang überhaupt nur zwei Konsulate im Ausland unterhielt, und zwar eins in Kiew und eins in Istanbul, also Anliegerstaaten am Schwarzen Meer. Die Türkei und die Sowjetunion wiederum hatten je ein Konsulat in der rumänischen Hafenstadt Constanza. Rumänien unterhielt weder in anderen sozialistischen Ländern noch in NATO-Staaten, noch irgendwo sonst in der Welt Konsulate.

Ich sagte im Auswärtigen Amt, wir brauchten keine deutschen Konsulate in Rumänien, wären zunächst schon zufrieden, wenn wir endlich die beantragte Hilfskraft für die Paßstelle unserer Konsularabteilung bekämen. Die in Deutschland wohnenden Rumänen seien entweder Personen, die bei uns Zuflucht suchten und mit Rumänien nichts mehr zu tun haben wollten, oder Angestellte der rumänischen Behörden, darunter viele Agenten. Für die Betreuung der wenigen rumänischen *bona fide*-Gastarbeiter bei uns, die übrigens auch von rumänischen Staatsfirmen entsandt seien, reiche die Konsularabteilung der rumänischen Botschaft in Köln aus.

Ceausescu sei von dem Drang zu subversiven Aktionen seines Auslands-Geheimdienstes besessen. München mit seiner großen Zahl osteuropäischer Emigranten und Institute, mit den amerikanischen Sendern »*Radio Free Europe*« und »*Radio Liberty*« und mit dem Bundesnachrichtendienst sei in seinen Augen ein höchst geeigneter Ort für eine feste Vertretung seiner Geheimdienste,

Hamburg wiederum für deren weitere Ausdehnung nach Übersee.

Das Auswärtige Amt schrieb mir jedoch: »Grundsätzlich bewerten wir die Tatsache positiv, daß Rumänien, das bisher nur mit zwei Staaten (Sowjetunion und Türkei) Konsulate ausgetauscht hat, nunmehr als dritten Partner die Bundesrepublik Deutschland ins Auge faßt.«

Das heißt also, man fühlte sich durch die rumänische Bitte geehrt. Die mündliche Argumentation war noch dürftiger: In München gebe es ja schon so viele Konsulate. Eins mehr oder weniger mache nichts aus. Den Jugoslawen hätten wir sogar elf zugestanden. (Sie hatten auch für Hunderttausende von Gastarbeitern bei uns zu sorgen.) Außerdem sehe man nicht, mit welchen Argumenten man den Rumänen die Konsulate verweigern wolle! Schließlich: Man wolle eben »eine Geste machen«.

Was sollte die Geste bewirken? Beweisen, daß wir Gutmenschen seien? Ich erinnerte an die Gesten, die uns die Rumänen täglich machten und an die Bitten, die sie uns täglich ohne Angabe von Gründen verweigerten, und daß einige NATO-Kollegen sagten, sie hätten eine solche Anfrage der Rumänen nicht als Kompliment, sondern als Aufdringlichkeit angesehen und ohne Begründung abgelehnt.

Ich hatte dem Auswärtigen Amt vorgeschlagen, Rumänien gegenüber keine Gesten zu machen, sondern allenfalls für die Genehmigung eines Konsulats Gegenleistungen zu fordern, die unseren Interessen dienen würden, zum Beispiel Zugeständnisse in der Berlin-Frage, eine große vom Goethe-Institut betriebene Deutsche Bibliothek in Bukarest oder deutsche Bibliotheken in Siebenbürgen und dem Banat oder die Erlaubnis, Lehrmittel, Bücher und Filme an kulturelle deutschsprachige Institutionen in Rumänien liefern dürfen. Die ganze Frage war noch nicht ausdiskutiert, als Ceausescu zu seinem Staatsbesuch nach Bonn kam.

Er hatte jedoch anscheinend eingesehen, daß unsere Genehmigung leichter zu erwirken sei, wenn er auch unseren Interessen entgegenkomme. Sein Außenminister Macovescu kündigte dem Bundesaußenminister in einem Brief an, er werde zusätzlich auch die Genehmigung für ein Konsulat in West-Berlin beantragen, und Rumänien werde uns erlauben, die Interessen natürlicher und juristischer Personen aus West-Berlin in Rumänien zu vertreten.

Das war in der Tat ein Vorschlag, der sowohl unseren wie den rumänischen Interessen gedient hätte. Er bewies, daß Rumänien keine Politik der Gesten betrieb, sondern daß das rumänische Außenministerium die Grundsätze politischer Verhandlungen beherrschte und willens war, seinen Spielraum in der Berlin-Frage erheblich zu erweitern; aber leider verließ Ceausescu bald der Mut, außerdem war er mit dem Ergebnis seines Besuchs in Bonn nicht zufrieden, jedenfalls wurde aus dem ganzen Projekt in meiner Dienstzeit nichts.

Ein großes Gebäude für eine Deutsche Bibliothek, die vom Goethe-Institut verwaltet werden sollte, im Zentrum Bukarests konnten wir dennoch anmieten.

Kleine Anfrage

Der Bundestagsabgeordnete Freiherr von Fircks hatte unserem Außenminister einen Jahre zurückliegenden Fall geschildert, und wir wurden gebeten, dazu Stellung zu nehmen.

Welcher Fall? Vor Jahren, nach der Mittagspause, hatte ich die Botschaft betreten, als der Konsularbeamte Regierungsamtmann Erdmann im Flur mit einem Besucher beschäftigt war und meinen Gruß nicht erwiderte. In Bonn hätte ich darüber hinweggesehen und an einen Zufall gedacht, hier aber suchte man den Grund für alles, was auffiel: Es konnte etwas bedeuten.

Ich saß noch nicht lange an meinem Schreibtisch, da rief mich Herr von Puttkamer, der Leiter der Konsularabteilung, an: Bei Herrn Erdmann sei ein DDR-Bürger namens Buchmann, der mich sprechen, Asyl beantragen und die Ausreise in die Bundesrepublik Deutschland fordern wolle. Bevor das nicht geschehe, werde er die Botschaft nicht verlassen.

Ich bat Puttkamer, wenn Erdmann den Besucher nicht davon überzeugen könne, daß wir seine Wünsche nicht erfüllen können, das selbst zu versuchen. Bei Dienstschluß rief Puttkamer an, er komme nicht weiter. Darauf bat ich den DDR-Bürger zu mir. *Res venit ad triarios*, pflegten die Römer zu sagen: Die vordersten Schlachtreihen hielten nicht, und jetzt mußten die altgedienten Veteranen ran.

Herr Buchmann war ein hochaufgeschossener junger Mann,

der in Urlauberkleidung hereinkam und einen schweren Rucksack neben das Bücherregal stellte, was ich mit Mißtrauen bemerkte, denn wer wußte, was er alles da drin hatte!

Ich bat ihn, mir seinen Lebenslauf zu erzählen. Er hatte schon viele Zusammenstöße mit DDR-Behörden hinter sich. In der Schule fing es an, dann hatte er bei einem Studienaufenthalt in der Ukraine eine DDR-Flagge verbrannt, wurde sofort zurückberufen, bestraft, durfte in der DDR weder studieren, noch fand er Arbeit bis auf eine gering besoldete Tätigkeit in der evangelischen Diakonie. Er sagte, er könne das DDR-System nicht länger ertragen. Dann wiederholte er, was er von uns forderte: Im Sinne des Grundgesetzes habe er Rechtsanspruch auf Hilfe der Botschaft. Er sei Deutscher und wolle zurück nach Deutschland, das heißt in die *Bundesrepublik* Deutschland, nicht in die DDR. Herr von Puttkamer habe ihm die Dienste eines Vertrauensanwalts angeboten. Die nützten ihm nichts. Er werde die Botschaft erst verlassen, wenn wir seine Forderungen erfüllten und ihm die Ausreise in die Bundesrepublik Deutschland möglich machten.

Auch ich versuchte ihm zu erklären, daß wir dazu nicht imstande seien. Wir erteilten nur Einreisevisa in die Bundesrepublik Deutschland. Ein solches Einreisevisum brauche er als DDR-Bürger nicht. Jedoch selbst wenn wir es in seinen Paß stempelten, würde es ihm nichts nützen. Um aus Rumänien herauszukommen, brauche er ein *Ausreise*visum. Das stellten aber nicht wir, sondern die rumänischen Behörden aus. Sie würden ihn nur in die DDR, nie in ein nicht-sozialistisches Land reisen lassen.

Um ihm in der Botschaft Asyl zu gewähren, könnten wir abends ein Sofa in eins unserer Büros stellen, das er während der Arbeitszeit allerdings räumen müsse. Über ein Bad, Kochgelegenheit und bequeme Aufenthaltsräume verfügten wir in der Enge dieses Gebäudes nicht. Wenn immer er aber den Fuß vor die Tür des Hauses setze, werde er von der Miliz, die voraussichtlich auch jetzt schon draußen stehe, verhaftet und eingesperrt. Er würde also in diesem Bürogebäude leben wie im Gefängnis – Jahre oder Jahrzehnte lang, bis die Deutschland-Frage gelöst sei. Verhandlungen mit den rumänischen Behörden seien aussichtslos. Nie würden sie seiner Ausreise in die Bundesrepublik zustimmen, weil das einen Präzedenzfall bedeuten würde. Eine Alternative gibt es nicht.

Er antwortete, er werde die Botschaft nicht verlassen, bis ich seine Forderungen erfüllt hätte. Ein schwieriger Fall. Er hörte gar nicht zu, war verstört. Schon mit dem Verbrennen der DDR-Fahne in der Ukraine hatte er seine Ansichten über die DDR zwar spektakulär demonstriert, bewirkt aber hatte er nichts als seine Verhaftung.

Also, alles noch einmal von vorn, obwohl er es vorher sicherlich auch schon von Erdmann und Puttkamer gehört hatte. Er wiederholte seine Forderung.

»Sie werden«, sagte ich, »wenn Sie jetzt die Botschaft verlassen, von der Miliz verhaftet, die vermutlich von der Stasi vorgewarnt ist und Sie schon lange beobachtet hat. Dann werden Sie einige Tage in einem rumänischen Gefängnis bleiben, vernommen und in die DDR abgeschoben. Dort wird man Sie auch einsperren.

Sie haben nur die Möglichkeit, bei uns in der Botschaft jahrelang wie in einem Gefängnis zu leben, ohne die Möglichkeit, auch nur einen Fuß vor die Tür zu setzen, oder sich von der *Securitate* wieder in die DDR zurücktransportieren zu lassen.

Haben Sie Ihren Namen, Wohnort und sonstige Daten schon der Konsularabteilung gegeben? Gut. Wenn Sie gegangen sind, werde ich in Bonn beantragen, Sie aus der DDR freizukaufen.«

»In die Bundesrepublik Deutschland?«

»Ja.«

»Ist das ein Versprechen?«

»Ja, aber ich kann nur versprechen, daß ich es beantragen werde. Mehr nicht. Es tut mir leid.«

Er saß schweigend auf seinem Stuhl. Da er zu meinem Vorschlag nichts sagte, rief ich zwei Grenzschutzbeamte, die in der Botschaft Hausordnungsdienst leisteten, herauf und bat sie, Herrn Buchmann zur Pforte zu begleiten.

»Den Rucksack auch bitte mitnehmen!« rief ich.

Er stand auf, wandte sich wortlos ab und ging freiwillig mit. Auf meinen Abschiedsgruß antwortete er nicht.

»Ist was?« fragte Fräulein Cremer, als ich ins Vorzimmer kam und meine Akten in den Panzerschrank legte.

»Nein«, antwortete ich, »aber mir ist übel. Ich fahre nach Hause.«

Der Fahrer Theiß, ein Rumäniendeutscher, sagte nichts. Er hatte alles gesehen. Die Angehörigen der Botschaft wußten alle, worum es ging. Viele hatten gewartet, bis der Mann hinausbegleitet wurde.

»Sie hatten schon den ganzen Nachmittag draußen gestanden«, sagte Theiß, als ich ihn schließlich fragte. »In ihrem schwarzen Mercedes, und als der junge Mann rauskam, stiegen sie aus, legten ihm Handschellen an und nahmen ihn im Wagen mit.«

Franz und ich waren am Abend eingeladen; aber wir sagten ab.

Jetzt, drei Jahre später, antwortete ich dem Auswärtigen Amt, die Darstellung, die Herr Buchmann dem Bundestagsabgeordneten von Fircks gegeben habe, treffe zu bis auf die Behauptung, er sei gewaltsam aus dem Botschaftsgebäude entfernt worden. Zwei Beamte des Hausordnungsdiensts hätten ihn wie alle sonstigen Besucher von meinem Zimmer zur Haustür begleitet, weder Gewalt angewandt, noch ihn angefaßt oder bedroht.

Er habe sich ein Jahr darauf handschriftlich aus dem Durchgangslager Geretsried bei Herrn von Puttkamer dafür bedankt, daß sich auf Grund unseres Antrags der Rechtsanwalt Jürgen Stange und der Ost-Berliner Anwalt Heinz Heidrich um ihn gekümmert hätten. Sein Brief schließe mit den Worten:

»Ich möchte mich auf diesem Wege für die von Ihnen in meiner Angelegenheit eingeleiteten Schritte recht herzlich bedanken. Gleichzeitig möchte ich mich für mein Verhalten in der Botschaft Ihnen und dem Botschafter gegenüber entschuldigen.«

Schriftsteller unter sich

Bei einer Einladung für die Germanisten der Universität Bukarest hatte mich schon vor ein paar Jahren Professor Mihai Isbasescu gefragt, ob er meine Erzählung *Die Frage des Tigers* übersetzen und ob sein Schwiegersohn sie in seiner literarischen Zeitschrift »Secolul XX« veröffentlichen dürfe. Ich gab ihm die Erlaubnis und verzichtete auf ein Honorar.

Einige Wochen später suchte er mich auf und fragte, ob er noch andere Bücher von mir übersetzen dürfe. Er wolle mein gesamtes literarisches Werk kennenlernen. Ich vermutete, daß es nicht ausschließlich literarische Gründe waren, die ihn besonders nach den Büchern fragen ließ, die ich in der Hitlerzeit geschrieben hatte. Ich erwiderte, das seien Jugendarbeiten, literarisch bedeutungslos, und ich genierte mich, sie zu zeigen. Außerdem hätte ich von den drei Büchern aus jener Zeit nur noch ein paar Exemplare, die wolle ich nicht aus der Hand geben. Da er aber sehr neugierig war und insistierte, erlaubte ich ihm schließlich, sie zu lesen, aber nur in der Bibliothek der Botschaft. Ich gab sie dem Kulturreferenten mit dem Auftrag, sie nicht außer Haus zu geben.

Als ich sie nach einigen Monaten wiederhaben wollte, waren sie nicht mehr da. Der Kulturreferent gab zu, sie dem Germanisten, da er doch ein vertrauenswürdiger Mann und Professor sei, für kurze Zeit ausgeliehen zu haben. Herr Isbasescu sagte, er habe sie zwar gelesen, habe sie aber zurückgegeben. Sie waren verschwunden.

Ich konnte mir denken, wo sie jetzt lagen. Doch die Untersucher werden enttäuscht gewesen sein, weil darin weder der Nationalsozialismus, der »Führer« oder seine Mitstreiter noch seine Politik erwähnt wurden. Und schließlich war der Vertrieb des dritten Buches sogar verboten worden. Ich habe die ausgeliehenen Bücher nie wiedergesehen.

Isbasescu hat danach meinen ersten Nachkriegsroman *Du mußt dein Leben ändern* übersetzt. Die Auflage von 60000 war in einer Woche vergriffen, worauf ich mir aber nichts einzubilden brauchte, weil neue, besonders aber ausländische Autoren immer gleich ausverkauft waren.

Ein anderer Roman, *Der Purpur,* die Geschichte des spätrömischen Kaisers Quintillus, erschien in einem der größten rumänischen Verlage, der »Editura Univers«, den Romul Munteanu leitete. Von ihm behaupteten manche, er sei Oberst in der *Securitate* oder sei es jedenfalls gewesen. Er war dennoch unter den Schriftstellern wohlgelitten, hat vielen von ihnen geholfen und wurde auf ihre Bitte oft mit ihnen zusammen in unseren Bierkeller eingeladen. »Am liebsten«, sagte er, »würde ich ja Ihren Roman *Der Auftrag* herausbringen.«

»Aber der beschreibt doch das fragwürdige Entstehen einer revolutionären Bewegung mit vorkommunistischen Zügen in China, Führerkult, Herrschaft der Geheimpolizei, politischen Terror, interne Machtkämpfe und schrecklichen Zusammenbruch.«

»Eben deshalb!« sagte er. »Ich werde es aufschieben. Zur Zeit würde es meinen Kopf kosten.«

Er hat es dennoch einige Jahre später fertiggebracht, als ich schon nach Peking versetzt worden war, noch zu Ceausescus Zeit.

Ich hatte nun darauf bestanden, daß mir die normalen Honorare für die Bücher ausgezahlt werden, die ich aber auf ein Sonderkonto beim rumänischen Schriftstellerverband überweisen ließ und dem Generalsekretär des westdeutschen P.E.N.-Zentrums, Thilo Koch, zur Verfügung stellte, der sie einem deutschen Schriftsteller für eine Rumänienreise übergeben sollte.

Er wählte Hans Jürgen Fröhlich, der mit seiner Freundin kam, die Honorare abhob und einige Wochen durch das Land reiste. Mit ihm, rumänischen Mitgliedern des P.E.N. und Theaterleuten feierten wir in unserem Bierkeller den Lyriker Nichita Stanescu, der gerade den deutschen Herder-Preis erhalten hatte. Ich fragte Dinu Cernescu, warum Pintilie diesmal nicht mitgekommen sei.

»Weil er«, antwortete Dinu, »seine Eigenwilligkeit so weit getrieben hatte, daß man ihm einen Paß für fünf Jahre ausgestellt hat, um ihn loszuwerden. Nun inszeniert er in Paris, und zwar »*Turandot*«.

»Aber ein so klassisches Stück hätte er doch auch hier auf die Bühne bringen dürfen.«

»Ja«, antwortete Dinu, »aber nicht *so*! Er will Aufmerksamkeit erregen, wie immer. Homosexuelle, Irre, Verbrecher, Sodomiten, ein Stück nur mit Nackerten – alles schon einmal auf der Bühne gewesen. Damit kann man in Paris keinen Menschen mehr ins Theater locken. Da hat Pintilie die Rolle der Turandot einer fast zwei Meter hohen Riesin gegeben und als Freier nur Zwerge engagiert. Da es in Frankreich nicht genug Zwergschauspieler gab, hat er zusätzlich welche aus Amerika importiert. Stand dann in allen Pariser Zeitungen.«

Dinu Cernescu und er konnten sich nicht leiden. Es gab überhaupt viel Feindschaft unter den Künstlern und Schriftstellern. Ich wurde fast vor jedem gewarnt, daß er für die *Securitate* arbeite. Es war die Standardanschuldigung. Sie sagten ja selbst, in Rumänien bespitzele eine Hälfte des Volkes die andere – und umgekehrt. Man konnte in dieser Dämmerzone nicht scharf unterscheiden. Der Autor *mußte* mit seinen Gegnern: dem Verband, den Zensoren, der *Securitate* verhandeln und manchmal auch Kompromisse schließen. Entscheidend war, ob er auch andere verriet; doch auch da waren die Grenzen, wo politische oder literarische Fehden ausgetragen wurden, gelegentlich unscharf.

»Du liebst mich nicht mehr«, hörte ich einmal einen Zensor, selbst Schriftsteller, zu einem Autor sagen. »Du schreibst Artikel, von denen du weißt, daß ich sie nicht durchgehen lassen kann. Wenn ich dein Manuskript passieren lasse, kriege ich es mit Dumitru Popescu zu tun. Wenn ich es stoppe, gehst du überall rum und verleumdest mich. Sei doch vernünftig und streiche den dritten Absatz! Oder formuliere ihn so, daß ich ihn weitergeben kann!«

Nichita Stanescu wurde sehr gefeiert. Alle mochten ihn, obwohl er ganz anders war als die anderen. Er war ein Einzelgänger und in der Tat ein bedeutender Lyriker. Einige seiner Gedichte waren übersetzt worden. Manches klang wie Gottfried Benn.

Die anderen, auch Sascha oder Nicolae Breban, waren rechtschaffene Schreiber, literarisch weitgebildet, mit sicheren ästhetischen Kriterien, wohnten meist draußen in der Schriftstellersiedlung Mogosioia, erhielten ihr monatliches Gehalt vom Schriftstellerverband, wenn sie pünktlich etwas Brauchbares ablieferten und litten, weil sie abhängig und unfrei waren. Sie waren Angestellte.

Ich weiß nicht, ob sie von Themen besessen waren, die sie umtrieben und über die sie schreiben mußten. Was ich an erzählerischer Literatur von ihnen las, waren anspruchslose Beschreibungen von Problemen in ihrer Gesellschaft. Nicht einmal unbedingt mit sozialistischer Tendenz. Viele glaubten überhaupt an nichts. Sie streuten hier und da heimliche Bosheiten gegen das Regime in ihre Texte und waren stolz darauf.

Gelegentlich traf man allerdings in Romanen auch auf packende Szenen und Menschenschilderungen, und es zeigten sich große Begabungen; aber die Höhe wurde nicht durchgehalten. Wie konnte auf diesem sozialen Unterbau, in diesem von der Partei manipulierten Schriftstellereibetrieb ein großes Werk entstehen!

Als literarische Kritiker dagegen konnten sie sich besser entfalten, viele von ihnen waren hochgebildet und in der ganzen europäischen Literatur zu Hause. Die kritische Diskussion, auch über neuere Literatur aus dem Westen, fand oft auf hohem Niveau statt, und kein Mensch dachte da an Parteidoktrinen.

Aber dann gab es jene, die der Partei und dem *Conducator*

Lieder schrieben, den unsäglich primitiven Lobhudler Paunescu zum Beispiel, und ehrgeiziges Parteijungvolk, das Karriere machen wollte. Sie suchten und bekamen oft Posten im Schriftstellerverband. Von ihnen hielten unsere Freunde sich fern. Sie waren ihnen im übrigen zu dumm.

Nina Cassian wohnte bei ihrem Vater. Ich traf sie beide bei dem amerikanischen Botschafter Harry Barnes. Sie sagte, sie schreibe ihre Gedichte nicht für die Gegenwart und für die Veröffentlichung. Eben habe sie ein Puppenspiel über eine Katze geschrieben, das Tier, das allein sein will. Sie sagte, das habe natürlich einen politischen Unterton. Man sei eben in diesem Staat nie allein.

Ich erzählte ihr, daß bei einer Jagd Premierminister Manea Manescu, Innenminister Bobu und ich als erste am Jagdzelt angekommen waren. Wir unterhielten uns, und ich fragte Bobu schließlich, wo der Außenminister Macovescu so lange bleibe. Er werde sich doch wohl nicht verirrt haben.

»Es beunruhigt mich auch schon«, erwiderte er. »Wir müssen mehr auf ihn aufpassen. Wir haben ihn schon viel zu lange allein gelassen.«

Girbea vom Außenministerium, der dolmetschte, fragte mich, ob ich den politischen Unterton bemerkt habe.

Es schien eine Regel zu sein: Wer überwacht werden soll, darf nicht allein gelassen werden. Schon die Gegenwart eines anderen Genossen garantiert, daß er nicht abweicht.

Nichita Stanescu besaß keine Wohnung. Er besaß nur einen Koffer. Er wohnte immer bei einer Freundin. Gelegentlich wechselte er sie. Es war daher manchmal schwer, ihn zu erreichen; aber durch Umfragen bei seinen Freunden erfuhr man dann doch, wo er zu finden war. Er war unabhängig, trank viel. Wir mochten ihn gern. Er schenkte Franz einmal ein Amulett seiner Großmutter und mir zum Abschied eine Medaille, die ein Großonkel aus Tsingtao mitgebracht hatte. Das war sehr viel.

Wenige Tage vor meiner Abreise las ich, er habe in einer Versammlung für Ceausescu gesprochen. Ich verstand das nicht, denn von ihm hatte ich das am wenigsten erwartet. Er brauchte es doch nicht zu tun. Nichita verhaftete man nicht. Ich konnte es mir nicht erklären, sah ihn aber nicht mehr. Ich hoffe noch immer, daß es eine ganz harmlose Erklärung dafür gab. Er ist bald nach meiner Versetzung gestorben. Zuviel getrunken.

Die Schriftsteller hatten gehört, daß meine Versetzung anstand und baten mich, doch hier zu bleiben. Ich sei ihre Zuflucht. Ich wisse das nur nicht.

Ich wußte es wohl. Denn sie kamen oft, um ihre Sorgen vor uns auszubreiten. Sie waren bei uns ja sicher, daß kein Wort davon der *Securitate* zu Ohren kommen werde. Schon daß sie mit jemand davon sorglos sprechen konnten, erleichterte sie. Ich fragte sie nie aus, aber ihre Klagen gaben dennoch ein eindrucksvolles Bild vom Land und der Führung, denn sie waren über die aktuellen Probleme gut informiert.

Zur Feier meines sechzigsten Geburtstags kamen unsere Kinder, Connie und Heilwig Ahlers, andere Freunde aus Deutschland, und ein Dutzend oder mehr Schriftsteller und Theaterleute aus Bukarest. Dan Negreanu hatte eine Zigeunerkapelle engagiert, die die alten Schlager aus den dreißiger Jahren spielte. Fritz Sellmeier, unser alter Freund aus China und Tokio, konnte die Texte fast aller amerikanischen Schlager jener Zeit auswendig und sang sie mit. Gegen Mitternacht feuerte Franz unter dem Hallo von uns allen ihre Schuhe in die Ecke, weil sie dann besser tanzen konnte. Unter den Rumänen präsentierten sich großartige Talente des Humors. Es war wohl fünf Uhr morgens, als die letzten Gäste gingen.

Um zehn Uhr kam ich, noch nicht ganz wach, um zu frühstücken oder wenigstens eine Tasse Kaffee zu trinken; da hörte ich aus dem Bierkeller Musik: Die Zigeuner hatten aus lauter Freude an der fröhlichen Nacht weitergespielt, nur für sich, und jetzt feierten sie Hans, den Butler, mit einem Zigeunermarsch, als er ihnen Kaffee und Frühstück brachte. Nicolae Breban sagte, er und die anderen rumänischen Gäste seien eine Woche lang wie auf Wolken gegangen: Sie hätten gar nicht geahnt, daß es eine Welt gebe, in der man so unbeschwert fröhlich sein könne.

Einige Wochen danach kam Sascha Ivasiuc, bat um einen Spaziergang im Garten. Er sei stundenlang über seine Besuche bei uns verhört worden. Sie hätten alle unsere Gespräche mitgehört. Wir gingen die Fragen einzeln durch, die man ihm vorgeworfen hatte, und ich konnte ihm beweisen, daß es nur unsere Telefongespräche gewesen waren, die sie abgehört hatten: Wir hatten uns ein literarisches Projekt bei einem Stuttgarter Verleger ausgedacht, und wenn wir uns wieder einmal sehen wollten, verabredeten wir uns, um Einzelheiten des Phantom-Projekts zu besprechen.

Doch manchmal sahen wir uns wochenlang nicht. Wir wußten ja, daß seine Besuche bei uns registriert wurden und daß sie ihn belasten konnten.

Übrigens waren wir uns über viele politische Fragen gar nicht einig: Er gehörte zu denen, die noch glaubten, die Lehren von Karl Marx ließen sich verwirklichen – glaubte daran aus reinem Trotz, wie mir schien. Rumänien und die anderen sozialistischen Staaten seien nur von der wahren Lehre abgefallen. Wenn man aber fragte, wie er sich diesen sozialistischen Staat im einzelnen vorstellte, war Sascha vage. Wir ließen ihn bei seinem Glauben. Seine Frau Tita war viel realistischer. Aber sein Glaube hinderte ihn nicht, vor allem über das Versagen des real existierenden Kommunismus zu sprechen. Über Ceausescu, Despotie und Demokratie, Menschlichkeit, Freiheit, Anstand und all das, was man bei uns einmal als belanglose Sekundärtugenden bezeichnet hat, waren wir uns einig.

Viele seiner Kollegen orientierten sich eher an Sartre oder waren Zyniker. Die Unterhaltung mit ihnen – nicht den Personenkultsängern, versteht sich – war für mich leichter als mit den politischen Träumern und Gutmenschen im deutschen P.E.N.-Zentrum. Ebensogut konnte ich mich später mit vielen chinesischen Schriftstellern verstehen, die fast alle die Schrecken der sogenannten Kulturrevolution durchlitten hatten.

Hermann Koeppen oder Heinrich Böll – um nur zwei der prominentesten zu nennen – hatten sich ein so verzerrtes Bild, nicht nur von der Bundesrepublik Deutschland und der westlichen, sondern auch von der kommunistischen Welt gebildet, daß ein Gespräch darüber nicht weit führte. Mit den rumänischen Schriftstellern aber, die zu uns kamen, konnte ich über die Politik in West und Ost reden. Ja, sie wollten sich gerade darüber mit mir unterhalten und ihre Sorgen ausbreiten. Sie erlebten die Härte der Politik in ihrem Land jeden Tag. Sie wußten, was der einzelne gegenüber diesen Gewalten zu tun imstande war und daß die politische Welt nicht aus weicher Kleie bestand, aus der man sich wie Balduin Bählamm eine neue kneten konnte. Sie hatten gelernt, sich vor den Gefahren zu schützen, sich zu verbergen oder durch Lügen herauszureden. Gutmenschen waren unter ihnen nicht zu finden. Mit schwerem Herzen habe ich sie zurückgelassen, als ich nach fünf Jahren von Bukarest nach Peking versetzt wurde.

Sie tranken viel. Einmal hatte uns Fanus Neagu und zwei seiner Schriftstellerkollegen zum Abendessen in ihrer Wohnung gebeten. Die Einladung eines Ausländers war für Rumänen riskant, aber wir nahmen sie an, weil sie behaupteten, die Erlaubnis dazu erhalten zu haben.

Als Franz und ich um sieben Uhr ankamen, waren die drei Gastgeber laut und in recht angeheiterter Stimmung. Sie waren, wie sie erklärten, schon seit einer Stunde hier und hätten erst einmal den Bericht über den Abend für die *Securitate* geschrieben. Nach unserem Abschied seien sie dazu zu betrunken. So war es denn auch.

Fanus Neagu, Nichita Stanescu und Marin Preda waren einige Zeit danach in eine Entziehungsanstalt eingewiesen worden. Ihr Zimmer, sagte Fanus Neagu, sei das lustigste gewesen, weil sie immer Wodka unter den Betten hatten, und die Krankenschwestern seien abends auch immer zu ihnen gekommen.

Der Romancier Marin Preda war nach der Entlassung mit einer von ihnen nach Sinaia in die Berge in eine Jagdhütte gefahren, aber dort nach zwei Tagen gestorben – an Erschöpfung, wie es allgemein hieß. Der wirkliche Grund aber, sagte Fanus Neagu, sei eine Überdosis von Aphrodisiaka gewesen.

Ceausescus Preise für Menschen

Olaf Ihlau war ein Journalist, der immer gut über die Ereignisse auf dem Balkan Bescheid wußte. Manchmal zu gut. Er überraschte mich eines Tages mit der Frage, ob es zutreffe, daß Ceausescu für jeden Deutschen, dem er die Ausreiseerlaubnis erteile, eine Kopfprämie erhalte.

Ich antwortete, das sei schwer vorzustellen; doch Herr Ihlau nannte sogar Kopfprämien für verschiedene Kategorien. Ich redete weiterhin umständlich und vage daher und spürte, daß er mir nicht glaubte. Mit dem nächsten Kurier sandte ich, ohne Ihlau zu nennen, einen Brief an Bundesinnenminister Maihofer, weil von einer Sache, die bisher nur ganz wenigen bekannt gewesen sei, nun offenbar schon die Presse unterrichtet sei.

Bevor ich meinen Dienst in Bukarest antrat, hatte Willy Brandt so nebenbei bemerkt, es gebe ja die Vereinbarung von Staats-

sekretär Nahm mit den Rumänen über die Familienzusammenführung. Als ich mich später danach erkundigte, fand ich im Auswärtigen Amt niemand, der sie kannte. Ich erfuhr nur, daß sie vermutlich im Innenministerium liegen werde, obwohl es sich doch
um eine auswärtige Angelegenheit handelte.

Die Vereinbarung habe ich nie gesehen, auch nicht darauf
bestanden, sie zu sehen, weil ich mündlich unterrichtet wurde.
Mit der Zeit erfuhr ich, daß für jeden Volksdeutschen, dem »die
Rumänen« die Ausreise zu ihren Familienangehörigen in die
Bundesrepublik Deutschland erlaubten, eine Kopfprämie gezahlt
wurde. Die Preise waren gestaffelt:

Kategorie A: 1 800,– DM Normalfall
Kategorie B1: 5 500,– DM Student
Kategorie B2: 7000,– DM Student in den letzten beiden Jahren
                  seiner Ausbildung
Kategorie C: 11 000,- DM Akademiker mit Abschluß
Kategorie D: 2 900,- DM Techniker und Facharbeiter

Außerdem erhielten »die Rumänen«, wenn die jährlichen Quo-
ten erreicht wurden, für jeweils zehntausend Ausgesiedelte einen
Bonus von einer Million DM. Wenn ich in diesem Zusammenhang von »*den* Rumänen« spreche, dann ist nur ein einziger gemeint.

Es fanden auch während meiner Dienstzeit in Bukarest und in
der Bundesrepublik Deutschland Folgegespräche statt, nachdem
die erste Vereinbarung abgelaufen und nun verlängert werden
sollte. Ich hörte nur nachträglich davon. Der rumänische Geheimdienstchef Dragan, der als Unterhändler nach Deutschland
gesandt wurde, weigerte sich, die neue Vereinbarung schriftlich
zu fixieren. Es sollte überhaupt nichts Schriftliches darüber vorliegen. Er wußte nicht, daß er etwas Unmögliches verlangte: Er
kannte die deutsche Bürokratie nicht, die ohne Papier nicht existieren kann. Es wurde jedoch ein Kompromiß gefunden.

Anscheinend haben auch später noch Gespräche stattgefunden, in denen Ceausescu und seine Frau unmittelbar darüber verhandelten. Bundeskanzler Kohl erwähnte einmal, Elena Ceausescu habe während eines Besuchs in Bonn in widerlicher Weise
um eine Erhöhung der Quotenpreise gefeilscht.

Es fiel aber unter meinen NATO-Kollegen bald auf, daß sehr

viel mehr Volksdeutsche die Ausreiseerlaubnis erhielten als Rumänen amerikanischer, ungarischer oder sowjetischer Herkunft. Jedes Jahr verließen bis zu achttausend Siebenbürger Sachsen oder Banater Schwaben das Land und wurden aus der rumänischen Staatsangehörigkeit entlassen.

Meine Kollegen wurden neugierig, aber ich antwortete, mir lägen keine Berichte darüber vor. Doch ich hörte, daß die Zahlen nicht nur Olaf Ihlau bekannt waren, sondern auch in der Landsmannschaft der Siebenbürger Sachsen diskutiert wurden, und daß dort bereits einige von einem »Herauskauf« der ganzen deutschen Volksgruppe redeten; auch in der evangelischen Kirche Rumäniens sprach man darüber. Die meisten Pfarrer wollten jede weitere Aussiedlung unterbunden wissen, weil sie hofften, die deutsche Minderheit könne, wenn sie an Zahl stark bleibe, ihre alte Bedeutung wiedergewinnen: eine Wunschvorstellung, die keine Aussicht hatte, je verwirklicht zu werden.

Die Übung, Landeskinder zu verkaufen, war keine Erfindung Ceausescus. Schon sein Vorgänger Gheorge Gheorgiu-Dej hatte eine geheime Verabredung mit Henry Jacober, einem britischen Geschäftsmann jüdischen Glaubens, getroffen, der eine große Geflügelfarm in Rumänien errichtete und als Gegenleistung die Ausreiseerlaubnis für fünfhundert Juden erwirkte. Der israelische Geheimdienst war auch in das Unternehmen eingeschaltet, hatte es vielleicht sogar angeregt. Es wurde mehrere Male wiederholt. Ceausescu setzte es, als er Gheorgiu-Dejs Nachfolge angetreten hatte, nach einer Pause fort, jetzt aber gegen Barzahlung in amerikanischen Dollars.

Die Aussiedlung der Rumäniendeutschen lief unter dem Namen Familienzusammenführung, obwohl sich aus diesem Anlaß zuweilen weit entfernte Verwandte bewarben, die sich in Rumänien kaum jemals gesehen hatten. Über ihre Anträge entschied der Staatsrat, das heißt Ceausescu, der sich in der Tat jede einzelne Genehmigung zur Unterschrift vorlegen ließ. Die Auswahl behielten er und sein damit beauftragter kleiner Stab sich vor. Nur in Ausnahmefällen gelang es uns, durch den Innenminister eine Genehmigung zu erreichen.

Für Heiratsgenehmigungen dagegen konnte sich die Botschaft ganz offiziell an das rumänische Außenministerium wenden, das aber nur als Briefkasten fungierte. Im Jahr 1975 ging die Zahl der

Heiratsgenehmigungen zurück, und ein hoher Beamter des Staatsrats, der offenbar dem direkt Ceausescu unterstellten kleinen Stab angehörte, suchte mich auf meine Beschwerde »inoffiziell« auf, allerdings mit ganz spezifischen Instruktionen, und nannte mir die Gründe: Es seien viele unseriöse Fälle vorgekommen. Man könne eben schwer feststellen, ob es sich um einen ernsthaften Heiratswunsch handle oder nur um eine flüchtige Bekanntschaft am Meeresstrand, eine Brieffreundschaft, oder ob gar eine Partnervermittlung dahinterstecke. Jungen Rumäninnen gelinge es verhältnismäßig leicht, Heiratsversprechen von Italienern zu erhalten. Es gehe ihnen aber nur darum, in den Westen zu kommen; und wenn sie dann draußen seien, trennten sie sich schnell wieder. Dann gerieten sie oft in Not, und nicht selten müßten sie sich ihr Geld in zweideutigem Gewerbe verdienen. Ich gab zu, daß auch unsere Akten einen solchen Fall verzeichneten; es sei jedoch nie geklärt worden, ob die betreffende Dame dieses Gewerbe aus Not oder aus innerer Neigung ergriffen habe.

Traurig war die Geschichte eines älteren Herrn aus Darmstadt. Er hatte sich einige Jahre nach dem Tod seiner Frau in eine junge Rumänin verliebt, ihr die Heirat versprochen und sie mit großer Mühe nachgeholt. Aber als sie im deutschen Durchgangslager angekommen war, wollte sie von ihm nichts mehr wissen. Sie hatte inzwischen einen Jüngeren kennengelernt. Der alte Herr hatte Tränen in den Augen, als er das erzählte. Wir konnten ihm jedoch nicht helfen.

Die deutsche Botschaft intervenierte grundsätzlich immer erst ein Jahr, nachdem der Heiratsantrag gestellt worden war, und nur auf Wunsch beider Partner. Wir setzten uns aber stets für eine rasche Genehmigung ein, wenn bereits ein Kind unterwegs war.

Ich hatte gerade einen Fall da, den ich dem »inoffiziellen« Besucher aus Ceausescus Stab mitgab. Außerdem bat ich ihn, sich der Paare anzunehmen, die schon jahrelang auf eine Heiratsgenehmigung warteten. Es sei deprimierend, jeden Morgen beim Betreten der Botschaft die jungen Mädchen mit verweinten Augen im Warteraum zu sehen, denen wieder die Heiratsgenehmigung verweigert worden war.

Für Heiratsgenehmigungen wurden keine Kopfprämien gezahlt; dafür sollten nur humanitäre Gründe entscheidend sein. Daher regierte hier bürokratische Willkür. Der »inoffizielle« Besucher war entgegenkommend, und in der Tat wurde es von da an eine Zeitlang etwas besser.

Die mit Ceausescus Geheimdienstleuten vereinbarten Auswanderungsquoten wurden pünktlich und ohne Verzögerung erreicht, weil davon ja auch die Erfolgsprämie von einer Million DM für zehntausend Ausgereiste abhing. Abgesandte Ceausescus holten sich das Geld von einem Treuhänder in Deutschland ab, eine Hälfte als Barscheck, die andere in Tausendmarkscheinen. Die Scheine zählten sie nicht nach, konnten es auch gar nicht, weil sie sich in versiegelten Päckchen befanden. Quittungen wurden nie ausgestellt. Sie nahmen die Päckchen in einem Koffer mit und reisten in die Schweiz. Es sind nie Beschwerden eingegangen.

Gelegentlich wurden auch Sonderwünsche vorgebracht und erfüllt. Zum Beispiel wurde vor Ceausescus Deutschlandbesuch, wie schon erwähnt, ein Mercedes 600 gewünscht, eine Spezialanfertigung mit roten Ledersitzen und allen möglichen ungewöhnlichen Einrichtungen. Da er aber nie abgeholt wurde, hat man ihn später mit Genehmigung der Geheimdienst-Boten verkauft. Aber daß er mit all diesen Spezifikationen bestellt wurde, beweist, daß der Auftrag nur von *einer* Person ausgehen konnte – von Ceausescu. Es ist undenkbar, daß dieser Wagen ohne sein Wissen bestellt wurde oder daß irgendein anderer sich damit auf Rumäniens Straßen hätte blicken lassen dürfen.

Die Tausendmarkscheine, deren Nummern bekannt waren, sind, soviel ich weiß, nie wieder aufgetaucht. Daß sie in ein nur Ceausescu oder vielleicht auch seiner Frau zugängliches Banksafe in der Schweiz gebracht wurden, erscheint mir sicher. Wie dem auch sei, die beiden haben die Tausendmarkscheine nicht mitnehmen können.

Sofies Paß

Wir hatten für Anfang August Urlaub beantragt, wollten nach Brissago in unser Sommerhaus fahren und Sofie, unser Siebenbürger Stubenmädchen mitnehmen, die dort eine Woche auf zwei unserer Enkel aufpassen konnte. Anschließend wollte sie die Gelegenheit ihrer Auslandsreise nutzen, um ihre Schwester in Bayern zu besuchen. Sie mußte also die Ausstellung eines Passes und eines befristeten Ausreisevisums beantragen. Ich verwandte mich im Innenministerium dafür; wohlwollende Prüfung wurde zugesagt.

Ende Juni schickte Sofie ihre Schwester Inu morgens in die *Strada Jorga*, wo die Paßausgabestelle war. Um 5 Uhr trafen sich dort die Antragsteller. Sie durften aber nicht vor dem Büro anstehen, sondern mußten sich nahebei in Hausfluren oder Geschäften sammeln. Sie wählten einen Vertrauensmann, der die Reihenfolge für die Vorsprache bestimmte. Jeder bekam eine Nummer, dann mußte er am nächsten Tag wiederkommen und wurde nach der Nummernliste vorgelassen.

Zweimal mußte Inu anstehen, bis Sofie auf die Liste kam. Doch auch sie mußte zweimal früh morgens in die *Strada Jorga*, weil sie ihre Siebenbürger Heimatadresse, wo sie polizeilich gemeldet war, an erster und die Bukarester an zweiter Stelle geschrieben hatte. Die Reihenfolge war falsch.

Am 1. August wurde dem Leiter unserer Konsularabteilung im Innenministerium gesagt, Sofie könne den Paß in der *Strada Jorga* abholen. Dort wurde ihr aber mitgeteilt, sie könne ihn erst am 22. August bekommen. Als sie antwortete, sie brauche ihn aber für den 11. August, erlaubte man ihr, am 9. August wiederzukommen. Doch das war ein Samstag und zu spät, um noch Durchreisevisa für Italien und die Schweiz zu besorgen. Deshalb bestellte man sie auf Dienstag. Am Dienstag war der Paß noch immer nicht fertig. Sie solle es Mittwoch um achtzehn Uhr noch einmal versuchen.

Als Sofie mir das nach dem Mittagessen berichtete, rief ich die Konsularabteilung unserer Botschaft an und bat, alle Visumsanträge amtlicher rumänischer Stellen zuerst mir zur Prüfung vorzulegen; die Ausfertigung daure dann vielleicht ein bißchen länger, aber in der *Strada Jorga* nehme man sich ja auch Zeit. Ich rechnete damit, daß der Anruf von der *Securitate* abgehört wurde.

Am Nachmittag lagen mir die eingegangenen Visumsanträge zwar vor; ich konnte sie jedoch nicht prüfen, weil ich eine Verabredung mit Harry Barnes hatte, bei dem ich mich über den Besuch seines Präsidenten Ford, den Verlauf und das Ergebnis informieren und Bonn darüber in einem Fernschreiben unterrichten wollte.

Es liefen den ganzen Nachmittag aufgeregte Anrufe des Außenministeriums und anderer Ministerien ein, die ihre visierten

Pässe abholen lassen wollten. Leider war ich aber auch danach verhindert, mir die Anträge anzusehen, weil ich einen Empfang für über hundert bedeutende rumänische Künstler, Schriftsteller und Wissenschaftler zum Abschied unseres Kulturreferenten gab. Während des Empfangs wollte Badescu, der Leiter der Konsularabteilung im Außenministerium, mich am Telefon sprechen. Ich bat einen unserer Beamten, ihm zu bestellen, ich sei nicht abkömmlich, und er könne ihm auch sagen, warum die Visumsausgabe etwas länger daure.

Badescu antwortete ihm, wenn der Antrag des rumänischen Präsidenten des Architektenverbandes für ein Durchreisevisum nicht heute noch komme und er den Zug verpasse, dann würde morgen hundert deutschen Urlaubern am Flugplatz der Rückflug nach Deutschland nicht erlaubt werden. Dem Leiter unserer Konsularabteilung schienen die Knie weich zu werden. Ich blieb jedoch bei meiner Anordnung.

Am nächsten Tag hatte ich Besucher und kam deshalb erst am Nachmittag zur Prüfung der Visumsanträge, ließ aber viele zurückgehen, weil sie nicht korrekt ausgefüllt waren: Manche Antragsteller zum Beispiel hatten nicht den Geburtsort angegeben, sondern nur die Heimatprovinz. Darunter war auch der Antrag des Präsidenten des Architektenverbandes.

Als Sofie, um sechs Uhr nachmittags, wie bestellt, zur *Strada Jorga* kam, wurde sie schon erwartet. Ihr Paß war fertig, und man fragte vorwurfsvoll, warum sie ihn nicht schon am Vormittag abgeholt habe. Es sei wohl ein kleines Mißverständnis vorgekommen.

Vizeaußenminister Gliga bat mich im Auftrag Macovescus zu sich. Der Präsident des Architektenverbandes sei verspätet zum Kongreß in Paris gekommen, weil wir die Ausgabe seines Visums verzögert hätten. Ich bedauerte das und riet, Anträge in Zukunft rechtzeitig einzureichen und außerdem richtig auszufüllen. Vielleicht könnte das Außenministerium auch einmal mit den rumänischen Paßbehörden sprechen, die es immer so spannend machten, und die von unseren Bediensteten eingereichten Paßanträge erst im letzten Augenblick bewilligten.

Ich berichtete in allen Einzelheiten von Sofies Schwierigkeiten mit der *Strada Jorga* und bedauerte, daß man dem Vertreter eines befreundeten Landes eine so bescheidene Bitte erst nach soviel Schwierigkeiten erfülle. Gliga kannte den Hintergrund nicht und schrieb sich meine Beschwerde genau auf, fragte auch nach Einzelheiten. Er sammelte offenbar Argumente gegen das Innenministerium, mit dem das Außenministerium dauernd im Streit lag.

Er fragte wiederholt, wer mir die Weisung erteilt habe, die Ausgabe von Visa zu verweigern. Ich erwiderte, wir hätten nie die Ausgabe von Visa verweigert; aber aus eigener Verantwortung hätte ich mir eine gründliche Prüfung der Anträge einmal selbst vorbehalten. Das hätte ich aus einem ähnlichen Grunde schon einmal vor zwei Jahren getan, und ich würde das bei gegebenem Anlaß auch wiederholen.

Gliga war über so viel Eigenmächtigkeit sehr erstaunt.

Der wichtigste Mann in Helsinki

Nach der Konferenz von Helsinki sandte unsere Botschaft in Moskau einen Drahtbericht, den ich für so irrig hielt, daß ich glaubte, ihm widersprechen zu müssen. In meinem Bericht an das Auswärtige Amt und an unsere Botschaften in den osteuropäischen Staaten schrieb ich in gewähltem Bürokratendeutsch unter anderem:

»Der mit dem Bezugsdrahtbericht aus Moskau wiedergegebenen Ansicht der dortigen Presse, wonach ›der Auftritt des Genossen Breschnew auf der Konferenz von Helsinki am 31. Juli die allgemeine Aufmerksamkeit in Europa und anderen Kontinenten auf sich gezogen habe und daß dieser Auftritt das zentrale Ereignis von Helsinki gewesen sei‹, muß aus hiesiger Sicht entschieden widersprochen werden.

Die rumänische Presse brachte während der letzten Tage seitenweise Telegramme an das Zentralkomitee der RKP und den Generalsekretär Ceausescu, aus denen deutlich hervorgeht, daß nicht Breschnew, sondern der Genosse Ceausescu die entscheidende Rolle in Helsinki gespielt hat, und daß *seine* Rede es war, die den Erfolg der Konferenz bewirkte. So erfahren wir zum Beispiel aus einem Telegramm des Kreiskomitees Ilfov, daß Ceausescus ›glanzvolle Rede eine Krönung der umfassenden und hervorragenden internationalen Tätigkeit ist, die unser Land mit unerschütterlicher Konsequenz für den Schutz der Lebensbelange der Menschheit entfaltete‹.

Die Zuschriften, die seit vier Tagen jeweils eine volle Seite der Zentralpresse einnehmen, beweisen, daß allein die glanzvolle Rede Ceausescus und seine unermüdliche Tätigkeit es waren, die die Konferenz gerettet haben.

Wickert«

Sofies Erzählungen

Auf unsere Fragen hatten Grete, Sofie und Hans zwar immer geantwortet; aber wir spürten, sie erinnerten sich nicht gerne an jene Zeit. Im Auto, auf der Fahrt von Bukarest nach Brissago, sprachen wir mit Sofie über das Leben in ihrer Heimat, in dem kleinen Dorf in Siebenbürgen, und da wurde sie gesprächig.

»Unser Dorf hatte fünfhundert Einwohner«, sagte sie. »Wir hatten die Ernte eingebracht. Es war im Herbst 44. Die deutschen Truppen waren schon abgezogen, die Russen hatten das Land besetzt. Da klingelte eines Mittags der Gemeindeausrufer im Dorf die Bekanntmachung aus, alle Siebenbürger, Männer und Frauen zwischen achtzehn und fünfundvierzig Jahren, sollten sich um drei Uhr im Gemeindesaal versammeln. Das taten sie auch, sie wurden registriert, aber dann mußten sie draußen antreten und wurden in einer langen Reihe abgeführt, zum Dorf hinaus. Sie durften nicht einmal mehr nach Hause gehen und nach den Kindern sehen. Sie wurden weggeführt wie die Schafe.«

»Und Sie haben das gesehen?«

»Ja. Ich war damals vierzehn Jahre alt. Ich hatte Angst und war zu Hause geblieben. Aber sie hatten die Zahl, die sie mitbringen sollten, nicht erreicht. Da kamen ein Rumäne aus dem Dorf und zwei Russen mit Maschinenpistolen und sagten, ich solle mich auch fertigmachen und mitkommen. Ich sagte, ich sei erst vierzehn; aber darauf hörte keiner. Und mein Vater sollte auch mitkommen; der war siebenundvierzig, aber der mußte auch mit.«

»Konnten Sie denn nicht fliehen?«

»Das Dorf war ja umstellt. Man sah die Soldaten auf den Feldern.«

»Oder sich bei rumänischen Nachbarn verstecken? Es wohnten doch auch Rumänen im Dorf?«

»Ja, aber die hatten Angst, daß sie dann auch mitgenommen würden.«

»Waren Sie dann mit Ihrem Vater zusammen?«

»Eine Zeitlang ja. Dann wurden wir getrennt. Manche Familien blieben länger zusammen. Wir wurden in die Ukraine gebracht. Manche kamen in Bergwerke, manche in Ziegeleien. In den Bergwerken, die hatten es gar nicht immer am schlechtesten. Das Essen war besser, die Arbeitszeiten regelmäßig. Ich habe auf dem Land gearbeitet, wie zu Hause. Und da habe ich auch den Hans getroffen, der war ja aus meinem Dorf, und da habe ich auch die Grete kennengelernt.

Der Vater hatte es schlechter; er war halb verhungert, ganz schwach und krank. Deshalb haben sie ihn schon nach vier Jahren entlassen, aber nicht nach Hause, sondern in die DDR. Da kam er erst einmal in ein Krankenhaus. Mich haben sie erst nach fünf Jahren wieder zurückgeschickt. Als ich zu Hause ankam, war der Vater schon da.«

Sofie erzählte ganz ruhig, als sei es die Geschichte eines anderen. Sie klagte nicht, sie klagte nicht an. Sie haderte nicht mit Gott und der Welt und suchte weder nach Schuld noch nach Schuldigen. Sie berichtete, was ihr zugestoßen war, sie beschränkte sich darauf, Tatsachen wiederzugeben.

Nicht anders Rudescu. Er war in Czernowitz geboren, hatte Botanik und Biologie studiert und wurde in der Schilflandschaft des Donaudeltas gefangen. Als wir eines Abends nach dem letzten Büchsenlicht durch den Wald von Ghermanesti zum Auto gingen, erzählte er seine Geschichte.

»Mich hat man in der Ukraine in ein Kohlebergwerk gesteckt. Ich konnte wenigstens jeden Tag nach meiner Schicht wieder hinauffahren; die SS-Leute aber kamen nie aus dem Schacht nach oben; die mußten da unten auch schlafen. Sie sahen aus wie Skelette, sie hatten ganz weiße Haare.

Mir ging es nach einigen Monaten besser. Der sowjetische Wachmann hatte in meinen Papieren meinen Doktortitel gelesen und glaubte, da könnte ich ihm und seiner Frau auch helfen. Sie bekamen keine Kinder, und er nahm mich mit nach Hause, damit ich seine Frau gynäkologisch untersuche. Ich verschrieb ihr Kamillenspülungen, und, welch ein Wunder, sie wurde nach einiger Zeit tatsächlich schwanger. Ich bekam seitdem immer eine Extraration Brot.«

Rudescu floh jedoch, wurde wieder gefaßt, versuchte es ein zweites Mal, ging nur nachts, zuerst hundert Kilometer nach Norden, dann nach Südwesten ins Donaudelta, war ein Jahr Forstarbeiter, bis er sich nach Bukarest zurücktraute, wo er wieder als Biologe arbeiten konnte.

Die Flut

Die ganze Ebene von den Karpaten bis zur Donau war überschwemmt. Die Äcker lagen unter Wasser. Der Pilot des Hubschraubers ging tief herunter, wenn er uns geborstene Deiche, zerstörte Brücken, Bahngleise, unterbrochene Straßen und überschwemmte Industrieanlagen zeigen wollte. Dann bog er aus der Ebene ab nach Siebenbürgen. An den Gipfeln der Hügel sahen wir manchmal, wie die Abholzung das Erdreich gelockert hatte und wie es in über hundert Meter langen Schichten hinabgeglitten war.

Das Außenhandels- und Außenministerium hatten die Bundesregierung um Hilfe gebeten und zeigten mir nun von einem Militärhubschrauber aus die Schäden. Ulrich, der gerade zu Besuch bei uns war, durfte mitfliegen. Im Siebenbürgischen Schäßburg landeten wir. Hier waren die Schäden besonders groß. Die Kokel war ganz plötzlich gestiegen, sogar höher als bei der großen Überschwemmung fünf Jahre zuvor. Als wir kamen, war die Uferstraße zwar noch tief mit Schlamm bedeckt, aber auf Brettern wieder begehbar.

Überall vor den Häusern hatten die Bewohner ihre Matratzen zum Trocknen in die Sonne gestellt. Der Bürgermeister führte uns durch die Stadt. Ich sagte: »Wenn Sie es wünschen, würde ich einmal in Bonn anfragen, ob man Ihnen Matratzen liefern kann.« Der Bürgermeister war hocherfreut. Doch der Beamte vom Außenhandelsministerium sagte, das sei unnötig.

Als unser Wirtschaftsreferent Bächmann dem früheren Botschafter Oancea in Bonn, der jetzt nach Bukarest versetzt war, dieselbe Frage stellte, antwortete er barsch: »Nein! Der Westen hat auch nach der Flut im Jahr 1970 sogenannte humanitäre Hilfe geleistet. Manches davon hat man auf den Müllhaufen werfen müssen.« Um zu zeigen, daß er Takt besitze, fügte er hinzu: »Aber das trifft natürlich nicht auf die Hilfe der Bundesrepublik Deutschland zu.«

Damals hatte die rumänische Regierung Zelte und Decken, die

aus dem Westen gespendet wurden, zwar nicht auf den Müllhaufen geworfen, aber an die Türkei weiterverkauft. Sie wünschte
nicht, daß der Westen im rumänischen Volk als Nothelfer und
Wohltäter erschien. Sie wollte keine Sachleistungen, die doch nur
der Bevölkerung zugute gekommen wären, sondern Kredite, die
das Regime verwenden konnte, um den Fünfjahresplan vorzeitig
zu erfüllen.

Die wirtschaftlichen Schäden durch die Flut waren in der Tat
beträchtlich, Ceausescus Fünfjahresplan und damit auch er selbst
in Gefahr. Ich riet deshalb – wie schon früher einmal –, der rumänischen Regierung einen Transferaufschub für Schuldenrück-
zahlungen zu gewähren, um eine ernste wirtschaftliche Krise im
Lande zu verhindern; denn wenn Ceausescu auch ein Despot und
unbequemer Partner war – im Warschauer Pakt und im Rat für
Gegenseitige Wirtschaftshilfe (Comecon) hatte er als Störfaktor
einen *nuisance value*, den ich aber damals vermutlich überschätzte: Man nahm seine Eskapaden im Warschauer Pakt nicht immer
ganz ernst. Dennoch war es richtig: Wenn er scheiterte, würde
eine neue rumänische Führung vermutlich Moskaus Befehle ebenso befolgen wie Sofia und Prag. Südosteuropa würde dann eine
ganz andere politische Landschaft werden. Jugoslawiens strategische Lage wäre ungünstiger, die sowjetische Position gegenüber
der Südostflanke der NATO erheblich stärker.

Das Auswärtige Amt stimmte diesen Argumenten zu. Dennoch akzeptierten die Rumänen von uns als erste Nothilfe nur das
Angebot der Bundesbahn, einen Gleisreparaturzug zu senden, der
in einem kontinuierlichen Arbeitsgang zerstörte Gleise wieder-
herstellte.

Die Erbitterung im Volk über die Regierung war groß, weil
sie aus der Flutkatastrophe vor fünf Jahren nichts gelernt, Vorsorge-
gemaßnahmen gegen eine Überschwemmung nicht in den Fünfjahresplan aufgenommen, sondern alle Kräfte auf Produktions-
steigerung in der Landwirtschaft und Industrie konzentriert
hatte.

Ceausescu hat nie die Flutopfer besucht und mit ihnen gesprochen. Das Fernsehen hat ihn auch nie bei der Besichtigung flutge-
schädigter Häuser oder Ortschaften gezeigt. Er sah sich das über-
flutete Gelände nur vom Hubschrauber aus an und gab von oben
aus mit einem Lautsprecher Befehle.

Die Arbeiter wurden gezwungen, nach ihrem regulären Acht-stundentag vier Stunden ohne Lohn auf den überschwemmten Feldern oder den Deichen zu arbeiten, auch sonntags. Eine Grup-pe in Oltenien, die nicht arbeiten wollte, wurde vom Militär mit aufgepflanztem Bajonett zur Arbeit getrieben.

Tita Ivasiuc erzählte, überall arbeiteten die Menschen wie die Ameisen, um die Deiche zu erhöhen. Ich erinnerte sie an Mark Twains Wort, die Ameisen stünden zwar im Ruf, die fleißigsten aller Tiere zu sein. Sie streuten den Menschen jedoch Sand in die Augen. In Wirklichkeit seien sie nämlich die faulsten Lebewesen: Sie arbeiteten nur in den wenigen Augenblicken, wo Menschen ihnen zusähen.

»In Rumänien auch dann nicht«, erwiderte Sascha. »In der Gegend von Mediasch wollte das Fernsehen eine Gruppe bei der Arbeit filmen. Die Männer aber ließen, als die Fernsehwagen kamen, sofort die Spaten fallen. Die Kameraleute baten sie, we-nigstens einige Minuten zu arbeiten. Die Männer aber sagten, sie hätten persönlich gar nichts gegen die Leute vom Fernsehen, aber den Gefallen würden sie ihnen nicht tun.

Ein UN-Vertreter, der Hilfe organisieren sollte, erzählte, in Urziceni seien alle Einwohner, die einen Spaten tragen konnten, vor die Stadt gegangen, um Dämme gegen die Flut zu bauen; aber Ceausescu sei mit seinem Hubschrauber gekommen, habe das gesehen und ihnen von oben herab durch einen Lautsprecher be-fohlen, das sofort sein zu lassen und statt dessen die Schweine-farm zu retten. Das gelang zwar notdürftig, die Stadt Urziceni aber wurde überflutet und die Häuser schwer beschädigt. Die Schweine waren wichtiger.

Die DDR ist gut informiert

Am 6. Mai 1976, fragte mich der DDR-Botschafter Hans Voss, wann denn der CDU-Vorsitzende Helmut Kohl komme. Ich ant-wortete, davon wisse ich nichts. Voss behauptete, er habe das in einer deutschen Zeitung gelesen.

Ich fragte im Auswärtigen Amt an, ob das stimme. Man ant-wortete, in der Tat hätten solche Sondierungen begonnen. Die Medien wüßten aber noch nichts davon. Es sei sehr interessant, daß die DDR bereits davon informiert sei. Voraussichtlich werde Kohl in einem Monat kommen. Ich nahm erst einmal Urlaub, um mich in Brissago auf China, meinen neuen Posten, vorzubereiten.

Milovan Djilas

Wir fuhren mit dem Wagen nach Brissago, und in Belgrad machten wir wie üblich Station. Abends trafen wir bei Razumovskys in Belgrad Milovan Djilas und seine Frau Steffica. Sie und Franz hatten sich schon beim ersten Mal gefunden und redeten sich mit Vornamen an. Steffica hat ein Pfannkuchengesicht, slawisch, gütig und sehr sympathisch. Mit Franz sprach sie über ihr Mamma-Karzinom und die Operation, und uns allen erzählte sie auf unsere Fragen und ohne viel Wesens davon zu machen, wie sie es angestellt hat, die ausländischen Zeitungshonorare zu bekommen, als Milovan im Gefängnis war.

Sie kamen in Belgrad nur selten unter Leute, waren Unpersonen und freuten sich ebenso wie wir auf diese Treffen. Nicht weit von ihnen wohnte eine westeuropäische Zeitungskorrespondentin, die an ihrem Fenster ein Zeichen aufhängte, wenn sie ihn sehen wollte; und dann kam er. Aber er kam auch sonst, nur um mit jemand zu plaudern.

Milovan Djilas sah in mir einen Verwandten, weil er wie ich zwischen Politik und den *belles-lettres* schwankte. Zu meinem 60. Geburtstag hatte er einen freundlichen Artikel über mich und den Roman *Der Auftrag* in der »Frankfurter Allgemeinen Zeitung« geschrieben.

Er schrieb immer noch für den »*Corriere della Sera*« und die »*New York Times*«. Es war erstaunlich, daß er die Artikel außer Landes bringen konnte, obwohl er doch bewacht und am Telefon, vermutlich auch in der Wohnung, abgehört wurde. Er gab seine Artikel in einem Brief ohne Absender einem Freund, der sie in den Briefkasten warf. Sie kamen immer an. In Bukarest wären sie bestimmt bei der *Securitate* gelandet, beschlagnahmt und zu seinen Personalakten genommen worden.

Vor einem Jahr, sagte er, habe man ihn bei der Staatspolizei vier Stunden lang verhört und aufgefordert, nichts mehr im Ausland zu publizieren. Er habe geantwortet, er tue das ja nur, weil er in Jugoslawien nichts veröffentlichen dürfe.

»Ich habe ihnen gesagt: ›Wenn ich meine Artikel und Bücher hier publizieren kann, dann können wir über meine Auslandsartikel reden‹. Ich habe gesagt: ›Dann können wir darüber reden‹, aber ich habe mich nicht verpflichtet! Die Polizei hat mich dann wieder gehen lassen.«

Er erzählte, wie die deutsche Abstammung der beiden kommunistischen Erzväter den Sowjets während des Krieges große Kopfschmerzen bereitet hat. Ich berichtete, daß ich am Grab des Philosophen Karl Marx einen Kranz niedergelegt hätte, obwohl seine Wirtschaftstheorie sich als unbrauchbar erwiesen habe. So würde es mir nicht schwerfallen, eine ganze Reihe sozialpolitischer und wirtschaftlicher Systeme zu entwerfen, wenn ich von einem neuen, noch zu schaffenden und zu meinem System passenden Menschen ausginge, der zum Beispiel nicht nach Macht, Besitz oder Ansehen strebt, der kein Sexualverlangen hat, der seine Persönlichkeit fraglos in der Masse aufgehen läßt, von geistigem oder gar religiösem Bedürfnis ganz zu schweigen.

»Aber alle Philosophen von Plato bis Karl Marx«, fuhr ich fort, »setzen für ihre Utopien einen Menschen voraus, der zu ihrem System paßt. Einen neuen Menschen. Doch bisher ist es noch niemand gelungen, einen neuen Menschen zu bilden. Selbst Jesus hat es versucht; aber Sie sehen ja, was dabei herausgekommen ist!

Indessen höre und lese ich, daß es den Chinesen gelungen sei. Der neue Mensch in China stiehlt nicht, ist nicht korrupt, liebt die Partei, beutet den anderen nicht aus, wäscht Irregeleiteten das Gehirn oder, wenn es ihm befohlen wird, erschießt er auch Vater, Mutter und Brüder. Die alten Chinesen waren in jeder Hinsicht das Gegenteil. Ich bin neugierig zu sehen, was davon stimmt. Nun, im August werde ich dort sein.«

»Nichts davon wird stimmen«, sagte Djilas. »Schreiben Sie mir eine Postkarte, wenn Sie einen neuen Menschen getroffen haben!« Und er beschrieb mir des längeren, woran man einen solchen sozialistischen neuen Menschen erkennt.

Er erzählte gerne Witze über den Sozialismus. Damit, sagte er, mildere man etwas den Druck, unter dem jedermann stehe. Man tue vor sich so, als nehme man den Staat und die Partei einfach nicht mehr ernst. Und in Rumänien?

»Auf den Straßen Bukarests«, antwortete ich,« sieht man keine fröhlichen Menschen. Ihre Mienen sind bedrückt, ernst, ohne

Hoffnung, allenfalls gleichgültig. In den Schaufenstern stehen verstaubte Artikel, sie stehen seit Wochen oder Monaten da. In den Geschäften sind die Regale leer bis auf einige Waren, die niemand kaufen will. Die Verkäufer sind schlechter Laune, denn nun müssen sie wegen der lästigen Kunden ihre Unterhaltung mit den Kollegen unterbrechen. Das Leben ist trist. Es gibt keine Aussicht, in den Westen zu reisen, wo die Leute froh und vergnügt seien, wie es heißt. Man ist wie in einem großen Gefängnis, und den Schlüssel hat der *Conducator*. Alkohol ist eine gern eingenommene Medizin gegen die Depression. Und Sie haben recht: Witze bringen für kurze Zeit auch Erleichterung.«

»Zum Beispiel?« fragte Milovan Djilas.

»Nun«, antwortete ich, »wie ich höre, wurde vor ein paar Tagen eine Kuh an einem Strick über Bukarests einst eleganten Boulevard Magheru geführt. Sie muhte fröhlich, schwang den Schwanz im Takt und tanzte, soweit das einer Kuh möglich ist. Sie war also ein Ärgernis.

Da kommt ihr eine andere Kuh entgegen und sagt: ›Du bist eine dumme Kuh, daß du hier auf der Straße tanzt und singst, wo sie dich doch ins Schlachthaus führen?‹

›Natürlich weiß ich das‹, antwortet sie. ›Aber morgen bin ich in Westdeutschland!‹«

»Den werde ich mir merken«, sagte Milovan Djilas.

Ich fragte ihn: »In Ihrem Buch *Gespräche mit Stalin* berichten Sie nur von ernsthaften politischen Unterhaltungen mit ihm. Sie schreiben aber auch, daß Sie und die Runde seiner Gäste manchmal bis spät in die Nacht zusammengesessen haben. Wurden da nie Witze erzählt? Oder hat Stalin nie gelacht?«

»O doch«, antwortete Djilas. »Wir haben viel gelacht. Sie sehen ja, mir fallen in ernsthaften Gesprächen immer Witze ein.«

»Ich verstehe. Vielleicht sogenannte Herrenwitze?«

»Unmöglich! Hätte niemand gewagt! Und auch über den Sozialismus durfte man da nicht spaßen. Stalins Witze waren meist schwerfällig.

Einmal hat er gelacht, als ich ihm von einer Jagd in meiner Heimat erzählt habe. Ich kam aus dem Wald auf eine Lichtung und sah, wie ein Adler auf ein Kaninchen herabschoß und es forttrug. Wir haben in Montenegro noch Adler, und die Bauern mögen sie nicht. Der Adler stieg schnell auf und kreiste über mir, da habe ich nach ihm geschossen und ihn getroffen. Er stürzte herab wie ein Stein.

›Und das Kaninchen?‹ fragte Stalin unverzüglich.

›Das Kaninchen?‹ Ich hob die Hand und zog mit ihr über meinem Kopf einige Kreise, als ob es immer noch da oben sei.

Da hat Stalin gelacht. Er hatte die Situation sofort vor Augen.«

Ich fragte Djilas nach Stalins Verhältnis zu den Menschen.

»Er hatte keins«, sagte er. »Sie waren ihm gleichgültig. Wie Vieh.«

»Dann war er wie Ceausescu.«

»Ja, und wie Hitler.«

Kohl und Ceausescu

Kohls Besuch war auf den 7. Juni 1976 angesetzt. Wir brachen unseren Urlaub in Brissago ab und fuhren zurück.

Kohl, seine Frau, seine vertraute Büroleiterin Juliane Weber, Teltschik und der Pressereferent Wiedemann kamen nach Bukarest, der letzten Station einer Balkanreise. Sie blieben nur vierundzwanzig Stunden.

Nach einem offiziellen rumänischen Abendessen, das Corneliu Manescu, der ehemalige Außenminister, gab, den man zur Betreuung prominenter Gäste gerne einsetzte, saßen wir noch bis ein Uhr nachts in unserer Residenz zusammen. Kohl war ein guter Erzähler. Wir sprachen von Gerhard Schröder, der noch Vorsitzender des Auswärtigen Ausschusses war und dem Kohl auf dem CDU-Parteitag in Saarbrücken vorgeschlagen hatte, die Kanzlerkandidatur anzustreben, während er selbst den CDU-Parteivorsitz übernehmen wollte. Kohl berichtete von seiner Studentenzeit in Heidelberg und von unserem alten Heidelberger Freund, dem Historiker Walter Peter Fuchs, seinem Doktorvater. Frau Kohl fand indessen ein freundliches Verhältnis zu Franz und Phylax.

Kohl hatte schon bei dem offiziellen Essen Manescu beiseite genommen und mit ihm vor der Tür geflüstert. Ich konnte mir denken, worum es ihm ging. Er wollte allein und unbegleitet von mir und dem Botschaftsdolmetscher mit Ceausescu sprechen. Es war für ihn und auch für andere Unionspolitiker offenbar eine

Prestigefrage, in einem Vier-Augen-Gespräch empfangen zu werden. Nun, sollte er ruhig!

Als ich ihm am nächsten Morgen beim Frühstück im rumänischen Gästehaus sagen wollte, daß ich gerne in der Botschaft bliebe, wenn er Ceausescu lieber unter vier Augen sprechen wolle, kam Manescu herein und teilte mit, Ceausescu wolle ihn nachher allein sehen. Zum Mittagessen seien das Ehepaar Kohl, der Botschafter und seine Frau eingeladen.

»Und Frau Weber?« fragte Kohl.

Davon hatte Ceausescu nichts gesagt. Corneliu Manescu war in einer schwierigen Lage. Man sah es ihm an. Er und der Protokollchef Ecobescu zogen sich zu einer Konferenz zurück, kamen dann wieder und waren unschlüssig, was zu tun sei. Sie konnten doch nicht eigenmächtig Ceausescus Einladungsbefehl ändern!

Franz fand eine Lösung. Wir hatten den Premierminister Manea Manescu, Vizepremier Patsan, Außenminister Macovescu, Politbüromitglied Stefan Andrei mit ihren Damen und Kohl mit seiner Begleitung zum Mittagessen eingeladen. Sie mußten natürlich alle ausgeladen werden, weil Ceausescu Kohl und uns eingeladen hatte. Franz schlug vor, daß sie statt dessen ein Essen für die Kohl begleitenden zwanzig Journalisten gebe, so daß Frau Weber an ihrer Stelle an Ceausescus Mittagessen teilnehmen könne. Franz war froh, daß sie nicht an dem langweiligen Tisch bei Ceausescu zu sitzen brauchte. Sie berichtete später, wie fröhlich das Zusammensein mit den Presseleuten gewesen sei.

Ich fuhr mit Kohl zur Botschaft, stellte ihm die Mitarbeiter vor und unterrichtete ihn in der »Guten Stube« über die Lage Rumäniens und unsere Beziehungen zu dem Land. Dann fuhr er mit Teltschik in das Parteihauptquartier gegenüber dem alten Königsschloß zum Gespräch mit Ceausescu.

Als ich dort um ein Uhr erschien, traf ich vor dem Speisesaal die Partei- und Staatsgrößen, die ursprünglich bei uns zugesagt hatten. Sie waren – ohne Damen – von Ceausescu zum Essen ins Parteihauptquartier befohlen worden. Bei Tisch sprachen wie üblich nur Ceausescu, seine Frau und die ausländischen Gäste und ich. Alle anderen hatten zu schweigen.

Kohl war in guter Stimmung und berichtete, wie wohl und voller Energie er auf seiner Balkanreise Tito angetroffen habe, während dessen Sohn aus erster Ehe sich gerade habe pensionieren lassen. Er und Teltschik informierten mich nach dem Essen über ihr Vormittagsgespräch mit Ceausescu, das nichts Neues enthielt. Wir gingen noch etwas in der Stadt spazieren und fuhren dann zum Flugplatz.

Kohl hatte, wie ich damals zusammenfassend in mein Tagebuch schrieb, eine gewinnende Art, Leute zu nehmen. Er stellte sich nicht heraus, hörte zu, wirkte bescheiden und hatte dadurch Ceausescu friedlich gestimmt.

Ludwig Giesz besucht uns

Franz und Louis waren im Snagov-See geschwommen, ich hatte ein Motorboot gemietet und zwei Runden Wasserski gedreht. Jetzt faulenzten wir in Liegestühlen auf der Terrasse des kleinen Holzhauses in einem Obstgarten. Ludwig oder Louis, wie er bei uns hieß, stammte aus dem Banat und war seit 1937 zum ersten Mal wieder in Rumänien.

»Er hat es Genscher selbst vorgeschlagen, als er vor einem halben Jahr hier war«, sagte Franz.

»Stimmt«, gestand ich. »Es liefen Gerüchte um, mir drohe der Botschafterposten in Moskau. Sowjetische Funktionäre sind mir aber ebenso zuwider wie die Ceausescus. Da habe ich ihm gesagt, ich zöge Peking vor, wenn Peking frei werde.«

Pause.

»Ich denke zurück an eure Wohnung in Heidelberg«, sagte Louis. »Ihr wart fünf: Ihr beiden, Wolfram, Ulrich, Barbara. Ihr hattet drei Zimmer: Wohnzimmer, Kinderzimmer und dein Arbeitszimmer, das auch euer Schlafzimmer war. Ihr hattet kein festes Gehalt, sondern ihr lebtet von Honoraren für Hörspiele und sonstige Rundfunksendungen. Von der Hand in den Mund.«

»Wir waren glücklich«, warf Franz ein.

»Jetzt wohnt ihr in einem Haus, so großartig wie ein kleines Schloß, mit einem Garten, der fast ein Park ist, und mit Gästezimmern, Bedienung und Dienstwagen und sogar einem Butler. In euer Haus kommen alle, mit denen es sich hier zu reden lohnt. Seid ihr hier denn unglücklich?«

»Ja!« erwiderte Franz.

»Wieso? Was wollt ihr denn mehr! Warum wollt ihr weg?«

»Niemand kann in diesem Land glücklich sein«, antwortete ich. »Auch Genscher hat uns gefragt, warum wir wegwollten. Ich habe geantwortet: Wir haben zu viele Freunde und gute Bekannte unter den Rumänen. Ich habe ihm erzählt, daß Franz und ich 1940 in China angefangen haben. Ich war Wissenschaftlicher Hilfsarbeiter, Rundfunkattaché und Dritter Sekretär, das heißt: an letzter Stelle in der Diplomatenliste. Wir würden, wenn im Jahr 1980 die Zeit meines Ruhestands gekommen ist, dort auch gerne aufhören, dann freilich an erster Stelle. In den dazwischenliegenden vierzig Jahren waren wir immer auf die eine oder andere Weise mit China verbunden, und wenn auch nur, um einen Roman oder Dokumentarsendungen darüber zu schreiben.

Genscher antwortete, von dem Roman hätte ich ihm noch nie erzählt. Er lag dann am Abend auf seinem Nachttisch.«

»Wir sind jetzt fünf Jahre hier«, sagte Franz. Als Erwin mich aus Bonn anrief, habe ich zuerst gerufen: ›Mein Gott, wieder ein sozialistisches Land!‹ Aber dann habe ich es mir überlegt. Wir mögen die Chinesen. Und es wird mir hier alles zuviel.«

»Mir auch«, fügte ich hinzu; aber Ludwig verstand uns nicht.

»Konkret!« sagte er.

»Vorgestern war Paul Niculescu-Mizil unter unseren Gästen, Ich fragte ihn, warum er in der neuen Liste der Politbüro-Mitglieder gefehlt habe.

›Ich *war* auf der Liste, nur die Hälfte meines Namens hat gefehlt‹, antwortete er. ›Mein Vater war ein Held in der Illegalität gewesen und arbeitete unter dem Pseudonym Mizil. Diesen Namen habe ich dann meinem Namen angehängt, denn Niculescu heißen bei uns ja viele. Aber jetzt hat er mir den Namen meines Vaters genommen.‹

›Er?‹

›Ja, *er*. Er kann uns sogar den Namen nehmen.‹

Konkret genug?« fragte ich Louis.

»Ja. Einem Menschen den Namen nehmen, das ist schlimm. Aber ist das alles, was dich hier stört?«

»Vorige Woche war eine Frau in der Botschaft, die von den Rumänen keine Heiratserlaubnis mit einem Deutschen und damit auch keine Ausreiseerlaubnis erhalten hatte. Tägliche Routine. Sie hat von dem Mann schon ein Kind. Sie war so von Sinnen, daß sie unserem Konsulatsbeamten Allisat ihren Säugling auf den Tisch legte, damit er ihn nach Deutschland sendet. Dann ging sie weg. Er mußte sie zurückholen und lange auf sie einreden, bis sie das Kind wieder mitnahm.

Ich kann noch lange fortfahren: Der Kinderarzt Soundso bat letzte Woche um eine Bestätigung, daß unser Angebot eines Stipendiums noch gilt. Dreimal habe er es nicht annehmen können, weil man ihm die Ausreise verweigert hatte. Während er weitersprach, gab er mir einen Zettel, auf dem stand, es könnte sein, daß er sich in Deutschland entschließe, um Asyl zu bitten. Er hatte das auf den Zettel geschrieben, weil er fürchtete, wir würden abgehört. So leben wir hier.

Er würde mit einem Dienstpaß reisen. Ich erklärte ihm, ohne seine Notiz zu erwähnen, daß Leute, die mit einem Dienstpaß ausreisen und nicht zurückkommen, nie aus der rumänischen Staatsangehörigkeit entlassen werden. Sie können ihre Familie deshalb nicht nachholen. Sie würden immer von ihr getrennt sein. Er hat eine Frau und drei Kinder.

Vor ein paar Wochen sagte mir Frau Professor Iliescu, ihre Behörde habe schon viele ihrer Reisen zu Konferenzen im Ausland abgesagt und jeweils Krankheit vorgeschützt. Diesmal aber mit der Begründung, sie sei im vierten Monat schwanger: eine Nachricht, sagte sie, die sie selbst und ihren Mann sehr überrascht habe.

Wir sind schon fünf Jahre hier, zwei Jahre über die Norm hinaus, und deshalb kennen uns viele und erzählen uns ihre Sorgen, selbst hohe Parteifunktionäre. Meistens bei Empfängen, weil sie beim Gespräch in der Menge nicht abgehört werden können. Oft sind es nur ein paar Sätze, dann gehen sie weiter. Sie vertrauen uns, Franz ebenso wie mir. Sie sind erleichtert, daß sie mit Menschen sprechen können, die nicht Komplizen des Regimes sind, sondern die ihnen die Hand drücken, sie verstehen und die ihren ausländischen Freunden davon erzählen werden.

Wir hören die Klagen der Menschen, kommen fast von jedem Empfang deprimiert über die infamen Methoden nach Hause, mit denen sie behandelt werden. Mit tausend Fäden sind wir an sie gebunden, in ihr Unglück hineinzeizogen, aus dem wir ihnen nicht helfen können, außer in ganz wenigen Fällen.

Aber deswegen bin ich nicht hierher entsandt worden. Das ist nicht mein Auftrag. Ich habe die Interessen meines Landes zu vertreten, und es liegt nicht in unserem Interesse, daß das Regime, so widerwärtige Züge es auch trägt, bankrott macht und durch ein Moskau-höriges ersetzt wird, das im Innern übrigens die *Securitate* walten lassen würde wie vorher. Ich rate daher, Rumänien durch unseren Handel zu stützen – in Maßen freilich und nur soweit, daß es nicht zusammenbricht.«

Nach dem Abendbrot saßen Franz, Louis und ich im Garten der Residenz bei einer Flasche Rotwein. Es war die Tageszeit, in der Ludwig in der Regel erst aufwachte. Es wurde allmählich dunkel, und Leuchtkäfer flogen vor den Büschen auf und ab.

Ganz unvermutet sagte er: »Du hast früher Bücher geschrieben.«

Als ich darauf nichts antwortete, fragte er: »Habe ich dich mit der Frage erschreckt? Es tut mir leid.«

»Ich war nur nicht darauf gefaßt.«

»Hast du es aufgegeben? Ich würde es verstehen, wenn ich sehe, wie du hier lebst.«

»Ich denke jede Nacht daran. Aber ich kann nur das eine oder das andere tun. Es ist mein altes Leiden. Du kennst es doch. Tagsüber bin ich mit ganzer Seele in meinem Beruf. Abends will ich immer der andere sein.«

»Wir in Heidelberg glauben alle, du hättest es längst aufgegeben.«

»Ich habe nicht aufgegeben, aber ich muß warten, bis mir die Zeit Zeit läßt, wieder einen Roman zu schreiben.«

»Sehr riskant. Der Zeit ist nicht zu trauen. Auf einmal und ohne Warnung versetzt sie dir einen Schlag und sagt: ›Lieber Freund, du hast keine Zeit mehr. Deine Zeit ist um‹. Denkst du noch immer an das Romanthema *Tricks of Time*?«*

»So ist es. Immer wieder neue Entwürfe. Was wir über Augustinus und die Zeit besprochen haben, wird drin sein. Doch der Leser soll gar nicht merken, daß von so schwierigen Fragen die Rede ist. Das wäre das eine Buch…«

»Noch eins?«

»Ja. Der Abgrund zwischen Jesus in der Erzählung der Evangelisten und auf der anderen Seite im Wirken und Denken des Paulus hat mich schockiert, als ich die Briefe des Apostels vor

---

* Das war lange Zeit der Arbeitstitel des Romans, der 1985 unter dem Titel *Der verlassene Tempel* erschien. Deutsche Verlags-Anstalt, Stuttgart.

einiger Zeit wieder gelesen habe: Die fragwürdige Veränderung der Worte Jesu, der aus seinem Gott lebte, und dann seine Botschaft in der Verkündung des Paulus.«*

»Verachte mir den Apostel nur nicht!« warf Louis ein. »Du hast schon immer dazu geneigt. Der eine ist unvollständig und harmlos ohne den anderen. Ohne Paulus hätte der andere nie diese Karriere gemacht. Die beiden zusammen erst sind das *Ärgernis*!«

»Du redest, als hättest du nicht bei Bultmann, sondern bei Karl Barth studiert.«

Louis lachte.

»Warum schreibst du eigentlich Romane?«

»Seltsame Frage! Ich habe nie darüber nachgedacht; aber die Erklärung wird leicht sein: Stelle dir ein Kind vor, das einen Haufen Knetplastik hat. Es drückt drauf, und auf einmal sieht die Knetmasse aus wie ein Hund, wenigstens in den Augen des Kindes. Was macht es dann? Es knetet weiter, dann wird vielleicht eine Kuh daraus, ein Auto oder sogar das Gesicht der Mutter. Jedesmal freut sich das Kind. Oder ein Kind findet ein Stück Kreide, und es malt damit alle Wände voll. Was willst du da viel erklären? Es freut sich, wenn es aus nichts etwas gebildet hat. Wenn auch nicht in Wirklichkeit, so doch als Bild.

Warum ich Romane schreibe? Die Antwort ist einfach: Weil es erfreut und befriedigt, aus nichts etwas zu machen. Die Freude, den Schöpfergott zu spielen, wenn auch nur im ganz Kleinen, also einen Mikro-Demiurgen.

Es waren Augenblicke höchsten Glücks, als ich das erste Leseexemplar des *Auftrags* und des *Purpurs* in den Händen hatte. Da habe ich gar nicht an Rezensionen oder Wirkung oder Auflagen gedacht. Da habe ich mich gefreut wie das Kind, das einen Hund geknetet oder einen Zwerg an die Wand gezeichnet hat, denn die Menschen, die in meinen Büchern lebten, hatten bisher ja gar nicht existiert. Es ist etwas aus nichts entstanden!

Ihr Philosophen glaubt, das sei überhaupt nicht möglich. Ihr wollt das Sein logisch erklären, aber wo es ernst wird, da laßt ihr die Logik sausen und setzt eure Gedankengebäude auf Tautologien und Zirkelschlüsse, damit sie nicht umfallen – auf Sand also.

---

* Der Roman erschien unter dem Titel *Zappas oder die Wiederkehr des Herrn*, Stuttgart 1995.

Parmenides war der einzige, der seine Philosophie klugerweise letzthin auf eine Offenbarung gründete, die ihm eine Göttin verkündet habe. Nein, laß mich weiterreden!

Ihr Philosophen gebt vor, die Wahrheit zu erkennen. Aber welche denn? Es sind jeweils verschiedene, und jeder Philosoph verkündet seine eigene.

Ihr freut euch über eure scheinbar folgerichtigen Beweise. Schön. Verständlich. Jedes Argument in der Kette scheint schlüssig zu sein, aber wenn man genau hinsieht, sind eure Beweise oft nur fast oder nur unter Einschränkungen richtig. Platos sokratische Dialoge eingeschlossen. Die Philosophie tritt mit dem Anspruch auf, Sein und Zeit und das, was der Fall ist, zu erklären; aber was ihr uns dann schließlich vorsetzt, sind Mythen, und keiner raunt sie so wie Heidegger. Ich nehme eure Philosophien nicht als Wahrheit, sondern als Kunstwerke, Plato natürlich ausdrücklich eingeschlossen.

Am ehesten überzeugt ihr mich, wenn ihr vom Menschen sprecht. Wo nicht die Logik, sondern nicht selten der Aphorismus regiert. Wie bei dir, wenn du philosophierst...«

»Dazu hätte ich natürlich viel zu sagen, und was Heidegger betrifft, stimme ich dir zu, auch sonst in vieler Hinsicht. Aber du lenkst ab. Ich hatte dich gefragt, warum du Romane schreibst.«

»Ich wollte eben nur erklären, warum ich nicht mehr an die Philosophie glaube wie damals, als wir beide im Seminar saßen. Wenn ich etwas nicht verstehe, sagen wir einen Menschen, dann versuche ich nicht, ihn begrifflich zu erklären wie du. Dann schreibe ich eine Geschichte.«

»Erklärt sie den Menschen?«

»Nein. Ja. Manchmal. Fast, denn indem ich ihn in einer Geschichte beschreibe, gehe ich um ihn herum. Ich sehe ihm zu, ich schaue ihn an. Von allen Seiten. Er sieht von jeder Seite anders aus. Du kannst ihn so oder so deuten, fast so wie die Dinge selbst. Sie bleiben letztlich in der Schwebe. Und im Schreiben und Anschauen beginne ich zu verstehen. Nicht ganz, aber ich nähere mich dem, was er ist. In den Romanen *Der Auftrag* und *Der Purpur* hatte ich anfangs zwei Personen recht widerliche Wesenszüge gegeben. Aber als ich sie dann in unerwartete Situationen führte, erkannte ich, daß ich mich geirrt hatte: Sie waren es in Wirklichkeit, die recht behielten, weil sie die Lage besser durchschauten als die Menschen, die als meine Helden begonnen hatten. Wenn ich es in einem Satz zusammenfassen soll: Ich schreibe, um zu erkennen.«

»Na? Das klingt mir etwas zu sentenziös und wie ein Stichwort für deinen Biographen«, sagte Louis.

»Ich weiß. Ich könnte es natürlich auch komplizierter ausdrücken.«

»Und schreibst du nicht auch mit einem Seitenblick auf Ruhm und Namen?«

»Nicht mehr. Anfangs in Heidelberg war ich darauf aus, mir einen literarischen Namen zu machen. Und noch als ich 1960 den Roman *Der Auftrag* geschrieben hatte, segelte ich einige Wochen im Fahrwasser der Gruppe 47. Doch ich merkte bald, daß ich überhaupt nicht in literarische Gruppen paßte. Seitdem geht es mir nur darum, daß die Leser Freude an meinen Romanen haben und daß sie darüber nachdenken.«

»Aber Bestseller sind die Romane bisher nicht geworden.«

»Natürlich nicht. Sieh dir doch an, was für Romane auf den Bestsellerlisten stehen! Meine Bücher beschreiben alte, nicht selten archetypische Situationen und ignorieren viele Lieblingsthemen unserer Literatur: die Probleme, die die Menschen sich machen, um »sich selbst zu finden« oder um ihr kümmerliches »Selbst zu verwirklichen«, und die Schwierigkeiten, die sie mit ihrem Liebes- und Sexualleben haben.

Ich schreibe dagegen nur über die Themen, die mir gerade auf den Nägeln brennen, und das sind ganz andere: Zum Beispiel Revolution und geistige Verführung oder die Zeit oder Macht und Verbrechen oder Zufall, Verkündigung oder Versagen oder Tod.«

»Davon wollen viele nichts hören.«

Ich lachte. »Eben! Aber so wie ich schreibe, merken viele Leser doch gar nicht, daß von so ernsten Dingen die Rede ist. Natürlich wünschte ich mir, daß viele auf meine Bücher aufmerksam werden. Doch daß ich mich bewußt von der literarischen Szene abgesetzt hatte, hat natürlich dazu geführt, daß manche Literaturliebhaber in mir eher einen Beamten sehen, dessen Steckenpferd es ist, Romane zu schreiben.

In Frankreich und England ist das anders. Auch hier in Rumänien. Die Besprechungen meiner hier erschienenen Romane sind manchmal kleine Essays, die ausführlich auf Inhalt, Form und die

Fragen eingehen, die ich eben genannt habe. Was aber auch zu verstehen ist, denn den Rezensenten in diesem Land und dieser Situation stehen meine Themen und Fragen oft näher als ein von der Partei gefordertes Preislied auf den Sozialismus.

Ich habe weder hier noch in Deutschland über Unaufmerksamkeit der Leser zu klagen. Ich werde oft reich belohnt, wenn Leser mir sagen oder schreiben, daß und warum ihnen meine Geschichten gefallen haben.«

»Rechnest du damit, daß das, was du veröffentlicht hast, lange über deine Zeit hinaus lebendig bleibt?« fragte Louis. »Zum Beispiel, daß du plötzlich wieder *in* bist wie zum Beispiel Hermann Hesse?«

Ich lachte, denn ich konnte mir nicht vorstellen, daß er das ernst meinte. Aber er meinte es ernst; denn er selbst wünschte ja, daß seine Bücher noch lange über seinen Tod hinaus von ihm und seiner Philosophie zeugten. Wenn man ihm indessen vorhielt, daß er ja erst zwei Bücher veröffentlicht habe und nur immer Philosophie in seinen Vorlesungen *vortrage*, aber nicht in Büchern oder Aufsätzen veröffentliche, antwortete er gereizt, mindestens ein Dutzend Bücher könne er sofort herunterschreiben; sie seien alle in seinem Kopf ausgearbeitet. Nur widrige Umstände wie das Quiz »Gedächtnis im Kreuzverhör« und andere gelegentliche Arbeiten für den Rundfunk hinderten ihn gerade. Er fand immer Ausreden.

»Ach Louis!« sagte ich. »Über unseren Tod hinaus? Machen wir uns doch nichts vor! Schon am Tage, an dem wir zu Grabe getragen werden, beginnt das Vergessen. Nicht für alle, nicht für Shakespeare oder Goethe oder Mozart oder Rembrandt. Die bleiben noch eine kleine Weile, vielleicht ein paar Jahrhunderte oder Jahrtausende; denn lange kann es doch mit der Welt so nicht weitergehen. Jeder sieht ja, daß sie mit wachsender Beschleunigung auf die große Katastrophe zusteuert. Also wozu sollen wir uns Sorge um unser Nachleben machen!

Für unsereinen beginnt das Vergessen sofort. Ich wäre froh, wenn ich mir am Ende meines Lebens wenigstens sagen könnte, ich hätte die Gegenwart bestanden.«

»Wieviel Personen haben Sie genannt?« fragte Macovescu bei Tisch, als wir ihn und seine Frau zu einem Abschiedsdiner eingeladen hatten.

»Sieben.«

»Sieben?« fragte er erstaunt.

»Ja, Grete die Köchin, ihren Mann, ihre Schwiegermutter, ihren Sohn und ihre Tochter. Wir können die Familienangehörigen ja nicht hierlassen. Und später kommen noch unser Fahrer und seine Frau dazu. Ich werde Ihnen nach Tisch die Liste geben.«

Wir hatten bisher ganz fröhlich geplaudert. Jetzt machte er ein ernstes Gesicht.

»Die wollen Sie alle nach Peking mitnehmen?«

»Das ist noch nicht sicher«, antwortete ich. »Nein, nicht alle. Sie sollen aber zusammenbleiben und noch vor uns nach Deutschland ausfliegen.«

Es zuckte um seine Mundwinkel. Er wollte wohl etwas Ironisches sagen. Er hatte verstanden, warum ich wollte, daß sie vor uns das Land verlassen: Solange ich hier im Amt war, konnte ich dafür sorgen, daß das rumänische Versprechen, sie mit uns hinauszulassen, eingehalten wurde.

Nach eine Pause sagte er: »Es wird wohl keine Schwierigkeiten geben.« Doch dann fügte er hinzu: »Nehme ich jedenfalls an.«

Sascha Ivasiuc und Nicolae Breban hatten einmal von Ceausescu selbst die Genehmigung erhalten, zu einem Schriftstellerkongreß nach Stockholm zu fliegen. Die *Securitate* gab ihnen jedoch keine Pässe, und Sascha fragte Ceausescu in einem Brief, wessen Wort in Rumänien eigentlich gelte. Das der *Securitate*? Dann bekam er die Reiseerlaubnis, aber er verzichtete auf die Reise, weil Breban hierbleiben sollte.

Mit Macovescus hatten wir fünf Jahre zu tun gehabt. Auf Reisen in Deutschland hatten wir ihn und seine Frau begleitet, wir hatten uns über unpolitische Themen oft lange, liebenswürdig und heiter unterhalten. Wenn er aber im Amt unbillige politische oder wirtschaftliche Forderungen an uns stellte, habe ich unsere Interessen hart verteidigt und ihm ebenso wie Ceausescu deutlich gesagt, was wir akzeptieren und was nicht. Sie haben das respektiert und mich vorsichtiger behandelt als manche meiner Kollegen.

Ein wenig tat Macovescu mir leid, als wir ihn und seine Frau nach dem Essen zum Auto begleiteten. Er mußte weiter einem Mann dienen, dessen Rücksichtslosigkeit und Menschenverachtung er aus der Nähe noch besser erkannt haben mußte als wir. Er gab sich sogar dazu her, uns zur Ehrerbietung vor diesem Despoten aufzufordern. Wie konnte er, der Essayist, der Liebhaber rumänischer Maler, die auch wir schätzten, wie konnte dieser kultivierte Mensch das so lange ertragen?

Er wird gespürt haben, wie ich über ihn dachte. Was ich von dem System hielt, wußte er. Und er wird vielleicht auch froh gewesen sein, daß er mich nun loswurde, und auf einen Nachfolger gehofft haben, der bequemer sein würde. Ich war schon so lange in Bukarest und kannte die Trickkiste des Regimes, so daß es mich nicht verwirren konnte.

Ein Band von meinem Herzen

Am Tag vor unserer Abreise rief Grete uns aus München an und sagte, alle seien glücklich angekommen. Sie weinte vor Freude. Viorica war Rumänin, sie wollte bleiben, und Sofie wollte für ihre alten Eltern in Siebenbürgen sorgen. Hans, der Butler, und seine Frau kamen erst später nach, und Sofie auch, als ihre Eltern gestorben waren.

Jetzt saßen Franz und ich im Flugzeug, unterwegs nach Deutschland. Es war im Flughafen Otopeni aufgestiegen. Die Angehörigen der Botschaft, der Protokollchef des Außenministeriums waren am Flugplatz gewesen. Von unseren Freunden hatten wir uns in den Tagen vorher verabschiedet.

Wir flogen über die Donauebene, dann über Ungarn. Franz und ich sprachen nicht. Wir hätten niedergeschlagen sein müssen, weil wir die Freunde und Bekannten verlassen, im Stich gelassen hatten. Aber wir waren nicht niedergeschlagen. Im Gegenteil. Es war uns plötzlich ganz leicht. Alle die Schicksale, die wir mitgetragen hatten, fielen wie eine schwere Last von uns ab. Wir ließen Leiden und Unglück zurück. Wir flogen in eine andere Welt. Wir dachten nur noch an uns. Wir waren frei.

Ich fragte Franz: »Du hast den Kindern doch oft das Märchen vom Froschkönig und dem Eisernen Heinrich erzählt. Wie heißt es zum Schluß?«

Sie antwortete: »Ich weiß, was du meinst. Da heißt es: Der Wagen sollte den jungen König in sein Reich abholen. Der treue Heinrich hob ihn und seine Braut beide hinein, stellte sich hintenauf und war voller Freude. Und als sie ein Stück Wegs gefahren waren, hörte der Königssohn, daß es hinter ihm krachte, als wäre ein Rad zerbrochen. Da drehte er sich um und rief: ›Heinrich, der Wagen bricht.‹«

Da fuhr ich mit dem Schluß des Märchens fort:

»Doch da sagte der treue Heinrich:

›Nein, Herr, der Wagen nicht. Es ist ein Band von meinem Herzen, das da lag in großen Schmerzen.‹«

Am Abend

Die Sonne steht schon tief, und den Gang durch den China-Flügel des Palastes können wir uns schenken. Denn das meiste von dem, was da liegt, habe ich schon früher in meinen Büchern beschrieben. Vorhin, in der Mitte des Hauses sind wir an den Türen vorübergegangen, hinter denen die Erinnerungen an Wolfram, Ulrich und Barbara lagen. Von ihrer Kindheit habe ich hier einiges geschrieben, und ich könnte noch viel mehr von ihnen erzählen. Heute haben sie selbst Kinder, und Ulrich hat sogar schon Enkel. Sie haben nun Gelegenheit, selbst über ihr Leben zu berichten.

In den Zimmern des Palastes der Erinnerung sehe ich Franz noch heute jeden Tag und lebe mit ihr zusammen. Draußen in der Welt hat sie sich allerdings schon von uns verabschiedet, ist nach langem Leiden aus Raum und Zeit gegangen. Fremd und in unbeschreibbarer Hoheit lag sie vor uns, als wir, die noch ungeheilt Lebenden, zum letzten Mal um sie standen. Zweiundsechzig Jahre hatte sie an meiner Seite gestanden, seit dem Tag, als wir uns auf dem Schloß in Heidelberg zum ersten Mal sahen.

Es ist einsam in der Umgebung geworden. Die meisten Paläste der Nachbarschaft, in denen wir oft zu Gast waren, stehen leer. Putz blättert ab, Dachziegel sind herabgefallen, und Fensterscheiben sind zu Bruch gegangen. Die Gebäude verfallen, und die Wege, die einst wohlgepflegt waren und zu ihnen führten, sind mit Unkraut überwachsen. Die ersten Dornen strecken schon ihre Arme aus den Gräben am Weg auf die Straße.

Es wird nun nicht mehr lange dauern, bis die Sonne über der weiten Landschaft, wie von Claude Lorrain gemalt, hinter den Hügeln untergeht. Es wird dämmern, und nur hier und da in der Ebene wird noch ein Fenster erleuchtet sein.

Dann wird sich Dunkel sachte über das Land legen und es einhüllen. Auch diesen Palast mit den Erinnerungen an das vergangene Jahrhundert mit seiner für uns so schwierigen Geschichte, in der uns freilich die schlimmsten Jahre erspart geblieben sind, an seine große Not, seine Katastrophen und seine Rettungen, an die Unmenschen und ihre Unmenschlichkeit. Aber auch an seinen reichen Schatz von Schicksalen und an die großen und geliebten Menschen und ihre Menschlichkeit, Güte und Liebe. Ihnen gelten unsere letzten Gedanken, bevor es finster wird und wir nichts mehr sehen können.

Ihr glücklichen Augen!

Personenregister

Kursive Zahlen verweisen auf Abbildungen.

533

Bildnachweise

Barbara Klemm, Bonn: 2, 347
Stöcklin, Basel: 107
Dr. Andreas Wistoff, Bonn: 418
Alle übrigen Bilder sind vom Autor oder aus seinem Archiv.

Erwin Wickert

Mut und Übermut

Geschichten aus meinem Leben

In diesem Buch, das im Jahr 1991 erschien, berichtet Erwin
Wickert über seine Jugend bis zum Ende des Krieges und seine
Rückkehr aus Japan. Er schildert die Abenteuer des jungen
Tausendsassas, der auf offenen Güterzügen durch die USA
trampt, seine Erlebnisse im Fernen Osten, sein Studium in
Deutschland und Amerika sowie den Krieg und die Kriegsjahre
in Japan. Er zeichnet die Porträts berühmter Menschen, die
ihm begegneten: Karl Jaspers, Tschiang Kaischek, den japanischen Tenno und den Spion Richard Sorge.

»Ein souveräner Beobachter des Weltgeschehens, elegant und
doch präzise formulierend, zeichnet er die Epoche seines
Lebens. Eine furchtlose Vita, ein fulminantes Lese-Abenteuer.«
Frankfurter Allgemeine Zeitung

»Wickert erzählt sein Leben im Plauderton. Nur wenige
Autoren seiner Generation, schon gar nicht seiner
Berufskollegen, sind so treffliche Zeitzeugen und Fabulierer.«
Der Spiegel

Deutsche Verlags-Anstalt
Stuttgart München